KB036175

미국 대통령의 권력 행사

Exercise of Power
American Failures, Successes, and a New Path Forward in the Post-Cold War World
by Robert M. Gates

미국 대통령의
권력 행사

냉전 후 미국의 성공과 실패
그리고 나아갈 길

로버트 게이츠 지음 | **박동철** 옮김

Exercise of Power
American Failures, Successes, and a New Path Forward in the Post-Cold War World

냉전 후 미국의 대통령들은
어떻게 권력을 행사했는가?

한울
아카데미

차례

옮긴이의 말

조지타운 대학교에서 러시아 역사로 박사 학위를 취득한 저자 로버트 게이츠(Robert M. Gates)는 젊어서 중앙정보부(Central Intelligence Agency, 이하 CIA)에 들어가 부장까지 지내고, 대통령이 공화당에서 민주당으로 바뀌어도 그대로 국방부 장관직을 유임했다. 말하자면 그는 학문, 정보, 정책을 통섭한 드문 명망가다. 이 책(원제: *Exercise of Power: American Failures, Successes, and a New Path Forward in the Post-Cold War World*)에서 저자는 자신의 학문적 소양과 실무 경험을 바탕으로 냉전 후 미국의 권력을 행사한 역대 대통령의 15개 사례를 분석했다. 우리의 유일한 동맹국이자 우리에게 가장 크게 영향을 미치는 미국의 대외적 권력 행사는 '교활한 여우'라고 표현한 북한 문제 등 다방면으로 우리에게 직접 다가온다. 이 책의 가치와 효용성도 그렇게 다가온다.

옮긴이는 이 책을 번역하면서 용어의 정확성을 기하고 전달력을 높이는 데 역점을 두었다. 옮긴이 주를 각주로 달고, 인명과 지명 등 고유명사와 주요 용어에는 영어 표기를 병기했다. 이 책의 키워드인 'power(권력)'를 문맥에 따라 '힘' 또는 '국력'으로도 번역했다. 권력을 휘두르는 미국의 진면목을 드러내는 이 책이 사계(斯界)의 유용한 문헌이 될 것으로 기대한다. 끝으로 가치 출판을 지향하는 한울엠플러스(주)의 출간 결정과 편집진의 수고에 감사드린다.

2023년 8월 박동철

감사의 말

이 책은 나의 개인적 관여, 경험, 기록에만 전적으로 의존할 수가 없었던 첫 저서다. 나는 다수의 간접 출처와 함께 핵심 인사들의 회고록에 의존했는데, 나 자신의 것을 포함하는 그러한 저술이 후견지명(hindsight) 덕을 보며 가급적 가장 좋은 관점에서 기술되는 경향이 있음을 충분히 알고 있다. 하지만 그런 저술은 등장인물의 동기와 행위에 관해 통찰을 제공한다. 그래서 나는 회고록을 쓴 냉전 이후의 미국의 역대 대통령, 부통령, 국무부 장관, 국방부 장관 등 여러 인사에게 감사드린다. 나는 그들이 이 책의 일부나 전부에 대해 이의를 제기하리라고 확신하면서도 자신들의 봉직에 관한 저술을 통해 직접 설명을 남긴 그들에게 감사드린다.

나는 여러 사람에게 원고의 검토를 부탁했는데, 이들이 들인 시간과 노고에 감사드린다. 이들은 에릭 에덜먼(Eric Edelman), 리처드 하스(Richard Haass), 스티븐 J. 해들리(Stephen J. Hadley), 미셸 플러노이(Michele Flournoy)다. 이들의 논평, 제안, 비판은 엄청난 도움이 되었다. 당연히 내가 표명하는 견해는 나 자신의 것이며, 이 책에 잘못과 실수는 있다면 전적으로 나의 책임이다. 나는 이 책의 출간을 도운 조수 찰스 크리민스(Charles Crimmins)에게 깊이 감사드린다. 그가 기술적인 전문 지식을 제공하며 나의 시간을 관리해 주지 않았다면 이 책을 완성하지 못했을 것이다.

미국 CIA와 국방부가 비밀 정보가 공개되는 것을 막기 위해 원고를 검토했는데, 나는 그들의 전문성 있는 신속한 대처에 감사드린다. 말할 필요도 없지만 이 책에 기술된 사실, 의견, 분석은 모두 나의 것이며 CIA나 국방부 등 미국 정부의 공식 입장이나 견해를 반영하지 않는다. 이 책에 대한 출판 허가는 CIA나 국방부의 보증 또는 내용의 사실적 정확성을 의미하지 않는다.

WSK 매니지먼트(WSK Management)의 웨인 카박(Wayne Kabak)에게 특별히 감사드린다. 그는 25년 동안 나의 대리인으로서 나의 네 종의 저서를 관리해 왔다. 그는 가까운 친구, 조언자, 상담역이다. 나는 또한 앨프리드 A. 노프(Alfred A. Knopf) 출판사의 조너선 시걸(Jonathan Segal)에게 진심으로 감사드린다. 그는 세 종의 책을 훌륭하고 끈기 있게 편집한 사람이다. 나는 또한 이 책에 중요한 공헌을 한 노프 출판사의 고(故) 소니 매타(Sony Mehta) 등 여러 사람에게 감사드린다.

끝으로 나의 아내 베키(Becky)가 없었으면 이 책과 앞선 내 저서들은 출간이 불가능했을 것이다. 내가 글을 쓰는 동안 베키가 보여준 인내와 이해심을 능가하는 것은 53년 결혼 생활 동안 보여준 그녀의 인내와 이해심뿐이었다. 그녀는 많은 시련과 모험을 거치는 내내 나의 사랑, 나의 동반자, 나의 가장 좋은 친구였다.

머리말

1991년 크리스마스 날 망치와 낫이 그려진 소비에트사회주의공화국연방 (소련) 국기가 크렘린에서 마지막으로 내려지고 소비에트공산주의가 역사 속으로 사라졌다. 그날 미국이 세계 권력의 정점에 홀로 우뚝 섰다. 사상 최초로 큰 전쟁 없이 강력한 제국이 무너지자 미국이 현대사에서 유례가 없는 권력에 위치하게 되었다.

1년 뒤 나는 CIA 본부 7층 사무실 창가에 서서 버지니아의 시골 풍경을 내다보고 있었다. 날씨는 춥고 흐렸다. 나는 곧 있을 은퇴를 생각하고 있었다. 소련 담당 부서의 초보 분석관으로 CIA에 들어가 26년을 근무하고 이제 부장으로 퇴직할 날이 한 달도 남지 않았다. 냉전 후반기 동안 많은 위기를 경험했지만 그 분쟁의 종식을 내가 목격하리라고는 결코 기대하지 않았다. 여섯 명의 대통령을 모시면서 내가 보고 겪은 모든 것에 관해 회고하고, 향후 세계의 모습에 관해서도 곰곰이 생각했다. ≪워싱턴포스트(The Washington Post)≫가 나를 구름의 밝은 가장자리에서 가장 어두운 부분을 찾을 수 있는 국가안보의 이요 (Eeyore)[•] 같다고 묘사한 적이 있는데, 나는 그런 나답지 않게 낙관적이었다.

1993년 1월 20일 빌 클린턴(Bill Clinton)이 제42대 미국 대통령으로서 오른

• 밀른(A. A. Milne)의 동화집 『곰돌이 푸(Winnie the Pooh)』에 등장하는 늙은 당나귀다(옮긴이 주).

손을 들어 취임 선서를 했을 때 미국은 군사, 경제, 정치, 문화 등 권력의 모든 차원에서 단독으로 세계를 지배했다. 로마제국의 전성기 이래 한 국가가 그런 위치에 있었던 적이 없었다.

사반세기 뒤 미국은 여전히 지구에서 군사적·경제적으로 가장 강력한 국가지만 모든 전선에서 도전을 받고 있다. 상승세의 중국이 어느 시점에는 국내총생산 기준으로 경제 측면에서 미국을 추월할 것 같다. 빠른 속도로 군을 현대화하고 있는 러시아의 공세는 매우 위협적이며 서방 민주국가를 불안정하게 만들고 인접국을 지배하려고 시도하고 있다. 북한은 와일드카드 핵보유국이 되었으며, 중동은 여전히 갈등과 테러의 진원이다. 시리아의 심각한 내전이나 이라크·레반트 이슬람국가(Islamic State of Iraq and the Levant, ISIL)와 그 '칼리프 체제(caliphate)'에 대한 전쟁으로 러시아, 이란, 튀르키예, 미국 등의 군대가 전투에 참여했다. 2011년 미국이 주도해 군사개입한 리비아는 아직도 분열되고 폭력에 휩싸여 있다. 2003년 미국의 침공을 받은 이라크도 여전히 대부분의 도시가 폐허인 가운데 지속 가능한 다민족 정부를 만들려고 애쓰고 있다. 이란은 탄도미사일, 정교한 드론, 사이버 위협, 핵 연구 등 군사 역량을 계속 강화하고 있으며, 사우디아라비아와 종교적·지역적 패권 다툼을 가속화하며, 레바논과 시리아부터 예멘에 이르기까지 간섭을 늘리고 있다. 아프가니스탄전쟁은 끝이 보이지 않는다. 우리의 가장 가까운 동맹인 영국은 유럽연합(European Union, EU)을 떠나고 있으며, 독재 정부가 우리의 북대서양조약기구[North Atlantic Treaty Organization, 이하 나토(NATO)] 동맹국인 튀르키예를 통치하고 있고 헝가리와 폴란드에서도 부상하고 있다. 제2차 세계대전 이후 수십 년 동안 미국이 자신의 이익을 위해 창설한 다자간 기구, 동맹, 무역협정이 약화되었는데, 별난 대통령 한 사람 탓이라고 해도 그런 다자 체제가 창설한 손에 의해 약화된 측면이 적지 않다. 국내에서 미국 정부는 양극화되고 마비되었으며, 미국이 직면한 여러 문제에 대처할 능력이 없는 것 같다.

어떻게 해서 미국이 세계 유일의 초강대국에서 더는 글로벌 리더십의 비용이나 책임을 수용할 의지가 없다고 — 심지어 효과적인 자기 통치 능력도 없다고 — 널리 인식되는 나라로 급속히 전락했는가?

어떻게 해서 미국이 오늘날 국제적으로 처한 위치에 이르게 되었는지에 답하려면, 미국의 역사적인 유일 초강대국 성취에 기여한 여러 형태의 권력을 이해하고 그 고점에 이르기까지 그런 다양한 권력을 사용한 과거 미국 지도자들의 기량을 이해해야 한다. 또한 그 대답은 냉전 후 미국의 대통령들과 의회의 실수, 특히 이들이 소련과의 오랜 경합에서 극히 중요했던 비군사적 자산의 무기고를 인식, 증강, 사용하지 못한 데 있다. 또한 그 대답은 향후 수십 년 동안 미국의 세계 위상이 강한 군사력뿐 아니라 그러한 비군사적 도구의 재구상과 재구축에도 분명히 달려 있을 것임을 이들이 이해하지 못한 데도 있다. 근본적으로 그 대답은 미국 권력의 복합성을 그 확장성과 한계의 양면에서 이해하지 못한 미국의 정치 지도자들이 최근에 너무 많았다는 데 있다.

드와이트 아이젠하워(Dwight Eisenhower)는 1953년 1월 20일 대통령이 되었다. 그가 재직한 8년은 다사다난했다. 소련이 수소폭탄을 획득했으며 대만과 그 해협을 둘러싸고 중국과의 위기가 거듭 발생했다. 합참의장이 핵무기 사용을 두 차례 권고했는데, 한 번은 베트남의 디엔비엔푸에서 프랑스군을 지원하기 위해서였고 다른 한 번은 중국군을 향해 쓰자는 것이었다. 미국과 가장 가까운 세 동맹국(영국, 프랑스, 이스라엘)이 참전한 대규모 전쟁이 중동에서 벌어졌다. 소련이 지배한 동독, 폴란드, 헝가리에서 혁명이 발생하고 쿠바에서도 혁명이 일어났으며 그보다 작은 위기가 다수 발생했다. 그 기간은 소련과의 냉전에서 긴장이 고조된 시기였다. 그럼에도 1953년 7월 아이젠하워가 한국전쟁을 끝내는 정전협정에 서명한 순간부터 1961년 1월 퇴임할 때까지 전사한 미국 군인은 한 명도 없었다. 미국의 위신은 전 세계에 우뚝 솟았다. 그는 어떻게 해서 그런 위업을 달성했는가?

아이젠하워는 제2차 세계대전 이후 유일한 직업 장교 출신 대통령인데, 5성장군에서 총사령관이 된 것이었다. 그는 대단한 개인적 능력, 전략적 통찰, 리더십 기량을 지니고 대통령에 취임했다. 그는 군사작전에 항상 따르는 불확실성과 위험을 이해했다. 그는 핵 시대의 군사력 한계를 알았다. 그는 부하 장군들에게 '노(no)'라고 말할 수 있는 경험과 자신감 ― 그리고 계급 ― 을 가지고 있었다. 무엇보다도 그는 외교, 경제, 소통, 그 밖의 많은 영향력 수단이 중요함을 파악했다. 그는 모든 차원의 권력을 이해하고 행사했다.

로널드 레이건(Ronald Reagan) 대통령은 일반적으로 과소평가되었다. 그러나 1980년대 소련이 내부적으로 비틀거리기 시작했을 때, 레이건은 미국의 모든 권력수단을 효과적으로 사용해 무너질 위기에 처한 소련을 벼랑 너머로 몰았다. 그는 취임하자마자 수십 년 이래 최대의 미군 증강을 시작했다. 그의 지시를 받은 CIA가 전 세계에서 소련의 모험주의와 활동에 은밀하게 대처했다. 앙골라, 에티오피아, 중미 등에서 소련의 대리인으로 활동한 쿠바를 상대로 그 적을 무장시키고, 아프가니스탄에서는 무자헤딘(Mujahedin, 이슬람 전사)을 무장시켜 소련군과 직접 맞섰으며, 폴란드 자유노조(Solidarity)와 같은 반공 운동을 지원했다. 레이건은 제재를 통해 소련을 경제적으로 압박하는 한편 무기 프로그램과 경제에 도움이 될 만한 서방의 기술과 노하우를 획득하지 못하도록 공세적인 차단 활동을 유례없이 전개했다. 레이건 시절 미국공보처(United States Information Agency, USIA)와 그 산하의 많은 매체가 해외에 미국의 메시지를 보내면서 아이젠하워와 존 F. 케네디(John F. Kennedy) 이후 최대의 대통령 지원을 받았다. 그들은 미국에 관한 메시지와 미국이 지향하는 이상을 전파하고 소련의 폭정을 직설적으로 전했다. 그러면서도 레이건은 외교의 중요성을 이해해 1984~1985년 미하일 고르바초프(Mikhail Gorbachev)에게 구원의 손길을 내미는 구심점 역할을 했다. 우여곡절 끝에 두 사람은 유럽에서 중거리 핵무기를 제거하기로 합의하고 전반적으로 긴장을 크게 완화시켰다. 가장 중요한 것으로 레이건이 내민 구원의 손길이 고르바초프가 국내에서 개혁을 계속할 정치적 여유를 제공했는데, 그 개혁이 소련을 무너뜨리고 있었다.

역사상 대제국이 큰 전쟁 없이 무너진 선례가 없다. 그러나 조지 H. W. 부시(George H. W. Bush, 41대) 대통령은 비범한 외교를 통해 폭력 없이 동유럽의 해방을 촉진하고 냉전의 — 그리고 소련의 — 종식을 관리했다. 그는 나토 내에서 독일 통일을 총지휘하고, 사담 후세인(Saddam Hussein)의 쿠웨이트 침공을 물리치기 위해 36개국 연합을 조직했으며, 그 성공에 힘입어 중동 평화 협상을 개시했다. 레이건의 성취를 강화하고 확장한 부시(41대)는 능숙한 외교와 신중한 무력 사용을 통해 냉전에서 벗어난 미국을 모든 차원의 권력에서 독보적으로 지배적인 위치에 올려놓았다.

서로 다른 경력을 가진 아이젠하워, 레이건, 부시 세 대통령이 모두 비범한 기량으로 미국의 모든 권력수단을 행사했다. 이 책은 냉전 이후의 그 후임자들이 15개 중요 지역에 관해 내린 결정, 그들이 미국의 권력수단을 사용한 효과성, 미래를 위해 우리가 배워야 하는 교훈을 평가한다.

그런 교훈이 중요한 이유는 소련의 붕괴 이후 사반세기 만에 세계적 영향력과 권력을 다투는 새로운 라이벌이 등장했기 때문인데, 그 라이벌의 비군사적인 성취와 권력수단은 그 폭과 규모 면에서 소련보다 훨씬 강력하다. 소련은 말기 수십 년 동안 순전히 미국의 군사 라이벌이었다. 소련이 미비된 장로 정치 체제(gerontocracy)와 경제적 불구로 전락했기 때문에 모스크바는 모범적 모델로서 전 세계에 어필할 것이 거의 없었다.

이와 대조적으로 중국은 성장하는 거대 경제를 가지고 있으며 최근 수십 년 동안 수억 명의 인민을 빈곤에서 해방시켰다. 중국은 새로운 도시들과 부러운 현대 시설들을 건설했다. 중국의 교육적·기술적 성과와 잠재력은 무시무시하다. 중국은 아시아, 아프리카, 중동의 여러 나라에 걸쳐 인프라를 구축하는 거대한 새 구상에 착수했으며, 경제·무역 관계를 전 세계로 확장하고 있다. 중국의 종신 지도자 시진핑은 이제 자국이 거버넌스, 독립, 급속한 경제발전, 기술적 성취의 모델이라고 자화자찬하며 더 나아가 자국이 자유민주주의 국가의 정치적 역기능, (2008~2009년 대침체와 같은) 경제 위기, 빈부격차에 대한 매력적인 대안이라고 선전한다. 중국은 자체적으로 여러 어려운 문제에 시달리고 있지만 모든 영역에서 미국에 적극 도전하는 다면적 강대국이다. 미·중이 군사력을 계속 증강하고 있지만, 양국은 서로 간의 군사 충돌이 — 핵 충돌이든 아니든 — 재앙이 될 것임을 인식하고 있다. 그래서 소련과의 냉전처럼 향후 양국의 라이벌 관계도 국력의 비군사적 분야에서 전개될 가능성이 매우 농후하다. 그런 분야에 중국은 투자해 왔고 미국은 소련 붕괴 이후 소홀했다.

미국이 글로벌 리더십에서 후퇴하고 있다는 인식 — 일부 경우에는 현실인 — 이 역전될 수 있는지 여부, 미국이 그런 리더십 역할을 맡겠다는 의지를 재천명할지 여부, 미국이 — 다른 국제적 도전은 차치하고 — 중국과 기타 독재 체제 국가들의 세계적 야심에 대처할 의지와 창의성을 보일지 여부는 미국 권력의 구성 요소를 잘 이해해서 그런 권력을 어떻게 다시 활성화할지 그리고 어떻게 더 효과적으로 사용할지에 달려 있다.

권력(힘)에 관한 역사상 가장 흔한 정의(定義)는 무력을 통해 복종과 굴복을 강요할 수 있는 능력이었다. 그러나 그런 기준으로만 권력을 생각하는 것은 잘못이다. 군 복무를 고취하는 애국심의 힘, 희생을 불러일으키는 이데올로기와 신념의 힘, 자연재해 발생 후 구호 활동을 벌이는 군대의 힘, 압제에 대한 평화적 저항의 힘 등을 생각해 보라. 역사를 바꾼 비강제적 무형의 힘은 고대부터 있었는데 그리스의 민주주의 사상, 로마 법률과 피정복자들에게 널리 부여된 로마 시민권, 종교, 미국독립혁명과 프랑스혁명을 일으킨 개념들, 나폴레옹법전, 마르크스주의, 민족주의 등이다.

나는 국방부 장관으로 재직할 때 미국 정부가 국제적으로 국익을 방어하고 확대하기 위해 군사력 사용에 너무 의존하게 되었으며 무력 사용이 최후 수단이 아니라 첫 번째 선택이 되었다고 주장했다. 이제 미국이 쓸 수 있는 다양한 형태의 권력을 (또한 타국의 권력도) 새롭게 인식해서 냉전 종식 이후 미국이 그러한 도구를 얼마나 효과적으로 강화, 통합, 사용했는지를 평가할 때다. 그런 뒤에 우리는 현재와 미래의 세계에 대한 미국의 접근법에 관해 결론을 도출할 수 있다.

미국의 권력에 관한 근본적인 질문은 다음과 같다. 우리는 무슨 목적으로 권력을 사용하는가? 우리의 이익 보호를 넘어, 특히 자유와 민주주의 증진과 관련해서 우리가 세계에서 추구하는 목적과 목표는 무엇인가? 이 질문이 냉전 이후 첫 사반세기 동안 미국의 대외 정책을 지배했으며, 건국 초기부터 논란이 되었다. 우리는 어떻게 미국의 민주주의 이상과 열망을 세계 각국과의 관계 속에 반영시켜야 하는가? 우리는 어느 때 타국의 통치 방식을 변경하려고 시도해야 하는가? 우드로 윌슨(Thomas Wilson) 대통령의 말대로 미국의 임무가 세계를 "민주주의를 위해 안전하게" 만드는 것인가? 아니면 존 퀸시 애덤스(John Quincy Adams, 6대) 대통령의 말대로 미국이 "만국의 자유와 독립을 기원하되 미국의 자유와 독립을 위해서만 싸우고 옹호해야" 하는가? 냉전 이후 대통령 가운데 클린턴과 조지 W. 부시(George W. Bush, 43대)는 개입주의자로 윌슨 편에 섰으며 미국과 세계에 장기적 영향을 미쳤다. 버락 오바마(Barack Obama)는 양면적인 정책을 추진했다. 도널드 트럼프(Donald Trump)는 — 말 그대로 그리고 비유적으로 — 순전히 미국의 일에만 신경을 썼으며 타국, 특히 독재국가의 내정 문제에 대해서는 침묵했다. 윌슨보다 애덤스 쪽에 훨씬 더 가까운 오바마와 트럼프의 조치도 중요한 결과를 낳았다.

이들 대통령의 다양한 대응에 비추어 볼 때, 미국이 외부의 위협으로부터 국가를 보호한다는 폭넓은 합의를 넘어 세계에서 미국의 목적과 목표에 관한 질문에 답하기란 쉽지 않다. 그러나 냉전과 그 후의 우리 역사와 경험에 입각해 우리는 이 갈라진 공화국과 그 지도자들 가운데서 광범위한 지지를 얻을 수 있는 방식으로 미국의 역할과 그 성취 수단을 정의해야 한다. 나는 여덟 명의 대통령 밑에서 국가안보 분야에서 일한 50년에 의지해 감히 그런 시도를 하고자 한다.

미국이 1993년 이후 어떻게 권력을 사용했으며 미래에는 어떻게 사용해야 하는지에 관해 많은 연구와 저서가 있다. 그러나 그 저자 가운데 실제로 권력을 보유하고 행사한 이는 거의 없다. 몇몇 저자는 역사 만들기를 직접 목격했으나 대체로 한두 명의 대통령을 모셨을 뿐이다. 대부분의 저자가 싱크 탱크, 대학교, 연구소 등의 편한 자리에서 저술하는 대외 정책 전문가, 사학자, 정치학자들이다. 국제 문제에서 사용할 수 있는 여러 형태의 권력, 특히 군사적·외교적·경제적 영역을 벗어나는 형태의 권력에 관해 저술한 저자는 소수에 불과하다.

권력을 보유했던 지도자들은 권력 자체에 관해서는 저술하지 않았다. 그들은 자신들의 경험, 자신들이 선호하거나 반대한 정책, 자신들이 맞이한 도전, 자신들이 내린 결정에 관해 저술했다(자신들의 유산을 남기기 위한 저술도 있음). 이것은 현대의 미국 대통령 모두에게 해당한다. 그들은 자신의 회고록 등 저서에서 권력의 개념이나 권력의 여러 형태에 관해 저술하지 않았다. 내가 모셨던 대통령들은 그런 식의 생각이 전혀 없었다. 국가안보보좌관을 지낸 헨리 키신저(Henry Kissinger), 브렌트 스코크로프트(Brent Scowcroft), 즈비그뉴 브레진스키(Zbigniew Brzezinski)는 세계적인 지(地)전략가들이었으나 그들조차 여러 형태의 권력에 관해 저술하거나 생각하지 않았으며 아무도 경제적·금융적 수단에 크게 주목하지 않았다. 나는 그 세 사람을 모두 모셨기에 잘 안다. 여러 전직 국무부·국방부 장관들도 회고록에서 자신들이 이용할 수 있었던 광범위한 권력수단을 언급하지 않았다. 권력에 대한 포괄적인 접근법과 가장 가까웠던 지도자는 아마 딘 애치슨(Dean Acheson)과 조지 슐츠(George Shultz) 국무부 장관이었을 것이다. 그러나 그 두 사람조차 여러 형태의 권력을 구체적인 상황과 결부시켜 보는 경향이 있었으며, 군사적·외교적·경제적 지렛대를 넘어서는 권력수단 전체를 보지 못했다. 마키아벨리(Machiavelli)처럼 권력에 관해 저술한 역사적인 인물들은 주로 그 권력을 어떻게 획득하고 유지하는지에 초점을 맞추고 있다.

나는 냉전 이후의 중요한 15개 도전을 이 책에서 검토할 것인바, 모든 도전을 장기적으로 진화한 그 자체의 담론에 따라 논해야 한다고 본다. 이는 역대 대통령들의 대응을 이해하고, 왜 그러한 도전이 모조리 우리 앞에 상존(尙存)하는지를 이해하는 데 필수적인 연속성, 즉 스토리라인을 제공할 것이다. 따라서 나는 각 도전을 개별적으로 논하고, 각 도전이 냉전 이후의 미국 지도자들에게 처음 제기된 때부터 시작해 대충 연대순으로 논한다. 또한 나는 모든 대통령이 이러한 문제들을 동시적으로 직면해야 했던 현실과 으레 각 문제가 다른 문제에 관한 미국의 결정에 영향을 미친 현실 — 이는 일종의 삼차원 체스 게임임 — 을 논할 것이다.

끝으로 대통령마다 개성과 의사결정 스타일이 다양하다. 나는 레이건 대통령 밑에서 CIA 차장(과 부장 대행)을, 부시(41대) 대통령 밑에서 국가안보부(副)보좌관과 CIA 부장을 역임했다. 그들은 냉전 시대 마지막 대통령이었다. 나는 냉전 이후의 네 대통령 중 두 대통령 밑에서 국방부 장관을 했다. 나는 세 명의 다른 대통령 밑에서는 국가안전보장회의(National Security Council, 이하 NSC) 참모로 근무했는데, 한 번은 대통령 집무실(오벌 오피스)의 바로 아래층에서 3년간 일했다. 나는 당대의 어떤 고위 관리보다 많이 양당의 대통령을 모시고 의사결정에 참여하고 목격했다. 그래서 역대 대통령들이 각각의 의사결정을 어떻게 왜 내렸는지, 누가 대통령에게 가장 크게 영향을 주었는지, 각 대통령의 독특한 스타일은 어떠했는지 설명하는 것이 이 책의 중요한 부분이다.

지난 사반세기 동안 미국이 국제 무대에서 거둔 성공들이 있었다고 우리가 허풍을 떨지만, 이 무대에서의 전반적인 추세는 우리에게 부정적이었다. 미국이 당면한 여러 도전에 대처하려면 리드해야 한다. 그러나 미국이 리드하고 미국의 목적과 목표를 성취하려면 모든 권력수단을 강화해 더욱 지혜롭게 사용해야 한다. 우리는 20세기에 두 차례 패퇴했던 독재주의가 21세기에 다시 득세하지 않도록 미국의 권력교향곡을 연주해야 한다.

1장
—
권력교향곡

군사

미국은 독립전쟁 이후 85년 동안 군사력이 약했기 때문에 나폴레옹전쟁 등 유럽의 분쟁에 참전하기를 피했다. 미국은 교섭에 의한 영토 획득과 매입, 할양, 합병, 정착, 열세의 원주민 정복, 멕시코와의 한 차례 전쟁 – 인기 없는 비교적 단기전이었음 – 등을 통해 대륙의 강국이 되었다. 유럽과 세계의 상황에 대해 미국이 국경 밖으로 조금이라도 영향을 미친 것은 경제적·문화적·이념적인 것이었지 군사적인 것은 아니었다.

그러나 남북전쟁부터 시작된 우리의 경험 탓에 미국의 권력관은 협소해졌다. 남북전쟁, 미국·스페인전쟁, 양차 세계대전에서 미국의 군사력은 엄청나게 증강·사용되었고 모두 미국의 완벽한 승리로 끝났다. 하나만 빼고 그 모든 전쟁은 압도적인 군사력에 의해 궤멸된 적이 비참하게 공식 항복하며 끝났다. 제2차 세계대전이 종료된 후에 미국인들은 우리가 싸우는 모든 전쟁이 이런 식으로 끝나야 한다고 생각했다.

그렇기는 해도 전쟁에 지친 미국인들은 소련의 동유럽 장악을 막기 위해 소련과 싸우거나 몇 년 뒤 마오쩌둥의 본토 장악을 막기 위해 중국에서 싸우는 일에 전혀 흥미가 없었다. 그리고 1946년부터 민주당 대통령과 공화당 의회가 함께 미군의 규모를 대폭 축소했다. 해리 트루먼(Harry Truman) 대통령은 국방 예산을 910억 달러에서 약 100억 달러로 삭감했으며 60억 내지 70억 달러로 추가 삭감하려고 했다. 트루먼은 공산주의의 추가 팽창을 저지하기 위해 비군사적인 형태의 권력에 의지했다.

냉전의 첫 10여 년 동안 트루먼, 드와이트 아이젠하워, 존 F. 케네디 대통령은 처음에 미국의 핵 독점과 그에 따른 핵 억지력에 의존하다가 그리스와 튀르키예 원조, 마셜플랜(Marshall Plan), 나토 등의 동맹 창설, 소련 봉쇄 전략 등을 승인했다. 또한 그들은 브레턴우즈에서의 국제금융기구 설립, 미국공보처와 미국국제개발처(United States Agency for International Development, USAID) 창설, 전 세계에 걸친 CIA의 비밀공작 전개 등을 추진했다. 이 모두가 소련 공산주의에 대항하는 세계적 투쟁에서 승리하기 위한 비군사적인 '큰 구상들(big ideas)'이었다.

1950년 북한이 남한을 침공했을 때 미국의 군사적 대응은 마치 비무장지대를 넘어 돌아다니는 어떤 악당들을 내쫓는 것처럼 '경찰 행위'로 규정되었다. 그리고 더글러스 맥아더(Douglas MacArthur) 장군의 반격이 압록강까지 북진해 중국의 참전을 촉발했을 때, 트루먼이나 대부분의 미국인들은 중공군을 물리치기 위한 전면전을 개시할 – 또는 소련과 핵전쟁을 감수할 – 준비가 되어 있지 않았다. 미국의 정치 지도부는 여론을 반영해 결국 휴전협정을 체결했는데, 이는 본질적으로 북한의 공격 전에 존재했던 대로 다시 현상을 유지한 것이었다. 미군 피해는 3만 3686명이 사망하고 9만 2134명이 부상했다. 미국은 먼 나라에서 침공을 격퇴했지만 승리했다는 느낌은 없었다.

1949년 소련이 첫 핵 장치를 폭발시킴으로써 한국전쟁에서 얻은 교훈 하나는 미국이 제2차 세계대전에서 벌였던 종류의 전면전은 본토가 비참하게 파괴될 위험 없이는 불가능하게 되었다는 점이다. 전쟁에서의 군사적 완승은 핵 시대의 현실에 어긋나는 것이었다. 미국인들은 여전히 미국이 여러 전쟁에서 이기기를 원했지만 모든 대가를 감수하겠다는 것은 아니었다. 국내의 정치 현실과 외국의 핵무기는 미국의 거대한 군사력에 매우 현실적인 한계를 설정했다.

이런 점은 베트남에서 가장 극명하게 드러났다. 미국은 1950년대 중반부터 1975년까지 벌인 베트남전쟁에서 거의 5만 명이 전사하고 15만 명 이상이 부상했으며 결국 패전했다. 미국은 군사력 때문에 패한 것이 아니라 하노이 정권을 무너뜨리기 위해 전면전을 벌일 ― 그리고 중국이나 소련과의 대결도 불사할 ― 의지가 없었기 때문에 패했다. 비판적으로 말하면 장기화된 전쟁의 지속에 대한 국내 지지, 특히 결함이 많은 동맹국과의 동반자 관계에 대한 국내 지지가 증발했다.

아프가니스탄과 이라크에서는 초기에 압도적인 군사적 승리를 거둔 후에 순전히 군사적인 목표를 넘어 국가 건설이라는 야심 차고 필자가 보기에 비현실적인 목표로 임무를 확장하는 정치적 결정이 이루어졌다. 그러한 목표 달성이 가능은 하겠지만, 미국은 그에 필요한 대폭적인 군사력과 비군사적 형태의 국력을 쏟지 못했다. 미군의 파병 규모와 기간에 대한 한계가 정치적으로 설정되고 양국에서 미국과 동맹한 토착 세력이 (베트남에서처럼) 명백한 약점을 안고 있는 상황에서 인적·물적 비용이 증가하자 또다시 이들 전쟁에 대한 국내 지지가 ― 특히 이라크에서 ― 곤두박질했다. 기껏 결말도 보지 못한 양 전쟁에서 미군 피해는 사망 5000여 명과 부상 5만여 명에 이르렀다. 양 전쟁에서 미국은 현명한 지도자라면 승리에 만족해야 한다는 마키아벨리의 경고를 무시했다.

제2차 세계대전 이후 이처럼 제약된 군사력을 사용한 기록에는 두 번의 예외적 사례가 있다. 첫 예외는 1989년 12월 우리가 파나마에서 마누엘 노리에가(Manuel Noriega) 정권을 제거하고 민주주의를 회복하기 위해 군사개입한 것이었다. 작전은 미군 324명의 부상과 함께 23명의 목숨을 희생시키고 한 달 만에 종료되었다. 노리에가가 혐오스러운 마약범이자 독재자였기 때문에 논란이 없었던 그 작전은 신속하고 성공적으로 종료되었으며 인명과 재산상의 비용을 적게 치르고 민주주의의 회복을 가져왔다. 그것은 미군이 (오랫동안 미국의 보호령이었어도) 한 주권국가에서 수행한 정권 교체였다.

두 번째 성공은 1990년 사담 후세인의 쿠웨이트 침공을 격퇴한 걸프전쟁이었다. 걸프전쟁은 매우 구체적인 군사 목표를 달성하기 위한 전쟁이었으며 그 목표가 약 나흘에 걸친 지상전에 이어 지속적인 공습을 통해 달성되자 바로 끝났다. 결과적으로 그 전쟁은 6주간 지속되어 미군 149명이 사망하고 849명이 부상했다. 바그다드로 진격해 정권을 교체함으로써 '일을 마무리하지' 못한 대통령의 의지 부족을 비판한 이들이 많았다. 사담 후세인이 권좌를 유지하고 미군이 역내에, 특히 사우디아라비아에 주둔함으로써 후일의 결과를 자초했다.

소련과의 냉전이 45년 동안 지속되어 미·소 양국에서 엄청난 규모의 군사 시설과 핵무기가 건설되고 유지되었지만, 직접적인 군사 충돌은 핵 대치 때문에 발생하지 않았다. 냉전이 한국전쟁과 베트남전쟁을 초래한 환경을 만든 것은 확실하며, 당시 우리 지도자들은 양 전쟁이 소련이 지원하는 공산주의의 팽창을 저지하기 위해 필요하다고 확신했다. 그럼에도 불구하고 대부분의 역사 기록에 따르면 1947~1991년 소련의 직접적인 행위로 100명이 넘지 않는, 아마도 50명 이내의 미군 사상자가 발생했다. 냉전의 결과는 다른 형태의 힘으로 결정되었다. 미군이 큰 역할을 했지만 그것은 주로 소련을 억지하고 봉쇄하는 역할이었으며, 나아가 소련이 미국과 보조를 맞추기 위해 그들 능력 이상의 돈을 군대에 지출하도록 강제하는 역할이었다. 양쪽의 핵무기 비축이 군사력의 직접적인 사용을 막았기 때문에 냉전은 미국이 제2차 세계대전 이후 유일하게 다른 형태의 힘을 총체적으로 동원해 사용한 분쟁이었다. 경제적 조치, 전략적 소통(선전), 기술 경쟁, 외교, 개발(해외 원조), 이념 투쟁 전개, 과학·문화 전파, 비밀공작(전 세계에서 무장 대리인을 사용했음) 등 전략적·세계적으로 총력을 기울여 공산주의와 그 전파자 소련에 대항했다. 그리고 미국은 이겼다.

요컨대 제2차 세계대전 이후 약 75년 동안 우리는 다섯 번 큰 전쟁을 치렀는데, 한 차례 승리(이라크, 1991년), 한 차례 부분적인 승리(한국, 1953년), 한 차례 패배(베트남, 1975년), 두 차례의 결말이 나지 않은 결과(이라크, 아프가니스탄)가 있었다. 그중 네 번의 전쟁이 3년에서 15년 이상에 이르는 장기전이었다. 베트남, 이라크, 아프가니스탄에서 미국인들은 정치적으로 제약이 가해지고 비현실적인 비군사 목표가 추가된 상황에서 군사력 사용은 한계가 있음을 알았다. 이러한 전쟁의 결과에 영향을 주기도 하고 받기도 한 것은 군사력을 휘두른 정치인과 군사력 사용에 대한 대중의 좌절감과 조바심이었으며, 많은 사람이 세계에서 미국의 역할에 대해 인명과 재산 비용이 너무 많이 든다고 생각하게 되었다.

그래서 지금 미국은 군사력 문제에서 곤란한 위치에 서 있다. 미국이 마주하는 러시아, 중국, 북한, 이란 등 강국은 꾸준히 군사 역량을 키우며 그 역량을 사용하겠다는 의지를 보이고 있다. 미국이 처리해야 하는 중동에서는 튀르키예, 사우디아라비아, 이란 등 다수의 강국이 장기 분쟁을 겪고 있고, 이슬람 극단주의 집단들이 여전히 테러리스트를 충원해 미국 등 많은 국가를 대상으로 테러 공작을 수행하고 있다.

1993년 이후 미국 대통령들의 정책 추진, 개입주의와 국제주의에 대한 국민 대중의 인내심 상실, 의회의 기능 마비, 두 대통령이 잇달아 미국의 글로벌 리더십을 포기하겠다는 신호를 보낸 것 등이 작용한 결과, 미국의 잠재적 적들이 자신들의 진출, 존재감, 영향력을 확대할 새로운 기회를 인지하고 있다. 버락 오바마는 이라크, 아프가니스탄, 리비아에 대한 정책에서 세계 속의 미국의 역할 축소를 예시(豫示)했다. 그가 진정한 '항해의 자유(freedom-of-navigation)' 임무 수행을 꺼리지 않았더라면 남중국해에 대한 중국의 영유권 주장에 도전했을 것이다. 그가 시리아에서 자신의 레드라인(red line)을 강행했더라면 개입했을 것이다. 후임 도널드 트럼프 대통령이 미국의 오랜 동맹국들과 분란을 일으킨 것이 그러한 메시지를 더욱 강화했다. 나토를 비판한 트럼프는 초기에 나토 헌장 제5조에 따른 동맹국에 대한 미국의 방위 공약 재확인을 거부했다. 그는 캐나다, 멕시코, 일본, 한국 등과 거의 전 유럽을 포함한 가까운 동맹국들과의 경제 관계를 비판하고 환태평양경제동반자협정(Trans-Pacific Strategic Economic Partnership, TPP) 같은 무역협정에서 탈퇴했다. 트럼프가 초기에 군사 지출을 상당히 증액했어도 그리고 그런 증액이 난망이지만 지속되더라도 지난 10년 동안의 예산 삭감과 향후의 불확실성을 극복하는 데는 시간이 걸릴 것이다. 이런 사정을 모두 감안할 때 동맹국과 우방국들이 다른 데서 협력과 보호를 찾기 시작한 것은 놀랍지 않다.

그렇다면 이러한 환경에서 미국은 어떻게 강대국들의 군사 도전을 억지하고 적을 제압할 것인가? 어떻게 동맹국들을 안심시키고 우리를 보호하며 우리의 국익을 증진시킬 것인가? 미국은 어떻게 우리의 목적이나 목표를 군사적으로 성취할 것인가?

그 도전 과제에는 두 차원이 있다. 첫째는 미국이 어떻게 미래의 군사력을 형성할 것인지다. 선진화된 강대국과 맞서기 위한 현재와 미래의 미국의 군사 역량에 필요한 자원이 이라크와 아프가니스탄에서 우리가 벌인 전쟁에 전용되었다. 미국은 지금 1950년대 이후 처음으로 러시아와 (그리고 중국과) 군사 역량의 기술적 우위를 다투고 있다. 이러한 현실의 결과에 대처하는 것이 근래 들어 마땅히 대통령, 의회, 국방부의 최우선 순위가 되었다. 그러나 또 다른 현실이 있다. 베트남전쟁 이후 미국이 전 세계에서 군사력을 사용할 때마다 일관된 맥락이 있었으니, 곧 한 경우를 제외하고는 우리는 우리가 군사적으로 개입하게 되리라는 것을 불과 몇 달 전에도 전혀 모르고 있었다. 그레나다, 레바논, 파나마, 이라크(1991년), 소말리아, 보스니아, 코소보, 아이티, 아프가니스탄, 리비아(두 차례) 등에서 그랬다. 오직 2003년 이라크에서만 우리가 전쟁을 개시하려고 했기 때문에 전쟁이 다가오고 있음을 확신했다. 미국은 다음번 군사력 사용이 언제 어디서 있을지 거의 모르기 때문에 미군은 온갖 형태의 분쟁에 대비해 최대한의 신축성을 발휘하도록 훈련과 장비를 갖추어야 한다. 미군은 이라크·레반트 이슬람국가(이하 ISIL), 알카에다(al-Qaeda), 탈레반(Taliban) 등과 같은 비국가 행위자들뿐 아니라 기술적으로 가장 선진화된 국민국가들도 물리칠 수 있어야 하며 저개발국에 안보 지원과 훈련을 제공해야 한다. 우리가 이라크에서 학습했듯이 큰 국민국가와 싸우도록 훈련과 장비를 갖춘 재래식 전력이 반군(叛軍)과 같은 작은 적을 물리치는 데도 꼭 효과적일 수는 없다. 우리가 특히 베트남전쟁과 이라크전쟁 이후 그따위 전쟁은 다시 하지 않겠다고 스스로 다짐할 때, 우리는 그 결정권을 가지고 있는 것은 미래의 대통령을 포함해 악역을 맡은 사람들이라는 사실을 잊고 있다.

두 번째 과제는 문민 지도자들, 특히 대통령과 군 지도자들 간의 소통과 문화의 간극을 좁히는 것이다. 대통령이 군에 임무를 부여할 때 군이 실제로 성취할 수 있는 임무를 부여할 필요가 있다. 항상 "할 수 있다"라는 정신의 군 지도부는 문민 지도부가 제공하려는 자원과 시간표로는 주어진 임무를 성취할 수 없음을 총사령관에게 기꺼이 말해야 한다. 때로 군 지도부는 총사령관이 요청하는 임무가 군사적 임무가 아님을 주장해야 한다. 지난 50년의 역사에 비추어 볼 때, 대통령은 전쟁이란 모름지기 단기전을 예상하며 그 예상은 거의 언제나 빗나간다는 점을 유념할 필요가 있다. 따라서 "전쟁은 짧고 날카롭게 하라"라는 마키아벨리의 경고를 항상 염두에 두고 임무를 신중하게 정의할 필요가 있다. 다수의 최고위급 국방부 관리들이 ─ 문민과 군인을 불문하고 ─ 촉구했듯이, 대통령은 1991년 조지 H. W. 부시(41대) 대통령이 그랬던 것처럼 구체적으로 성취할 수 있는 목표를 설정해 압도적인 전력을 투입한 다음 바로 멈추어야 한다. 나중에 구체적인 사례를 논하겠지만 그러지 않으면 대통령이 가수 피트 시거(Pete Seeger)의 1967년 노래처럼 "허리까지 진흙탕에 빠진" 신세가 될 것이다.

미국이 마주하는 거의 동급의 군사 강국은 러시아와 중국뿐이다. 앞서 언급했듯이 양국은 군대를 크게 강화하되 매우 집중적인 방식으로 강화하고 있다. 소련 붕괴 이후 러시아의 군사 지출은 1990년 90%가량 축소되어 당연히 모든 병과(兵科)의 역량과 인력에 영향을 미쳤다. 2000년대 러시아 경제가 주로 유기 상승과 1990년대 단행된 일부 개혁에 힘입어 회복되기 시작하자 블라디미르 푸틴(Vladimir Putin) 대통령은 군을 다시 활성화하는 데 높은 우선순위를 부여했다. 그러나 과거의 차르나 정치국원들과 달리 푸틴은 거대한 육군을 축소해 훨씬 더 능숙한 지상군(특히 특수부대)으로 변환시켰다. 이와 함께 전투기, 드론, 신형 탄도미사일 등과 같은 새로운 무기 체계에 투자하고 해군, 공군, 핵전력을 현대화했다. 러시아는 향상된 육해공군 역량에 힘입어 2014년 크림반도를 신속하게 점령하고, 동부 우크라이나에 개입했으며, 2015년 9월 시리아에도 개입했다. 러시아는 자신들의 군사력에 대한 신뢰와 사용 의지를 회복했다.

중국의 군사적 현대화와 팽창도 러시아와 비슷한 길을 걸었는데 (사령부 구조의 대대적인 개편을 포함해) 작지만 더 효과적인 육군에 중점을 두되 러시아처럼 상당한 첨단 기술 투자를 포함해 해군력과 공군력 증대도 강조했다. 중국은 동해와 남중국해를 포함해 아시아에서 군사적인 지배를 성취하려는 의지가 확고하며, 대함(對艦) 순항·탄도 미사일과 기타 신규 역량을 통해 그곳의 미국 해군력(특히 항공모함)을 위태롭게 할 역량을 개발하고 있다. 중국이 석유 공급을 확보하기 위해 인도양과 아라비아해를 가로지르는 해로를 보호하고 영향력과 힘을 투사하려는 목적에서 충분한 규모의 '대양(blue water)' 해군을 전개하려는 의도를 갖고 있다는 것이 필자의 생각이다. 또 이러한 목표에는 중국 최초의 해외기지를 지부티에 건설하고 파키스탄에 또 다른 기지를 건설하는 것이 포함되는바, 아마 해외기지를 더 건설해 아시아에서 중동과 아프리카에 이르는 이른바 '진주 목걸이(string of pearls)'를 만들 것이다.

미국이 보기에 중국은 지난 수십 년 동안 비교적 소규모의 생존 가능한 대륙간탄도미사일 전력에 만족했다. 그러나 미국은 그 전력의 상당 부분이 동굴이나 터널 속에 숨어 있기 때문에 실제 규모를 확실하게 알지 못한다. 미국, 한국, 일본이 북한의 위협 증대에 대응하기 위해 대(對)탄도미사일 역량을 제고하면서 중국은 이러한 역량이 자신들의 핵전력을 위협한다고 보고 핵 타격력을 더욱 확장할 것이다.

북한은 지도자 김정은의 종잡을 수 없는 성격에 비추어 군사(와 핵무장) 강국들 중 와일드카드다. 북한 정권은 약 20년 동안 끈질기게 핵무기와 그 운반 수단을 개발했다. 김정은의 관점에서 볼 때 무아마르 카다피(Muammar Gaddafi)는 핵무기 프로그램을 포기했는데도 죽고 정권이 사라졌으며, 사담 후세인은 핵무기가 없었는데도 죽고 정권이 사라졌다. 우크라이나는 1994년 미국, 영국, 러시아(그리고 별도로 프랑스)가 영토 보전을 보장하면서 1500기의 핵무기를 포기했는데, 이후 우크라이나는 크림반도와 동부 지역을 상실했다. 김정은은 이러한 교훈을 이해할 만큼 똑똑하다.

많은 사람들의 열렬한 소망에도 불구하고 군사력은 여전히 큰 나라가 작은 나라를 굴복시킬 때 쓸 수 있는 가장 강력한 자산이다. 미국은 이라크를 침공했고, 파나마, 아프가니스탄, 리비아에서 정권을 교체했다. 러시아는 조지아 영토를 점령하고, 크림반도를 병합했으며, 시리아와 우크라이나에 개입했다. 중국은 남중국해에서 분쟁 도서를 점령하고 요새화했으며, 다른 시설도 건설했다.

외교

외교는 가끔 폄하되기도 하고 항상 재원이 부족하지만 강력한 군대처럼 국력의 불가결한 수단이다. 전쟁을 예방하고 종료하기, 동맹을 창설하고 유지하기, 경제·무역 분쟁을 해결하기, 군비경쟁을 제한하기, 국제 정치·경제·군사 문제에 관한 규칙을 수립하기, 세계 무대에서 악덕 행위자를 억제하고 세거하기, 우리의 군사작전이나 공격자·압제자에 대한 제재 부과에 동참할 국가를 규합하기, 핵무기 제한을 협상하기, 분쟁 확산을 방지하기, 질병을 통제하기, 신출내기 외국 지도자가 민주 정부를 수립하도록 지원하기, 러시아나 중국과 같은 강대국들과 평화로운 라이벌 관계를 유지하기, 포악한 독재자를 추방하기, 교류가 있는 국가들 간의 일상 업무를 수행하기 등이 모두 외교의 영역이다. 여타 국력수단을 효과적으로 사용하려면 어떤 식으로든 한두 번은 외교에 의존하거나 외교를 포함해야 한다. 외교관이 벌거벗은 모습으로 희화화됨에도 불구하고, 현실에서 그 업무는 힘들고 종종 땀으로 뒤범벅되며 위험한 곳에서 수행된다. 외교관 업무는 협상 솜씨뿐 아니라 언어와 현장에 관한 지식이 필요하며 인내심과 용기도 필요하다. 외교관 생활을 생각할 때 런던, 파리, 로마 대신에 베이루트, 바그다드, 카불, 아디스아바바를 생각해 보라. 적어도 250명의 외교관이 순직했다. 외교관은 겁쟁이가 할 역할이 아니다.

냉전 이후 네 명의 미국 대통령은 전임자들과 마찬가지로 모두 개인 외교를 펼쳤는데, 더러 솜씨 좋게 성공한 경우도 있었지만 그렇지 못한 경우도 있었다. 주요 이슈에 대해 매일같이 타국 정부와 접촉하고 ― 전 세계에서 국가 업무를 수행하고 미국 시민을 돕는 ― 대사 등 해외 공관원을 감독하는 것은 국무부 장관이다. 필자가 지난 수십 년 동안 함께 근무하며 알게 된 수많은 미국의 고위 외교관들을 보면, 전체적으로 그들은 수준과 역량이 비범하고 매우 강인한 공직자들이다.

지금까지 다년간 미국의 외교 기관, 즉 국무부는 의회로부터 받는 재원이 항상 부족했으며[부시(41대) 대통령의 짧은 재임 기간은 제외함], 백악관의 소외를 받는 경우가 너무 흔했다. 필자는 국무부가 기막히게 관료적이며 개혁과 구조 조정이 매우 절실하다는 국무부 안팎의 비판에 동의한다. 그러나 대체적으로 국무부의 인적 자본 ― 외교관 자신들 ― 은 놀라운 국력수단이다. 미국의 비군사적 국력수단을 강화하려는 모든 노력에는 당연히 외교력 강화가 그 핵심으로 포함되었을 것이다.

경제적 지렛대

경제력은 한 국가가 그 목표나 목적을 성취할 수 있게 하는 힘으로 오직 군사력에만 버금간다. 강한 군대를 뒷받침하기 위해 강한 경제가 필요하다는 것은 자명한 이치다. 전쟁의 역사를 보면 적의 국내 경제를 약화시키는 조치가 승리 전략의 불가결한 요소였다. 펠로폰네소스전쟁에서 스파르타가 아테네의 농업을 공격한 것부터 영국과 유럽의 교역을 막으려는 나폴레옹의 '대륙봉쇄령'과 현대에 이르기까지 적을 경제적으로 압박하는 다양한 조치가 사용되었다.

이러한 조치 가운데 아마도 가장 포괄적이고 오래 지속된 것은 45년의 냉전 동안 미국이 소련에 대해 취한 조치일 것이다. 미국은 일찍이 1948년 서유럽 동맹국들을 고무해 소련과 그 동유럽 똘마니들에 대한 합동 금수 정책에 합류시키기 시작했다. 그리고 1949년 11월 말에 공식 조직인 대공산권수출통제위원회(Coodinating Committee for Export to Communist Area, COCOM)가 설립되어서 1950년 1월 1일 운영을 개시했다. 초기 금수 목록에는 전략적으로 중요하다고 간주되는 약 130개 품목이 포함되었으나 나중에는 금수 제품·기술이 2000개를 넘을 때도 있었다. 금수 목록에는 또 '실질적으로 전쟁 수행에 기여할 수 있는 핵심 산업 분야의 선별된 품목들'이 포함되었다. 그 목록은 정기적으로 개정되었는데, 당시 대통령의 대소련 외교정책의 지향에 따라 늘기도 하고 줄기도 했다. 미국은 소련의 작황이 나쁜 해에(소련 시절에는 다반사였음) 농산물, 특히 곡물을 기꺼이 소련에 수출했지만, 40여 년 동안 소련의 군사 프로그램 추진이나 경제 시스템의 향상에 조금이라도 도움이 될 만한 것은 모두 금수 목록에 올랐다.

소련 국가보안위원회(Komitet Gosudarstvennoi Bezopasnosti, 이하 KGB)는 이러한 제한을 우회해 매우 요긴한 기술을 은밀하게 획득하기 위해 정교한 비밀 공작을 벌였다. 이 가운데 가장 정교한 공작이 1980년대 초 프랑스에서 발각되었으며, 이후 레이건 행정부 내내 소련에 대해 전략적인 가치가 있는 기술이나 제품을 거부하는 것이 최우선 순위가 되었다. 실로 1940년대 말 이후 미국이 소련에 대해 정치적인 목적 달성을 위해 가장 전략적이고 효과적으로 경제력을 사용한 것은 카터 행정부와 레이건 행정부 때였다.

금수와 기술 거부(denial of technology)가 소련의 경제난을 심화시키고 군사 현대화를 둔화시키는 데 얼마나 효과가 있었는지는 냉전 내내 그리고 그 후에도 뜨거운 논쟁거리였다. 필자는 1980년대 전반기 CIA의 정보 분석 부서장으로서 수출 제한의 효과를 모니터하는 미국 기관들을 감독했는데, 가끔 레이건 대통령의 백악관과 국방부에서 소련인들이 라디오색(RadioShack)*에서 살 수 있는 품목을 수출 통제하는 것은 어리석은 것 같다는 이의를 제기했다. 그럼에도 필자는 소련에 대해 장기적으로 가한 전면적인 경제 압박이 소련의 경제난 악화를 가중시키고 경제 현대화와 무기 개발을 둔화시켰다고 본다.

중국은 소련보다 훨씬 더 약탈적이고 전략적으로 무기 개발 프로그램과 경제에 기여할 수 있는 기술과 장비를 획득해 왔다. 중국은 미국, 일본, 유럽에 대해 다양한 공격 라인을 보유하고 있다. 그것은 첨단 기술과 유용한 기술을 가진 회사 인수, 중국에서 제조업 등 사업을 하려는 외국 회사에게 민감한 공정과 기술을 공유하도록 강요하는 계약, 외국 회사와 정부의 컴퓨터 시스템 해킹, 외국 회사에 두더지* 심기, 노골적인 도둑질 등이다. 미국 등은 이러한 해외 유출을 막는 데 큰 어려움을 겪었으며 경제적 파급 영향도 상당했다. 미국 등 선진국들은 원하는 것을 모두 빨아들이는 중국을 저지하기 위해 분투했으나 허사였는데, 각국 기업들의 이익 추구부터 중국 활동의 기교와 폭에 이르기까지 감당하지 못했다.

냉전 기간과 그 후 미국은 수십 개국을 처벌 대상으로 삼아 미국이 싫어하는 짓을 그만두거나 정책과 행동을 변경하도록 경제제재를 가했다. 일반적으로 경제제재는 두 개의 큰 범주로 나뉜다. 첫째, 무역 제한으로 무기나 기술과 같은 구체적인 품목 또는 더 넓게 거의 모든 미국 수출품에 대한 금수 조치를 포함한다. 둘째, 금융 제한으로 이는 경제원조 등 모든 것에 영향을 미칠 수 있으며 양허적 차관이나 국제금융 시스템에 대한 접근 거부, 해외 보유 자산 동결, 미국 내 달러화 계좌 불허 등과 함께 단순히 은행과 투자자를 위축시키는 것도 포함된다.

경제제재의 효과성에 관해서는 기록상으로 긍정과 부정이 혼재한다. 경제 전체에 영향을 미치는 폭넓은 제한은 국제사회의 광범위한 지지와 시행이 있을 경우에만 주효한다. 남아프리카공화국과 로디지아**에서 정권이 교체되었

- 세계 각지에 있는 미국의 전자 기기 소매 체인점이다(옮긴이 주).
- 상대 조직의 내부에서 활동하는 스파이를 의미한다(옮긴이 주).

을 때, 리비아의 카다피가 핵무기 프로그램을 포기했을 때(미국의 이라크와 아프가니스탄 침공이 그의 주목을 끈 것은 확실하지만), 이란이 핵 개발 계획과 관련해 협상에 임했을 때 그런 광폭 제재가 필시 상당한 영향을 미쳤을 것이다. 1956년 영국, 프랑스, 이스라엘이 이집트를 침공했을 때 아이젠하워 대통령은 파운드화 방어용 차관에 대해 영국의 휴전과 이집트 철수를 조건으로 했다. 또 아이젠하워는 영국과 프랑스가 철수하지 않으면 양국에 대한 서반구의 석유 공급을 차단하겠다고 위협했다. 반면에 쿠바에 대한 미국의 금수 조치는 1962년 이후 시행되었지만 그들의 정책이나 지도부에 뚜렷한 영향이 없었다. 사담 후세인에게 내린 징벌적 제재도 2002~2003년 유엔(United Nations, UN) 사찰단의 이라크 재입국을 끌어내지 못했으며, 북한 정권에 대한 엄중한 제재가 탄도미사일과 핵 프로그램을 중단시키지 못했다.

의회 의원들은 자신들이 반대하는 행동을 하는 국가에 대해 제재하기를 좋아하는데, 대개 그 효과는 정치인들의 정의감을 충족시키고 선거구민에게 강인하게 보이는 것뿐이다. 사실 제재 부과가 단순히 정치적인 제스처로서 주로 미국이 성공에 대한 큰 기대 없이 타국의 나쁜 행동에 대해 무언가 하고 있음을 보여주기 위한 의도일 때가 너무 잦다. 예를 들어 1989년 베이징 천안문광장에서 시위를 잔인하게 진압한 중국에 대해, 그리고 2004년 크림반도를 점령하고 동부 우크라이나에 개입한 러시아에 대해 경제제재가 부과된 것은 아무도 군사적인 대응을 지지하지 않았기 때문이다. 중국에 대한 제재는 아무런 효과가 없었으며, 크림반도 점령 이후의 제재는 러시아 경제에 악영향을 미쳤지만 푸틴 대통령이 제재 해제를 위해 필요한 조치를 검토하지는 않을 것이다(푸틴이 제재 때문에 다른 침략 행위를 자제했을지는 모르지만).

광범위한 경제제재는 강력한 비군사적 권력수단이지만, 효과적인 제재의 영향을 가장 크게 받는 것은 거의 항상 일반 국민임을 대통령이 이해할 필요가 있

●● 1965~1979년 존재했던 남부 아프리카의 국가로, 짐바브웨의 전 이름이다(옮긴이 주).

다. 사담 후세인은 제재가 가장 심했던 기간에 20여 채의 궁을 신축해 방해받지 않고 사치스러운 생활을 즐겼으며 그의 고위 부하들과 정권 관리들도 마찬가지였다. 이와 비슷하게 김정은도 북한 주민들은 굶주리지만 그 자신은 너무 잘살고 있다. 이란의 상황도 똑같다. 사실 대부분의 경우 정권의 암시장꾼들은 자국이 심한 제재를 받을 때 부자가 된다.

한 정부를 협상 테이블로 끌어내거나 정책 변경을 유도하는 데는 두 종류의 제재가 효과적인 것 같다. 하나는 (이란에서 2009년 말부터 2013년 사이와 2017년에 다시 시작된 봉기처럼) 민중 봉기의 위험을 일으킴으로써 정권의 양보를 받아낼 정도로 가혹한 제재다. 다른 하나는 주로 지도부 엘리트를 직접 타격하는 제재인데, 해외 개인 재산의 몰수와 동결, 여행 금지, 그들의 사업 이익을 겨냥한 제재 등 개인을 대상으로 하는 조치다.

지금까지 필자가 타국에 고통을 주는 경제력의 사용에 관해 서술했지만, 긍정적인 경제정책과 행위도 있다. 그러한 정책은 미국의 국제 영향력(과 권력)을 강화하고, 미국이 바라는 대로 각국 정부가 성공하도록 고무하거나 그들의 미국에 대한 지원에 보답하는 것이었다. 그중 가장 중요한 것은 주로 미국 기준에 따라 국제 경제협력을 강화하는 제도를 창설한 것이었다. 1944년 뉴햄프셔주 브레턴우즈에서 체결된 협정으로 국제통화기금(International Monetary Fund, IMF)과 국제부흥개발은행[International Bank for Reconstruction and Development, IBRD, 후일 세계은행(World Bank)으로 흡수됨]이 창설되면서 이 과정이 시작되었다. 1947년 발표된 마셜플랜은 전후 유럽의 재건을 지원하려는 목적이었다. 마셜플랜은 경제적으로 황폐한 유럽에서 공산당이 총선에 승리하거나 소련식 혁명의 제물이 될지 모른다는 깊은 우려에서 탄생했다. 그와 동시에 이 모든 구상이 현실적으로 미국 자체의 정치적·경제적 국익에도 도움이 된다고 보았다.

이와 비슷하게 전후 미국의 양대 정당 정치인들은 1920년대와 1930년대의 무역·관세 전쟁이 대공황을 급격히 악화시키고 제2차 세계대전의 발발을 촉진했다는 일반적인 신념을 반영해 국제 경제협력과 자유무역에 헌신했다. 후일 한 전문가는 "어디서든 자유무역을 향한 일보 전진은 냉전에서 이기려는 서방세계의 일보 전진이었다"라고 서술했다. 제2차 세계대전 후 미국은 자유무역 진흥을 넘어 유럽 동맹국, 일본 그리고 나중에 한국에 양허적 무역조건을 제공했다. 그들이 우리에게 호혜적 양허를 거부했음에도 우리는 그들의 수출과 기업에 우리의 국경을 개방했다. 이러한 일방적인 협정의 후유증은 그 국가들이 경제적으로 회복한 뒤에도 오래 존속했으며 2016년 미국 대선에서 이슈가 되었다.

미국의 대외 정책 도구함에는 다른 경제적인 도구도 있는바, 미국수출입은행(Export-Import Bank of the United States)을 통한 차관, 해외민간투자공사(Overseas Private Investment Corporation, OPIC)와 그 후속 기관의 보험계약을 통한 미국 기업의 해외투자 촉진, 최혜국대우(미국의 수입품에 대해 상당한 관세 감면을 초래함) 연장, 금융 지원, 통화안정, 채무 재조정, 국제통화기금과 세계은행을 통한 차관 승인 등이다.

제2차 세계대전 이후 국제 경제협력 수단의 개발과 지원을 강조하고 지정학적 목적을 위해 미국의 경제력을 사용하던 것은 일찍이 1960년대부터 시들기 시작했다. 트럼프 대통령이 선출될 때까지 국제 무역협정이 계속 추진되었으나 그런 협정은 주로 경제적인 목적에서 추진되었으며 좁은 의미에서 대외 정책이나 국가안보 목적을 성취하려는 것은 아니었다. 1990년대 초 이후 비준을 위해 상원에 제출된 거의 모든 무역협정이 거친 반대에 부딪쳤다. 공화당과 민주당을 불문하고 노조, 환경주의자, 경제 국수주의자 등이 그런 협정을 그다지 좋아하지 않았으며 그런 협정을 지지하는 미국 내 정치 환경이 꾸준히 악화되었다. 지금까지 수십 년 동안 미국의 지(地)경제적 권력 행사 — 국익을 보호하고 증진하며 유리한 지정학적 결과를 산출하기 위한 경제적인 수단의 사용 — 는 점차 드문 일이 되었다. 미국 대통령은 우리의 경제적 권력을 주로 글로벌한 처벌 수단으로 보게 되었다.

미국의 정치 지도자들이 다자간 무역·경제 동반자 관계에 대한 열의를 상실하면서 그 기회를 중국이 보고 두 손으로 낚아챘다. 2013년 시진핑 주석이 중앙아시아, 서아시아, 중동, 유럽, 동아프리카를 묶는 인프라 건설을 목표로 일대일로 구상(Belt and Road Initiative, BRI, 실크로드 경제권과 21세기 해상 실크로드를 아우름)을 발진시켰다. 중국은 이 프로젝트의 재원을 조달하기 위해 2015년 아시아인프라투자은행(Asian Infrastructure Investment Bank, AIIB)을 창설했는데, 2019년 기준으로 70여 개국이 가입했다. 오바마 대통령의 주요 정책 중 잘못된 것 하나가 그 은행의 창설을 저지하려고 했으나 실패했으며 미국의 가장 가까운 동맹국들이 대거 가입했음에도 가입을 거부한 것이었다. 중국은 이러한 구상을 통해 지정학적·경제적으로 상당한 이득을 누릴 잠재성을 가지고 있다. 한편 중국의 수출입은행은 2015년 800억 달러가 넘는 차관을 제공했지만 아시아개발은행(Asian Development Bank, ADB)이 같은 해 제공한 차관은 270억 달러에 불과했다. 2017년에는 트럼프 대통령이 미국의 환태평양경제동반자협정 탈퇴를 선언했을 때(이것도 미국의 주요 실책이었음), 시진핑 주석이 즉각 배턴을 넘겨받아 중국이 무역자유화를 선도할 것이라고 다보스에서 선언했다. 요컨대 중국은 경제력을 전략적 목적으로 사용하는 장기전을 펼치고 있는 것으로 보이는데, 이는 제2차 세계대전 후 미국이 했던 것과 똑같은 방식이다. 미국이 이 게임을 다시 가져올 수 있을까? 자국 회사들의 해외투자를 강요할 수 없는 민주국가가 독재적 국가자본주의와 벌이는 이 시합에서 경쟁할 수 있을까?

다른 나라는 규모는 더 작지만 자신들의 경제적 영향력을 더욱 분명하게 지정학적 목적을 위해 사용한다. 사우디아라비아, 아랍에미리트, 카타르, 이란, (부유했을 때의) 베네수엘라 등이 그랬다. 1973년 석유수출국기구(Organization of the Petroleum Exporting Countries, OPEC)가 욤키푸르전쟁(Yom Kippur War, 제4차 중동전쟁)에서 이스라엘을 지원한 미국을 응징하기 위해 취한 석유 금수 조치를 생각해 보라. 모든 국가가 타국과의 관계에서 경제적 우위를 추구한다. 본질적인 질문은 어느 국가가 경제력을 동원해 자신의 지정학적·지(地)전략적 목적을 성취하려고 하는지다.

사이버 역량

최근까지는 군사력과 경제적 지렛대의 사용 – 또는 위협 – 이 가장 겁나는 권력수단이었다. 그러나 오늘날에는 사이버전 역량이 일국의 병기고에서 가장 강력한 무기가 되었다고 주장할 수 있다. 그런 역량의 보유국은 타국의 군 구조와 무기 체계에 침투해 무력화하거나 방향을 바꿀 수 있고, 민간 인프라·금융 시스템·통신을 마비시킬 수 있는 능력이 있다. 또한 파괴 코드 부식, 서비스거부(denial-of-service) 공격 등에 따라 네트워크를 통제하거나 파괴함으로써 대혼란을 일으키고 민주주의 프로세스에 개입해 국내의 분열상을 악화시킬 수 있다. 표적 국가의 경제와 인프라가 더 발달하고 무기와 통신이 더 첨단일수록 그 국가는 사이버 공격에 더 취약하다.

재래식 군사 공격은 신속한 보복을 촉발하기 마련이다. 그러나 사이버 공격의 원점은 의심의 여지없이 입증하기 어려우며 시간이 걸린다. 곤란하게도 공격이 광범위할수록, 따라서 보다 치명적인 보복이 예상될수록 피해국은 실제로 누가 사이버 공격을 개시했는지 확인할 필요성이 커진다.

사이버 수단은 오랫동안 정부 수중에 있었는바, 각국 정부는 그 수단을 통해 주로 상대국의 민·군 기술 진보에 관한 정보기관 첩보*를 모으고 기업의 기술이나 (입찰 등의) 금융 정보를 훔치며 방첩 활동을 수행했다. 수십 개국이 오랫동안 이런 활동을 수행했다. 2000년대 초부터 미국 방산 회사의 컴퓨터 시스템을 겨냥한 사이버 공격이 있었는데, 특히 무기 개발에 관한 기술 정보를 훔치려는 것이었다. 전문가들의 결론에 따르면 그중 대부분은 중국 군부가 공격 근원일 가능성이 가장 높지만 경쟁 기업의 스파이나 해커의 소행일 가능성도 배제할 수 없었다. 펜타곤은 매일 수천 번의 사이버 공격을 받는데 대부분이 정

---

* 정보기관 첩보(intelligence information)는 사용자가 여러 출처 가운데 정보기관(intelligence) 으로부터 제공받는 첩보를 의미한다(옮긴이 주).

보 수집 목적이다. 미국 인사관리처(Office of Personnel Management, OPM)가 해킹되어 약 2150만 명의 전·현직 공무원의 개인 정보가 유출되었다. 중국의 소행으로 의심되었으며 2017년 8월 연방수사국(Federal Bureau of Investigation, FBI)은 해킹과 관련된 한 중국 국민을 체포했다. 물론 해커들이 사이버 수단을 이용해 돈을 절취하고 회사나 개인을 볼모로 돈을 요구한 지는 오래되었다.

파괴적·정치적 목적의 사이버 역량 사용이 확대된 것은 비교적 근래의 일이다. 러시아인들이 유별나게 공격적이었는데, 2007년 봄 에스토니아 의회, 은행, 정부 부처, 신문사, 방송사 등을 겨냥한 사이버 공격이 있었다. 2008년 8월 러시아군이 조지아를 침공하기 약 2주 전 다수의 조지아 웹사이트가 해킹되었는데, 특히 조지아 대통령의 웹사이트가 새로 프로그래밍되어 그가 아돌프 히틀러(Adolf Hitler)에 비유되었다. 2014년 러시아군이 크림반도를 침공하고 동부 우크라이나를 공격했을 때 광범위한 사이버 공격도 사용했다. 2017년 이란군은 사우디아라비아의 국영 석유 회사 아람코(Aramco)를 대상으로 다수의 사이버 공격을 감행해 수만 대의 컴퓨터 하드드라이브를 불태웠다.

이보다 훨씬 위험한 것은 활성화되면 상대국의 경제와 일상생활에 대혼란을 일으킬 수 있는 코드를 핵심 인프라와 경제 제도에 부식할 수 있는 여러 국가의 능력이다. 다수의 국가가 이러한 능력을 보유하고 있고 잠재적으로 장래에 사용하기 위한 코드를 이미 부식했다고 보는 것이 합리적이다. 거대 강국들, 특히 미국, 중국, 러시아 등은 서로 큰 전쟁에 버금가는 그런 대규모 공격을 자제하리라는 것이 필자의 생각이지만, 북한이나 이란이 체제를 위협받을 경우에도 똑같을 것이라고 말할 수는 없다. 테러 단체와 같은 비국가 행위자들이 그런 역량을 획득할 경우, 어느 국가도 그들의 사이버 위협 자제를 기대할 수 없다. 우리는 핵 확산에 관해 우려하지만 사실 사이버 무기가 핵무기보다 사용될 가능성이 더 크다. 사이버 무기가 잠재적으로 더 큰 피해를 초래하고 공격자의 위험은 훨씬 덜하며 공격자를 추적하기도 더 힘들기 때문이다. 사이버 역량은 공공연하게 또는 비밀리에 사용되어 군사적·경제적 표적에 큰 영향을 미칠 수 있기 때문에 가장 용도가 다양한 권력수단이다. 또한 사이버 역량을 통해 정치적 목표 성취, 추종자 포섭, 제도에 대한 신뢰 훼손 등이 가능하며 의사결정과 수백만 명의 사생활이 영향을 받을 수 있다. 다음에 논의하듯이 사이버 역량이 민주화와 개혁을 위한 힘으로도 쓰일 수 있지만, 악의를 가진 정부와 비정부기구(Non-Governmental Organization, NGO)의 수중에 있다면 매우 강력한 도구가 된다.

한 국가가 목적을 달성하고 국익을 증진하는 데 꺼내 쓸 수 있는 도구함 속에는 비강제적 도구도 다수 들어 있다. 이러한 권력수단은 일국이 자국의 목표에 대한 지지를 획득하는 데 도움을 주는 방향으로 다른 국가의 태도와 인지와 정부 의사결정에 영향을 미친다. 감탄과 조소를 다 담아 '소프트(soft) 파워'라고 묘사되다가 최근에는 '스마트(smart) 파워' 또는 '샤프(sharp) 파워'로도 묘사되는 이러한 도구는 지난 수천 년 동안 모든 형태의 정부(와 종교)에서 사용해 왔다. 단지 기술이 변했을 뿐이다.

제2차 세계대전부터 냉전 종식에 이르는 대부분의 기간 동안 미국은 그러한 종류의 영향력 수단을 사용하는 데 압도적으로 성공한 국가였다. 그러나 미국은 성공의 정점에서 ─ 소련 붕괴와 냉전 승리 이후 ─ 이러한 역량을 해체하기 시작하더니 다른 나라, 특히 중국이 이 분야에서 경쟁하기 시작하는 것을 보게 되었다.

개발원조

제2차 세계대전 이후 미국의 경제원조는 대부분 유럽의 재건에 중점을 두었다. 냉전이 심화되면서 트루먼 행정부는 미국이 '제3세계' 국가들에게 민주화와 시장 지향 프로그램이 그들의 경제와 사회를 발전시키는 데 도움이 될 수 있음을 보여줄 필요가 있다는 결론을 내렸다. 이러한 구상은 1949년 트루먼 대통령이 취임사에서 네 개 항의 대외 정책을 천명하며 공식 발표되었다. 그가 제시한 네 번째 목표는 미국이 이룬 과학과 산업 발전의 혜택이 저개발 지역의 향상과 성장에 도움을 주도록 하는 대담한 신규 계획에 착수하는 것이었다.

> 세계 인구의 절반 이상이 참상에 가까운 조건에서 살고 있다. 그들은 식량이 부족하고 질병에 시달리고 있다. 그들의 경제생활은 원시 상태에서 정체되어 있다. 그들의 빈곤은 그들뿐만 아니라 잘사는 우리에게도 핸디캡이자 위협이다. (……) 우리가 다른 국민을 원조하기 위해 쓸 수 있는 물질적 자원은 유한하다. 그러나 우리의 헤아릴 수 없는 기술적 지식은 끊임없이 성장하고 있고 무궁무진하다.

미국 정부의 개발원조는 1961년 의회가 케네디 대통령의 지지를 받아 '해외원조법(Foreign Assistance Act)'을 통과시킬 때까지 다양한 기관을 통해 이루어졌다. 그 법에 따라 창설된 미국국제개발처는 지금까지 존속하고 있다. 수십 년 동안 국제개발처는 개도국의 많은 사업을 지원하면서 보건, 가족계획, 의료 제공에 중점을 두었다. 또한 국제개발처는 교사 훈련, 교과과정 개발, 교과서와 학용품 공급, 빈민의 취학 기회 확대 등을 추진했다. 국제개발처는 원조를 제공하면서 정치제도 발전, 선거 실시, 정당 결성, 시민사회 단체 창설 등을 촉진했다. 또 국제개발처는 농업 기술과 마케팅 향상, 소액 금융 육성 등과 같은 경제 사업을 지원하고 도로와 발전소 건설과 상수도 공급 위주로 인프라 건설 프로젝트도 지원했다.

미국 국내에서는 개발원조가 모든 대외 정책 수단 가운데 항상 가장 인기가 없었다. '해외 원조' 자금이 국내 소요에 쓰여야 한다고 생각하는 미국인이 많으며 미국이 실제로 지출하는 금액은 크게 과장되고 있다. 사실 미국은 국내총생산 대비 개발원조 지출에서 세계 21위로 뉴질랜드, 포르투갈, 그리스 등과 같은 국가에 뒤진다. 국제개발처의 임무가 국내에서 인기가 없었기 때문에 그 역사가 파란만장한데, 1995년에 하원은 국제개발처 폐지안을 표결에 부쳤다. 폐지안은 부결되었으나 1997년 빌 클린턴 대통령이 국제개발처를 국무부 내 조직으로 통폐합했다. 이듬해 의회가 또다시 이 기관을 폐지하도록 대통령에게 수권했지만 클린턴이 거부했다.

1993년 필자가 중앙정보장(Director of Central Intelligence, DCI)*을 그만둘 때 국제개발처 직원이 1만 5000명을 넘었다. 대부분의 직원이 헌신적이고 숙련된 경력직 전문가였으며 다수가 열악하고 대체로 불안전한 환경의 개도국에서 근무하고 있었다. 2006년 필자가 국방부 장관으로 공직에 복귀했을 때 국제개발처 직원이 약 3000명으로 감축되었고 그들 대부분이 도급업체를 관리하고 있다는 말을 들었다. 필자로서는 미국이 오랫동안 지배했던 중요한 무대에서 미국 스스로 일방적으로 무장해제했다고 본다. 필자는 2007년 11월 26일 캔자스 주립대학교에서 다음과 같이 공개적이고 비판적으로 연설했다. "이라크전쟁과 아프가니스탄전쟁의 가장 중요한 교훈 중 하나는 군사적 성공이 승리의 충분조건이 아니라는 점이다. 경제발전, 제도 구축과 법의 지배, 내부 화합 촉진, 선정(善政, good governance), 대국민 기본 서비스 제공, 토착 군·경찰 부대의 훈련, 무장, 전략적 소통 등이 안보와 결합해 장기적 성공의 필수 요소가 된다." 필자는 "세계의 다른 지역에 관여하고 지원하며 소통할 수 있는 미국의 능력이 형해만 남았다"라고 개탄했다.

클린턴 행정부 시절 국제개발처 예산이 급감해 2000년에는 기관 역사상 최저 수준으로 곤두박질했다. 그러나 조지 W. 부시(43대) 대통령 때 아프가니스탄, 이라크, 파키스탄에서 벌인 테러와의 전쟁에서 원조를 중요한 수단으로 보았다. 국제개발처 재원이 2001년과 2009년 사이에 실질 기준으로 배 이상 증

---

* 미국 정보 공동체를 통합하는 수장으로 CIA 부장이 겸직했다가 2004년 '정보개혁·테러방지법'에 따라 권한이 대폭 확대된 국가정보장(Director of National Intelligence, DNI)으로 이름이 바뀌면서 겸직이 폐지되었다(옮긴이 주).

가했다. 오바마 대통령 시절 국제개발처 원조 예산이 2011년까지 완만하게 증가한 후 2014~2016년 약 180억에서 200억 달러 수준으로 안정되었는데, 이는 미국 정부의 전체 해외 원조에서 절반 이상을 차지했다(식량 원조는 농무부 예산에서 나옴). 의회의 제한과 '예산의 특별 배정'이 국제개발처의 업무 효과를 억제할 때가 많다 ─ 상당한 금액이 이스라엘, 이집트, 그 밖에 소수의 국가를 위해 관례적으로 따로 배정되면서 다른 용처가 방치된다. 트럼프 대통령의 첫해 예산이 국무부와 국제개발처 예산을 약 30% 삭감한 것은 일대 전환점이었다. 개발원조가 트럼프의 우선순위에 들지 않은 것이 분명했다. 의회가 이러한 예산 급감을 저지했으나 재원 증액 노력을 기울이지는 않았다.

불행히도 트럼프의 결정은 중국 지도부가 이러한 정책 도구를 보다 야심 차고 정교하게 사용하는 방법을 간파한 직후였다. 잠재적으로 가장 중요한 중국의 개발 계획이 '일대일로 구상'인데, 무려 60개국에서 잠정적으로 수조 달러를 들여 ─ 도로, 철도, 공항, 석유와 천연가스 파이프라인, 교량, 항구 등 ─ 인프라 건설과 경제개발 프로젝트를 추진하는 사업이다. 미국을 포함한 다른 나라는 그토록 야심 찬 계획을 수행할 역량이나 구조를 갖추고 있지 않지만, 중국은 국유 기업들에게 그런 프로젝트에 투자하도록 지시할 수 있다.

유럽연합, 개별 유럽 국가, 일본은 모두 왕성한 개발원조 프로그램을 운영한다. 2013년 유럽연합과 그 회원국들은 150개국에 대한 개발원조로 565억 유로를 지출했다. 일본은 처음에 아시아·태평양 지역에 치중해 원조하다가 지금은 엔화 차관, 무상 원조, 기술 협력 등의 형태로 아프리카에도 상당히 원조한다. 2014년 일본은 아시아개발은행의 최대 출자국이었다.

1971년 이후 미국의 신규 개발원조 프로그램 가운데 가장 중요한 것은 부시(43대)와 트럼프 대통령 때 만들어졌다. 2004년 의회는 사회경제 개발의 성과를 제고하기 위해 선별된 국가에 금융을 지원하고 국제개발처가 운영하는 일부 개발 프로그램에 자금을 대기 위해서 새천년도전공사(Millennium Challenge Corporation, MCC)라는 완전히 새로운 기관을 설립했다. 2003년 부시 대통령이

'에이즈 구제를 위한 대통령 비상계획(President's Emergency Plan for AIDS Relief, 이하 PEPFAR)'을 수립해 국무부 내 신설 부서의 감독을 받게 했다. 2018년 트럼프 대통령 때 해외민간투자공사를 대체해 설립된 미국 국제개발금융공사(United States International Development Finance Corporation, USIDFC)는 중국의 해외투자에 대응하려는 목적이며 중국의 일대일로 구상에 따라 자금을 지원받는 프로젝트처럼 국가가 주도하는 프로젝트를 대상으로 탄탄한 금융 대안을 제공한다. 의회는 국제개발금융공사를 창설하면서 총투자 한도를 290억 달러에서 600억 달러로 증액했다. 놀랍게도 이 모든 프로그램이 양당의 폭넓은 지지를 받았는데 이는 개발원조, 즉 해외 원조에 회의적인 의회의 오랜 역사를 바꾼 것이었다. 대부분의 개발원조가 매우 바람직한 계획을 가진 최빈국에 제공되기 때문에 그런 원조를 원조국의 영향력이나 지렛대로 환산하기는 어렵다. 그러나 그런 활동이 내재적 가치가 있으며 친선 구축의 기회를 제공한다는 것은 의문의 여지가 없다. 부시의 PEPFAR 구상이 아프리카에서 폭넓은 인정과 칭송을 받았는데, 이는 드문 일이었다. 불행히도 미국은 원조를 받는 국가와 지역에서 또는 세계적으로 개발원조 활동을 거의 홍보하지 않는다. 이와 반대로 중국은 개발 프로젝트를 활용해 수혜국 지도자들을 키우고 (보답하며) 원조를 진출과 영향력으로 전환시키는 데 매우 능숙한 듯하다. 일대일로 구상의 범위와 대담성은 개발원조의 잠재력을 보여주는 본보기다.

개발원조의 하위에 인도주의 원조와 재난 구호가 있다. 미국이 자연재해를 겪은 다른 나라에 제공한 인도주의 원조의 총규모는 인류 역사상 유례가 없다. 2016년 한 해에만 미국은 약 65억 달러의 원조를 50여 개국에 제공했다. 1975년부터 2013년까지 미군이 175차례 이상 인도적 목적으로 투입되었다. 미국은 이런 일을 오래전부터 해왔는데, 제1차 세계대전 직후에 미국 구호청(American Relief Administration, ARA)과 자선단체들이 벨기에와 헝가리에 식량을 원조하고 1921년에는 기근이 든 소련에 1100만 명분의 식량을 보냈다. 자연재해와 더불어 위기의식이 조성되기 때문에 구호 활동을 벌이는 미군의 출현은 장기 개발

원조보다 더 굳건한 친선을 낳는다. 다음과 같은 네 가지 사례가 미국이 쏟을 수 있는 독특한 역량을 보여준다.

2004년 12월 6일 대단히 파괴적인 지진과 쓰나미가 동남아를 덮쳐 14개국에 피해를 입히고 약 25만 명의 목숨을 앗아갔다. 이듬해 1월 초 미국 항공모함 에이브러햄링컨호, 1000개 병상을 가진 병원선 머시호 등 20여 척의 함정과 75대의 항공기가 출동했고, 1만 2000명의 해군과 해병대 장병이 현장에서 구호, 구조, 의료를 제공했다. 이 대규모 활동이 인도네시아의 여론에 상당한 영향을 미쳐 미국에 대한 긍정적 태도가 15%에서 38%로 증가했다. 이 개선은 절대적인 수치로는 작지만 상대적으로 보면 컸다.

2005년 10월 파키스탄령 카슈미르에서 지진이 발생해 약 8만 명이 목숨을 잃고 400만 명이 집을 잃었을 때, 현지 파키스탄인들이 미군의 구호 활동에 깊이 감사했다. 그러나 이후 몇 년 동안 미국과 파키스탄 관계가 크게 악화되는 바람에, 2010년 7월 홍수로 파키스탄의 5분의 1이 침수되어 우리가 구호 활동을 벌였을 때 - 필자의 건의로 - 파키스탄 군 장교가 보급품을 공수하는 미국의 모든 헬기에 동승해 미국이 도우러 왔을 뿐임을 현지인들에게 설명해야만 했다.

2010년 1월 아이티 지진 후 우리는 17척의 해군 선박, 48대의 헬기, 약 1만 명의 병력을 파견해 식량 공급, 항구와 도로 복구 등을 지원했다. 2011년 3월 일본에서 역대급 지진과 쓰나미(대형 원전 사고를 포함함)가 발생했을 때, 항공모함 로널드레이건호 등 24척의 선박, 189대의 항공기, 2만 4000명의 해군과 해병대 병력이 대응 활동을 벌여 일본인들의 엄청난 찬사를 받았다.

미국은 항상 전 세계적으로 그러한 재난 구호 활동을 벌인다. 파키스탄에서처럼 일부 예외는 있지만 미국의 활동은 감사와 존경을 - 비록 일시적이라고 해도 - 받는다. 인도적인 지원을 제공하는 미국의 역량과 경험은 그 자체로 가치가 있지만, 그런 활동을 수혜국과 세계의 여타 지역에 잘 전파함으로써 그 속에 내재된 권력을 제고할 수 있다. 왜냐하면 그들은 미국의 공헌을 모른 채 마냥 행복할 때가 많기 때문이다. 미국이 자신들의 선행을 홍보하고 활용하지 못하는 것은 전략적 소통 기회를 아깝게 놓치는 것이다.

소통

미국과 소련이 서로 국제적인 사건에 대한 자신들의 입장과 상대의 흉악성을 알리는 동시에 자국의 정치·경제 체제의 우월성을 전 세계인에게 홍보하기 위해 벌인 엄청난 활동이 냉전 결과에 중요하게 작용했다. 미국에서 이러한 활동의 구심점은 1953년 아이젠하워 대통령이 창설한 미국공보처였다. 제2차 세계대전 기간과 냉전 초기에 시작된 사업과 조직이 포괄적으로 공보처의 기반이 되었으며 "미국의 이야기를 세계에 알려라"가 공보처의 좌우명이 되었다. 공보처는 해외 조직인 미국공보원(United States Information Service, USIS)을 통해 운영한 도서관과 전초기지로 글로벌 네트워크를 수립했으며, 그곳을 민주주의, 역사, 미국 문화 등 광범위한 주제에 관한 책과 잡지로 채웠다. 한 파키스탄 장군은 자신이 카라치에 있는 미국공보처의 도서관에서 영어를 익혔다고 필자에게 말했다. 공보처의 주관하에 미국의 악단, 연예인, 강사, 연구자들이 문화 교류의 일환으로 세계를 여행했다. 미국으로 유학을 올 학생과 해외에서 공부할 미국인들을 위한 교환 프로그램이 수십 개국에서 시행되었다. 전 세계에 뉴스와 오락을 방송한 미국의 소리(Voice of America, VOA)는 수백만 명에게 뉴스를 객관적으로 전했는데, 미국의 소리가 없었다면 그들은 현지 정부가 통제하는 매체에 의존했을 것이다. 에드워드 R. 머로(Edward R. Murrow, 케네디 행정부), 찰스 Z. 윅(Charles Z. Wick, 레이건 행정부) 등이 이끈 공보처와 미국의 메시지는 지구 구석구석까지 닿았다. 그것은 정교하고 효과적이었으며 강력한 수단이었다.

CIA도 처음에는 자유유럽방송(Radio Free Europe/Radio Liberty)이라는 자체 방송국을 운영하다가 나중에 독립된 관리 기관으로 이관했다. 또한 CIA는 은밀한 수단을 써서 수백만 권의 책, 잡지, 기록물, 녹음테이프 등을 철의 장막 너머로 밀반입했다. 모두 소비에트 체제의 압제적 성격, 러시아 역사, 서방의 민주주의와 자유에 초점을 맞춘 것이었다. 주요 사례를 들자면 소련의 정치범 수용 시스템을 생생히 묘사한 알렉산드르 솔제니친(Aleksandr Solzhenitsyn)의 『수용소군도(The Gulag Archipelago)』를 축소판으로 만들어 무수히 소련으로 반입시켰다. 다른 첩보 공작을 통해서는 소련 국내와 동유럽의 추악한 인권 기록과 그들이 제3세계 대리인들을 지원한 활동을 공개했다. CIA는 또한 일군의 신문 등 간행물을 지원해 공개 사회, 자유 시장, 자유 토론 등의 중요성에 관한 사상을 전파시켰다. 1980년대 중반 CIA는 다수의 신문 기사, 텔레비전 방송, 전시회를 후원하며 소련이 아프가니스탄에서 저지르는 행태를 알렸다.

냉전 기간 미국의 커뮤니케이션 활동이 힘을 발휘했는데, 그것은 미국이 소련과 그들의 활동에 관해 오직 진실을 말했기 때문이다. 그리고 미국의 소리 같은 매체는 미국의 문제도 기꺼이 다루었는데, 이는 가끔 백악관을 실망시켰지만 방송의 신뢰도를 높였다.

물론 소련도 자체적으로 글로벌한 통신 기관을 보유했으며, 미국처럼 자체 방송 역량을 가지고 있었고 전 세계에 문화예술단과 운동선수단을 파견했다. 그리고 소비에트 체제의 우월성을 홍보하는 번지르르한 간행물을 배포하고 소련에서 공부할 교환학생들을 초청했다. 또한 KGB가 열심히 뛰었는데, 아프리카에서는 CIA가 에이즈 유행병을 만들어냈다는 비난을 널리 퍼뜨렸다. 남아시아에서 KGB는 인디라 간디(Indira Gandhi) 인도 총리의 암살이 미국의 소행이라고 비난하는 데 많은 시간과 돈을 썼다. 제3세계 전역에서 그들은 미국이 현지 아기들을 납치해 그 신체 부위를 장기 이식 수술에 쓰고 있다는 이야기를 퍼뜨렸다. 이런 이야기 중 일부는 자체 생명력이 있어 소련이 붕괴되고 한참 후에도 이어졌다.

냉전 종식 후 미·러 양국에서 모두 커뮤니케이션을 위한 강력한 대외 정책 수단들이 급속히 약화되었다. 러시아에서는 정부가 거의 붕괴되었기 때문이었고, 미국에서는 예산 삭감과 관료적·정치적 술책으로 1999년 공보처가 폐지되고 그 잔여 기능이 국무부의 일부로 편입되었기 때문이다. 2001년 미국의 국제 커뮤니케이션 역량, 즉 '공공 외교'는 냉전 시대와 비교하면 희미한 그림자만 남았다.

대외 정책의 중대 요소로서 미국의 메시지 전파의 중요성이 너무나 명백하게 된 것은 2001년 9월 11일 알카에다의 미국 공격과 뒤이어 아프가니스탄과 이라크에서 전쟁이 벌어진 후였다. 놀랍게도 2005~2006년경 테러리스트들은 미국보다 더 좋고 효과적인 커뮤니케이션 전략을 가지고 있는 것 같았다. 필자는 국방부 장관이 된 직후 오사마 빈 라덴(Osama bin Laden)을 지칭해 "동굴 속에 있는 놈이 어떻게 국외로 소통하고 홍보할 수 있는가?"라고 물었다. 알카에다와 ISIL이 인터넷을 사용해 메시지 전달, 공포감 조성, 요원 모집 등을 수행하면서 상황이 악화 일로가 되었다.

각국은 항상 국내 정치 및 우방과 적국의 대외 정책에 영향을 미치려고 여러 형태의 커뮤니케이션을 사용했지만, 인터넷이 발달하며 그러한 '첩보 공작(information operations)'의 잠재적 위력이 차원을 달리하게 되었다. 가장 뚜렷한 예를 들자면 러시아가 소셜 미디어 등 어플리케이션을 사용해 영국의 유럽연합 탈퇴(Britain + Exit, Brexit) 국민투표, 2016년 미국 대선, 2017년 프랑스 대선에 개입한 것이다. 아직 수사할 것이 많지만 가능성이 있는 개입 경로를 보자면 전자 투표기와 명부 해킹하기, 유권자의 개인 정보 수집하기, 엉터리 정보 심기, 특정 후보 선전하기 등이다. 간단히 말해 당파적·인종적 감정을 불러일으키고 내부 분열을 심화시킬 만한 거짓 정보를 심는 것이다. 또 다른 목적은 보다 일반적으로 서방에서 선거의 정당성을 훼손함으로써 민주주의 제도에 대한 신뢰를 저해하려는 것이다. 타국 선거에 대한 개입이 새로운 것은 아니지만 오늘날의 가용 수단은 질적인 면에서 더욱 광범위하고 효과적이다.

오늘날 미국이 메시지를 전파할 때 맞이하는 도전 과제는 냉전 시절과 판이하다. 그 시절 소련과 동유럽 인민들은 미국의 소리와 자유유럽방송 같은 채널이 진실을 전달한다고 신뢰했으며, 일반적으로 자국의 공산당 지도자들을 중

오하고 미국을 자유세계의 표준적인 수호자로 보았다. 냉전이 끝나고 9·11 이후의 세상에서 특히 중동의 많은 사람들은 미국을 좋아하지도 신뢰하지도 않는다. 중국 정부가 미국을 적대시하기 때문에 그러한 중국인들도 늘어날 것이다. 따라서 미국의 메시지 전파는 그만큼 더 어려워졌다.

연중무휴의 케이블방송, 즉각적인 뉴스와 소통, 스마트폰, 인터넷 등 기술이 발달한 시대에 정보활동은 훨씬 더 정교해지고 더 쉽게 위장된다. 러시아는 해외 케이블·인터넷 네트워크에 자신들의 이야기와 가짜 정보를 부식하고 도발적인 분열 메시지를 확산시키는 프로그램을 이식했으며, 서방의 정보와 뉴스의 출처를 조작하는 기술을 다양하게 개발했다. 러시아가 하는 것을 모두 복제할 수 있는 중국은 보다 전략적으로 전 세계, 특히 개도국의 미디어 회사에 투자했는데, 이는 콘텐츠에 대한 통제까지는 아니더라도 영향력을 확보하려는 것이다. 중국인들은 중국에 관한 메시지를 만들고 중국의 정책을 선전하기 위해 서방의 연구소에 투자하고 공자학원(Confucius Institute) 같은 조직을 창설했는데, 미국 등 전 세계 교육기관에 수백 개의 공자학원을 설립했다. 또한 중국인들은 다른 미디어·문화 단체와도 제휴해 중국의 진출을 돕고 있다.

이와 대조적으로 현대적인 커뮤니케이션과 홍보, 그리고 인터넷 자체를 만들어낸 미국은 자국의 메시지를 전파하고 미국의 적과 경쟁자들의 메시지에 대항하며 미국의 제도를 방어하고 공세로 전환하기 위한 효과적인 정보활동 전략, 정책, 적정 역량을 결여하고 있다. 미국이 ISIL 등 테러리스트를 상대로 이러한 도구 중 일부를 사용했지만, 러시아와 중국에 대해 특히 그들의 홈그라운드에서 대처할 방도는 아직 찾지 못했다. 미국은 러시아와 중국 내 개인 해커들, 그들의 조직이나 후원자들과 맞섰지만 그들의 전술이 널리 자국 내부로 향하도록 전환시킬 전략을 결여하고 있다. 이처럼 공세적인 정보전(과 반격) 역량이 결여된 데다 설상가상으로 러시아와 중국은 신기술을 이용해 자국민들이 인터넷과 소셜 미디어에 접근하는 것을 통제한다. 특히 중국은 인공지능을 사용하는 기술을 개발해 자국민에 대해 더욱 완전한 통제력을 행사한다.

대부분의 정부가 지금은 보편화된 소셜 미디어의 도전을 받고 있다. 어떤 면에서 보면 아랍의 봄(Arab Spring)은 전체적으로 그러한 소셜 미디어의 산물이었다. 가령 2011년 1월 이집트 젊은이들은 튀니지 소요에 관해 페이스북(Face-book) 페이지와 블로그를 읽고 자신들의 카이로 타흐리르(Tahrir)광장 시위를 조직했다. 오만, 예멘, 요르단, 바레인, 사우디아라비아 등지로 시위가 번졌다. 리비아 수도 트리폴리에서는 페이스북 등 소셜 미디어를 통해 역내 다른 곳에서 발생한 사태를 알고 대담해진 시위자들이 카다피 정권의 무자비한 소요 진압 활동에 저항했다.

중국과 러시아가 해외에 기반을 둔 인터넷 매체와 소셜 미디어를 봉쇄하는 데 성공했지만, 이들도 다른 많은 국가와 마찬가지로 자국민이 이러한 커뮤니케이션 수단을 사용해 달갑지 않은 사태를 폭로할 수 있는 능력 때문에 도전을 받고 있다. 중국에서 환경 재난, 코로나 바이러스 같은 전염병, 대형 열차 사고, 공장 폭발, 수십만 명의 아동에 대한 오염된 백신 접종, 농촌 소요, 탄압 조치 등에 관한 뉴스가 묻힐 수 없는 것은 사진과 정보가 즉각적으로 전국에 유포되기 때문이다.

커뮤니케이션은 정부가, 특히 커뮤니케이션을 독점하는 정부가 가진 강력한 무기지만, 새로운 형태의 커뮤니케이션은 테러리스트와 모든 비정부기구뿐 아니라 자유를 사랑하는 사람들에게도 강력한 무기다. 냉전 종식 이후 각국 정부가 대내적으로 메시지를 완전히 통제하는 데 어려움이 가중되었음에도 커뮤니케이션은 여전히 중요하고 강력한 권력수단이다. 비교적 새로운 것은 적국과 경쟁국을 공격하는 데 새로운 기술을 사용할 수 있는 정부의 능력이다. 다른 나라의 내정에 간섭하려는 각국 정부의 시도는 역사 기록만큼이나 오래되었다. 냉전 시대에 양 진영은 그런 시도에 주력했다. 새로운 점은 그런 활동을 위한 과거의 도구가 선사시대의 것처럼 보이게 만드는 기술을 이용한다는 점이다. 미국은 그런 기술을 보유하고 있으나 그 기술을 응용할 전략과 정책을 결여하고 있다.

국가정보

국가정보(intelligence) 역량이 중요한 권력수단이 될 수 있다는 것이 필자의 신념임은 주지의 사실일 것이다.

무엇보다도 정보기관은 지도자들에게 전 세계에서 발생하는 일에 관한 일일 "정보의 강(江, 필자의 표현임)"을 제공한다. 미국의 정보 공동체(16개 기관으로 구성됨)•는 이 점에서 오랫동안 세계 최고였지만, 영국·이스라엘·프랑스·중국·러시아 정보 공동체도 고품질의 정보를 제공한다. 이스라엘을 포함한 서방 정보기관이 이런 일을 가장 잘하는 것은 자신들의 분석이 정치 우두머리들의 정책에 의해 윤색되는 것을 허락하지 않는 오랜 전통이 있기 때문이다. 대부분의 서방 정보기관이 다른 나라의 군대 이동과 증강, 무기 개발과 역량, 국내 정치투쟁과 소요 등에 관한 사실을 보고하는 데 탁월하며 전 세계의 동향을 주시하는 일에서도 자국 정부를 상당히 잘 뒷받침한다. 그러나 대부분의 정보기관이 외국 지도자들의 의도나 미래 사태를 예측할 수 있는 능력 면에서는 훨씬 더 겸손할 필요가 있다.

정보기관은 또한 유용한 외교 자산이 될 수 있다. CIA가 소련과의 군비 통제 협상을 지원하는 중심적 역할을 수행했는데, 협정의 토대가 되는 기술적 무기 정보를 대부분 제공하고 협정 준수를 감시하는 역량을 제공했다. 정보기관은 또한 평화 유지 활동을 지원한다. 정보기관은 생산한 정보와 분석을 타국 정부와 공유한다. 1962년 케네디 대통령은 사진 판독관을 포함한 사절단을 보내 타국 지도자들과 U-2 정찰기가 쿠바에서 찍은 사진을 공유함으로써 소련 미사

• 현행 국가정보장실(Office of the Director of National Intelligence, ODNI) 홈페이지에 따르면 미국의 정보 공동체는 18개 기관으로 구성되어 있다. 종래의 16개 기관에 국가정보장실과 우주군 정보부대(Space Force Intelligence)가 추가되었다. 국가정보장실과 CIA만 독립된 정보기관이고 나머지 16개 정보기관은 각 부처나 군에 소속되어 있다(옮긴이 주).

일이 쿠바에 실재하고 있음을 납득시켰다. 미국은 제1차 걸프전쟁을 준비하면서 유엔 안전보장이사회(United Nations Security Council, 이하 유엔 안보리)와 위성사진을 공유했다. 다만 이와 유사한 2003년에 이라크를 침공하기 전의 정보 브리핑은 나중에 일부 정보가 그릇된 것으로 판명되면서 창피스럽게 되었다. 미국은 증거를 제시하거나 협력을 제고하기 위해 수십 개국과 일대일로 정보를 공유한다.

동맹국들, 특히 미국, 영국, 캐나다, 호주, 뉴질랜드의 정보 협력 관계는 오랫동안 각국 정부들의 유대를 강화했으며, 특히 국제적 도전에 맞서 미국과 그 동맹국들이 보조를 맞추는 데 도움이 되었다. 미국과 이스라엘의 긴밀한 정보 협력 관계는 대체로 양국 관계의 정치적 부침에 따른 영향을 받지 않으면서 양국의 안보를 강화했다. 미국과 중국의 기이한 정보 협력 관계도 다년간 지속되었는데, 이 관계는 지미 카터(Jimmy Carter) 대통령과 중국 지도자 덩샤오핑의 합의로 소련 미사일 시험을 모니터하기 위해 중국 서부에 합동 레이더 시설을 설치하면서 시작되었다. 이 협력은 냉전이 종식될 때까지 지속되었으며 정치적으로 양국 관계가 긴장된 시기에도 영향을 받지 않았다.

정보기관은 비밀공작을 통해서도 권력의 원천이 된다. CIA가 1940년대 말 프랑스와 이탈리아 총선에서 비밀리에 비공산주의 정당들에게 자금을 댄 일, 1980년대 폴란드의 자유노조(Solidarity)와 아프가니스탄의 반소련 저항을 지원한 일, 2001년 아프가니스탄에서 탈레반 정권을 몰아내는 데 일조한 일, 다수 국가의 민주화 운동을 지원한 일 등 비밀공작은 미국 대통령이 가진 비밀의 손 역할을 했다. 비밀공작은 미국의 명시적인 전략을 보완할 때 그리고 충분한 시간이 주어질 때 최고의 성과를 낸다. 비밀공작이 미국의 공공 정책에 반하는 식으로 사용되면 또는 더 나은 해법이 없어 마지막 순간에 일탈로 치달으면 거의 항상 실패로 귀결된다.

동맹

특히 제2차 세계대전 이후 미국에서 종종 과소평가되는 권력수단이 공통의 전략 목표와 가치에 따라 뭉치는 다른 국가와의 동맹 체제다. 오랫동안 필자를 포함한 많은 미국 관리들은 동맹국들이, 특히 군사 지출에서 미국과 부담을 공정하게 나누지 않는다고 불평해 왔다. 최근 통계에 따르면 29개 나토 회원국 중 불과 아홉 개 나라만이 최소 국내총생산의 2%를 자국의 군사력에 지출하자는 합의를 지키고 있는 것으로 나타났다. 나토 회원국들의 공동방위 공약 ─ 일국에 대한 공격을 모두에 대한 공격으로 간주함(제5조) ─ 이 냉전 시대 유럽에서 소련의 공세를 억지하고 평화를 유지하는 데 역할을 했다고 말할 수 있다. 동맹이라고 해서 모든 회원국이 매사에 서로 동의하는 것은 아니지만 큰 이슈에서는 뭉치는 경향이 있다. 1991년 거의 모든 동맹국이 이라크의 사담 후세인에 대항하는 연합에 합류했으며, 나토가 실제로 제5조를 발동한 유일한 사례가 9·11 공격 이후 미국을 지지한 것이었다. 러시아가 2007년부터 공세를 강화하면서 나토는 단결해 폴란드와 발트 3국(에스토니아, 라트비아, 리투아니아)에 주둔한 군사력을 대폭 확장했다. 이와 비슷하게 미국이 일본, 한국, 호주 등 아시아 국가들과 맺은 동맹은 중국에 대응할 때 상당한 힘과 연대의 원천이 되었다. 미국이 중동에서 맺은 공식 동맹은 없지만 이스라엘, 사우디아라비아, 아랍에미리트, 요르단, 최근까지의 튀르키예 등 여러 나라와 긴밀한 관계를 맺고 있다.

미국에게는 많은 동맹국이 있지만 러시아와 중국은 동맹국이 없고 고객만 있어 미국이 독특한 이점을 누리고 있다는 사실이 종종 미국 내에서 간과되고 있다. 나토, 한국, 일본과 관련해 (제5조의 발동이나 전쟁 발발이 없다면) 이들 국가에게 미국에 대한 지지를 강요할 길은 없다. 이들 국가가 미국을 지지하는 것은 자국에게 이익이 되거나 미국과 목표를 같이하기 때문이다. 역사상 미국이 맺은 동맹 중 장기간 존속한 것은 드물었다. 제2차 세계대전 때 소련과 맺은 동맹처럼 대부분의 동맹은 특정한 목적을 위해 단기간 존속했다. 동맹이 지속되려면 공동의 목표와 가치가 지속되어야 하며, 따라서 그런 취약한 관계를 지탱하려면 계속적인 노력이 필요하다. 동맹을 당연시할 수는 없다. 제2차 세계대전 이후 트럼프 대통령 이전까지 역대 미국 대통령은 모두 그 점을 이해했다. 미국의 특유한 이 권력수단을 약화시키거나 상실하는 것은 엄청난 전략적 실수임은 물론이고 비극이 될 것이다.

과학·기술

과학·기술의 성취는 정부가 직접 행사하든 아니하든 중요한 권력수단이다. 소련이 1957년 첫 인공위성 스푸트니크(Sputnik)를 쏘아 올렸을 때 필자는 고등학생이었다. 그 성취는 즉각적으로 소련의 국제적인 위신과 위상을 높였다. 1961년 소련의 첫 유인 우주선 발사도 비슷하게 긍정적 효과를 냈다. 1969년 미국이 사람을 달에 착륙시킨 첫 국가가 되었을 때는 미국이 전 세계에서 떴다. 애플(Apple), 구글(Google), 마이크로소프트(Microsoft), 페이스북 등의 기업이 글로벌하게 활동하지만 이들이 미국 회사로서 첨단 기술과 혁신을 대표한다는 것을 모두가 안다 — 이들의 규모와 개인 정보 사용에 대한 우려가 커짐에도 불구하고, 모든 국가가 어떻게 실리콘밸리를 복제할지 궁리하고 있다.

리더십의 또 다른 척도는 노벨상 수상자 수인데, 여기서도 미국은 타의 추종을 불허한다. 평화상, 문학상, 경제학상, 과학상 등 모든 범주를 포함해 2019년 기준으로 미국은 383개의 노벨상을 수상했다. 영국은 132개, 러시아(소련 포함)는 31개, 중국은 6개를 수상했다[집계마다 약간 다르며 여기서는 월드아틀라스(WorldAtlas.com)에서 인용함]. 이 모든 것이 미국이 지성과 과학의 리더라는 글로벌 이미지에 기여한다. 똑같이 인상적인 것은 미국인 수상자의 4분의 1 이상이 이민자였다는 사실이다. 과학·기술 분야에서 미국의 리더십은 생각 이상으로 구체적인 결과를 내고 있다. 미국이 각국의 가장 똑똑하고 유능한 전문가와 젊은이들을 자석처럼 끌어들여 학교에 다니고 하이테크 산업과 기업에서 일하게 만든다.

1950년대 이후 처음으로 미국은 과학·기술 영역을 지배하려고 덤비는 라이벌을 맞이하고 있다. 중국의 지도자들이 2025년까지 로봇공학, 우주, 양자 컴퓨팅(quantum computing), 인공지능 등의 분야에서 선도적인 역할로 발전하겠다는 계획을 발표했다. 중국과 러시아는 군사적 목적으로 극초음속 비행과 같은 신기술을 개발하고 있으며 상당한 자원을 이런 활동에 쏟아붓고 있다. 수십 년 동안 과학·기술의 압도적 선두에 안주해 온 미국은 이제 핵심 분야에서 따라잡으려고 애쓰는 처지에 있다.

문화

미국의 문화가 지구 곳곳에 침투했다. 옷, 음악, 텔레비전, 영화, 소셜 미디어 등 무엇이든 세계 어디에서든 미국 문화를 볼 수 있다. 가장 외딴 곳에서도 미국의 대학교와 프로스포츠 팀 로고가 새겨진 티셔츠와 스웨터를 입고 야구모자를 쓴 젊은이들을 마주칠 것이다. 이들은 미국 영화를 보고 미국 음악을 듣는다. 미국 제품을 파는 상점과 미국의 패스트푸드 식당은 어디에나 있다.

미국의 대학 교육은 세계적 매력을 뽐내는 미국 문화의 한 단면이다. 매년 약 100만 명의 외국인 학생이 미국에서 공부하는데 주로 중국, 인도, 한국, 사우디아라비아 출신이다. 미국의 대학교에서 공학을 전공하는 대학원생을 보면 타국 출신의 비율이 높다. 해외 캠퍼스를 가진 미국 대학도 많다. 외국의 젊은이들이 미국에서 대학을 다니게 만드는 것은 한 가지 큰 이점을 발생시키는데, 곧 그들이 특별한 자유를 포함해 미국에서 일상생활을 경험하고 나아가 그런 경험을 내면화해 모국으로 가져간다는 점이다.

미국 문화의 침투에는 부정적인 측면이 있다. 미국 문화의 거친 측면, 공동체 의식을 허무는 지나친 개인주의, 마약과 술의 성행 등을 불쾌하게 여기는 외국인이 많다. 미국으로 오는 사람 중에는 자유와 끝없는 선택이 무서운 사람도 더러 있는데, 1984년 영화 〈발디미르의 선택(Moscow on the Hudson)〉에서 뛰어나게 묘사되었다. 배우 로빈 윌리엄스(Robin Williams)가 연기한 이 영화의 주인공인 소련 탈주자는 미국 슈퍼마켓의 커피 코너에서 수십 가지 선택에 직면해 신경쇠약에 걸린다. 중동처럼 보다 보수적인 사회에서는 미국 문화가 흠모의 대상이 아니라 매도의 대상이다.

그래도 자국 문화의 세계적 침투를 기준으로 할 때 미국에 버금가는 나라는 없으며, 미국 문화에 편입하려는 사람들이 ─ 특히 젊은이들 가운데 ─ 거부하는 사람들보다 분명히 훨씬 더 많다. 이러한 사실과 함께 애플 제품, 페이스북, 윈도우(Windows), 스타벅스(Starbucks) 등 다수의 미국 특산품에 대한 범세계적 호감을 감안하면 미국 문화의 침투성은 영향력 확보 경쟁에서 하나의 자산이다. 그것은 대체로 정부로부터 독립된 권력이다 ─ 그 예외로 냉전 시대에 국무부, 공보처, 수많은 비정부기구가 미국 문화를 전 세계에 공격적으로 홍보했다. 그럼에도 미국은 미국 문화의 장점을 전 세계에 홍보하기 위해 더욱 노력해야 한다. 이는 특히 앞서 언급한 대로 중국이 자신의 문화를 확산하고 정치적 메시지의 전달을 통제하는 데 집중하고 있기 때문이다.

이데올로기

냉전을 구성한 근본 요소는 소련 공산주의와 서방 민주주의 간, 사회주의와 자본주의 간 이데올로기 투쟁이었다. 그것은 사회조직에 대한 접근에서 근본적으로 서로 다른 두 진영의 충돌로, 한쪽은 개인의 권리 보호에 기반하고 다른 한쪽은 개인을 국가라는 전체의 이익에 복속시켰다.

아마 서방에서 소련 공산주의가 가장 크게 어필했던 시기는 제1차 세계대전 직후와 1930년대 대공황 기간이었을 것이다. 대전 직후에는 자본주의국가들끼리 전쟁하면서 벌인 대학살 때문이었고, 대공황 기간에는 자본주의가 더 이상 작동하지 않는 것처럼 보였기 때문이다. 소련이 급속히 산업화하면서 경탄의 시선을 보내는 서방인들이 많았는데, 그것이 인간을 희생시킨 결과임을 모르는 사람들이 당시 대부분이었다. 또한 소련이 나치주의를 물리치기 위해 미국과 영국과 동맹한 것이 서방에서 상당한 공감과 호의를 불러일으켰다.

소련의 동유럽 장악과 뒤이은 냉전 시작이 유럽에서 소련 공산주의에 대한 공감을 크게 약화시켰지만, 그 이데올로기는 식민주의에서 벗어난 개도국에서 폭넓게 어필했다. 소련이 '민족해방전쟁'을 지지한 것은 물론이고 반식민주의와 반자본주의를 선전한 것이 아프리카와 아시아에서 실제적인 영향을 미쳤다. 게다가 소련이 장려하는 중앙집권 국가와 강력한 정부가 이들 지역의 많은 신흥 지도자들에게 어필했다. 공산주의 이데올로기가 계속해서 1970년대까지 이들 지역에서 강력한 효과를 발휘했다.

소련 경제와 소련 지도자들이 점점 경직되면서 소련과 그 이데올로기의 호소력이 희미해졌다. 공산주의 이데올로기가 소련뿐 아니라 소련 모델을 따랐던 동유럽, 아프리카, 아시아의 모든 국가에서 대체로 빈곤, 고난, 권위주의를 낳았다는 사실이 분명해지면서 그런 과정이 가속화되었다. 소련이 붕괴하면서 이데올로기는 더 이상 러시아에서 권력이나 영향력 수단이 아니었다.

중국 공산주의는 국경 밖으로 크게 어필하지 못했다. 다만 베이징의 무자비한 독재주의 모델은 미얀마와 캄보디아 같은 나라, 몇몇 개도국에서 불쑥 나타난 비교적 소규모의 극단적인 마오쩌둥주의 단체, 미국의 일부 대학교 캠퍼스 등에서 기꺼이 채택되었다. 그러나 1950년대의 대약진운동과 1960년대 시작된 문화혁명을 거치면서 엄청난 인적·경제적 비용을 치른 후 1976년 덩샤오핑이 경제개혁을 시작하자 공산주의 호소력이 중국 내에서도 약화되었다. 당, 정치국, 전국대표대회 등과 같은 공산주의 기관이 장기간 존속하면서 이데올로기의 외피를 계속 두르고 있지만, 중국 정부가 가진 정당성의 실질적이고 유일한 원천은 꾸준히 향상되는 중국 인민의 생활수준이다. 사실상 마오쩌둥주의는 죽었다. 그러나 중국의 경제적 성공 – 수억 명의 인민의 빈곤 탈출, 급속한 (특히 인프라) 현대화, 외관상의 정치적 안정 등을 포함함 — 은 점차 매력적인 개발 모델로 널리 간주되고 있다. 시진핑 주석이 서방의 민주적 자본주의보다 우월하다고 그렇게 홍보한다. 시진핑은 그러한 주장을 이데올로기가 아니라 모방할 만한 실용적 대안으로서 내놓고 있다.

미국의 이데올로기는 독립선언서와 헌법 속에 압축되어 있다. 그것은 개인의 자유, 민주주의 통치, 법의 지배, 규제된 시장경제를 토대로 한다. 미국은 건국 초기부터 인권과 정치적 권리의 전 세계적 확산을 고무하고 지원했다. 비록 미국이 제2차 세계대전과 냉전에서 그리고 냉전이 끝나고도 (곧잘 학살을 벌이는) 전제 정부와 협력했지만, 그때도 미국은 공개적으로 그리고 내밀하게 자유, 개혁, 민주화, 인권을 계속 옹호했다. 미국이 건국 초부터 각지의 피압박자들에게 횃불이 된 것은 반드시 미국의 정치체제 때문만이 아니라 미국이 인권과 개인의 자유를 가장 꾸준하게 지지하는 본보기로서 각지의 피압박자들을 방어했기 때문이다. 세계는 미국이 그 이상에 미치지 못한다는 것을 항상 알았지만, 미국은 자신의 열망을 포기한 적이 없다. 미국을 한데 묶는 유일한 것은 사상과 이상뿐이라는 점에서 미국은 독특하다. 그러한 사상과 이상의 결합이 바로 강대국의 원천이다. 미국이 자유와 인권을 옹호하기를 포기한다면 미국이 가진 힘의 수단뿐 아니라 미국의 독특함 — 진정으로 미국을 위대하게 만든 것 — 도 포기하는 것이다.

미국 이데올로기가 가진 힘과 정치적·경제적 모델로서의 호소력이 줄었다는 것이 필자의 생각이다. 세계의 눈에는 국가가 당면한 난제를 해결하지 못하는 미국 정부의 무능과 미국 정치의 양극화가 미국의 정치체제에 먹칠을 하는 것으로 비친다. 중산층의 고통과 소득 불평등뿐 아니라 2008~2009년의 대침체에 따라 미국의 경제모델을 의문시하게 되었다. 인프라를 현대화하지 못하는 미국의 무능은 중국이 야심 차게 추진하는 국내 발전과 초라하게 비교된다.

대외 정책에 관한 트럼프 대통령의 접근이 미국 이데올로기의 호소력을 더욱 감소시켰는바, 인권과 정치적 권리를 옹호하는 미국의 목소리는 오로지 미국과 미국 경제를 이롭게 하려는 타국 정부와의 협상에 밀려 침묵했다. 트럼프가 미국의 이데올로기 힘을 약화시킨 것은 2017년 5월 31일 ≪월스트리트저널(The Wall Street Journal)≫ 기명 칼럼에 집약되어 있다. 칼럼에서 백악관 보좌관 게리 콘(Gary D. Cohn)과 허버트 맥마스터(Herbert R. McMaster)는 "세계는 '지구 공동체'가 아니라 여러 국가, 비정부 행위자와 기업들이 뛰어들어 우열을 가리는 경기장이다. (……) 우리는 이러한 국제 문제의 기본적인 성격을 부정하기보다 포용한다"라고 썼다. 이러한 홉스(Hobbes)식 세계관은 정확하지만 불완전한바, 미국의 이데올로기는 항상 그 이상의 것을 열망해 왔다.

미화할 것도 없이 미국의 이데올로기는 미국 역사를 통틀어 힘이 있었다. 국제 규칙과 협력, 자유, 인권에 대한 미국의 지지는 부침이 있었지만, 그래도 미국은 가장 신뢰할 만한 수호자였다. 러시아에는 더 이상 이데올로기가 없다. 하지만 유럽과 미국에서 출현한 자유민주주의가 수십 년 만에 처음으로 강력한 대안 모델을 맞이하고 있는바, 그 모델은 부유하고 능숙하며 강력한 베이징 정권이 제시하고 있기 때문에 그만큼 더 도전적이다. 강대국 가운데 오직 미국만이 매우 불안정한 세계에서 유용한 권력수단이 될 수 있는 이데올로기를 보유하고 있다. 그러나 그 이데올로기는 국내에서 대단한 수리 작업을 거치지 않으면 쓸모가 없을 것이다.

미국과 중국의 라이벌 관계는 치열한 이데올로기 경쟁을 포함한다. 사학자 할 브랜즈(Hal Brands)에 따르면 중국(과 러시아) 지도자들은 "권위주의가 사회를 조직하는 우월한 방법이라고 보며 자유주의 정치 이상은 자신들이 성취하려고 하는 국력과 안정에 반한다고 묘사한다". 푸틴 대통령은 "자유주의 사상은 낡은 것"이라고 했다. 시진핑 주석은 민주주의가 "사회 혼란, 도덕적 타락, 엄청난 인적 고통을 초래할 흠 있는 대안"이라고 쓰고 있다. 자유민주주의는 "개인의 자유와 재산권 방어하기, 관습보다 이성에 호소하기, 법의 규제를 받고 피통치자의 동의에 근거하는 정부를 요구하기 등과 같은 일련의 핵심 사상에 대한 헌신에 달려 있다". 냉전 시대 소련의 의사결정에서 이데올로기의 역할을 경시한 대외 정책 전문가들이 다수 있었다. 그들은 틀렸다. 공산주의 이데올로기는 구체적인 의사결정에 영향을 미치지는 않았더라도 소련 지도자들이 세계를 보는 렌즈였다. 우리가 똑같은 잘못을 저질러서는 안 된다. 이데올로기로서 공산주의는 죽었지만 권위주의는 인류 역사에서 뿌리가 깊으며 생생하게 살아 있다. 정말로 권위주의는 번성하고 있다. 이데올로기는 국력의 원천인바, 위험스럽게도 우리는 권위주의의 아주 오래된 매력을 망각하고 우리 자신의 자유와 인권 개념의 중요성도 잊고 있다.

민간 부문

광범위한 비정부 기관은 미국적 특성이 강한 권력수단이며 미국이 세계와 교류할 때 큰 자산이다.

경제계가 아마 가장 중요할 것이다. 대부분의 미국 기업은 해외에서 공장이나 매장을 건설한다든지 석유와 가스 같은 천연자원을 개발할 때 현지 주민을 고용하고 현지 경제에 돈을 뿌리며 현지의 환경적·사회적 이슈에 유의하는 경향이 있다. 미국 기업은 현지·국가 지도자들과 관계를 만들고 유지하고자 으레 학교, 도로, 우물 등의 건설과 같은 개량 사업에 돈을 댄다. 이들이 그런 일을 하는 것은 이타주의(이타적인 면이 있더라도)에서가 아니라 그냥 돈을 벌기에 좋기 때문이다. 결과적으로 미국 기업의 투자는 다른 나라에서 널리 환영을 받는다. 분명히 예외도 있고 일부 끔찍한 이야기도 있지만, 대체로 미국의 투자는 - 특히 개도국에서 - 미국의 이미지를 제고하는 자산이다. 미국 정부가 어떻게 더 효과적으로 기업의 파트너가 되는지가 과제다. 그 파트너십은 특정 국가에 대한 기업의 투자를 유도하되 투자한 후에는 그 기업이 미국 정부와 협력해 현지 제도를 발전시키고 투자 유치국과 미국 간의 관계를 제고하는 것이다.

미국의 대학교는 또 다른 권력수단으로 외국인 학생을 미국에서 교육시키고 수십만 명의 미국인 학생을 해외로 유학을 보낸다. 이 밖에도 농업, 의학, 수의학, 환경, 수문학, 교육 등 수많은 분야를 전공하는 수만 명의 교수진이 개도국에서 근무하면서 연구를 수행하고 삶의 향상을 돕는다. 필자는 그런 민간 전문가들이 정부 개발원조 사업의 성과를 제고함으로써 엄청나게 기여할 수 있음을 거듭 강조하고 싶다.

미국의 민간 재단과 자선·종교 단체가 개도국에서 수백만 명의 삶을 바꾸고 있다. 가장 유명한 빌앤드멀린다 게이츠 재단(Bill and Melinda Gates Foundation)은 소아마비와 말라리아 퇴치 활동 등 여러 사업을 통해 엄청난 성과를 냈다. 그 밖에도 수만 개의 재단과 자선단체가 학교를 짓고 교사와 의료진 등을 파견하며 삶의 질 향상에 기여하고 있다. 미국의 교회는 세계에서 가장 가난한 지역에 교육과 의료 시설, 그 밖의 서비스를 광범위하게 지원하고 있다.

개도국에서 미국의 기업, 대학교, 재단, 자선·종교 단체 등을 위해 일하는 사람 다수가 미국 정부와 협력하는 것을 전혀 원하지 않으며 미국 정부도 똑같은 태도로 화답하는 경우가 너무 흔하다. 이것은 양쪽 다 잘못이다. 정부의 과제는 민간 기관이 독립성을 유지하는 것을 전제로 새로운 협력의 길을 창조하는 것이며, 양측의 성과를 확대하도록 정부 사업과 비정부 사업 간의 시너지를 내는 것이다. 미국 정부는 그런 방안을 강구하는 데 상상력이 몹시 부족하다.

종교

19 77년 카터 대통령의 국가안보부(副)보좌관 데이비드 에런(David Aaron)이 CIA에 이슬람 근본주의에 관해 아는 바가 있는지 물었을 때, 그 대답은 한마디로 '그게 뭔데요?'였다. 소련과의 세속적 이데올로기 투쟁이 지배하던 세상에서 다수의 서방 지도자들 눈에 종교는 북아일랜드를 제외하고 국제 문제와 관련이 없는 것으로 보였다. 당시 CIA는 종교의 국제적인 역할을 거의 분석하지 않았다. 그러다가 1979년 이란에서 이슬람 혁명이 터졌다.

대부분의 역사 기록을 보면 세속적 권위와 종교적 권위가 결탁할 때와 경합할 때가 있었다. 미국이 지난 80년 동안 나치주의와 공산주의에 사로잡힌 탓에 우리가 역사를 형성하는 종교 권력을 망각하게 된 것 같다. 예컨대 종교를 둘러싼 장기간의 유혈 전쟁, 세속적 권위에 권력과 정당성을 부여하는 종교의 역할 등의 역사 말이다.

19세기까지(그리고 이후 얼마 동안) 런던에서 모스크바에 이르는 유럽의 많은 군주와 황제들이 자신들의 권력을 신으로부터 직접 받았다고 믿었다. 그들은 서기 800년 성탄절에 카롤루스(Carolus)대제가 신성로마제국의 첫 황제로서 대관식을 거행한 이래 '왕권신수설'을 통해 통치했다. 중동에서 사우디아라비아 국왕이 가진 권력의 근본은 (메카와 메디나에 있는) 두 이슬람 성전의 관리인으로서의 국왕 역할이다. 교회와 국가의 분리가 기본인 미국에서조차 대통령은 왼손을 성서 위에 얹고 취임 선서를 하며 헌법에 규정된 "하느님이여, 저를 도우소서(So help me God)"라는 말을 덧붙인다. 군주, 황제, 선출된 정치인이 모두 전능하신 하느님의 위임과 연결을 통해 수권받았다고 느낀다.

종교전쟁은 좀체 역사의 유물로 사라지지 않는다. 1990년대 발칸반도, 특히 보스니아와 코소보에서 분쟁의 대부분이 기독교도와 무슬림 간의 대결이었다. 북아일랜드의 신교·구교 분쟁은 1998년 성금요일협정(Good Friday Agreement, 벨파스트협정)으로 비로소 공식적으로 종식되었다. 1975년부터 1990년까지 벌어진 레바논 내전은 마론파(Maronites) 기독교도와 팔레스타인 무슬림 군대 간의 전투로 시작했다. 이스라엘은 무슬림 아랍국들과 네 번의 대규모 전쟁을 벌였으며, 현실적으로 말하면 팔레스타인인들, 시아(Shiah)파 무슬림 단체 헤즈볼라(Hezbollah), 수니(Sunni)파 무슬림 단체 하마스(Hamas)와 수십 년간 전쟁 상태가 이어지고 있다. 1947년 영국령 인도가 무슬림이 압도적인 파키스탄과 힌두교도가 압도적인 인도로 분할되는 바람에 적어도 50만 명이 죽고 1400만 명이 서로의 경계선을 넘어 이동했다. 인도 헌법상의 세속주의에도 불구하고 무슬림과 힌두교도 간의 대규모 종교 폭력이 지속되고 있다.

유럽에서 기독교도가 서로 싸웠듯이 중동 전역에서 무슬림끼리 싸우고 있다. 정치권력을 둘러싼 싸움이 흔하지만 이라크전쟁 기간 대부분의 전투가 수니파와 시아파 사이에 벌어졌다. 지금도 이라크 내 시아파 민병대가 이라크군과 수니파 부족과 다투고 있다. 이라크 내 알카에다의 손에 죽은 사람은 외국인보다 이라크인 무슬림이 훨씬 더 많으며, 그 분파인 ISIL은 ─ 비록 야지디교도(Yazidis)와 기독교도 같은 비무슬림들도 대거 학살했지만 ─ 다른 무슬림들을 향해 가장 혹독하게 굴었다. 아프가니스탄의 탈레반 정권은 1996년 집권 후 이슬람 율법을 엄격하게 시행했으며 또다시 그럴 것이었다. 예멘에서 진행되고 있는 전쟁은 현재 중동에서 벌어지는 가장 큰 싸움으로 이란이 이끄는 시아파 이슬람과 사우디아라비아가 이끄는 수니파 이슬람 간의 대리전이다.

필리핀은 한 세기 넘게 종교 분쟁에 시달리고 있다. 아프가니스탄전쟁 이전까지 미국이 가장 오래 벌인 반군 진압 전쟁은 1899년부터 1913년까지 필리핀에서 무슬림 모로족(Moros)과 맞선 것이었다. 그 전쟁에 7만 명 이상의 미군이 투입되었으며 당시 전사한 미군은 지금까지 아프가니스탄에서 희생된 미군보다 많았다. 한 세기가 훌쩍 지난 지금 미군 특수부대가 다시 필리핀에서 무슬림 극단주의자들과 싸우는 정부군을 지원하고 있다.

약 350년 동안 아무 일이 없었는데 서방이 다시 한번 이슬람 세계로부터 위협당할 것이라고 누가 상상이나 했겠는가? 1979년은 이란혁명(2월), 메카의 그랜드 모스크(Grand Mosque) 점거(11월 20일), 파키스탄 주재 미국 대사관 방화(11월 21일), 소련의 아프가니스탄 침공(12월) 등으로 분쟁의 서막이 오른 해였다. 특히 소련의 아프가니스탄 침공은 성전(聖戰) 요구를 촉발시켜 중동 전역에서 무슬림 전사들이 모집되었다. 1988년 오사마 빈 라덴이 알카에다를 창설하고 이듬해 소련이 아프가니스탄 철수를 완료했다. 1992년 빈 라덴은 아라비아반도에 주둔한 미군을 공격하도록 자신의 첫 파트와(fatwa)*를 반포했다. 뉴

---

* 자격이 있는 법학자(Mufti, 무프티)가 이슬람법(Sharia, 샤리아)에 관해 내린 법적 해석이다(옮긴이 주).

욕 세계무역센터(World Trade Center)에 대한 알카에다의 첫 공격이 1993년 2월에 있었으며, 이후 줄곧 미국은 이슬람 극단주의자들과 전쟁을 벌였다.

2009년 텍사스주 포트후드(Fort Hood)에서 자발적으로 급진주의자가 된 한 육군 소령이 13명의 군인을 죽이고 30여 명을 부상시킨 후에야 비로소 미국인들은 종교적 동기를 가진 극단주의자들이 미국 내에서 위협이 되고 있음을 직시하기 시작했다. 사실 종교적 동기의 테러리스트들은 − 대부분이 무슬림이지만 전부는 아닌 − 중동 전역과 이란은 물론이고 인도네시아, 필리핀, 중국, 러시아, 말레이시아, 파키스탄, 인도, 프랑스, 스페인, 영국, 미국 등 전 세계적으로 테러 행위를 자행하고 있다.

종교가 큰 권력수단임은 의심의 여지가 없다. 종교는 세상 사람들이 선(善)을 행하도록 고취하고 동기를 부여하는 무한한 힘을 가지고 있다. 그러나 또한 종교는 정부, 광신도, 냉소가, 야심가, 비양심적인 사람 등의 수중에서 강력한 도구가 될 수 있다. 미국과 미국 정부는 종교가 여전히 평화를 촉진할 뿐만 아니라 테러리스트의 폭력과 전쟁을 유발할 − 인간의 영혼을 구제할 뿐만 아니라 얼어붙게 만들 − 힘도 보유하고 있다는 현실을 뒤늦게 깨달았다. 남은 난제는 각국 정부가 폭력적인 종교 광신도들의 호소를 효과적으로 제한하고 종교의 힘으로부터 선을 위한 혜택을 끌어낼 수 있을지 여부다.

내셔널리즘

내셔널리즘은 아주 강력하고 지속적인 권력수단이다. 내셔널리즘이 제2차 세계대전 이후 수십 년 동안 유럽에서 시들해지고 있다고 생각되었다. 수 세기 동안 전쟁이 빈발했던 유럽에서 각국 지도자들은 국민국가의 일정 권력이 범유럽 정부로 이양되는 유럽 공동체를 건설하는 데 매진했다. 이는 유럽 각국이 다시 서로 전쟁을 벌이지 않도록 − 그리고 못하도록 − 경제적·정치적으로 결합하는 것이었다. 이리하여 국경 개방과 공동 통화와 함께 벨기에 브뤼셀에 중앙

관료 체제를 둔 유럽연합이 등장했다. 세계무역기구(World Trade Organization, WTO)와 같은 경제기구가 설립되어 평화적인 분쟁 해결 장치를 포함한 국제무역 관련 공동 규칙을 마련했다. 기후변화(특히 온실가스)를 다루기 위해 1997년 교토의정서(Kyoto Protocol)를 채택해 최종적으로 192개국이 서명했다. 2015년에 파리기후협정(Paris Agreement)의 195개 최종 서명국들은 지구온난화를 완화하기 위한 각국의 노력을 자발적으로 계획하고 보고하는 데 동의했다. 다른 동맹이나 협정과 마찬가지로 이들 협정에서 각국 정부는 인지된 공동선을 위해 자국의 행동과 권한을 제한하는 데 동의했다. 모든 것이 일국의 행위로 타국에 부정적인 영향을 미치게 될 국수주의 정책을 억제하려는 의도였다.

그러나 내셔널리즘을 억제하는 것에 서방 엘리트들, 즉 지도층이 국민 대중보다 훨씬 적극적인 점이 문제였다. 사실 아직도 내셔널리즘이 엄연히 살아 있고 작용하고 있다. 가장 찬사를 받는 내셔널리즘은 애국주의, 즉 조국애로 정의된다. 그것은 자국의 역사와 성취에 대한 긍지, 시샘 어린 주권 보호, 일련의 거버넌스 원칙 공유, 자국과 자국 문화가 독특하다는 믿음 등이다. 오랫동안 미국의 내셔널리즘은 '미국 예외주의', 역사에서 미국을 '언덕 위의 빛나는 도시'로 미화하기, 에이브러햄 링컨(Abraham Lincoln)이 미국을 "지상 최고의 마지막 희망"으로 묘사한 것 등으로 표현되었다.

일부 지도자는 내셔널리즘이 강력한 힘을 지니고 있음을 인식해 그것을 이용한다. 2016년 미국 대선에서 트럼프는 '미국을 다시 위대하게(Make America Great Again)' 구호와 함께 '미국 우선주의(America First)' 강령을 내걸면서 일련의 국제 무역협정에서 탈퇴하고 모든 국제적 노력이 미국에 이득이 되는지 여부를 기준으로 평가하겠다고 약속했다. 신세대 유럽 지도자들은 유럽연합과 그 거대한 규제 시스템에 대한 원성을 이용했으며, 시리아 등 중동과 북아프리카의 여러 국가에서 유럽으로 탈주하는 수백만 명의 난민에 대한 유럽 대중의 분노를 이용했다. 그 분노의 뿌리는 대규모 이민자들이 유럽 각국의 문화를 영구적으로 바꿀 것이라는 두려움에 있다.

중국 지도자들은 남중국해의 여러 섬에 대해 다툼이 있는 역사적 영유권을 방어할 때 또는 견해를 달리하는 국가에 대한 혐오 시위를 선동할 때 종종 내셔널리즘에 호소한다. 때때로 이러한 호소로 목숨을 잃는 국민이 생기고 통제를 벗어날 위험도 있는데, 2012년 발생한 사례를 보면 분쟁 도서에 상륙한 중국인 활동가를 일본이 억류한 데 항의하는 중국 내 시위가 폭력화되어 질서 회복을 위해 무장 군대를 파견해야 했다.

푸틴 러시아 대통령은 아주 효과적으로 내셔널리즘의 힘을 이용한다. 필자 생각에 서방은 소련 붕괴에 대한 러시아인의 굴욕감이 얼마나 큰지를 제대로 인식하지 못했다. 왜냐하면 다수의 외국인은 소련 붕괴가 거의 4세기 동안 지속된 러시아제국의 종말을 의미했음을 파악하지 못했기 때문이다. 모스크바가 지배하는 영토가 18세기 여제 예카테리나 2세(Ekaterina II, 예카테리나 대제)가 통치하기 전의 러시아 크기로 축소되고, 인구는 약 3억 명에서 1억 4000만 명으로 감소했다. 1990년대는 다수의 러시아인에게, 특히 중장년층에 경제적으로 큰 고난의 시기였다. 알코올 중독자 보리스 옐친(Boris Yeltsin)의 정책(및 개인적인 행태)과 국제사회의 거듭된 러시아 무시에 대한 실망도 널리 있었다.

대통령이 된 푸틴은 러시아의 지위를 두려움과 존경의 대상인 세계 강국으로 회복시킬 것을 결심했으며, 그런 지위 없이는 어떤 국제 문제도 효과적으로 해결할 수 없었다. 푸틴은 2005년 4월 국정 연설에서 1991년 독립한 구소련 공화국들을 겨냥해 경고사격하며 소련 붕괴가 "20세기 최대의 지정학적 재앙"이라고 했다. 그의 불길한 연설이 계속되었다. "러시아 인민에게 그것은 진정한 비극이었다. 수천만 명의 우리 동포가 러시아 영토 바깥에 버려졌다." 푸틴은 러시아에 대한 존경을 회복하는 것 외에 제정러시아 때부터 있었던 전략을 추구하기로 결심했다. 즉, 그는 러시아 주변에 우방국 또는 분쟁 동결을 통해 완충지대를 수립하되, 구소련의 신생 독립국(러시아인들은 '근린'으로 호칭함)에 남은 약 2500만 명의 러시아계 주민을 보호하는 것을 개인적 사명으로 삼았다.

추후 푸틴의 조지아, 우크라이나, 크림반도에 대한 군사 공격 – 표면상 러시아인과 러시아의 이익을 보호한다는 목적임 – 과 2015년 시리아 개입은 러시아에서 높은 지지를 받았으며, 정부 매체는 푸틴이 서방에 저항하고 러시아의 힘을 보여주는 데 성공했다고 찬양했다. 또한 푸틴은 보다 기초적인 수준에서 러시아 내셔널리즘에 호소하기 시작했는데, 서방 문화는 퇴폐적이며 러시아는 다른 유럽 국가를 닮고 싶지 않고 기독교 가치를 보호하는 일에서 러시아가 수행할 독특한 역사적인 역할이 있다는 것이었다. 실로 푸틴의 정책과 수사(修辭)는 19세기 전반기 러시아 황제(차르) 니콜라이 1세(Nikolai I)의 이데올로기, 즉 '정교회, 전제정치, 국가주의'와 매우 닮기 시작했다. 유가가 하락하며 러시아 경제가 쇠퇴하는 중에도 푸틴으로서는 계속해서 러시아 내셔널리즘에 호소하는 것이 자신의 정치권력을 유지하는 데 대단히 중요하게 되었다. 평균적인 러시아인들은 가난하지만 다시 한번 조국을 자랑스러워한다.

특히 국내에서 대중의 지지를 동원할 때 권력수단으로서 내셔널리즘을 최소화하는 지도자는 모름지기 큰 실수를 저지르는 것이다. 그러나 내셔널리즘은 또한 국내외에서 외부의 간섭에 반대하는 세력을 결집하기 위한 강력한 도구가 될 수 있다.

현명하고 용감한 리더십

엄격히 말해 현명하고 용감한 리더십은 권력수단이 아니다. 그러나 그것은 모든 형태의 권력을 효과적으로 행사하는 데 필수다. 그런 리더십을 발휘하는 사람들은 언제 어느 권력수단을 사용할지 아는 권력교향곡의 거장이다. 그들은 고위 보좌관, 정치인, 대중의 반대를 무릅쓰고 행동할 용기, 국가 정보 판단이 모호하거나 좋은 선택지가 없을 때 행동할 용기, 때로는 행동을 취하라는 압력에도 불구하고 행동하지 않을 용기를 가지고 있다.

그러나 용기만으로는 충분하지 않다. 국가권력에 있어 현명한 지도자는 용감한 지도자만큼 중요하다. 용기는 효과적인 국가권력 사용을 위해 지혜와 결합해야 한다. 워싱턴(George Washington), 제퍼슨(Thomas Jefferson), 링컨, 두 명의 루스벨트[시어도어 루스벨트(Theodore Roosevelt)와 프랭클린 루스벨트(Franklin Roosevelt)], 트루먼, 아이젠하워, 부시(41대) 등 미국의 위대한 대통령들은 두 품성을 모두 보였다. 필자는 냉전 이후 역대 대통령들이 중요한 순간에 현명하지 못한 결정을 내렸으며, 이후 그러한 결정을 시행할 때 미국의 모든 권력수단을 강화하고 사용하지 못하면서 결과를 악화시켰다고 본다.

오늘날의 세계는 제2차 세계대전 이후 그 어느 때보다 복잡하며 많은 점에서 제1차 세계대전 이전의 국제 정세와 흡사하다. 즉, 주요국들이 권력, 영토, 시장을 다투는 점, 국가 간 분쟁을 조장하는 내셔널리즘, 라이벌 군대가 서로 대치해 사소한 사건이나 실수가 대규모 전쟁으로 비화할 위험이 상존하는 점, 경제난, 종교적 갈등, 테러리즘, 영국과 스페인처럼 역사가 오랜 국가조차 위협하는 분리주의 등 여러모로 그렇다. 탈냉전 세계는 45년간 지속된 두 초강대국 간의 대결보다 훨씬 복잡한 세계가 되었다. 그 대결은 양국이 국지적·지역적 행위자들과 세계 발전을 틀에 넣어 지배하고 어느 정도 규율하는 라이벌 관계였다.

그러한 복잡성과 위험을 드러낸 것이 2001년 9월 11일 발생한 미국에 대한 테러 공격, 즉 1812년 영미전쟁 이래 최초로 대규모로 해외에서 발진해 미국 본토를 공격한 것이었다. 이 새로운 위협에 대처하고자 국가안보 구조와 관련된 법률에 대한 1947년 이후 가장 대대적인 변경이 양당의 폭넓은 지지하에 시행되었다. 냉전 시절 무시했던 세계 원격지로부터의 위협이 갑작스레 현실화되었다. 미국은 후진국들의 내부 동향에도 주목해야 했다. 더 이상 미국에 대한 위협이 ─ 우리가 자원과 주의력을 집중시켜 대응할 수 있었던 ─ 한 초강대국에 국한되지 않았다. 소련과 핵전쟁이 벌어졌다면 세상에 종말이 왔을지 모르지만, 새로운 위협이 그 정도는 아니더라도 우리가 9·11을 겪으며 알았듯이 현실화될 가능성은 훨씬 더 커졌다. 이리하여 냉전 이후의 역대 대통령들에게 약간의 동정이 마땅한 것은 그들이 제2차 세계대전 이후 냉전 시대 대통령들과는 판이한 ─ 여러모로 더 위험하고 도전적인 ─ 국제 환경에 직면했기 때문이다.

냉전 기간의 다수 위기와는 달리 오늘날 당면한 문제 가운데 해결하고 잊어버리기 쉬운 것은 거의 없다. 지난 사반세기의 역사는 여러 도전이 거듭해서 역대 대통령들을 괴롭혀 온 역사다. 대통령들은 각자의 방식으로 그런 도전에 대응했으며 여러 형태의 권력을 사용함에 있어 그 방식, 포괄성, 성공의 정도가 서로 달랐다. 북한과 이란이 야기하는 문제는 한 대통령이 해결할 수 있는 위기가 아니며 그의 후임자가 또 다른 문제에 봉착할 수 있다. 중국, 러시아, 이라크, 아프가니스탄, 테러리즘 등이 야기하는 도전도 마찬가지다. 냉전 이후 네 명의 대통령이 이런 모든 문제에 직면했으며 후임 대통령들 역시 대부분 그런 문제에 직면할 것이다.

이제 우리는 권력교향곡을 구성하는 주요 악기를 알았으니 대통령이 어떻게 교향악단을 지휘하는지 살펴볼 필요가 있다. 대통령은 실제로 어떤 수단을 통해 권력을 행사하는가?

2장
—
대통령의 권력 행사하기

그는 바로 여기에 앉아 이것을 하라, 저것을 하라 말할 것이다! 그리고 아무 일
도 일어나지 않을 것이다. 가엾은 아이크, 조금도 군대 같지 않을 텐데. 그는 심
한 좌절감을 느낄 것이다.

_아이젠하워의 대선 승리에 대한 트루먼의 코멘트

해리 트루먼 대통령이 남긴 이 말은 필자가 모셨던 여덟 대통령의 정서와
아마도 모든 현직 대통령의 정서를 정확히 포착하고 있다. 당대 세계에서 가장
권력이 센 미국 대통령은 소인국에서 수천 개의 밧줄에 묶여 마음대로 행동하
거나 움직일 수도 없는 조너선 스위프트(Jonathan Swift)의 소설 속 주인공 걸리
버(Gulliver) 같다고 느낀다. 헌법, 법률, 의회, 관료 체제, 언론 등이 모두 대통
령을 둘러싸고 있어 그의 행동의 자유를 제한하고 그의 의제(좋든 나쁘든)의 성
취를 막는다. 버락 오바마 대통령이 필자에게 한 말이다. "나는 자유세계의 리
더지만 아무것도 이룰 수 없는 것 같다." 그런 불평에도 불구하고 최근의 역대
대통령들은 무역 전쟁과 재래식 전쟁을 개시하고, 다른 나라에 개입하고, 일방
적으로 협정을 만들거나 파기하고, 수백만 명의 목숨을 건진 프로그램을 착수
시키고, 테러리스트를 격퇴했으며, 다른 나라를 도와 극단주의자들의 손에서
구제했다. 그러나 그러한 결정이 어떻게 이루어지고 시행되는가?
　　대통령이 피라미드의 정점에 있다고, 세계의 꼭대기에 있다고 말하는 일부

논객이 있다. 필자의 시각은 다르다. 필자는 대통령이 깔때기의 밑바닥에 있다고 본다. 그 깔때기의 넓은 꼭대기에는 10여 개 부처와 기관에서 근무하는 300만여 명의 직원이 있으며, 그 부처와 기관들은 미국의 대외·국가안보 정책의 수립을 지원하고 시행하는 일을 한다. 매일 국무부, 국방부, 재무부, 국토안보부, 에너지부 등 부처와 16개 정보기관(특히 CIA), 기타 기관들이 전 세계로부터 들어오는 수십만 건의 보고서를 그 깔때기에 쏟아붓는다. 그 보고서들은 모두 대통령의 정책과 의사결정에 정보를 제공하거나 기여하려는 것이다. 깔때기 아래로 대통령이 백악관 상황실(백악관의 서쪽 지하실에 있는 NSC 회의실 겸 지휘소) 테이블에 착석하고, 대개 여덟 명이 중요한 것 중에서 긴급한 것을 골라내 전략을 개발하고 의사결정을 내리는 일을 돕는다. 그 여덟 명은 부통령, 국무부 장관, 국방부 장관, 합참의장, 국가정보장, CIA 부장, 국가안보보좌관, 백악관 비서실장이다. 때때로 재무부 장관이나 국토안보부 장관 등 다른 인사와 소수의 대통령 참모가 참석한다. 세상의 모든 주요 문제가 ― 그리고 사소한 문제도 많이 ― 깔때기를 빠져나와 그 테이블에 오른다. 거기에서 거의 매일 그 소그룹의 도움을 받아 대통령이 미국의 운명(과 다른 많은 나라의 운명)을 결정하며 생사의 결정을 내릴 때도 매우 잦다.

사려 깊은 국가안보보좌관은 카페인이 필요한 사람을 위해 상황실에 꼭 커피 카트(cart)를 비치한다. 필자가 바(bar) 설치를 제안한 적이 있지만 다수결로 채택되지 않았다.

대외·국가안보 정책을 결정하고 시행하는 ― 대외적으로 권력을 행사하는 ― 현재의 공식구조는 1947년 '국가안전보장법(National Security Act)'으로 수립되었다. 그 법에 따라 NSC 자체뿐만 아니라 국방부, 공군(독립된 군종으로), CIA가 창설되었다. NSC의 법정 멤버는 대통령, 부통령, 국무부 장관, 국방부 장관, (선임군사보좌관으로서) 합참의장, (수석정보보좌관으로서) 국가정보장(2005년 이후)뿐이다. 근거 법률인 '국가안전보장법'이 대통령에게 그의 스타일에 맞게 의사결정 절차를 조직하도록 엄청난 재량을 부여하고 있지만, 나중에 살펴보듯이 그 구조 자체는 아주 구식이다. NSC에서 근무하는 직원들의 우두머리가 국가안보보좌관이다. 직원 규모는 조지 H. W. 부시(41대) 대통령 때의 100명 이하에서 오바마 대통령 때의 400여 명에 이르기까지 변화가 있었다. NSC 직원들이 하는 일은 대통령에게 제출하기 위해 국무부, 국방부 등에서 올라오는 정책과 의사결정 건의를 조율하고, 관료 조직이 대통령의 결정을 제대로 시행하는지 모니터하며, 외국 지도자와의 면담이나 해외여행을 위한 참고 자료를 제공하는 등 대통령의 일상을 지원한다.

국가안보보좌관은 핵심적인 역할을 한다. 역대 가장 영향력이 컸던 세 보좌관은 헨리 키신저(닉슨·포드 행정부), 브렌트 스코크로프트[포드·부시(41대) 행정부], 즈비그뉴 브레진스키(카터 행정부)다. 필자는 그 셋을 모두 모셨는데, 냉전 이후의 국가안보보좌관 중에 그들만큼 권력과 영향력을 휘두른 이가 없다. 국가안보보좌관은 무대 감독으로 여러 부처의 견해와 건의안을 조율해 대통령의 의사결정 과정 속에 취합되도록 보장하고 대통령의 결정이 시행되도록 보장하는 임무를 맡는다. 그런 일이 모두 설계된 대로 진행될 때 대통령은 고위 관리들이 무엇을 왜 건의하는지를 알게 되어 완전한 정보에 입각해 결정할 수 있다. 그런 고위 관리들은 자신들의 견해가 채택되지 않더라도 충분히 검토되었음을 안다. 그런 일이 제대로 진행되지 않을 때 ─ 국가안보보좌관이 핵심 부처와 기관이나 고위 관리를 배제하고 그들의 견해를 대통령에게 보고하지 않아 일부 고위직이 협력을 거부할 때 또는 도널드 트럼프 시절에 보았듯이 대통령이 전체 프로세스를 우회할 때 ─ 그 결과는 관료 조직의 내부 전쟁과 누설이며, 때로는 나쁜 결정이 이루어지고 서투르게 또는 마지못해 시행된다. 대통령이 어떻게 프로세스를 조직하더라도 그 프로세스의 작동 여부는 모든 사람이 어떻게 협력하는지 그리고 서로 신뢰하는지 여부에 달려 있다.

국가안보보좌관의 모델이라고 일반적으로 간주되는 스코크로프트에 따르면 냉전 시절 그는 큰 문제 하나, 즉 미·소 경쟁 문제와 더불어 항상 한두 가지 작은 문제를 처리해야 했다. 그에 따르면 탈냉전 세계에서 국가안보보좌관은 늘 8~10가지 중요한 일을 처리하고 있다. 조지 W. 부시(43대) 대통령의 두 번째 임기 중 국가안보보좌관을 지낸 스티븐 해들리는 그 직무를 서커스에서 접시 돌리는 사람과 같다고 간결하게 표현했다 ─ 서커스에서 10개의 가는 막대기 끝에 접시를 올려놓고 동시에 돌리듯이 국가안보보좌관은 이리저리 뛰며 하나의 접시도 멈추어 땅에 떨어지지 않도록 계속 돌린다. 해들리의 다른 표현에 따르면 그 직무는 10개의 버너에 모두 냄비를 올려놓고 요리하는 것과 유사한 바, 국가안보보좌관은 모든 냄비가 끓어 넘치지 않도록 이 냄비와 저 냄비를 미친 듯이 젓는다. 해들리의 결론에 따르면 국가안보보좌관은 항상 이 위기와 저 위기를 맞이하며 대개 아슬아슬하다. 그러나 국가안보보좌관의 일이 오로지 위기를 관리하는 것이라면, 위기를 회피하고 사건을 마무리하기 위한 전략을 개발하고 시행할 시간은 없는 것이다.

흔히 사람들은 ─ 때로는 정부 고위직 인사들조차 ─ 모든 대통령이 공식적인 구조를 벗어나 조언을 구한다는 사실을 이해하지 못한다. 대통령은 가족, 골프 파트너, 친구, 사업가, 의회 원로, 명사, 기자 등과 대화하고 의견을 구한다. 때때로 그들은 정말 기이한 정보를 가지고 있는바, 덴마크가 그린란드 매각을 원한다든지, 노아의 방주가 드러났다든지, (우주 변종의) 외계인이 우리 가운데 있다든지 등의 첩보가 진짜로 사실이 아님을 그들에게 납득시키기 힘들 수 있다. 필자는 다년간 실제로 바로 그러한 것들을 처리해야 했다. 그리고 그러한 외부의 견해도 전적으로 NSC 프로세스만큼이나 대통령의 의사결정의 일부다. 현명한 국가안보보좌관이라면 이런 비공식 접촉에 개입하려고 하지 않지만 그것이 대통령이 받는 정보(information) 스펙트럼의 ─ 가급적 사소한 ─ 일부에 불과하도록 만든다.

모든 대통령이 가끔은 고위 보좌관 전원과 의견을 달리해 자신의 직감에 따라 결정을 내리는 것도 사실이다. 2007년 초 부시(43대) 대통령의 병력 증파 결정은 고위 군사보좌관들이 거의 모두 반대했다. 2011년 2월 초 오바마 대통령이 호스니 무바라크(Hosni Mubarak) 이집트 대통령에게 즉각 사임을 요구한 것은 백악관 상황실 테이블에 앉은 고위직 여덟 명이 전원 반대했는데도 결정되었다. 제멋대로 하는 것으로 유명한 트럼프 대통령은 현대 대통령 중에서 의사결정 과정이 가장 무질서했다는 점에서 독특하지만 자신의 직감에 따라 보좌관들의 결정을 뒤집은 점에서는 유별나지 않다.

필자는 모든 것을 너무 자주 목격하고 경험했는바, 대개 백악관·NSC 참모진과 각 부처와 기관 사이에는 불화의 저류(低流)가 (그리고 때로는 공개적인 갈등이) 있다. 때로 그것은 문제를 어떻게 처리할지를 놓고 관점과 견해의 진정한 차이가 있기 때문이다. 그러나 또한 덜 고매한 이유도 있다. 국무부 장관, 국방부 장관 등은 거대한 조직을 운영하고 있으며 생산적이지 않을 수도 있는 회의를 위해 ― 어떤 때는 하루 두세 번 ― 백악관으로 호출되는 것을 달가워하지 않는다. 게다가 백악관·NSC 참모진 모두가 대통령을 팔아 기관장들에게 흠집을 내는 일이 너무 잦은데, 가령 특정 부처와 기관이 어떤 결정의 시행을 질질 끌고 있다든지, 자체 의제를 추진한다든지, 대통령이 성취하려는 것을 전적으로 수용하지 않는다고 ― 때로는 정확하게 ― 기관장들을 나무란다. 간극이 생기는 또 다른 이유는 온실 속에서 일하는 백악관 인사들이 거기서 이루어진 결정을 실제로 시행하는 어려움, 내각과 기관장들이 처리하고 헤쳐나가야 하는 어려움을 흔히 망각하기 때문이다. 게다가 백악관 인사들은 의회가 반대하는 결정을 포함해 논란이 있거나(나쁘거나) 힘든 결정을 방어하기 위해 의회에서 증언할 필요가 없다. 그들은 의원들 앞에 앉아 텔레비전을 통해 공공의 돌팔매와 화살을 맞는 일로부터 차단되어 있다. 그런 일은 그들이 아닌 프로세스의 다른 참석자들이 감당하며 결코 즐거운 경험이 아니다.

의사결정에서는 개성이 엄청 중요하게 작용하며 최고위 수준에서도 그렇다. 유달리 조종을 잘하는 대통령들이 있다. 프랭클린 루스벨트, 리처드 닉슨(Richard Nixon), 로널드 레이건과 (필자 생각에) 트럼프가 일부러 고위 보좌관들 간의 의견 충돌을 조장하거나 적어도 관용했는데, 그런 내분이 실제 의사결정을 할 때 대통령에게 더 많은 재량을 주기 때문이다. 보좌관들 간의 통일된 전선은 대통령을 꼼짝하지 못하게 만드는 경향이 있지만, 의견이 나뉘면 대통령이 옵션을 선택할 수 있다. 대통령은 전화 한 통으로도 내각 수준의 내분을 막을 수 있는데, 대통령이 그러지 않을 때는 대개 숨은 속셈이 있다.

고위 보좌관들의 의견 통일 여부와 관계없이 대통령은 비판의 표적이 된다. 만일 의견 불일치가 있다면 공개되어 ─ 항상 공개됨 ─ 언론이 행정부가 '혼란 상태'에 있고 백악관이 '고장' 났다고 보도할 것이다. 의견 일치가 있다면 대통령 보좌관들 사이의 '집단 사고(group think)'와 '맹종'이 있다고 행정부를 비난할 것이다. 대통령으로서 최선책은 고위 보좌관들이 솔직하게 견해를 표명하도록 고무하고 그들의 조언이 밖으로 새나가지 않도록 요구하며 대통령이 통제하고 있음을 공개적으로 밝히는 것이다. 의회와 언론은 국무부 장관, 국방부 장관, 국가안보보좌관이 어떻게 생각하는지 그리고 그들의 견해가 일치하는지 여부에 집착하겠지만, 실제로 중요한 것은 대통령의 생각뿐이다. 대통령은 그 현실을 강화할 필요가 있는바, 내각 구성원들이 이를 이해하고 공개적으로 강조하도록 확실히 해야 한다.

대통령 결정의 시행과 관련해서 국무부 장관과 국방부 장관이 서로 참지 못하거나(필자의 재직 중 자주 발생했음) 그 두 사람이 국가안보좌관을 불신할 때(또는 멍청하다고 생각할 때)가 문제다. 꼭대기에서 신뢰와 협조 관계가 없다면 계급이 내려갈수록 부처 간에 협력이 이루어지기 힘들다. 그리고 부처와 기관의 수장 주변에는 다른 기관의 수장이나 백악관의 음모에 관한 소문을 일러바쳐 수장의 머리통에 불을 지르고 악의와 의심을 불러일으키는 선동가가 한두 명은 꼭 있다. 필자는 국방부 장관에 재직하던 중에 국무부 장관 콘돌리자 라이스(Condoleezza Rice)와 그 후임자 힐러리 클린턴(Hillary Clinton)과 타협해 우리 직원 하나가 타 부처의 악랄한 음모에 관한 모종의 끔찍한 이야기를 가져오면 그 직원 면전에서 당장 전화를 걸어 모두 거짓말임을 확인한 후 그 선동가에게 한 번 더 그런 짓을 하면 해고나 좌천될 것임을 경고하기로 약속했다.

고위 임명직 중에도 대통령이 개인적으로 더 총애하는 사람이 있는 것은 놀랄 일이 아니며, 대통령마다 일부 고위 관리들에게 '가족과 함께할 시간'을 주는, 즉 그들을 해고하는 방식이 있다. 필자가 모신 여덟 대통령 가운데 단 두 분이 면전에서 해고하는 배짱이 있었다. 나머지 여섯 분은 정치적 사형집행인에게 그 더러운 일을 시켰다. 고위 군 장교들 중에도 대통령의 총애를 받거나 못 받는 사람이 있다.

국방부와 국무부 같은 내각 부처 - 영속적인 관료 조직 - 는 대통령에게 대담한 아이디어나 신규 계획을 좀처럼 제출하지 않는다. 실로 필자의 오랜 경험과 기억에 비추어 대외 정책에서 참으로 혁신적이고 대담하며 창의적인 제안은 거의 모두 백악관 안에서 - 대통령, 국가안보좌관, NSC 직원 - 또는 각료 본인이나 그의 최측근에서 나왔다. 큰 관료 조직은 하급 직원이 일반적 통념에 도전하거나 오래된 관행, 프로그램, 정책과 결별하도록 만드는 유인을 거의 제공하지 않는다. 하위직에게 좋은 아이디어의 싹이 있어도 조직의 계층을 거치며 여러 사람의 서명을 받는 과정에서 거의 항상 그 아이디어는 (그리고 때로는 그 제안자의 경력까지) 죽는다. 컨센서스 추진이 제도적 디엔에이(DNA)로 깊이 박혀 있다. 키신저는 관료 조직은 늘 세 가지 옵션을 가져온다고 했다. 옵션 A는 사실상 변경이 없고, 옵션 C는 기각될 것이 확실할 정도의 과격한 변경을 요구하며, 옵션 B는 기존 정책에 약간의 수정을 가한 것 - 관료 조직의 선택 - 이다. 모든 대통령이 관료 조직이 제안하는 옵션이 한정되어 있다고 불평하며 자신의 참모를 불러 대안을 찾는다.

백악관 바깥에 있는 부처와 기관들은 NSC와 국가안보좌관이 운영하는 기관 간 협의체를 통해 대통령의 정책 결정에 기여한다. 이 협의체 - 일반적으로 차관보급, 차석(부장관)급, 내각 수장(장관)급의 3단계로 구성됨 - 는 시스템이 올바로 작동할 때 두 측면에서 기여한다. 새로운 제안이 의제로 올라오면 경험과 깊은 배경지식을 가진 사람들이 이상하거나 위험한 제안이 아님을 보장하고 잘 추진되도록 백악관의 결정을 도울 수 있다. 그 '시스템'은 대담한 새 아이디어를 창출하기보다 나쁜 아이디어를 죽이기를 훨씬 잘한다. 1985년 NSC 참모진이 리비아 침공 계획을 강구했을 때 국무부, 국방부, CIA가 공모해 그 제안에 총을 쏘았다. CIA의 비밀공작을 바라는 백악관의 기발한 아이디어가 상황실 회의에서 적시에 폐기되는 경우가 다년간 허다했다.

이 프로세스가 여러 기관이 전폭적으로 협력해 공동의 노력을 기울이도록하는 데 성공할지 여부는 대개 국가안보보좌관과 부보좌관에 달려 있으며 국무부·국방부 장관의 성격과 접근법에도 의존한다. 이 시스템은 부시(41대) 대통령 때 가장 잘 작동했다는 것이 일반적인 견해인데, 당시 스코크로프트가 국가안보보좌관이었고 (염치없이) 필자가 부보좌관이었다. 당시 필자는 차석위원회를 주재하면서 회의를 한 시간 이상 끈 적이 없으며 항상 끝에는 조치와 결정이 있었다. 모두가 발언권을 가졌으며 모든 수장이 자신의 견해가 대통령에게 정직하게 보고되리라는 믿음을 가졌다. 국무부, 국방부, NSC의 고위 참모들은 아주 긴밀하게 협력했다. 냉전 이후의 NSC 보좌관과 부보좌관 가운데 그 프로세스를 성공적으로 관리한 이를 꼽자면, 해들리[부시(43대) 행정부]와 톰 도닐런(Tom Donilon, 오바마 행정부)이다. 불행히도 그들은 예외에 속한다. '기관간' 회의가 결론도 없이 끝없이 진행되는 경우가 너무 잦았으며, 이에 따라 모든 참석자가 넌더리를 내고 내분까지 발생했다.

외부인들에게는 이 모든 것이 관료들의 허튼소리처럼 들린다. 그렇기는 해도 그 허튼소리가 어떻게 정책 결정이 이루어지고 어떻게 권력이 행사되는지를 이해하는 데는 중요하다. 그러나 후술하듯이 완벽하게 운영되는 프로세스라도 나쁜 결정을 막지 못한다. 좋은 프로세스가 좋은 결과를 보장하지는 않지만 도움은 된다.

백악관 바깥에서 대통령의 외교정책을 시행하는 가장 중요한 기관은 국무부다. 국무부는 장관이 대통령과 긴밀한 관계에 있다는 의미에서 힘이 셀 경우 — 1991년 이후 제임스 베이커(James Baker), 매들린 올브라이트, 콘돌리자 라이스, 힐러리 클린턴, 마이크 폼페이오 — 정책의 집행을 리드한다. 그렇기는 하지만 필자가 모신 역대 대통령들은 [부시(41대)를 제외하고] 국무부를 정말 자신들을 위해 일한다고 생각하지 않고 오히려 행정부 내 일종의 외계인 조직으로 보았다고 생각된다. 장관은 대통령을 위해 일한다고 하지만 대부분의 직업 관료들은 자신들이 오직 국무부를 위해 일한다고 생각했다. 너무 흔히 겪게 되는 그들의 태도는 국무부의 한 담당관이 전형적으로 보여주었는데, 오래전 필자가 NSC 직원으로 근무할 때 대통령의 해외 순방과 관련된 정보를 얻으려고 그에게 전화했다. 그 담당관은 아주 깊은 한숨 끝에 불쑥 내뱉었다. "빌어먹을 대통령과 장관이 나를 귀찮게만 하지 않으면 내 일을 완료할 수 있을 텐데!" 미국의 다수 직업 외교관들은 필자가 만난 가장 똑똑하고 현명한 부류에 속하지만, 국가·지역 전문가로서 그들은 이런저런 외국 정부를 어떻게 다룰지에 관해 어느 대통령을 상대로든 자주 의견을 달리했다. 대사 지명자를 포함해 대사관 직원들이 종종 '고객 과신', 즉 주재국 정부에 대한 공감과 지지 증세를 보였는데, 미국과 분쟁이 있는 경우에도 주재국 편을 들 지경이었다. 국무부 구전에 따르면 조지 슐츠 장관이 자기 사무실에서 신임 미국 대사들을 영접할 때 큰 지구의(地球儀)로 대사들을 데려가 "당신 나라가 어디입니까?"라고 물었다고 한다. 그들은 한결같이 대사로 부임할 나라를 가리켰고 슐츠는 한결같이 그들을 바로잡아 주었다는 것이다. 슐츠는 지구의에서 미국을 가리키며 말했다. "여기가 당신 나라입니다. 잊지 마십시오."

슬프게도 장관을 포함해 국무부의 최고 인물들 다수가 대통령이 그랬듯이 그 부처의 지독한 관료주의에 좌절했다.

오늘날 전기통신이 발달하고 대통령과 NSC 직원들이 점차 실무적으로 바뀌면서 국무부 고위 관리와 대사들의 역할이 감소했다. 후술하겠지만 위기가 닥치면 대부분 대통령, 국무부 장관, 국방부 장관, 국가안보보좌관은 거의 항상 바로 전화기를 들어 외국의 카운터파트와 통화할 것이다. 양측 인사들이 놀랍도록 솔직하고 친숙한 관계를 유지하고 있을 때가 흔하다. 장관이나 대통령이 외국 지도자와 개인적으로 가깝고 정기적으로 대화하는 관계일 때, 국무부 차관보 – 또는 CIA 차장보 – 가 그 외국 지도자의 견해와 성격에 관해 장관이나 대통령에게 조언하기는 힘들다. 필자의 기억에 부시(41대) 대통령이 한 외국 정상과 회담하고 돌아와 그가 술을 마시지 않는다는 브리핑 보고서를 보고 웃었다. "그 양반은 스카치위스키를 좋아하고 많이 마십니다."

일상 업무와 기관 간 협의에서 국무부 전문가들은 대통령의 정책 시행과 관련해 중요한 역할을 한다. 또한 국무부 차관보들은 대통령 수준까지 올라가지 않는 지역 문제와 기타 이슈에 전념한다. 그러나 요즘 들어 중요한 문제는 대개 최고위층에서 처리된다. 실로 현대 기술 발달에 힘입어 위기 시 대통령은 상황실에서 모든 핵심 대사와 군사령관들이 참여하는 회의를 주재할 수 있는데, 그들이 먼 나라나 지역에 있더라도 대형 화면을 통해 회의한다.

이와 비슷하게 대부분의 경우 러시아, 중국, 영국, 프랑스, 독일, 일본 등 주요국에 주재하는 대사와 대사관도 대통령과 그의 고위 보좌관이 그 나라 지도자와 직접 대화할 때는 옆으로 밀린다. 예외적인 경우는 그들이 미군이 군사작전을 벌이는 나라, 미국의 이익에 영향을 미치는 내부 위기에 빠진 나라, 중요한 양국 관계가 위태롭게 된 나라에 주재할 때다. 예를 들어 이라크, 아프가니스탄, 파키스탄, 이집트, 시리아에 주재하는 미국 대사들은 부시(43대) 대통령이나 오바마 대통령과 여러 번 직접 상의하고 NSC 화상회의에도 [부시(43대) 때는 으레] 참석했다. 각 경우에 대사들은 모두 국무부의 경험 많은 간부 직업 외교관이었다. 정치적으로 임명되는 대사들도 중요한 역할을 수행할 수 있다. 필자가 좋아하는 사례를 들자면 1981년 레이건 대통령이 남부 캘리포니아의 자동차 딜러 로버트 네센(Robert Nesen)을 주호주 대사로 임명한 것이다. 네센은 대사관 간부 직원의 조언에 따라 호주의 야당 지도자 봅 호크(Bob Hawke)와 관계를 구축하기 시작했는데, 당시 아무도 호크에 관심을 기울이지 않을 때였다. 아니나 다를까, 호크는 1983년 호주 총리가 되어 8년 이상 재직했고 그는 최근 역사에서 가장 친미 성향을 보인 호주 총리였다.

대사관은 미국의 일상 업무와 대통령의 대주재국 정책을 관리하는데, 그 일 자체가 벅찰 수 있다. 최고의 대사는 자신과 대사관 팀의 경험에 의지해 주재국에서 무슨 일이 벌어지는지, 그런 일을 미국의 이익과 관련해 어떻게 볼지, 주재국에서 미국의 목표를 성취할 최선의 방안은 무엇인지를 워싱턴이 이해하도록 돕는다. 이와 함께 24개나 되는 기관과 부처가 미국 대사관에 주재관을 보낼 수 있는데, 그들의 일을 감독하는 것이 대사의 역할이다. 1978~1979년 필자는 카터 백악관에서 브레진스키를 보좌하며 대사들에게 보내는 대통령의 지시 서한에 관해 국무부, 국방부, CIA 등과 협상하는 중심에 있었는데, 그 서한은 대사관 내에 각 기관들의 상호 권한을 규정하는 것이었다. 그 일과 비교하면 소련과 군비 제한 협정을 협상하는 것이 더 쉬웠다(때로는 더 우호적이었다).

모든 대통령이 국방부와 군부를 어떻게 다룰지 고심한다. 국방부는 완고하고 행동이 굼뜬 관료 조직이기 때문에 국무부가 아메리카컵(America's Cup)에 출전한 요트처럼 날렵하고 민첩하게 보일 수 있다. 필자가 국방부 장관이었을 때 펜타곤 내 대부분의 주무관과 필자 사이에는 27개의 관료제 단계가 있었다. 현안이 ─ 특히 이라크와 아프가니스탄에서의 ─ 군사작전과 관련되었을 때는 국방부가 아주 빠르고 기민하게 움직일 수 있었다. 그러나 인사나 획득과 같은 내부의 정책 이슈를 처리하는 것은 시시포스의 과업 같았다. 일부 문제에 관해서는 4년 반 동안 작업했어도 필자가 거의 아무런 진전을 이루지 못했다. 필자가 힘센 장관으로 간주되었는데도 말이다.

거의 300만 명에 이르는 인력과 5000억 달러가 넘는 예산을 운영하는 국방부는 거대하게 부푼 괴물로 치솟는 보건·퇴직 비용과 의회가 부과한 대량의 고액 프로그램을 짊어지고 있다. 공화·민주 양당 의원들은 자신의 주나 지역구에 있는 국방 프로그램은 어떤 것이든 한 푼이라도 깎여서는 안 된다고 생각하기 때문에 국방부가 원하거나 필요하지도 않은 상당한 수의 기지와 시설(전체의 약 25%)을 억지로 유지하고 있다. 대통령이 재량적 연방 예산[사회보장이나

노인의료보험(Medicare)과 같은 재정 지원금을 제외한 돈을 바라볼 때, 국방은 항상 방 안의 코끼리로 연방 예산의 약 15%(1950년대는 50%였음)를 차지한다.

군의 고위 장성들은 의회, 대중, 심지어 언론으로부터 특별한 신뢰를 받으며, 많은 장성이 자신들이 선호하는 프로그램의 삭감 결정이나 심지어 작전에 관한 대통령의 결정에 관해서도 그들의 견해를 거리낌 없이 밝힌다. 고위 문관들도 똑같이 하지만 4성 장군의 특권을 누리지는 못한다. 장성들이 공개적으로 발언하면 사람들이 경청하며 대통령의 분통을 살 때가 잦다. 필자는 국방부 장관으로 재직할 때 공개 논평으로 대통령을 화나게 만든 고위 장성들을 거듭해서 꾸짖어야 했다. 모든 고위 장성은 인준 과정에서 의회에 대해 항상 자신의 전문적인 소견을 솔직하게 제시하겠다고 약속해야 하기 때문에 고위 장성들의 증언은 종종 백악관과의 갈등을 초래한다. 군부는 초당적임(지난 30년 동안 점차 어려워짐)을 마땅히 자랑스럽게 여기지만, 그렇다고 해서 그들이 정책 문제에 관해 그리고 사적으로 현직 대통령에 관해 강력한 견해를 가지고 있지 않다는 뜻은 아니다.

대통령은 군부에 무력 사용이 필요한 옵션을 요구할 때 특별히 좌절한다. 수년 전 필자가 기술했듯이 워싱턴에서 가장 큰 비둘기파는 제복을 입고 있다. 그 부분적 이유는 그들이 사상자 발생이라는 전쟁의 대가를 바로 가까이에서 보았기 때문이며, 대통령이 시작한 전쟁이라도 일이 잘 진행되지 않으면 정치인들이 포기할 것이라는 그들의 일리 있는 두려움 때문이다. 필자가 다년간 거듭해서 목격한 사실이지만 대통령이 제한적 군사작전이 포함된 옵션을 요구하는데도 군은 고작 디데이(D-Day)처럼 보이는 안을 들고 왔다. 부시(43대) 대통령은 2006년 말쯤 군부 고위층은 물론 야전 사령관들에게도 실망했는데, 당시 이라크에서 미국의 작전이 분명 순조롭지 않았다. 이와 비슷하게 오바마 대통령도 2009년 말 아프가니스탄전쟁을 재검토하면서 제한된 범위의 군사 옵션을 제시받고 실망했다. 일단 전쟁에 돌입하면 야전 사령관이 (때로 훨씬) 더 많은 병력을 원하지 않는 경우는 매우 드물다는 것을 오바마도 알게 되었다. 필자가 목격한 바로는 거의 모든 대통령이 장군이나 제독들과 의견을 달리해 독자적으로 길을 찾았다. 그래도 대통령이 결정을 내리면 군부 지도자들은 경례를 올리고 성공을 거두기 위해 최선을 다한다. 그리고 그들은 성공을 담보하는 데 필요한 병력을 받지 못했음을 알 때도 결정을 성공시키려고 노력한다.

대부분의 경우 국방부의 고위 문관들과 군인들은 정책 이슈가 기관 간 프로세스에서 발전되고 논의될 때 상당히 긴밀하게 공조한다. 항상은 아니지만 대부분의 경우 문관과 군인들은 통일된 전선을 형성한다. 대통령 주재 회의에서 국방부가 두 석(장관과 합참의장)을 차지하고 이 방식이 기관 간 각급 프로세스에서 준용되는 것은 시스템의 특이점으로 국무부를 짜증나게 한다. 장관과 합참의장 간의 개인적인 관계는 국방부 전체적으로 문관과 군인 관계에 분명하게 영향을 미친다. 필자가 훌륭한 두 합참의장, 피터 페이스(Peter Pace) 장군과 마이크 멀린(Mike Mullen) 제독과 같이 근무한 것은 행운이었으며, 우리가 거의 5년 동안 중요한 문제에 관해 의견을 달리한 경우는 다섯 손가락으로 꼽을 정도였다.

최근 들어 국방부 장관이 조기 교체되면서 그 역할도 함께 줄어들었다. 필자는 4년 반 동안 재직했지만(1947년 이후 단 네 명만이 필자보다 오래 재직했음), 필자가 2011년 사임한 후 일곱 명의 장관 또는 장관 대행이 있었다. 여러 핵심 문관직이 공석인 것과 함께 장관의 잦은 교체는 대통령의 의사결정과 관련된 군부와의 관계에서, 그리고 의회와의 관계에서 문관들의 역할을 약화시켰다.

권력기관의 삼각 편대를 형성하는 한 축이 CIA와 기타 15개 정보기관이다. 그중에 CIA가 독보적이며 대통령 주재 회의에 참석하는 유일한 정보기관이다. CIA가 민감한 주제에 관해 대통령의 정책을 지지하도록 편향되게 분석한다든지 대통령을 기쁘게 하는 일이면 뭐든 한다는 것이 일반적인 통념이다. 실제로 이보다 진실과 동떨어진 생각은 없으며 필자가 모신 모든 대통령이 이를 증언할 것이다. 린든 존슨(Lyndon Johnson) 대통령이 전후(戰後)의 현인으로 꼽히는 존 매클로이(John J. McCloy)를 만났을 때 정보기관이 잘 돌아가고 있는지 질문을 받았다. 존슨 대통령은 대답으로 소년 시절 텍사스 농장에서 암소 젖을 짜던 이야기를 했다. 존슨이 한 통 가득 우유를 받고 한눈파는 사이 암소가 똥 묻은 꼬리를 우유 통 속에 담그는 바람에 우유를 버리게 되었다는 이야기였다. 존슨이 결론적으로 말했다. "그게 정보기관 사람들이 하는 짓입니다. 좋은 정책을 시행하면 그들이 똥 묻은 꼬리를 거기에 담그지요." 한번은 닉슨 대통령이 물었다. "도대체 랭글리[버지니아주 북쪽에 있는 CIA 본부]에 있는 저 광대들이 하는 일이 뭐야?" 필자가 모신 역대 대통령 중에서 CIA와 그들의 분석을 때때로 거칠게 비난하지 않은 유일한 사람이 부시(41대) 대통령이었는데, 그는 CIA 부장을 지냈다.

대통령들은 CIA의 비밀공작 역량과 그 정보원들이 올리는 일부 보고서를 중시하면서도 타국 지도자들의 생각과 계획에 관해 더 좋은 정보를 얻을 수 없는지 의아하게 여긴다. 대통령들은 종종 CIA가 생산하는 정보 보고서를 혐오한다. 그 이유는 무엇보다도 그 보고서가 종종 대통령의 정책을 은연중에 비판하기 때문인데, 가령 대통령이 어느 국가에서 사태가 호전되고 있다고 말했는데 CIA가 그곳의 실제 상황이 최악이라고 평가할 때다. 그것이 존슨 대통령이 말한 "똥 묻은 꼬리"다. 설상가상으로 그런 보고서가 의회에도 전달되어 대통령의 비판자들에게 다량의 탄환을 안기기도 한다. 또한 CIA 보고서가 종종 누설되는 경우인데, 그렇게 노출된 보고서가 행정부의 발표와 모순될 때 다른 나라들은 적어도 혼란에 빠진다. 2007년 말 부시(43대) 대통령이 핵무기 프로그램을 추진하는 이란을 제재하게끔 각국에 큰 압력을 가할 때, 미국 정보기관은 이란이 2003년 핵무기 제조 활동을 중단했다는 평가 보고서를 공개했다. 대통령의 압력 캠페인은 적어도 일시적으로 무너졌다. 미국 정보기관처럼 독립적으로 평가하는 정보기관이 전 세계적으로 매우 드물기 때문에 각국 정부는 오른손으로 압력 캠페인을 벌이면서 왼손으로는 그 캠페인을 전적으로 저해하는 부시 행정부의 게임에 혼란스러워했다. 대통령은 그런 일을 기억한다.

정책과 의사를 결정할 때 일차적인 역할을 하는 것이 정보기관의 분석 기능이다. 분석관들은 토론의 기초가 되는 정보를 제공하며, 프로세스가 정상적으로 작동할 경우 그들은 모든 참석자가 똑같은 사실관계에서 출발하되 자신의 주장을 관철하기 위해 사실관계를 왜곡하지 못하도록 한다. 불행히도 중앙정보장(2005년 이후에는 국가정보장)이 정책에 대해 강력한 견해를 가지고 있어 그 견해를 회의에서 발표할 때가 더러 있다. 이런 일이 발생하면 사실관계를 판단하는 중앙정보장의 역할이 훼손된다. 이를 피하기 위해 일부 대통령[특히 닉슨과 부시(41대)]은 회의를 할 때 먼저 중앙정보장에게 정보 브리핑을 시키기도 하고, 종종 정책 토론을 시작하기 전에 중앙정보장을 회의실 밖으로 내보내기도 했다.

필자의 경험에 비추어 정책 결정 과정에서의 정보 발표는 여러모로 단점이 많다. 첫째, 정보기관은 과도한 자신감을 가지고 미래를 예측할 수 있다고 자처하며, 사실상 경험이나 지식에서 나온 추측에 불과한 것에 사실관계의 옷을 입히는 예측을 한다. 둘째, 정보기관은 자신들의 분석적 평가에 대해 그리고 발표하는 정보의 신뢰성과 정확성에 관해 과신할 수 있다. 좋은 예를 들자면 조지 테닛(George Tenet) CIA 부장은 부시(43대) 대통령에게 이라크 내 대량살상무기(Weapon of Mass Destruction, WMD)에 관한 정보가 "슬램덩크나 다름없다"● 라고 보고했다. 셋째, 전문가들은 거의 항상 어떤 편향(bias)을 가지고 있다. 그 편향이 반드시 정치적인 것은 아니며, 한 독재자가 이미 장기 집권하고 있다는 단순한 이유에서 계속 권좌에 머무를 것이라고 판단하는 것처럼 온순한 편향일 수도 있다. 그런 편향을 식별해 처리하는 것은 프로세스에 참여하는 CIA 간부들의 책임이다. 필자는 오랫동안 CIA에서 분석관과 분석국 국장으로 근무하고 네 대통령 밑에서 NSC 참모로 재직하면서 이런 단점을 너무 자주 보았으며,

---

● 원문은 "slam dunk case"로 아주 확실하다는 의미다(옮긴이 주).

필자에게 책임이 있는 경우도 한 번 이상 있었다.

그렇기는 해도 미국의 정보기관들은 허구한 날 정책 결정자와 정치인들의 불평에 아랑곳하지 않고 대통령과 그 보좌진에게 전 세계의 동향에 관해 매일 쏟아지는 정보를 제공하며 그 정보의 정확성과 정직성은 비할 데 없다. 그리고 대통령은 의사결정을 할 때 – 감탄하든 아니면 마지못하든 – 그 정보에 의존한 다. 역사적으로 중요한 예를 들자면 2011년 봄 오사마 빈 라덴이 파키스탄의 도시 아보타바드(Abbotabad)에 은거하고 있다고 CIA가 분석한 사례다. CIA는 확실한 증거는 없고 자신들의 정황적 주장에 강점과 약점이 모두 있다고 정직 하게 인정했다. CIA의 분석은 오바마 대통령에게 하나의 옵션을 주었고 그는 채택했다.

그렇다면 실제로 권력이 어떻게 행사되는가?

대통령의 결정이 모호하지 않고 분명하도록 만드는 것은 국가안보보좌관의 중요한 역할이다. 일단 거대 부처들의 육중한 바퀴가 구르기 시작하면 옳은 방 향으로 그리고 같은 방향으로 가야 한다. (출처가 의심스럽지만 아직 유용한) 이 야기에 따르면 오래전에 에드가 후버(Edgar Hoover) 연방수사국 국장이 "경계 선을 주시하라(Watch the borders)"라고 메모에 적었다. 수백 명의 요원이 멕시 코 국경으로 파견된 후, 거기서 요원들이 무슨 일을 하라는 것이냐고 누가 후 버에게 물었다. 폭발한 후버는 그저 자신이 읽고 있던 보고서의 여백 면적이 적 당한지를 언급한 것이라고 설명했다.

대통령과 국가안보보좌관은 시행에 대한 주된 책임을 명확하게 부여해야 한 다. 책임이 명확한 경우가 대다수다. 그 책임이 군사적 임무라면 국방부 장관 과 적절한 사령관(태평양사령부, 유럽사령부, 아프리카사령부 등)이 관련 명령을 내 리고 지휘 계통을 따라 궁극적으로 일선 지휘관들까지 그 명령이 이행되는지 감독한다. 많은 사람의 생각과는 다르게 부통령, 합참의장, 각 군 총장은 군사 지휘 계통에 들어 있지 않다 – 물론 가까이에 있는 합참의장을 결정에 긴밀히 참여시키지 않는다면 그 국방부 장관은 멍청한 것이 맞다. 국방부가 군사작전의 주무 부처지만, 미국의 작전을 각국에 통보하고 각국 정부, 나토, 유엔 등 국제사회의 지지를 호소하는 일은 국무부가 한다. 우리가 작전을 벌이는 국가에 주재하는 미국 대사는 현지 정부와의 관계에서 우리 군사령관의 파트너가 되어야 하는데 바그다드와 카불에서는 대체로 잘했다. 그리고 CIA도 국내와 현지에서 사령관을 지원한다.

대통령의 지시와 야전에서의 긴밀한 조율이 없다면 혼선과 오해가 뒤따른다. 단순한 군사작전의 경우에도 그렇다. 군사 활동이 아군의 승리를 넘어 기본적으로 비군사적인 임무로 확장되면 사정이 복잡해진다. 군사적 임무가 소말리아, 아이티, 아프가니스탄, 이라크에서처럼 국가 건설로 이어지면, 문제와 실수가 생길 가능성이 급속도로 커진다. 후술하겠지만 초기의 군사적 임무가 완료된 후 워싱턴의 누가 책임을 맡을지가 분명하지 않아 이라크 등에서 현실적인 문제가 야기되었다.

겉으로 순전히 외교적인 구상으로 보이더라도 실제로는 그렇지 않은 경우가 많다. 앞서 언급했듯이 각 대사관에는 24개 이상의 기관이 주재할 수 있다. 군비 통제는 수십 년 동안 그 협상을 진행한 국무부의 영역이다. 그러나 대부분 그러한 협상단에는 군부와 국방부 장관이 대표를 파견하며, 핵무기가 논의될 경우에는 에너지부도 참여한다. 그리고 CIA 전문가들도 협상할 때 비밀 정보를 제공하고 그 사용을 지원하기 위해 협상단에 포함된다. 경제제재를 수반하는 외교 조치는 즉각적으로 참여 기관의 범위가 넓어져 재무부, 상무부, 무역대표실(Office of USTR) 등이 포함된다. 국무부가 그런 모든 경우를 주도하지만 협상할 때마다 전략적 일관성뿐 아니라 일상적 협력도 확보하기 위해 기관 간 협의체가 가동된다. 대표단 단장이 다른 기관에 통보해 승선시키지 않는다면 워싱턴 내의 불신과 내분 발생이 불가피할 것이다 — 후술하겠지만 이런 일이 부시(43대) 대통령 때 북한과의 협상에서 벌어졌다.

대통령이 비밀공작을 명령할 때 CIA만 관여할 것이라고 생각하기 쉽지만 그렇지 않다. 통상적인 공작에서는 국무부가 관여하며, CIA는 공작이 이루어지는 국가에 주재하는 미국 대사와 조율해야 한다. 가끔 군부도 관여해 지원 역할을 맡고, NSC 직원이 그런 공작을 면밀하게 모니터한다. 협력이 충분하지 않다면 관료적 통제가 무너진 것이다.

대통령의 결정이 하나의 주무 부처와 기관을 명확하게 지정할 때는 권력 행사가 복잡해도 충분히 관리할 수 있다. 이것이 특별히 타당할 때는 군사작전, 정보 공작, 외교적 이니셔티브, 경제적 권력수단의 사용 등의 경우다. 미국의 권력 행사가 엄청난 과업이 되는 경우는 대개 다수 기관의 협력이 필수적인 결정이 이루어질 때다. 여러 상황에서 대통령, 정부 지도자, 전문가들이 모두 '정부 전체'의 노력 ─ 모든 관련 부처와 기관이 합심해 공동의 노력을 기울이는 것 ─ 이 필요하다고 한다. 그러나 후술하듯이 미국 정부가 효과적으로 권력을 행사하도록 체계화되지 않은 분야가 있는데, 곧 국가 건설, 정치적 목적을 위한 사이버 역량의 공세적 사용, 전략적 소통, 개발원조와 인도적 원조, 타국의 내전 개입 등이다.

국가 건설에 대한 책임 ─ 근본적으로 내전 국가에 대한 개발원조 ─ 은 가장 복잡한 경우로 십중팔구 관료들의 혼선으로 귀결되어 책임과 자원 간에 심각한 괴리가 발생한다. 이런 사례가 거듭 후술될 것이다. 국가 건설 사업에 대한 주된 책임은 명목상 국무부에 있다. 그러나 이라크, 아프가니스탄, 소말리아, 아이티 등지에서 압도적으로 많은 자원이 군에 있었으며 국무부와 국제개발처 인원은 너무 적었다. 그 결과 종종 제복을 입은 군인들이 훈련받지 않은 과업을 수행하도록 배치되었는데, 그것은 본래 민간에서 할 과업이었다. 민간 쪽에서는 조율과 책임의 실종이 너무 잦았으며, 일단 여러 기관이 관여하게 되자 ─ 재무부는 금융 시스템의 구축을 지원하고 법무부는 법치주의 프로젝트를 지원하는 등 ─ 결정 사항의 시행이 엄청나게 복잡하고 어려워졌다. 구조적 미비 탓에 즉흥적 처리가 일상사가 되었다. 권력수단이 너무 많았으며 힘 있는 지휘자가 없을 때가 너무 많았다.

하나의 전략적 목적 달성을 위해 미국이 가진 많은 커뮤니케이션 수단을 활용하려는 노력이 부족했음을 필자는 거듭해서 기술할 것이다. 클린턴 행정부에서 공보처가 해체되고 여러 이질적인 기관들 — 국무부, 국방부, CIA, 재무부, 국제방송처(United States Agency for Global Media, USAGM) 등 — 이 독자적으로 메시지를 전파하는 역량을 가지고, 소셜 미디어부터 사이버 도구에 이르기까지 새로운 형태의 소통이 확산되면서 미국은 엄청난 역량을 가지고 있다. 그러나 그런 역량을 권력 행사를 위해 집합적으로 동원하지 못하고 있다.

후술하듯이 의회는 대통령의 결정을 시행할 때, 즉 권력 행사 때 자산도 될 수 있고 부채도 될 수 있다. 의회의 지지와 제약은 콜롬비아에서 거둔 미국의 성공과 부시(43대) 대통령의 아프리카 이니셔티브의 성공에 긴요했다. 의회는 대부분의 대통령이 이란, 러시아, 중국을 다룰 때 믿음직한 파트너였고 때로는 더욱 강경하게 나가도록 대통령을 압박했다. 반면에 의회가 비군사적 권력수단을 위한 재원을 다년간 충분히 제공하지 못한 것이 비군사적 해법을 강구하는 미국의 능력을 대폭 약화시켰다. 해외 문제의 처리를 위한 미군 파병을 매도하는 많은 의원들이 비군사적 권력수단을 해체하고 삭감하며 제한하는 것에 기여하는 모습은 얼마나 아이러니한가. 오바마 행정부 때 톰 빌색(Tom Vilsack) 농무부 장관이 필자에게 전화해 개발원조의 일환으로 아프가니스탄에 70명의 농업 전문가를 보내겠다고 제의했다. 그러나 농무부 장관은 그들을 파견하는 데 예산을 쓸 수 없었으며 국방부 장관인 필자나 국무부 장관도 불가능했다. 그 이유가 의회에서 행정부의 자금 이전을 제한했기 때문이었다. 정부 지도자들이 미국의 권력을 행사하려고 할 때마다 의회의 미시적 통제에 걸려 꼼짝하지 못한다.

앞으로 독자들은 미국 정부가 어떻게 권력을 행사하는지에 관해 그 강점과 약점을 볼 것이다. 이는 앞서 기술한 현실을 반영하는 것이다. 냉전이라는 단순한 시대에 권력 행사를 위해 마련된 구조와 절차가 더 복잡하고 기술적으로 발전한 탈냉전 시대에는 더 이상 적절하지 않음이 분명해질 것이다. 미국이 앞으로 겪을 러시아와 중국과의 장기적인 대결과 경쟁을 생각할 때, 그러한 결함을 치유하지 못하고 우리의 비군사적 권력수단을 강화하지 못한다면 우리 스스로 한 손을 등 뒤에 묶는 꼴이 된다. 미국은 그럴 수 없다.

3장
—
이란: 위대한 악마의 골칫거리

역대 미국 대통령은 이란에 대해 자신들이 가진 권력수단의 사용을 놀랍도록 자제했다. 그들은 경제·금융 제재를 창의적이고 효과적으로 사용했으며, 대규모의 해군을 페르시아만에 배치해 군사적 압박을 유지했다. 그러나 경제적 고난과 사회적 제약 때문에 이란 내에서 특히 젊은이들 사이에서 대중적 불만이 있다는 증거가 충분함에도 불구하고, 미국은 모든 가용 수단을 동원해 이란 국민에게 지도자들의 만연한 부패에 관해 알리는 것을, 교류를 공격적으로 확대하는 것을, 해외의 이란 유학생과 기업인들을 전향시키는 것을, 그리고 내부에서 문제를 일으키는 것을 주저했다. 미국은 이란 내에서 반체제 단체를 지원하거나 이란 지도자들의 목숨을 위협하는 공작을 추진하지도 않았다. 왜 "위대한 악마(Great Satan)"*는 그토록 자제했는가?

필자는 백악관 내 NSC 회의실 앞줄에 앉아 CIA에서 그리고 국방부 장관으로서 1970년대부터 일곱 명의 대통령이 동맹국 이란, 그리고 숙적 이란과 씨름하는 모습을 지켜보았다. 냉전 동안 이란은 미국의 동맹국이었다. 1953년 8월 모하마드 레자 팔레비(Mohammad Reza Pahlavi) 이란 국왕(Shah)이 짧은 망명 끝에 CIA가 지원한 쿠데타를 통해 모하마드 모사데크(Mohammad Mossadeq) 선출

• 이란이 대외 정책 성명에서 미국을 지칭하는 표현이다(옮긴이 주).

총리를 축출하고 권좌에 복귀했다. 팔레비 국왕은 이스라엘과 서방에 페르시아만의 석유 공급을 보장했다. 테헤란은 1973년 욤키푸르전쟁 이후 미국에 대한 아랍의 석유 금수 조치에 가담하지 않았으며, 대이스라엘 석유 공급도 계속했다 — 팔레비가 자신의 은행 잔고를 불리기 위해 최대한 유가를 올리려고 끊임없이 노력했지만 말이다.

미국과 이란 관계는 리처드 닉슨과 제럴드 포드(Gerald Ford) 대통령 시절에 절정에 이르렀다. 1970년대 초 '닉슨 독트린(Nixon Doctrine)'은 페르시아만에서 안정을 유지하고 소련의 야심을 봉쇄하기 위해 이란을 미국 군사력의 지역 대리자로 지명했다. 이리하여 첨단 무기의 대량 판매와 이란의 엄청난 군사력 증강에 이르는 물꼬가 터졌다. 1970년대 중반 미국의 연간 무기 수출의 약 절반을 이란이 차지했다. 인권과 민주화는 닉슨의 우선순위 목록에 없었다. 이란 국왕의 가혹한 반대파 탄압에 대한 우려가 미국 정부 내에서는 없을 정도로 이란의 안정이 우선시되었다. 그 시점에서 반대파는 큰 위협으로 보이지 않았다. 그 시절 워싱턴에서는 지(地)전략과 국가이익이 최고로 중요했다.

수많은 국가안보 과제를 안은 지미 카터 대통령은 이란에 대해 두 마음 사이에서 갈등했다. 그는 인권과 타국에 대한 무기 판매 제한에 높은 우선순위를 두기로 결심하고 대통령 임기를 시작했다. 그러나 이란과 관련해서는 카터가 그 두 공약을 얼버무리고 이란 국왕을 끝까지 지원했다. 카터 대통령은 1977년 11월 15일 백악관에서 국왕을 영접했다. 필자는 백악관 남쪽 잔디밭에서 그의 도착을 목격했는데, 환영식 도중에 워싱턴 거리 곳곳에서 이란 국왕에 반대하는 폭동이 벌어지고 최루가스가 공식 만찬장으로 날아들었다. 필자는 그해 말 카터의 테헤란 방문을 준비하는 선발대의 일원이었다. 신년을 맞이하는 12월 31일 밤 테헤란에서 카터가 국왕과 건배하고 이란을 역내의 "안정된 섬"이라고 표현했을 때 필자가 얼마나 놀랐던지!

1978년 말 이란에서 대중의 불만이 고조되는 동안 즈비그뉴 브레진스키의 NSC와 국무부(및 테헤란 주재 대사) 사이에 심각한 대립이 있었다. NSC는 이란 국왕이 강경하게 대처해 반대파를 진압하기를 바랐고, 국무부와 대사는 국왕이 정적들에게 양보해 입헌군주제로 전환하든가 사임하기를 원했다. 필자는 백악관 웨스트윙(West Wing)에 있는 작은 사무실에서 이 모든 것을 지켜보며 양보와 수용의 시기가 오래전에 지나갔다고 생각했다. 국왕이 취한 조치는 너무 부족하고 너무 늦었다. 여러 해 뒤에 리비아와 시리아에서 벌어진 것처럼 그가 국민을 향해 폭력을 사용할 마음이 없었을 때 그는 이미 탈진 상태였다.

국왕은 1979년 1월 16일 권좌에서 쫓겨나 망명길에 올랐다. 10월 말 브레진스키가 알제리 독립 25주년 기념식에 참석하기 위해 카터 대통령을 대신해 수도 알제를 방문했다. 같은 기념식에 참석하기 위해 알제에 온 새로운 이란 혁명정부의 총리, 외무부 장관, 국방부 장관이 브레진스키와 만나자고 했다. 필자는 그 회담에서 브레진스키의 기록원이었다. 그는 미국이 이란혁명을 승인하고 심지어 전 국왕이 이미 대금을 지불한 무기도 넘기겠다고 제의했다. 하지만 이란 측의 유일한 목적은 전 국왕의 신병을 인도하라는 것이었다. 브레진스키가 거부하자 회담이 바로 끝났다. 11월 4일 과격한 이란 학생들이 테헤란 주재 미국 대사관을 점거하고 53명의 미국인(환자 한 명은 나중에 풀려났음)을 인질로 잡았다. 대사관 점거는 이란 국민의 엄청난 지지를 받았으며 곧 '최고 지도자' 아야톨라 루홀라 호메이니(Ayatollah Ruhollah Khomeini)의 승인을 받았다. 그 시점에서 호메이니가 미국을 "위대한 악마"라고 부르기 시작했다. 사실 호메이니는 '자발적인' 대사관 점거 계획에 관해 당연히 알았을 것이다. 어쨌든 그가 학생들을 부추겼는데 대사관 점거가 이란 내 과격한 반미 세력의 권력 강화에 기여하기 때문이었다. 아니나 다를까, 그 점거는 미국 내에서 강력한 반이란 역풍을 불러일으켰다. 미국이 이란인의 눈에 '위대한 악마'가 되었다면 이란은 미국의 앙숙이 될 것이었다.

로널드 레이건 대통령 시절 미국의 대이란 정책을 지배한 네 사건이 발생했다. 첫 번째 사건은 1981년 1월 20일 레이건 대통령이 취임하고 몇 분 후에 테헤란에 남아 있던 52명의 미국 대사관 인질이 석방되었다. 이란 측이 인질 석방을 질질 끈 기간은 카터 대통령에게 그 공이 돌아가는 것을 딱 거부할 만큼이었다.

두 번째 사건, 즉 8년 동안의 이란·이라크전쟁이 레이건 대통령의 취임에 앞서 1980년 9월 22일 사담 후세인이 이란에 대한 기습 공격을 감행하며 시작되어 1988년 8월까지 이어졌다. 그 전쟁에 대한 레이건의 접근법은 세력균형 전략이라는 가장 좋은 전통을 따랐다. 우리는 전쟁이 끝나기를 바랐지만 어느 쪽의 승리도 원하지 않았다. 레이건 대통령은 그 목적을 위해 다양한 비군사적 조치 ─ 권력수단 ─ 를 사용했다. 미국은 어느 쪽에도 무기를 팔지 않으며 제3국의 무기 공급도 막으려고 노력했다. 1982년 말 무렵 레이건은 미국수출입은행을 통해 미국의 밀, 쌀, 사료용 곡물을 구입할 신용을 이라크에 제공하고 농산물 판매를 위한 금융 지원을 계속했다. 그는 또한 이란의 병력 배치에 관한 정보 ─ 종종 간과되는 정책 도구임 ─ 를 이라크에 제공했다. 요컨대 레이건 팀은 '무승부' 목표를 성취하기 위해 비군사적 조치를 잘 사용했다.

세 번째 사건은 이란의 후원을 받는 단체, 특히 레바논의 헤즈볼라가 미국인을 상대로 테러 공격을 강화한 것이었다. 1982년 7월 베이루트의 아메리칸 대학교 총장인 데이비드 다지(David Dodge)가 인질로 잡혔으며, 1983년 4월에는 베이루트 주재 미국 대사관이 차량 폭탄 공격을 받았다. 같은 해 10월 23일 폭발물을 가득 실은 트럭이 베이루트의 미국 해병대 막사를 공격해 241명의 미국인이 죽었다. 세 사건이 모두 헤즈볼라 소행이었다. 같은 해 12월 12일 쿠웨이트에서는 미국과 프랑스 대사관을 포함해 여섯 개의 목표물이 테러 공격을 받았다. 17명의 테러범이 체포되었는데, 그중 14명이 이란이 후원하는 단체 알다와(al-Dawa) 소속이고 나머지 세 명은 헤즈볼라였다. 1984년 3월 헤즈볼라는 미국인 납치 공세를 강화하기 시작했는데, 그해 봄 인질로 잡힌 세 명의 미국인 중에는 베이루트 주재 CIA 거점장 윌리엄 버클리(William Buckley)가 포함되었다. 같은 해 9월 20일 베이루트 주재 신축 미국 대사관이 차량 폭탄으로 또 다시 심하게 파괴되었는데, 이번에도 헤즈볼라 소행이었다. 다음 날 쿠웨이트

여객기를 테헤란으로 공중 납치한 시아파 테러범들이 두 명의 미국인을 살해했다. 이듬해 더 많은 테러 사건이 발생했다. 트랜스월드항공(Trans World Airlines, TWA) 여객기가 헤즈볼라에게 공중 납치되고, 크루즈 여객선 아칠레 라우로(Achille Lauro)호가 피랍되었으며, 이스라엘 항공사 엘알(El Al)의 로마 소재 티켓 창구가 공격을 받았다(리비아가 후원한 이 공격으로 미국인 다섯 명을 포함한 20명이 사망했다).

인질 송환에 매달린 레이건의 집착이 네 번째의 큰 사건을 야기했다. 레이건은 1985~1986년 이란에 대한 대전차·대공 무기의 판매를 승인했는데, 그는 그 대가로 이란이 모든 미국인 인질을 석방하도록 헤즈볼라에 지시할 것으로 기대했다. 조지 슐츠 국무부 장관과 캐스퍼 와인버거(Caspar Weinberger) 국방부 장관은 무기와 인질을 교환하는 것은 미국의 기존 정책에 완전히 반한다고 주장하며 무기 판매에 반대했다. 레이건은 무기가 인질을 잡고 있는 헤즈볼라가 아니라 이란으로 가기에 무기와 인질의 교환이 아니라고 반박했다. 이 실패한 계획이 엄청난 충격을 안긴 스캔들로 비화한 것은 NSC의 일부 인사들과 빌 케이시(Bill Casey) CIA 부장 등 몇 명이 이란에 청구한 무기 가격을 대폭 올려 그 차액을 빼돌렸을 때였다. 그들은 그 돈으로 니카라과의 반공 콘트라(Contra) 반군을 지원했는데, 이것은 미국의 그런 지원을 금지한 법을 위반한 것이었다. 이리하여 레이건이 대통령직을 내놓을 뻔했던 이란·콘트라 스캔들(Iran-Contra scandal)이 터졌다.

1989년 1월 조지 H. W. 부시(41대) 대통령이 취임했을 때 이란은 그의 우선순위에서 매우 낮았다. 그는 레이건과 마찬가지로 중동에서 이란의 팽창주의 야심, 핵 열망, 테러리즘 지원 — 특히 미국인 인질을 계속 붙잡고 있는 헤즈볼라 후원 — 그리고 자신들의 시아파 이슬람 근본주의 사상을 중동 전역에 수출하려는 종교 지도자들의 결심을 우려했다. 그럼에도 불구하고 부시는 취임사에서 이란이 인질 석방을 도울 수 있다고 넌지시 언급하며 화해 제스처를 보였다. "선의는 선의를 부른다. 신의는 끝없이 전진하는 회오리가 될 수 있다." 아무런 반향이 없었지만 레이건의 희망이 거듭 무너지는 것을 보았던 부시는 놀라지 않았을 것이다. 뒤이어 1989년 호메이니가 소설 『악마의 시(The Satanic Verses)』를 쓴 작가 살만 루슈디(Salman Rushdie)에게 사형선고를 내리고, 같은 해 장기인질인 윌리엄 히긴스(William Higgins)가 살해되면서(히긴스는 1990년 7월 6일 미국에서 공식적으로 사망 처리되었음) 미국·이란 관계가 변화될 가능성은 보다 줄었다.

1989년 6월 3일 사망한 호메이니는 생전에 후계 과정을 마련했는데, 그는 세예드 알리 하메네이(Seyed Ali Khamenei) 대통령을 최고 지도자로 지명해 순조로운 전환이 이루어지고 대미 강경 노선이 지속되도록 했다. 하메네이에 이어 대통령이 된 알리 악바르 하셰미 라프산자니(Ali Akbar Hashemi Rafsanjani)는 두 번의 임기 동안 이란·이라크전쟁 이후의 국가와 경제를 재건하는 데 주력했다. 그는 또한 외국인 투자를 늘리는 수단으로 인접국, 소련, 중국, 유럽과의 관계를 정상화하려고 노력했다.

부시(41대) 대통령은 전략적 감각을 발휘해 1991년 초 미국과 동맹국이 이라크에 대해 거둔 군사적 승리를 미국의 또 다른 국력수단인 외교를 통해 미국의 이익과 중동 평화의 명분을 증진시킬 기회로 삼았다. 그는 1991년 3월 의회에서 중동의 평화를 추구할 시기가 도래했다고 발표했다. 부시와 미하일 고르바초프 소련 대통령이 공동으로 주재하는 마드리드 평화 회담이 10월 말 개최되었다. 거기서 이스라엘, 시리아, 이집트, 레바논, 요르단, 팔레스타인이 처음으로 평화에 관한 대면 회담을 가졌다. 그 회담은 아랍 세계에서 이스라엘을 합법화하는 데 일조하고, 이란의 대리 테러 단체인 헤즈볼라를 위험에 빠뜨리면서, 테헤란과 시리아 간의 긴밀한 관계를 위태롭게 만들어 이란에 전략적 도전을 안겼다. 이에 이란은 헤즈볼라 외에도 하마스와 팔레스타인의 이슬람 지하드(Jihad)에 대한 지원을 증대했다. 그리하여 새로 발생한 일련의 역내 테러 공격은 마드리드 회담의 탈선을 겨냥했으며 일부 성공을 거두었다.

부시 행정부는 이란이 탄도미사일을 개발하고 있음을 알았지만, 프로그램이 아직 초기 단계에 있었고 미사일 자체도 사정거리가 아주 짧았다. 미국은 이란이 핵무기에 대한 열망을 가지고 있다고 생각했지만, 당시 이란이 그런 프로그램을 추진하고 있다는 증거가 없었다. 1975년 왕정 시절에 독일인들이 페르시아만 근처 부셰르(Bushehr)에 원자력발전소 건설을 시작했지만, 그 현장은 이란·이라크전쟁 동안 폭격을 반복해 받았다. 전쟁 이후 소련이 발전소를 완공하기로 계약했다. 1992년 10월 필자가 CIA 부장으로는 최초로 모스크바를 방문했다. 그때 필자는 카운터파트인 예브게니 프리마코프(Yevgeny Primakov)를 독대해 러시아의 원전 프로젝트가 이란의 핵무기 프로그램에 기회를 줄 수 있기 때문에 그 프로젝트를 포기하도록 촉구했다. 프리마코프는 당시 빈곤에 처한 러시아로서는 너무 많은 돈이 걸려 있기 때문에 그 프로젝트를 취소할 수 없다고 직설적으로 필자에게 말했다.

냉전 이후 첫 대통령인 빌 클린턴은 이제 유일한 초강대국이 된 미국이 어떻게 처신해야 할지 그리고 더 중요한 것으로 세계에서 미국의 역할이 무엇인지를 파악해야 하는 과제를 안았다. 그의 대외 정책은 어떤 데서는 사후 반응적이었고 다른 데서는 공격적이었지만, 전체적으로 매우 전술적이었다. 클린턴은 재빨리 페르시아만 지역에서 '이중 봉쇄' 정책을 채택했는데, 그 정책은 이라크와 이란 양국을 고립시키고 그들에게 첨단 무기 개발 기회를 거부하는 것을 겨냥했다. 그 접근법은 레이건과 부시(41대)의 접근법을 많이 닮았다. 부시(41대) 대통령이나 나중에 버락 오바마 대통령이 취임사에서 신호를 보낸 것과 달리, 클린턴은 이란 지도부에 관계 개선의 의사가 있다는 신호를 공개적으로 보내지는 않았다. 라프산자니 이란 대통령 역시 경제적·정치적 관계를 확대하기 위해 ─ 이란의 고립을 완화하고 경제를 재건하기 위해 ─ 다수 국가에 손을 내밀었지만 '위대한 악마'를 향한 테헤란 측의 접근은 없었다.

클린턴이 테헤란에 보낸 첫 신호는 틀림없이 이란을 어리둥절하게 만들었을 것이다. 그 신호는 당시에 유고슬라비아에서 벌어진 내전과 관련이 있었다.

1994년 프라뇨 투지만(Franjo Tudjman) 크로아티아 대통령은 세르비아인들과 싸우는 보스니아 무슬림들에게 무기를 공급하고자 이란에서 크로아티아를 통하는 비밀 루트를 개설하는 방안에 관해 미국이 어떻게 생각하는지 미국의 두 고위 외교관에게 물었다. 당시 발칸반도 전쟁의 모든 당사자에 적용되고 미국도 준수해야 하는 유엔의 무기 금수 조치가 발동 중이었다. 게다가 미국의 유럽 동맹국들은 무기가 늘면 그 지역에 파견된 자신들의 평화유지군이 더 위험해질 뿐 아니라 분쟁이 격화될 것이라고 우려했다. 클린턴 행정부는 무기 금수가 유고슬라비아군의 무기고를 이용하는 세르비아 측에 크게 유리하도록 분쟁을 기울게 하기 때문에 애가 탔다. 그래서 클린턴은 비밀리에 유엔의 무기 금수와 미국의 기존 정책을 위반하면서 이란의 무기 공급 채널 개설을 승인했다. 8년 만에 두 번째로 미국 대통령이 공식 정책에 반해 이란이 연루된 비밀 무기 거래를 승인했다.

클린턴의 1994년 결정은 전적으로 보스니아 무슬림에 대한 지원과 관련되었으며 이란과의 관계 개선과는 무관했다. 그 점을 입증하듯이 1년 뒤 클린턴은 이란에 대해 테러리즘 후원, 핵 야망, 중동 평화 회담에서의 반대를 이유로 엄격한 석유·무역 제재를 부과하는 행정명령에 서명했다. 냉전 이후 첫 대통령인 클린턴은 우리가 선호하고 가장 애용하는 비군사적 권력수단, 즉 경제제재에 의지했다.

1977년 클린턴 2기 행정부가 출범하자 같은 해 5월 이란 대선에서 모하마드 하타미(Mohammad Khatami)가 최고 지도자 측의 보수파 후보인 의회 의장을 물리치고 당선되었다. 하타미가 승리한 주된 요인은 상대 후보가 사회적 행동에 관한 규제를 완화하고 경제개혁을 단행한 라프산자니 전 대통령의 정책을 후퇴시킬 것이라는 우려가 이란 내에서 ― 특히 여성과 젊은 층에서 ― 팽배한 데 있었다.

한편 클린턴 1기 국무부 장관 워런 크리스토퍼(Warren Christopher)의 후임으로 유엔 주재 대사였던 매들린 올브라이트(Madeleine Albright)가 임명되었다. 필자와 올브라이트는 브레진스키 국가안보보좌관 밑에서 함께 일하며 처음 만났다. 크리스토퍼는 과묵하고 내성적이며 신중한 사람인 반면, 올브라이트는 직설적이고 활동적이며 거침이 없고 재미있는 사람이었다. 올브라이트는 하타미 대통령을 "공공연한 개혁가"로 보았으며 1977년 무렵 이란에 대한 온건 노선을 옹호했다. 그해에 문화·학문·스포츠 교류가 조금 늘었다. 올브라이트가 관계 확대의 가능성을 본 것은 하타미가 1998년 1월 CNN 인터뷰에서 예술인, 학자, 언론인, 관광객 등의 교류부터 시작하는 "문명 간 대화"를 지지했을 때다. 올브라이트의 후일 기술에 따르면 같은 달에 팔레스타인 지도자 야세르 아라파트(Yasir Arafat)가 하타미 대통령으로부터 받은 편지를 국무부에 보여주었다. 편지에서 하타미는 팔레스타인의 중동 평화 회담 참여를 지지하고 — 이는 이란의 종래 입장을 바꾼 것임 — 이스라엘의 합법성을 인정했으며, 요르단강 서안(West Bank)과 가자(Gaza) 지구에 팔레스타인 국가 수립이 허용된다면 지역 전체의 평화가 가능할 것임을 언급했다. 올브라이트는 이러한 신호를 포착해 이란이 더 이상 이라크와 같은 범주에 속하지 않으며 따라서 "이중 봉쇄를 뛰어넘을 시기가 성숙"했다는 결론을 내렸다.

같은 해 6월 올브라이트는 하타미의 대통령 당선을 환영하는 연설에서 그의 문명 간 소통 요청에 찬성하며 "이란 관리들이 준비가 되어 있으면 우리도 전제 조건 없이 만나 관계 정상화 로드맵을 발전시킬 태세가 되어 있다"라고 했다. 올브라이트는 분명히 외교와 문화·교육 교류를 포함하는 여러 비군사적 권력수단을 사용할 태세가 되어 있었다. 그는 제시할 당근이 많지 않지만 기회를 포착하기를 기대하고 수중에 있는 모든 수단을 사용했다는 것이 필자의 생각이다.

하지만 올브라이트는 미국 관리들이 과거에 저질렀고 미래에도 저지를 실수를 했다. 그는 비교적 자유롭게 선출된 이란 대통령(개방된 대선이었지만 성직자들이 후보자 명단을 통제함)에게 진정한 권력이 있으며 '개혁가'와 '온건'이라는 말이 국내의 경제·사회 정책뿐 아니라 미국에 대해서도 적용된다고 가정했다.

올브라이트도 나중에 인정했듯이, 실제로는 최고 지도자 아야톨라(Ayatollah)가 경성 권력 – 군대, 이란혁명수비대(Islamic Revolutionary Guard Corps, IRGC), 경찰, 정보기관, 사법부 – 의 지렛대를 모두 장악하고 있었다(이란혁명수비대는 아야톨라에게 직접 보고하는 정권 안보를 담당한 독립 군대다. 이들은 헤즈볼라 등 테러 단체 지원뿐 아니라 이란의 탄도미사일·핵 프로그램과 정권의 대외적 군사 활동도 담당한다. 강력한 정치 세력이 된 이란혁명수비대는 한 거대 기업집단을 통제하고 있다). 아야톨라가 팽배한 대중의 불만을 관리하기 위해 국내에 완화 조치를 일부 허용했는지 모르지만, 그는 "위대한 악마"(또는 이스라엘)와 관계를 개선하는 데는 아무런 관심이 없었다. 하타미 대통령이 1998년 내내 그럴듯한 말을 계속 했지만 은밀하게 그에게 접근하려는 클린턴 행정부의 노력은 헛수고였다. 아프가니스탄에서 진행되고 있는 내전을 처리하는 문제는 미국과 이란의 공동 관심사였음에도, 아야톨라는 그 문제에 관해서도 그해 가을 유엔총회 기간에 하타미와 이란 외무부 장관이 미국과 직접 접촉하는 것을 금했다.

아야톨라 하메네이는 핵무기 추구, 헤즈볼라의 무장과 재정 지원, 국내 인권 탄압, 반이스라엘·반미 테러 단체 지원 등을 계속했다. 실로 1998년 말 연방수사국이 입수한 첩보는 1996년 헤즈볼라가 사우디아라비아의 코바르타워(Khobar Towers)를 공격해 19명의 미군을 죽인 사건에 이란이 직접적으로 연루되었음을 시사했다. 그 무렵에는 하타미 대통령의 국내 개혁 프로그램조차 성직자들의 방해로 좌절되었다.

그럼에도 올브라이트는 이란과의 관계 개선을 계속 추진했다. 2000년 2월 그가 클린턴에게 보낸 메모 보고서는 2월 총선에서 하타미 지지파의 득세, 화학무기금지협약(Chemical Weapon Convention, CWC) 서명, 마약 거래 단속 활동, 아프가니스탄 문제 해결을 위한 협상 지지, 유엔 제재를 위반해 이라크 석유를 밀매하려고 한 선박 나포 등 이란의 동향을 적시했다. 올브라이트는 클린턴 행정부가 "우리의 최고 당근과 채찍은 보류"하되 그러한 긍정적 조치를 인정할 것을 건의했다. 그는 이란의 정치적 분열을 이용하려고 했다. "우리는 하타미의 이란에 접근하면서 아야톨라의 강경 정책을 무시할 수 없었으나 개혁의 약속을 무시하고 싶지 않아 아야톨라의 고삐를 죄려고 했다."

2000년 3월 올브라이트는 클린턴의 승인을 받은 연설을 통해 미국이 이란의 주요 비(非)석유 수출품 ― 카펫, 피스타치오, 견과, 캐비아 ― 에 대한 수입 제한을 해제하고 이란을 공식 대화 석상에 다시 초대한다고 발표했다. 올브라이트는 미국이 모사데크 총리를 축출한 1953년 쿠데타에 개입한 데 대해 이란에 공식 사과하는 것으로 간주될 수 있는 것을 제시하며 미국의 지원을 받은 국왕이 국내의 정적들을 탄압했음을 인정했다. 하지만 이런 경제적·정치적 양보는 아무 소용이 없었다. 하타미는 "미국의 조치가 새로운 관계를 위해 불충분"하다고 응답했다. 이 얼음장 같은 논평으로 이란과의 관계를 개선하려는 클린턴 대통령과 올브라이트 장관의 노력은 끝을 맺었다.

봉쇄가 적대적인 테헤란 정권에 대한 미국의 전략이었지만, 클린턴 행정부 내내 그리고 그 후로도 일종의 기이한 봉쇄로서 소련에 대한 미국의 포괄적 봉쇄 전략과 닮은 점이 없었다. 이란에 대한 봉쇄는 좁게 군사적 억지와 경제적 제재에 집중되었다. 제재조차 제한적이었는데, 그 이유는 수많은 국가 ― 특히 프랑스, 독일, 러시아, 중국 등 ― 가 이란이 테러리즘을 지원함에도 불구하고 이란과 거래하기를 원했기 때문이었다. 1999년 이란 정부가 학생 등 시위자들을 진압하자 미국은 비난했지만 인권과 정치적 권리를 위한 국내 투쟁을 공개 또는 비공개로 지원하는 지속적인 활동은 없었다. 성직자들의 부패, 경제의 주요 부문을 장악한 이란혁명수비대의 역할 확대, 성직자들의 이슬람 왜곡, 탄압 뉴스 등을 조명하는 멀티미디어 통신이 이란 내로 거의 투입되지 않았다. 미국을 반이슬람·반종교적으로 묘사하는 테헤란의 활동에 맞서 미국이 소말리아, 보스니아 등에서 무슬림을 보호하기 위해 어떻게 개입했는지 또는 미국이 파키스탄 등 자연재해를 당한 무슬림 국가에 얼마나 엄청나게 원조했는지를 이란 내부로 전파하려는 어떤 노력도 없었다. 또한 대다수 미국인의 깊은 종교적 믿음을 조명하려는 시도도 없었다. 적대적인 이란을 다룰 때 워싱턴이 이용할 수 있는 비군사적 권력수단이 많았다는 점에서 우리는 소극적이었고 상상력이 부족했다.

그러다가 9·11이 터졌다.

미국과 이란은 1998년 가을부터 아프가니스탄의 장래에 관한 유엔 주관의 대화, 즉 러시아 외에 아프가니스탄 인접국들을 포함한 6+2 회담*에 참여했다. 그 대화는 부시(43대) 행정부에서 지속되어 9·11 이후 몇 달 동안 진전도 있었다. 9·11 공격 직후 테헤란의 금요일 기도에서 수년 만에 처음으로 "미국에 죽음을"이라는 구호가 사라지고 그 공격을 비난하는 설교가 행해졌으며 10월에는 이란이 자국 상공에서 격추되는 미군 조종사를 모두 구조하겠다고 했다. 콜린 파월(Colin Powell) 국무부 장관과 이란 외무부 장관이 유엔 본부에서 열린 6+2 회담에서 만나 악수했는데, 이는 작지만 전례 없는 제스처였다. 이란은 아프가니스탄에서 탈레반의 주적인 북부동맹(Northern Alliance)을 후원했는데, 북부동맹은 미국이 탈레반을 격퇴하기 위해 지원한 주된 단체였다.

조지 W. 부시(43대) 대통령은 한동안 아프가니스탄에 관해 이란과 대화를 지속했어도, 실제 이란은 미국이 우려하는 활동을 줄이지 않았다. 이란은 헤즈볼라, 팔레스타인의 이슬람 지하드와 하마스에 대한 지원을 조금도 늦추지 않았다. 2002년 1월 3일 이스라엘 해군이 가자 지구로 향하는 무기 적재 선박을 나포했는데, 이란에서 출발한 것이 거의 확실했다. 또한 테헤란은 탄도미사일과 핵무기 개발 작업을 계속했다. 부시 대통령이 2002년 1월 말 국정 연설에서 이라크, 북한과 함께 이란을 "악의 축(axis of evil)"으로 지칭한 것은 이처럼 이란이 테러리즘 지원과 대량살상무기 개발을 병행했기 때문이었다. 그해 8월 이란의 나탄즈(Natanz)에 비밀 우라늄 농축 시설이 있고 아라크(Arak)에 비밀 중수(重水) 공장이 있다는 증거가 이란의 반체제 세력 측에서 제공되었다.

● 6+2 회담에서 '6'은 중국, 이란, 파키스탄, 타지키스탄, 투르크메니스탄, 우즈베키스탄 등 아프가니스탄의 여섯 인접국을, '2'는 미국과 러시아를 의미한다(옮긴이 주).

그럼에도 미국과 이란은 2001년 12월 독일 본(Bonn) 회의에서 미국의 선택을 받은 하미드 카르자이가 이끄는 아프가니스탄 신정부를 수립하는 데 협력했다. 부시 대통령의 국가안보부(副)보좌관이었던 스티븐 해들리의 후일 기술에 따르면 아프가니스탄 야권에서 카르자이 지지를 끌어내는 데 이란의 지원이 필수적이었다. 미국과 이란의 대화는 이라크 침공 후에도 2004년 세 번의 바그다드 회담 등으로 이어졌는데, 테러범과 반군의 폭력 활동 증대가 주된 의제였다. 그러나 양국의 근본적 의견 차이는 그대로였다. 미국이 이란의 동서 양쪽 인접국을 침공한 데 따른 이란인들의 충격이 사라지자 그 대화도 끝났다.

2003년 5월 색다른 외교적 이니셔티브가 있었는데, 이란 주재 스위스 대사(이란에서 미국 대사관이 철수한 후 스위스가 미국의 이익을 돌보았음)가 '로드맵(Road-map)'이라는 제목의 팩스를 국무부에 전송했다. 그 팩스는 익명의 이란 정부 관리들이 양국 간의 '대타협'을 모색하는 데 관심이 있다는 메시지를 비공식 경로를 통해 보낸 것이라고 했다. 제안된 의제는 대량살상무기, 테러리즘, 이라크, 중동 평화 등을 포함해 광범위했다. 그 문서는 이란 대사의 조카가 작성해 이란의 고위 지도자들도 보았다고 했다. 미국 정부가 이란 내 익명의 '온건파'로부터 제안을 받은 것이 이번이 처음은 아니었으며, 부시 행정부는 회의적이었다. 이것은 이란이 진정으로 접근한 것인가 아니면 평화 중재자를 추구하는 스위스 대사가 대부분 자작한 것인가? 백악관과 국무부는 모두 후자일 가능성이 농후하다고 생각해 무시했다.

2003년 12월 26일 밤(Bam)이라는 이란 도시에 재앙적인 지진이 발생해 2만 6000명 이상이 사망하고 약 3만 명이 부상을 입었다. 양국 간의 정치 관계가 험난함에도 불구하고 워싱턴은 인도주의 원조를 제공했다. 12월 30일 81명으로 구성된 미국의 긴급 대응 팀이 군용기를 통해 밤으로 파견되었는데, 수십 년 만에 처음으로 (허가를 받아) 이란에 착륙한 것이었다. 미국은 텐트, 부엌 도구, 담요, 약 70톤의 의약품을 여러 번에 걸쳐 공수했다. 이에 대한 보답으로 이란은 국제원자력기구(International Atomic Energy Agency, IAEA)의 핵 프로그램 모니터링을 더 잘 준수하겠다고 약속했다. 미국의 인도주의 원조로 이란 정부는 진퇴 양난에 빠졌다. 그들은 원조가 필요했지만 미국의 원조를 받고 있다는 사실을 자국민에게 알리고 싶어 하지 않았다. 그래서 이란의 국영 라디오방송이 미국이 불법으로 이란의 내정 문제에 간섭한다고 비난할 때도 지도부는 침묵을 지켰다. 이란 정부가 우리에게 적대적이었음에도 불구하고, 왜 우리는 이란과 전 세계에서 가용한 모든 수단을 동원해 이란 국민에 대한 미국의 인도주의 원조를 홍보하지 않았는지 필자로서는 이해할 수 없다. 그런 권력수단을 사용해 큰 효과를 낼 수 있었던 호기였다.

대부분의 유럽이, 특히 프랑스와 독일의 지도자들이 미국의 이라크 침공을 반대했다. 공격적으로 보이는 부시 행정부가 이란 핵 프로그램에 대해 과도하게 대응하고 있고, 그 프로그램을 제거하기 위한 군사행동을 취할지도 모른다고 우려했다. 그들은 이란이 핵확산금지조약(Non-Proliferation Treaty, NPT)하에서 민수용 핵 프로그램을 추진할 권리가 있다고 주장한 반면, 미국은 이란의 어떠한 핵 프로그램도 받아들일 수 없다는 입장을 취했다. 고립된 북한과는 달리 대부분의 나라가 테헤란에 대사관을 두었고 국제무역도 활발했다 ― 2002년 이란의 최대 교역 상대국은 독일과 일본이었다. 모두 실제적인 목적 때문에 여러 유럽 지도자들이 이란 핵 프로그램과 관련해 미국이 이란만큼이나 큰 골칫덩어리라고 생각했다.

2003년 2월 하타미 이란 대통령이 나탄즈와 아라크에서 이루어지는 개발을 확인했을 때, 유럽연합 3대국인 영국, 프랑스, 독일이 미국의 군사행동을 미연에 방지하기 위한 기회를 포착했다. 그들은 이란이 민수용 핵 프로그램을 허락받는 대가로 핵 활동의 전모를 공개하고 핵 시설에 대한 국제원자력기구의 까다로운 불시 사찰에 동의하며, 모든 우라늄 농축을 동결하기로 약속하고 핵무기 개발을 추진하지 않겠다고 보장하는 방안을 이란과 교섭했다. 2003년 10월 21일 테헤란에서 이란을 위한 금융·외교 혜택이 추가된 협정이 타결되었다. 이란은 그해 12월 협정에 서명했지만 비준을 미루다가 1년이 지나 2004년 11월

14일 최종 협정이 성문화되었다. 콘돌리자 라이스가 나중에 기술했듯 2002년부터 실망한 딕 체니(Dick Cheney) 부통령과 도널드 럼즈펠드(Donald Rumsfeld) 국방부 장관은 대량살상무기와 관련해 이란이 "결코 타협하지 않을 것이며 어떤 타협이 이루어지더라도 소용이 없을 것"이라고 생각했다. 체니 부통령은 재직 기간 내내 그런 견해를 고수했다.

마치 체니의 견해를 입증이라도 하듯이 유럽연합 3국과의 협상에서 수석대표였고 후일 대통령이 된 하산 로하니가 2004년 최고문화혁명평의회(Supreme Cultural Revolution Council)에서 한 연설을 통해 유럽연합 3국과의 협정이 이란의 핵농축 프로그램을 위해 시간을 벌려는 전술적 조치임을 인정했다. "테헤란에서 유럽 국가들과 회담하는 동안 우리는 이스파한(Isfahan)에 있는 [우라늄 처리] 시설 일부에 장비를 설치하고 있었다. 하지만 여전히 프로젝트 완성까지 갈 길은 멀었다. 사실 우리는 조용한 환경을 조성함으로써 이스파한에서의 작업을 완성할 수 있었다."

2005년 1월 말 라이스는 국무부 장관으로서 첫 해외 순방을 통해 유럽 지도자들이 미국을 계속해서 테헤란과 같은 문젯거리로 본다는 것을 깨달았는데, 그 주된 이유는 언론이 이란에 대한 미국의 군사력 사용 가능성에 관해 계속해서 떠들었기 때문이었다. 라이스는 귀국하자마자 부시 대통령에게 미국이 극적인 조치를 계획하지 않고 있음을 유럽 국가들에 확신시킬 필요가 있다고 보고했다. 라이스는 이란이 세계무역기구 가입 협상을 개시하도록 허용하고 미국산 민항기의 부품을 구입하도록 허용함으로써 부시 행정부가 약간의 레버리지를 확보하자고 건의했다. 이렇게 해서 어쩌면 이란에 대한 미국과 유럽의 정책을 통일할 수 있고 동맹국들이 더 강경한 입장을 취하도록 만들 수 있을 것이라고 라이스는 주장했다. 그는 이 모든 것이 이란에 대해 더 강력한 연합을 구축하는 첫 단계로 보았다. 이러한 정치적·경제적 조치는 일차적으로 유럽 국가들을 달래기 위한 의도였지만, 이것이 이란과의 얼음장 같은 관계를 깰지도 모른다는 실낱같은 가능성이 늘 있었다.

마무드 아마디네자드(Mahmoud Ahmadinejad)가 대선 결선투표에서 라프산 자니를 이기고 2005년 8월 3일 대통령에 취임하자 반이란 연합을 강화하기가 더 쉬워졌다. 처음부터 아마디네자드는 전임자보다 국내에서 더 억압적이고 대외적으로 더 공세적일 것이라고 공언했다. 그는 이스라엘을 "지도에서 지워 야 할 악취 나는 시체"라고 부르고 홀로코스트를 "신화"로 치부했다. 이 신임 대통령은 레바논, 팔레스타인 영토, 아프가니스탄에서 말썽을 일으키는 데 열 중했으며, 이란이 지원하는 이라크 민병대의 미군 공격을 대폭 늘렸다. 그는 유 럽연합 3국과 핵 협상을 한 로하니 등 이란 관리들을 반역자라고 비난하고 이 란의 핵 활동 재개를 추진했다. 블라디미르 푸틴과 유럽 국가들이 이란이 의심 스러운 활동을 중단하면 민수용 핵 프로그램을 지원하겠다고 제안했지만 아마 디네자드는 그 제안을 거부했다.

2006년 1월 말 라이스 국무부 장관과 프랑스, 독일, 영국, 러시아, 중국 외무 부 장관이 런던에서 회동해 이란 핵 문제를 논의했다. 유엔 안보리의 다섯 상 임이사국(P5)과 독일로 구성된 이 그룹은 'P5+1'이라는 이름이 붙었다. 그들은 이란 핵 프로그램에 관한 협상에 이란을 초대하고 불응하면 유엔 차원의 제재 를 하겠다고 위협하기로 합의했다. 이것은 이란에 대한 통일전선 형성에 진전 이 있었음을 의미했다. 그리고 2006년 4월 테헤란이 나탄즈에서 우라늄 농축 을 재개했다고 발표했다.

부시 대통령은 클린턴과 똑같은 도전에 직면하자 "재깍거리는 두 시계" 문 제로 표현했다 — 어떻게 이란의 핵 시계를 늦출 것인가 그리고 어떻게 이란 내 부의 개혁 시계를 가속화할 것인가. 그러나 클린턴은 하타미를 상대했지만, 부 시는 아주 별난 아마디네자드를 상대해야 했다.

이란과 같은 국가안보 문제와 관련해 대통령이 할 수 있는 좋은 선택은 거 의 없으며 그저 가장 덜 나쁜 결정을 강구해야 한다. 부시는 세 개의 옵션이 있 다고 느꼈다. 첫 번째 옵션은 이란과 직접 협상하는 것이다. 이는 아마디네자 드를 정당화하고, 국내의 자유 확대를 추구하는 이란인들의 사기를 꺾지는 않더라도 혼란스럽게 만들며, 가장 중요하게는 핵 프로그램을 중단시키는 데 성공하지 못할 가능성이 크다고 부시는 생각했다. 두 번째 옵션은 다자 외교에 참여해 이란이 의심스러운 활동을 중단할 유인을 제공하되 불응할 때는 심한 제재를 가하는 것이었다. 이 경우 제재 조치가 핵 프로그램에 필요한 기술의 획득을 더 어렵게 하지만 동시에 경제개혁도 더 어렵게 만들 것이라는 점이 난제였다. 부시의 세 번째 옵션은 핵 프로그램에 대한 군사적 타격이었는데, 그는 이 선택을 '최후의 수단'으로 간주했다.

부시 대통령은 이라크 상황이 몹시 악화되던 2006년 봄 내내 이런 선택지를 놓고 씨름했다. 그는 자신의 고위 보좌관들과 집중적으로 상의했는데, 그들의 견해가 크게 갈렸다. 4월 럼즈펠드 국방부 장관이 메모 보고서를 통해 P5+1 회담은 "재앙이라고 생각합니다. 미국이 위험하게 갈퀴를 밟고 있습니다"라고 했다. 또 부시는 푸틴 러시아 대통령, 앙겔라 메르켈(Angela Merkel) 독일 총리, 토니 블레어(Tony Blair) 영국 총리 등과도 접촉했다. 마침내 부시의 재가를 받은 라이스 국무부 장관이 미국은 이란이 농축·재처리 활동을 검증 가능하도록 중단하는 것에 동의한다면 유럽 국가들과 함께 이란과 직접 협상하겠다고 발표했다.

라이스는 핵 문제를 훌쩍 뛰어넘은 5월 31일 발표에서 미국이 아프가니스탄, 이라크, 경제문제, 무역 등도 논의할 용의가 있음을 내비쳤다. 또한 라이스는 미국이 이란의 민수용 핵 프로그램에 대한 반대를 끝낼 수도 있음을 시사했는데, 이는 미국 입장의 일대 전환이었다. 끝으로 라이스는 부시 대통령이 미국 국민과 이란 국민 간에 교육·스포츠·문화 교류뿐 아니라 여행과 투자도 확대하는 등 양국 관계가 개선되기를 원한다고 공언했다. 이것은 기민한 행동으로 양국 관계의 방향 전환을 위해 광범위한 비군사적 권력수단을 동원할 잠재력을 지녔다.

그 원대한 발표에는 이라크 내 늘어나는 폭력 지원부터 테러리즘까지 이란의 죄상을 길게 나열했다. 라이스는 그 발표에 힘입어 이란이 핵농축 활동 중단에 8월 31일까지 동의하지 않으면 강력한 제재를 부과하겠다고 시한을 설정했고 유엔 안보리의 지지를 끌어냈다. 8월 31일이라는 시한은 이란의 아무런 반응 없이 지나갔다.

럼즈펠드 국방부 장관이 나중에 기술했듯이 이러한 외교적 접근은 중요한 양보를 전혀 끌어내지 못했다. 오히려 이란은 불법 무기 프로그램을 가속화하고 헤즈볼라에 대한 자금 지원과 국내의 반대파 탄압을 계속했으며, 이라크에 주둔한 미군에 대한 공격을 강화하고 이스라엘을 계속 위협했다. 그러나 필자는 미국의 이니셔티브가 윈·윈 외교였다고 본다. 이란은 핵농축 활동 중단에 동의하고 관계 개선을 위한 미국의 유인책을 수용하든지 아니면 거절해 유럽연합 3국이 보다 강력한 제재에 동참하도록 만들 레버리지를 미국에 제공해야 했다.

부시의 전략은 주효했다. 2006년 12월 23일 유엔 안보리가 우라늄 농축을 중단하지 않은 이란을 비난하고, 핵 프로그램과 관련된 이란의 개인·기업 자산을 동결했을 뿐만 아니라 핵·탄도미사일 프로그램의 진전에 사용될 수 있는 기술과 물자의 수입을 차단하기 위해 새로운 제재를 부과했다.

금수, 자산 동결, 무역 제한, 기타 경제제재는 미국 등이 타국 정부를 처벌하거나 그들의 정책을 변경시키기 위해 오랫동안 사용해 온 비군사적 기법이다. 그러나 2006년 가을 부시 행정부는 유엔을 통한 국제 제재를 확보한 데다 이란에 대해 일방적으로 적용해 경제적 고통을 가하는 새로운 방법을 개발했다. 스튜어트 레비(Stuart Levey) 재무부 테러·금융정보 담당 차관이 주도한 그 활동은 대량살상무기 확산, 돈세탁, 테러리즘을 지원하는 이란의 개인·기관들을 블랙리스트에 올리기 위해 행정명령, '애국자법(USA PATRIOT Act)' 조항 등의 수단을 동원했다. 미국은 대이란 투자와 금융거래를 피하라고 국제 금융기관과 회사뿐 아니라 유럽 등 각국 정부에 압력을 가했다. 또한 미국은 이란혁명수비대와 관련된 개인과 회사뿐 아니라 이란의 최대 은행 일부를 블랙리스트에 올렸다. 라이스의 후일 기술에 따르면 "많은 서방 기관이 이란 내 활동이냐 아니면 미국 금융 시스템으로의 접근이냐 중에 선택을 강요받아 테헤란에서의 영업 축소를 택했다. 경제적 조치가 중요한 권력수단임이 다시 한번 입증되었다.

부시는 전임자(클린턴)나 후임자(오바마)와 달리 국가안보를 위해 쓸 수 있는 다른 비군사적 도구도 모두 동원했다. 2002년 부시 행정부는 이란 국민에게 정보와 뉴스를 직접 전하는 대대적인 활동을 개시했다. 그해 미국의 소리 방송은 페르시아뉴스네트워크(Persian News Network)를 설립하고, 자유유럽방송과 협력해 페르시아어로 방송하는 파르다방송(Radio Farda)을 창설했다. 미국 행정부가 그러한 프로그램을 단계적으로 확대한 것은 2006년 2월 라이스 국무부 장관이 미국 외교와 이란 내 문화 외교 이니셔티브를 뒷받침하기 위해 7500만 달러의 추가 재원을 요청했을 때였다. 라이스는 상원 외교위원회에서 그 재원이 이란 전문가나 학생들과의 '교류'를 확대하고 미국의 라디오 방송 서비스를 확충하는 데 사용될 것이라고 말했다. 체니 부통령과 럼즈펠드 국방부 장관이 이란 내 반체제 단체에 대한 지원을 훨씬 늘리자고 했지만, 특정 단체에 대한 미국의 지원이 비록 은밀하게 이루어지더라도 그들을 더 큰 위험에 빠뜨리고 정권이 그들을 미국의 앞잡이로 낙인찍도록 만들 것이라고 우려하는 사람들이 있었다. 그렇기는 하지만 비평가들은 부시가 승인한 활동을 이른바 체제변동(regime change)을 위한 지원으로 규정했다. 그들은 또한 그러한 활동이 테헤란이 핵 프로그램 제한 협상에 응할 가능성을 없앴다고 주장했다. 하지만 미국이 이란 내부의 반체제 활동을 공격적으로 고무하고 정권의 부패와 탄압을 홍보하는 일을 자제한 것은 테헤란을 협상 테이블로 끌어내지 못했다. 오직 오바마 대통령의 가장 징벌적인 경제제재가 그 목표를 성취하게 된다.

당시 필자는 그와 비슷한 냉전 이니셔티브 — 인권과 정치적 권리의 준수를 추구하는 소련과 동유럽 사람들을 고무하고 지원하기 위해 그리고 미국이 그들을 잊지 않고 있다는 것을 그들에게 알리기 위해 기획되었음 — 를 직접 지켜본 사람으로서 부시 행정부의 노력이 갈채를 받아야 한다고 생각했다. 이란 지도자들이 모든 내부 도전이나 시위에 대해 일관되게 미국을 비난했다는 점에서, 미국이 이미 비난받고 있는 일을 하는 데 따른 위험은 거의 없다고 필자는 보았다. 관건은 특정 단체를 지원할 때 극단적인 조치를 조심하고 폭력 선동을 피하며 미국의 군사적 지원에 대한 비현실적인 기대를 단념시키는 것이었다. 행정부 내의 거의 모든 사람이 미국이 독자적으로는 이란의 체제변동을 가져올 수 없음을 알았다. 그런 변동은 오직 이란 내부에서만 나올 수 있었다.

부시가 그런 변동을 고무하기 위해 클린턴보다 많은 일을 했지만, 미국은 당시나 그 후에도 그 이상의 일을 할 수 있었고 해야 했다. 이란과 그 지도자들에게 적용할 수도 있었던 경제제재 조치(후일 오바마와 도널드 트럼프 대통령이 부과하게 됨)가 여전히 풍성하게 차려져 있었다. 반체제 단체에 대한 지원은 없었으며, 대리인을 사용하는 사보타주 활동이나 사회 불만을 부추기는 활동도 전혀 없었다. 체제를 지배하는 엘리트 지도자들을 벌하는 수단으로 미국이나 유럽 대학교에서 유학하는 그들의 자녀를 이란으로 송환하려는 노력도 없었다. 이란의 무기와 자금이 헤즈볼라와 하마스로 흘러가는 것을 은밀하게 저지하려는 진지한 노력도 없었다. 미국의 우방국과 동맹국들이 이란과 문화·스포츠·학술 교류 프로그램을 확대하도록 지원하는 세계적인 캠페인도 없었는데, 그런 프로그램은 이란의 젊은이들을 성직자 겸 지도자들이 차단하려고 하는 세계에 노출시키는 것이었다. 단점과 위험을 수반하지 않는 조치는 없겠지만, 일부 조치는 시도했어야 했다. 이란의 핵 프로그램을 중단시키기 위해 가능한 모든 제재와 비군사적 조치를 추진하지 않고, 이란 내에서 민주화 개혁을 추구하는 사람들에게 도덕적 지원과 기타 지원을 제공하는 가능한 모든 방도를 강구하지 않은 것은 미국의 국익에 반했다.

부시 대통령은 남은 임기 동안 경제적 목조르기를 계속했다. 부시와 라이스는 그런 목표를 뒷받침하는 유엔 안보리 결의안을 세 건 더 얻어냈는데, 모두 러시아와 중국의 지지를 받았거나 반대가 없었다. 라이스 국무부 장관이 러시아의 지지를 얻어낸 것은 2007년 9월 세르게이 라브로프(Sergei Lavrov) 러시아 외무부 장관에게 접근해 미국이 이란 핵 문제 해결에 관심이 있다는 메시지를 푸틴 대통령이 아야톨라 하메네이에게 전달할 수 있는지 여부를 문의하고 이란도 관심이 있는지 여부를 알아본 것이 어느 정도 작용했다. 라이스에 따르면 푸틴은 그 메시지를 전달했다. 어떤 식으로든 이란의 후속 조치가 없었던 것이 러시아를 화나게 했으며, 그해 늦가을 테헤란에 대한 모스크바의 태도는 "상당히 시큰둥했다".

그해 9월 라이스 국무부 장관은 라브로프와 만나 테헤란에 미국 이익대표부(interest section)를 개설하는 방안을 생각하고 있다고 했다. 이익대표부는 대사관보다 낮은 지위에서 일상 사무를 처리하는 외교 공관으로, 예컨대 다년간 쿠바 수도 아바나에 주재했다. 라이스는 그 방안이 1979년 이후 없었던 이란 내 주재 기관을 둘 기회로 보았다. 그것은 이란인들이 비자를 얻고 미국 외교관들과 어울릴 수 있으며 미국 외교관이 이란 수도에 주재할 수 있는 공간이 될 것이었다. (당시 국방부 장관이던) 필자는 정보기관 출신으로서 그 아이디어를 강력하게 지지했는데, 그 이유는 미국의 이익대표부가 생기면 공작 기지가 됨은 물론이고 이란 내부에서 실제로 일어나는 일에 관해서 보다 '생생한 진실'을 공개·비공개로 입수할 기회가 생기기 때문이었다.

그 방안에 반대한 체니 부통령은 미국이 이란과의 관계를 '정상화'하는 데 관심이 있다는 잘못된 신호를 준다고 생각했다. 어쨌든 2008년 1월 이란 쾌속정 다섯 척이 미국 전함 세 척을 향해 공격적인 행동을 취하다가 미국 전함에게 침몰당하기 직전에 간발의 차이로 도망간 사건이 발생했다. 그 행동이 이익대표부 아이디어를 침몰시켰다.

국제사회의 협력을 얻어 대이란 제재를 강화하려는 부시의 노력이 비참한 차질을 빚은 것은 앞서 언급했듯 이란이 2003년 핵무기 프로그램을 '중단'했다고 결론을 내린 「국가정보판단서(National Intelligence Estimate, NIE)」가 2007년 12월 발간되어 공개되었을 때였다. 그 「판단서」가 공개된 날 메르켈 독일 총리는 산업계 지도자들과 만나 이란과의 거래를 중단하도록 당부할 예정이었다. 해들리 국가안보보좌관이 독일 총리실의 카운터파트인 크리스토프 호이스겐

(Christoph Heusgen)에게 전화로 「판단서」의 내용을 미리 알려 메르켈이 그 회의를 취소했다. 라이스 국무부 장관을 비롯한 행정부 전체가 유엔의 제재 노력을 다시 제자리로 돌리는 데 수개월이 걸렸다. 미국의 정책 결정에서도 그런 엉뚱한 짓들이 벌어진다.

국내외의 수많은 부시 비판자들이 아프가니스탄과 이란에서 미국의 행동에 비추어 부시를 호전적이라고 보았기 때문에 2007~2008년 내내 대통령이 이란의 핵 프로그램을 제거하기 위해 군사 공격을 검토하고 있다고 두려워한 사람들이 많았다. 우리가 이란의 어떤 새로운 적대 행위 — 이라크에 주둔한 미군을 공격하는 시아파 민병대에 폭발성형 발사체[에이브람스(Abrams) 전차를 관통할 수 있는 매우 치명적인 포탄]를 제공한 것부터 헤즈볼라와 하마스에 대한 무기 공급에 이르기까지 — 를 보도할 때마다 국내의 비판자들은 부시가 공격 명분을 쌓고 있을 뿐이라고 주장했다.

공격 가능성 이슈가 실제로 행정부 수뇌부에 올라간 것은 2007년 5월 대통령이 고위 보좌관들과 만나 이스라엘의 군사 장비 요청을 검토할 때였는데, 그 장비는 이란 핵 시설을 타격할 수 있는 이스라엘의 능력을 대폭 제고하는 것이었다. 체니 부통령은 우리가 직접 군사적으로 그 시설을 제거할 태세가 되어 있지 않다면 이스라엘이 그렇게 할 수 있도록 해야 한다고 강하게 주장했다. 나머지 참석자들은 지역적으로나 세계적으로 미국의 이익에 심각한 영향을 미칠 독자적 행동을 취할 수 있는 역량을 이스라엘에 제공하는 데 반대했다. 결국 부시는 이스라엘의 요청을 거절했지만, 다른 권한을 사용해 이스라엘과 정보 공유를 대폭 늘리고 이란의 핵무기 프로그램을 둔화시킬 비군사적 수단을 공동으로 개발하도록 지시했다. 게다가 우리는 동맹국들을 안심시키는 동시에 이란이 군사행동을 필요하게 만들 경우 대통령에게 옵션을 주기 위해 페르시아만에 주둔한 군사력을 증강했다.

이란에 대해 행동을 취하라고 미국을 압박한 것은 이스라엘뿐만이 아니었다. 2007년 여름 압둘라(abdullah) 사우디아라비아 국왕이 라이스와 필자에게 부시 대통령이 이란군 전체를 쓸어버려야 한다고 했다. 이스라엘은 핵 시설을 추격할 군사적 수단을 달라고 우리를 졸랐다. 이스라엘은 진정성을 보이기 위해 2007년 6월 중순 군사훈련을 실시했는데, 그 훈련에서 100대 이상의 전투기가 그리스로 왕복 비행하고 재급유기와 구조 헬기도 전개했다. 비행 거리는 862해리(약 1600킬로미터)였다. 이스라엘 비행장에서 나탄즈에 있는 이란 핵 시설까지 거리가 860해리였다.

부시 대통령은 에후드 올메르트(Ehud Olmert) 이스라엘 총리, 압둘라 국왕과 개인적으로 매우 가까웠기 때문에, 그리고 체니 부통령이 이스라엘과 사우디아라비아에 백악관 직통 라인을 제공했기 때문에 필자는 부시가 마음을 바꾸어 예방적 공격을 감행할지 모른다고 계속 걱정했다. 필자도 체니만큼 이란의 프로그램을 우려했다. 그러나 이라크 주둔군 증강에 대한 의회의 묵인이 위기 일발 상태였기 때문에 필자는 부시의 명령으로 이란을 공격하게 되면 의회가 이라크전쟁 재원을 모두 삭감하고 모든 미군의 즉각적인 철수 ─ 이는 필자에게 이라크에서의 확실한 패배를 의미했음 ─ 를 요구할 것이 거의 확실하다고 확신했다. 또한 필자는 대통령이 승인한 이란에 대한 비군사적 옵션에 높은 기대를 걸었다. 필자가 부시와 체니에게 가장 강력하게 주장한 것은 이란에 대해 군사적 행동을 취하게 되면 우리가 2007년 말까지 이라크에서 큰 대가를 치르고 이룬 치안 개선과 폭력 감소가 위태롭게 된다는 점이었다. 필자가 나중에 깨달은 사실이지만, 부시는 이란이 강요하지 않는 한 군사행동을 취하지 않기로 이미 결심한 상태였다.

부시 행정부 말기에 미국의 외교가 주효해 유엔 안보리가 대이란 제재를 잇달아 강화하는 네 개의 개별 결의안을 통과시켰다. 부시 팀은 이란 정권과 그 지도자들, 이란혁명수비대와 같은 핵심 기관을 겨냥하는 일련의 새로운 금융조치를 개발해 시행했다. 이란 내부에 미국의 메시지를 전파할 수 있는 우리의 능력도 대폭 향상되었다. 미국은 또한 그런 결의를 과시하기 위해 항공모함 두 개 전단을 걸프 지역에 전개하고 이란의 핵 프로그램을 둔화시키는 다른 조치도 취했다. 끝으로 부시 행정부는 헤즈볼라와 하마스 같은 테러 단체에 대한 이란의 간섭, 개입, 지원을 격퇴하기 위해 역내 미국의 동맹국들의 군사와 정보 역량을 강화하는 조치를 취했다.

그와 동시에 부시는 클린턴처럼 이란 측에 보내는 여러 진지한 제안을 승인했는데, 핵 프로그램에 대해 협상하는 것뿐 아니라 전반적인 양국 관계의 방향을 어떻게 전환할지를 논의하자는 것이었다. 하타미가 대통령으로 있을 때는 진전을 이룰 잠재적인 기회가 있었지만, 궁극적으로 클린턴과 부시 대통령은 이란 대통령이 아야톨라와 성직자들의 권위에 도전할 수 없다는 것을 알게 되었다. 2005년 이란 대선 이후 미국은 아마디네자드 대통령에게 손을 내밀었지만 아무 소용이 없었다. '자유 의제(freedom agenda)'를 일관되게 추진한 부시는 개혁과 진정으로 열린 민주주의에 대한 미국의 지지를 이란 국민에게 전파하기 위해 클린턴보다 훨씬 더 공격적인 활동을 승인했다. 우리가 체제변동을 일으킬 수는 없었지만, 미국이 더 많은 자유를 원하는 이란의 젊은이와 여성 등 모든 이들의 편이라는 메시지는 분명했다.

아야톨라 하메네이는 전임 아야톨라 호메이니처럼 '위대한 악마'와의 관계 개선에 관심이 없었다. 2008년 말 하메네이는 이란의 핵무기 프로그램을 추진하고 이라크와 중동 전역에서 이란(과 시아파)의 영향력을 애써 확대하는 데 여념이 없었다. 당시 부시 대통령은 겉보기와는 달리 재직 중의 여러 계기에 테헤란에 손을 내밀었다. 클린턴과 마찬가지로 그도 아무런 반응을 얻지 못했다. 부시는 성직자 정부에 대한 경제적·군사적·내부적 압박을 강화하기 위해 미국 권력의 여러 다양한 수단을 효과적으로 동원했다. 그는 교향곡을 잘 지휘했지만 아야톨라와 아마디네자드 대통령은 듣지 않았다.

필자는 오바마 대통령이 냉전 이후의 어느 대통령보다 더 '중국에 간 닉슨'과 같은 장면을 원했다고 본다. 그 장면은 미국의 오랜 숙적에게 손을 내밀어 세계적으로 중요한 양자 관계를 성공적으로 바꾸고 역사책에서 특별한 지위를 차지했다. 2009년에 그 기준에 맞는 나라는 단 셋이었는데 바로 쿠바, 북한, 이란이었다. 북한과 이란은 핵무기와 탄도미사일 개발 프로그램을 진행하고 있었고 이미 지역 안보에 도전해 왔다. 북한은 1994년 핵 프로그램을 제한하기로 합의했지만 기만행위를 하고 궁극적으로 그 합의를 파기했다. 전술했듯이 이란은 프로그램을 제한하려는 클린턴과 부시의 모든 제안을 거부했다. 테러단체 헤즈볼라에 자금과 무기를 공급하는 주요국이자 이스라엘과 미국에 대한 위협이며 역내 수니파 아랍국에 공격적으로 간섭하는 이란은 오바마에게 가장 큰 상이 될 나라였다. 이란에 손을 내미는 것은 분명히 그의 취임 첫날부터 의제에 올라 있었으며, 외교와 전략적 소통 - 말로 하는 것 - 이 그가 선택한 수단이었다.

맨 먼저 오바마 대통령은 취임사에서 이란과 어울릴 의사가 있다는 신호를 보내고, 무슬림 세계를 향해 "우리는 상호 이익과 존중을 바탕으로 새로운 앞길을 찾는다"라고 했다. 그는 온갖 종류의 독재자들을 향해 그들이 역사의 잘못된 쪽(이후 오바마가 자주 사용한 표현임)에 있다면서 "당신들이 주먹을 내리겠다면 우리도 손을 내밀 것"이라고 했다. 일주일 뒤인 1월 26일 오바마는 알아라비야(Al-Arabiya) 뉴스와 인터뷰에서 이란에 명시적으로 손을 내밀며 말했다. "미국은 이란과 대화할 용의가 있는바, 우리의 견해 차이가 어디에 있는지 그렇지만 진전을 찾을 수 있는 길이 어디에 있는지를 아주 분명하게 표명하는 것이 정말 중요하다고 생각합니다. 그리고 미국은 앞으로 몇 달 동안 전체적인 틀과 접근법을 제시할 것입니다. 그리고 취임사에서 말했듯이 이란 같은 나라가 주먹을 내리겠다면 미국에서도 손을 내밀 것입니다."

2009년 봄 오바마는 아야톨라에게 두 차례 편지를 보내 관계 개선에 대한 관심을 표명했다. 필자는 부시 행정부 때 국방부 장관으로서 그리고 그 전에 목격했던 모든 일에 비추어 그 편지가 어떤 긍정적인 결과도 내지 못할 것이라고 매우 비관했다. 하지만 백악관 상황실에서 그 편지에 관해 논의할 때 (국방부 장관을 연임한) 필자는 오바마의 편지 발송에 반대하지 않았다. 그 이유는 그렇게 내미는 손길이 퇴짜를 받을 경우에도 제재 등 비군사적 조치의 강화 같은 더욱 강압적인 권력수단을 사용할 때 국제사회와 관련해 미국의 입장이 제고될 것이라고 생각했기 때문이었다. 아니나 다를까, 하메네이의 반응은 거절하는 비난조였다.

같은 해 3월 오바마는 이란의 새해(Nowruz, 노루즈)를 맞아 신년 메시지를 방송했다. 부시도 그런 인사말을 방송한 적이 있지만, 이 일로 오바마는 보수파 등으로부터 널리 비판받았다. 다만 차이는 있었다. 부시의 방송 메시지는 전체적으로 아주 짧았으며 이란 국민을 겨냥했다. 부시는 2008년 메시지에 이은 미국의 소리 방송 인터뷰에서 이란 지도자들이 자국민의 삶을 힘들게 하는 결정을 내렸다며 비판하고 그 지도자들이 우라늄 농축을 검증 가능하도록 중단하는 데 합의만 하면 앞길이 열릴 것이라고 약속했다. 오바마의 메시지는 이란 국민과 그 지도자들 양쪽을 모두 겨냥했으며 훨씬 말이 많았다. 그는 외교에 전념해 양국 간의 모든 이슈를 다루고 건설적인 관계를 추구하며 "정직하고 상호 존중에 입각한 접촉"을 추진하겠다고 다짐했다.

이란에 대한 오바마의 손 내밀기는 이스라엘과 아랍국들을 괴롭게 했다. 그들은 오바마가 미국과 이란이 화해하는 '대타협'을 성사시켜 역내에서 영향력과 힘을 더 자유롭게 확대할 수 있는 고삐를 이란에 쥐어주지 않을까 우려했다. 그 때문에 2009년 초부터 이스라엘과 걸프 국가 지도자들과 오바마 간의 관계가 꾸준히 악화했다.

사실 오바마는 중동에서 미국 정책의 기조와 성격을 더 폭넓게 바꾸고 싶어 했다. 그는 아프가니스탄과 이라크에서 군사 분쟁을 질질 끌고 부패한 독재 정권을 정치적·군사적으로, 어떤 때는 경제적으로 지원해 온 미국의 오랜 역사가 우리의 가치관과 장기적인 역내 이익에 배치되었다고 생각했다. 오바마는 대통령이 된 직후 중동의 한 주요 도시에서 연설하고 싶다는 뜻을 피력하고 6월 4일 카이로에서 실행에 옮겼다. 그 연설은 과거 미국의 중동 정책에 대한 사과라고 해서 국내 일각의 비판을 받았지만 현지에서는 찬사를 받았다. 필자는 솔직 담백하고 미래에 초점을 맞춘 그 연설이 오바마의 대외 정책 연설 중 최고에 속한다고 본다. 아쉽게도 그 연설을 뒷받침하거나 후속으로 추진할 정책 틀이나 전략이 없었기 때문에 연설의 충격은 너무 짧게 끝났다.

권력 행사에서 연설과 좋은 의도는 충분조건이 아니다. 전략적 기획, 구체적 조치, 효과적 실행, 일관된 후속 조치 ─ 즉, 여러 권력수단의 통합적 사용 ─ 가 성공에 필수적인바, 이는 후술할 페이지에서 설명할 것이다.

오바마 대통령은 카이로 연설에서 앞서 보낸 메시지를 반복하고 부연하며 이란에 관해 입바른 소리를 했다. 그는 "민주적으로 선출된" 이란 정부를 전복시킨 1953년 쿠데타에 미국이 개입한 일에 대해 ─ 2000년 올브라이트 국무부 장관이 사과했듯이 ─ 논평하고 이란의 핵 프로그램이 야기하는 문제, 이란이 미국 군인과 민간인들에 대한 인질극과 폭력을 지원한 것, 그리고 "우리 사이의 격동의 역사"에 관해 언급했다. 그러나 그는 계속해서 다음과 같이 말했다.

> 과거에 갇혀 있기보다 나는 미국이 앞으로 나아갈 준비가 되어 있음을 이란 지도자들과 국민에게 분명히 했습니다. 이제 문제는 이란이 무엇과 맞서느냐가 아니라 어떤 미래를 건설하고 싶냐 입니다. 나는 수십 년의 불신을 극복하기가 힘들 것임을 압니다만, 우리는 용기, 올바름, 결의를 가지고 나아갈 것입니다. 우리 양국 사이에 논의할 이슈가 많을 것입니다. 우리는 전제 조건 없이 상호 존중에 입각해 기꺼이 전진할 것입니다.

8일 뒤 조작된 이란 대선에서 강경파 아마디네자드가 재선되었다. 주로 젊은이들로 구성된 반체제 민주화 세력이 몇 달 동안 시위를 벌였지만 정부의 가혹한 진압에 굴복하고 말았다. '녹색운동(Green Movement)'으로 알려진 이 반체제 운동으로 오바마 대통령은 심각한 도전에 봉착했는데, 부정선거를 규탄하고 시위대를 지지하는 수위 설정을 놓고 고심했다. 당시와 이후 비평가들은 미국 행정부가 이란 지도부에 내민 손길을 약화시키지 않기 위해 부드럽게 대응했다고 주장했다. 필자는 백악관 상황실 논의에 참석했으며, 그 논의는 미국이 시위대를 공격적으로 지지하면 이란 정부가 그들을 미국의 앞잡이로 매도하지 않을지 여부에 초점을 맞춘 편이었다고 증언할 수 있다. 결국 오바마 대통령은 이란 정부의 폭력적 탄압을 규탄하고 민주적 절차의 존중을 촉구했다. 그러나 종합적으로 보아 미국의 반응은 매우 절제된 것이었으며, 말하자면 20년 앞서 부시(41대) 대통령이 베이징의 천안문광장에서 벌어진 시위대 진압에 대응해 제재를 부과한 것과 비교해 목소리가 훨씬 더 작았다.

미국은 자신이 가진 권력을 보다 공격적으로 행사했어야 했다. 이미 시위대에 폭력적으로 대응한 이란 정부가 더 폭력적이 되지는 않을 것이고, 어차피 시위대를 선동했다고 미국을 비난할 터였다. 아이러니하게도 이란의 반체제 지도자들이 오바마에게 더 강경한 정책을 취하라고 촉구했다. 미국은 시위와 이란 정부의 탄압을 널리 알리기 위해 일부 새로운 가용 수단 — 가령 부시 행정부 때 만든 페르시아어 미국의 소리 방송 프로그램 편성 등 방송 자원 — 을 사용했어야 했다. 미국은 이란에 우리 메시지를 투입할 공개·비공개 수단을 찾을 수 있었을 것이고, 일방적 경제제재를 추가로 부과할 수도 있었다. 미국은 군사적 위협을 안지 않고 이란 내부로 — 그리고 다른 곳으로 — 민주주의 옹호자들을 지지한다는 강력한 메시지를 보낼 기회를 놓쳤다.

오바마 대통령은 이란 성직자들과 아마디네자드가 '위대한 악마'를 얼마나 혐오하는지 그리고 얼마나 철저하게 자기들 마음대로 하는지를 과소평가했다. 2009년 9월 미국 정보기관이 테헤란에서 약 120킬로미터 떨어진 쿰(Qum) 근처에서 미신고 핵농축 시설을 새로 발견했다. 9월 21일 이란 정부는 국제원자력기구에 조용히 보낸 서한을 통해 그 장소에 "작은 실험 프로젝트"가 있다고 인정했다. 이틀 뒤 오바마 대통령과 힐러리 클린턴 국무부 장관이 유엔에서 러시아의 드미트리 메드베데프(Dmitry Medvedev) 대통령과 라브로프 외무부 장관을 만나 쿰의 시설에 관해 통보했다. 그리고 9월 25일 피츠버그에서 개최된 G20 정상 회의에서 오바마 대통령, 고든 브라운(Gordon Brown) 영국 총리, 니콜라 사르코지(Nicolas Sarközy) 프랑스 대통령이 그 정보를 공개하는 성명을 발표했다. "이 시설의 규모와 구성은 평화적 프로그램과 일치하지 않는다. 이란은 모든 국가가 준수하는 규칙을 위반하고 있다." 며칠 뒤 이란은 국제원자력기구 사찰단이 그 비밀 장소를 방문하는 데 동의했다.

2009년 오바마 행정부는 이란의 핵 프로그램을 외교적으로 처리하려는 노력을 한 차례 더 기울였다. 그해 여름 이란은 질병 진단과 치료용 동위원소를 생산하는 테헤란 연구용 원자로의 연료가 바닥이 났다고 발표했다. 국무부 고위 관리 로버트 아인혼(Robert Einhorn)이 기발한 제안을 냈는데, 이란이 저농축 우라늄의 80%를 러시아로 보내면 러시아가 추가로 농축한 다음 프랑스로 다시 보내 프랑스가 연료봉으로 전환해 – 핵 물질을 폭탄 제조에 적합하지 않게 만들어 – 테헤란 원자로를 가동하도록 이란으로 되돌려 보낸다는 것이었다. 그것은 이란의 농축 우라늄 대부분을 국외로 반출시키는 방법이며, 그렇게 되면 이란의 핵무기 개발을 중단시키지는 못해도 극적으로 둔화시키는 것이었다. 영국, 프랑스, 독일, 중국, 러시아가 모두 그 제안을 지지했으며, 이란 협상 대표도 지지했다. 10월 22일 합의가 타결되었다. 그러나 테헤란의 강경파가 또다시 득세하면서 다음 날 이란은 그 합의를 철회했다. 그것은 실패했어도 창의적인 외교 이니셔티브였다.

오바마는 모든 외교적·수사적 수단을 동원해 손을 내밀었고 대화를 유도하기 위해 안간힘을 썼음에도 불구하고 [카터, 레이건, 부시(41대)는 물론이고] 전임인 클린턴과 부시 대통령과 똑같은 벽에 부딪혔다. 하메네이와 아마디네자드는 미국과의 접촉이나 핵 프로그램을 축소하는 합의에는 전혀 관심이 없었다. 9개월의 '손 내밀기'는 아무런 진전을 이루지 못했다.

그래서 2009년 가을 오바마 행정부는 보다 강압적인 다른 권력수단을 사용하는 방향으로 전환했다. 오바마 팀은 부시 시절 네 개의 유엔 안보리 결의안을 통해 수립된 국제 제재 체제 및 부시와 의회가 부과한 일방적 제재를 기반으로 했다. 오바마와 클린턴 국무부 장관은 접촉의 문호는 열어놓되 경제적 권력수단을 통해 전례 없이 이란을 압박할 계획이었다.

첫 조치는 이란혁명수비대, 무기 판매, 금융거래, 석유 수출을 겨냥하는 안보리 결의안을 추진하는 것이었다. 중국은 이란에서 수입하는 석유에 크게 의존하는 데다 2010년 1월 미국이 대만에 무기를 판매한 뒤여서 워싱턴을 도울 기분이 아니었다. 러시아는 엇갈린 행동을 보였다. 메드베데프 대통령은 오바마 대통령에게 이란의 핵·미사일 야심에 관해 미국의 판단이 옳았다고 인정했다. 러시아는 이란에 최첨단 S-300 대공미사일 시스템의 판매를 자제하다가 결국 계약을 파기했다. 그러나 러시아는 이란에 대한 유엔의 새로운 제재 추진을 방해하지 않으면서도 끊임없이 그 제재를 희석하려고 노력했다. 이와 대조적으로 프랑스는 새로운 제재를 적극적으로 지지했는데, 사르코지 대통령은 필자와 대면한 자리에서 "이란인들은 거짓말쟁이로 그들에게 손 내밀기는 시간 낭비이며 유약함의 표시"라고 했다. 미국의 노력에 힘입어 추가 제재를 부과하는 새로운 유엔 결의안이 2010년 6월 9일 통과되었다. 3주 뒤 오바마 대통령은 '이란 제재·책임·박탈에 관한 법률'에 서명하며 이란에 대한 압박을 가중했다.

2010년부터 2013년까지 미국은 이란의 석유 산업, 은행, 무기 프로그램을 맹렬히 추적했다. 미국 행정부는 이란의 경제적 고립을 가속화하기 위해서 해운 회사, 보험 회사, 금융기관 등의 협력을 얻어냈다. 유럽연합은 이란산 석유에 대한 전면 금수에 동의했다. 재무부의 테러범 금융 담당 차관보 데이비드 코헨 (David Cohen, 나중에 차관으로 승진함)이 부시 행정부의 전임자 스튜어트 레비 (Stuart Levy)의 조치를 따라 하면서 이란에 대한 제재를 강화하기 위해 경제적·금융적 권력수단을 추가로 개발했다. 미국은 이란 은행들의 자산을 동결하고, 이란 유조선의 보험 가입을 봉쇄했으며, 이란이 세계 금융 시스템에 접근하는 것을 차단했다. 다른 여러 나라의 개인과 회사들도 제재를 받게 되었다. 이란에 대한 신규 제재가 몇 달마다 발표되어 식량과 의약품을 제외하고 이란의 모든 경제 영역을 압박하는 것으로 보였다. 워싱턴은 유엔 안보리 결의안을 근거로 대통령의 행정명령, 재무부 조치, 의회 입법 등을 동원했다. 전 세계의 금융기관들은 미국에서 사업할지 아니면 이란에서 사업할지를 양자택일하도록 예고를 받았다. 예측대로 그들은 이란과의 관계를 끊었다. 2010년부터 2013년까지 통틀어 24차례의 신규 제재가 이란 또는 이란의 거래처에 부과되었다.

2012년 말 마침내 경제적 압박이 주효하기 시작했다. 그 전해에 오만 국왕이 미국과 이란 간의 은밀한 직접 대화를 중재하겠다고 제의하고 양측을 초청했다. 변덕스러운 양측은 여러 차례 만났으나 2012년 말까지 중요한 성과가 전혀 없었다. 이란이 움직일 준비가 되어 있다는 오만의 판단에 따라 2013년 3월 양측이 오만 수도 무스카트에서 회동했는데, 미국 대표는 국무부의 정책 담당 차관 빌 번스(Bill Burns)였고 이란 대표도 외무부 차관이었다. 여전히 아무런 진전이 없었다. 클린턴 국무부 장관이 후일 기술했듯이 테헤란의 강경 세력이 협상의 발목을 잡고 있는 것으로 보였다.

그 배경을 보면 아야톨라 하메네이가 미국과 회담을 둘러싸고 테헤란 내 찬반이 대립하고 있음을 공개적으로 시사했으며 2013년 2월과 3월에 발표된 그의 메시지는 자신의 생각이 바뀌었음을 드러냈다. 2013년 2월 초 하메네이는 며칠 전 조 바이든(Joe Biden) 부통령이 제의한 직접 대화를 거부하며 다음과 같이 말했다. "일부 순진한 사람들은 미국과 협상하는 방안을 좋아한다. 그러나 협상으로 문제가 해결되지 않는다." 9일 뒤 하메네이는 테헤란은 핵무기를 만들 의도가 없지만 "미국이 어떻게든 이란을 저지할 수는 없었을 것"이라고 주장했다. 그러나 약 한 달 뒤 하메네이는 이란 신년사에서 미국과의 직접 대화에 반대하지 않지만 성공 전망을 낙관하지 못한다고 했다.

2013년 6월 15일 하산 로하니(Hassan Rouhani)가 이란 대통령으로 압도적으로 당선되자 그런 전망이 바뀌었다. 아마디네자드의 정책과 허세에 제재가 겹쳐 이란은 고립되었고 이란 국민의 삶은 더욱 힘들어졌다. 변화, 즉 개혁을 바란 이란 국민이 대거 투표에 참여했다. 8월 로하니가 대통령으로 취임하자마자 바로 유화적인 메시지가 테헤란에서 흘러나오기 시작했다. 로하니에게 서한을 보낸 오바마 대통령은 과거 이란 지도자들에게 보낸 서한과 달리 긍정적인 반응을 받았다. 막후에서 미국과 이란 간 핵 문제 회담을 중재하는 오만 채널이 재가동되었으며 이란 대표단에 협상 권한이 부여되었다.

로하니의 당선은 테헤란의 접근법이 변화하는 데 중요하게 작용했다. 그러나 라프산자니, 하타미, 아마디네자드 등 전임 대통령 때와 마찬가지로 아야톨라 하메네이가 계속해서 최고 권력을 장악하고 큰 결정을 내렸다. 2013년 봄 아야톨라와 그의 측근들은 제재에 따른 경제 악화로 대중의 불만이 팽배해지면서 정권이 점차 위험해지고 있다는 두려움에 거의 확실히 휩싸였다. 2009년의 녹색운동은 경고신호였으며, 이후 이란 국민의 삶은 제재 올가미가 죄어지며 훨씬 궁핍하게 되었다. 북한과 달리 이란 경제와 국민은 세계와 연결되어 있었으며, 따라서 정권과 일반 대중은 제재의 영향을 훨씬 더 민감하게 받았다. 아야톨라가 자진해서 핵 협상 테이블로 나온 것은 아니었다. 미국의 경제 권력이 그를 협상 테이블로 끌어낸 것이었다.

이란 핵 프로그램에 관한 협상이 20년 동안 교착상태에 있다가 2013년 가을 움직이기 시작했다. 9월 26일 유엔총회 기간에 이란과 P5+1 국가 외무부 장관들이 회동해 제네바에서 협상을 재개하기로 합의했다. 존 케리(John Kerry) 국무부 장관과 모하마드 자바드 자리프(Mohammad Javad Zarif) 이란 외무부 장관은 별도로 만났는데, 이는 최초의 장관급 회동이었다. 9월 27일 뉴욕에 체류한 오바마와 로하니는 전화로 대화했는데, 이 역시 최초였다.

이란과 P5+1 국가 협상단이 계획대로 10월 중순 제네바에서 회동해 11월 초 후속 협상에서 타결이 임박한 것으로 보였다. 다만 마지막 순간에 프랑스가 더 강경한 조건을 요구하며 걸림돌이 되었다. 필자가 워싱턴에서 들은 이야기로는 프랑스가 타결에 필사적인 케리 국무부 장관이 협상을 서두르고 있다고 우려했기 때문에 중요한 대목에서 끼어들었다. 케리가 자신의 업적으로 삼으려고 합의에 열정적이라는 우려는 오바마도 공유한 것으로 보인다. 피터 베이커(Peter Baker)의 『오바마: 역사의 소명(Obama: The Call of History)』을 보면, 한번은 오바마가 케리를 "자제"시키려고 하면서 "나쁜 협정을 타결하기보다 포기하는 것이 낫다"라고 말했다. 오바마는 보건 분야 등에서의 성취를 언급하면서 케리에게 "나는 이미 업적이 충분합니다. 이 협정을 필요로 하지 않아요"라고 했다.

11월 24일 잠정 합의에 도달했다. 그 합의에서 6개월 시한을 설정한 것은 '포괄적이고 항구적인' 해결안을 협상하는 데 걸릴 시간을 감안한 것으로, 그 해결안은 이란에 평화적인 핵 프로그램을 허용하되 제한과 사찰을 통해 어떤 비밀 프로그램도 사전에 발각되도록 보장함으로써 이란이 핵폭탄을 제조할 수 없도록 만드는 것이었다.

항구적인 핵 문제 타결을 협상할 6개월 시한은 몹시 낙관적이었다. 잠정적인 장기 협정이 2015년 4월 2일이 되어서야 발표되었고 최종 협정, 즉 포괄적 공동행동계획(Joint Comprehensive Plan of Action, 이하 JCPOA)은 7월 14일 빈에서 서명되었다. 이란은 "핵폭발 장치의 개발에 기여할 만한 연구·개발 등 활동에 관여하지" 않겠다고 무제한으로 공약했다. 이란이 모든 협정 조항을 이행하면 핵 프로그램과 관련해 미국과 유럽연합이 부과한 경제적 금수 조치뿐 아니라 유엔 안보리 제재도 해제될 것이었다. 미국이 핵 프로그램과 무관하게 — 예를 들어 테러 관련 활동에 대해 — 이란에 부과한 제재는 유지되었다.

이란의 탄도미사일 개발 프로그램은 JCPOA에서 언급되지 않았지만, 최종 협정이 서명되고 닷새가 지나 만장일치로 통과된 유엔 안보리 결의안은 핵을 탑재할 수 있는 탄도미사일과 관련된 이란의 활동을 8년 동안 제한했다. 결의안이 이란에 대해 요구한 내용은 "탄도미사일 기술을 사용하는 발사를 포함해 핵무기를 운반할 수 있도록 설계된 탄도미사일과 관련된 어떠한 활동도 못 한다는 것"이었다. 이란인들은 자국의 미사일이 대량살상무기용이라는 사실을 부인하고 자국의 프로그램이 "안보리 결의안의 범위나 권능 밖"이라고 주장했다. 그 결의안의 탄도미사일 제한은 강제할 메커니즘이 없었다.

JCPOA는 처음부터 논란이 많았다. 협정 자체의 조건과 역내 파급 영향이라는 두 맥락에서 비판론이 나왔다. 협정과 관련해 논객들은 오바마가 2012년 성명에서 이란과의 협상에서 받아들일 수 있는 타협은 "그들이 핵 프로그램을 종식하는 것"뿐이라고 말한 것을 지적했다. 그 협정은 탈출 시간(이란이 협정을 파기한 후 핵폭탄을 생산하는 데 걸릴 시간)을 몇 달에서 1년으로 늘렸다고 하지만 단지 시간을 벌었을 뿐이다. 게다가 미국 행정부는 효과적인 모니터링을 위해 "언제 어디서든" 사찰하는 것이 가장 중요하다고 4월에 공언했는데, 이후 7월까지 이르는 동안 이 입장이 폐기되었다. 협정에 서명한 이란은 군사기지는 사찰관들에게 출입 금지 구역이라는 입장을 거듭 밝혔는데, 이는 가장 분명한 속임수가 있는 장소에 사찰관들의 접근을 거부하는 것이었다.

일부 논객은 협정이 이란의 전복 활동 외에 헤즈볼라, 바샤르 알아사드(Bashar al-Assad) 시리아 대통령, 예멘의 후티(Houthi) 반군 등에 대한 이란의 지원을 다루지 않은 점을 우려했다. 제재가 해제되면 테헤란 정권에 1000억 달러에 이르는 횡재를 안겨줄 텐데, 이 금액의 상당 부분이 이란의 군사적·전략적 야심을 뒷받침하는 재원으로 쓰일 것이라고 논객들은 분개했다. 이스라엘과 페르시아만의 아랍국들은 이란에 힘을 실어주는 협정에 크게 반발했으며 그런 입장을 공개함으로써 미국 내의 반대 여론을 부채질했다. 게다가 협상 기간 동안 이란 정권이 시리아내전에서 아사드 대통령을 지원하는 활동 등에 대해 비판론이 제기되었을 때, 오바마는 이란을 달래 협상을 지속하기 위해 그런 비판에 찬물을 끼얹었다는 비난을 받았다. 이란이 그 협정을 더 필요로 했지만 오바마가 그 협정을 더 원했다는 논평이 쏟아졌다.

오바마 대통령은 그 협정을 "굿 딜(good deal)"이라고 옹호했으며, 이란의 핵 역량을 줄이거나 제거하려면 군사력보다 외교적 해법이 더 바람직하다고 주장했다. 협정이 이란의 역내 제국주의 야심을 다루지 못했다는 비판에 대해 행정부는 과거 미국과 소련 간의 군비 통제 협상도 핵 이외의 이슈는 다루지 않았으며 행정부의 유일한 목표는 핵무기를 향한 이란의 전진을 막는 것이었다고 반박했다.

당연히 문제는 오바마와 비판론자들이 모두 나름대로 타당성을 갖고 있었다는 점이었다. 필자가 국방부 장관으로 있을 때 주장했듯이, 군사 공격을 감행할 경우 이란의 프로그램을 1~3년 지연시킬 뿐이며 이란은 핵무기 건설 결심을 그만큼 더 굳히게 되고 그만큼 더 은밀히 추진할 것이었다. 이란이 JCPOA에 합의할 경우 다른 나라, 특히 러시아와 중국이 혹독한 제재를 유지하거나 다시 부과할 가능성은 거의 없었다. 그래서 다른 대안은 서명된 협정보다 호소력이 상당히 떨어졌다. 그러나 오바마가 협정 타결에 너무 매달렸다는 느낌과 사찰 등의 이슈에서 좀 더 강경하게 협상했더라면 더 좋은 조건이 도출되었으리라는 느낌이 그 협정을 받아들인 사람들 가운데서도 오래 남았다.

오바마 자신과 그의 정책 팀이 거친 비판에 더 노출된 것은 미국이 헤즈볼라, 하마스 등 테러 단체에 대한 이란의 지원을 저지하기 위해 다른 권력수단을 사용할 것이며, 아랍국들에 대한 이란의 역내 야심, 간섭, 개입에 대응하기 위해 역내 우방국과 동맹국들과 협력할 것임을 협정 서명 직후에 공개적으로 언명하지 못했기 때문이었다. 게다가 이란에 대해 핵무기를 운반할 수 있는 탄도미사일을 개발하지 않도록 요구한 유엔 안보리 결의안은 강제 메커니즘이 없었지만, 미국은 그 결의안을 지렛대로 활용해 이란이 결의안에 따른 제한을 위반할 경우 일방적인 조치를 취하겠다고 위협하고 농맹국들을 향해 이란에 큰 비용을 부과하도록 압박할 수 있었을 것이다. 또한 오바마 대통령에게는 미국이 이란의 제국주의 야심을 억제하기 위해 군사적·비군사적 수단을 모두 사용할 것이며 이란이 제재 해제로 갑자기 생기는 엄청난 금액을 역내에서 사악한 목적에 쓰는 것을 저지할 것임을 재확인시킬 기회가 있었다. 아이러니하게도 아야톨라는 연설에서 그 협정이 국경 밖에서 이루어지는 이란의 비핵 활동을 제약하지 않을 것이라고 분명하게 선언했다. 오바마가 이 점에 대해 침묵하고 JCPOA 서명 전후로 이란 비판론에 찬물을 끼얹은 것은 국내외의 비판자들에게 큰 빌미를 제공했다. 오바마가 이란과의 협상에서 돌파구 마련이 최우선이라는 생각에 집착한 것은 실책이었다.

필자는 국방부 장관으로 2년 반 동안 오바마 대통령을 가까이서 보필했는데,

핵 협상에 대한 대통령의 접근법을 뒷받침한 것은 주로 그의 내면의 신념과 열망이었다고 본다. 오바마는 내면적으로 낙관적인 진보주의자다. 그는 "역사의 궤도" 같은 것이 있으며 장기적으로 그 궤도는 정의와 평화를 향하고 있다고 진정으로 믿는다. 필자 생각에, 오바마가 한시적이고 흠 있는 이란과의 협정에 동의한 주된 이유는 그 협정이 다른 어떤 대안보다 낫다고 확신했기 때문이었다. 또한 그는 협정이 시행되는 동안 이란에 새로운 세대의 지도자들이 등장하면 바깥 세계와의 교역과 교류에 개방적인 이란이 될 것으로, 다시 말해서 관점과 행동을 극적으로 바꾸어 다른 나라로부터 존중을 받는 이란이 될 것으로 확신했다. 오바마는 이란이 더욱 민주화되고, 보수적이고 반미 성향이 강한 성직자들의 힘이 약화되며, 장기적으로 핵무기 역량 추구를 단념할 것이라고 믿었다. 2015년 오바마는 주로 2025년까지 이란이 탈바꿈할 것이라는 자신의 직관에 근거해 큰 도박을 감행했다. 그것은 위험한 도박이었다.

트럼프는 대선 운동 중에 이란 핵 협정에 대해 사상 "최악의 딜(worst deal)"이라고 혹평했으며 당선되면 파기하겠다고 공약했다. 또한 트럼프는 오바마가 핵 협정을 성사시키기 위해 이란의 테러리스트 지원과 공격적인 역내 행동을 무시했다고 비난했다. 부시와 오바마 때와 달리 트럼프가 당선되자 미국과 이란 간의 관계 개선을 위한 대화 초대나 관심 표명이 없었다.

정반대 상황이 벌어졌다. 트럼프 대통령이 취임하고 나서 일주일 만에 이란이 도발적으로 탄도미사일을 실험했을 때였다. 2017년 2월 2일에 마이클 플린(Michael Flynn) 국가안보보좌관이 백악관 출입 기자단 앞에 나와 이란에 대한 행정부의 '경고'를 발표했다. (필자 생각에 오바마가 2015년에 했어야 했던) 그 경고는 이란이 미사일 실험과 예멘의 후티 반군에 대한 지원을 중단하지 않으면 미국이 대응 조치를 취하겠다는 것이었다. 플린은 이란이 미국의 동맹국들을 위협하고 중동 전역에서 불안정을 확산시킨다고 비난했으며, 오바마 행정부에 대해서도 그런 행동을 막기 위해 한 일이 거의 없다고 비판했다. 플린은 이란에 대한 신규 제재를 발표하면서 2015년 JCPOA 서명 이후 이란의 "호전적이고 무법적인" 행동이 증가했으며 "국제사회는 이란의 나쁜 행동을 너무 관용"했다고 말했다. 플린은 "미국과 세계 공동체에 대한 이란의 적대적이고 호전적인 행동을 눈감아 주던 시대는 끝났다"라고 경고했다. 필자 생각에 플린의 발언은 특히 JCPOA를 비롯해 오바마가 성취한 것을 모두 싫어하는 트럼프의 본심을 반영하고 있는 것 같다. 출범한 지 2주도 되지 않은 신행정부는 대이란 정책이 전임 행정부와 매우 다르고 훨씬 더 강경할 것이라는 강력한 메시지를 보냈다.

트럼프의 첫 해외여행은 2017년 사우디아라비아 방문이었는데, 그는 이 기회를 활용해 이란과의 역내 갈등에 관해 미국과 사우디아라비아의 공조를 굳건히 했다. 로하니가 이란 대통령으로 재선되고 이틀이 지난 같은 해 5월 21일에 트럼프는 리야드에 모인 50개 이슬람 국가 지도자들 앞에서 미국은 이제부터 인권 준수와 민주주의 진전에 대한 지원을 아끼지 않겠다고 확약했다. "미국의 동반자 관계는 급진적 교란을 통해서가 아니라 안정을 통해서 안보를 증진시킬 것이다. (……) 그리고 어디서든 가능하다면 미국은 불시의 개입이 아니라 점진적 개혁을 추구할 것이다. 미국은 완벽함이 아니라 파트너를 추구해야 한다."

트럼프 대통령은 이란에 대해서는 다음과 같이 가장 강력한 표현을 썼다.

미국이 이러한 위협(테러리즘)의 제거에 관해 논의할 때 테러리스트들에게 피난처, 금융 지원, 포섭에 필요한 사회적 지위 등을 제공하는 정부를 언급하지 않는다면 불충분한 논의가 될 것이다. 그 정부는 역내 대부분의 불안정에 대해 책임이 있는 정권이다. 물론 나는 이란을 말하고 있는 것이다. 이란은 레바논, 이라크, 예멘 등 역내 곳곳에서 파괴와 혼란을 확산시키는 테러리스트, 민병대 등 극단주의 단체들에게 자금, 무기, 훈련 등을 제공한다. 수십 년 동안 이란은 종파적 분쟁과 테러의 불길에 부채질했다. 대량 살해를 공공연히 말하는 그 정부는 이스라엘 파괴, 미국의 멸망, 이 방에 있는 여러 지도자들과 그 국가의 파멸 등을 맹세한다. (……) 이란 정권이 기꺼이 평화의 동반자가 될 때까지 양심적인 모든 국가가 협력해 이란을 고립시키고, 이란의 테러 자금 지원을 차단해야 하며, 나아가 이란 국민에게 합당한 올바른 정부가 들어설 날을 위해 기도해야 한다.

이란과의 핵 협정을 없애려는 트럼프에게 두 가지 걸림돌이 있었다. 첫째, 이란이 JCPOA를 위반하지 않았다는 점이었는데, 이는 국제원자력기구와 다른 협정 당사국들이 모두 확인한 사실이었다. 둘째, 그 협정은 다자 협정으로 미국과 가장 가까운 유럽 동맹국들뿐 아니라 러시아와 중국도 지지한 협정이었다. 특히 이란이 적어도 핵 프로그램과 관련해 협정 조항을 준수하고 있다는 국제원자력기구의 보고가 계속되는 한 협정을 '해체'하는 데 관심이 있는 당사국은 미국 말고 없었다. 워싱턴의 일방적인 조치는 이란이 아니라 미국을 고립시킬 것이며, 이란이 계속 협정을 준수하는 한 미국이 타국의 동의를 얻어 경제제재를 다시 부과하기는 힘들 것이었다.

한편 미국 의회는 대통령이 그 협정에 대한 불만을 털어놓을 길을 마련했다. 2015년 공화당이 지배하는 의회는 오바마에 대한 불신, 핵 협정에 대한 비판적 입장, 의회의 승인이 필요 없는 JCPOA에 대한 불만 등이 쌓여 '이란 핵협정 재검토법'을 통과시켰다. 그 법에 따라 대통령은 이란이 JCPOA를 완전히 이행하고 있는지 그리고 더 모호하게는 대통령이 보기에 이란에 대한 제재 중지가 이란이 취한 조치에 비추어 적절하고 균형이 맞으며 미국의 국가안보 이익에 긴요한지를 3개월마다 확인해서 의회에 보고해야 했다. 트럼프는 대통령이 된 날부터 JCPOA를 철회하고 싶었지만, 렉스 틸러슨(Rex Tillerson) 국무부 장관과 제임스 매티스(James Mattis) 국방부 장관이 설득함에 따라 2017년 4월과 7월에 JCPOA를 인증했다. 트럼프는 이를 악물고 인증서에 서명하면서 다음번에는, 즉 10월에는 인증하지 않을 것임을 분명히 했다.

그해 10월 13일 트럼프 대통령은 JCPOA를 인증하지 않겠다고 의회에 알렸다. 트럼프는 그 기회를 이용한 중요 연설에서 이란에 대한 미국의 새로운 전략을 발표했는데, 전임자보다 (적어도 문맥상으로는) 훨씬 더 강경한 전략이었다. 트럼프는 이란 정권이 1979년 혁명 이후 취한 반미 행적을 돌아보았으며, 테러 단체 지원, 미사일 프로그램, 미국 해군 함정에 대한 위협, 사이버 공격 등 이란이 야기한 문제를 검토했다. 그는 테헤란이 이라크에서 그리고 시리아와 예멘 내전에서 종파주의 폭력을 부추긴 것에 관해 언급했다. 트럼프는 핵 협정이 "미국 역사상 가장 일방적인 최악의 거래 중 하나로 이란 독재 정권에 정치적·경제적 구명줄을 던져주었다"라고 거듭 주장했다. 그는 그 협정에 많은 결함이 있다는 자신의 견해를 말했다.

이후 트럼프는 "이란의 파괴적 행위"에 전방위로 대응하기 위한 미국의 새로운 전략을 발표했다. 우리가 동맹국들과 협력해 이란 정권의 불안을 부추기는 활동과 대리 테러리스트 지원에 대처하고, 추가 제재를 부과하며, 이란의 미사일과 무기 확산을 저지하고, 이란 정권이 핵무기를 취득할 길을 모두 봉쇄한다는 것이었다. 그는 이 전략을 시행하기 위한 구체적 조치의 하나로 이란혁명수비대 전체에 대해 새로운 제재를 부과하는 것을 언급했다. 트럼프는 미국 행정부가 의회와 동맹국들과 협력해 협정에 들어 있는 여러 중대한 결함, 특히 시한 문제와 이란의 미사일 프로그램이 제외된 점을 고칠 것이라고 했다. 그는 이러한 노력이 실패할 경우 미국은 그 협정을 종료할 것이라고 경고했다.

7개월 뒤인 2018년 5월 8일 트럼프는 바로 그런 조치를 취했다. JCPOA에서 미국은 탈퇴하며 이란에 대해 제재를 다시 부과한다고 발표한 것이었다. 그는 핵 협정이 이란의 탄도미사일 위협이나 역내 행동을 다루지 않았으며 협정 만료 기한이 장래에 이란이 핵무기를 보유할 가능성을 열어놓았다는 이유에서 그 조치를 정당화했다. 그는 "그 협정이 평온과 평화를 가져오지 않았는바, 앞으로도 그럴 것"이라고 부언했다.

2주 뒤 5월 21일 마이크 폼페이오(Mike Pompeo) 국무부 장관은 취임 후 첫 주요 연설의 초점을 전적으로 이란에 맞추었다. 그는 이란 정권의 부패, 자국민 학대, 광범위한 인권 침해, 자국민에게 강요한 경제적 고난 등을 정리해 설명했다. 그리고 폼페이오는 새 협정을 체결하기 위해 이란이 취해야 할 조치들을 나열했는데, 여기에는 모든 핵농축 활동 종식, 동결된 핵 프로그램의 군사적 목적 인정, 헤즈볼라, 하마스, 예멘의 후티 반군에 대한 지원 종식, 시리아에 주둔하는 모든 이란군의 철수, 탄도미사일 생산 종식 등이 포함되었다. 이러한 요구 사항의 범위로 보아 미국은 새 협정을 추진하는 데 관심이 없으며 트럼프 행정부는 이란의 성직자 정부에 대해 적대적인 태도로 일관할 것임이 분명하게 드러났다. 2019년 이란의 모든 석유 수출을 봉쇄하려는 목적에서 훨씬 더 가혹한 제재가 부과되었다.

2018년 상반기 이란 정권은 광범위한 시위에 직면했다. 시위가 처음 발생한 것은 아니었다. 1999년 개혁과 신문이 폐간된 후 대학생과 청년 실업자들이 시위에 나섰고, 2003년 학생들의 시위, 2005~2006년 여성들의 시위가 있었으며, 2009년 6월에는 부정선거에 항의하는 시위가 발생했다. 이런 시위 사건의 대부분이 테헤란에 집중되었다. 그러나 2018년 초와 여름의 시위는 전국적으로 여러 도시에서 발생해 양상이 달랐다. 시위는 그해 1월 이란 동부 마슈하드(Mashhad)에서 시작해 전국의 지방 도시로 빠르게 번졌다. 많은 시위가 경제적으로 낙후된 농촌 지방에서 발생했다. 시위의 애초 표적은 로하니 대통령의 긴축예산이었는데, 그 예산은 복지 삭감과 연료·생필품의 가격 인상을 포함하면서 엄청난 금액을 성직자들이 지배하는 기관과 이란혁명수비대와 군대에 배정했음이 드러났다. 시위자들은 또한 경제난, 엄격한 이슬람법, 물 부족, 부패 등에도 주목했다. 경제적 실정에 항의하는 시위가 특권층과 로하니 일당의 '개혁파들'을 규탄하고 아야톨라까지 규탄하는 시위로 빠르게 확대되었다. 시위자들이 든 팻말은 이번에는 "위대한 악마에게 죽음을"이 아니라 "공짜로 기생하는 고관들에게 죽음을" 그리고 "실업에 죽음을"이었다. 필자로서는 아야톨라가 "독재자에게 죽음을" — 똑같은 구호가 1978~1979년 국왕에 반대하는 시위에서 사용되었음 — 이라는 팻말에 어떤 반응을 보였는지 궁금하다. "하메네이에게 죽음을" 그리고 "로하니에게 죽음을"이라는 구호와 더불어 가자 지구와 레바논 개입에 반대하는 함성이 울림으로써 정권에 대한 지지는 물론이고 해외에서의 공작과 관련된 자금 지출에 대한 지지도 근본적으로 부족하다는 사실이 드러났다. 보안군이 시위를 며칠 만에 진압했지만, 20여 명의 시위자가 피살되고 수천 명이 체포된 뒤였다.

2018년 1월의 소요가 있은 후, 하메네이와 로하니는 마지못해 시위자들의 정당한 불만을 처음으로 공개적으로 인정했다. 하메네이는 "그들의 목소리에 귀를 기울이고 반응해야 한다. 우리 모두가 그래야 한다"라고 했다. 아마 이란 지도자들의 우려가 컸던 것은 시위자 대부분이 테헤란의 정치적 반대파나 대학생들이 아니라 과거에 정권의 견고한 지지자들이었던 농촌과 지방 주민들이었기 때문일 것이다. 경제적 낙후에 따른 주민들의 불만은 정부와 성직자들에게 훨씬 더 심각한 문제를 야기했다.

대중의 엄청난 불만이 가장 극적으로 표출된 것은 2019년 11월 연료비 인상으로 전국적인 시위가 발생했을 때였다. 장기화된 이 시위는 곧 반체제(그리고 최고 지도자에 대한 반대)로 변질되고 폭력화되었다. 이란 정권은 1979년 집권 이후 가장 폭력적이며 최장기이자 최대 규모인 전국 시위를 맞이해 잔인한 진압에 매달렸다.

오랫동안 강력한 보안군이 충성심을 유지했지만 체제의 이념적 토대는 취약하다는 점이 분명해졌다. 그러나 2018년 시위 발생 전까지 미국은 — 간혹 대통령이나 국무부 장관이 연설 등에서 언급하고 부시 행정부가 이란 국민을 겨냥해 홍보 활동을 벌였지만 — 이란의 내정에 관해 대체로 침묵을 지켰다. 트럼프가 이 흐름을 바꾸었다. 그는 2018년 시위 초기에 다음과 같은 트윗을 올렸다. "그들은 배가 고프고 자유가 그립다. 이란의 인권과 부가 약탈당하고 있다. 이제 바뀔 때다!" 미국은 시위 진압을 비난하는 유엔 안보리 결의를 추진했으나 유럽,

러시아, 중국 등의 호응을 거의 받지 못했다. 대통령이 짧은 트윗으로 비판하고, 유엔 주재 미국 대사가 이란 정권을 맹비난했으며, 일부 의원들이 시위 진압 책임자들에 대한 제재를 거론했지만, 백악관이나 국무부가 조율하는 미국의 전략적 대응은 없었다.

미국 행정부 수장들의 강력한 메시지가 2018년 말까지 이어졌다. 폼페이오 국무부 장관은 ≪포린어페어스(Foreign Affairs)≫ 2018년 11·12월호에 기고한 글에서 이란에 대해 "최대한 압박"한다는 '트럼프 독트린'의 개요를 설명했다. 그 첫 번째 요소는 개인과 기관에 대한 새로운 경제제재로 이란의 석유 수출을 "가급적 제로 수준으로" 감소시키는 전략을 포함했다. 폼페이오는 경제 조치를 요약하며 종래의 미국 정부 성명을 훨씬 뛰어넘어 이란 정권의 부패상을 상술했는데, 특히 이란을 "약탈한" 지도자들의 이름과 그 방법을 개별적으로 거론했다. 폼페이오는 압박 공세의 다른 요소로 억지를 주장했는데, 미국인이나 미국 시설이 피해를 입는 어떠한 공격에 대해서도 테헤란에 책임을 지우겠다는 것이었다. 압박 공세의 또 다른 요소는 이란 정권의 "불법적 자금 흐름, 악랄한 활동, 부정직한 자기거래, 야만적인 탄압" 등 폭정을 폭로한다는 것이었다. 폭정 폭로가 그 전략의 핵심이었다. 그러나 트럼프와 폼페이오의 트윗, 연설, 기고를 넘어 이란 내부에서 정권에 대한 압박을 가중하기 위해 커뮤니케이션 공세 등의 조치를 포함하는 통합 전략은 이번에도 추진되지 않았다.

2010년 오바마의 접근법과 마찬가지로 이란에 대한 트럼프의 최대한 압박 전략도 더 가혹한 경제제재에 거의 전적으로 의존했다. 두 대통령 모두 압박을 가중하기 위해 다른 비군사적 권력수단은 이용하지 않았다. 두 대통령이 모두 (2018~2019년 분명하게 드러난) 이란의 국내 소요를 활용하지 않았고, 정권의 만연한 부패와 학정, 해외의 대리 단체에 대한 지원 등에 대한 분노를 부추기지 않았으며, 역내 대리 단체에 대한 지원을 막는 조치를 취하거나 비밀 수단을 써서 국내문제를 증폭시키지도 않았다. 물론 경제제재가 효과적이었지만 다른 가용한 권력수단을 사용하는 데는 상상력이 부족한 것이 확실했다.

필자가 보기에 미국은 비군사적 권력수단을 사용해 이란 정권을 내부적으로 약화시키는 방안을 너무 오래 자제했는바, 성직자 지도부의 부패, 재력의 자가 증식, 권력투쟁, 억압 조치 등을 이란 국민에게 폭로하고 전파하는 일을 너무 꺼렸으며 내부의 반체제 지원을 너무 망설였다. 2013년의 경우처럼 경제제재를 통해 이란 정권이 양보하도록 압박했지만, 그런 양보는 경제제재로 일반 국민의 삶이 매우 힘들게 되어 성직자들이 민란을 우려하기 때문이었다. 미국이 이란 정권에 대한 압박을 강화하기 위해 공개·비공개로 쓸 수 있는 비군사적 수단은 많다. 성직자들이 권력과 무력의 고삐를 쥐고 있지만 그것은 과거의 국왕도 그랬다. 아야톨라와 그의 부하들이 과거의 국왕보다 훨씬 무자비함에도 불구하고 그들이 다스리는 국가는 변하고 있다. 이란 인구의 40%가 25세 미만이다. 1980년 국민의 37%가 교육을 받았으나, 오늘날 그 비율은 81%다. 이란의 대학교에는 남학생보다 여학생이 많다. 40년 전 초대 이란 의회에서 성직자 의원들은 61%를 차지했으나 오늘날 그 비율은 6%에 불과하다.

이란 정권의 부패와 억압에 관한 세부 내용을 가장 냉혹한 언어로 이란 국민에게 전파하겠다는 트럼프 행정부의 공세 의지는 한참 늦은 것이다. 그렇지만 그런 의지가 지속될 것인가? 그리고 미국 정부가 쓸 수 있는 모든 전략적 커뮤니케이션 수단을 사용해서 그런 의지가 증폭될 것인가? 트럼프 행정부는 그밖의 비군사적 가용 권력수단을 이용할 것인가? 미국이 이란 내부의 방향 전환을 진지하게 모색하려면 냉전 시대의 전술로 돌아갈 필요가 있다. 이란의 최악의 적은 바로 그 정권 자신이다. 이 점이 우리에게 최대의 지렛대가 되어줄 것이다.

아야톨라와 이란혁명수비대가 이란을 지배하는 한 '위대한 악마'를 향한 40년 묵은 적대감은 완화되지 않을 것이다. 이란 내부의 변화가 있을 때까지 이란 정부는 주변국과 미국 대통령에게 변함없는 도전이며 골칫거리가 될 것이다. 미국의 목표는 이란의 국민 스스로 일으키는 정권의 변화여야 한다. 하지만 우리는 이란 국민에게 그들 정부가 저지른 폭정을 구체적으로 알리기 위해, 그리고 정권을 더욱 압박하는 이란 국민의 활동을 미국이 지지한다는 것을 전달하기 위해 비군사적 권력수단을 사용해야 한다. 이란의 변화를 촉진하기 위해 미국 대통령은 경제제재에 더해 일련의 가용한 권력수단의 사용에 관해 보다 창의적일 필요가 있다.

4장

—

소말리아, 아이티, 유고 전쟁: 파멸에 이른 선의

자연 재난에 대한 인도적 원조가 미국에서 논란이 된 적이 거의 없으며 해외에서 우리에게 문제가 된 적은 더더욱 없다. 그러나 미국이 인위적 재난에 인도적 목적으로 개입할 때는 꼭 그렇지 않다. 인위적 재난이 진행되는 중이거나 끝난 후에 도움을 줄 때는 대개 근본적인 원인에 대한 대처도 포함된다. 그러한 원인은 인종적·종교적·종족적 폭력과 같은 내부 분쟁이나 무자비한 독재 정부 등이다. 자연 재난에 대한 대응은 대개 민간 전문가와 당국이 감독하는 군의 역량에 크게 의지하는 반면, 인위적 재난은 언제나 무력 사용, 즉 동적인 군사 대응을 필요로 한다. 이것이 미국의 선의가 곤경에 처하게 된 지점이다. 1990년대 붕괴 상태에 있던 소말리아, 아이티, 유고슬라비아에서 바로 그랬다.

면적이 텍사스주보다 약간 작은 소말리아는 경작지가 2%가 안 되는 반(半) 건조 국가다. 1990년대 초 소말리아는 경쟁 군벌들의 손에 찢어졌으며 이들 간의 분쟁으로 기근이 발생했다. 국제 구호품을 전달하기 위한 유엔 평화 활동은 전쟁 중인 군벌들의 구호품 절취를 막을 수 없었으며, 이에 따라 인도주의 위기가 심화되었다. 1992년 말까지 약 35만 명의 소말리아인이 아사한 것으로 추정되었다.

추수감사절 무렵 조지 H. W. 부시(41대) 대통령은 미군이 소말리아인들에게 구호품을 전달하는 국제 활동을 주도한 후 빠르게 유엔에 책임을 다시 이관하는 방안을 승인했으며, 이를 로렌스 이글버거(Lawrence Eaglebuger) 국무부 장관이 부트로스 부트로스 갈리(Boutros Boutros-Ghali) 유엔사무총장에게 전했다. 부트로스 갈리는 그 제안을 수용하며 미국이 모하메드 파라 아이디드(Mohamed Farrah Aidid) 등 소말리아 군벌들의 무장을 해제시키도록 요청했다. 이글버거는 이 요청을 거부했다.

필자는 CIA 부장으로 이 결정에 이른 백악관 토론에 참여했다. 개입하는 것 자체를 아주 부정적으로 여긴 브렌트 스코크로프트 국가안보보좌관은 개입하게 되면 어떻게 소말리아에서 빠져나올지 걱정했다. 필자는 그 작전이 CNN이 추동한 최초의 미군 개입이 될 것이라고 생각했는데, 그 이유는 기아에 허덕이는 소말리아 아동을 다룬 끊임없는 텔레비전 방송이 국내 뉴스를 도배하다시피 해서 미국 대통령이 무슨 조치를 취하도록 정치적 압력을 고조시켰기 때문이었다. 필자는 보다 냉정하게 생각해서 그 작전이 텔레비전에 의한 정책 결정이라고, 즉 미국에게 최선의 이익인지와 상관없이 대중이 정부의 행동을 압박했기 때문이라고 보았다. 일부 인사는 기근이 군벌들의 싸움으로 야기된 것이기 때문에 내전 종식 없이는 기근이 종식될 수 없다고 우려하며 어떻게 내전을 종식시키겠냐고 반문했다.

당시 재선에 실패한 부시(41대) 대통령은 — 그의 최측근 보좌관들을 포함해 — 자신의 그런 참담한 패배를 아직 삭여야 하고 백악관을 떠날 계획을 세워야 하는 와중에 새로운 외교정책 수립을 결코 바라지 않았다. 그러나 그는 임기 최종일까지 자신의 임무를 수행하려고 했다.

부시는 재앙적인 아사 사태의 가능성을 가장 먼저 우려했지만, 1992년 11월 30일 자신의 일기에 적었듯이 미국이 흑인 국가를 충분히 돕지 않는다는 국내외의 인상도 염두에 두었으며 원조의 "주변적 혜택"은 미국도 애쓴다는 것을 보여주는 것이라고 생각했다. 이와 비슷하게 부시는 미국인들이 무슬림을 배려하지 않는다고 이슬람권이 느끼게 되는 것을 염려했으며 "군이 지원하는 미국의 대규모 인도주의 활동이 그 부분에서 도움이 될 것"이라고 보았다. 사실 미국은 소말리아(와 보스니아)에서의 인도주의 활동에 대해 무슬림들로부터 별로 인정을 받지 못했는데, 이는 주로 전략적 커뮤니케이션 권력을 활용하지 못했기 때문이었다. 즉, 미국의 활동을 무슬림 세계에 홍보하는 종합 프로그램이 없었다.

부시 대통령은 대국민 연설에서 2만 8000명의 미군을 소말리아에 파견한다고 발표하며 향후 수개월 동안 소말리아에서 150만 명이 아사할 수 있다고 경고했다. 그 이유로 그는 "구호 비행기에 실린 식량이 착륙하자마자 약탈되고 있고 식량 운반 차량들이 탈취되었다. 원조 일꾼들이 공격받고 식량을 실은 선박들도 포격을 받아 정박하지 못했다. 소말리아에는 정부가 없다. 법과 질서가 무너졌다. 무정부 상태다"라고 설명했다. 비판을 미연에 방지하기 위해 부시는 "본인은 미국 혼자서 세계의 잘못을 바로잡을 수 없음을 안다. 그러나 미국은 또한 세계의 일부 위기는 미국의 개입 없이 해소될 수 없으며 미국의 행동이 국제사회의 전폭적인 개입을 위한 촉매로 종종 필요하다는 것도 안다"라고 했다. 부시는 안전한 환경이 확보되는 즉시 미군을 철수시키고 안보 임무를 유엔 평화유지군에 다시 넘기겠다고 국민을 안심시켰다. 그가 제한적이라고 강조한 그 임무의 목적은 "공급 루트를 열어 식량을 운반하며 유엔 평화유지군이 식량을 계속 운반하도록 길을 닦는 것"이었다.

미군 부대는 별다른 저항 없이 소말리아에 배치되어 식량 공급선을 재개통했다. 이글버거가 부트로스 갈리의 요청을 거부한 데 따라 군벌들의 무장을 해제시키는 활동은 없었다. 그 대신에 미국은 군벌들과 회담을 추진했는데, 그 회담에서 아이디드를 포함한 모든 군벌이 휴전을 준수하고 식량 공급을 방해하지 않는 데 동의했다.

식량 공급의 안전이 확보된 뒤에도 부트로스 갈리는 미군의 소말리아 철수에 반대하며 유엔은 작전을 떠맡을 인원이나 장비가 없다고 주장했다. 1993년 3월 말 클린턴 신행정부는 유엔사무총장과 협상해 유엔이 2만 8000명의 평화유지군을 충원하고 미국은 4000명의 병력을 그 지역에 잔류시키되 그중 1300명의 '신속대응군'을 직접 지휘하기로 합의했다. 유엔은 또한 군벌들의 무장을 해제시키고 치안을 제공하며 지역 지도자들 사이에 협력을 바탕으로 장기적인 정치 프로세스를 창설해 소말리아의 경제·정치·사회 재건을 '지원'하기로 약속했다.

모두 헛된 꿈이었다. 소말리아 문제가 빌 클린턴 대통령의 임기 초에 대두되기는 했지만, 클린턴 팀은 이들 목표가 가망 없이 비현실적임을 깨닫고 보다 제한적이고 성취 가능한 임무 ─ 미국의 힘에 대한 인식을 저하시키기보다 제고시킬 임무 ─ 에 매달렸어야 했다.

미군 축소와 더불어 소말리아 내 긴장이 다시 고조되었다. 당시 유엔 주재 미국 대사 매들린 올브라이트에 따르면 아이디드가 화해 노력을 방해하고 반미·반유엔 선전을 독살스럽게 방송했다. 그러다가 1993년 6월 5일 아이디드의 군대가 매복 습격으로 파키스탄인 평화유지군 26명을 살해했다. 유엔 안보리는 범인들의 체포를 요구했다. 클린턴 대통령에 따르면 부트로스 갈리와 그의 소말리아 담당 특별 대표 조너선 하우[Jonathan Howe, 부시(41대) 대통령과 스코크로프트 국가안보보좌관 밑에서 필자의 후임으로 부보좌관을 지내고 해군 대장으로 전역했음]가 아이디드를 제거하기로 '결심'하고 미국의 도움을 요청했다. 그들은 아이디드 체포가 부족 간 분쟁을 끝낼 유일한 방안이라고 믿었다.

같은 해 8월 클린턴이 400명의 육군 특공대 투입을 승인했는데 특수전 병력과 추가 장비로 증강된 특공대의 임무는 아이디드를 생포하거나 살해하는 것이었다(추가 장비의 요청은 나중에 펜타곤에 의해 거부되었다). 10월 3일 특공대는 아이디드의 고위 측근 두 명이 숨었다는 모가디슈의 한 건물을 공격했다. 전투가 끝났을 때 미군 18명이 사망하고 73명이 부상했으며 두 대의 블랙호크 헬기가 격추되었다. 격추된 한 헬기의 기장 시체가 시가지를 따라 끌려 다니는 광경에 미국인들은 진저리를 쳤다.

아이디드를 제거하겠다는 부트로스 갈리와 하우의 ─ 그리고 미국의 ─ 집착이 어느 정도로 소말리아 재앙에 책임이 있는가? 이글버거 국무부 장관이 그 전해 12월에 반대했는데도 어떻게 클린턴 행정부는 그런 무모한 일을 추진하게 되었는가? 클린턴은 나중에 "어떻게 미국의 인도적 임무가 아이디드를 잡겠다는 집착으로 전환되었는가?"라는 의문을 제기하게 된다.

클린턴 행정부는 소말리아에서 여러 실수를 저질렀다. 첫째, 유엔이 소말리아 임무를 인도적 구제에서 국가 재건으로 확장하는 길을 따라갔으며 어쩌면 선도했다. 올브라이트 국무부 장관은 "처음의 인도적 임무가 좋은 이유로 확대되었으나 충분한 준비나 자원의 뒷받침이 없었다"라고 기술했다. 사실 그것은 엄청난 실수였다. 올브라이트는 회고록에서 "우리가 소말리아에서 과욕을 부렸다"라고 인정했는데, 이는 상당히 절제된 표현이다.

둘째, 아이디드를 생포하거나 살해하기 위해 적대적인 도시에 400명의 특공대를 투입했다. 그들은 숙달된 전사들인데도 병력과 화력 면에서 열세를 극복할 수 없었다. 미군에 임무를 완수할 충분한 자원 없이 위험한 임무를 맡긴 것은 용서할 수 없는 실수였다. 셋째, 부트로스 갈리는 이스라엘의 왕 아합(Ahab)* 처럼 아이디드에 집착함으로써 그 군벌이 타협할 여지를 거의 주지 않았다. 넷째, 노련한 외교에 의지하지 못했다. 초기에 로버트 오클리(Robert Oakley) 대사가 아이디드 등 여러 군벌을 설득해 휴전을 준수시킴으로써 구제 작전이 신행되었다. 모가디슈의 재앙 이후 오클리 대사는 생포된 미군 조종사의 석방과 뒤이은 휴전을 협상할 수 있었다. 왜 그동안 오클리의 재능이 사장되었는가?

모가디슈의 재앙은 군사적·비군사적 권력을 적절히 행사하지 못한 전형적인 사례다. 그 사례는 미국의 해외 문제 개입, 특히 군사적 개입에 반대하는 근거로 다년간 자주 인용되고는 했다. 모가디슈의 재앙 이후 미국이 소말리아에서 철수 내지 후퇴한 것이 다른 나라 정부와 오사마 빈 라덴 같은 테러주의자들에게 준 메시지는 미국은 인명 피해를 용인하지 않으며 따라서 미군 병사들을 죽이거나 위험에 빠뜨리면 워싱턴이 철수를 결정한다는 것이었다. 그것은

• 『구약성서』에 등장하는 북이스라엘의 왕이다(옮긴이 주).

미국이 가진 힘의 실체와 그 인식을 감소시킨 실패였다.

1995년 미국이 철수하고 아직까지 소말리아 정세는 불안정하며 내전과 무장 권력투쟁이 벌어지고 있다. 결과적으로 테러 위협이 거기서 발생했다. 1998년 케냐 수도 나이로비와 탄자니아 수도 다르에스살람의 미국 대사관을 폭파시킨 범행 용의자들의 활동 근거지가 소말리아로 추정되면서 소말리아는 미국 대테러 작전의 초점이 되었다. 이슬람법정연합(Islamic Courts Union)이라는 단체가 2006년 극단주의 민병대 조직을 통해 권력을 장악했으나 이듬해 패퇴했다. 강경파 이슬람 단체 알샤바브(al-Shabaab)는 여전히 위협적이다. 미국은 소말리아 주둔 아프리카 평화유지군에 군사 지원과 장비를 계속 공급하고 있다. 이제 임무는 전적으로 안보와 정치권력과 관련되어 있다. 당초 유엔 안보리 결의안의 야심 찬 큰 목표는 오래전에 폐기되었다.

소말리아의 빈곤, 끊임없는 분쟁, 혼란에서 비롯되는 다른 위협으로 해적 행위가 있었다. 그 문제는 2000년 무렵 중앙정부가 또다시 붕괴되고 소말리아 해군이 해체된 후 등장했다. 처음에는 소말리아 어민들이 자신들의 어장을 침범하는 외국 어선과 불법 폐기물을 버려 어획에 나쁜 영향을 주는 외국 선박을 상대로 보복하는 차원에서 적대 행위를 했다. 어민들은 나포한 선박의 몸값을 수금하기 시작하면서 선박 납치가 고기잡이보다 훨씬 수지가 맞는다는 것을 빠르게 깨달았다. 개입하고 싶은 외국 정부가 없었기 때문에 마음 놓고 활개 친 해적들은 점점 더 공격적으로 변하고 소말리아 원해까지 활동 반경을 넓혔다.

2008년 100여 차례의 공격 중 납치에 성공한 것은 42차례다. 2009년 초 공격 횟수가 급증했다. 한참 만에 국제사회는 나토 주도로 해적을 단속하기 위해 러시아, 중국 등 수십 개국의 전함들로 실질적인 역내 해군을 조직했다. 또한 선박에 기어오르는 해적들을 막기 위해 선박 소유주들은 사다리 제거, 고압 호스 사용, 승무원 무장, 경비대 탑승 등으로 기민하게 대처했다. 이러한 조치에 힘입어 2011년 말 해적 공격의 성공 횟수가 급감했다.

잠재적 기근에 대응해 미국이 인도적 원조를 제공하고자 소말리아에 처음

개입한 이후 사반세기가 지났지만 정세는 거의 호전되지 않았다. 50만 명이 넘는 소말리아인이 내전으로 죽었으며, 미국국제개발처의 추정에 따르면 150만 명 이상이 아사 위험에 처해 있다. 미국이 참가하는 소말리아 내 군사작전은 거의 모두 세계의 뉴스거리가 된다. 그렇지만 매년 미국이 소말리아에 대한 인도적 원조에서 단연코 최대 공여국 — 2015~2016년 비상식량 원조만 약 1억 5000만 달러임 — 이라는 사실은 보도되지 않는다. 효과적인 커뮤니케이션 — 말하자면, 선전 — 이 중요한 권력수단임에도 홍보를 창안한 미국은 그 수단을 어떻게 행사하는지 망각했다.

미국은 군사, 외교, 개발원조, 인도적 원조 등 여러 권력수단을 소말리아에 쏟아부었다. 그러나 1992년 말 백악관 상황실에서 필자를 포함한 여럿이 제기한 질문은 여전히 유효하다. 즉, 소말리아인들 스스로 동족상잔을 중지할 방안을 강구하지 않는 한 이러한 권력수단들이 주효할 수 있는가?

미국으로서는 어떻게 고장 난 국가의 내전과 정치에 휩쓸리지 않고 인도적 원조를 제공할지가 더 큰 문제다. 소말리아에서 재난이 전개된 것처럼 아이티에서도 그런 사태가 발생했다

세계 최빈국에 속하는 아이티는 최악의 통치 국가로도 계속해서 거론된다. 미국이 아이티에 새긴 역사는 결코 아이티인들에게 사랑받는 역사가 아니다. 1915년 아이티는 4년 동안 대통령이 다섯 번 바뀌는 정치적 혼란을 겪고 있었고 국제무역은 독일제국이 장악하고 있었다. 그해 우드로 윌슨 대통령은 미국의 이익을 보호하기 위해 330명의 해병대를 파견했다. 의도와 목적이야 어떻든 미국은 1934년 해병대가 철수할 때까지 아이티를 경영했다.

1950년대 말부터 시작해서 수십 년 동안 아이티를 잔인하게 통치한 독재자는 프랑수아 '파파 독' 뒤발리에(François 'Papa Doc' Duvalier)와 그의 아들이자 후임인 장클로드 '베이비 독'(Jean-Claude 'Baby Doc')이었다. 그 기간 동안 수만 명이 살해되고 수십만 명이 아이티섬을 탈출하거나 추방되었다. 1986년 '베이비 독'

정권이 전복된 후 여러 해 동안 부정선거와 잦은 쿠데타로 점철된 군부 통치가 이어지다가 1990년 12월에 가톨릭 신부 출신의 좌파 장베르트랑 아리스티드 (Jean-Bertrand Aristide)가 대통령으로 선출되었다. 그의 정권도 1991년 9월 말 군부에 의해 전복되었다. 미국이 주도하는 국제사회는 라울 세드라(Raoul Cédras) 중장이 이끄는 아이티와 그 군사정부에 혹독한 경제제재를 가했다. 이후 여러 해에 걸쳐 군부의 억압과 제재에 따른 극심한 경제난에 허덕인 15만여 명의 아이티 국민이 섬을 탈출했는데, 그들 대부분이 극빈자였으며 부서질 듯한 보트를 타고 미국 플로리다주로 향했다. 아이티 '보트피플'은 상당히 중요한 인도주의 위기를 표상했다.

1993년 7월 세드라 장군이 "조기 은퇴 권리를 활용"하고 아리스티드의 아이티 귀환을 허용하기로 유엔과 합의했다. 유엔이 중재한 정권 이양을 시행하기 위해 10월 11일 미국 해군 함정 할런카운티호가 아이티에 파견되었는데, 그 배에 약 200명의 미국인(과 수십 명의 캐나다인) 군사·경찰·정부 고문관들이 동승했다. 군함이 아이티의 수도 포르토프랭스에 접근하자 미국에 반대하는 성난 군중이 반미 구호를 외치며 위협했다. 무력 대치를 원치 않은 클린턴 행정부는 다음 날 군함의 회항을 명령했다. 이 사건은 미국의 굴욕이었으며 세계 각국의 정부도 그렇게 보았다. 소말리아 모가디슈의 재앙이 있고 일주일 만에 터진 이 사건으로 미국 행정부는 심약하며 워싱턴은 인명 피해를 수반하는 작전을 싫어한다는 인상이 더욱 강화되었다. 세드라는 7월 합의를 어기면서 유엔을 배신하고 미군 철수를 강요하는 것으로 보였다. 이에 따라 아이티 정권에 대한 경제제재가 다시 부과되었으며, 세드라 정부는 억압을 강화했다.

몇 달이 흐르는 동안 클린턴 행정부는 군사개입 문제를 둘러싸고 완전히 양분되었는데, 백악관과 NSC 인사들은 대체로 군사개입에 찬성한 반면 워런 크리스토퍼 국무부 장관 등 국무부 다수 인사와 국방부는 반대했다(이런 형태의 기관 대립은 후일 여러 차례 반복된다). 흑인의원협회(Congressional Black Caucus)를 제외한 의회와 국민 여론이 미국의 개입에 강력 반대했음에도 불구하고, 클린턴은 결국 개입주의자들의 편을 들어 세드라를 권좌에서 축출하기 위한 군사 계획을 추진하도록 펜타곤에 지시했다. 클린턴의 결정에 더 큰 영향을 미친 쪽이 국내 정치, 특히 흑인의원협회에 대한 존중이었는지 아니면 세드라의 억압 통치였는지는 분명하지 않았다. 1994년 7월 말 유엔 안보리가 세드라를 축출하기 위해 필요한 모든 수단을 사용하도록 승인했다.

대통령의 지시로 9월 들어 두 척의 항공모함과 2만여 명의 병력으로 구성된 미군이 아이티 침공을 준비했다. 침공군의 첫 부대는 9월 19일 자정에 작전을 개시해 아이티 목표 지점에 낙하산으로 침투할 예정이었다. 클린턴은 유혈 사태를 피하려는 최종 노력의 일환으로 지미 카터 전 대통령, 샘 넌(Sam Nun) 전 상원의원, 콜린 파월 전 합참의장을 포르토프랭스에 보내 세드라가 싸우지 않고 포기하게끔 설득하도록 했다. 침공이 시작되기 몇 시간 전에 그들의 설득이 성공했다. 증오의 대상인 아이티군과 유혈 전투를 각오하고 있던 1만 5000명의 미군은 충돌 없이 상륙했으며 격파 대상이었던 그 군대와 파트너가 되라는 지시를 받았다. 불한당들이 이제는 아이티를 안정시키고 질서를 회복하는 일에 우리의 친구이자 파트너가 되었다.

미국 행정부의 개입 명분 ─ 아이티의 민주화와 경제개발 추진 ─ 은 처음부터 신뢰할 수 없었지만, 그보다 더 중요한 점이 있었다. 즉, 행정부가 선언한 국가 재건 전략의 시행이 그런 과업에 대해서는 준비 태세가 되어 있지 않은 미군에 거의 전적으로 맡겨졌다. 미국 육군이나 해병대는 총을 가진 평화 봉사단이 아니다. 사실 그들은 싸우라고 파견되었지 재건하라고 파견된 것이 아니었다. 아이티에서 쓸 만한 미국의 권력수단으로 오직 하나, 즉 총을 가진 사람들만 투입된 것이 현실이었다. 클린턴 스스로 그러한 불균형을 강조했는데, 그는 자신의 회고록에서 유엔 파견단이 "6000여 명의 군인, 900명의 경찰관, 수십 명(필자가 강조한 것임)의 경제·정치·법률 고문관으로" 구성되었다고 적었다.

사상자 발생을 피하라는 엄명이 있었는데, 이는 우리 병력이 아이티 주민과 교류하지 말고 주로 영내에 머무르라는 의미였다. 법 집행은 신설된 아이티 국가경찰(다수가 억압적이었던 군인 출신이었음)에 맡겨졌다. 그리고 결국에는 아리스티드를 포함한 다수의 아이티 인사들이 미국과 국제사회가 제안한 경제개혁에 반대했다. 처음에는 대부분의 아이티 국민이 미군을 따뜻하게 환영했지만, 오래지 않아 아이티 신문들은 미국의 개입이 굴욕이라고 보도했으며 아이티 정치인들은 미국 제국주의의 회귀를 언급하기 시작했다. 워싱턴은 매우 자유롭고 공정한 선거를 민주화와 동의어로 보며, 진정한 자유 사회를 위해 장기적인 제도 구축, 법의 지배, 책임성 등의 여러 기둥이 필요하다는 점에 거의 주의를 기울이지 않았는데, 이는 앞으로 자주 반복되는 현상이 된다. 아이티에서 대부분의 미군이 철수하고 국가 재건에 대한 워싱턴의 열정이 식자, 곧 아이티는 과거의 오랜 특징이었던 악정, 부패, 폭력의 수렁에 다시 빠졌다.

올브라이트는 자신의 회고록에 아이티에 관해 "국제 공동체는 유엔 등을 통해 자연재해나 인재(人災)로 위험에 빠진 사회를 도울 책임이 있다. 이러한 책임의 완수를 보장하는 것은 미국의 이익이다"라고 적었다. 그러나 어떻게 무슨 비용으로 그렇게 하겠다는 것인가? 이런 문제의 해결은 대개 여러 세대에 걸치는 작업이다. 또한 인재로 고통을 겪는 사회는 아주 많은데 미국은 어떤 사회를 도와야 하는가? 어떻게 얼마나 오래 도와야 하는가? 미국은 1990년대 초에 (그리고 그 전에도) 이러한 질문에 대답하지 않았고 소말리아와 아이티에서의 경험으로부터 배우지 않았기 때문에 똑같은 전략적 실수를 다시 저지르며 훨씬 더 큰 대가를 치르게 된다.

소말리아와 아이티에서의 경험에 비추어보면, 비군사적인 수단을 포함한 여러 권력수단이 모두 강력하고 효과적으로 사용되더라도 성공을 가져오기에는 종종 미흡할 때가 있다는 사실이 드러난다. 미국 대통령은 인재에 대한 미국의 개입이 성취할 수 있는 것의 한계에 관해 보다 현실적으로 인식할 필요가 있다.

이와 대조적으로 아이티의 잦은 자연재해에 대한 미국의 대응은 인도적 원조 제공의 관대함과 솜씨를 거듭 보여주었는데, 이는 여러 권력수단을 효과적으로 통합한 것이었다. 이러한 원조는 아이티가 허리케인, 열대 폭풍, 지진 등 파괴적인 자연재해를 평균 2년 주기로 겪을 때마다 진행되었다.

아이티 최악의 자연 재난은 2010년 1월 12일 발생한 진도 7.0의 지진이었는데, 이 지진으로 30만 명 이상이 사망하고 300만 명 이상이 피해를 입었다. 필자의 저서『임무(Duty)』에서 썼듯이 미국은 경천동지할 정도로 선박, 항공기, 장비, 인력을 즉각 아이티에 투입했다. 필자의 지시로* 항공모함 칼빈슨호 등 여러 척의 해군 함정이 60만 톤의 비상식량과 19대의 헬기를 싣고 1월 15일 아이티에 도착했다. 지진 후 며칠 만에 미국은 17척의 함정, 48대의 헬기와 1만 명의 해군과 해병대 병력을 아이티에 진주시켰다. 이후 세계 각국이 원조와 복구를 위해 수십억 달러를 제공했다. 늘 그렇듯이 미국이 최대 공여국이었는바, 13억 달러에 가까운 정부지출과 35만 명분의 식량을 제공했다. 그러나 화불단행(禍不單行)이었다. 그해 10월 콜레라가 창궐하더니 허리케인 토마스(Tomas)가 아이티를 덮쳤다.

지진 발생 1년 후 아이티 국민의 80%가 실업자고, 절반이 문맹이며, 대부분이 하루 1달러 미만으로 생활했다. 2010~2016년 미국이 42억 달러를 원조했음에도 불구하고, 2017년 미국국제개발처는 "아이티는 공식적인 민주주의 구소를 가졌지만 그 구조가 대체로 제 기능을 다하지 못하는데, 이는 정치적·제도적 불안이 주기적으로 재발하는 데서 알 수 있다. 아이티의 국가기관은 자원이 부족한 탓에 극히 일부 국민에게만 서비스를 제공한다"라고 기술했다. 국제개발처는 반세기 동안 아이티에서 거버넌스, 정의 구현, 인권 등을 개선하려는 활동을 벌였지만 슬프게도 헛고생한 것이 사실이다.

소말리아의 경우와 마찬가지로 미국인과 세계인들은 모두 미국이 아이티를 돕기 위해 행한 일을 모른다. 이는 미국 정부가 전략적 커뮤니케이션을 무시하고 충분한 재원을 대주지 않았기 때문인데, 중요한 권력수단이 사용되지 않은 것이다. 세계는 미국의 해외 군사행동을 거의 즉각적으로 안다. 그러나 미국

---

* 2010년 아이티 지진 당시 필자는 국방부 장관이었다(옮긴이 주).

은 스스로가 취하는 이타적 행동은 효과적으로 홍보할 가치가 없다고 생각하는 것 같다. 이것은 일국이 권력을 증강하거나 행사하는 최선의 방도가 아니다.

1970년대 말 CIA가 정확하게 예측한 것이 하나 있었다. 그것은 제1차 세계대전 후 발칸반도에 인위적으로 창설된 국가인 유고슬라비아사회주의연방공화국(이하 유고슬라비아)은 무자비한 장기 공산주의 독재자 요시프 브로즈 티토(Josip Broz Tito) 대통령이 죽으면 해체될 것이라는 예측이었다. 티토가 죽고 10년이 지난 1990년 해체가 시작되었다. 1990년 10월 8일 발표된 「국가정보판단서」를 보면 "유고슬라비아는 1년 내 연방국가로서 기능이 정지하고 2년 내 해체될 가능성이 농후하다. (……) 격렬한 폭력 사태가 걷잡을 수 없게 될 것이다"라고 예측하고 있다.

1990년대 유고슬라비아의 해체에 따른 인종 청소로 대량 이주가 발생했다. 부도덕하고 권력에 굶주린 지역 지도자들이 해묵은 원한, 인종적·종교적 갈등, 몸서리쳐지는 폭력, 유럽의 무기력함을 소생시켜 부추긴 것은 아주 고통스럽고 추악한 스토리다.

1974년 개정된 유고슬라비아 신헌법은 티토 사후에 유고슬라비아 권력이 중앙집권적인 연방정부로부터 여섯 개 공화국, 즉 세르비아, 크로아티아, 슬로베니아, 마케도니아, 몬테네그로, 보스니아·헤르체고비나로 이양된다는 규정이 핵심이었다. 1980년대 각 공화국이 헌법에 따라 부여받은 각자의 권력을 행사하기 시작하면서 실제로 그 규정대로 되었다.

유고슬라비아는 소련과 사실상 같은 시기에 해체되었다. 1991년 6월 25일 슬로베니아와 크로아티아가 독립을 선언했다. 베오그라드의 연방정부는 그 행동에 저항해 이틀 뒤 슬로베니아 주민들에 대한 군사 공세를 개시했다. 열흘 동안 지속된 전쟁에서 슬로베니아가 승리했다.

1990년 5월 크로아티아가 독립을 향한 첫 조치를 취하자 깜짝 놀란 세르비아계 주민들(인구의 약 12%)이 8월부터 무장 저항을 시작했다. 크로아티아 내 세르비아인들이 놀란 데는 이유가 있었다. 제2차 세계대전 동안 나치는 우스타샤(Ustaše)라는 파시스트 민병대가 통치하는 독립 괴뢰국 크로아티아를 창설했다. 로마가톨릭 신자들이자 격렬한 반세르비아 성향을 가진 우스타샤는 주로 그리스정교 신자들인 세르비아인 수십만 명을 죽이고 25만 명을 추방했으며 약 20만 명을 로마가톨릭으로 강제 개종시켰다. 1990년 여름의 전투를 촉발한 것은 우스타샤가 입었던 제복과 아주 비슷한 차림의 크로아티아 병력이 세르비아계 밀집 지역의 경찰을 대체하려고 한 것이었다. 발칸반도에서 기억은 오래간다. 크로아티아 내에 거주하는 약 60만 명의 세르비아인들은 세르비아계가 지배하는 유고슬라비아 연방군의 지원을 받아 무장 저항을 시작했다.

1989년 세르비아 대통령으로 선출된 극단적 민족주의자 슬로보단 밀로셰비치(Slobodan Milošević)는 세르비아가 크로아티아 내 세르비아인 거주지를 장악할 수 있어야만 크로아티아의 독립을 허용하겠다는 입장이었다. 1991년 가을 전면전이 발발했는데, 세르비아계 장교단이 지배하는 연방군이 크로아티아 내 세르비아인들 편에서 싸웠다. 세르비아인들이 장악한 지역에서 인종 청소 캠페인을 피해 수십만 명의 크로아티아인이 탈출했다. 1992년 1월 사이러스 밴스(Cyrus Vance) 유엔 특사(카터 행정부에서 국무부 장관을 지냄)가 휴전을 중재해 크로아티아와 크로아티아에서 이탈한 세르비아계 크라이나공화국(Republika Srpska Krajina) 사이에 사실상의 경계선이 설정되었다.

이 모든 사태가 벌어지는 동안 미국은 어디에 있었는가? 초대 크로아티아 주재 미국 대사를 지낸 피터 갤브레이스(Peter Galbraith)는 후일 1991년 유고슬라비아가 전쟁으로 치달을 때 "유럽인들은 이것은 유럽의 문제이며 유럽이 해결할 것이라고 부시 행정부에 말했다"라고 지적했다. 유럽연합의 중재자 자크 푸(Jacques Poos)는 "지금은 유럽의 시간"이라고 소리를 질렀다. 이 모든 것이 부시(41대) 대통령과 그의 행정부 귀에는 음악으로 들렸다. 당시 부시의 팀은 걸프전쟁, 새로 자유화된 동유럽과 통일된 독일을 뒤처리하며 임박한 소련 붕괴에 집중하고 있었다. 1991~1992년 부시는 당시 소말리아나 아프가니스탄 문제처럼 유고슬라비아 문제에도 개입하고 싶어 하지 않았다.

부시 행정부의 정책 결정의 핵심에는 유고슬라비아에 관해 꽤 해박한 세 사람이 있었다. 국가안보보좌관 스코크로프트는 베오그라드 주재 공군 무관을 지냈고, 래리 이글버거(Larry Eagleburger) 국무부 부장관은 베오그라드 주재 대사를 지냈으며, 필자는 대학원과 CIA에서 발칸 지역의 역사를 깊이 연구했다. 폭력으로 얼룩진 그 지역의 역사와 인종 대립이 머릿속에 각인된 우리 세 사람은 모두 백악관 토론에서 발칸반도의 진창에 발을 들이지 말자고 주장했다. 오랜 증오의 역사에다 상호 복수심이 너무 깊고 지도자들도 너무 편협한 민족주의자들이기 때문에 외교와 정치로 분쟁을 막을 수 없다는 것이 우리의 확신이었다. 우리는 개입하는 데 직접적인 관심을 가진 외부 강대국이 있다면 그것은 유럽 국가들이라고 생각했다. 그러한 견해는 부시 행정부의 다른 고위 보좌관들도 널리 공유했다.

당시 국무부 장관 제임스 베이커는 회고록에 "페르시아만과 달리 미국의 중대한 국가이익이 걸려 있지 않았다"라고 적었다. 우리 모두가 유혈 사태와 강제 이주에 소름이 끼쳤지만, 폭력 종식을 위한 미군 파병을 지지한 사람은 없었다. 그래서 1991년 하반기와 1992년 내내 부시 행정부는 발칸반도를 유럽인들에게 맡기고 유고슬라비아연방공화국(세르비아와 몬테네그로만으로 구성됨)•에 대한 유엔의 경제제재와 모든 당사자에 대한 무기 금수(세르비아계가 연방군과 무기고를 장악했기 때문에 세르비아인들에게 유리한 효과를 초래했음)를 지지했으며 세르비아를 고립시키는 활동에 협력했다. 우리는 유럽인들이 위기에 압도되어 그 위기를 관리하지 못할 것임을 예상했어야 했다. 그 주된 이유는 유럽연합이 하는 모든 일이 만장일치를 요한다는 데 있었는데, 모름지기 만장일

• 해체되기 전의 유고슬라비아사회주의연방공화국은 '구(舊)유고연방', 해체된 후에 세르비아와 몬테네그로를 중심으로 형성된 유고슬라비아연방공화국은 '신(新)유고연방'으로 부르며 구분한다(옮긴이 주).

치란 쉬운 것이 아니다.

크로아티아에서 불안한 휴전이 지속되다가 1995년 들어 이제는 잘 무장한 크로아티아군이 세르비아인들에게 점령당했던 땅을 대부분 되찾았다.

보스니아·헤르체고비나가 1991년 10월 15일 주권국임을 선언했다. 보스니아계(또는 보스니아 무슬림이라고 불림) 43%, 세르비아계 31%, 크로아티아계 17%로 이루어진 인종 구성 탓에 이 선언은 크로아티아보다 상황을 복잡하게 만들었다. 그래서 분리주의 분쟁이 두 차례 발생했는데, 첫째는 세르비아계 소수민족의 분리 운동이고 두 번째는 크로아티아계 소수민족의 분리 운동이었다.

10월 말 세르비아계 의원들이 의회를 탈퇴해 '보스니아·헤르체고비나의 세르비아 국민의회'를 형성하고, 1992년 1월 9일에는 세르비아계의 스릅스카공화국(Republika Srpska)을 수립했다. 1991년 11월 18일에는 크로아티아계 소수민족 의원들이 의회를 탈퇴해 '크로아티아계 헤르체그-보스니아 공동체'를 수립했다. 이처럼 지속 가능성이 없는 소규모 소수집단들은 뒤에 벌어질 엄청난 인적 재난이 없었다면 소극(笑劇)으로 끝났을 것이다.

처음에는 보스니아 무슬림들과 (보스니아 내의) 크로아티아계 헤르체그-보스니아공화국(Hrvatska Republika Herceg-Bosna)이 힘을 합쳐 세르비아계와 크로아티아에서 이탈한 세르비아계 크라이나공화국과 싸웠지만, 긴장이 고조되는 가운데 1992년 10월 양측 사이에 국지적인 무장 충돌이 시작되고 1993년 초 동맹이 깨졌다. 이리하여 "전쟁 내 전쟁"이라고 불리는 것이 시작되었다. 그것은 또한 "기이한 전쟁"으로도 불릴 만했다. 왜냐하면 양측이 어떤 곳에서는 서로 맹렬하게 싸우면서 다른 곳에서는 힘을 합쳐 세르비아계와 싸웠으며 전쟁 중에 휴전이 빈번히 이루어졌기 때문이다.

하지만 가장 험악한 싸움은 사라예보에 있는 보스니아 정부와 보스니아·헤르체고비나의 세르비아계(밀로셰비치가 이끄는 세르비아의 후원을 받음) 사이에 벌어졌다. 1992년 2월 독립에 관한 국민투표가 실시되었는데, 세르비아계의 투표 거부 덕분에 99.7%의 투표자가 찬성했다. 3월 3일 보스니아·헤르체고비나 공화국이 선포되고 4월 6일 국제 승인이 이어졌다.

보스니아의 세르비아인들은 싸울 태세였던 반면에 보스니아 정부는 아니었다. 1992년 초 보스니아의 독립에 관한 국민투표가 다가오자 보스니아의 세르비아인들은 여러 민족이 함께 살던 마을과 지역을 두고 역사적으로 세르비아 땅이라고 주장하며 — 세르비아와 연방군의 지원을 받아 — 크로아티아계와 무슬림 주민들을 강제로 소개(疏開)시키는 잔인한 공세를 개시했다.

보스니아·헤르체고비나가 주권국가가 되자 유고슬라비아 연방군은 철수했지만, 많은 군인이 제복만 바꾸어 입고 스릅스카공화국(보스니아·헤르체고비나 지역에 사는 세르비아계) 군대에 합류했다. 이 군대는 보스니아 내 유고슬라비아 연방군 무기고를 사용할 수 있었으며 추가로 세르비아의 전폭적인 지원을 받았다. 스릅스카공화국군은 1992년 공세를 벌여 대부분의 국토를 장악했으며, 점령지에서는 무슬림과 크로아티아계 주민들에 대한 인종 청소가 뒤따랐다. 스릅스카공화국군은 보스니아 수도 사라예보를 포위하고 5월 2일에 도시를 봉쇄했다. 거의 4년간 지속된 포위로 말로 못 할 고통이 발생하고 약 1만 4000명이 사망했다.

사라예보 포위가 이어지고 그에 관한 생생한 텔레비전 영상이 전 세계로 방영되면서 미국을 향해 개입하라는 압력이 새로 가해졌다. 부시 대통령과 베이커 국무부 장관이 준비한 조치는 고작 휴전이 성립된 후 사라예보로 인도적 보급품을 공수하는 것이었다. 그마저 딕 체니 당시 국방부 장관과 파월 합참의장이 반대했다. 그럼에도 세르비아가 유엔과 유럽연합의 최후통첩에 굴복해 사라예보 공항을 재개한 후 7월 초 미국의 구호 비행편이 개시되었다.

베이커는 자신의 회고록에서 퇴임을 앞둔 국가안보 팀의 견해를 다음과 같이 요약했다.

인명 피해 등 모든 대가를 무릅쓰고 상당한 군사력을 조기에 투입하는 것이 [인도주의 악몽을 방지하거나 반전시킬 수 있었던 유일한 길이었을 것이다. 그러나 모두가 그 환경에서 사상자 발생이 엄청날 것이라고 예상했다. 우리의 국가이익에 비추어 미국이 금세기 유럽에서 네 번째 전쟁을 벌여 우리의 아들딸들을 희생시킬 필요가 없다는 부시 대통령의 결정은 절대적으로 옳았다. 우리가세계의 경찰이 될 수는 없으며 우리에게 그런 역할을 기대해서도 안 된다.

이리하여 부시(41대)는 발칸 문제를 클린턴에게 넘겼는데, 그는 다른 관점을 보였다. 클린턴은 선거운동 중에 미국과 유럽의 보다 공격적인 행동을 촉구하면서 보스니아 내 세르비아계에 대한 나토군의 공습과 무기 금수의 해제 등을 주장했다. 그러나 대통령 취임 후 클린턴 팀은 무엇을 해야 할지 의견이 갈렸는데, 그것은 전임자들과 일부 똑같은 제약 조건에 부딪쳤기 때문이었다. 클린턴의 회고에 따르면 그는 일방적으로 무기 금수를 해제하면 유엔을 약화시킬 것이기 때문에 그러고 싶지 않았다. 또 그는 일방적으로 세르비아군 진지를 폭격하면 나토의 연대를 약화시킬뿐더러 유엔 평화 유지 임무를 띤 유럽 지상군을 위험에 빠뜨릴 수 있기 때문에 그러고 싶지 않았다. 당시 올브라이트 유엔 대사는 "이 단계에서 새로 취임한 대통령, 신중한 국무부 장관, 부정적인 펜타곤, 불안해하는 동맹국들, 소말리아·르완다·아이티의 위기 고조 등으로 우리는 보스니아에서 리더십의 위험을 감수할 준비가 되어 있지 않았다"라고 기술했다.

그럼에도 유엔은 1993년 3월 말까지 세르비아에 훨씬 더 엄격한 경제제재를 부과했으며 클린턴의 설득에 따라 세르비아 항공기의 접근을 막기 위해 보스니아 상공에 비행금지구역을 승인했다. 그해 여름이 끝날 무렵 나토군은 보스니아 공습을 수행할 준비가 되었지만, 나토와 유엔이 모두 승인한다는 전제가 붙었다. 유엔사무총장의 특사는 변함없이 승인을 거부했는데, 그 이유는 주로 유엔 평화유지군에 대한 보스니아 내 세르비아계의 보복이 두려웠기 때문이다.

유엔 평화유지군은 결국 서방의 군사행동에 주된 장애물이었다. 그들의 제한된 임무는 주로 인도적인 일에 국한되어 평화유지군이라기보다 감시단에 가까웠다. 그들은 하늘색 헬멧을 쓰고 가진 능력에는 한계가 있었기 때문에 '스머프(Smurfs)'라는 조롱을 받았다. 보스니아 내 세르비아계는 서방의 위협에 대응해 그들을 인질로 삼았는데, 때로는 교량과 방공 기지 같은 잠재적 목표물에 그들을 수갑으로 묶었다. 유엔이 민간인을 보호하기 위해 '안전지대'로 지정한 장소는 평화유지군의 무력 사용을 허용하지 않는 한 안전하지 않았다.

당시 올브라이트 유엔 대사는 미국의 발칸 지역 개입을 강력히 지지했으며 포위된 사라예보 공항을 해방시키기 위해 미군을 투입하자고 압박했다. 파월 합참의장이 반대하자 올브라이트는 "콜린, 당신은 이 최고의 군대를 뭣 때문에 아낍니까? 우리가 쓸 수도 없는데"라고 물었다. 그러나 파월은 분명한 임무와 큰 전략이 없는 상황에서 군사력을 행사하는 것에 대해 그저 조심스러웠다는 것이 필자의 생각이다.

별다른 변화가 없다가 1994년 초 클린턴이 보낸 특사인 찰스 레드먼(Charles Redman) 대사의 중재로 보스니아의 무슬림들과 이탈한 크로아티아계가 보스니아·헤르체고비나연방을 수립하고 효과적으로 전쟁을 종식시키는 협정[워싱턴협정(Washington Agreement)]이 논의되었다.

그해 보스니아 내 세르비아계가 계속해서 무슬림들을 잔인하게 공격하자 나토의 공중 작전에 대한 제한이 완화되었다. 앞서 언급했듯이 클린턴은 1994년 초 이란에서 크로아티아를 통해 보스니아 무슬림들에게 가는 무기 채널을 은밀하게 승인한 후 1994년 11월 10일에 미국의 무기 금수를 일방적으로 해제했다. 이 조치 덕분에 크로아티아계는 새 무기를 획득해 나중에 세르비아계의 방어선을 밀어낼 수 있었다. 미국의 새 중재자 리처드 홀브룩(Richard Holbrooke)이 그해 늦가을 보스니아의 무슬림과 세르비아계 간의 4개월 휴전 합의를 간신히 성사시켰지만, 이후 폭력이 재발해 그 강도가 훨씬 높아졌다. 1995년 7월 11일 세르비아계가 무슬림 거주지 스레브레니차(Srebrenica)를 장악하고 며칠에 걸쳐 7000여 명의 성인 남자와 소년들을 학살했다.

스레브레니차 학살 이후에도 여전히 클린턴 행정부는 전쟁을 종식시키기 위해 군사적·외교적으로 공세를 강화할지를 놓고 의견이 나뉘었다. 국가안보보좌관 앤서니 레이크(Anthony Lake)는 의견 대립을 다음과 같이 요약했다. "올브라이트는 위험성이 너무 높아 국내외적으로 미국 행정부의 지도력에 영향을 미치며 미국이 상당한 위험을 감수하는 것 외에 선택의 여지가 없다고 느낀다. [레이크는 이에 동의했다.] 국무부와 국방부의 최대 우려는 미국이 수렁에 빠지게 될 것이라는 점이다. 그들은 보다 제한된 접근을 선호한다." 클린턴 대통령은 올브라이트와 레이크의 편을 들었으며 최대한의 노력을 기울여 보스니아 문제를 해결하도록 지시했다.

그사이에 세르비아에 대한 경제제재가 계속 강화되었고, 공습에 대한 유엔의 거부권이 제거된 뒤에 나토 항공기가 보스니아 내 세르비아계 진지를 폭격했으며, 보스니아계(무슬림)와 크로아티아계가 영토를 넓혔다. 그 결과 1995년 9월 세르비아계가 장악한 보스니아 영토는 70%에서 50%로 감소했다. 분쟁을 끝낼 협상 무대가 마련되었다. 보스니아계, 크로아티아계, 세르비아계 간의 협상이 미국 오하이오주 데이턴(Dayton) 부근 라이트-패터슨(Wright-Patterson) 공군기지에서 홀브룩 대사의 중재로 진행되어 1995년 11월 21일 평화협정 ― 데이턴협정(Dayton Accords) ― 이 타결되었다. 전쟁으로 200만 명의 보스니아 주민이 이주했고 25만 명이 넘게 죽었다.

미국과 유럽이 평화유지군을 파견한다는 약속이 협정 속에 포함되었는데, 그중 2만 명이 미국 몫이었다. 그들의 임무는 9년 동안 지속되었다. 미국의 평화유지군 참여에 대한 국내의 지지는 거의 없었다. 그러나 미국의 외교는 보스니아 전쟁을 종식시키는 데 결정적이었다.

데이턴협정은 찬사를 받았지만 발칸 지역에서 벌어질 다음 사태는 국제적으로 부정적인 영향을 지대하게 미치게 된다.

코소보는 1991년 유고슬라비아가 해체되기 전의 세르비아공화국 내의 자치주였다. 코소보 인구의 약 90%가 인종적으로 알바니아계지만, 세르비아의 역사에서 코소보가 한 장을 차지하는 것은 1389년(필자가 앞서 말한 대로 발칸 지역의 기억은 오래감) 오스만제국 군대가 코소보에서 세르비아인들이 주도한 기독교 군대를 궤멸시켰다. 세르비아 민족의 문화와 역사는 그 재앙과 밀접하게 얽혀 있다. 600년 뒤 밀로셰비치가 코소보주의 자치를 폐지하고 세르비아 본토로 통합시켰다. 그는 다수파인 알바니아계 주민들의 정치적·경제적 권리를 부인하는 광범위한 캠페인을 지휘했다. 1992년 성탄절에 부시 대통령이 밀로셰비치에게 비밀 서한을 보내 코소보에서 벌이는 세르비아의 공세가 미국의 일방적인 군사적 대응을 불러올 것이라고 경고했다. 부시는 그러한 분쟁이 마케도니아로 번지고 잠재적으로 불가리아와 튀르키예를 끌어들여 나토의 이익을 위협할 것이라고 우려했다. 부시의 경고는 클린턴 신행정부에서 반복되었다.

밀로셰비치는 그 경고를 무시했고, 그의 코소보 내 탄압 조치에 자극을 받아 1990년대 중반 알바니아계 무장 단체 ─ 코소보해방군(Kosovo Liberation Army, KLA) ─ 가 출현했다. 코소보해방군은 코소보의 완전한 독립을 추구하며 그 수단으로 세르비아계 코소보 주민들을 살해할 준비를 했다. 1998년 3월 초 세르비아 민병대가 알바니아계 코소보 주민들을 대량 학살하자 마침내 미국이 주도하는 국제사회의 개입이 활기를 띠었다.

펜타곤은 발칸 지역에서 두 번째로 대규모 군사작전에 개입하는 것을 꺼렸으나 이를 참지 못하는 올브라이트는 예전처럼 클린턴 행정부 내에서 밀로셰비치에 대한 군사적 대응을 옹호한 선두 주자였다. 그녀는 또한 "우리는 베오그라드에서 밀로셰비치의 통치를 종식시키는 것을 목표로 종합적인 전략을 개시해야 한다"라며 체제변동을 주장했다. 코소보해방군은 1998년 7월 세르비아계에 대해 '여름 공세'를 개시했으며, 밀로셰비치는 압도적인 반격으로 대응했다. 가을까지 계속된 반격으로 약 130만 명의 알바니아계 코소보 주민들이 집을 떠나 산속으로 들어갔다.

세르비아인들의 공격에 대응해 유엔, 유럽연합, 미국이 모두 세르비아에 대한 경제제재를 다양하게 추가했다. 1998년 유엔이 세르비아에 대해 무기 금수 조치를 부과하고, 1999년 4월에 유럽연합이 세르비아에 대해 석유 수출을 금지했다. 다음 달 미국은 세계은행과 국제통화기금의 모든 신용을 봉쇄하고 6월에는 유럽연합이 세르비아 정부가 보유한 회원국 내 자산을 동결했다. 1990년대 초 보스니아 전쟁 때는 제재가 세르비아와 그 국민에게 상당한 경제적 고통을 가했지만, 그때와 마찬가지로 세르비아 정부가 정책을 변경해 군사행동을 완화하게 만들기에는 제재가 충분하지 못했다. 이번 경우에는 제재가 미국의 목적을 성취하는 데 유용하나 불충분한 권력수단이었다.

전투를 중지시키고 코소보의 자치를 회복시키려는 외교적 노력은 러시아의 요구로 유엔이 아닌 나토 주관으로 펼쳐졌다. 역사, 인종, 언어, 종교 면에서 세르비아와 연계된 러시아는 코소보 사태를 유고슬라비아의 내정 문제로 보았으며 세르비아인들을 코소보에서 몰아내기 위해 무력 사용을 승인하는 어떠한 안보리 결의안에 대해서도 거부권을 행사하겠다고 공언했다. 사태 전개를 보자면 다시 알바니아계 대량 학살이 발생하고 외교적 노력도 거듭 실패한 뒤 나토군이 코소보 내 세르비아군과 세르비아 내 목표물을 공습하자 마침내 1999년 6월 3일 밀로세비치가 항복했다. 미군 7000명을 포함한 약 5만 명의 나토 평화유지군이 코소보에 배치되었다.

2007년 마르티 아티사리(Martti Ahtisaari) 핀란드 대통령이 유엔 대표 자격으로 코소보 지위 해결을 위한 포괄적인 방안을 제시했는데, 본질적으로 독립을 권고한 것이었다. 미국은 그 계획을 강력히 지지했으며 대부분의 유럽 국가들도 그랬다. 그러나 러시아는 변함없이 반대해 유엔을 통한 추진은 불가능했다. 콘돌리자 라이스 당시 국무부 장관의 기술에 따르면 미국 정부는 코소보 주민들이 참지 못하고 가두시위에 나서기 전에 결정을 내리는 것이 필요하다고 확신했다. 따라서 "폭력을 방지하는 방향으로 문제를 관리하고 최대한 많은 국가가 코소보를 승인하도록 설득하는 것이 유일한 선택이었다". 2007년 6월 9일

부시 대통령이 코소보의 독립을 요청했으며, 2008년 2월 18일 미국은 코소보를 승인했다. 나중에 라이스는 미국이 또다시 지속 불가능한 취약 국가의 탄생에 산파 역할을 했다고 인정했다. 그러나 라이스는 "미국에게 다른 선택지가 있었는가? 때가 되면 코소보가 괜찮아질 것이다. 그것은 옳은 일이었다"라고 부언했다.

대부분의 전투가 종식되자 미국은 비군사적인 수단으로 전환했다. 미국국제개발처가 코소보에 개발원조를 제공했는데, 2001년 1억 5000만 달러로 시작된 원조는 이후 급감했다. 필요한 양에 견주어 그 돈은 물동이 속의 한 방울이었으며 그나마도 대체로 낭비되었을 것이다. 그러나 나중에 보듯이 일국의 정치적 상황을 바꾸기 위한 군사력의 행사는 파급 영향이 장기간 지속되며 흔히 많은 돈이 든다.

미국과 나토의 군사행동이 코소보의 인도적 재난을 종식시키고 더 악화되는 것을 방지한 것은 부인할 수 없다. 그러나 나토는 유엔 안보리의 승인 없이 내전을 종식시키기 위해 한 주권국가에 군사적으로 개입했다. 이는 일국이 타국의 구성원들을 보호한다는 인도적인 명분을 내세워 행동한다면 타국의 내정에 개입할 수 있다는 위험한 선례를 남겼다. 나중에 러시아가 똑같은 구실로 인접국에 무력 개입할 것이다. 중국과 러시아는 서방이 코소보에 개입하며 사용한 것과 똑같은 근거가 티베트, 체첸 등에서 자국에 대해 사용될지도 모른다고 우려했다. 서방 국가들이 코소보의 독립을 승인했을 때, 그들은 유럽 국경은 상호 합의에 따라서만 바꿀 수 있다는 탈냉전 시대의 원칙을 위반했다. 한 주권국가의 지도부가 아무리 추악하더라도 그 주권국가가 자국의 동의 없이 분해된 것이었다.

나토 평화유지군이 1999년 12월 31일 코소보에 진입한 후 7개월도 지나지 않아 보리스 옐친 러시아 대통령이 사임했다. 이듬해 3월 블라디미르 푸틴이 러시아의 새 대통령으로 선출되었다. 푸틴은 발칸 지역에서 일어났던 일과 서방이 만든 선례를 잊지 않을 것이었다.

미국이 소말리아, 아이티, 보스니아, 코소보에 개입한 상황을 살펴보면, 처음에는 그곳 주민들이 자국 정부, 정치적·인종적 분쟁, 군벌과 피에 굶주린 지도자, 기근 등으로 죽는 것을 막으려는 인도적 임무가 특징이었다. 소말리아와 아이티에서 워싱턴은 미국의 도움으로 문화와 역사가 극복될 수 있으며 주민들을 설득해 평화롭게 지내면 정치적·경제적으로도 발전할 수 있다는 희망을 품었다. 소말리아와 아이티에서 그리고 보스니아와 코소보에서도 미국은 할 수 있기 때문에, 아무도 미국을 막지 않았기 때문에, 미국은 좋은 의도 때문에 행동했다. 한 학자의 기술에 따르면 "인도적 개입의 목적은 전통적 대외 정책 목표인 미국의 이익을 보호하는 것이 아니라 미국의 가치(클린턴 행정부는 보편적인 가치로 간주했음)의 정당성을 입증하는 것이었다. 아이러니하게도 각각의 경우에 개입해 미국의 군사력을 사용하자고 가장 강력하게 주장한 사람은 유엔 주재 대사인 (나중에 국무부 장관이 됨) 올브라이트였다. 필자가 20여 년 전에 썼듯이 일반적인 통념과는 반대로 백악관 상황실의 최대 매파는 종종 외교관들이다.

소말리아와 아이티의 교훈은 분명해 보인다. 미국이 소말리아와 아이티에서 기근과 자연 새난 이후 개입을 인노석 지원으로 제한했을 때, 미국은 자신의 힘을 효과적으로 사용하고 상당한 차이를 만들어냈으며, 특히 아이티에서 민·군을 포함한 미국의 여러 국력 요소를 기특하게 통합했다. 미국은 문제를 식별해 스스로 가진 다양한 역량을 동원했으며 성공을 거두었다.

인위적 재난에 대한 미국의 대응은 다른 결과를 가져왔다. 군사력 사용을 통해 정치적 환경을 형성하려는 노력은 모가디슈에서 재앙을 맞고 할런카운티호가 회항하는 등 소말리아와 아이티에서 각각 실패를 맛보았다. 두 사례를 겪으며 미국의 힘에 대한 세계의 인식이 약화되었고 빈 라덴이나 적대국 정부들은 미국의 결기가 부족하다는 결론을 내렸다.

유고슬라비아 사례는 다른 교훈, 특히 유럽 국가들의 무기력함을 일깨워준다. 유럽의 뒷마당에서 커다란 정치적·인도적 문제, 즉 세르비아, 크로아티아,

보스니아·헤르체고비나에서 공세가 살상 행위로 번지는 문제가 발생했는데도 유럽 각국 정부는 마비 상태였다. 그들이 제재 부과와 무력 사용을 둘러싸고 대립한 끝에 유고슬라비아 해체는 재난이 되고 말았다. 부시 행정부는 발칸 문제에 끼고 싶지 않았다. 클린턴 대통령이 문제 해결을 돕겠다는 의향을 밝혔지만, 처음에 유럽인들은 상황을 스스로 처리할 수 있다고 클린턴을 안심시키며 미국을 멀리했다. 그들이 처리할 수 없음이 분명해지자 클린턴 팀은 미국의 여러 권력수단, 즉 세르비아에 대한 경제·금융 제재, 외교, 제한적 군사력 등을 효과적으로 사용했다. 첫 번째 성공은 보스니아·헤르체고비나와 그 크로아티아계 소수파 간의 분쟁을 해소한 워싱턴협정이었다. 더 큰 두 번째 성공은 공군력과 외교를 기민하게 혼용해 보스니아 전쟁을 종식시킨 데이턴협정이었다. 이러한 성취가 폭력의 근원인 인종 분쟁을 해소하거나 인종 청소와 경제적 파괴의 장기적 파급 영향을 처리하지는 못했으며 그러기를 기대하지도 않았다. 미국의 목표는 살상을 중지시켜 평화유지군을 투입하는 것이었으며, 때가 되면 여러 인종 집단이 새로운 현실에 적응하기를 바랐다. 반면 코소보에서는 살상을 중지시키려는 외교적 노력에도 불구하고 세르비아에 충분한 폭탄이 떨어진 후에야 성공을 거두었다.

　미국이 소말리아, 아이티, 보스니아, 코소보에서 권력을 행사한 데서 적어도 한 가지 교훈이 도출된다. 그것은 미국이 광범위한 살상을 막기 위해 어디에 개입할지를 어떻게 결정할 것인가의 문제다.

　2005년 유엔총회는 '보호할 책임(R2P)', 즉 '집단 학살, 전쟁범죄, 인종 청소, 반인류 범죄'로부터 주민들을 보호한다는 정치적 공약을 만장일치로 결의했다. 각국은 국경 내에서 이러한 목적을 위해 일차적인 책임을 지지만, 일국이 보호를 제공할 수가 없거나 거부할 경우에는 '보호할 책임'에 따라 국외자의 무력 사용 — 주권국가의 주권을 침해하는 것임 — 이 유엔 안보리의 승인을 얻어 허용된다. 그러나 유엔 안보리의 승인이 있더라도 미국은 언제 행동해야 하는가? 그리고 미국은 코소보에서처럼 유엔의 승인이 없어도 행동해야 하는가?

오랫동안 미국은 일부 지역에서 벌어진 학살을 중지시키기 위해 군사력을 사용했지만, 대부분의 경우에는 그렇게 하지 않았다. 미국은 1960년대 말 나이지리아 내전을 방관했는데, 그 내전 기간에 50만 명에서 200만 명의 비아프라(Biafra) 주민들이 정부의 봉쇄 조치로 아사했으며, 정부군과 비아프라 군대의 소수민족 학살도 상당히 있었다. 1971년 파키스탄군이 동파키스탄(현재의 방글라데시)을 진압할 때 미국은 아무것도 하지 않았는데, 그 진압으로 수백만 명의 난민이 인도로 탈출했으며 폭력 사태 초기 6개월 동안 적어도 20만 명이 죽었다. 1994년 르완다에서 80만 명이 대량 학살을 당하는 동안 미국을 포함한 국제사회는 방관했다. 2003년 수단 서부의 다르푸르(Darfur)에서 반군들이 정부군 기지를 공격하자 수단 정부는 대리 민병대를 동원해 대응했는데, 이들은 2005년까지 약 45만 명의 아프리카 흑인을 죽였으며 약 200만 명을 이주시켰다. 1998~2008년 벌어진 제2차 콩고내전에서 580만 명이나 죽었다. 미국은 2011년 초 표면상 리비아의 벵가지(Benghazi)에서 대량 학살을 미연에 방지하고자 [유엔, 나토, 아랍연맹(League of Arab States)의 승인을 얻어] 리비아에 군사개입했지만, 결과적으로 정권 교체를 가져오는 기회가 되었다. 그러나 미국은 그로부터 불과 몇 달 뒤에 시작된 시리아내전에는 개입하지 않았는데, 엄청난 인명 손실과 수백만 명의 난민이 발생했다.

왜 미국은 소말리아, 아이티, 보스니아, 코소보, 리비아에서 대학살을 중지시키기 위해 군사력을 사용했으면서 다른 인재(人災)에는 사용하지 않았는가? 장래에 그런 결정을 안내할 어떤 기본 원칙이나 전략이 확실히 있어야 한다.

올브라이트가 자신의 회고록에 인용한 1994년 스팀슨센터(Stimson Center)의 보고서에는 "유엔 안보리가 정치적 '제스처'로 임무가 모호하거나 불가능한 평화 작전을 승인할 때, 한 기구로서 유엔의 위신이 손상되고 그 행동 능력도 감소한다"라고 했다. 올브라이트는 나중에 "그렇다면 전문가들이 내린 결론은 유엔이 정확한 예로 르완다 같은 환경에 개입하는 것을 자제해야 한다는 것인데, 르완다의 경우 안전보장이 없었고 당사자들 간의 협력도 없었으며 바로 성취할 수 있는 임무도 없었다"라고 기술했다. 아마도 이러한 세 가지 전제 조건이 장래 미국의 정책 결정자들이 다른 나라의 인도적 인재에 개입하라는 요구를 받을 때 고려할 최소한의 출발 원칙일 것이다.

   소말리아, 아이티, 유고슬라비아 사태의 주된 교훈은 미국 대통령이 큰 유혈 사태에 대한 감성이나 동정심 때문에 어려운 질문을 던지고 현실적인 해답을 고집할 필요성을 저버려서는 안 된다는 점이다. 해외의 인도적 인재에 미군을 사용하는 기준은 높아야 한다.

잘못 사용된 권력은 잃어버린 권력이기 때문이다.

5장

—

콜롬비아: 계획의 성공

냉전 종식 이후 (그리고 그 전에도 종종) 미국이 제3세계에서 실패 국가를 구제하고 그 나라의 제도와 법의 지배를 강화하며 내전을 종식시킨 기록이 너무 형편없기 때문에 워싱턴의 지각 있는 정책 결정자라면 누구나 그런 일을 시도한다는 생각으로도 큰 한숨을 내쉬게 된다. 그냥 이라크, 아프가니스탄, 아이티, 소말리아, 리비아, 이집트의 사례만 보라. 그러나 성공담이 적어도 하나 있으니 바로 콜롬비아 이야기다. 그 경험에서 배울 점이 많은데, 특히 미국의 여러 비강압적 권력수단을 효과적으로 통합해 사용했기 때문이다.

콜롬비아 사례가 특별히 흥미로운 것은 1990년대 말부터 시작해 15년간 이어진 개입의 첫 3년 동안 미국의 국내 정치에 따라 개입 근거가 극적으로 계속 변했기 때문이다. 개입 근거는 처음에는 콜롬비아가 이상적으로 소작농들의 코카나무 재배를 그만두도록 지원하는 '마셜플랜'이었다가, 중간에 미국이 고안한 군사 지향적 마약 퇴치 프로그램으로 바뀌었고, 마지막에는 대테러·대반군 공세를 수행하기 위한 미국과 콜롬비아의 동반자 관계였다. 마약 퇴치 활동은 대체로 실패했지만, 반군 퇴치 — 그리고 콜롬비아를 실패 국가의 벼랑에서 건져내는 활동 — 는 성공했다. 미국과 콜롬비아 지도자들의 결정과 행동이 최종 형태의 '플랜 콜롬비아(Plan Colombia)' 성공에 기여한 역사는 다른 곳에서의 실패를 설명하는 데 도움이 되며 미래의 미국 대통령을 위한 교훈도 풍부하다. 특히 미국 대통령이 다른 나라에 안정, 살육 종식, 법의 지배, 민주주의를 가져오기 위해 개입을 강권받을 때 귀감이 된다.

콜롬비아의 지형은 강력한 중앙정부가 발전하는 데 오랫동안 큰 장애물로 작용했다. 그 면적은 텍사스주의 약 두 배다. 콜롬비아를 삼분하는 세 줄기 안데스산맥이 도로와 철도 건설을 심하게 제약한다. 교통과 통신 문제 탓에 다년간 각 도시와 마을 사이에 교역이 거의 없었는데, 이는 현대 국가로의 발전에 또 다른 장애물이었다. 중앙정부가 미치는 범위와 권력이 제한된다는 것은 역사적으로 치안이 사유화되고 분산되었다는 것을 의미했다. "사병을 예로 들자면 각지에서 사병을 동원해 서로 셈을 치르고 당파 간의 전쟁에도 사병이 동원되었다. 그 밖에도 소작농과 공동체의 방어 조직 발전, 여러 종류의 기업들의 경호 부대 고용, 범죄 조직의 사병 부대 등 치안 사유화의 징후가 많이 있었다."

좌익 무장 단체의 결성도 그런 '징후' 속에 포함되었는데, 가장 중요한 단체는 1950년 콜롬비아 자유당 출신의 게릴라들과 콜롬비아 공산주의자들이 동맹해 '자위' 부대를 결성한 것이었다. 이들은 주로 땅을 잃은 소작농들의 무장 단체였다(무장 단체의 수가 크게 는 것은 정부가 수출용 작물을 재배하는 대농장의 형성을 장려한 1960년대였다. 이 정책이 가난한 소작농들을 경작지에서 강제로 쫓아냈다). 1964년 콜롬비아 공산당 지도자 하코보 아레나스(Jacobo Arenas)가 자유당 게릴라 출신의 마누엘 마룰란다(Manuel Marulanda)가 이끄는 다른 '저항' 세력과 공식적으로 결합해 1966년에 콜롬비아무장혁명군(Fuerzas Armadas Revolucionarias de Colombia, 이하 FARC)이라고 자칭하게 되는 운동 단체를 설립했다. FARC는 그들의 정강으로 토지 재분배와 국부의 보다 균등한 분할을 요구했다. 소작농 병사들의 동기가 무엇이었든 간에 공산당과 FARC 지도부는 마르크스·레닌주의자, 반제국주의자, 반자본주의자, 반미 혁명가였으며 쿠바의 피델 카스트로(Fidel Castro)의 뒤를 따르려고 했다.

쿠바의 카스트로가 1959년 1월 혁명에 성공하자 놀란 미국 육군이 1962년 콜롬비아 정부에 대(對)반란 전략을 권고했다. 그 전략은 자위 부대가 장악한 지역에서 정부의 통제를 회복하기 위해 군사작전과 민사 작전을 병행하는 것이었다. 그 뒤에 FARC는 큰 패배를 거듭 겪고 깊은 정글 속으로 밀려났다. 정치학자 제임스 로클린(James Rochlin)은 그 정글을 두고 "1980년대 이후 코카나무 재배와 마약 밀매 산업의 좋은 경제 기지로 역할을 하게 되는 바로 그 지역이다"라고 기술했다. FARC는 자신들이 통제하는 지역에서 마약 밀매업자들에게 부과한 세금 외에 강탈, 인질극 등 다른 범죄 수익을 기반으로 삼아 1980년대 초반 대규모 비정규군으로 성장했으며 콜롬비아군과의 대결을 불사했다.

1984년 휴전 이후 FARC는 콜롬비아 정치과정에 진입했다. FARC가 1986년 선거에서 성공하자 주로 우익 준군사 조직이 FARC 구성원들을 대거 학살했다. 정치과정을 포기한 FARC는 수도 보고타의 정부를 전복하거나 자체 통제 지역에서 독자 정부를 수립하기로 결심했다. 1980년대 말과 1990년대 그들은 약간의 군사적 성공을 거두었으며 1998년 무렵에는 1만 7000명에서 2만 명의 전투원을 거느렸다.

FARC가 콜롬비아 내전에서 유일한 비정부 단체는 아니었다. 카스트로로부터 영감을 받은 또 다른 마르크스-레닌주의자 파비오 바스케스 카스타뇨(Fabio Vásquez Castaño)가 1964년 7월 민족해방군(Ejército de Liberación Nacional, ELN)을 설립했다. 민족해방군은 소작농, 대학생, 진보적 사제 등을 영입했다. 1967년에는 마오쩌둥주의 인민해방군(Ejército Popular de Liberación, EPL)이 설립되었는데, 예상대로 혁명적이고 폭력적인 목표를 표방했다. 그러다가 1971년 4월 19일운동(Movimiento de 19 de Abril, 이하 M-19)이라는 좌익 게릴라 단체가 등장해 폭력에 합류했다. 1989년 M-19 게릴라들이 보고타의 대법원에 난입해 19명의 판사 외에 90명을 살해했다. M-19는 1990년 정부와의 평화협정에 따라 합법 정당이 되었다.

FARC를 제외하고 다수의 비정부 단체 가운데 가장 강력한 단체인 연합자위대(Autodefensas Unidas de Colombia, 이하 AUC)는 1997년 여러 우익 민병대가 합병해 창설한 우익 준군사 조직이었다. AUC의 주된 자금원은 자체 마약 밀매

사업 외에도 FARC 등 좌익 게릴라에 대응해 보호가 필요한 지주와 기업들이 었다. AUC도 곳곳에서 경제적·정치적 이익을 보호했다. AUC는 최고조에 이르렀을 때 약 2만 명의 대원을 보유했다.

1980년대와 1990년대 내내 FARC와 AUC의 적극적인 지원과 참여에 힘입어 콜롬비아 내 코카나무와 양귀비 재배가 크게 확대되고 미국행 코카인과 헤로인 선적도 급증했다. 페루와 볼리비아에서 마약 퇴치 활동이 성공을 거두면서 안데스 지역의 코카나무 재배와 코카인 생산이 콜롬비아 남부의 정글 지대로 이동했는데, 그곳은 정부의 손이 거의 미치지 않았으며 FARC가 보호를 제공할 수 있었다. 게다가 1990년대 초반 메데인카르텔(Cartel de Medellín)과 칼리카르텔(Cartel de Cali)이 해체되고 콜롬비아 마약 산업이 분해된 후, 그들 대신에 등장한 소규모 마약 '가족들'과 카르텔들이 FARC의 보호에 훨씬 더 의존하게 되었다.

1986년 4월 로널드 레이건 대통령은 마약 밀매가 미국의 국가안보에 위협이 된다고 선언하는 NSC 지침에 서명했다. 마약과의 전쟁에 미국의 군사적 개입을 확대하라는 대중과 의회의 압력이 증가했는데, 1988년 상·하원은 마약의 국내 유입을 막으라고 미군에 지시했다. 의회가 현실성을 결여했다는 — 아니면 그냥 멍청하다는 — 하나의 징표는 하원 법안의 규정이었다. 하원은 미군이 모든 마약의 미국 내 유입을 45일 내에 막으라고 요구했지만 아무 효과가 없었다.

그럼에도 불구하고 미국 내 마약 유행에 관해 무슨 조치를 취할 필요가 있다는 정치적 압력이 상존했다. 1989년 8월 조지 W. 부시(41대) 대통령은 콜롬비아에 대한 긴급 군사원조로 6500만 달러를 제공하고 새로운 국가안보 지침에 서명했다. 그 새 지침으로 레이건 대통령이 제한했던 미군 고문관의 베이스캠프 파견이 허용되고 미군이 현지군의 '일상적인' 순찰에 동행하는 것이 허용되었다. 부시는 1989년 9월 5일 백악관 집무실에서 행한 대국민 연설에서 '안데스 계획(Andean Initiative)'을 발표하며 이듬해 콜롬비아, 페루, 볼리비아에 대한 군사·법집행 원조로 2억 5000만 달러 이상을 제공하겠다고 약속했다. 부시는 그 원조가 "5년간 총 20억 달러 제공의 1차분으로 마약 생산업자와 밀매업자에 대처하기 위한 프로그램의 일환이었다"라고 설명했다. 1993년 1월 부시 행정부 말기에 콜롬비아는 중남미에서 미국 군사원조의 최대 수혜국이었다.

부시 행정부는 미국으로 유입되는 코카인의 물량을 감소시켰다고 주장했으나, 제품의 순도는 그대로였으며 전반적인 시중 가격(street price)도 여전히 낮은 1987년 수준이었다. 이 두 지표는 충분한 공급이 계속되고 있고 감소하지 않았을 것임을 강력히 시사했다.

레이건과 부시는 마약 문제를 국가안보 이슈로 묘사했지만, 백악관에서 마약 문제는 주로 국내문제로 취급되었다. 레이건과 부시 행정부에서 (그리고 나중에도) 대부분의 고위 국가안보 관리들(필자를 포함함)은 미국의 마약 문제를 공급보다는 수요(미국인들의 코카인에 대한 끝없는 욕망)의 문제로 간주했다. 레이건 행정부의 국무부 장관 조지 슐츠는 나중에 공급 억제의 어려움과 수요의 견지에서 일부 마약의 합법화를 주장했다. 금주법 시대(1922~1933년, 옮긴이 주)와 마찬가지로 미국 내에 거대한 시장이 존재하는 한, 외국의 공급자들은 수요를 충족시킬 길을 찾을 것이며 국경 수비대와 운송을 감시하는 비행기와 선박을 최대한 동원하더라도 거의 성과가 없을 것이라는 숙명론적 견해도 있었다. 국내 정치와 정책에 따라 국내외에서 수요와 공급을 모두 다루는 활동이 필요했지만, 그 활동은 대체로 효과가 없는 국내 교육 프로그램과 마약단속국(Drug Enforcement Administration, DEA)의 두더지 잡기식 불법 마약 압수에 치중되었다. 대부분의 정치인은 미국 내 수요를 감축시킬 방안을 강구하기보다 공급의 근절과 차단에 관해 ─ 그리고 카르텔 추적에 관해 ─ 강경론을 피력하는 것이 더 쉽다는 것을 알았다.

빌 클린턴과 그의 국가안보 팀은 첫 임기 동안 콜롬비아와 그 마약 산업을 근본적으로 무시했다. 여기에는 여러 이유가 작용했을 것이다. 먼저 백악관 내에 ─ 그리고 의회 내에 ─ 콜롬비아군과 경찰이 중대한 인권 침해 사범으로서 정나미 떨어지는 파트너라는 우려가 있었다. 콜롬비아 정부의 최고위급 관리들이 밀매업자와 한통속이라는 보고와 잔인한 민병대 조직인 AUC가 정부, 군대, 대기업과 연계되었다는 첩보가 있었다. 그리고 소말리아, 아이티, 발칸 지역, 이라크, 북한, 테러리즘, 화이트워터(Whitewater)게이트* 수사 등에 정신이 팔려 있었다. 1996년 1월 클린턴이 미군 남부사령부 사령관 출신의 배리 매카프리(Barry McCaffrey) 장군을 '마약 단속 총책(drug czar)'으로 임명하면서 행정부가 콜롬비아 문제에 관심을 기울이기 시작했다. 콜롬비아로부터 코카인이 들어오는 것을 막아야 했던 매카프리는 자신의 경험과 전문 지식을 바쳐 새 직책에 헌신했다. 그러나 그 직책은 의미 있는 권한이나 자원의 뒷받침이 없었다.

콜롬비아의 안보 상황이 악화되어 1998년 미국의 한 정보 보고서가 FARC와 그 동맹군이 5년 내에 보고타 정부를 패퇴시켜 콜롬비아를 '마약 국가'로 전환시킬 수 있을 것이라고 예측하기에 이르렀다. 1998년 중반 대선이 치러질 무렵의 콜롬비아는 실패 국가뿐 아니라 거대한 범죄 조직이 되기 직전이었다. 콜롬비아는 세계 최대 코카인 생산지로 마약 수출액이 전체 수출액의 4분의 1에서 3분의 1을 차지했다. 2000년 콜롬비아는 전 세계 코카나무 재배 면적의 67%를 차지했으며, 그해 코카인 생산이 정점에 이르러 약 700톤을 기록했다. 이 기간에 미국에서 소비된 코카인의 80~90%가 콜롬비아산이었다.

1998년 콜롬비아 대선은 전환점이 되었다. 콜롬비아 보수당의 안드레스 파스트라나(Andrés Pastrana) 후보가 FARC와 평화 회담을 시작하겠다고 선거 공약을 내걸었다. 대선 1차 투표가 끝난 6월 8일 파스트라나는 제2차 세계대전 직후 유럽에 대한 미국의 엄청난 원조 프로그램을 상기시키며 다음과 같이 말했다. "선진국들은 콜롬비아를 위한 일종의 마셜플랜을 시행해 우리를 도와야 합니다. 우리는 그런 원조에 힘입어 농민들에게 불법 작물에 대한 대안을 제시하기 위해 사회 분야에서 대규모 투자 사업을 발전시킬 것입니다." 대통령에 당

• 클린턴이 대통령이 되기 전인 아칸소주 지사 시절에 부동산 사기 사건에 연루되었다는 의혹이다(옮긴이 주).

선된 파스트라나는 취임하기 며칠 전인 8월 3일 워싱턴에서 클린턴 대통령과 회담하며 자신의 우선순위는 콜롬비아의 오랜 내전과 마약 밀매를 종식시키며 경제를 활성화시키는 데 있다고 했다. 파스트라나는 마약 퇴치 활동, 지속 가능한 경제개발, 인권 보호, 인도적 지원, 민간투자 활성화 등을 위해 미국이 원조를 증액해 주기를 바라면서 다른 국가들도 합류시켜 콜롬비아의 경제성장을 촉진하도록 요청했다.

파스트라나가 반군들에게 손을 내밀었음에도 불구하고 그가 8월 7일 취임하기 며칠 전에 FARC는 전국의 경찰서와 군부대에 여러 차례 공격을 감행했다. 흔들림 없이 여전히 평화 회담에 매달린 파스트라나는 1998년 11월 7일 남부 콜롬비아의 1만 7000제곱마일의 땅을 FARC에게 안전지대로 제공했는데, 스위스 크기의 피난처였다. 그러한 비무장 안전지대는 FARC가 요구한 평화 회담의 전제 조건이었으며, 파스트라나가 '신뢰 구축' 조치의 일환으로 동의했다. 곧이어 파스트라나는 '콜롬비아의 평화를 위한 계획'을 제시하며 경제개발, 인권, 사법 개혁에 집중하기 위해 다국적기업과 각국 정부와 협업한다는 구상을 밝혔다. 최초의 계획은 마약 밀매나 군사원조가 아니라 수작업을 통한 마약 작물 세서에 초점을 맞추었다. 파스트라나는 콜롬비아 내전의 뿌리가 경제적 불평등과 빈곤임을 인정하면서 FARC와의 평화 회담을 통해 폭력을 종식시키려고 했다.

그런 계획과 미국의 원조를 둘러싸고 콜롬비아와 미국 간의 협상이 1998년 가을에 진행되었다. 10월 18일 파스트라나는 다시 백악관에서 클린턴과 회담한 후 공동성명을 발표했다. "우리는 양국 정부 간의 동반자 관계를 공고히 했는바, 이는 민주주의와 경제성장을 촉진하고 불법 마약과 싸우며 인권 존중을 강화하고 법의 지배를 확대하며 콜롬비아의 무력 분쟁을 종식시키기 위한 것이다." 백악관 회동에서 클린턴은 2억 8000만 달러가 넘는 새로운 원조를 약속하며 "게릴라 단체들과의 수십 년 묵은 분쟁을 종식시키려는 용감한 노력"에 지지를 표명했다.

불법 마약에 대한 미국의 수요가 여전히 높은 상황에서 외국의 공급을 대폭 줄이겠다는 방안에 관해 대부분의 전문가들 사이에 비관론이 팽배했다는 점에서, 클린턴의 참여를 끌어낸 동기가 무엇이었는지 알기는 어렵다(클린턴은 자신의 회고록에서 이에 관해 언급하지 않았다). 세 가지 가능성이 있을 것 같다. 첫째, 1990년대 말 미국으로 대량 유입되는 코카인 때문에 정치인들이 해외의 공급을 줄이는 조치를 취하라는 압력을 크게 받았다. 1998년 11월 3일 실시된 미국 중간선거를 불과 일주일 앞둔 10월 28일 클린턴과 파스트라나가 회동했다. 중간선거에 도움을 주려는 의도가 있었든 없었든, 클린턴 대통령은 '플랜 콜롬비아'에 대한 합의에 힘입어 마약 재앙에 대처하기 위한 전략과 구체적 계획을 제시했으며 결과적으로 정치적 부담을 덜었다.

둘째, 파스트라나가 8월과 10월 미국을 방문해 '플랜 콜롬비아'에 합의한 시기는 클린턴에 대한 탄핵 절차가 한창이던 국면과 일치했다. 파스트라나가 백악관을 방문한 8월 3일 당일 클린턴은 모니카 르윈스키(Monica Lewinsky) 스캔들과 관련해 디엔에이(DNA) 검사를 위한 혈액 샘플 제출을 요청받았다. 10월 5일 하원 법사위원회는 의회의 탄핵 조사를 개시하기로 의결했으며 사흘 뒤 하원 전원회의는 탄핵 절차를 개시하기로 의결했다. 이러한 상황에서 클린턴은 아마도 대외 정책의 성공을 관심 전환용으로 환영했을 것인바, 그 성공이 양당 정치인들의 관심 문제를 다루기 때문에 더더욱 환영했을 것이다. 또한 워싱턴이 온통 탄핵 드라마에 집착하고 있을 때, 클린턴은 여전히 직무에 집중하고 있으며 그를 파면시키려는 공화당 의원들과 초당적으로 협력할 수 있다는 증거로 '플랜 콜롬비아'를 제시할 수 있었다.

셋째, 아마 가장 중요한 것이겠지만 파스트라나의 '플랜 콜롬비아'는 나중에 근본적인 수정을 거침에도 불구하고 실제적으로 미국의 심각한 국가적 문제에 영향을 주겠다는 약속을 포함했다. 클린턴이 1998년 말 그 계획을 수용한 데는 세 가지 요인이 모두 작용했다는 것이 필자의 짐작이다.

파스트라나의 협상 전략이 별다른 성과를 내지 못하면서 미국 관리들은 점차 군사 지향적인 접근법으로 기울었다. 이런 경향이 강화된 것은 1999년 2월 FARC가 토착 부족을 돕는 미국인 활동가 세 명을 살해했을 때였다. 1999년 여름 FARC가 전국적인 공세를 개시했을 때, '마약 단속 총책' 매카프리가 한 계획을 제안했다. 그의 계획은 콜롬비아에 10억 달러 이상을 원조하는 군사적 조치 위주로 구성되었다. 이것은 의회에 먹힐 만한 접근법이었다. 이제 미국이 지원할 '플랜 콜롬비아'는 콜롬비아의 군대와 경찰이 마약 밀매업자들과 그 보호자인 FARC를 성공적으로 공격하고 나아가 정부에 대한 반군의 도전을 격퇴할 수 있도록 그들의 역량을 강화하기 위해 수정된 계획이었다.

2000년 1월 11일 클린턴은 이미 승인된 3억 3000만 달러에 추가해 수정된 '플랜 콜롬비아'에 대한 13억 달러의 지원을 약속했다. 그는 2000년의 원조 예산이 "콜롬비아의 마약 차단과 근절 역량을 제고하기 위한 일회성 자금 투입"에 집중될 것이라고 인정했지만, 경제개발과 인권 보호, 사법 개혁을 위한 지원도 있을 것이라고 부언했다. 그 원조 패키지는 또한 500명의 군사훈련 교관과 코카나무 재배를 근절하기 위한 300명의 민간 요원 파견을 포함했으며 콜롬비아의 경제개발과 마약 생산 단속을 지원하기 위해 다수의 비군사 프로그램을 동원하겠다고 약속했다. 콜롬비아는 벤내 하나를 놀려 미국 해외 원조의 세계 3대 수혜국이 되었다.

클린턴이 원조 패키지를 발표하고 사흘 뒤 매들린 올브라이트 국무부 장관은 콜롬비아 카르타헤나(Cartagena)로 날아가 자신과 클린턴이 원조 패키지에 대한 의회의 승인을 얻기 위해 싸울 것이라고 파스트라나와 콜롬비아 국민에게 약속했다. 올브라이트는 원조 패키지가 평화 회담, 경제개발, 인권 보호, 대체 작물 개발의 필요성을 지원한다고 강조했다. 그녀는 파스트라나의 당초 계획이 워싱턴에서 상당히 수정되어 이제는 밀매업자들과 그들을 보호하는 반군에 대항해 근절, 체포, 군사행동에 중점을 둔 군대와 경찰력 위주의 마약 퇴치 전략임을 일부러 언급하지 않았다. 경제개발, 인권, 사법 개혁에 관한 미사여구에도 불구하고 2000년 클린턴 패키지의 78%가, 2001년에는 거의 98%가 콜롬비아 군대와 경찰을 위한 것이었다.

미국 행정부로서는 그 패키지가 양면에서 필요했는데, 국내외 좌파로부터는 콜롬비아 위기의 경제적·사회적 차원을 심각하게 여긴다는 찬사를 받고 우파로부터는 FARC와 밀매업자들을 군사적으로 추적한다는 찬사를 받고자 했다.

대통령의 원조 패키지에 대한 하원 청문회가 2000년 3월 9일 시작되었다. 그 패키지가 맞이할 길은 예상보다 험난하리라는 것이 곧 분명하게 드러났다. 의회 내 양당은 마약 밀매업자 추적을 지지했지만 콜롬비아 내 반군과의 전투를 지원하는 것은 꺼림칙하게 느꼈다. 콘돌리자 라이스는 나중에 "하지만 '플랜 콜롬비아'에 혼란이 생긴 것은 미국이 어느 정도로 내전 자체를 떠맡아 반군과 무장 단체와 맞서는 콜롬비아군을 지원해야 하는지에 관해 근본적으로 울렁증이 있었기 때문이다"라고 기술했다. 계획의 핵심 부분, 즉 마약 작물을 공중과 지상에서 제거하는 작업의 안전을 위해 [FARC를] '남부 콜롬비아로 몰아넣는' 군사작전에 관해 의원들 사이에서 회의론이 팽배했다. 그러한 몰아넣기 작전은 FARC를 그들이 한동안 장악했던 지역에서 쫓아내는 과정을 포함했으며, 이는 과거 콜롬비아 경찰의 마약 단속 작전을 지원했던 미국 고문관들에게 아주 색다른 활동이었다. 그 작전이 실패하면 미군 개입의 추가 확대를 초래할 것이라고 우려하는 의원들이 많았다. 이리하여 그 원조 제안은 미국이 베트남에서처럼 또다시 '수렁'에 빠질 것이라는 우려를 불러일으켰다. 일부 의원들은 콜롬비아군의 인권 침해에 관해 계속해서 의구심을 품었고, 군대, 경찰과 잔혹 행위를 저지른 무장 단체 AUC 간에 유대 관계가 지속되고 있다고 의심했으며, 이들 삼자와 밀매업자 간의 연계를 우려했다. 또한 원조 패키지가 어떻게 미국으로의 마약 유입을 실제로 감소시킬지가 분명하지 않았다.

하지만 클린턴의 원조 제안을 성공시킨 것은 국내 정치였다. 그해는 선거의 해로 중요한 대선까지 있었으며 아무도 마약 재앙에 관해 유약해 보이고 싶어 하지 않았다. 원조 제안은 수정을 거쳐 의회를 통과했으며 2000년 7월 13일 클린턴이 서명해 법률로 발효시켰다.

파스트라나의 최초 '플랜 콜롬비아'는 유럽, 일본, 캐나다, 중남미 등과 국제 기구의 기부에 크게 의지했다. 그러나 미국의 압도적인 군사원조 위주로 수정된 계획은 잠재적 공여자들 사이에 역풍을 불렀고 나아가 그들은 계획의 성공 가능성까지 의심했다. 2000년 6월 21일 국제사면위원회(Amnesty International, AI)는 다음과 같은 보도 자료를 냈다. "그 계획은 ('플랜 콜롬비아'의 미국 부분에서) 주로 군사적인 전략을 제시하는 것으로, 콜롬비아의 군대와 경찰에 상당한 원조를 해 불법 마약 재배와 밀매에 대처하겠다는 것이다. 그 계획에 사회개발과 인도적 원조 프로그램이 포함되었다고 해서 근본적으로 군사적인 계획의 성격이 감추어질 수 없다."

7월 5일 마드리드에서 다시 10월 24일 보고타에서 콜롬비아 관리들이 공여할 잠재성이 있는 20여 개국과 회동했다. 오직 스페인만 1억 달러를 약속했다. 스페인을 빼면 미국과 콜롬비아뿐이었다.

2001년 1월 조지 W. 부시(43대) 대통령이 취임했을 때 미국과 콜롬비아는 FARC나 '플랜 콜롬비아'에 관해 명확한 목표가 없었다. 미국의 목표가 클린턴 행정부가 주장한 대로 미국으로의 마약 유입을 막는 것이었는가 아니면 콜롬비아 정부(와 군대)가 FARC를 패퇴시켜 국가 통제를 회복하도록 돕는 것이었는가? 의회나 클린턴 행정부는 마약 퇴치 전략에 보조적인 경우를 제외하고는 FARC 반군을 직접 겨냥하는 것을 거의 지지하지 않았다. 반면 파스트라나는 FARC와의 평화 협상을 타결해 그들이 보호하는 마약 밀매업자들을 약화시킬 수 있고 마약 작물을 대체하는 개발이 가능할 것이라고 계속 믿었다. 라이스의 후일 기술에 따르면 대통령에 취임할 때 부시는 미국이 반란을 군사적으로 종식시키려는 콜롬비아 정부를 지원해야 하는지에 관한 근본적인 문제가 해소되지 않고서는 '플랜 콜롬비아'가 지속될 수 없다고 생각했다.

2001년 클린턴의 원조 패키지에 포함된 헬기 등의 장비가 콜롬비아에 반입되기 시작하고 부시 대통령이 '안데스마약퇴치계획'의 기금을 6억 7600만 달러(이 중 3억 8000만 달러가 콜롬비아 몫임) 증액했을 때도 파스트라나는 FARC와 협상을 계속했다. 그러나 결국 파스트라나는 약간의 완력을 보여주었는데, 여러 차례 군대를 동원하고, FARC의 안전지대에 대한 공중 감시를 고수했으며, FARC 변경의 군 검문소들을 압박했다. 그럼에도 그는 2002년 1월 FARC가 요구한 휴전 일정에 동의했다.

2002년 초 부시는 반군과 싸우는 콜롬비아 정부를 지원하기 위해 마약 퇴치 작전용 자금을 어떻게 사용할지 검토하기 시작했다. 9·11 이후 부시 행정부는 FARC를 테러 단체로 지정했다. 도널드 럼즈펠드는 테러와의 전쟁이 사실상 전 세계적이며 미국이 이슬람 극단주의자들만 공격하는 것이 아님을 강조하려는 목적에서 콜롬비아에 군사 지원을 제공해 반군들과의 싸움을 돕자고 부시에게 건의했다. 그러나 의회는 콜롬비아군이 FARC 등의 반군과 싸우는 것을 돕기 위해 자금을 사용하는 것을 구체적으로 금지했다.

폭력 공세를 계속하는 FARC가 2002년 2월 21일 콜롬비아의 원로 상원의원이 탑승한 비행기를 납치했을 때 파스트라나는 더 이상 참지 못했다. 그는 정부의 휴전을 종료하고 남부 지역에서 군사작전을 개시해 주요 도시를 여럿 탈환했다. 2월 23일에는 FARC가 대선 후보 잉그리드 베탕쿠르(Ingrid Betancourt)를 납치해 6년 동안 억류했다.

부시 대통령은 파스트라나의 군사 지원 요청에 응하고 싶었지만 의회의 금지로 손발이 묶여 있었다. 그러나 미국에 대한 9·11 공격과 콜롬비아 내의 2월 공격이 의회의 태도를 바꾸었다. 2002년 3월 6일 하원이 부시에게 법안 제출을 요청하는 결의안을 통과시켰는데, 그 법안은 미국이 지정한 테러 단체에 대한 콜롬비아의 자기방어를 지원하도록 대통령에게 수권하는 것이었다. 2주 뒤 행정부는 세계적인 대테러 활동을 위해 약 290억 달러를 의회에 요청하며 "마약 밀매에 대응하고 FARC 등 테러 단체로 지정된 단체의 활동에 대응해 통합 공세를 전개하기" 위한 마약 퇴치 자금의 사용에 대해서도 승인을 요청했다.

여전히 행동에 주저함이 있었다. 부시의 요청으로 라이스 국가안보보좌관이 NSC 수장회의(NSC principals meeting)*를 소집해 파스트라나의 군사 지원 요청에 대해 논의했다. 콜린 파월 국무부 장관은 성공 가능성과 파스트라나의 "FARC에 대응하는 일관된 의지"에 대해 회의적이었다. 파월은 콜롬비아 농민들이 코카나무와 양귀비 재배를 끊도록 하는 대체 작물 프로그램에 수천만 달러를 썼지만 실패했다고 생각했다. 라이스는 파월의 평가에 대해 "모두가 대체로 공감"했다고 후일 기술했다. 레이건 대통령 때와 마찬가지로 부시(41대), 클린턴, 부시(43대) 대통령의 고위 보좌진은 불법 마약의 공급이 근절과 차단에 따라 억제될 수 있다는 것을 깊이 의심스러워했다. 럼즈펠드는 "미국으로 마약 유입을 막는 것은 중요하나 불법 마약에 대한 강력한 수요가 지속하는 한 실패하기 마련이었다"라고 기술했다.

2002년 봄까지 마약 퇴치 중심의 '플랜 콜롬비아'가 곤경에 처했으며, 마약 퇴치에서 반군 격퇴로 전환한다는 확고한 정책 결정이 없었고 그렇게 하라는 의회의 승인도 없었다.

2002년 5월 26일 알바로 우리베(Alvaro Uribe)가 콜롬비아 대통령으로 선출되자 모든 것이 변했다. 필자는 2006년 국방부 장관이 된 후 그를 여러 번 만났으며 항상 감명을 받았다. 작은 체구에 둥근 안경을 쓴 그는 전형적인 회계사처럼 보였다. 그러나 그는 매우 강인한 사람이었다. FARC가 그의 부친을 살해했고 그 자신도 10여 차례의 암살 시도에서 살아남았다. 우리베는 새 대통령으로서 콜롬비아의 통제력을 테러 단체, 반군, 밀매업자들로부터 되찾겠다고 결심했다. 그는 민주적인 정부 기관을 활용하고 강화하는 캠페인을 벌이고, 시골 지역에서 정부의 통제력을 되찾으며, 정치 개혁을 단행하고, 좌익 반군과 우익 반군 모두의 항복을 요구할 요량이었다.

• 통상 대통령이나 국가안보보좌관이 주재하고 부통령, 국무부 장관, 국방부 장관, 국가정보장, 합참의장 등 장관급 인사가 참석한다. 국가안보부(副)보좌관이 주재하는 차석회의(deputies meeting)는 부장관급 인사가 참석한다(옮긴이 주).

우리베는 2002년 6월 21일 백악관을 방문해 라이스와 회동했다. 그는 군사 지원이 필요하다고 라이스에게 말하며 경제 지원만으로는 반군과 싸울 수 없다고 했다. 회동 중에 부시 대통령이 라이스 사무실에 들렀으며 매우 솔직한 대화가 이어졌다. 라이스의 설명에 따르면 우리베는 FARC와 AUC와의 대결에 헌신하겠다고 부시에게 말했다. 부시가 그를 압박했다. "정말 그렇게 하겠다는 겁니까? 그렇다면 정말 어려운 조치도 각오해야 합니다. 먼저 그들의 지도부를 살해하세요. 그러면 그들이 수그러들기 시작할 겁니다." 그러자 우리베가 바로 그렇게 할 작정이라고 말했다. 그는 6주 뒤 FARC가 자신의 취임식을 공격하는 등 새로운 폭력 사태가 벌어지자 백악관에서 했던 다짐을 재확인했다.

우리베의 대통령 취임을 닷새 앞두고 미국 의회가 행정부로 하여금 콜롬비아 내 테러 단체 — 반군 — 에 대한 그의 공세를 지원하도록 허용하는 법을 통과시켰다. 콜롬비아군의 인권침해에 대한 우려가 남아 있던 의회(클린턴 시절에 그런 우려가 있었음)는 군사 지원의 조건으로 콜롬비아군이 인권침해 군인들에 대해 강경한 조치를 취하는 것을 입증하도록 부시 대통령에게 요구했다. 곧 그런 입증이 이루어졌다. 의회가 대테러 활동과 군부대 자문을 위한 자금 사용에 대한 제한을 해제했지만, 의원들은 미군의 전투 개입을 깊이 우려해 훈련과 지원을 제공하는 미국인 수를 계속 엄격하게 통제했다. 미군을 400명으로, 민간 하청업체에서 일하는 미국 시민도 400명으로 제한했다.

우리베는 대선 공약과는 반대로 8월 12일 비상사태를 선포하고 부유한 개인과 기업에 대한 일회성 과세를 통해 콜롬비아군의 역량 증강을 위한 8억 달러의 기금을 조성했다. 이후 여러 해 동안 콜롬비아 군사 예산이 세 배로 늘어 거의 120억 달러에 이르렀으며, 군대와 경찰 인원은 2000년 27만 9000명에서 2007년 41만 5000명으로 증가했다.

미국의 군사훈련 교관 1진이 2002년 10월과 11월 헬기 등 군수품과 함께 도착했다. 12월에는 파월 국무부 장관이 콜롬비아를 방문해 추가 지원을 약속했다. 그는 군사적 수단을 통한 콜롬비아의 안보 위협을 제거하기 위한 부시 행정부의 지원을 분명히 했다. 2004년까지 3만여 명의 콜롬비아 인원이 미국식 군사·경찰 훈련을 받았다.

2002년 11월 AUC가 일방적으로 휴전을 선언하면서 콜롬비아 전황이 단순해졌는데, 이는 외관상 FARC와 민족해방군에 대한 우리베의 결전 의지 때문이었다. 1년 뒤 AUC가 해산에 동의하면서 우리베가 FARC에 주력할 수 있게 되었다. 우리베는 모든 불법 무장 단체들을 향해 사회 재통합의 화해를 제의하는 동시에 더욱 공격적으로 군사작전을 전개했다. 2006년 5월 우리베는 쉽게 대통령에 재선되었으며, 몇 달 뒤 미국은 40억 달러의 추가 원조를 약속했다.

부시 대통령이 2007년 3월 보고타를 방문할 수 있었던 것은 치안이 개선되었다는 척도였다. 비록 부시의 방문이 몇 시간에 불과하고 삼엄한 경비 속에 이루어졌음에도, 상징적인 방문 자체가 재선된 우리베를 지지하고 콜롬비아 전역에서 정부의 통제력을 회복하려는 그의 노력을 지지한다는 중요한 표지였다.

그러나 2007년 콜롬비아 내 폭력이 증가했는데, FARC가 콜롬비아군을 여러 차례 성공적으로 공격하고 콜롬비아 정치인과 군인들 외에 많은 미국인을 납치했다. 6월에는 FARC가 납치했던 의원들을 살해했다. 이런 공격에도 불구하고 당시 국방부 장관이던 필자가 10월 1일 보고타를 방문할 만큼 치안이 개선되었다. 필자는 헬기로 콜롬비아 특수부대 훈련소를 방문하고 인질 구출 임무에 쓰일 기량 시범을 참관했다. 잘 연출된 그 시범은 모든 병력이 한쪽 무릎을 꿇다시피 해서 한꺼번에 돌진하는 것으로 끝났는데, 모든 총 끝이 필자를 겨냥하고 있었다. 필자는 그 순간에 안와르 사다트(Anwar Sadat) 이집트 대통령이 자신의 부대의 손에 암살된 상황이 생각났을 만큼 꺼림칙했음을 인정한다.

2008년은 FARC와의 싸움에서 전환점이 된 해였다. 3월 1일 콜롬비아군이 에콰도르의 FARC 기지를 공격해 반군 2인자 라울 레예스(Raúl Reyes) 등 25명을 죽였다. FARC를 창설한 마룰란다는 3월 26일 자연사했다. 같은 달 FARC 서기국의 최연소 멤버인 이반 리오스(Iván Ríos)가 정부 보상금을 노린 자신의 경호원에게 피살되었다. 5월 FARC의 전설적인 여자 사령관 엘다 네이스 모스케라(Elda Neyis Mosquera, 일명 카라나)가 항복했다. 그리고 필자가 훈련을 참관했던 콜롬비아 특수부대가 베탕쿠르 등 15명의 인질을 구출했다. 그 작전은 너무 교묘하게 실행되어 미군이 개입했다는 의심이 있었다. 필자는 미국이 개입한 것은 약간의 정보를 지원하고 무엇보다도 그 부대를 훈련시킨 것뿐이라고 언론에 발표했다.

이 몇 해 동안 훈련 외에 미국이 콜롬비아군에 기여한 것은 그들이 어려운 지형에서 작전하고 정보를 수집하며 야간전투를 벌일 수 있는 기동력과 역량을 제고하도록 지원한 것이었다. 미국 의회는 미국의 개입 인원을 줄곧 엄격하게 통제하다가 2004년 마지못해 군사 요원을 400명에서 800명으로, 하청업체에서 일하는 미국 시민을 400명에서 600명으로 늘렸는데, 이는 이라크와 아프가니스탄에서 활동하고 있는 인원에 비해 미미한 증원이었다. 이러한 제약에도 불구하고 콜롬비아는 미국의 군사원조, 훈련, 장비 공급의 가치를 생생하게 보여주었는데, 그런 효과적인 권력수단 행사에 힘입어 현지 군대가 평화와 안정을 위협하는 적과 성공적으로 싸울 수 있었다.

부시 행정부 말까지 콜롬비아의 안보 상황이 대폭 개선되었다. 납치 건수가 2002년 2882건에서 2008년 376건으로 감소했다. 같은 기간 테러 행위는 1645건에서 303건으로, 살인 사건은 2만 8837건에서 1만 3632건으로 줄어들었다. 정부의 주된 수입원인 500마일 길이의 송유관에 대한 공격은 2001년 170건에서 2007년 1건으로 줄었다. 콜롬비아는 이제 실패 국가로 전락할 위험에서 벗어났다.

'플랜 콜롬비아'는 당초 클린턴 행정부가 미국으로의 마약 유입을 감소시키는 수단으로 의회와 국민에게 호소하는 방편이었다는 점에서는 실패로 판단되어야 한다. '플랜 콜롬비아'는 불법 마약의 재배, 가공, 유통을 2006년까지 50% 감소시키겠다는 목표를 설정했다. 2008년 10월 미국 회계감사원(Government Accountability Office, GAO) 보고서에 따르면 양귀비 재배와 헤로인 생산에 관해서는 목표가 달성되었지만 — 수년 동안의 수작업과 비행기를 통한 작물 근절 활동에도 불구하고 - 2006년의 코카나무 재배는 2000년보다 15% 늘었고 코카인 생산은 약 4% 증가했다. 백악관 내 마약통제정책실(Office of National Drug Control Policy)의 추정에 따르면 코카인 생산이 2001년 700톤 고점에서 2007년 535톤으로 25%가량 감소했는데, 이는 '플랜 콜롬비아'의 목표에 한참 미달했다. 게다가 이 기간에 미국 내 코카인의 시중 가격 상승은 없었으며 입수 가능성을 제약하는 것도 없었다. 클린턴과 부시 행정부가 추진한 마약 퇴치 활동이 효과는 있었지만 계획 목표에는 한참 미달했다.

파스트라나 대통령과 그의 후임자들은 농부들이 양귀비와 코카나무 경작을 중단하도록 하는 유일한 길은 합법 작물을 경작하거나 다른 일자리를 창출해 그들에게 대체 생계 수단을 제공하는 것임을 인식했다. 2002~2008년에 미국은 콜롬비아의 대안 개발에 5억 달러를 배분했다. 그러나 필자가 아프가니스탄 내 마약 퇴치 문제에 관해 후술하듯이 이러한 대안은 작물 근절이 시작되기 전에 시행되어야 했다. 불행히도 이 두 나라에서 수작업과 비행기를 통한 근절 작업이 대체로 대안 개발 프로그램보다 앞서 이루어졌다. 게다가 그 프로그램은 근절 먼저에 비해 아주 보잘것없었다. 대체 작물은 시장 개척, 시장으로 운반할 수단, 합법적 경제활동을 뒷받침할 사법적·행정적 구조를 필요로 했다. 콜롬비아 자체의 대안 개발 투자에 미국이 상당한 기부를 보태 수십만 명의 콜롬비아 국민의 삶을 향상시켰지만, 약 300만 명에서 500만 명의 난민이 발생한 나라에서 수요를 충족시키기에는 재원이 턱없이 부족했다. 또한 더욱 영민해진 코카나무 경작자들이 작물을 밀림 속에 숨기고 더 깊은 오지로 이동했다. 대부분의 코카나무가 재배되는 지역에서는 대안 개발 프로그램이 거의 없었으며, 콜롬비아 정부는 불법 작물이 재배되는 지역에서 그러한 지원 사업을 금지했는데, 필자가 보기에 이는 어리석은 짓이었다.

반면 부시 행정부가 틀을 짠 '플랜 콜롬비아'는 콜롬비아 정부가 FARC 등 무장 단체를 크게 약화시키고 치안을 개선해 거의 전 국토를 다시 장악했다는 점에서 매우 성공적이었다고 평가되어야 한다.

여러 비정부기구와 국가는 수정된 '플랜 콜롬비아'가 군대와 경찰의 역량 제고에 초점을 맞추어 마약 밀매업자들을 추적하다가 반군을 추적한 것을 두고 계속 비판했다. 그러나 콜롬비아에서 학습한 교훈은 2007년 미군 증강 이전의 이라크에서 적용되어야 했는데, 그 교훈은 안보 없이 경제발전이나 제도 개혁은 불가능하다는 것이다. 2000~2008년 '플랜 콜롬비아'하에서 미국이 지출한 61억 달러 가운데 48억 달러가 주로 군대와 경찰의 역량과 기동력을 제고하기 위한 것이었다.

'플랜 콜롬비아'는 군사원조와 비군사원조 간의 불균형에도 불구하고 비군사적 권력수단에 크게 의지했다. 국무부가 주도해 다수의 부처와 기관이 활발하게 콜롬비아에 진출해 활동했다. 2008년 10월 미국 회계감사원 보고서에 따르면 2000~2008년 미국은 사회적·경제적 정의를 제고하는 데 10억 달러 이상을 지출하고 법의 지배를 제고하는 데 2억 5000만 달러를 지출했다. 미국국제개발처는 대안적 경제개발 프로그램을 감독했으며 인권 보호, 분쟁 해결 센터 창설, 국선변호인 훈련 등을 지원하기 위해 1억 5000만 달러 넘게 제공했다. 또한 국제개발처는 콜롬비아 국내 난민을 경제적·사회적으로 지원하기 위해 2억 달러를 제공했으며, 콜롬비아 정부가 FARC로부터 되찾은 지역에서 통제와 서비스를 재수립하는 프로그램을 위해 약 3억 달러를 지원했다. 법무부는 콜롬비아가 새로운 형사·사법 시스템을 구축하도록 1억 1500만 달러를 지원했는데, 여기에는 4만여 명의 판사, 검사, 경찰 수사관, 포렌식(forensic) 전문가 등을 훈련시키는 사업이 포함되었다. 국무부의 여러 부서들은 치안과 마약 퇴치 활동을 감독하며, 헬기 자산을 추가로 제공하고 정비했으며, 콜롬비아군의 마약 퇴치 여단에 무기, 탄약, 훈련 자금을 댔다. 또한 국무부는 콜롬비아 공군의 공중 차단 역량을 제고시키고, FARC로부터 되찾은 지역에서 곧바로 정부 통제력을 확보할 수 있는 경찰 특공대 창설을 지원했으며, 난민들에게 인도적 원조를 제공했다. '플랜 콜롬비아' 기간 내내 국무부가 주도하고 국방부는 지원했다. 그 4년 동안 콜롬비아는 미국 원조의 3대 수혜국이었으며, 보고타 주재 미국 대사관 인원은 세계 최대 규모였다(나중에 바그다드 주재 대사관이 그 지위를 이어받음).

부시 행정부는 중요한 권력수단인 무역과 직접투자가 콜롬비아의 경제적·정치적 미래에 관건임을 인식했다. 이에 따라 2004년 5월 미국은 콜롬비아, 페루, 에콰도르와 자유무역협정을 위한 협상을 개시했다. 콜롬비아와의 자유무역협정은 2006년 11월 22일 체결된 후 오랜 지연과 수정을 거쳐 2011년 의회의 비준을 받았다.

버락 오바마 대통령은 군사원조와 비군사원조를 모두 포함해 '플랜 콜롬비아'와 그 후속 계획을 계속 지원했지만, 전체적인 지원 수준이 감소하면서 비군사적 수단 쪽으로 균형을 조정하려는 민주당 의원들의 기대를 저버리지 않았다. 2010~2016년 연간 비군사원조 금액이 5억 700만 달러에서 3억 달러로 감소하고, 군사원조는 1억 3400만 달러에서 5800만 달러로 감소했다. 오바마는 콜롬비아의 '국가 통합 계획'을 지지했는데, 그 계획은 FARC로부터 되찾은 지역에서 정부 통제를 수립하기 위해 치안, 개발, 마약 퇴치 활동을 아우른 것이었다. 그에 대응한 미국의 프로그램에 따라 국무부, 국방부, 법무부, 국제개발처 등이 다함께 콜롬비아가 취약 지역에서 정부 통제력을 확대하고 경제적 기회를 확충하도록 지원했다. 오바마 행정부는 또한 2009년 10월 30일 콜롬비아와 10년 방위 협정을 체결했다.

콜롬비아에서의 안보 공세가 큰 성공을 거두자 오바마 행정부는 거기서 얻은 교훈을 어떻게 역내 다른 국가, 특히 멕시코와 페루에 접목시킬지 강구하기 시작했다. 필자는 2010년 4월 다시 보고타를 방문했다. 방문 목적은 콜롬비아와 다른 중남미 국가들 간의 동반자 관계를 촉진하는 것이었다.

2010년 우리베를 승계한 후임 대통령은 그의 국방부 장관이었던 후안 마누엘 산토스(Juan Manuel Santos)였다. 산토스는 우리베의 안보 정책이 성공했기 때문에 "현재의 평화로운 콜롬비아가 가능하다"라며 그를 칭송했다. 공식적인 평화 회담이 2012년 시작되어 4년을 끌었다. 우리베 전 대통령이 주도한 협상 반대파는 산토스가 너무 유화적이라고 생각했다. 평화 공약을 내건 산토스는 2014년 간신히 재선되었다.

협상이 진전되면서 미국의 콜롬비아 원조는 점차 전후 계획과 콜롬비아의 평화 전환에 초점을 맞추었는데, 특히 민주주의 제도 강화, 인권 보호, 화해 촉진, 경제적 기회 확대에 중점을 두었다. 국무부에 따르면 향후 원조는 마약 작물 근절과 차단, 국민의 합법 경제 참여, 토지 보상, 전투원과 소년병들의 동원 해제와 사회 복귀, 인권 증진, 국내 난민에 대한 보호와 서비스, 기후변화 대응 조치, 내전 피해자들에 대한 인도적 원조 등에 할애될 예정이었다.

오바마 대통령은 국내 평화협정을 성취하려는 산토스의 노력을 지지했다. 오바마와 존 케리 국무부 장관은 부시(41대) 대통령 밑에서 국무부 미주 담당 차관보를 지낸 버나드 애런슨(Bernard Aronson)을 특사로 임명해 산토스와 최대한 협력하도록 했다. 2016년 2월 산토스 대통령은 워싱턴에서 오바마와 회동했다. 회동 후 백악관 이스트룸(East Room)에서 오바마는 "붕괴 직전이었던 나라가 지금은 평화 직전"이라고 말하며 콜롬비아를 극찬했다. 오바마는 미국이 평화 추진에서 콜롬비아의 파트너가 될 것이라고 말하며 "우리의 동반자 관계의 다음 장을 위한 새로운 틀" — 그는 '평화 콜롬비아(Peace Colombia)'라고 불렀음 — 을 발표했다. 오바마는 치안을 더욱 개선하고 전투원 출신들을 사회로 복귀시키며 장기간 무법 지역이었던 곳에 기회와 법의 지배를 확대하기 위해 4억 5000만 달러의 원조를 약속했다.

2016년 3월 20~22일 오바마가 쿠바를 방문한 기간에 케리 국무부 장관은 산토스의 요청으로 FARC 협상 대표들과 직접 만났다. 케리는 그들에게 "당신들이 무기를 내려놓고 협정을 준수한다면, 미국은 당신들을 합법적인 행위자로 볼 것이며 당신들은 정계에 입문할 길이 열릴 것"이라고 말했다. FARC 대표들은 신변 안전이 우려된다고 답하며 1986년 정치과정에 합류했던 FARC 대원들이 학살당한 사건을 케리에게 상기시켰다. 다음 몇 달 동안 애런슨은 산토스와 전화 외교를 통해 자주 소통했다.

국민투표에서 평화협정이 부결되는 등 많은 논란 끝에 2016년 11월 29~30일 콜롬비아 의회는 전면적인 평화협정을 승인했는데, 경범죄를 저지른 FARC 전투원들을 사면하는 내용이 포함되었다. 동원 해제된 FARC 대원들이 곧이어 동원 해제 구역으로 이동하기 시작했다.

평화협정 이행은 도전이었다. 24개소의 동원 해제 캠프 설치, 개인 무기 수거 '평화 재판소' 설치, 토지개혁 제도화, 코카나무 농장 추적 등은 콜롬비아 정부에게 벅찬 과업이었다. 아이러니하게도 FARC와의 평화협정으로 마약 퇴치 활동이 더욱 어렵게 되었는데, 이는 군사작전이 '플랜 콜롬비아' 초기부터 급감했기 때문이었다. 사실 2016년 콜롬비아는 710톤의 코카인을 생산했는데, 이는 '플랜 콜롬비아' 이전인 2000년보다 약간 증가한 것이고 2013년의 235톤보다도 늘어난 것이었다.

산토스의 두 번째 임기가 서서히 끝나면서 그의 지지율이 14%로 곤두박질했다. 이는 부분적으로 FARC와의 평화협정이 너무 관대하다는 정서가 만연한 데 연유했다. 그러나 이마도 경제와 일자리, 보건 의료, 부정부패에 대한 국민의 우려가 더 중요한 요인이었을 것이다. 우리베의 제자 이반 두케(Iván Duque)가 산토스의 후임 대통령으로 2018년 선출되었다.

클린턴 대통령이 2000년 첫 원조 법안에 서명한 이후 미국이 지불한 '플랜 콜롬비아' 비용은 약 100억 달러였다. 사망한 미군은 한 명도 없었다.

냉전 종식 이후 미국은 내부적으로 평화와 안전을 성취하고 민주주의 제도를 강화하도록 여러 나라를 지원했다. 하지만 단언컨대 주요한 성공 사례는 콜롬비아가 유일하다. 왜 그런가? 미국이 학습할 교훈을 무엇인가?

첫째, 가장 중요한 것으로 콜롬비아에는 우리베 대통령이라는 강력한 현지 파트너가 있었다. 우리베는 FARC 등 무장 단체를 공격할 만큼 강경했을 뿐 아니라 (2002년 비상사태 선포에도 불구하고) 대체로 그런 공격을 기존의 정부 기관을 통해 콜롬비아 법률을 준수하며 시도했다. '플랜 콜롬비아' 동안 많은 인권 침해 사건이 있었지만, 우리베는 장군들과 합참의장까지 파면했을 뿐 아니라 인권 침해에 책임이 있는 군부 인사들을 기꺼이 투옥시켰다. 우리베가 반군들과 싸울 만큼 강철 같은 기개를 가졌다면, 안보 상황이 상당히 개선된 후 산토스 대통령은 숙적과 협상을 통해 평화를 추구할 만큼 강인했다. 여기서 교훈은 악당들에게 기꺼이 무력을 행사하면서도 사회의 모든 요소와 협력하겠다는 강인하고 용감한 국가 지도자는 미국이 장기간 폭력에 시달린 국가를 안정시키는 데 성공하기 위한 전제 조건이며, 민주주의 원칙에 충실하고 법의 지배와 제도를 강화(또는 창설)하는 데 헌신적인 지도자는 엄청난 보너스다. 콜롬비아에서 미국은 그런 두 유형의 지도자를 모두 만났다. 1993년 이후 미국이 도우려고 한 다른 모든 곳에서는 그런 지도자가 없었다.

둘째, 콜롬비아는 잘 수립된 정부 기관과 더불어 통일된 민주국가로서 역사가 길었다. 사법, 군사, 경찰 등 정부 기관이 민주주의 자체처럼 취약했지만 구축할 토대는 있었다.

셋째, '플랜 콜롬비아'는 미국 국방부가 주도하지 않았으며 여러 비군사적 권력수단에 의지했다. 콜롬비아에서는 국무부가 미국 정부의 전체 활동을 주도했다. 국방부 등 여러 부처가 계획에 참여했지만 국무부에 의해 조율된 지원 역할에 그쳤다. 콜롬비아의 군대와 경찰이 반군과 전투를 벌이고 치안 개선이 계획의 핵심이었지만, 문관들이 미국의 원조 활동을 관리했다. 우리는 콜롬비아인들의 싸움을 도우려고 갔지 우리가 직접 싸우려고 간 것이 아니었다.

넷째, 의회가 미군과 하청업체의 주둔 규모를 제한한 것이 성공에 매우 긴요했다. 그 제한으로 미국의 군사적 역할이 점점 제고되는 '미끄러운 비탈길'이 방지되었는데, 의회는 '플랜 콜롬비아'를 시작할 때 그런 비탈길을 우려했다. 미군의 주둔이 제한되면서 콜롬비아인들이 직접 싸워야 했으며 군대와 경찰을 대폭 전문화하고 확대하게 되었다. 처음부터 미국의 역할은 약간의 장비, 특히 헬기를 제공하는 것 외에 훈련과 조언에 국한되었다. 자신의 책임을 ― 그리고 권력을 — 통감한 의회가 임무가 조금씩 어긋나는 것을 막았다.

다섯째, 의회의 초당적 지지 덕분에 미국이 15년 동안 세 대통령을 거치면서 '플랜 콜롬비아'를 지원할 수 있었다. 미국 내에서 '플랜 콜롬비아'를 위한 공적 근거가 초기에 변했지만 — 대안적 경제개발에서 마약 퇴치로, 다시 대테러·대반군으로 — 의회는 지지를 계속했다. 콜롬비아 상황이 빠르게 대폭 호전될 수 있다는 의회 내 기대가 전혀 없었으며, 따라서 워싱턴의 관련 인사 모두가 보기 드물게 장기적 관점을 보여주었다.

여섯째, 콜롬비아가 미국의 도움을 원했다. 미국은 침입자도 아니고 점령자도 아니었으며, 미군의 작지만 중요한 주둔은 대부분의 콜롬비아인들 눈에 띄지 않았다.

콜롬비아에서의 성공에서 얻은 이런 교훈을 염두에 두고서, 앞으로 미국 대통령은 제3세계 국가의 내전에 개입해 상황을 안정시키거나 거버넌스를 제고하도록 압박을 받을 때 다음과 같은 질문을 던져야 한다. 미국의 파트너가 될 현지 지도자가 강인하고 유능하며 매우 정직한 지도자로서 민주주의와 법의 지배에 충실한가? 재건의 토대가 될 기존의 토착 기관과 역량이 있는가? 미국의 도움이 있다면 현지 국가의 군대와 경찰이 충분히 싸움을 수행할 만큼 강화될 수 있는가? 지원 활동이 장기화될 가능성이 있는가? 있다면 미국 대중과 의회가 장기적으로 지지할 전망은 어떤가? 미군이 직접 전투에 개입하지 않고도 목표를 성취하기 위해 미국의 권력수단을 광범위하게 동원할 수 있는가? 미군 주둔 인원을 소수로 유지해 현지인들이 싸움을 수행하도록 만들 규율이 우리에게 서 있는가?

미국의 사활적 이익이 걸려 있지 않는 한, 이러한 질문에 대한 답이 하나라도 부정적이라면 대통령은 심호흡을 한 다음 아주 신중하게 추진해야 한다.

6장

—

아프가니스탄: 끝이 없는 전쟁

미국 역사상 최소 규모, 최소 비용, 최단 기간의 가장 성공적인 군사 공세로 시작되었던 것이 한 세대가 걸린 전쟁, 우리 역사에서 가장 긴 전쟁으로 변형되었다. 냉전 이후의 다른 분규에서와 똑같은 이유에서 사태가 크게 악화되었는데, 그 이유는 미국이 한 국가와 문화를 변모시킬 수 있는 권력을 가지고 있다고 믿은 자만심, 전략적 실수, 성공에 필수적인 비군사적 권력수단의 허약함이었다. 아프가니스탄을 변화시키려는 미국의 열망과 그럴 수 있는 미국의 능력 사이에는 엄청난 괴리가 있었다. 그리고 그런 야심 속에 미국은 2001년 9월 11일의 공격 이후 일자직으로 아프가니스탄에 산 바로 그 구체적이고 제한적인 이유를 잃어버렸다. 그 이유는 미국을 공격한 알카에다를 파괴하고 그들을 보호했던 탈레반을 축출하는 것이었다. 미국은 ─ 우리의 좋은 의도와 유례없는 국력 때문에 ─ 미국의 아프가니스탄 경험이 우리보다 앞서 수 세기 동안 아프가니스탄에서 외국의 침략자들이 경험한 것과 다를 것이며 더 좋은 결과가 나올 것이라고 가정했다. 미국의 가정은 대부분 틀렸는데, 이는 주로 우리가 초기의 군사적 성공이 충분하지 않다고 결정했기 때문이었다.

지금의 아프가니스탄이라는 곳은 거의 4000년 동안 전쟁터였다. 40세기 동안 아프가니스탄의 일부 또는 전부가 페르시아, 알렉산더대왕, 파르티아, 아랍 무슬림, 칭기즈칸, 티무르, 무굴제국, 대영제국, 소련, 미국의 군대를 맞았으며 그 밖에 온갖 군소 침입자가 있었다.

20세기 들어 아프가니스탄 지도자들이 국가를 개조하고 근대화하려는 중요한 시도가 두 차례 있었지만 모두 실패했다. 1919년 8월 영국과의 제3차 전쟁이 끝나고 라왈핀디(Rawalpindi)조약이 체결된 후, 아마눌라 칸(Amanullah Khan) 국왕이 아프가니스탄의 주권과 독립을 선언했다. 개혁가인 아마눌라는 초등교육 의무화, 여성의 부르카 폐지, 남녀공학 도입, 여성 교육 강조, 노예제 폐지 등을 시행했다. 하지만 국왕의 개혁이 부족·종교 지도자들을 소외시킨 것은 불길한 징조였다. 1929년 1월 국왕이 강제로 퇴위당하고 그의 개혁도 폐기되었다. 1933년 19세의 모하메드 자히르 샤(Mohammed Zahir Shah)가 자신의 아버지가 암살되는 등 상당한 내분을 거쳐 국왕이 되었다. 그는 40년 동안 왕위를 지켰다.

자히르 샤의 치하에서 아프가니스탄은 고립에서 탈피해 국제연맹(League of Nations)에 가입하고 추축국, 즉 독일, 일본, 이탈리아를 포함한 여러 국가와 긴밀한 관계를 수립했다. 미국은 1934년 아프가니스탄을 외교적으로 승인했다. 제2차 세계대전 이전의 나치 독일이 아프가니스탄에 민항기를 취항시키고 수력발전소를 건설했다. 국왕과 (실권을 행사한) 그의 숙부들은 제2차 세계대전 동안 방관하다가 냉전 중에도 미국과 소련 양국과 모두 관계를 증진하며 중립을 유지했다. 1963년 국왕은 자신의 매형인 모하메드 다우드 칸(Mohammed Daoud Khan) 총리를 해임하고 숙부들을 권좌에서 쫓아냈다. 국왕이 제안해 1964년 승인된 신헌법은 아프가니스탄을 현대의 민주국가, 즉 의회, 시민권, 여성의 권리, 보통선거 등을 가진 입헌군주국으로 만들겠다는 의도였다. 하지만 그의 개혁 운동은 1920년대 아마눌라의 개혁처럼 수포로 돌아갔다. 그의 개혁이 카불밖에서는 거의 효과가 없었던 것은 당파주의와 중앙정부의 전반적인 취약성뿐아니라 부족·종교 지도자들의 반대 때문이었다.

1973년 자히르 샤의 해외여행 중 다우드 칸이 쿠데타에 성공해 국왕은 망명길에 올랐다. 다우드는 스스로 초대 아프가니스탄 대통령이 되었다. 쿠데타에 대한 대중의 저항이 거의 없었던 것은 부분적으로 국왕의 정부가 7만 5000명 이상의 목숨을 앗아간 극심한 3년 가뭄에 효과적으로 대처하지 못했기 때문이었다. 아프가니스탄 국민은 자히르 샤 치하에서 40년 동안 비교적 평화와 안정을 누렸다. 이후 수십 년 동안 그의 치세는 놀라운 성취였다고 간주된다.

1989년까지 아프가니스탄은 오로지 냉전 맥락에서 미국 정부의 관심을 받았다. 1950년대 말부터 1970년대 말까지 워싱턴은 교육, 정부 행정 개선, (특히 관개 시스템의 구축을 통한) 농업 생산 확대를 위해 약 5억 달러를 제공했다. 같은 기간 소련은 그 두 배의 금액을 아프가니스탄에 썼다. 두 초강대국은 카불 공항(소련), 칸다하르 공항(미국), 고속도로 등 다수의 인프라를 건설했다. 드와이트 아이젠하워 대통령이 1959년 12월 카불을 국빈 방문한 후 여러 해 동안 미국의 고위 지도자, 정치인, 우주비행사, 명사들의 아프가니스탄 방문이 꾸준히 이어졌다. 미국 평화 봉사단은 1962~1979년에 아프가니스탄에서 활동했다. 어느 시점에서 미국의 활동 규모와 영향은 아프가니스탄이 미국의 위성국이 될 위험이 있다는 모스크바의 우려를 낳았다. 종합해서 볼 때 그 20년 동안의 미국의 프로그램은 비군사적 국력수단들이 효과적으로 전개되었음을 드러냈다. 그 수단들은 외교, 개발원조와 인도적 원조, 민간 부문 전문가들의 활용(특히 농업에서), 학생 교류[아프가니스탄 고교의 교환학생이었던 잘메이 할릴자드(Zalmay Khalilzad)는 나중에 아프가니스탄, 이라크, 유엔 주재 미국 대사가 되었음], 전략적 소통이었다. 이러한 활동에 참여한 인사 다수가 이타적이었지만 미국 정부로서는 그 모든 것이 초강대국의 정치 문제였다.

1979년 성탄절과 그 전야에 8만 5000명의 소련 병력이 괴뢰정권의 존속을 위해 아프가니스탄으로 쏟아져 들어갔다. 그런 개입을 지지한 소련 지도자들은 군사작전이 비교적 짧을 것이라고 생각했는데, 이는 지도자들이 전쟁 결정을 전후해 여러 번 저지르는 통상적인 실수였다.

마지막 소련 군인이 아프가니스탄에서 나와 귀국한 것은 10년 뒤였다. 이 기간 1만 3310명의 소련군이 목숨을 잃고, 3만 5478명이 부상을 입었으며, 아프가니스탄에서 복무한 인원은 100만 명이 넘었다. 50만 명에서 200만 명의 아프가니스탄인들이 소련군의 손에 죽었으며 적어도 500만 명의 난민이 발생해 대부분 파키스탄으로 피난했다. 아프가니스탄전쟁이 소련의 붕괴에 기여했다는 것이 많은 전문가의 견해다. 아프가니스탄전쟁으로 역사는 그들의 편이라는 이념적 교리가 무너지고, 일국이 소련의 지배를 받게 되면 그 지배가 영속화된다는 브레즈네프 독트린(Brezhnev doctrine)은 거짓이 되었으며, 소련 지도부가 전쟁에 관해 거짓말을 일삼았기 때문에 국내에서 냉소주의와 회의론이 급증했다. 물론 시체 운반용 부대와 불구가 된 수만 명의 군인도 목격되었다.

소련의 아프가니스탄 침공이 소련에 의도치 않은 심각한 영향을 미쳤다면, 미국에도 그런 영향을 미쳤다. 반소 게릴라 조직 무자헤딘에 대한 미국의 지원은 카터 행정부에서 시작되어 레이건 행정부에서 급증했다. 1987년까지 미국은 무자헤딘에게 무기와 장비를 매년 10억 달러(사우디아라비아의 매칭 펀드를 포함함) 지출했는데, 특히 전쟁 결과에 중요하게 기여한 스팅어(Stinger) 대공미사일을 지원했다. 미국이 저항 단체를 위한 군수장교 역할을 했지만, 파키스탄 대통령 무함마드 지아울하크(Muhammad Zia-al-Haq)와 그의 군정보부(InterServices Intelligence organization, ISI)가 어느 저항 단체에 가장 좋은 무기를 줄지를 결정했다. 그 기간에 필자는 CIA 차장으로 이러한 활동에 깊이 관여했으며, 필자를 포함해 미국 정부의 고위직에 있던 어느 누구도 지아울하크의 이슬람 의제를 충분히 파악하지 못했다고 증언할 수 있다. 사실은 지아울하크는 미국이 공급한 대부분의 무기를 아프가니스탄의 가장 극단적인 일부 이슬람 단체에 주고 있었다. 부지불식간에 미국은 2001년 9월 11일 우리를 공격할 아프가니스탄 내의 단체를 무장시키고 강화시켰다. 정말이지 의도하지 않은 결과의 법칙이었다.

2001년 아프가니스탄에서 초기의 군사적 승리를 거둔 미국은 여러 해 전 소련 지도자들이 궁극적으로 아프가니스탄 내 상황을 얼마나 정확히 인지하게 되었는지, 그들이 얼마나 몹시 철수를 원했는지, 어떻게 해서 그들은 이 철수 방안에 관해 동의할 수 없었는지를 알고서 교훈을 얻었어야 했다. 1986년 6월 2일 소련 공산당 서기장 미하일 고르바초프는 "우리가 거기에서 빠져나와야" 한다고 정치국에 말했다. 1987년 1월 21일 회의에서 정치국원 예고르 리가초프(Yegor Ligachev)는 동료들에게 "우리가 패배했다"라고 했다. 국방부 장관인 세르게이 소콜로프(Sergei Sokolov) 원수조차 "소련은 이 전쟁을 군사적으로 이길 수 없다"라고 인정했다. 그러나 그들은 아프가니스탄 정부가 자력으로 생존할 수 없다는 것도 알았다. 1987년 2월 말 외무부 장관 안드레이 그로미코(Andrei Gromyko)는 아프가니스탄에 대한 보급 외에 대안이 없다고 말했다. 곧 KGB 수장으로 승진할 블라디미르 크류치코프(Vladimir Kryuchkov)는 모스크바가 "도망치듯이 모든 것을 버리고 떠날" 수는 없으며 아프가니스탄이 "이란, 튀르키예 및 근본주의자들의 교두보"가 되는 것을 허용할 수 없다고 했다. 고르바초프의 수석 대외정책보좌관 아나톨리 체르냐예프(Anatoly Chernyaev)가 1987년 8월 28일 자신의 일기장에 다음과 같이 적었다. "제기랄! 우리는 끌려 들어가서 이제는 어떻게 빠져나올지 모른다."

1986년 11월 소련은 모하마드 나지불라(Mohammad Najibullah)를 아프가니스탄 지도자로 있혔다. 1989년 소련이 군대를 철수했을 때도 여전히 나지불라가 권좌에 있었으며, 그는 계속해서 소련으로부터 경제적·군사적 지원을 제공받았다. 그는 1990년 신헌법을 통해 자신의 지위를 강화했는데, 그 신헌법으로 아프가니스탄은 공식적으로 이슬람 국가가 되었다. 1991년 12월 소련이 붕괴하자 그의 집권은 유지될 수 없었으며 모든 외부 지원이 끊겼다. 다음 해 4월 그는 축출되었다. 1992년 4월 24일 대부분의 아프가니스탄 파벌이 권력 분점에 합의한 페샤와르(Peshawar)*협정에 서명해 아프가니스탄이슬람국 임시정부를 수립했다.

페샤와르협정에 서명을 거부한 주요 단체로 히즈브 이슬라미(Hezb-e-Islami)

---

* 파키스탄 북서부의 중심 도시다(옮긴이 주).

가 있었는데, 그 지도자 굴부딘 헤크마티아르(Gulbuddin Hekmatyar)는 파키스
탄의 강력한 지원을 받는 파슈툰(Pashtun)족이었다. 헤크마티아르는 라이벌 저
항 단체와 유혈 투쟁(과 배신)을 벌인 오랜 역사가 있었기 때문에 그가 협정이
서명된 날에 카불을 공격한 것은 과거와 일관된 행태였다. 곧 전면적인 내전이
발생했다. 이후 4년 동안 카불은 전쟁터가 되어 여러 단체가 번갈아 도시를 장
악했지만 헤크마티아르가 최대의 피해와 인명 손실을 야기했다. 그것은 주로
그가 의도적으로 민간 표적을 타격했기 때문이었다.

이 기간에(그리고 이후에도) 파키스탄의 주된 목표는 카불에 파슈툰족이 지
배하는 정부를 앉히는 것이었다(파슈툰족은 아프가니스탄의 최대 인종 집단이며 파
키스탄에서는 두 번째 인종 집단이다). 1994년 헤크마티아르가 그러한 목표를 성
취할 수 없을 것이 분명해지자 파키스탄은 파슈툰족이 우세한 탈레반 쪽으로
지원 방향을 틀기 시작했다. 탈레반은 파키스탄 내 아프가니스탄 난민들을 위
한 종교학교, 즉 마드라사(madrassa)에서 성장한 운동 단체였다. 사우디아라비
아와 파키스탄의 지원을 받은 탈레반이 1996년 9월 카불을 장악했다. 카불 함
락 후 타지크족(Tajiks) 지도자 아흐마드 샤 마수드(Ahmad Shah Massoud)가 압
둘 라시드 도스툼(Abdul Rashid Dostum)과 병력을 합쳐 북부동맹을 결성했다.
그러나 탈레반에 대한 심각한 도전은 도스툼이 1997~1998년의 마자르이샤리
프(Mazar-i-Sharīf) 전투에서 탈레반에 패배하며 끝났다. 탈레반은 파키스탄 육
군참모총장 페르베즈 무샤라프(Pervez Musharraf)로부터 상당한 지원을 받았다.
마자르이샤리프에서 패배한 도스툼은 망명했으나 마수드는 러시아, 튀르키예,
이란, 인도 등의 지원을 받아 탈레반과 계속 싸웠다. 2001년 5월 4일 마수드는
브뤼셀의 유럽연합 의회에서 연설을 통해 인도적 원조를 호소했다. 필자가 듣
기로 대통령의 대테러보좌관인 리처드 클라크(Richard Clarke)가 마수드와 북부
동맹의 잔존 세력을 지원하려고 했지만, 부시(43대) 행정부 초기여서 클라크의
노력은 헛수고로 끝났다. 미국이 어떻게 해야 성과를 낼 수 있었는지는 알기 어
렵다. 마수드는 2001년 9월 9일 암살되었다.

소련이 철수한 후에 미국은 대체로 아프가니스탄을 무시했으며 1989년 카불 주재 대사관을 폐쇄하기까지 했다. 영화 〈찰리 윌슨의 전쟁(Charlie Wilson's War)〉의 마지막에 슬픈 장면이 있다. 영화에서 CIA가 소련과 싸우는 무자헤딘을 지원하는 수억 달러의 자금을 획득하는 데 중요한 역할을 했던 윌슨 하원 의원이 소련의 패퇴 후 아프가니스탄에 학교를 설립하기 위한 200만 달러를 얻어내려고 하지만 실패한다. 이것은 실화다.

소련의 철수 후 미국이 아프가니스탄을 무시한 결과 8년 뒤 탈레반이 결국 그 나라를 장악하는 데 기여했으며 미국이 개입하지 않으면서 극단주의자들이 들어설 공백이 생겼다고 주장하는 사람들이 있다. 조지 H. W. 부시(41대) 대통령의 국가안보 팀이 동유럽 해방, 독일 통일, 소련 붕괴, 제1차 걸프전쟁에 사로잡혀 있었지만, 국가안보보좌관인 브렌트 스코크로프트와 부보좌관인 필자가 미국 등이 10년 동안 전쟁과 파괴를 겪은 아프가니스탄을 어떻게 도울지에 관해 적어도 일정 시간을 할애해 숙고했어야 했다는 것은 아마도 맞는 말이다. 우리가 소련이 떠난 후 곧바로 대사관을 폐쇄했을 때 잘못된 신호를 보낸 것은 확실하다. 우리가 아프가니스탄인들이 소련을 물리치도록 도운 후, 짐작컨대 우리에게는 적어도 일정한 친선을 구축할 토대가 마련되어 있었다.

그렇기는 하지만 소련이 철수한 직후 몇 년 동안 카불에는 권력 공백이 없었다. 나지불라가 1986~1992년 대통령으로 군림했으며, 그가 축출된 것은 소련의 붕괴로 그와 그의 정부에 대한 외부 지원이 모두 끊긴 뒤였다. 미국 행정부나 의회에서는 나지불라를 지원하려는 욕구가 전혀 없었는데, 이는 그를 소련의 앞잡이로 간주했기 때문이었다. 나지불라가 축출된 후 이 나라의 내전에서 어느 편을 들지에 관해서는 더욱 흥미가 없었다.

후견지명을 동원하면 당시에는 분명하지 않았던 사실이 드러난다. 내전이 한창 진행되던 1994년까지 물라 무함마드 오마르(Mullah Muhammad Omar)는 탈레반을 창설하지도 않았으며, 오사마 빈 라덴은 탈레반이 승리한 후 2년이 지나서야 아프가니스탄에 도착한다. 합리화처럼 보이지만 당시의 현지 상황을

(탈레반에 대한 파키스탄의 대규모 군사 지원을 포함함) 감안할 때, 클린턴 행정부가 형식적인 지원 이상을 제공할 수는 없었을 것이라고 본다. 그리고 미국이 도와서 더 좋은 결과를 만들 수도 없었을 것이 틀림없다.

빌 클린턴 대통령은 첫 임기 중 부시(41대) 행정부처럼 아프가니스탄을 계속 무시했지만 가중되는 테러 위협 — 결국 이 위협 때문에 아프가니스탄이 미국의 공격 대상이 됨 — 에 직면하지 않았다. 클린턴이 대통령에 취임하고 5주가 지난 1993년 2월 26일 테러범들이 뉴욕 세계무역센터를 공격해 여섯 명의 사망자와 1000명이 넘는 부상자를 냈다. 공격의 주모자인 람지 유세프(Ramzi Yousef)는 아프가니스탄에 있는 알카에다 캠프에서 훈련을 받았으며 자신의 숙부인 칼리드 셰이크 모하메드(Khalid Sheikh Mohammed) — 알카에다 단원으로 같은 표적을 폭파한 2001년 9월 11일 공격을 기획했음 — 로부터 공격 자금을 받았다.

1994년 말 필리핀 경찰이 '보진카(Bojinka)'라는 암호명의 야심 찬 테러 계획을 좌절시켰다. 전모가 드러난 그 음모는 1995년 1월 중순 교황 요한 바오로 2세(John Paul II)가 필리핀을 방문할 때 교황을 살해하고, 아시아에서 미국으로 가는 여객기 11대에 폭탄을 설치해 일주일 뒤 주로 미국인들인 수천 명의 승객을 죽인 다음 한 여객기를 CIA 본부에 충돌시킨다는 계획이었다. 그 음모를 위한 자금은 빈 라덴의 처남이 운영하는 여러 위장 조직과 빈 라덴이 제공했다.

사우디아라비아의 부자인 빈 라덴은 무자헤딘의 대소 항전에 깊이 관여했는데 주로 자금줄 역할을 했다. 필자는 1986~1989년 CIA 차장으로 있으면서 아프가니스탄 게릴라를 지원하는 비밀 프로그램을 감독하고 매주 그 진행 상황을 보고받았다. 필자는 그들의 항전과 관련해 빈 라덴의 이름을 들어본 기억이 없다. 빈 라덴과 그의 추종자들은 소련군이 철수한 후에 아프가니스탄과 페샤와르에 머물렀으며, 반미·반서방으로 급진화한 그들은 특히 제1차 걸프전쟁 때 미군의 사우디아라비아 주둔에 반대해 알카에다 테러 공세를 음모했다.

클린턴 행정부, 특히 대통령의 대테러보좌관인 리처드 클라크는 빈 라덴의 위협을 심각하게 여겨 알카에다에 관한 첩보를 더 많이 수집하라고 CIA에 촉구했다. 뉴욕 세계무역센터에 대한 1993년 공격이 발생하고 보진카 음모가 드러난 후 좌절된 다른 음모들도 있었음을 감안해 1996년 1월 CIA는 '대테러센터' 내에 알카에다를 전담하는 '부서(station)'를 설치했다. 1991년 빈 라덴은 본부를 수단으로 옮겼고, 1996년 초에 미국은 그를 추방하도록 수단을 압박하기 시작했다. 하지만 그해 빈 라덴이 수단을 떠나 아프가니스탄으로 귀환한 것은 미국의 압력 때문이 아니라 탈레반이 그해 가을 카불을 장악하고 그 지도자인 물라 오마르가 빈 라덴을 환영했기 때문이었을 것이다. 이리하여 탈레반과 알카에다 간의 공생 관계가 시작되었다.

1998년 2월 빈 라덴은 세계 어디든 미국의 군사·민간 표적에 대한 공격을 요구하는 파트와를 발표했다. 5월 빈 라덴은 자신의 지지자들이 걸프 지역 내 미국 표적을 타격할 것이라고 했으며, 6월 인터뷰에서는 미국 군용기를 미사일로 격추하겠다고 위협했다. 두 달이 지나지 않은 1998년 8월 7일 알카에다는 케냐와 탄자니아 주재 미국 대사관을 타격했다. 미국인 12명을 포함해 224명이 목숨을 잃고 약 5000명의 아프리카인과 미국인이 부상당했다.

그 직후 미국은 빈 라덴과 그의 측근 보좌진이 8월 20일 아프가니스탄 내 특정 장소에서 회동할 계획임을 알았다. 클린턴은 그 장소와 함께 아프가니스탄 내 알카에다 훈련 캠프와 수단 내 VX 신경가스 무기 저장소로 의심되는 곳에 대한 순항미사일 타격을 지시했다. 79발의 미사일이 표적들을 타격해 20명가량 알카에다 단원을 죽이고 다수에게 부상을 입혔다. 빈 라덴은 사상자 가운데 없었다. 그날 클린턴은 백악관 집무실에서 대국민 성명을 통해 빈 라덴이 '오늘날 세계에서 단연코 국제 테러를 조직하고 자금을 대는 자'로서 미국에 대한 테러 전쟁 감행을 맹세했다고 말했다. 곧이어 클린턴은 빈 라덴과 알카에다에 대해 경제제재를 부과하는 여러 행정명령에 서명했으며 나중에 탈레반도 제재에 포함시켰다. 그는 또한 CIA가 빈 라덴을 잡기 위해 '치명적인 힘'을 사용하도록 승인했다. 8월 20일의 순항미사일 공격이 20여 년간 계속될 미국의 아프가니스탄전쟁의 시발이 될 것이라고 생각한 사람은 당시 하나도 없었다.

매들린 올브라이트에 따르면 미국의 공격 후 이틀이 지나 물라 오마르가 국무부 남아시아국의 간부 마이클 맬리나우스키(Michael Malinowski)에게 전화해 그 공습은 반생산적이었으며 클린턴은 사임하고 미군은 사우디아라비아에서 철수해야 한다고 했다. 맬리나우스키는 오마르에게 빈 라덴을 넘기라고 촉구하고 정식 대화를 제의했다. 오마르가 회담에 동의했으며, 몇 주 뒤 파키스탄 주재 미국 대사 윌리엄 밀람(William Milam)이 시작한 탈레반과의 회담이 2년 동안 지속되었다. 미국의 메시지는 일관되고 단순했다. 빈 라덴을 넘겨라. 탈레반 지도자들은 핑계를 대며 거부했다.

1998년 말 행정부는 탈레반 지도자들에게 장래 빈 라덴이 저지르는 테러 행위의 책임을 지울 것이며 미국은 예방적 자위 조치로서 또는 장래 공격에 대한 대응 조치로서 군사력을 사용할 권리를 보유한다고 선언하며 더욱 탈레반을 압박했다. 행정부는 파키스탄, 사우디아라비아, 아랍에미리트에 빈 라덴을 넘기라는 미국의 요구를 지지해 달라고 요청하고, 탈레반이 거부하면 아프가니스탄 항공기의 착륙 거부, 금융자산 동결, 탈레반 지도자들의 해외여행 금지 등을 시행하라고 요청했다. 1999년 7월 미국은 탈레반에 제재를 부과하고, 10월에는 유엔 안보리가 만장일치로 같은 조치를 취했다. 이 모든 조치가 탈레반을 고립시켰지만 빈 라덴을 넘기도록 설득하지는 못했다. 올브라이트는 "우리는 현상금을 내걸고, 자산을 동결했으며, 대테러 예산을 세 배로 늘려 테러 진압 훈련과 기술 연구를 서둘렀다"라고 언급했다. 문제는 미국의 경제적·정치적 권력수단이 이웃 파키스탄의 지원을 받으며 가난하고 고립된 원시적 국가를 다스리는 무도한 정권에 대해서는 아무 소용이 없다는 사실이었다.

1999년 후반기 알카에다의 수많은 공격 의도를 우려하는 정보 보고서가 여럿 올라왔다. 조지 테닛 중앙정보장은 빈 라덴이 "2000년에 전 세계에서 5~15차례의 공격을 계획하고 있으며 이 중 일부는 미국 내에서 일어날지 모른"다고 클린턴 대통령에게 보고했다. 12월 14일 아흐메드 레삼(Ahmed Ressam)이 워싱턴

주 포트앤젤레스(Port Angeles)에서 체포되었다. 레삼의 자동차에 한두 개의 대형 폭탄을 만들 재료가 들어 있었다. 그가 아프가니스탄의 알카에다 캠프에서 훈련을 받았음이 나중에 드러났다. 그의 표적은 로스앤젤레스 국제공항이었다. 알카에다의 계획에 관한 대부분의 정보 보고는 해외의 미국 시설과 시민에 대한 공격에 집중되었다. 레삼의 계획으로 알카에다가 미국으로 오고 있음이 분명해졌다. 그러나 그의 계획이 충분한 경종을 울리지는 못했다.

필자가 보기에 빈 라덴을 미국으로 넘기지 않겠다는 탈레반의 의지는 확고 부동했는데, 그 부분적 이유는 파키스탄 군부가 원하지 않아서였다. 1999년 7월 4일 클린턴은 파키스탄 총리 나와즈 샤리프(Nawaz Sharif)를 만나 자신이 과거 세 차례나 빈 라덴을 잡는 데 파키스탄의 도움을 요청했음을 상기시켰다. 클린턴은 알카에다가 어쩌면 미국을 포함한 전 세계에서 미국 시설과 관리들을 추가 공격하려고 계획하고 있다는 보고들을 언급했다. 클린턴은 샤리프에게 그의 추가적인 도움이 없으면 미국은 파키스탄이 "사실상 아프가니스탄 내 테러리즘을 지원하고 있음"을 공표하겠다고 분명히 말했다. 1999년 10월 12일 무샤라프 장군이 샤리프 정권을 무너뜨렸다. 쿠데타가 발생한 직후 빈 라덴을 사로잡거나 죽이기 위해 파키스탄 특공대를 아프가니스탄으로 파견하려던 계획이 취소되었다. 그들 사이에 연계가 있었는지 여부는 그때나 지금이나 불분명하다.

테닛에 따르면 2000년 1월 1일부터 테러 위협에 관한 보고가 잠잠하다가 늦여름이 되자 다시 급증했다. 10월 12일 알카에다 테러범들이 아덴(Aden)항에서 미국 전함 콜호를 공격해 수병 12명을 죽였다.

2000년 12월 8일 테닛은 클린턴 대통령과 국가안보 팀에 향후 몇 주 동안 미국의 이익에 대한 공격 위험이 증가할 것이라는 보고서를 보냈다. 보고서를 보면 "빈 라덴의 활동에 관해 가장 신빙성 있는 첩보는 그의 조직이 중동, 특히 아라비아반도, 튀르키예, 서유럽에 있는 미국의 시설을 주시하고 있음을 시사한다. 그러나 빈 라덴의 네트워크는 글로벌하며 미국을 포함한 다른 지역에서도 공격할 능력이 있다"라고 했다.

곧 취임할 부시(43대) 행정부는 그 경고를 심각하게 받아들였으며, 클린턴의 대테러 팀을 유지하고 화를 잘 내지만 유능한 팀장 딕 클라크(Dick Clarke)를 유임시켰다. 2001년 1월 31일 조지 W. 부시의 국가안보보좌관 콘돌리자 라이스가 클라크에게 알카에다 대처 전략을 개발하도록 '그린 라이트'를 주었다. 라이스의 나중 기술에 따르면 부시 대통령은 테러 공격에 대응하는 자신의 방안이 순항미사일이나 폭탄을 사용해 보복하는 것에 국한되지 않기를 바랐다. "이제 필요한 것은 알카에다를 물리치는 전략이 아니라 그 위협을 제거하는 전략이었다."

라이스와 부보좌관 스티븐 해들리는 또한 역내 다른 행위자들의 역할과 함께 파키스탄 문제를 해결해야 한다고 확신했다. 아프가니스탄 내에서 미국의 가장 좋은 접촉선은 우즈베크족(Uzbeks)과 타지크족이 이끌고 인도와 러시아의 지원을 받는 북부동맹이었다. 그러나 아프가니스탄(그리고 탈레반) 내의 최대 인종 그룹은 파키스탄의 지원을 받는 파슈툰족이었다. 탈레반과 그 지도자들을 위한 피난처 제공 등 파키스탄의 파슈툰족 지원은 네 명의 미국 대통령을 잇달아 괴롭히게 된다.

클린턴이 빈 라덴을 죽이거나 생포할 기회를 여러 번 놓쳤는지 여부와 부시가 미국에 대한 큰 공격이 임박했다는 여러 경고에 주의를 기울였는지 여부를 놓고 관련된 사학자, 열성 지지자, 미국 관리들이 끝없는 논쟁을 벌일 것이다. 두 대통령과 그 고위 보좌관들은 자신들의 조치를 변호했으며, 두 대통령은 비판자들이 완벽한 후견지명 덕을 보면서 부당하게 비방한다고 느낀다. 그러나 분명한 사실이 여럿 있다. 첫째, 1996년 무렵 클린턴 행정부는 빈 라덴을 파악하고 그를 저지하려고 했으며 1998년에는 그를 죽이려고 시도했다. 둘째, 필자가 오랜 경험을 통해 알기로는 정보 보고란 나중에 돌이켜 보면 모호하지 않지만 그 당시에는 모호한 것투성이다. 예를 들어 1983년 베이루트에서 해병대 막사가 테러 공격을 받은 사건에서 우리는 공격이 임박했다는 경고를 많이 받았지만, 그 시기나 방법을 감지하지 못했기 때문에 — 그리고 해병대라도 최고의 경계 태세를 유지할 수 있는 시간은 한정되어 있기 때문에 — 200명 이상의 목숨을 앗아간 그 공격을 예측하지 못했다. 2001년 여름 동안 테러 공격이 임박했다는 경고는 많이 있었지만, 어디서 또는 언제에 관한 구체성이 없었다. 그리고 관계된 미국 관리들 대부분이 미국에 대한 공격은 해외에서 있을 것이라고 생각했다. 셋째, 사담 후세인, 베이루트의 인질범들, 미국 내에서 17년 동안 잡히지 않은 유나바머(Unabomber),* 아프가니스탄 내의 빈 라덴 등과 같이 자신의 본거지에 숨어 있는 악한을 찾아내기란 지난한 일이다.

이러한 점을 고려하더라도 클린턴과 그의 국가안보 팀이 빈 라덴을 잡고 추가 테러를 방지하기 위해 광범위한 권력수단을 사용한 것은 중요한 특기 사항이다. 외교를 통해 각국과 새로운 대테러 협력 협정이 맺어지고 국제적 사법 공조가 동원되었으며 탈레반에 대해 국제 제재가 가해졌다. 빈 라덴을 아프가니스탄에서 끌어내고 파키스탄의 지원을 얻기 위해 경제적 레버리지가 사용되었다. 각국의 대테러 역량을 제고하기 위해 안보 지원이 제공되었으며, 정보 공유 협정도 크게 확충되었다. 알카에다의 공격을 막고 알카에다에 관한 첩보를 수집하며 알카에다를 공격하기 위한 비밀공작이 추진되었다. 그리고 기회가 생기면 빈 라덴을 살해하기 위한 비밀 군사작전이 감행되었다. 이러한 공개·비공개 조치들이 2001년 부시 행정부에서도 계속되었다. 신행정부는 알카에다 자체에 심각한 타격을 입히려면 3~5년이 걸릴 것으로 생각하고 있었다.

이 모든 조치로도 2001년 9월 11일의 뉴욕 세계무역센터에 대한 공격을 방지하지 못한 것은 비극이다.

---

* 1978~1995년 주로 미국 내 대학과 항공사를 대상으로 16차례 우편물 폭탄 테러를 실행한 수학 천재 시어도어 카진스키(Theodore Kaczynski)에게 붙은 별명이다(옮긴이 주).

9·11 이후 아프가니스탄에서 탈레반을 축출하고 알카에다를 파괴하기 위한 군사작전은 뛰어난 기획을 거쳐 능숙하게 수행되었다. 보복 타격을 통해 응징하는 방안은 빠르게 폐기되었는데, 그러한 접근법은 1998년 (케냐와 탄자니아 주재 미국) 대사관 폭파 사건 이후 시도되었으나 아무런 효과가 없었다. 부시는 "혼내줄 필요가 있다"라면서 지상군 파견을 원했다. 9·11 공격 후 열흘 만에 열린 백악관 회의에서 미군 중부사령부 사령관 토미 프랭크스(Tommy Franks) 대장과 합동특수작전사령부의 델 데일리(Dell Dailey) 소장이 미군 특수전 부대와 북부동맹 전사들을 연계시켜 탈레반을 공격하자고 제안했다. 두 장군은 2주 내에 작전을 개시할 수 있을 것이라고 생각했다. CIA 요원들이 먼저 들어가 북부동맹과 연락 체계를 수립한 다음 미군 특수전 부대가 합류한다는 것이었다. 도널드 럼즈펠드는 "북부동맹이 합세하면 미국의 특수전 부대가 그들의 무기를 개선하고 보급품을 공급하며 정밀 공습을 요청할 지상 관제소의 역할을 한다는 것이었다. 작전은 위성통신, 레이저 지시기, GPS(Global Positioning System) 역량, 강력한 정밀 탄약을 사용하되 우호적인 아프가니스탄인들의 정보, 언어 능력, 문화적 친숙성, 지상 전투 인력과 결합시킨다는 것이었다"라고 했다.

부시 행정부는 파키스탄의 탈레반 지원을 충분히 파악하고 있었으며 9·11 공격 후 재빨리 무샤라프 대통령에게 선택을 강요했다. 9월 13일 콜린 파월 국무부 장관은 무샤라프에게 전화를 걸어 탈레반과의 관계 단절 등 요구 사항을 제시하며 그 파키스탄 지도자에게 한쪽 편을 택해야 한다고 했다. 곧이어 부시와 통화했을 때 무샤라프는 "우리는 당신들 편"이라고 했다. 미국 행정부 관리들은 무샤라프 정부, 특히 군부와 정보기관 인사들이 계속해서 탈레반을 돕고 있음을 인정하면서도 무샤라프의 말을 곧이곧대로 믿은 것 같다. 필자는 무샤라프가 끊임없이 한 입으로 두말하는 사람이며 미국을 도우면서도 탈레반을 지원한다고 늘 생각했다. 파키스탄인들과 — 그리고 무샤라프와 — 공모하지 않았다면 물라 오마르와 탈레반 지도자들이 수년 동안 페샤와르와 퀘타(Quetta)에서 거주하고 활동하는 것이 불가능했을 것이다.

미군 특수전 부대의 1차 투입이 10월 7일 있었으며, 그날 저녁 부시는 미국 국민에게 탈레반이 빈 라덴을 넘기기를 거부했으며 따라서 미국은 아프가니스탄 정권과 전쟁 중이라고 발표했다. 10월 19일 미군 특수전 부대가 도스툼과 그의 북부동맹 부대와 연결되었으며, 같은 날 200명의 육군 유격대가 탈레반의 심장부인 남부 아프가니스탄에 착륙했다. 거기서 그들은 반탈레반 파슈툰족 지도자 하미드 카르자이(Hamid Karzai)와 합류했다. 11월 9일 미군 특수전 부대(일부는 말을 탔음)와 합세한 도스툼 부대가 마자르이샤리프를 장악했다. 헤라(Hera, 11월 11일), 카불(13일), 잘랄라바드(Jalalabad, 14일), 칸다하르(Kandahar, 12월 7일)가 차례로 함락되었다. 탈레반과 알카에다는 결국 파키스탄으로 도주했다. 2개월 공세가 성공해 미국은 탈레반을 축출한다는 목표를 성취했다. 빈 라덴은 잡히지 않았지만, 더 이상 아프가니스탄이 알카에다의 테러 기획과 공작을 위한 기지 역할을 하지 못할 것이었다.

외교적 성공이 군사적 성공담을 보완했는데, 카불의 임시정부 수립에 관해 아프가니스탄 파벌들과 이해 당사국들 사이에 합의가 도출되었다. 군사 공세의 성공과 뒤이은 정치적 합의는 아프가니스탄 내 여러 파벌뿐 아니라 그 접경국(파키스탄, 이란, 중국, 우즈베키스탄, 타지키스탄, 투르크메니스탄)과 러시아의 이해관계에도 영향을 미칠 것이었다. 북부동맹의 공세가 거침없이 카불로 진격할 때 탈레반의 축출은 1990년대 초의 내전 상황으로 되돌아갈 뿐이라는 우려가 팽배했다. 특히 파키스탄은 북부동맹이 지배하는 카불 정부를 위협으로 보았는데, 그것은 인도가 오랫동안 북부동맹을 지원했기 때문이다.

10월 초부터 부시 행정부, 특히 국무부가 아프가니스탄의 후계 정부에 관한 정책을 내부적으로 개발하기 시작한 것은 그들의 공적이다. 파월 국무부 장관은 베테랑 외교관 제임스 도빈스(James Dobbins)를 아프가니스탄 야권에 보낼 특사로 임명했다. 미국의 목표에 관해 내부의 합의를 도출하고 아프가니스탄과 국제사회의 동의를 확보하는 과업이 도빈스와 NSC 국장 할릴자드에게 떨어졌다. 아프가니스탄의 역사를 감안할 때 그들이 떠맡은 과업은 과장하기 어려울 정도로 벅찼다. 미국 정부 안에서만 해도 도빈스는 NSC, 국방부, CIA는 물론이고 국무부의 네 개 지역국(남아시아국, 유럽국, 중동국, 동아시아국)을 상대해야 했다. 그중 CIA는 모든 주요 군벌에 연락관을 파견했다. 국무부는 유엔 주재 대사 존 네그로폰테(John Negroponte)에게 자문해 아프가니스탄의 후계 정부 문제를 처리할 유엔 주관의 회의를 제의했다. 그 회의는 아프가니스탄 내 모든 파벌뿐 아니라 인접국 등 결과에 이해가 얽힌 각국 대표도 포함했다.

유엔사무총장은 라흐다르 브라히미(Lakhdar Brahimi) 대사를 아프가니스탄 특사로 임명했다. 브라히미는 유엔 주관의 회의 개최 방안을 수용했지만 모든 아프가니스탄 파벌이 참석한다는 보장을 받을 때까지 회의 날짜 발표를 미루었다. 그는 그러한 보장을 받는 일을 미국에 의존했다. 도빈스와 할릴자드가 해외로 파견되어 이해관계가 있는 각국 정부로부터 회의 개최 동의를 받고 유망한 새 지도자에 대해 타진했다. 튀르키예와 파키스탄은 파슈툰족인 카르자이가 최선의 후보라고 도빈스에게 말했는데, 특히 파키스탄은 북부동맹이 주도하는 정부는 수용할 수 없다고 분명히 했다. 도빈스가 아프가니스탄에서 북부동맹 지도자들을 만났을 때, 그들은 "모든 지역과 모든 인종을 대표하는 거국 정부 수립을 추진할" 용의가 있다고 말했다. 이란과도 직접 협상하도록 파월의 위임을 받은 도빈스는 회의 개최 전날 밤에 이란 대표단을 만났는데, 그들도 카르자이라면 새 지도자로 동의하겠다고 내비쳤다.

회의가 11월 27일 독일 본에서 열렸다. 25명의 아프가니스탄인들이 모든 주요 파벌을 대표해 참석했다. 12월 5일 '항구적 정부 제도 재수립까지 아프가니스탄 내 임시 조치에 관한 협정(일명 본협정)'이 발표되었다. 그 협정에 따르면 의장이 주재하고 30인으로 구성된 아프가니스탄 임시정부가 6개월 활동한 후 '비상' 로야 지르가(loya jirga), 즉 전통적 아프가니스탄 원로회의에서 거국 과도 정부를 선임하게 되었다. 그 과도정부는 "완전한 대표 정부가 자유·공정 선거를 통해 선출될 때까지 아프가니스탄을 이끌되 비상 로야 지르가 개최일로부터 2년 내에 선거를 실시"하기로 되었다. 과도정부 수립 후 18개월 내에 제헌

로야 지르가를 개최해 아프가니스탄 신헌법을 채택할 예정이었다. 카르자이가 임시정부와 후속 과도정부의 의장으로 선출되었다. 본협정은 유엔 주관으로 한 부대를 설립하도록 규정했는데, 그 부대는 "카불과 인근 지역의 치안을 유지하되, 점진적으로 다른 도심과 지역으로 적절히 확대될 수 있다"라고 규정되었다. 그것은 아프가니스탄군을 훈련시키려는 의도이기도 했다.

12월 20일에 유엔 안보리가 본협정과 국제안보지원군(International Security Assistance Force, ISAF) 창설을 승인했으며, 이틀 뒤 주권적 권력이 아프가니스탄 임시정부로 이양되었다. 미군이 아프가니스탄에 첫발을 내딛고 약 10주 만에 탈레반과 알카에다가 축출되고 유엔이 승인한 주권적 아프가니스탄 임시정부로 대체되었다. 임시정부는 모든 주요 파벌을 대표했는데, 그들 중에 일부는 10년 동안 서로 전쟁을 벌였고 일부는 아득한 옛날부터 전쟁을 벌였다. 그것은 미국의 놀라운 군사적·외교적 성취였다. 11명의 미군이 사망하고 35명이 부상했다. 미국은 매우 가벼운 군대 파병과 놀라운 속도로 목표를 성취했으며 사상자도 상당히 적었다. 이러한 성공은 군사력과 외교력을 비범하게 행사한 결과였다.

그러나 끝없는 전쟁의 씨앗은 맨 처음에 뿌려졌다. 부시 대통령은 "우리는 그 나라를 원시적 독재에서 해방시켰으며, 우리에게는 무언가 더 나은 것을 남겨야 할 도덕적 책무가 있다. 또한 아프가니스탄 국민이 자유 사회를 건설하도록 돕는 것이 미국의 전략적 이익이다. 테러범들은 혼돈, 절망, 억압이 판치는 곳으로 피신한다. 민주적인 아프가니스탄은 극단주의자들의 비전에 대한 유망한 대안이 될 것이다"라고 했다. 해들리에 따르면 부시는 테러리즘과의 싸움은 무력과 함께 미래를 위한 긍정적이고 희망찬 비전을 수반해야 한다고 생각했다. 그래서 부시와 카르자이가 백악관 집무실에서 처음 회동했을 때, 그들은 아프가니스탄의 군대와 경찰을 훈련시킬 필요성뿐만 아니라 도로, 병원, 학교 건설의 중요성에 관해서도 논의했다. 라이스는 후일 9·11 공격 엿새 뒤인 9월 17일 NSC 회의에서 "우리는 우리가 가서 그들의 형편을 개선해야겠다는 책무를 느꼈다. 그래서 아프가니스탄 여성의 해방이 일찍부터 정책 목표로 등장했다"라고 기술했다.

본협정은 엄청나게 야심 찬 목표를 설정했다. 협정은 신헌법이 승인될 때까지 국법 체계는 자히르 샤의 1964년 헌법(군주와 옛 행정부와 입법부의 역할은 제외함)이라고 선언하는 한편 독립적인 사법부, 대법원, 중앙은행, 독립적인 중앙인사위원회, 독립적인 인권위원회를 설립한다고 규정했다. 임시정부가 "여성 참여를 보장하고 임시 행정부와 비상 로야 지르가에서 모든 인종·종교 공동체가 공평하게 대표되도록 보장할" 책임을 맡았다. 본협정은 또한 성(gender)인지적이고 다인종적이며 대표성이 완전한 거국 정부를 요구하고 정부 관리들의 "국제 표준과 일치하는 행동 규범" 준수, 즉 부패 근절을 요구했다. 본협정은 "아프가니스탄 내의 모든 무자헤딘, 군대, 무장 단체"가 카불 임시정부의 지휘를 받는다고 선언하고 "인권에 관한 국제 규범과 인도주의 국제법"을 준수하도록 요구했다. 아프가니스탄은 미국 등 서방 민주국가의 도움을 받아 그들의 모습대로 개조될 예정이었다.

카불 중앙정부의 지방에 대한 장악력이 역사적으로 제한적이었으며 군벌과 막후 실세뿐 아니라 종교·부족 지도자들의 힘과 영향력이 지속되는 등 1920년대와 1960년대 아프가니스탄에서 개혁이 실패한 사실에 비추어 볼 때, 그해 가을과 겨울 미국의 정책 결정자들은 본협정이 추구하는 도전의 크기를 제대로 파악하지 못했다는 것이 필자의 생각이다. 2001년 이후의 아프가니스탄 대통령 카르자이는 카불 시계(市界) 밖으로는 거의 권력을 미치지 못했기 때문에 종종 '카불 시장'이라는 조롱을 받았지만, 그것은 자히르 샤나 그 전임자들도 마찬가지였다.

한 미국의 고위 인사가 덜 야심 차고 아주 다른 접근법을 촉구했다. 2001년 11월 6일 럼즈펠드 국방부 장관이 부시 대통령에게 다음과 같이 전화로 건의했다. "제 생각에 우리의 임무를 아프가니스탄으로 도망친 테러범들을 잡는 데 국한시킬 필요가 있습니다. 우리가 아프가니스탄을 탈바꿈시키는 것으로 업적을 쌓으려고 해서는 안 됩니다." 럼즈펠드는 나중에 다음과 같이 기술했다. "우리가 부패를 근절시키거나 양귀비 재배를 끝내려고 거기에 간 것이 아니었다. 우리가 아프가니스탄 문제를 떠안는 것은 여러 호의적인 미국인들의 구미에 당겼지만, 그러려고 거기 간 것이 아니었다. 그 대신에 아프가니스탄인들이 자신들의 운명을 책임지며 자신들이 원하는 방식으로 사회를 건설할 것이었다. (……) 아프가니스탄을 미국 같은 번영하는 국민국가로 개조하기 위해 또는 그 나라의 모든 오지 마을에 미국 수준의 치안을 가져오기 위한 목적으로 미군을 파병하는 것은 현명하지 못하고, 우리의 역량을 한참 넘어서며, 미군을 희생시킬 만한 가치가 없다는 생각이 떠올랐다." 럼즈펠드가 아프가니스탄에 대한 부시의 열망을 과장했지만, 필자는 부시가 보다 제한된 목표 — 자국민의 권리와 존엄에 관심을 보이고 존중하는 포용적 정부 — 를 염두에 두었어도 이후의 사태에서 보듯이 벅찬 과제였다고 생각한다. 2001년 가을 럼즈펠드가 아프가니스탄에 대한 미국의 목표를 제한하려고 얼마나 강하게 밀어붙였는지 모르지만, 그해 11월 6일 그가 전화로 주장한 논점은 정확하게 옳았다.

필자가 보기에 아프가니스탄에 주둔해 거버넌스와 문화를 바꾸는 것이 중요하다는 백악관 내부의 생각은 소련군 철수와 탈레반 집권 사이에 발생한 공백 상태가 내전과 탈레반의 승리로 이어졌다고 보는 견해의 영향을 받았다. 당시 국가안보부(副)보좌관이었던 해들리가 나중에 필자에게 말했듯이, 행정부는 만일 미국이 탈레반을 축출한 후 아프가니스탄에서 철수한다면 다시 공백 상태와 극단주의자들의 복귀로 이어질 것이라고 생각했다.

필자는 그들이 1990년대 초반의 교훈을 오해했다고 본다. 1992~1996년의 혼란 사태와 대조적으로 2001년의 탈레반 축출은 정부를 구성하기 위한 정치 과정과 그 수반에 대한 주요 아프가니스탄 파벌들의 합의로 이어졌으며, 이 모든 것이 미국의 권력 행사 덕분이었다. 그 합의는 본에서 국제적으로 승인되었으며 모든 아프가니스탄 인접국의 지지를 받았다. 유엔과 미국은 처음부터 다른 국가들이 우리와 같이 협력해 아프가니스탄 신정부를 지지하고 강화하도록 상당한 노력을 기울였다. 유엔은 본 회의를 주관하고 국제안보지원군을 승인했다.

공정하게 말하자면 부시 행정부는 2001년 12월 22일 아프가니스탄 국민과 카르자이에게 주권을 이양하면서 철수하려고 했으며, 특히 유엔이 위임하고 나토가 주도하는 국제안보지원군에 치안을 인계하고 유엔 주관의 재건·평화 유지 활동에 서명한 여러 국가들과 협력해 철수하려고 했다. 미국의 아프가니스탄 개입은 그런 총체적 노력을 결합시키는 접착제였다. 그러나 미국의 장기적 개입의 규모와 형태를 결정한 것은 우리의 야심 찬 아프가니스탄 목표였다.

우리가 지난 20여 년에 걸쳐 아프가니스탄에서 직면한 도전 때문에 실제로 2002~2005년에는 일이 대단히 잘 진행되었다는 사실이 기억에서 사라지고 있다. 카르자이는 여러 인종 집단 지도자들 ─ 가령 도스툼과 타지크족 지도자 모하메드 카심 파힘 칸(Mohammed Qasim Fahim Khan) ─ 을 정부로 끌어들였다. 여성들에게 학교가 개방되고 여성들이 사업과 정치과정에 참여하기 시작했으며 매우 자유롭고 개방적인 언론 매체들이 빠르게 출현했다. 폭력 수준이 낮게 유지되었으며 2004년 수백만 명의 아프가니스탄인이 투표에 참여해 카르자이를 대통령으로 선출했다. 수백만 명의 피난민이 귀향할 정도로 국내 정세가 호전되었다. 대부분 미국의 장비와 훈련을 지원받아 새로운 아프가니스탄군이 창설되고 훈련이 진행되었다. 다만 그 규모는 아프가니스탄 정부가 감당할 수 있고 당시의 안보 환경에 상응하는 수준(7만 명 이하)으로 일부러 제한되었다. 이 기간에 아프가니스탄 주둔 미군은 1만 5000명을 넘지 않았다.

그러나 미국 정보기관들은 탈레반이 2001년 아프가니스탄에서 축출된 후 파키스탄에서 병력을 재편성하고 재무장해 전열을 가다듬은 것을 감지하지 못했다. 탈레반이 아프가니스탄 동부와 남부로 침투하기 시작했는데, 항상 표리부동한 파키스탄인들이 방해하기는커녕 도움을 준 것이 틀림없다. 미군이 활성화된 탈레반과 처음 부딪친 주요 교전이 2005년 6월 28일 벌어졌다. 네 명의 네이비실(Navy SEAL) 대원이 잘 조직된 매복 공격을 받았으며, 그들을 지원하기 위해 네이비실과 육군 특공대를 증파했으나 그들을 태운 헬기가 격추되었다. 헬기에 탑승한 16명의 미군뿐 아니라 지상의 네이비실 대원 세 명이 사망했다. 그날의 미군 사망자 수는 아프가니스탄전쟁의 단일 교전에서 발생한 최악의 피해였으며 탈레반이 돌아왔다는 경종이었다.

이후 여러 달 동안 특히 아프가니스탄 동부와 남부에서 폭력 수준이 꾸준히 증가했다. 상황이 급격하게 악화한 것은 2006년 가을 무샤라프 대통령이 아프가니스탄 접경지대의 파키스탄 부족 지도자들과 모종의 거래를 했을 때였다. 무샤라프는 그들이 알카에다와 탈레반이 그들의 땅에서 활동하지 못하도록 막는다면 그곳에서 파기스탄 부대를 철수시키겠다고 위협했다. 그 냉소적인 거래는 본질적으로 탈레반에게 파키스탄 쪽 접경 지역에 안전지대를 제공한 것이었다. 2006년 말까지 아프가니스탄 내 탈레반의 공격 횟수가 200% 이상 급증했으며, 무샤라프의 거래 이후로는 300% 이상 급증했다. 도로변 폭탄 공격이 2005년 783건에서 2006년 1677건으로 증가하고, 직접적인 공격은 1558건에서 4542건으로 증가했다. 2006년 말 미군 병력이 약 2만 1000명으로 늘었다.

군사적 측면에서 볼 때 2006년 말부터 2009년 12월까지는 워싱턴에서 아프가니스탄 정책이 여러 번 재검토되던 시기였으며 매번 미군 증강이 뒤따랐다. 2006년 말 부시 대통령은 1만 명의 미군 증강을 명령하고 아프가니스탄군의 규모 확대를 승인했다. 2007년 말 아프가니스탄 주둔 미군은 3만 1000명이 되었다. 2008년 내내 미국은 이라크 주둔군을 증강하느라고 아프가니스탄 병력은 약 3만 3000명으로 약간만 늘릴 수 있었으며, 추가로 수천 명이 장도에 올라 있었다. 가을 무렵 현지 미군 사령관으로부터 2만 명의 추가 파병을 요청받았다. 2008년 말 아프가니스탄 전망이 더욱 암울해지자 부시 행정부는 상황을 다시 검토했다. 부시는 2만 명의 추가 파병 요청을 승인하려다가 그 결정을 신행정부에 넘기기로 했다. 2009년 2~3월 오바마 신행정부가 상황을 검토한 후 1만 7000명의 병력과 4000명의 교관의 추가 파견을 승인했다. 이로써 아프가니스탄 주둔 미군은 총 6만 8000명에 이르렀다. 늦여름 신임 미군 사령관 스탠리 매크리스털(Stanley McChrystal) 대장이 자신에게 주어진 임무를 완수하는 데 필요한 것을 검토한 후 4만 명의 추가 파병을 요청했다. 버락 오바마는 미국의 아프가니스탄 전략과 목표에 관해 오랜 논란을 거쳐 검토한 후 3만 명의 미군을 추가 파병하고 다른 연합국에 7000~8000명의 추가 파병을 요청하기로 했다. 단 3년 만에 아프가니스탄 주둔 미군 수가 네 배 이상 늘어 거의 10만 명에 이르렀다는 것은 2006년 이후 아프가니스탄 사태의 악화를 나타내는 척도다.

2009년 10월 9일 리언 패네타(Leon Panetta) CIA 부장은 미군 증강에 관한 전략 회의에서 "우리는 떠날 수 없으며 현상 유지를 받아들일 수도 없다"라고 했다. 이 말은 20년 전 고르바초프의 보좌관 아나톨리 체르나예프가 아프가니스탄에 관해 "제기랄! 우리는 끌려 들어가서 이제는 어떻게 빠져나올지 모른다"라고 한탄한 말을 으스스하게 연상시켰다.

당시 필자는 국방부 장관으로 2006년 이후의 아프가니스탄 주둔군 증강을 모두 부시와 오바마 대통령에게 건의했다. 왜 국방부에 있는 우리는 매번 병력 증강이 필요하다고 또는 병력을 증강하면 뭔가 달라질 것이라고 생각했는가? 필자에게 가장 중요한 요인을 하나 꼽으라면, 이라크에서 병력을 늘려 치안을 확보했더니 2007~2008년 이라크 경제가 회복되기 시작되고 일상생활이 정상과 비슷한 모습으로 돌아가는 수준까지 성공한 것이었다. 이에 따라 우리는 아프가니스탄에서도 치안 확보가 다른 긍정적인 사태 발전의 전제라는 대(對)반군 전략을 수용했다. 되살아난 탈레반에 대응해 안보를 증진시키기 위해 미국은 더 많은 병력이 필요했다. 그러나 국방부에 있는 우리는 또한 군사력 자체로는 미국의 원대한 아프가니스탄 내 목표를 달성할 수 없으며, 거버넌스 향상 없이는 미국의 성취가 지속될 수 없을 것임을 절실히 의식하고 있었다.

탈레반이 2005년부터 특히 동부와 남부에서 아프가니스탄 정부에 대해 성공적으로 도전하게 된 주요인은 부역하기를 거부한 일반 주민들뿐 아니라 지방 경찰과 관리들을 무자비하게 살해한 그들의 행태, 파키스탄 내의 안전지대,

다수의 일반 국민이 정부에 무관심하거나 등을 돌리게 만든 수도 카불과 지방 관리들의 부패, 무능, 내분 등이었다. 아프가니스탄을 개조하겠다는 미국의 열망은 탈레반이 돌아오기 전에도 비현실적이었다. 안보 상황이 꾸준히 악화되는데도 그런 일을 추진함으로써 도전 과제가 훨씬 더 벅차게 되었다.

부시의 목표는 "그 나라를 안정시키고 아프가니스탄 국민이 자유 사회를 건설하도록 지원"하는 것이었는데, 그는 그 과업이 "궁극적으로 국가 건설 임무"임을 인정했다. 2009년 3월 오바마 행정부의 첫 검토에서 "충분한 자원을 투입해 대(對)반군 공세를 펼치면 미국이 주도권을 되찾고 사활적 이익을 방어할 수 있을 것"이라는 결론이 나왔다. 오바마는 3월 27일 정책 발표 연설에서 안보, 기회, 정의를 제고하고 아프가니스탄 정부가 그들의 국민에게 봉사하고 불법 마약을 배제한 경제를 개발하도록 지원하기 위해 — 농업 전문가, 교육자, 엔지니어, 변호사 등을 포함한 — 미국의 민간인 활동을 대폭 확대할 것을 요구했다. 대선 기간에 이라크전쟁을 비난하고 아프가니스탄에서의 "선한 전쟁"을 찬양했던 오바마는 부시의 국가 건설 프로젝트를 수용해서 그 추진 노력을 배가했다. 2009년 가을 오바마는 카르자이를 더욱 유능하게 만들고 부패를 감소시키며 아프가니스탄 정부의 역량과 성과를 제고하는 전략을 승인하며 다시 그런 노력을 배가했다.

2006년 11월 5일 국방부 장관을 맡기 위해 부시와 면담하는 자리에서 필자는 대통령에게 아프가니스탄의 경우처럼 유능한 중앙정부를 가져본 적이 없는 나라에서 그런 정부를 세우는 데 너무 많은 노력이 들어가고 반면에 지방과 부족에 대해서는 미국이 거의 관심을 기울이지 않고 있다는 필자의 생각을 말했다. 필자는 2007년 12월 아프가니스탄을 방문하고 돌아와 대통령에게 미국이 유럽식의 포괄적인 국가 건설보다는 집중적인 반군 진압 활동으로 전환해야 한다고 보고했다. 오바마 대통령이 취임하고 일주일이 지나 필자는 미국이 "아프가니스탄에서 거창한 열망"을 가져서는 안 되며 그저 그 나라가 탈레반 치하에서처럼 다시 우리와 우리 동맹국에 위협의 원천이 되는 것을 막는 데 중점을 두어야 한다고 대통령에게 건의했다. 그 이튿날 필자는 상원 군사위원회에서 다음과 같이 발언했다. "우리가 아프가니스탄에 중앙아시아의 발할라(Valhalla)●를 건설하겠다고 나선다면 패배할 것입니다. 우리는 현실적이고 제한적인 목표를 유지할 필요가 있습니다. 그렇지 않으면 실패를 자인하게 될 것입니다."

그해 가을 미국이 병력 증강을 논의할 때, 필자는 대통령에게 미국의 임무를 축소할 것을 촉구했다. 필자는 우리가 특히 동부와 남부에서 상황을 안정시키는 군사작전에 주력하며 아프가니스탄 보안군의 확대와 훈련을 위한 시간을 벌어야 한다고 주장했다. 필자는 10월 13일 오바마 대통령에게 개인 메모를 보내 "아프가니스탄에서 강력하고 효과적인 중앙정부를 발전시키려는 노력을 조용히 접고" 몇몇 핵심 부처(국방부, 내무부, 재무부 등)를 강화하는 데 초점을 맞추어야 한다고 시사했다. 또한 우리의 전략이 "탈레반의 탄력과 통제력을 거부하고, [탈레반의] 제도권 복귀를 촉진하고, 정부 역량을 선별적으로 구축하고, 아프가니스탄 보안군을 육성하고, 안보 책임을 이양하고, 알카에다를 패퇴시키는 것"으로 제한되어야 한다고 건의했다. 럼즈펠드처럼 필자도 미국의 전략과 열망이 비현실적으로 야심 차다고 생각했다.

마키아벨리는 "사람들은 항상 자신의 희망을 어디에 둘지 모르는 실수를 저지르며, 자신이 가진 한정된 자원에 의지하기보다 희망에 의지하는 사람들은 대체로 망한"다고 했다. 부시와 오바마 대통령, 그들의 보좌관들, 국제사회가 마키아벨리의 경구에 유념했더라면 좋았을 것이다. 국가 건설을 수행하기 위해 미국의 '꽤 많은' 자원을 투입하는 것에 대해 속이 탄 사람은 행정부 내에 아무도 없었다. 속이 탄 사람이 있었다면, 그런 자원이 몹시 희소하며 그런 목적을 위한 정부의 체계가 허술하다는 것을 알았을 것이다. 이것은 미국의 국제안보지원군 동맹국들도 마찬가지였다. 미국이 1990년대 소말리아, 아이티, 발칸 지역에서 문화와 거버넌스를 바꾸려는 보다 온건한 시도도 실패했는데, 그 실

● 북유럽 신화에 나오는 궁전이다(옮긴이 주).

패의 역사가 망각되었다.

냉전 종식 이후 모든 차원에서 빼어났던 미국의 권력 행사가 그 권력의 진정한 한계에 대한 미국 지도자들의 현실감각을 흐리게 만들었다는 것이 필자의 생각이다. 미국이 다른 나라들을 역사와 문화의 차이에도 불구하고 미국과 닮은 모습으로 바꿀 수 있다는 생각이 클린턴, 부시(43대), 오바마까지 유혹했다. 마키아벨리의 경구와 반대로 이들은 미국의 권력과 자원을 오판했다.

탈레반이 2005년부터 점차 가중시킨 안보 위협이 미국이 국민의 요구에 더욱 부응하는 정부를 발전시키고 거버넌스를 개선하는 작업을 가속화할 수 없게 만든 주된 이유라고 흔히 언급된다. 그것은 아프가니스탄 동부와 남부 지역에서 확실히 사실이었지만, 북부와 서부, 카불 주변 지역에서는 그렇지 않았다. 후자의 지역에서는 정치적 경합, 내분, 명백한 무능이 성공의 주된 장애물이었다. 부패가 안보 환경 악화에 상당히 기여했다. 특히 부패가 만연한 아프가니스탄의 군대와 경찰에서는 승진을 사고팔았으며 장교들이 군대 봉급을 훔치고 무기가 암시장으로 사라졌다. 사병들은 귀향도 없이 전투 기간 내내 복무하도록 강요받아 탈영이 빈발했다. 거의 모든 부대에 '유령' 사병이 있었는데, 행방불명이거나 부재중인 병력의 봉급은 장교들의 주머니 속으로 들어갔다. 탈레반의 귀환을 막고 조국을 수호하다가 숨진 군인과 경찰들도 많았으며 그들의 용기가 부족한 것도 아니었다. 그러나 지도자들을 보고 자기 가족의 형편을 아는 다수의 군인과 경찰에게는 동기부여가 거의 없었다. 우리는 이 모든 것을 알고 있었다.

2010년 '오바마의 병력 증강' 덕분에 실제로 미국은 아프가니스탄 남부와 동부의 안보를 제고하는 데 상당한 진전을 이루었다. 그러나 그 진전이 일시적이었던 것은 오바마가 정한 시한 때문으로 미국이 다음 해 철수를 시작할 것이라고 탈레반이 알았기 때문이었다. 대규모의 미군 주둔 없이 아프가니스탄 남부와 동부에서 장기적으로 안보를 유지할 수 없었다. 그리고 미국이 이라크에서 알았듯이 안보 없이 안정, 경제발전, 거버넌스 향상은 불가능했다. 악순환의 일환으로 그런 혜택이 국민에게 돌아가지 않았기 때문에 아프가니스탄 국민들로서는 입대하거나 첩보를 제공하거나 탈레반에 저항함으로써 안보 제고에 기여할 유인이 없었다. 그런 악순환을 끊을 유일한 가능성은 2010~2011년 오바마의 병력 증강을 연장하는 것이었다. 그러나 오바마 대통령은 그 방안을 받아들일 수 없었으며 필자 생각에 미국 국민도 마찬가지였을 것이다. 상당한 미군 주둔 없이는 우리가 이룬 안보 성과가 지속될 수 없었고 탈레반도 물러나지 않았기 때문에 전쟁은 계속 이어졌다.

아프가니스탄에서 미국의 경제적·사회적·정치적 열망을 성취하는 데 최대 장애가 된 것은 사실 아프가니스탄 자체였다. 아프가니스탄은 비참한 후진국이었으며 지금도 그렇다. 2004년 유엔개발계획(United Nations Development Program, UNDP)에 따르면 텍사스주 크기의 아프가니스탄은 영양, 유아사망률, 기대 수명, 문맹률 등 거의 모든 개발 지표상으로 전체 177개국 가운데 173위의 바닥이었다. 게다가 미국인들은 아프가니스탄의 문화, 부족·인종 정치, 권력 실세와 그들의 상호 관계 등 아프가니스탄을 거의 이해하지 못했다.

우리는 소련군과 싸우는 무자헤딘을 지원했던 경험을 통해 아프가니스탄 내의 깊은 인종 갈등에 보다 민감하게 대응했어야 했다. 특히 우즈베크족, 타지크족, 하자라족(Hazaras) 등과 남부와 동부를 지배한 파슈툰족 사이에 갈등이 깊었다. 또한 우리는 인도가 지원하는 북부동맹과 파키스탄이 지원하는 파슈툰족이 각각 대표하는 정치 세력들 간의 갈등이 지속될 것을 예상했어야 했다. 우리는 거미줄처럼 얽힌 부족과 종족 네트워크를 거의 이해하지 못했으며 한 부족을 지원하면서 종종 그 라이벌인 이웃 부족을 적대시했음을 깨닫지 못했다. 그런 부족들이 서로 협력하도록 설득하거나 강제하려는 우리의 노력은 종종 화해라기보다 강제 결혼과 닮았다. 우리의 선의와 높은 열망은 곧바로 옛날과 현재의 적대 관계와 부딪쳤다.

효과적으로 권력을 행사하려면 물리적 지형과 인적 지형을 모두 철저히 파악해야 한다. 우리는 아프가니스탄의 인적 지형을 충분히 파악하지 못해 큰 비용을 치렀다.

그 나라 구석구석까지 부정부패가 만연했다. 태곳적부터 관직 취임은 그 자신 외에도 그의 가족과 부족 전체를 위한 금전적인 이익을 확보하는 허가증으로 간주되었다. 이런 현상이 각 지방과 부락 단위까지 스며들어 아프가니스탄 정부 관리들은 무슨 조치에 대해서든 뇌물을 요구했으며 군벌들은 대놓고 상납을 요구했다. 가족과 친구들에게 계약을 주는 것은 일상적인 일이었다. 공안 부처 관리들은 무기를 빼돌리고 그들의 직책을 라이벌 부족이나 사적·정치적 라이벌을 위협하는 기회로 이용했다. 부정부패는 아프가니스탄 문화의 씨줄과 날줄이었다. 우리가 계약, 건설, 용역에 자금을 지출하고 아프가니스탄인들에게 봉급을 주기 위해 수백억 달러의 현금을 가지고 도착하자 돈을 보고 미친 듯이 달려들었다.

소련의 침공을 받기 전에 아프가니스탄은 가난했어도 농부들은 밀, 옥수수, 보리, 벼, 면화, 과일, 견과, 포도 등을 충분히 재배해 자가소비 후 남은 소량을 시장에 내다팔았다. 소련군이 수백만 명의 아프가니스탄인들을 파키스탄과 이란으로 피난히게 만들고 남은 대부분의 농촌 인구를 동세하기 훨씬 쉬운 도시로 몰아넣으면서 아프가니스탄의 전통 농업이 붕괴했다. 이런 결과 이 나라에서는 아편 산업이 번창하게 되었다. 아프가니스탄 내 양귀비 재배는 1950년대 소량으로 시작했지만, 소련 점령 기간인 1981년 225톤에서 1989년 1200톤으로 급증했다. 1990년대 내전 중에는 훨씬 급증해 1999년 4600톤에 이르렀다. 탈레반이 마약 산업을 '비이슬람'이라며 무자비하게 억압했기 때문에 2001년 아편 생산이 급감했지만, 탈레반을 축출한 신정부하에서 다시 급증해 2007년 8200톤에 달했다. 주된 생산지는 남부의 헬만드(Helmand)와 칸다하르 지방이었다. 그 무렵 아프가니스탄은 세계 불법 아편의 90% 이상을 생산했으며 대마초(hashish)의 주요 공급원이었다. 200만 명에서 300만 명의 아프가니스탄 국민, 즉 인구의 약 10%가 마약 산업에 종사했다. 양귀비를 재배하는 농부들은 지주, 밀매업자, 군벌, 부패 관리 등의 보호를 받았다. 그들로서는 전통적 작물보다 아편이 가격도 더 높고 어떻게 시장에 내다팔지 걱정할 필요도 없었다. 또 아편은 필요하면 장기간 보관할 수 있는 작물이었다.

마약 산업에서 나오는 검은돈과 부정부패가 아프가니스탄 전체를 물들였으며 정부 관리와 군벌 외에 탈레반을 포함한 반군들도 이득을 챙겼다. 처음에 영국인들이 시행하고 다시 미국인들이 시행한 마약 퇴치 프로그램은 일부 제한적인 성공을 거두었음에도 전반적으로는 실패했다. 농부들에게 대체 소득원을 제공하지 않고 양귀비를 근절한 것은 탈레반에 신규 대원을 모집할 기회를 제공했다. 대체 작물 프로그램은 북부 지방에서 일부 성공해 아편 생산이 억제되었지만, 남부의 주된 경작지에서는 거의 효과가 없었다. 이렇게 된 주된 원인은 지속 가능한 정부의 부재와 전반적인 치안의 부재였다.

우리의 아프가니스탄 열망을 방해한 또 다른 장애물은 역사적으로 강력한 중앙정부가 없었으며 문화적·사회적 변화에 대한 저항이 뿌리 깊다는 사실이었다. 1964년 자히르 국왕의 개혁 헌법은 1920년대 말 아마눌라 국왕의 개혁과 공통점이 많은데, 자히르 헌법을 재도입하려는 본협정은 과거 두 국왕의 개혁이 모두 군벌과 부족·종교 지도자들의 지속된 권력과 바뀌지 않는 문화 탓에 실패했다는 역사적 현실을 무시한 것으로 보인다. 라이스는 "우리는 부정부패와 마약 산업이 경제를 지배하는 허약한 기초 위에 국가를 건설하고 있었다"라고 기술했다.

우리의 국가 건설의 희망에 대한 아프가니스탄 내부의 장애물 외에 우리 자신의 활동에도 여러 심각한 결함이 있었다. 가장 심각한 것은 군대와 경찰의 훈련, 법원부터 감옥에 이르기까지 법치 제도의 수립, 경제개발, 농업 향상 등 국가를 근대화하고 부시와 오바마가 정한 목표를 이루기 위한 모든 활동을 뒷받침할 민간 자원이 부족한 것이었다. 그리고 이것은 미국만의 결함은 아니었다.

본협정에서 유엔은 아프가니스탄 재건의 여러 요소를 각국에 할당했다. 경찰과 국경 수비대 훈련은 독일에, 사법제도 재건은 이탈리아에, 마약 퇴치는 영국에, 민병대 무장 해제는 일본에 각각 맡겼다. 럼즈펠드는 후일 이러한 프로세스가 "각국의 수행 능력에 대한 현실적인 평가 없이 결정되었다. 아프가니스탄 재건은 의도는 좋지만 자원의 뒷받침이 빈약한 연합국들이 일련의 약속을 지키지 않아 거의 물거품이 되고 말았다"라고 지적했다. 독일이 대표적인데, 독일이 파견한 단 40명의 경찰 고문관들은 모두 카불로 갔으며 거기서 겨우 수백 명의 경찰을 훈련시킬 수 있었다. 독일의 실적이 너무나 빈약해 미국 국무부가 경찰관 훈련 책임을 인수했지만, 국무부 역시 그 일을 수행할 자원이 부족했다. 2005년 2월 럼즈펠드가 라이스에게 문제를 제기했듯이 국무부의 8주 기초 훈련 과정에 무기 훈련이 빠졌으며 3만 4000명의 '훈련받은' 경찰관들 중 3900명만 그 과정을 수료했다. 그해 말 경찰관 훈련 책임이 국방부로 넘겨졌다. 자주 있었던 일이지만 미국 대통령과 의회는 민간사업을 맡은 민간 기관을 강화하기보다 그저 공을 군부로 넘겨버렸다. 특히 이 경우에 필요한 전문 지식이 군부에는 분명히 없었다.

국제사회 차원에서는 일본이 2002년 1월 말 도쿄에서 회의를 열어 아프가니스탄 재선 활동을 위한 사국의 기부금을 모집했다. 그 돈은 인도적 긴급 구호, 도로 건설, 여성 프로그램, 보건, 교육을 위한 용도였다. 2002년 이 목적을 위해 60여 개국이 18억 달러(미국은 3억 달러를 제공했음)를 출연하기로 약속했다. 그러나 이것은 양동이에 물 한 방울 격이었다.

미국 내 전문가 공무원의 부족 사태는 부시와 오바마 행정부에서 계속된 문제였다. 2006년 5월 26일 부시 대통령은 NSC 회의를 열어 그런 전문가들을 확보하는 방안을 집중 논의했다. 필자가 국방부 장관으로 재직하는 동안 반복된 한 시나리오를 보면, 국무부가 파견을 준비하고 있다고 보고한 인원수는 당초 약속한 필요 인원보다 한참 모자랐다. 필자는 국무부가 더 많은 인원을 공급할 수 있었을 것으로 보지만, 진짜 문제는 필요한 경험과 전문 지식을 갖춘 인원은 고사하고 소요를 충족시킬 인원이 국무부나 국제개발처 등 민간인 기관에 없다는 사실을 아무도 인정하지 않는다는 점이었다. 게다가 국무부와 국제개발처 관리들은 촉박한 통보를 받고 바로 파견되는 '원정대' 형이 아니었다. 이러한 국가 권력수단이 아프가니스탄에서 절실히 필요했지만 이미 위축되어 있었다.

아프가니스탄 주재 민간인 전문가들을 효과적으로 활용하려고 해도 전국적으로 특히 남부와 동부에서 위험한 안보 상황이 난제였다. 이 문제를 해결하기 위한 혁신적 방안으로 2002년 말 지방재건팀(Provincial Reconstruction Team, 이하 PRT)이 창설되었는데, 각 팀별로 전투 병력이 개발과 재건에 투입된 민간인 전문가들을 보호했다. 최종적으로 아프가니스탄에 26개 PRT를 만들었는데, 미국이 12개를 운영하고 다른 연합국이 14개를 운영했다. 각각의 미국 PRT는 전투여단 사령관에게 보고했다. PRT 프로젝트에는 학교, 병원, 도로 건설하기, 지방 관리들의 기초적인 관리 기량 개발을 지원해 지방정부의 역량을 강화하기, 지방정부와 중앙정부 간에 통신을 용이하게 하기 등이 포함되었다. PRT는 또 현지 정세에 관해 모니터하고 보고하는 기능도 맡았다.

PRT들은 일을 잘했으며 배치되는 곳마다 가끔 임시적이기는 해도 실질적인 성과를 냈다. 문제는 PRT의 수가 충분하지 않고, 민간인 전문가들이 너무 적었으며, 안보 환경이 악화되어 현지에서 그들이 낸 성과가 무의미해질 수 있다는 점이었다. 예를 들어 2007년 미국이 운영하는 12개 PRT의 총인원 1023명 가운데 21명만 민간인이었다. 대부분의 PRT에 80명 정도 군인이 있었지만, 민간인은 평균적으로 PRT당 세 명 미만이었다(굳이 비교하자면 오바마 대통령의 백악관에 근무하면서 아프가니스탄과 이라크를 전담한 NSC 직원의 수가 아프가니스탄 내 미국 PRT의 총민간인 수와 거의 같았다). 독일, 영국 등 연합국들이 충원한 PRT에는 평균적으로 20~30명의 민간인이 있었다. 자산이 많은 미국이 각 PRT에 그보다 훨씬 적은 수의 민간인 전문가를 파견한 것은 설명하기 쉽지 않다.

2008년 가을 부시 행정부가 아프가니스탄 정책을 재검토한 결과, 병력과 민간인 자원의 증강을 포함해 대(對)반군 활동을 강화하기로 했다. 2009년 3~4월 오바마 행정부도 아프가니스탄 정책을 재검토해 미국의 민간인 활동을 "대폭 늘리기로" 했다. 2009년 5월 리처드 홀브룩 대사는 카불 주재 미국 대사관이 요청한 민간인 400명은 소요를 크게 과소평가한 것이라고 생각했다. 인원이 늘었지만 그래도 소요에 한참 못 미쳤다. 2009년 가을 몇 달 동안 전략을 재검토한 결과, 과거와 항상 같은 결론, 즉 민간인 전문가의 증원이 필요하다는 결론에 이르렀다.

필자는 아프가니스탄 내에 민간인 전문가들이 이미 너무 많은 데다 늘어난 인원 대부분이 결국에는 필요성이 더 큰 지방으로 나가지 않고 카불의 대사관 구내에서만 근무하게 될 것이라고 우려했다. 물론 그 중요한 이유는 지방의 치안 부재였다. 야전 사령관들은 소수의 외교관이나 개발 전문가들이 지방의 중심지, 마을, 농촌 등지에서 큰 성과를 낼 것이라고 사례를 거듭 인용하며 민간인 전문가 증원을 간청했다 ─ 그러나 아무 소용이 없었다. 필자가 우려한 대로 새로 도착한 인원 대부분이 카불에 머물렀다. 2010년 말 아프가니스탄에 주재한 미국 공무원이 1100명이었는데, 그중 3분의 2가 카불에 머물렀다.

아프가니스탄 국가 건설을 위한 우리 활동의 두 번째 결함은 어떤 전략, 프로젝트, 프로그램이 신행되고 있고 어떤 것이 신행되지 않는지에 관해 정보 공유가 비참하게 실패해 미국 정부, 국제기구, 비정부기구, 그 밖에 다른 참여국들이 각자 수행하는 프로젝트들을 조율하는 데 실패한 것이었다. 2007년 아프가니스탄인들이 효과적으로 정부를 발전시키고 인프라를 개선하며 경제를 강화하고 인도적 프로젝트를 수행하도록 지원 활동을 펼치는 외국 기관이 100개 넘게 있었을 것이다. 각 기관과 각국 정부는 자신들의 활동에 관해 남들과 정보를 공유하기 꺼리는 것처럼 보였다. 많은 비정부기구가 군사령부 또는 대사관과의 정보 공유를 매우 경계하며 미국 정부에 의해 '오염'되는 것을 피하려고 했다. 서로에게서 배울 기회가 상실되어 우리는 한곳에서 배운 교훈을 다른 곳에 적용할 기회를 놓치게 되었다. 게다가 상호 보완적인 프로젝트를 추진할 기회나 같은 곳에서 남이 이룬 성공을 기반으로 삼을 기회가 상실되었다.

민간인 활동에 대한 감독과 조율이 결여된 것은 미국의 문제이자 국제 문제였다. 필자는 국방부 장관을 맡기 위해 부시와 면담하는 자리에서 미국의 민·군 활동이 더욱 강력하게 조율될 필요가 있다는 우려를 표명했다. 또 필자는 부시에게 워싱턴 내의 한 인사를 임명해 그런 활동의 관료적 장애물을 찾아내는 권한을 부여하도록 촉구했는데, 그 인사가 약속한 것을 수행하지 않는 부처의 장관에게 대통령 이름으로 전화를 걸어 행동을 강요할 수 있도록 한다는 것이었다. 해들리 국가안보보좌관이 필자와 같은 결론을 내렸으며, 최종적으로 부시 대통령은 더글러스 루트(Douglas Lute) 육군 중장을 민·군 조율을 맡을 백악관 내 '차르'로 임명했다. 아쉽게도 그 차르 사무실은 민간 부처들이 필요한 자원을 공급하게 만들고 민·군 활동을 조율하기보다 군사작전이 어떻게 전개되고 있는지에 더 중점을 두는 경향을 보였다.

조율, 정보 공유, 자원 관리의 결여는 아프가니스탄 내 국제 민간 활동도 마찬가지였다. 프로젝트와 관련된 정보를 수집하고 분석해 효과적으로 사용할 수 있는 권한이나 능력을 가진 기구나 정부가 전혀 없었다. 아프가니스탄 정부는 역량을 결여했으며 많은 비정부기구가 가급적 군대와 거리를 두려고 했다. 민간인인 나토 고위 대표는 아무 권한이 없었으며 미국 대사관은 비정부기구와 각국 정부들로부터 의심의 눈초리를 받았다. 2008년 3월 노르웨이 외교관 카이 에이데(Kai Eide)가 유엔사무총장이 임명한 아프가니스탄 특사가 되어 고위 조정관 역할을 맡았다. 필자는 에이데의 역할을 강력히 지원했는바, 그가 임무 수행에 필요한 정보를 입수하도록 기술적 지원과 인원을 제공했다. 그러나 그는 모든 당사자로부터 충분한 협력을 받지 못했기 때문에 국제 지원 활동의 체계적 조율이라는 절실히 필요한 성과를 낼 수 없었다.

세 번째 결함은 미국 등 모두가 개발 프로젝트에 관한 의사결정과 시행에 아프가니스탄인들을 긴밀하게 참여시키지 못한 것이었다. 카르자이 대통령과 그의 정부가 자기 나라에서 무슨 프로젝트가 진행되고 있는지 거의 몰랐다는 점은 그에게 계속해서 좌절감을 안겼다. 프로젝트 필요성이나 우선순위에 관해 현지 주민들과도 상의하지 않은 경우가 너무 많았다. 미국이 후원한 프로젝트의 상당 부분은 이윤을 추구하는 도급업체에 외주로 맡겼으며, 미국 정부조차 그런 활동을 계속 파악하는 데 문제가 있었다.

아프가니스탄 정부가 거의 모든 규모의 원조 프로젝트를 관리할 역량이 없었다는 것은 분명하다. 중앙정부는 지방정부에 권한을 부여하는 데 전혀 관심이 없었으며, 자격을 갖춘 아프가니스탄인에게 일을 시킨다는 것은 엄청난 과제에 속했다. 2009년 말 미국 대사 칼 아이켄베리(Karl Eikenberry)가 위험한 지역에서 자진해 근무할 아프가니스탄 관리에게 미국이 보수를 지급하겠다고 제의했다. 보너스까지 약속하며 널리 광고했지만 카불이나 칸다하르의 아프가니스탄 관리 가운데 그 프로그램에 지원한 사람은 하나도 없었다.

그처럼 거버넌스가 구조적으로 취약함에도 불구하고 미국이 아프가니스탄의 중앙·지방 지도자들과 함께 적어도 상의하면서 그들의 동의를 구하고 정보와 진척 상황을 공유하는 일을 자주 소홀히 한 것은 변명의 여지가 없다. 아프가니스탄인들이 가장 원한 것은 아주 단순했다. 그들은 학교 건물, 수확물을 시장으로 운반할 전천후 도로, 근린 병원, 농업 지원, 토지소유권 관계 등 주민 분쟁을 반설할 사람, 신분증을 발급할 사람(그리고 뇌물을 요구하지 않고 이런 직무를 수행할 사람) 등을 원했다. 그러나 흰 코끼리* 프로젝트가 미국의 금고를 비우면서도 이런 서비스조차 마련되지 않을 때가 비일비재했다.

부정부패가 만연한 데다 미국(그리고 동맹국)의 개발원조와 재건 활동에 대한 효과적인 관리와 감독이 결여되면서 엄청난 손실이 초래되었다. 서방과 아프가니스탄의 도급업체들이 언어도단의 이윤을 챙겼는데, 모두가 돈을 훔쳤으며 친척과 친구들을 하청업자로 고용했다. 또 그들은 각급 아프가니스탄 관리들에게 뇌물을 주었으며 무능력한 업체도 많았다. 수억 달러의 자금이 '지휘관의 긴급대응프로그램(Commander's Emergency Response Program, CERP)'을 통해

• 돈만 많이 들고 쓸모가 없는 것을 가리킨다(옮긴이 주).

뿌려졌는데, 그 프로그램에 따른 단기 프로젝트에 자금을 집행한 군 장교들은 계약이나 감독 경험이 없었으며 책임도 거의 지지 않았다. 지휘관들이 이 프로그램을 좋아했는데, 그 이유가 이 프로그램을 통해 청년들에게 돈을 주어 탈레반의 총 대신에 삽을 들게 만들었기 때문이다. 그러나 그들은 삽을 든 청년들이 쓸모 있는 일을 했는지에 대해서는 그리 관심을 기울이지 않았다. 미국의 아프가니스탄 재건 담당 특별 감사관에 따르면, 모든 문제를 종합해 낸 결론은 수십억 달러의 낭비라는 것이었다. 아프가니스탄에 주재한 각급 수준의 미국인 거의 모두가 자신이 관할하는 부문에 문제가 있다는 것을 알았지만, 그런 문제를 해결할 수 있는 사람은 거의 없었다.

마지막 결함은 수십만 병력의 용기와 희생 그리고 7500억 달러의 지출에도 불구하고, 우리가 아프가니스탄 전역에 지속 가능한 안보를 확립하지 못한 것이었다. 그러한 안보는 모름지기 정치적·경제적 발전을 가져오려는 모든 활동의 필수 조건이다. 우리가 실패한 주된 원인은 탈레반의 피난처가 파키스탄에 있었다는 점과 아프가니스탄 국민 대부분이 자국 정부에 대한 신뢰를 상실하고 수많은 각급 공무원의 부정부패, 무능, 오만함을 경멸했다는 데 ― 이리하여 다수 국민이 탈레반과의 싸움에 동참하기를 거부했음 ― 있었다. 외국군이 아프가니스탄 국민을 무시하고 무례하게 행동할 때가 너무 많았던 데다가 대체로 외국인을 싫어하는 나라에 외국군이 대규모로 주둔한다는 것 자체가 문제였다. 필자의 생각을 추가한다면 미군이 각급 지휘관을 정기적으로 교체한 정책이 그 지휘관들과 현지의 정부·군·경찰 간부, 일반 시민 간에 조성된 생산적 인간관계를 교란시킨 측면이 있다. 당시 국방부 장관이었던 필자가 그 인사 정책을 보다 신축적으로 운용했어야 했다.

18년 동안 국가 재건을 지향하며 수백억 달러를 원조했어도 아프가니스탄을 성공 사례로 볼 수 없다. 하지만 그림이 모두 암울하지만은 않다. 2001년 아프가니스탄 학교에 100만 명의 재학생이 있었는데 모두 남학생이었다. 2017년

840만 명의 재학생 가운데 40%가 여학생이었다. 2008년 인구의 57% 이상이 보건 시설에서 도보로 한 시간 거리 안에 거주했는데, 이는 2002년의 8%에서 출발한 것으로 대체로 국제개발처의 활동 덕분이었다. 5세 이하 사망률은 출생자 1000명당 2005년 87명에서 2015년 55명으로 감소했다. 아프가니스탄에서 2004년 이후 줄곧 선거가 대체적인 일정대로 실시되었으며, 부정선거 주장이 많지만 대개 과반수의 유권자가 안전 위협에도 불구하고 투표에 참여하고 있다. 언론 매체도 대체로 자유롭다. 다수의 여성이 재계와 정계에 몸담고 있다. 끝으로 오랫동안 전쟁과 상당한 사상자의 발생, 관리들의 부정부패가 이어졌음에도 불구하고 아프가니스탄 남성들이 탈레반과 싸우기 위해 계속 군대와 경찰에 입대했다.

20년에 걸친 미국의 활동에 힘입어 일부 아프가니스탄 국민이 큰 부자가 되고 대부분의 삶이 약간 개선되는 한편 젊은이들의 교육 기간이 길어지고 여성들에게 기회가 생겼으며 선출 정부의 씨앗이 뿌려졌다. 그 비용은 인명과 재정면에서 놀라울 정도로 높았다. 20년 동안(소련 침공까지 거슬러 올라가면 40년 동안) 전쟁을 치른 국가와 그 국민이 받은 영향을 어떻게 측정할 것인가? 아프가니스탄 국민을 도우려는 우리의 활동이 그들에게 축복이었는가 아니면 저주였는가? 탈레반이 진출과 통제를 계속해서 확대하고 있다는 점에서 우리가 성취한 것이 얼마나 지속될 것인가?

탈레반과 알카에다가 2002년 초 아프가니스탄에서 축출되었다. 2002년 9월까지 이어진 그 공세로 27명의 미군이 목숨을 잃고 약 200억 달러의 비용이 투입되었다.

이후 우리는 국가 건설을 시작했다. 민·군 활동을 모두 합해 2002~2018년 미국은 약 1260억 달러를 아프가니스탄 구호와 재건을 위해서 지출했는데, 그 대부분이 안보 활동에 쓰였다. 2017년 7월 31일 기준으로 미국은 아프가니스탄에서 직접적인 전쟁 비용으로 7150억 달러를 지출했으며, 2018년 7월 기준으로 2300여 명의 미군이 사망하고 2만여 명이 부상했다. 2002년 이후 10년 동안 국방부가 5035억 달러를 지출하고, 국무부와 국제개발처가 286억 달러를 지출했다. 우리는 2002년 이후 아프가니스탄에 민주주의를 가져오고 삶의 질을 향상시키기 위해 그 나라에 머물렀다. 그러나 그 기간에 지출된 금액의 약 5%만이 그런 목적을 성취하기 위한 비군사적 수단에 할당되었다.

우리의 좋은 의도에도 불구하고 우리 미국인들이 아프가니스탄에서 겪은 경험은 우리보다 앞서 침공했던 타국인들이 겪은 것과 크게 다르지 않았다. 아주 오래된 그 땅에 사회적·문화적 변화와 거버넌스의 변화를 일으키려는 사람들은 열심히 장고해야 한다. 개혁, 제도 발전, 법의 지배, 인권과 정치적 권리, 자유 등을 고무한다는 목적에 비추어 볼 때, 우리 군대가 2002년 철수했더라면 그리고 철군 후 우리가 비군사적 국력수단과 인내심에 의지했더라면 우리와 아프가니스탄 국민의 처지가 더 좋았을 것이라고 필자는 믿는다. 2002년 초 아프가니스탄에는 국제적으로 승인된 다당(多黨) 정부가 들어섰고 많은 국가가 개발과 안보를 지원하겠다고 약속했으며, 현지 상황에서 보았듯이 탈레반이 전투를 재개할 때까지 3년이라는 숨 돌릴 기간이 있었다. 그 나라에 외국군이 없었더라면 그리고 아프가니스탄 정치 지도자들에게 그들 방식대로 맡겼더라면, 탈레반이 귀환을 시도했을 때 아프가니스탄 정부가 탈레반보다 훨씬 더 폭넓은 ─ 남부와 동부를 포함해 ─ 국민적 지지를 받지 못했을 것이라고 누가 말할 수 있는가? 혹은 탈레반을 포함한 아프가니스탄의 여러 정당이 모종의 타협을 도출하지 않았을까? 이런 접근법이 다른 결과를 낳았을지 여부야 알 수 없지만, 우리는 그 대안의 결과는 확실히 알고 있다. 냉전과 소련 붕괴의 오래가는 교훈 하나는 일국의 변화가 영속하려면 그 변화가 내부에서 오는 것이어야 한다는 점이다. 물론 외부에서 비군사적 권력수단을 장기적으로 사용해 그런 변화를 고무하고 촉진할 수 있지만 말이다.

우리는 아프가니스탄에서 초기의 군사적 승리를 거둔 후 그 점을 염두에 두었어야 했다.

7장
—
이라크: 저주

미국이 탈레반을 카불에서 축출한 후 16개월 지나 이라크를 침공했다. 미국의 침공과 그 후속 스토리를 주제로 한 책이 많이 나왔으며 앞으로 수없이 더 나올 것이다. 이 장에서 필자가 역점을 둔 사항은 앞의 아프가니스탄 장과 같다. 즉, 사담을 전복시킨 후 보다 나은 민주적 이라크를 건설하겠다는 부시(43대) 대통령의 결정, 그 도전의 크기를 인식하지 못한 것, 그 과제의 수행을 미군에 과도하게 의존한 것, 그런 활동에 필수적인 미국의 비군사적 권력수단이 취약함을 인식해서 보정하지 못한 것 등이 초점이다.

지금의 이라크는 인류 문명의 발상지였다. 이곳에서 문자와 기록된 역사가 기원전 4000년대에 탄생했다. 이곳은 적어도 네 개 제국의 중심지였으며 다른 14개 제국의 일부였다. 달리 말하면 아프가니스탄처럼 이라크도 정말이지 수천 년 동안 전쟁터였다. 미국은 매우 긴 침입의 역사에서 가장 최근의 침입자였다.

이라크는 1980년 이란을 침공한 이래 전쟁 아니면 강력한 제재에 시달렸다. 미국으로서는 거의 30년 동안 이라크와 전쟁했다. 우리는 사담 후세인을 물리치기 위해 1991년(50만 명 병력)과 2003년(20만 명 병력) 두 차례 대군을 보냈다(두 차례 모두 동맹국들도 수만 명을 파병했다). 미국 항공기가 29년 동안 이라크에서 전투를 벌이거나 비행금지구역을 지켰으며, 미국 지상군은 17년 동안 거기에 주둔했다. 이란이나 아프가니스탄과 마찬가지로 이라크도 역대 미국 대통령들을 몹시 괴롭혔으며 그 비용은 컸다.

1980~1981년 이란·이라크전쟁 이후 도널드 레이건과 조지 H. W. 부시(41대) 대통령은 특히 이란의 신정(神政) 체제가 미국에 계속 적대적인 데 대응해 이라크와 관계를 개선하려고 비군사적 수단 — 예컨대 신용, 농산물 수출, 외교 등 — 사용을 시도했다. 그 관계 개선은 사담의 행동을 누그러뜨리는 동시에 미국 기업들이 전후 재건 사업에 참여할 기회를 만들기 위한 것이었다. 부시 대통령의 국가안보보좌관이었던 브렌트 스코크로프트가 나중에 기술했듯이, 사담의 끔찍한 인권침해 기록, 테러리스트 보호, 화학·생물 무기 개발의 진전, 중거리탄도미사일 획득, 핵무기 개발 시도 등의 증거에도 불구하고 미국은 그렇게 행동했다. 특히 1989년 10월 부시는 이라크를 포용하고 경제적·정치적 유인(誘因)을 통해 이라크의 행동을 억제한다는 레이건의 전략을 재확인했다. 그러나 1990년 초 이런 정책이 실패하고 있음이 분명했다. 사담은 이스라엘을 "불태우겠다"라고 위협했으며, 대량살상무기를 획득하려는 그의 활동을 보여주는 훨씬 더 충격적인 증거가 나왔다.

1990년 여름 이라크와 쿠웨이트 간에 관계가 악화되었는데, 그것은 이란과의 오랜 전쟁을 치르고 돈이 몹시 궁해진 사담이 걸프 국가들의 석유 증산과 계속된 유가 하락에 심사가 뒤틀렸기 때문이다. 사담은 쿠웨이트와 특히 루마일라(Rumaila) 유전을 둘러싸고 국경 분쟁을 일으키고는 이라크가 빌린 전시 차관 300억 달러의 탕감을 쿠웨이트 측에 요구했다. 그해 8월 2일 사담은 약 10만 명의 병력으로 쿠웨이트를 침공했다. 모든 아랍 지도자가 사담이 엄포를 놓는 것이라고 부시 대통령을 안심시켰었다.

같은 날 유엔 안보리는 그 침공을 비난하고 이라크군의 철수와 협상을 요구하는 결의안 660호를 만장일치로 승인했다. 8월 5일 부시 대통령은 기자회견에서 "이건 용납할 수 없습니다. 쿠웨이트에 대한 공격 말입니다"라고 했다. 그 주에 부시는 이라크에 대해 가혹한 경제제재를 가하기 위한 국제적 노력을 주도하는 가운데, 사담의 쿠웨이트 철수를 압박하는 비군사적 노력의 일환으로 이라크 정권을 응징하는 추가 유엔 안보리 결의안 승인을 추진했다.

부시가 진지하게 외교적 노력을 기울였지만, 부시와 그의 보좌진 대부분은 사담이 주요국 – 러시아, 중국, 프랑스 등이 유력했음 – 정부를 대열에서 이탈시키고 쿠웨이트에 군대를 잔류시킬 방안을 강구할 것이라고 확신했다. 부시 대통령은 인접국을 침공한 사담을 처벌하고 냉전 후의 세계에서 그런 침략이 용납될 수 없음을 보여주고 싶었다. 필자가 보기에 순전한 외교관인 부시도 침공 직후에 그 침공을 격퇴하려면 군사력이 필요하다는 결론을 내렸다.

걸프전쟁이 개시되기 전 며칠 동안 부시는 전임 대통령들이 하지 않았던 일을 했다. 즉, 그는 미국의 전쟁 목적을 명시해서 서명할 명령서를 작성하도록 요청했다. 미국은 쿠웨이트를 해방시키고 이라크의 혁명수비대를 파괴할 것이었다. 우리는 바그다드의 정권 교체를 추진할지를 논의했지만, 부시와 보좌진 모두가 그런 목표는 유엔 결의안의 수권 범위와 연합국들의 기대를 넘어서는 것이라는 데 의견이 일치했다. 또한 우리가 정권 교체를 도모하려면 사담을 잡는다는 보장도 없이 이라크를 점령해야 할 것이라고 확신했다. 우리는 사담이 반군을 이끌어 저항할 것이라고 생각했다. 부시 대통령하에서는 임무 변성, 즉 국가 건설이 없을 것이었다. 우리는 우리가 정한 특정 목표만 성취하고 돌아오면 되었다.

공중전은 1월 16일에, 지상전은 2월 24일에 시작되었다. 100시간 안에 전쟁이 끝났다. 광범위한 제한이 이라크 정권에 가해졌는바, 특히 무기 금수, 이라크 군용기의 작전구역에 대한 심한 제한(비행금지구역), 대량살상무기의 모든 재고와 생산수단을 발견하고 파괴하기 위한 침해적 사찰 체제, 사거리 90마일 이상의 모든 미사일 금지, 석유 생산 제한 등이 포함되었다.

사담은 걸프전쟁의 굴욕을 견뎌내고 자신의 권력을 강화해 곧 이라크에 대한 – 가혹한 경제제재를 포함해 – 유엔 결의안에 저항하기 시작했다. 부시가 이임하기 일주일 전인 1993년 1월 13일 미국, 영국, 프랑스가 이라크의 거듭된 비행금지구역 침범과 쿠웨이트 군사 습격에 대한 보복으로 이라크의 미사일 기지, 공군 사령부, 공군 관제소를 공습했다.

'정권 교체'를 도모하지 않기로 한 부시의 1991년 결정, 즉 미군을 북진시켜 사담을 축출하지 않은 것에 대해 당시와 이후에도 비판이 있었다. 부시도 분명히 사담 축출을 원했다. 그러나 대통령 자신을 포함해 우리 모두는 임무를 대폭 확대하면 전쟁을 정당화하는 근거로 삼은 유엔 안보리 결의안을 미국이 위반하게 되고 부시가 결집시킨 거대한 연합이 박살날 것이라고 반박했다. 부시 대통령의 견해에 따르면 미국이 쿠웨이트에서 이라크군을 쫓아내는 데 작전을 국한하겠다는 공약을 깬다면 어느 국가도 침략을 저지하는 일에 미국과 동맹하려고 다시 나서지 않을 것이었다. 그런 주장은 1991년 유효했으며 지금도 그렇다. 그러나 현실을 보면 제1차 걸프전쟁의 결과는 중동 지역과 부시의 후임자들에게 사담이라는 고질적인 암을 유산으로 남겼다.

사담을 추격하지 않기로 한 결정의 논거는 지상군을 북진시켜 바그다드를 점령하고 사담을 축출하는 것은 결과가 불확실하며 연합에 영향을 미친다는 점에 늘 집중되었다. 필자가 돌아보건대 다른 행동 방책을 취했더라면 바그다드로 군대를 보내지 않고도 사담을 제거할 상당한 기회가 있었을 것이다. 전투가 끝난 것은 1991년 3월 3일 연합군 사령관인 미국 육군 대장 노먼 슈워츠코프(Norman Schwarzkopf)가 사담을 대리한 술탄 하심 아마드(Sultan Hashim Ahmad) 중장을 이라크 국경 마을 사프완(Safwan)에서 만나 휴전 조건을 정했을 때였다. 사담이 직접 항복 회담에 출두하도록 요구해 여러 죄목으로 그를 체포하는 것이 가능한 방책이었을 것이다. 그러한 강압 전략을 취했다면 이라크 장군들이 사담을 제거하든가 아니면 직접 항복하도록 강요할 때까지 우리가 그들의 부대, 장비, 사령부를 계속 공습할 것임을 그들은 알아차렸을 것이다. 그렇게 했다면 미국은 안보리 결의안의 조건을 위반하지 않았을 것이고 지상군을 이라크 북부로 보내지도 않았을 것이다. 우리는 그저 1월 개시한 공습을 계속하면 될 터였다.

부시와 스코크로프트는 공동 회고록에서 "우리는 사담이 직접 사프완에서 이라크의 항복 조건을 받아들이도록 강제하는 방안을 길게 논의했다"라고 했다. 그들에게는 만일 사담이 거부할 경우 어떻게 할지가 어려운 문제였다. 그들은 사담이 굴복할 때까지 전쟁을 계속하든지 아니면 미국의 요구를 철회하는 것이 남은 선택이라는 결론을 내렸다. 후자를 선택한다면 재앙의 불씨가 남을 것이었다. 전자를 선택한다면 미국의 아랍 동맹국들이 연합에서 떨어져 나갈 것이고 사실상 미국의 목표 변경이 불가피할 것이었다. 그러나 필자는 1991년 봄에 부시 대통령의 위신이 매우 높았기 때문에 부시가 이라크 병사들보다 그들의 시설, 장비, 지휘·통제소를 표적으로 삼아 공습을 계속했다면 그 문제를 돌파할 수 있었으리라고 본다. 필자는 연합국 대부분이 부시 편에 섰을 것이라고 생각한다. 왜냐하면 아랍 지도자들이 사담을 증오한 데다 사담이 쿠웨이트에 대한 자신의 의도에 관해 자기들에게 거짓말을 했다고 깊이 개탄했기 때문이다. 전쟁이 끝났을 때 부시는 이라크 군부 지도자들이 그토록 굴욕적인 패배를 겪고서 사담을 축출하리라고 기대했다. 필자가 제시하는 접근법이 시행되었더라면 이라크 군부 지도자들이 사담을 축출할 상당한 유인이 더 생겼을 것이다. 정말이지 이라크 군사 표적에 대한 미군의 공습을 계속했더라면(그리고 미국이 사프완에서 양허했던 이라크군의 헬기 사용을 거부했더라면) 전쟁 말기 쿠르드족(Kurds)과 시아파의 봉기가 성공할 확률도 더 높았을 것이다. 오히려 사담은 미국의 손아귀를 벗어났으며 무자비하게 봉기를 진압했다. 또 사담은 자신에게 위협이 될 만한 많은 장군을 죽였으며 자국 국민들과 두 명의 차기 미국 대통령을 끝까지 괴롭혔다. 사담이 1991년 봄에 실각하거나 살해되었더라면 2003년 미국이 이라크를 다시 침공하는 일은 상상하기도 어려웠을 것이다.

이라크가 반항하고 미국이 제한적 군사 보복을 가하는 악순환이 빌 클린턴 집권 기간 계속되다가 1998년 전환점을 맞이했다. 그해 초 사담 후세인이 유엔의 대이라크 제재 해제를 압박하기 위한 첫 수순으로 미국 주도의 유엔 사찰단을 봉쇄했다. 클린턴 대통령은 사찰단 추방에 대응해 2월 공습을 준비했지만 코피 아난(Kofi Annan) 유엔사무총장이 간신히 사담을 설득해 사찰을 재개했다. 8월 사담이 다시 사찰단과의 협력을 중단했다. 곧이어 미국 의회가 통과시킨 '이라크자유화법(Iraq Liberation Act)'은 "사담이 이끄는 이라크 정권을 제거하고 민주 정부의 출현을 촉진하는 활동을 지원하는 것"이 미국의 정책이라고 선언했다. 그 법률은 하원 표결에서 360 대 38로 통과되고 상원에서는 만장일치였다. 10월 31일 대통령이 그 법률에 서명했다. 같은 날 사담은 모든 국제 사찰과 감시를 봉쇄했다. 11월 미국의 또 다른 공격이 임박하자 사담은 수그러들어 완전한 준수를 약속했다. 그는 거짓말을 하고 있었다.

그해 12월 16일 미국과 영국이 화학·생물·핵무기 의심 장소와 인접국들을 위협할 수 있는 이라크군을 겨냥해 엄청난 폭격과 미사일 공격을 개시했다. 나흘 동안 계속된 공격은 650회의 출격과 400기의 순항미사일 발사를 포함했다. 클린턴은 이라크의 정권 교체를 요구했다.

> 사담이 권력을 유지하는 한 그가 이라크 국민의 행복, 역내 평화, 세계 안보를 위협한다는 것이 엄연한 사실입니다. 그 위협을 최종적으로 종식시키는 최선의 방안은 새로운 이라크 정부를 수립하는 것입니다. (……) 행동에 따른 비용이 크더라도 그 비용은 무행동의 대가와 비교해 보아야 합니다. 우리가 세계에 항거하는 사담에 대응하지 못하면 미래에는 더 큰 위협을 맞이할 것입니다. 사담은 다시 인접국을 공격하고 자국민과의 전쟁을 벌일 것입니다. 그리고 내 말을 명심하십시오. 그는 대량살상무기를 개발하고 배치해서 사용할 것입니다.

그렇게 대통령과 의회가 내뱉은 정권 교체 언사는 공허했다. 그런 공격을 받고도 사담은 유엔 사찰단의 이라크 재입국을 허용하지 않았으며 허용하도록 강제되지도 않았다. 8년 전 걸프전쟁 직후 이라크에 부과된 국제 사찰 체제가 종료되었다. 사담은 유엔과 미국에 저항했으며 사찰단을 이라크에서 영구히 쫓아내고 교묘하게 사찰을 모면했다. 사담의 근본이 항복했었던 대통령인데도 그랬다.

클린턴 대통령은 한 번으로 그치는 응징 타격 대신에 이라크 군사 표적을 대상으로 훨씬 더 강력하고 장기적인 공격을 가할 수도 있었다. 만일 그랬다면 이라크가 강제 사찰 등 안보리 결의안의 완전한 준수로 복귀하거나 이라크 군부가 사담을 축출할 때까지 그런 공격이 계속되어 이라크군이 궤멸될 것이라는 근본적인 메시지가 이라크 장군들에게 전달되었을 것이다. 그런 공격은 또한 사담과 그의 고위 측근들을 죽이기 위해 사담의 대통령궁과 지휘소를 겨냥했을 수도 있다. 비록 이라크와 잠재적 투자·거래 기회를 엿보는 일부 국가가 사담에게 책임을 지우고 엄격하게 제재하는 일에 흥미를 잃었더라도 미국이 행동하는 데 필요한 모든 권한은 앞선 안보리 결의안 속에 있었다. 만일 1998년 말 이라크가 강제 사찰 체제로 복귀하도록 강제되어 그 사찰이 지속되었더라면 2003년 미국의 침공은 결코 발생하지 않았을 것이다.

1998년 말 클린턴이 이라크에 대한 무제한 공습을 자제한 한 가지 이유는 그가 국내에서 자신의 정치적 생존을 위해 싸우고 있었다는 점이다. 하원이 12월 19일 그를 탄핵하고 상원의 탄핵 심판이 다음 해 1월 7일 시작되었다. 야당인 공화당과 다수의 논객은 그가 명령한 제한적 이라크 공습조차 의회에서 벌어지고 있는 사태로부터 관심을 전환시키려는 술책일 뿐이라고 주장했다. 1997년 영화 〈왝 더 독(Wag the Dog)〉이 노골적으로 비교 대상이 되었는데, 그 영화에서 스캔들에 갇힌 가공의 대통령이 국면을 타개하기 위해 해외에서 전쟁을 일으킨다. 하지만 클린턴이 사담으로부터 받은 도전은 진짜였으며, 우리는 그가 심각한 정치적 곤경에 빠지지 않았더라면 보다 강력하게 대응했을지도 모른다고 생각할 뿐이다. 대통령은 국내에서 권력이 취약할 때 국제적으로도 권력을 행사하기가 어렵다.

12월의 제한적 공습 이후 클린턴 행정부는 이라크와 이란을 모두 겨냥한 '이중 봉쇄' 전략을 채택했다. 그 전략은 이라크의 인접국 공격을 막기 위해 군사력에 의존하면서 보다 엄격한 비행금지구역 시행, 경제제재 추가, 이라크 반정부 단체 지원 등을 포함했지만 대량살상무기 사찰은 포함하지 않았다.

1998년 말 의회 내 민주·공화 양당, 민주당 대통령과 그의 고위 보좌관들이 이라크의 정권 교체를 열성적으로 지지했지만, 2003년 3월 조지 W. 부시(43대) 대통령 때 이라크를 침공한 후에는 그런 지지가 빠르게 기억에서 사라졌다. 모두가 정권 교체를 수사적으로 호언장담할 때는 정권 교체가 훌륭한 방안이었다. 그러나 시간이 흘러 정권 교체를 가져오는 비용과 그 현실이 충분히 인식되면서 연방의회와 클린턴 행정부 내에 그 많던 빛나는 전사들은 정치적 싸움터에서 달아났다.

2001년 1월 20일 백악관 집무실에 들어선 신임 부시(43대) 대통령 팀은 점점 더 반항하는 사담 후세인에 직면했다. 부시의 첫 NSC 회의는 너덜너덜해진 제재 체제의 실태를 점검하고 비행금지구역을 더욱 효과적으로 만들 방안을 논의했다. 국가안보보좌관 콘돌리자 라이스는 NSC에 참석한 각 부처 수장들을 위해 준비한 메모에서 이라크 상황을 "지속 불가능"이라고 요약했다. 유엔 제재를 강화하는 방안에 관해 행정부 내 이견이 있었지만 다른 안보리 상임이사국들, 특히 러시아, 프랑스, 중국과 독일이 제재의 허점을 이용해 상당한 이득을 챙기고 있었으며 제재를 강화하는 모든 노력에 저항했다는 사실이 더 중요했다.

또한 망명한 이라크 반체제 인사들과 이라크 북부의 쿠르드족을 강화하려는 시도가 있었지만 실패했다. 미국이 싫어하는 정부를 전복하려고 망명자 단체를 이용했던 계획이 성공한 경우는 거의 없다. 1980년대 CIA에서 필자는 미국이 망명자 단체를 지원해 혜택을 보는 사람은 망명자 자신들과 그들이 집권을 꿈꾸며 세월을 보내는 파리의 카페 주인들뿐이라고 주장했다(사실 근래에 귀국해 집권에 성공한 유일한 망명객은 이란의 아야톨라 호메이니입니다).

부시는 처음에 사담 문제를 관리할 수 있을 것이라고 보았다. 하지만 9·11 공격이 그의 생각을 바꾸었다. 그는 후일 "9·11의 교훈은 우리가 위험이 완전히 현실화될 때까지 기다리는 것은 너무 오래 기다리는 것이라는 점이었다"라고 기술했다.

2002년 2월 부시는 '강압 외교' 전략을 채택했다. 그는 "우리가 진지하게 정권 전복을 생각하고 있음을 사담에게 확신시킬 수 있다면, 사담이 대량살상무기를 포기하고 테러 지원을 끝내며 인접국에 대한 위협을 중단하고 장기적으로 국민의 인권을 존중할 가능성이 있었다. 그 성공 확률은 희박했다"라고 기술했다.

전임자 클린턴과 마찬가지로 부시도 사담이나 그의 후계자가 유엔 사찰단을 무조건 재입국시킬 때까지 이라크군이 공습을 받아 조금씩 궤멸될 것이라는 경고를 이라크 군부에 보낼 수 있었을 것이다. 9·11 이후 그런 조치가 해외에서는 인기가 없더라도 미국인들로부터는 지지를 받았을 것이다. 부시는 다수의 기존 안보리 결의안에 따라 자신이 필요로 하는 국제적인 권한을 모두 가지고 있었다. 침공을 피할 수 있는 기회를 또다시 놓친 것이었다.

필자가 보기에 부시 대통령은 침공의 위협을 받은 사담이 유엔 결의안을 준수하기를 바랐다. 당시 부시의 국가안보무(副)보좌관이었던 스티븐 해들리가 필자에게 자신의 생각을 말한 바에 따르면, 부시는 2003년 2월까지 그 희망에 매달렸는데, 그때까지 자크 시라크(Jacques Chirac) 프랑스 대통령, 게르하르트 슈뢰더(Gerhard Schröder) 독일 총리, 블라디미르 푸틴 러시아 대통령이 이라크에 대한 군사 침공을 결코 지지하지 않겠다고 분명히 했다. 사담은 자신을 향한 국제적 위협이 그렇게 사라지자 계속 항거했다. 1991년과 마찬가지로 사담의 중대한 오판이었다.

사실 부시는 9·11 공격에 따른 그라운드제로(Ground Zero)*의 먼지가 가라앉고 몇 주 지나서 이라크와의 전쟁을 준비하기 시작했다. 9·11로부터 두 달

---

* 9·11로 무너진 뉴욕 세계무역센터 자리다(옮긴이 주).

뒤에 부시 대통령은 도널드 럼즈펠드 국방부 장관에게 이라크에 대한 전투계획을 검토하도록 요청했다. 럼즈펠드는 12월 1일 중부사령관 토미 프랭크스 대장에게 그 작업을 시작하라고 지시했다. 부시는 성탄절 직후 그 계획에 관한 브리핑을 받았다. 부시의 후일 기술에 따르면 그는 2001년 12월부터 2002년 8월까지 프랭크스 대장과 12번 이상 만나거나 통화하며 그 계획을 다듬었다.

2002년 9월 12일 부시는 유엔 연설을 통해 사담이 자신의 대량살상무기 건설 계획을 실토하도록 요구하는 결의안을 요청했다. 워싱턴에서 미국 정보기관들이 발표한 보고서를 보면 "바그다드는 유엔 결의안을 초과하는 사정거리 미사일뿐만 아니라 화학·생물 무기도 보유하고 있으며, 가만히 내버려 두면 아마 2010년까지 핵무기를 보유할 것이다"라고 결론을 내렸다. 그 정보 보고서에 영향을 받은 미국 의회는 2002년 10월 11일 이라크에 대한 무력 사용을 대통령에게 수권하는 결의안을 쉽게 통과시켰다.

11월 8일 안보리가 만장일치로 승인한 결의안 1441호는 이라크가 금지된 유형의 미사일 생산과 대량살상무기와 관련해 1991년 휴전 조건을 "중대하게 위반"했다고 선언하고 30일 안에 대량살상무기 관련 프로그램을 모두 포함하는 신고서를 제출하도록 요구했다. 그렇게 하지 않으면 "심각한 결과"가 초래될 것이었다. 러시아, 중국, 시리아까지 그 결의안을 지지했다. 이라크의 대량살상무기와 관련된 후속 논란을 보면, 세계의 거의 모든 정보기관이 미국 정보기관과 같은 결론, 즉 이라크가 대량살상무기를 보유하고 있거나 보유하려고 추진하고 있다는 결론에 도달했기 때문에 유엔 결의안이 통과되었다는 사실을 망각하는 사람들이 너무 많다. 사담 스스로 대량살상무기 개발에 성공했다고 자랑질을 하며 그런 결론을 뒷받침했는데, 그의 행동은 이라크 국민과 이웃 국가들에게 그의 성공을 확신시키려는 의도였다. 안보리 결의안 1441호는 바그다드의 정책이나 언사를 변경시키는 것에 실패했다. 외교력 행사가 실패한 것이었다.

부시가 개전을 정당화하기 위해서 이라크의 대량살상무기 프로그램에 관해 거짓말을 했다는 것은 완전히 틀린 생각이다. 중대한 결과를 초래한 미국과 타국 정보기관들의 오류였을 뿐이다.

부시는 미국의 안보에 대한 이라크의 위협이 제거되면 "이라크 국민이 사담의 폭정을 민주주의로 대체하도록 돕는 책임"을 지겠다고 전쟁 기획의 초기에 결심했다. 부시는 2003년 5월 1일 항공모함 에이브러햄링컨호 선상에서 "독재에서 민주주의로의 전환에는 시간이 걸리겠지만 전력을 다할 가치가 있다. 우리의 임무가 완료될 때까지 연합군이 잔류할 것이다"라고 했다.

부시의 고위 보좌진이 모두 동의한 것은 아니었다. 럼즈펠드 국방부 장관은 아프가니스탄에서 미국의 목표를 군사적 임무 이상으로 확장하는 데 반대했듯이 이라크에서도 같은 주장을 폈다. 럼즈펠드는 우리가 "그 나라의 민주주의 전망에 관해 직시할" 필요가 있다고 강하게 느끼고 행정부가 민주주의의 목소리를 낮추어야 한다고 대통령과 라이스 국가안보보좌관에게 말했다. 그는 이라크가 천년 묵은 문화와 수십 년 묵은 독재 통치를 민주주의로 빠르게 전환시킬 수 있을 것이라는 데 회의적이었다. 그는 후일 "민주주의 성공에 가장 중요한 타협의 기술은 사람들이 하루아침에 배울 수 있는 것이 아니다. 우리가 이라크에서 핵심 제도 　자유 언론, 사유재산권, 복수 정당, 독립적 사법부 등 — 가 유기적으로 발전하기 전에 조기 선거를 통해 민주주의를 건설하려고 서두른다면 결국에 우리는 영구적 실패에 이를 것이다"라고 기술했다. 라이스에 따르면 럼즈펠드는 우리에게는 이라크를 민주화할 책무가 없으며 "독재자가 등장하더라도 내버려 두라"라고 주장했다. 필자가 당시 국방부 장관이었더라도 그와 똑같은 주장을 폈을 것이다.

부시의 '민주주의 의제'가 대량살상무기가 발견되지 않자 미국의 침공 행위를 정당화하기 위해 제시된 것이라고 생각하는 사람들이 당시 필자를 포함해서 미국 내에 많았다. 기록을 보면 그것은 분명히 사실이 아니었다. 부시가 이라크를 민주화하기 위해 전쟁을 개시한 것은 아니었지만, 그는 국가안보 목적을 위해 사담을 제거하기로 결정한 다음에 나아가 이라크 민주화까지 추진했다. 그런 이상주의적 열망을 넘어 부시는 또한 사담이 제거된 후 이라크를 통일국가로 유지하고 인종 구성에 따라 위험하게 분열되는 것을 피할 수 있는 유일한 길은 민주적 과정을 통해 시아파, 쿠르드족, 수니파에게 거버넌스 역할을 분담시키는 것이라고 생각했다. 라이스의 후일 기술에 따르면 부시는 "전쟁이 일어나면 우리는 민주적인 이라크 건설을 시도할 것"이라고 생각했다. 라이스는 테러리즘에 대항해 성공하려면 무력과 함께 이데올로기, 즉 보다 나은 미래에 대한 비전이 필요하다는 부시의 신념을 다음과 같이 강조했다. "그리고 아랍 중심부의 민주화는 나아가 중동을 민주화하고 절망과 테러리즘의 원천인 자유의 결핍을 해소하는 데 도움이 될 것이다." 이것은 숨 막히게 야심 찬 비전이었다.

2003년 3월 부시의 이라크 침공 결정이 지혜로웠는지는 영원한 논란거리다. 이라크 내 대량살상무기가 없었다고 해서 클린턴과 부시 행정부가 인정한 현실은 바뀌지 않았다. 다시 말해서 사담 후세인이 집권하는 한 이라크는 여전히 심각한 안보 도전이었으며 사담은 기회가 주어지면 대량살상무기 프로그램에 다시 착수할 것이었다. 그러나 2003년 초 미국의 고위 인사 가운데 미군이 17년 이상 이라크에 주둔할 것이라거나 그 침공으로 이란이 역내 강국으로 급부상할 것이라고 생각한 사람은 아무도 없었다. 엄청난 비용을 예상한 사람도 없었다. 상당 기간이 지나면서 이라크를 안정되게 작동하는 민주주의국가로 바꿀 수 있을 것이라는 데 반대한 럼즈펠드 등의 회의론이 옳은 것으로 충분히 입증되었다.

필자는 전쟁이 시작되고 6주가 지나지 않은 2003년 5월 1일 연설을 통해 제1차 걸프전쟁을 결정한 일원이었지만 지금은 정부에서 물러난 사람으로서 사견을 다음과 같이 피력했다.

우리가 지금 이라크에서 직면한 상황을 보면, 자동차를 붙잡은 강아지* 생각이 좀 납니다. 이제 우리는 이라크를 차지했는데, 이라크를 어떡할 겁니까? 전후의 도전은 전쟁 자체보다 훨씬 더 클 것이라고 봅니다. 최근에 와서야 미국 정부는 이라크 내 다수파 무슬림인 시아파의 엄청난 잠재적 힘 그리고 민주적인 이라크가 근본주의 시아파의 이라크로 전락할 수도 있다는 가능성을 인식하기 시작했습니다. (……) 10여 년의 궁핍과 수십 년의 바트당(Baathist) 사회주의를 겪은 이라크를 재건하고 식량과 서비스를 공급하며 경제를 재건한다는 과제는 결코 작은 일이 아닙니다. 하지만 이런 일은 그 나라에 대한 정치적인 열망보다 성취하기 더 쉽다고 봅니다. (……) 이런 모든 이유 때문에 우리가 미군을 대규모 다국적 평화유지군으로 대체하는 일을 안보 상황이 허용하는 대로 빨리 시작해야 한다고 봅니다. (……) 우리가 이라크 내 약 10만 명의 미군을 몇 달 넘게 주둔시킨다면 큰 실수를 하는 겁니다.

하지만 미국이 이라크를 침공해 사담을 전복시킨 다음에는 출구를 찾기가 지독히 어려웠다. 시아파, 수니파, 쿠르드족이 각각 자신들을 보호할 해외 동맹국을 찾고, 인접국의 인종적·종교적 동일 집단과 제휴해 이라크 내에서 지배적 시위를 확립하려고 했다. 특히 쿠르드족은 독립국을 형성하려는 시도에서 이란, 튀르키예, 시리아 내 쿠르드족과 합세하려고 했다. 그래서 이라크가 해체되어 역내 전체가 위험스럽게 불안정해지는 것을 막는 것이 긴요했다. 이라크가 해체되었다면 테러 단체를 확산시키는 비옥한 토양이 형성되었을 것이고 아마도 대규모 난민 발생 등의 부정적인 사태로 이어졌을 것이다. 이런 우려는 침공 당시에는 가설이었지만 10년 뒤 시리아의 내전과 해체를 통해 입증되고도 남았다.

2002년 초 아프가니스탄의 경우와 달리 미국의 침공 후 이라크에는 국제사회의 폭넓은 인정을 받는 정부가 없었고, 경쟁 파벌 간의 공식 휴전협정도 없

● 목표 달성 후 무엇을 해야 할지 모른다는 의미의 비유다(옮긴이 주).

었으며, 유엔결의에 따른 평화유지군도 없었다. 국제 평화유지군을 조직하려는 상당한 노력의 일환으로 콜린 파월 국무부 장관이 여러 아랍 국가와 무슬림 국가를 방문해 침공 후 이라크를 안정시키기 위한 파병을 요청했다. 그는 빈손으로 돌아왔다. 2003년 말 미국은 이라크를 차지했고 이라크의 모든 문제도 함께 떠안았다. 일단 미국이 침공한 후에는, 훨씬 더 큰 문제를 야기하지 않을 출구가 당시 현실에서 없었다.

미군이 빠르게 사담의 군대를 패배시키고 그를 제거했다. 보다 나은 정권을 들여앉히는 것은 전쟁과는 전적으로 다르고 엄청나게 더 벅찬 도전이었는데, 그 주된 이유는 이라크 내부 상황이 우리가 예상했던 것보다 훨씬 나빴던 데 있다. 필자가 『임무』에서 썼듯이 우리는 2003년 전쟁 이전에 이라크가 경제적·사회적·문화적·정치적으로 그리고 인프라와 교육 시스템에서 얼마나 망가졌는지 전혀 감이 없었다. 게다가 "이라크 국민에게 전혀 신경 쓰지 않은 사담의 수십 년 통치, 8년간 벌인 이란과의 전쟁, 걸프전쟁 때 미국이 가한 파괴, 12년 동안의 가혹한 제재 등이 모두 복합된 결과 사실상 우리가 이라크 국민의 요구에 부응하는 민주 정부를 창설하는 것은 고사하고 경제를 재가동하기 위한 토대조차 전혀 없었다".

사담의 독재를 작동하는 민주주의 – 근본적으로 법의 지배, 활기찬 시민사회, 튼튼한 제도에 의존함 – 로 대체한다는 것은 엄청난 도전이었다. 무엇보다도 우리는 어떻게 해야 할 지 정말로 몰랐다. 우리의 자신감은 제2차 세계대전 후 독일과 일본의 발전에 근거한 역사적 유추에서 나왔을 텐데, 그것은 우리가 독일과 일본에 성공적으로 민주주의를 이식할 수 있었다면 분명 이라크에서도 그렇게할 수 있을 것이라는 잘못된 유추였다. 그러나 이라크와 달리 독일과 일본에는 역사적으로 오랜 독립국가 의식이 있었고, 심각한 종교적·인종적 내부 갈등이 없었으며(두 나라는 인구 구성이 매우 동질적이었음), 전쟁 피해가 아무리 심했어도 정교한 인프라와 다변화된 경제가 있었다. 일본에서는 국왕이 계속해서 존경받는 실세였으며, 연합군이 점령한 독일 지역의 주민들은 소련을 두려워했다. 아마 우리는 독재에서 민주주의국가로 발전한 한국을 모델로 생각했을 것이다 — 다만 그 발전이 상당한 미군 주둔에도 불구하고 1948년부터 1987년까지 거의 40년이 걸린 점을 제외하고서 말이다.

부시는 민주주의가 지속되려면 튼튼한 제도로 뒷받침되어야 한다는 점을 분명히 이해했지만, 해들리에 따르면 그는 선거가 그런 제도를 창설하는 촉매가 될 수 있을 것이라고 생각했다. 그러나 실제적으로 볼 때 민주주의 실현은 무엇을 수반했는가? 법의 지배? 새로운 제도? 부패 척결? 모든 이라크 국민에게 혜택이 돌아가는 건전한 경제? 거버넌스 개선? 매우 교만하게도 행정부는 민주주의 실현에 이 모든 것이 포함된다고 결정했다. 부시가 나중에 기술했듯이 실로 행정부가 장기 재건을 위해 계획을 발전시킨 분야는 교육, 보건, 상수도와 위생, 전기, 주택, 운송, 거버넌스와 법의 지배, 농업, 통신, 경제정책 등 10개가 넘었다. 이것은 놀라울 정도로 야심 차고 비현실적이었다.

그런 목표를 현실적으로 성취하려면 이라크 내의 과제는 제외하더라도 워싱턴에서 국가안보 기관들의 구조 조정이 필요했을 것이고 행정부 내 비국방 부처·기관과 민간 부문으로부터 수만 명의 민간인 전문가가 대규모로 유입되어야 했을 것이다. 그런 일은 일어나지 않았다. 1990년대 초 이후 국무부는 계속된 예산 삭감과 인원 부족으로 거식증에 걸린 상태였으며, 특히 다른 정부 부처에 도움을 요청할 권한이 법규 탓에 매우 제한되어 있었다.

부시 대통령은 2002년 가을 국방부가 전후 기획을 주도하기 바란다고 했다. 그래서 재건·인도적원조실(Office of Reconstruction and Humanitarian Assistance, 이하 ORHA)이 국방부 내에 설치되어 전후의 민간인 활동이 군사작전과 같은 지휘 계통하에 있게 되었다. 이 결정에 동의한 파월 국무부 장관은 국무부가 분명히 지원 역할을 맡는다고 주장하면서도 그런 복잡한 과업을 감당하기에 국무부는 너무 작고 준비가 부족하다는 것을 인정했다.

ORHA가 국방부 내에 설치되었음에도 군부는 전후 재건에 대한 직접적 책임을 맡지 않았으며 ORHA와 거리를 두었다. 초기 ORHA를 이끈 퇴역 장성 제이 가너(Jay Garner)는 90일 안에 선거를 실시한다는 계획을 가지고 침공군을 따라 이라크에 도착했다. 가너는 몇 주 만에 해임되었는데, 그 이유는 그가 일부 전직 관리들을 포함한 이라크인들에게 거버넌스를 반환하는 일을 너무 빨리 추진하고 있다는 워싱턴 인사들의 생각 때문이었을 것이다. 2003년 5월 6일 새 ORHA 수장으로 임명된 폴 '제리' 브리머(Paul 'Jerry' Bremer)는 1980년대 말 대테러 담당 특사를 마지막 보직으로 지낸 외교관 출신이었다. 5월 ORHA는 연합임시행정처(Coalition Provisional Authority, CPA)로 전환되었으며, 브리머는 럼즈펠드의 '권한, 지시, 통제'에 종속되지만 포고령에 따라 이라크를 통치할 권한을 받았다. 사담의 바트당을 금지하고 이라크군을 해산시킨 브리머의 첫 두 포고령은 재앙을 불러온 결정이었다.

이라크에서 힘겨운 도전을 맞이한 브리머는 모국에서도 세 가지 문제에 직면했다. 첫 번째 문제로 국가안보 관련 정부 부처에 국가 건설 전문 지식이 부족했는데, 이런 현실은 주요 인사들의 회고록에서도 인정되었다. 앞서 언급한 대로 파월은 국무부가 할 수 있는 일이 거의 없음을 우려했다. 럼즈펠드는 국방부조차 모든 또는 대부분의 비군사적 과업을 수행할 수 없다고 인정했는데, 이는 당시보다 지금 와서 보면 더욱 분명하다. 미군이 마지막으로 전후의 민·군 재건 활동 모두를 감독하는 책임을 맡은 것은 제2차 세계대전 후의 독일과 일본에서였으며, 럼즈펠드도 인정했듯이 그 경험과 전문 지식은 오래전에 사라지고 없었다. 럼즈펠드가 나중에 관찰했듯이 미국 정부는 전후 기획을 위한 조직이 전혀 없었는데, 말하자면 민·군 기획을 모두 맡을 단일 기관이 없었다. 부시는 후일 "개전 이전에 미국의 계획과 인원을 미리 준비시킴으로써 나는 준비가 잘되었다고 느꼈다. 그래도 우리는 우리의 한계를 알고 있었다. 미국의 국가 건설 역량은 제한되었으며, 어떤 니즈(needs)가 대두될지 확실히 아는 사람은 아무도 없었다"라고 기술했다. 기획 관점에서는 미국이 "준비를 잘했을" 수도 있고 아닐 수도 있지만, 역량 관점에서는 전혀 준비가 안 되었다. 이라크의 국가 건설에 긴요한 비군사적 권력수단은 단순히 '제한된' 것이 아니라 절망적으로 부족했다. 반면에 그 니즈는 경악스러운 수준이었다.

이라크 주재 미국 민간인들의 이라크에 대한 전문 지식이 적은 것과 민·군 재건 활동이 통합되지 못한 것은 계속해서 문제가 되었다. 예를 들어 2009년 이라크에 주재하는 국제개발처 소속 지원 인력이 약 1400명이었는데, 베트남 전쟁 동안 베트남에 주재한 국제개발처 소속 전문가들은 1만 명이 넘었다(활동의 성공이 아니라 투입 수준 때문에 유명함). 2004년에 와서야 이런 임무를 수행할 부서가 국무부 내에 설치되었지만, 업무를 효과적으로 처리할 인원과 권한은 없었다.

두 번째 문제는 워싱턴의 인사들(그리고 바그다드의 브리머까지) 모두가 합심하지 못한 것이었다. 일반적인 통념과는 달리 전후를 위한 기획은 많이 있었으며 그 기획의 조율도 많았다. 궁극적으로 큰 결함은 그런 계획의 집행에 있었는데, 누가 책임자인지 불확실했고 어떤 자원이 필요한지 제대로 파악하지 못했다. 이런 결함은 권력수단을 성공적으로 행사하려면 당면 과제에 대한 현실적인 평가를 바탕으로 효과적으로 시행해야 한다는 좋은 본보기를 제공한다.

2002년 봄 국무부는 사담 이후 미국이 직면할 문제와 이슈들을 평가하며 '이라크의 미래 프로젝드(Future of Iraq Project)'에 관한 작업을 시작했다. 여러 실무 그룹이 보건, 금융, 물, 농업 등의 예상 과제를 다루었다. 2002년 여름부터 국방부의 정책 부서에서 어떻게 이라크 재야를 과도정부에 포함시킬지 연구하기 시작했으며, 거의 같은 시기에 플로리다주 탬파(Tampa)의 중부사령부는 전후 이라크를 다룰 '합동 태스크포스(T/F) 4'를 창설했다. 한편 라이스는 NSC 직원들에게 인도적 구호 계획에 관한 작업을 지시하고, 한 선임 국장에게 행정부 전체의 전후 기획을 조율하는 임무를 맡겼다. 전후 기획을 조리하는 붐비는 부엌에서 마지막 요리사는 국제개발처였다.

기관들 간의 비난전이 곧바로 벌어졌다. 럼즈펠드는 국무부의 '이라크의 미래 프로젝트'가 본질적으로 개념적이며 "어떤 의미에서도 전후 기획이 아니"라고 일축했다. 그는 후일 "그 프로젝트는 실행 조치를 전혀 개술하지 않았으며 여러 문제를 어떻게 다룰지에 관해 구체적인 제시도 없었다"라고 기술했다. 대통령이 원하는 대로 라이스가 "가볍게 손질하는 식으로" 기획을 더 잘 조율하려고 했을 때, 국방부 정책 담당 차관 더글러스 페이스(Douglas Feith)가 국방부는 다른 기관의 의견을 필요로 하지 않고 환영하지도 않는다고 못을 박았다. 럼즈펠드는 후일 "이라크와 관련된 전후 기획은 기관 간의 효과적인 조율, 분명한 책임 한계, 엄격한 프로세스와 관련된 시한과 책무 등을 결여했다"라고 관찰했다. NSC가 프로세스를 관리하는 데 분명히 결함이 있었지만 국방부 자체가 기관 간의 보다 나은 조율에 중요한 장애물이었다.

부시가 연합임시행정처의 수장으로 임명한 브리머는 워싱턴의 문제를 악화시켰다. 국방부가 여전히 이라크 내 전후 활동을 책임지고 있었고 브리머는 럼즈펠드에게 보고했다. 그러나 브리머는 후일 "나는 럼즈펠드의 부하도 아니었고 파월의 부하도 아니었으며 대통령의 부하였다"라고 기술했다. 브리머가 백악관과 직통하고 국무부와도 관계를 유지하는 바람에 럼즈펠드는 짜증이 났다. 라이스는 왜 국방부와 브리머 간의 협력이 부진한지 이해할 수 없었는데, 특히 럼즈펠드가 브리머의 상관이었기 때문에 더 그랬다. 그리고 브리머가 자신의 결정과 행동에 관해 주요 수장들에게 보고하지 않으면서 워싱턴 내 모든 인사의 분노를 샀다. 예를 들어 그는 2003년 9월 ≪워싱턴포스트≫에 이라크 주권에 이르는 로드맵을 제시하는 논평을 기고했는데, 워싱턴에서 검토되지 않은 그 로드맵은 바그다드에서 거센 반발을 일으켰다.

럼즈펠드는 회고록에 "뒤죽박죽인 명령 계통 탓에 브리머의 업무를 통제하거나 책임지는 사람이 하나도 없었다"라고 썼다. 명확한 명령 계통의 결여에 관해 보다 넓게 본다면 "내가 보기에 너무 많은 손이 운전대를 잡고 있었으니 트럭이 도랑에 처박히는 것은 당연한 귀결이었다".

라이스와 해들리는 백악관 차원의 기관 간 조율 프로세스가 "깨졌다"라는 럼즈펠드의 불평에 대응해 워싱턴과 현장 사이의 단절을 제거하는 방안을 결정했다. 그 방안은 모든 관계 기관이 바그다드에 주재하는 만큼 워싱턴 직통 라인을 봉쇄하고 브리머가 바그다드에서 기관 간 조율을 맡는 것이었다. 라이스와 해들리는 국방부가 이라크 상황을 주도하고 브리머는 럼즈펠드에게 보고하기 때문이 이 방안이 주효하리라고 생각했다. 그들은 브리머가 럼즈펠드의 지휘를 받지 않으며 이라크에서 기관 간 조율도 수행하지 않는다는 것을 곧 알게 되었다. 요컨대 침공 후 이라크 내 미국 활동의 기관 간 조율은 관료적 교착상태에 빠졌으며 한마디로 엉망이었다.

부시는 럼즈펠드 국방부 장관이 이라크의 전후 문제를 주도하고 브리머는 그에게 보고하도록 명확히 했다. 그러나 곧 럼즈펠드가 제멋대로 행동하는 브리머를 무시하고 있다는 것이 분명히 드러났다. 그 시점에서 운전대를 잡고 있는 손은 브리머뿐이었음이 아주 분명했다.

이리하여 라이스가 개입해 민·군 조율을 워싱턴으로 되가져오기 위해 '이라크전략단(Iraq Strategy Group)'을 만들고 로버트 블랙윌(Robert Blackwill) 대사를 바그다드로 파견했다. 경험 많은 외교관이자 부시(41대) 행정부에서 라이스의 동료였던 블랙윌의 임무는 이라크인들에게 정치를 이양하는 문제에 관해 브리머와 협력하고 바그다드에서 벌어지는 상황을 라이스에게 보고하는 것이었다. 라이스에 따르면 럼즈펠드가 이러한 조치에 대해 화를 내고 라이스와 파월에게 "브리머는 이제 백악관 밑에서 일"한다고 했다. 이 때문에 라이스는 "럼즈펠드의 권력을 찬탈"하고 있다는 비난을 국방부와 딕 체니 부통령으로부터 받았고, 약하지만 그런 비난을 부시 대통령으로부터도 받았다.

필자가 보건대 전후(戰後)에 관료들이 으르렁거린 데는 세 사람에게 책임이 있다. 럼즈펠드는 침공 후의 이라크 문제를 처리하고 싶지 않았고, 브리머에 대한 지휘권을 행사하지 않았으며, 침공 후의 계획과 정책 결정을 현지의 브리머나 군인들에게 내리는 실행 명령으로 옮기지도 않았다. 그는 라이스가 관료적 지휘·명령 계통을 재확립하려고 노력하기 한참 전에 모든 업무에서 손을 뗐다. 럼즈펠드는 대통령이 자신에게 부여한 책임을 회피했다. 국가안보좌관인 라이스는 대통령이 전후의 공무원 지휘 구조가 이처럼 붕괴된 것을 알도록 그리고 국방부 장관이 대통령으로부터 부여받은 직무를 수행하지 않고 있음을 이해하도록 가장 냉혹한 말로 보고했어야 했다. 부시는 라이스로부터 이런 경고를 받았든 받지 않았든 문제를 알고 있었을 것이다. 그리고 각료급 수장들의 파열음, 긴밀한 군사·비군사 협력의 확보, 럼즈펠드를 위시한 모든 관계자의 책임 추궁 등과 관련해 궁극적으로 대통령 자신에게 책임이 있는 것은 물론이다.

초기의 군사적 승리 이후에 발생한 모든 문제에 관해 당시에도 많은 지적이 있었고 아직도 있다. 많은 비난이 돌고 있다. 그러나 비군사적 성격이 강한 기관 간 활동을 국방부에 맡기는 것은 국방부 장관의 직접적인 관여와 백악관의 거슬리더라도 효과적인 조율과 지시를 필요로 했다. 둘 다 이루어지지 않았다.

세 번째 문제는 과도기 권한을 얼마나 신속하게 이라크인들에게 돌려줄지를 놓고 국방부의 의견과 국무부와 NSC의 의견이 명백하게 달랐다는 데 있었다. 국방부는 (아프가니스탄에서처럼) 이라크 임시정부를 최대한 빨리 구성하기 위해 이라크의 반체제·망명 인사들을 폭넓게 활용하자고 주장했다. 국무부와 NSC는 그런 인사들이 이라크 내에서 정통성을 가지고 있는지 여부를 우려하면서 이라크 신정부를 위한 기초를 다지고 제도적인 토대를 세우려면 더 많은 시간이 필요하다고 보았다. 브리머는 과도 기간이 연장되고 이라크에 대한 연합임시행정처의 종주권이 지속되는 방안을 분명히 지지했다. 이라크 주권과 자치로 전환하는 속도를 둘러싸고 주요 수장 사이에 이견이 지속되었다. 결국 브리머가 2004년 3월 8일 발효된 '과도행정법(Transitional Administrative Law)'을 성사시켰다. 그 법률은 이라크로의 주권 반환을 위한 로드맵을 규정했는데, 그에 따라 2005년 1월 총선에 이어 6월 28일 이라크 임시정부가 수립되었다.

그러나 이라크 내에 늘어난 폭력이 이러한 사태 발전을 매우 무색하게 만들었다. 미군이 이라크 수도를 점령한 직후 난동을 부리는 이라크 약탈자들이 바그다드를 휩쓴 것은 ─ 이유가 무엇이든 미군은 개입 명령을 받지 않았음 ─ 앞으로 사태가 더욱 악화될 조짐이었다. 바그다드 함락 직후 수니파가 반란을 일으켜 2004년 봄 안바르(Anbar)주 팔루자(Fallujah)에 집결했다. 거의 동시에 성도(聖

都) 나자프(Najaf)와 바그다드 인근의 사드르(Sadr)에서 시아파 민병대가 봉기했다. 팔루자와 사드르에서 이라크인과 미국인의 많은 인명 손실이 발생했다. 이라크 전역에서 점차 미군은 해방군이 아니라 점령군으로 간주되었다. 특히 여러 도시에서 벌어진 시아파 민병대와 수니파 반군과의 전투로 상당한 "부수적 피해"가 발생했으며, 이는 더욱 이라크인들의 적대감을 불러일으켰다. 폭력 증대와 그에 따른 치안 부재로 주요 재건 활동이 그 중요성을 인식하고 있었음에도 불구하고 중단되었다. 치안 악화는 2007년 미군이 증파될 때까지 걷잡을 수 없었다.

그러나 여러모로 보아 미국의 이라크 내 활동에 가장 심각하게 차질을 준 사건은 미국이 자초한 것으로 2004년 4월에 폭로된 아부그라이브(Abu Ghraib) 교도소에서 미군 간수들이 이라크인 포로들을 심하게 학대한 일이었다. 그 폭로에 미국과 전 세계가 진저리를 쳤지만 이라크인들이 받은 충격에 비하면 아무것도 아니었고 점차 그들의 반미 감정에 불을 질렀다.

2004년 6월 이라크 임시정부가 수립되면서 미국의 이라크 '점령'이 명목상 종식되고 연합임시행정처가 종료되었으니 이라크 업무는 국무부와 신임 미국 대사 존 네그로폰테의 책임이 되었다. 그럼에도 불구하고 치안 상황은 악화 일로였다.

이라크 국민의 커지는 적대감을 극복하기 위해서는 그들의 치안과 일상생활을 개선할 방법을 찾아야 했다. 전력망, 상하수도, 학교 등 모든 것이 엉망이었는데, 그것은 사담 후세인이 소홀히 하고 미국이 폭격하고 경제제재가 오래 이어지고 침공 직후 약탈이 벌어졌기 때문이다. 현지 미군 사령관들이 특히 상하수도 등을 대충이라도 정비하기 위해 최선을 다했지만, 그런 일은 그들의 일차적인 임무가 아니었으며 그런 일에 필요한 전문성도 없었다. 사령관들이 민간 파트인 국무부의 지원이 부족하다고 점차 비난하기 시작했다. 현장에서 이라크 국민의 기본적 필요에 진지하게 대응할 미국의 민간인 전문가의 수가 너무 모자랐다. 이런 비난은 정당했지만, 치안이 부재한 상황에서 군대가 민간인들의 작업을 보호하고 작업 성과를 반군, 테러리스트, 민병대 등이 파괴하는 것을 막을 필요가 있다는 현실을 호도하는 것이었다.

라이스는 2005년 초 국무부 장관이 된 직후 국무부의 군부 지원을 개선하는 방안과 함께 이라크 국민의 생활 조건을 개선함으로써 그들의 마음을 얻으려는 방안을 집중 강구했다. 그 결과 미국이 아프가니스탄에서 지방재건팀(PRT)을 만들었던 사례를 원용했다. 라이스의 표현대로 혼성팀인 PRT는 군 장교와 외교관 외에 농무부, 법무부, 국제개발처 등 여러 부처에서 파견된 재건 일꾼들로 구성되었다. 아프가니스탄에서 PRT 활동을 찬양했던 럼즈펠드는 이라크에서의 PRT 활용은 반대해 PRT 배치를 6개월이나 늦추었다. 라이스는 2005년 1월 모술(Mosul)에서 첫 이라크 PRT를 출범시켰다.

PRT는 매우 광범위한 임무를 부여받았다. 여러 문서에서 언급된 대로 PRT의 임무는 "이라크의 지방정부를 도와 투명하고 지속적인 통치 역량을 개발하고 치안과 법치 개선을 촉진하며 정치·경제 발전을 촉진하고 주민의 기본적인 수요를 충족하는 데 필요한 지방행정을 시행하는 것이었다". 또한 PRT는 도로, 학교 등 인프라를 보수하거나 개축하면서 물, 전기, 하수처리 등 핵심적인 도시 니즈를 충족하는 데 주력할 예정이었다. 또한 PRT는 여가 시간을 이용해 은행과 금융, 공중 보건, 농업, 경찰 훈련, 지방예산 편성 등의 분야에서 기술적인 전문 지식을 이라크인들에게 전수할 예정이었다. 이처럼 광범위한 임무는 환상이었다. 워싱턴에서 그런 계획을 기초한 사람들과 이라크 현지의 현실 사이에는 큰 간극이 있었다.

아프가니스탄보다 규모가 큰 이라크 PRT들은 국무부 고위 관리의 통솔을 받았으며 거의 전부 민간인들이었다. 미국 대사관이나 지방 분관에 입주하지 않은 PRT는 안전, 수송, 식품, 숙소 등의 지원을 주로 미군에 의존했다. 이라크 내 PRT는 한창일 때 31개에 달했으며 세 개를 제외한 모든 PRT가 미국인으로 충원되었다. PRT가 배치된 여단 사령관들은 서로 다른 관료 문화에 따른 실무적인 문제가 있었음에도 그들을 칭찬했으며 그런 민간인들이 더 필요하다고 탄원했다. 2007년 11월 파병이 최고조에 이르렀을 때 이라크 주둔 미군은 17만 명이 넘었다. PRT에 배치된 (국방부 소속이 아닌) 민간인의 수가 2008년 7월에 360명으로 최고조에 달했는데, 엄청나게 부족한 이 수치는 국가 건설 임무에 비해 투입 자원이 매우 불균형했음을 반영했다.

관료적 사고방식이 민간인 전문가를 충분히 확보하는 데 장애가 되었다. 럼즈펠드와 그 후임인 필자가 국무부와 기타 기관 출신의 업무 역량을 일시적으로 늘리기 위해 전문 지식을 가진 국방부 소속 문관들을 파견하는 방안을 제의했다. 우리는 자원한 국방부 문관 명단을 국무부에 보냈으나 왠지 극소수만 선발되어 이라크로 갔다. 국무부는 그들의 자격이 불충분하다고 종종 말했는데, 그에 대해 필자는 각 자원자의 역량이 국무부 전업직의 50%에 불과하더라도 여전히 중요하게 기여하는 것이라고 대꾸했다. 귀머거리들에게 대꾸한 것이었다.

텍사스A&M 대학교 총장을 지낸 필자는 텍사스A&M 등 토지를 무상으로 불하받은 대학에는 농업, 수자원, 수의학 분야 전문가가 많으며 이들은 업무와 연구를 위해 이라크나 아프가니스탄 등 현지로 자주 여행한다는 사실을 알고 있었다. 필자에게 이들은 우리가 사용할 수 있는 재능의 숨은 보고로 보였다. 게다가 토지를 무상으로 불하받은 워싱턴 D.C. 소재 대학들의 협회 회장이 당시 피터 맥퍼슨(Peter McPherson)이었는데, 그는 미시간 주립대학교 총장 출신이자 레이건 행정부에서 국제개발처 처장을 지낸 인물이었다. 필자는 피터가 기꺼이 대학들을 참여시키려고 노력할 것으로 알고 있었지만, 국무부나 국제개발처는 접촉을 시도하지 않았다.

백악관과 국무부의 상상력 부족은 냉전 이후 흔한 일이 되었지만, 비군사 역량을 강화하기 위해 정부 밖의 전문가들에게 접근하는 방안에 관해서도 상상력이 부족했다. 그들은 하청업체들을 제외하고 민간 부문이 권력수단으로서 중요함을 인정하지 않는 것처럼 보였다.

필자는 국방부 장관으로 재직할 때 의회가 국방부가 받는 민간인 지원에 대해서는 돈을 주면서 그런 지원을 일차적으로 맡은 기관에는 돈을 주지 않는 것을 보고 화나고 기이한 짓이라고 생각했다. 의회가 승인한 특별 프로그램 – 늘 논란의 대상이었음 – 에 따라 국방부는 군사작전과 안정화를 지원하는 민간인 프로젝트용으로 매년 1~2억 달러를 국무부에 교부했다. 그와 동시에 이라크 주둔 미군 지휘관들은 '지휘관의 긴급대응프로그램'을 활용했는데, 이 프로그램은 "전술 지휘관들에게 전통적으로 미국, 타국 또는 현지 전문 공무원이나 기관이 수행했던 여러 안정화 과업을 수행할 수단"을 제공했다. 그 과업은 인프라 재건, 거버넌스 지원, 공공 서비스 복원, 경제개발 지원 등이었다. 매년 수억 달러에 이르는 이런 자금이 아래로 여단 수준에 이르기까지 각급 지휘관에게 제공되었다. 그 돈(본질적으로 뜻밖의 필요에 쓸 비자금)은 지휘관들에게 엄청난 자산이었다. 그러나 이것도 충분한 자금을 가진 국방부에 해당하는 이야기였으며 국무부 등 다른 정부 기관은 굶주렸다.

현지에 파견된 민간인들의 기여도가 천차만별이라는 점에 거의 모두 동의했지만, 바그다드와 미군 기지 밖의 민간인 파견단의 규모는 (아프가니스탄에서처럼) 보잘것없었다. 그 이유는 인사 정책과 자금 문제, 군대의 보호 없이 바그다드 밖에서 벌이는 민간인의 활동이 매우 위험했던 열악한 치안 환경, 미국 정부 안팎의 민간인 전문가들을 충분히 활용하지 못한 것, 국무부와 국제개발처에 대한 의회의 지원 부족, '대외 원조'에 대한 의회의 반감 등이었다. 그러나 가장 중요한 이유는 미국 정부가 국가 건설을 떠맡을 만큼 체계화되거나 정비되지 않았다는 데 있다.

필자는 2007년 11월 캔자스 주립대학교에서 행한 연설에서 1990년대 들어 세계와 교류하고 소통하며 지원하는 미국의 능력이 '거세'되었다고 지적했다. 국무부의 신규 채용이 상당 기간 동결되고, 국제개발처의 정규 직원은 베트남전쟁 기간의 1만 5000명 고점에서 1990년대 3000명으로 줄었으며, 독립기관이던 공보처는 폐지되었다. 필자는 "1990년대 들어 의회와 백악관의 공모로 미국 국력의 핵심 수단들이 또다시 약화되거나 버려지게 되었다"라고 말했다. 해법은 무엇인가? "이러한 역량을 제도화하는 방안은 국제개발처나 공보처와 같은 과거 기관을 다시 설립하거나 활성화하는 것이 아닐 것이다. (……) 우리는 다양한 기량을 가지고 즉각적으로 배치될 수 있는 전문가 집단을 대규모 예비군으로 육성할 필요가 있다. (……) 또한 우리는 이들 분야에서 정부의 역량을 통합하는 방안에 관해 그리고 정부 역량을 민간 부문, 대학 등 비정부기구의 역량과 통합하는 방안에 관해 새로 생각할 필요가 있다."

그러한 결함, 특히 민간인 전문가들의 충분한 배치 부족에 대해 필자와 국방부가 좌절했음에도 불구하고, 대책의 필요성이 재인식된 것은 클린턴 행정부에서 아이티, 소말리아, 발칸반도에서 경험을 겪은 후였다. 사실 클린턴은 1997년 5월 '복합적 우발작전 관리하기(Managing Complex Contingency Operations)'라는 지침 — 대통령결정지침(Presidential Decision Directive, PDD) 56호 — 에 서명했는데, 그 취지는 민간인의 평화 유지 활동 기여와 관련해 기획과 조정 문제를 다루는 것이었다. 그 지침의 규정은 공식적으로 시행되지 않았다. 이와 대조적으로 2000년 1월 서명된 클린턴 지침(PDD 71호)은 국무부 내 부서를 신설해 평화 유지 활동의 형사·사법 부문에 대한 미국의 참여를 주도하고 법치주의 진전 프로그램을 지원하도록 했다. 그 지침을 시행할 클린턴 행정부의 임기가 얼마 남지 않았지만, 그 핵심은 후임 부시 행정부에서 채택되었다.

그러나 재건과 안정화 활동에 대한 민간인의 기여 부족이 극도로 분명해진 것은 이라크 침공 이후였다. 그런 민간인 역량을 확보하지 않았기에 이라크의 정부 기관을 재건하고 경제와 시민사회를 소생시키는 일이 군부에 떨어졌다. 이 문제를 인식한 파월 국무부 장관은 2004년 중반에 새로운 시스템을 설계하고 시행할 '재건·안정화 조정관실(Office of the Coordinator for Reconstruction and Stabilization)'을 국무부 등에 설치했는데, 이는 비군사 정부 기관들이 국가 건설에 필요한 정책, 과정, 인력을 개발하도록 하기 위한 것이었다. 그 신설 부서는 또한 해외의 긴급 상황에 신속하게 대응하기 위한 민간인 '증파' 역량을 창조할 책임을 맡았다. 부시 대통령은 2005년 12월 재건과 안정화 활동의 기관 간 집행에 중점을 둔 지침에 서명하며 그런 노력에 힘을 실었다. 라이스 국무부 장관이 2006년 1월 연설에서 상술한 바에 따르면, 대통령의 의도는 "외교, 민주주의 진흥, 경제 재건, 군사 안보의 교집합"에 중점을 두며 국가 건설 전략을 수행하기 위해 필요한 조직 변경을 강조했다.

이런 조치의 성공에 필수적인 방안은 위기 상황에서 촉박하게 파견할 수 있는 신속 배치 민간인 집단 그리고 후속으로 곧바로 파견할 수 있는 대규모 전문가 집단 — 역시 민간인들 — 이었다. 그 개념은 2007년 1월 부시의 국정 연설에서 확인되었다. 2006~2007년 부시 행정부는 그러한 역량을 구축하기 시작했지만, 2008년 2월 '민간인 안정화 구상(Civilian Stabilization Initiative)'을 통해 비로소 본격적인 '예비군'을 제안했다. 부시와 라이스의 첫 계획은 삼중 예비군 구상이었는데, 이틀 안에 배치할 수 있는 250명의 현역, 30일 안에 배치할 수 있는 2000명의 대기 인력, 45~60일 안에 파견되어 장기간 체류할 수 있는 2000명의 예비 인력(대부분 정부 밖의 전문가들)이었다. 버락 오바마 대통령과 힐러리 클린턴 국무부 장관이 그 프로그램을 수용했지만 현장의 필요에 비해 보잘것없는 수준이었다. 예비군은 좋은 방안이었지만, 대외 정책의 민간 부문 혁신이 대부분 그랬듯이 행정부나 의회의 제도적인 뒷받침을 거의 받지 못했다. 그 예비군은 자금이나 인원이 충분히 채워진 적이 없으며 2012년부터 시들기 시작해 근본적으로 사라지고 말았다.

미국이 이라크에 군사적으로 개입한 기간 내내 민간 인력 부족이 해소된 적은 없었다. 그리고 의회가 주로 정부 밖의 전문가들로 구성된 예비군을 재정적으로 뒷받침할 의지가 없기 때문에, 아직 미국은 민간 부문이나 고등교육기관에서 축적한 경험과 지식을 활용할 방안을 결정하지 못했다. 이것은 미국이 중요한 권력수단 중 하나의 활용 방안을 강구하지 못했음을 의미한다.

2006년 부시 행정부는 전쟁이 내재적으로 예측 불가능함을 상기했다. 그해 초 바그다드의 미군 사령부는 이라크 주둔군 규모를 12월까지 15개 전투여단(평균적으로 약 3500명 군인으로 구성됨)에서 10개 전투여단으로 줄일 계획이었다. 대규모 미군 주둔이 반군을 부추기는 데다가 안보 책임을 이라크에 넘기기 시작할 때라는 확신이 있었다. 그러나 2월 수니파 테러범들 — 아마도 알카에다 — 이 시아파 이슬람의 최고 성소 중 하나인 사마라의 알아스카리(Al-Askari) 모스크의 황금 돔을 폭파했다. 그 공격으로 점화된 종파 간 폭력이 이라크 전역으로 무섭게 번졌다. 10월까지 매월 3000명의 이라크 민간인이 죽었다. 그런 상황에서 미국이 군대를 감축하면 폭력이 훨씬 더 커질 것이었다. 또한 그해 하반기 미국은 이라크에서 밀리고 있는 것이 분명했다. 필자는 한 브리핑 보고서에서 "우리가 전략적 수세에 처하고 적[수니파 반군과 시아파 민병대]이 주도권을 쥐고 있다"라고 썼다. 그처럼 곤경에 처한 부시는 호기롭게 정책을 전환해 일차적인 군사 임무를 이라크군으로의 안보 이양에서 이라크인 보호로 바꾸었다. 우리는 이라크 국민에게, 특히 바그다드 인근에서 안전을 보장하지 않고는 정치적으로나 경제적으로 어떤 진전도 이룰 수 없었다. 이에 따라 2007년 1월 부시는 데이비드 퍼트레이어스(David Petraeus) 대장을 이라크 주둔군 총사령관으로 임명하고 3만 명의 병력을 증파했다. 의회와 언론의 다수 인사들은 전쟁 명분을 상실했다고 보았으나 부시 대통령이 더 세게 나가자 격분했다.

부시는 2007년 힘든 시기 내내 무력 정책을 고수했고 그해 가을에 이라크 상황이 안정되기 시작했다. 2008년 초 미국이 증원 병력을 철수하기 시작했을 때는 몇 년 만에 처음으로 바그다드에서 일상생활 모습이 회복되었으며, 미국은 안보 책임을 이라크에 이양하기 시작하면서 심각한 반전을 걱정하지 않을 수 있었다. 병력 증강의 효과가 있었다. 미국이 바랐던 대로 병력 증강은 특히 바그다드 주변에서 안보 환경을 안정시켰을 뿐 아니라 크게 향상시켰으며, 이라크 정치가 정착되고 삶의 질이 적어도 조금은 개선될 시간을 벌었다. 미국의 강경한 대통령, 전략 변경, 육군과 해병대의 희생 덕분에 이라크 국민은 조국을 발전시킬 기회를 갖게 되었다.

미군의 이라크 주둔을 승인한 유엔 안보리 결의안은 2008년 말 효력이 만료될 예정이었으며, 이라크 측은 그 결의안을 연장하거나 '갱신'하는 데 관심이 없었다. 그래서 미국은 2008년 12월 31일 이후 미군이나 다른 나라 군대가 이라크에 계속 주둔할 근거가 되는 새 협정을 바그다드와 협상할 필요가 있었다. 이라크의 정치적 환경, 특히 이란의 후원을 받는 시아파가 미군의 계속 주둔에 강력히 반대했기 때문에 협상 타결에 큰 장애물이 놓여 있었다. 그럼에도 불구하고 라이스 국무부 장관, 라이언 크로커(Ryan Crocker) 대사, NSC의 브렛 맥거크(Brett McGurk)와 메건 오설리번(Meghan O'Sullivan), 국무부의 데이비드 새터필드(David Satterfield) 등이 몇 달 동안 힘들게 협상한 끝에 12월 14일 바그다드에서 부시 대통령과 누리 알말리키(Nouri al-Malliki) 이라크 총리가 '전략적기본협정(Strategic Framework Agreement)'과 '군대지위협정(Status of Forces Agreement)'에 서명했다. 그 조항에 따라 미국은 2009년 6월 30일까지 모든 전투부대를 이라크에서 철수하고, 2011년 12월 31일까지 모든 군대를 이라크에서 철수하기로 했다. 우리는 이라크와 합의하기 위해 부시, 라이스, 필자가 2년 동안 거듭 반대했던 한 가지 사안에 동의해야 했는데, 그것은 미군의 완전 철수를 위한 확고하고 구체적인 일정이었다. 우리는 이라크의 정치 상황이 진정되면 2011년 12월 31일 시한이 도래하기 전에 미군 주둔 연장을 협상할 수 있으리라는 희망을 위안으로 삼았다.

2002년 10월 2일 일리노이주 출신의 오바마 상원 의원은 한 연설에서 이라크와 벌일지도 모르는 전쟁을 "멍청한 전쟁"으로 부르며 반대한다고 선언했다. 그는 대통령에 당선된 뒤에도 기존의 견해를 바꾸지 않는데, 16개월 내 모든 전투 병력을 이라크에서 철수시키고 2011년 12월까지 모든 미군을 철수시키겠다는 것이 대선 공약이었다. 이라크 문제가 2001년 부시가 대통령이 된 후 첫 NSC 회의 의제였던 것과 똑같이 2009년 1월 21일 오바마 대통령의 첫 NSC 회의 주제도 이라크 문제였다. 오바마는 "긍정적인 안보 추세를 유지하고 미국 인원을 보호하는" 방식으로 군대를 철수시키고 싶다고 말하며 자신이 제시한 16개월 일정을 포함한 세 개 이상의 옵션을 요청했다. 궁극적으로 그는 19개월에 걸쳐 전투 병력을 철수시키되 2011년 하반기까지 약 5만 명의 병력을 이라크에 잔류시키자는 필자의 건의를 받아들였다. 부시와 알말리키 이라크 총리가 합의한 대로 모든 미군이 2011년 11월 말까지 철수하게 되었다.

철수 시한을 11개월 앞둔 2011년 2월 2일 백악관 상황실에서 열린 NSC 수장회의에서 제임스 제프리(James Jeffrey) 바그다드 주재 대사와 로이드 오스틴(Lloyd Austin) 이라크 주둔군 사령관의 건의안을 토론했다. 그들은 12월 이후 대사관 인원 2만 명(대부분 보안 요원)과 2만 명의 병력이 잔류하도록 이라크 측과 합의를 시도하자고 건의했으며, 모든 이라크 지도자가 미군의 계속 주둔을 원하지만 정치적 위험을 무릅쓰고 공론화하려는 인사는 없다고 보고했다. 필자는 이라크의 개선된 안보를 유지하기 위해 일정 규모 미군의 장기 잔류가 필요하다고 생각했지만 이라크나 미국 의회가 제프리와 오스틴이 제안한 숫자를 지지하지는 않을 것으로 본다고 발언했다. 필자는 회의에 불참한 오바마도 지지하지 않을 것으로 보았다. 4월 중순 오바마 대통령이 8000명에서 1만 명의 병력을 이라크에 잔류시키는 방안의 타당성과 위험성을 검도하도록 오스틴에게 요청했다. 필자는 그 방안이 추진할 만하다고 생각했으며 대통령에게도 그렇게 보고했다.

그해 6월 들어 필자가 국방부 장관 퇴임을 준비할 때도 이라크 측과 합의된 것이 없었다. 필자는 2008년 협상이 얼마나 힘들었는지 그리고 부시 대통령이 협정 승인을 회유하느라고 알말리키 등 이라크 인사들과 통화한 시간이 얼마나 길었는지를 생생하게 기억했다. 필자는 2011년 이후의 군대 주둔에 관한 협상은 훨씬 더 힘들 것이며 이라크 측의 동의를 얻으려면 대통령의 상당한 노력이 필요할 것임을 알고 있었다. 필자는 오바마 대통령이 얼마나 열심히 노력했는지 모르며(대단한 노력은 없었다고 봄), 이라크 지도자들도 주둔 연장에 대한 자국 의회의 승인을 얻으려는 노력을 전혀 기울이지 않았다. 새로운 협정이 없어 2011년 12월 18일 마지막 500명의 미군이 이라크에서 쿠웨이트를 향해 국경을 넘었다. 우리는 이라크에 대한 군사개입이 끝났다고 생각했다.

우리가 잘못 생각했다. 2011년 가을 시작된 시리아내전의 이라크 파급, 알말리키 정부의 무능과 반수니파 정책, 부패와 정치적 영향을 받은 이라크군의 타락 등이 복합적으로 작용해 테러 단체인 이라크·레반트 이슬람국가(이하 ISIL)가 이라크에 쉽게 침투할 기회가 조성되었다. 2014년 1월 3일 ISIL은 이라크의 팔루자와 라마디(Ramadi)를 장악하고 그곳의 수니파에게 시아파가 지배하는 바그다드 정부로부터 보호해 주겠다고 약속했다. 약 6개월 뒤에 ISIL이 이라크 제2의 도시 모술을 점령했으며, 그에 따라 이라크군이 궤멸되면서 엄청난 물량의 미국제 군사 장비가 버려졌다. 그 직후인 6월 19일 오바마 대통령은 주로 공습 계획을 지원하는 수백 명의 미국 군사고문단을 이라크로 다시 파견했다. 이후 몇 달 동안 그보다 많은 미군이 증파되었고 ISIL에 대한 미군의 공습도 꾸준히 강화되었다. 2017년 1월 오바마가 퇴임할 무렵 이라크 주둔 미군은 5000명 이상으로 늘어나 있었다. 미군은 이라크에서 조기 종료될 전망도 없는 전투를 다시 벌였다. 도널드 트럼프 대통령은 2017년 봄 이라크 주둔 병력을 약간 늘렸으며, 특히 야전 사령관들의 권한을 대폭 강화해 ISIL을 더욱 공격적으로 공습하고 지상의 이라크군을 지원하도록 했다. 2017년 말 이라크 내 ISIL의 교두보는 모두 '자유화'되었다. 그러나 ISIL이 점령했던 도시들은 숱한 전투로 폐허가 되었다.

이 책을 집필하고 있는 현재 장차 이라크가 통합된 단일국가로 존속할지 아니면 공식적으로나 비공식적으로 시아파, 수니파, 쿠르드족 거주지로 분할될지는 여전히 미지수다. 2018년 5월 이라크 총선 결과 쿠르드족 출신의 바르함 살리흐(Barham Salih)가 대통령에, 시아파 출신의 아딜 압둘 마흐디(Adel Abdul Mahdi)가 무소속으로 총리에 선출되었다. 필자는 국방부 장관으로 재직할 때 이 두 사람을 알았고 협력한 적도 있는데, 최상의 바람대로 긍정적이고 실제적인 총선 결과가 나왔다는 대부분 논객들의 견해에 동의한다. 그렇더라도 끝이 없는 부정부패, 경제적 고난, 이란의 영향 등에 따른 혐오와 좌절이 2019년 가을에 특히 시아파가 지배하는 남부에서 광범위한 폭력 시위를 야기했고 결국 총리가 사임했다. 이런 사태에 비추어 볼 때 이라크의 미래는 중앙정부가 수니파와 쿠르드족의 지지를 얻는 데 성공할 수 있는지, 파괴된 도시와 마을을 재건하고 경제성장과 일자리를 창출할 수 있는지, 부정부패를 척결할 수 있는지, 석유 수입과 정치권력을 공정하게 분배할 수 있는지 등에 달려 있을 것이다.

불확실성이 너무 많지만 한 가지는 분명해 보인다. 이라크 미래의 전개 방향에 대해 미국의 영향력은 거의 없을 것이다. 부시(43대) 행정부의 이라크 정책에 관해 많은 비판이 있는바, 특히 미국의 군사적 권력수단과 그 행사 방식이 여건을 감당하지 못했다는 것이다. 그리고 장기간 사담 후세인의 폭정과 전쟁을 겪은 나라에 부시 대통령이 보여준 국가 건설의 열망은 비현실적이었음이 드러났다. 그러나 이 나라가 단결되고 종파 간 폭력이 재발하지 않았으며 그 민주주의가 아무리 흠이 있어도 역내 아랍국 가운데 유일하게 작동하고 있다는 점은 대단한 일이다. 그 점에서 부시의 최초 비전은 적어도 부분적으로는 정당성이 입증되었다.

그러나 매우 큰 비용을 치렀다.

8장

—

아프리카: 성공 이야기

미국이 이라크를 침공하기 두 달 전인 2003년 1월 28일 조지 W. 부시(43대) 대통령은 국정 연설을 통해 "피해가 극심한 아프리카와 카리브 지역 국가에서 에이즈(AIDS)의 추세를 역전시키기 위해" 전례 없이 야심 찬 규모의 인도주의 원조 프로그램을 제공하자고 제의했다. 그는 의회에 5년 동안 150억 달러의 예산 배정을 요청하면서 700만 명의 에이즈 신규 감염을 예방하고 생명 연장 의약품으로 최소 200만 명을 치료하며 에이즈에 시달리는 수백만 명과 에이즈로 고아가 된 아동들을 돌본다는 목표를 제시했다. '에이즈 구제를 위한 대통령 비상계획(이하 PEPFAR)'이라는 이 프로그램의 엄청난 성공은 기념비적 도전에 내응하는 비군사적 권력수단의 효과적 사용에 관한 여러 교훈을 제공하며 여러 대통령에 걸친 노력이 초당적인 지원을 받도록 뒷받침한다. 실제로 그 프로그램의 성공은 처음 설정된 목표를 넘어선다.

　그보다 1년 앞서 부시 대통령은 전통적으로 미국의 대외 정책에서 가장 인기 없는 해외 개발원조에 대해 행정부와 의회의 접근 방식을 개편할 다른 구상을 발표했다. 2004년 입법으로 (부시의 제안 후 2년 만에) 새천년도전공사가 국무부, 재무부, 국제개발처 등으로부터 독립된 기관으로 설립되어 대개도국 경제원조를 제공하게 되었다. 이 기관은 경쟁 과정을 통해 원조 대상국을 선발했는데, 원조를 신청한 각국 정부가 정의로운 통치, 국민에 대한 투자, 경제적 자유 촉진 등을 얼마나 효과적으로 수행하는지를 평가했다. 새천년도전공사가 관리하는 자금은 전체 원조 예산의 5%를 넘지 않았지만, 그 기관이 투명성, 수혜국 정부의 수용, 사업 안건의 결정에 대한 토착 시민사회의 참여, 효과적인 결과, 책임성 등에 중점을 둠으로써 폭넓은 지지를 받았으며 나아가 경제·개발 원조에 대한 미국 정부의 접근 모델을 만들었다. 양당 대립의 심화, 끝없는 두 전쟁 개입, 미국의 대외 정책에 대한 국내외의 신뢰 감소 등으로 어수선한 시기에 이 두 계획, 즉 PEPFAR와 새천년도전공사는 대담한 리더십, 창의적인 사고, 똑똑한 정치, 효과적인 권력수단의 통합이 어떻게 해외 원조 프로그램을 성공으로 이끌 수 있는지 본보기가 된다. 이 두 계획은 극단주의의 비옥한 토양이 되기 쉬운 빈곤국에서 보건, 경제성장, 안정에 기여해 미국에 대한 호의적 태도와 미국의 국익을 증진시킬 수 있다.

냉전 기간 미국의 아프리카 개입은 주로 아프리카 신생 독립국들 사이에 퍼진 반서방 정서를 자국에 유리하게 이용하려는 소련의 책동에 대응하거나 사전 분쇄하려는 의도에서 결정되었다. 아프리카에서 냉전은 1950~1960년대 독립운동에 뿌리를 두고 있지만 1970년대에 심화되었다. 1974년 에티오피아군 내 공산주의파가 하일레 셀라시에(Haile Sellasie) 황제를 쫓아냈다. 신정부는 소련에 도움을 청했다. 1977년 7월 소련의 엄청난 지원을 받은 쿠바군 – 궁극적으로 거의 4만 명 – 이 신정부를 지원하기 위해 배치되었다.

1975년 7월 또다시 소련의 지령을 받은 쿠바가 앙골라내전에서 좌익을 지원하기 위해 병력을 전개했다. 궁극적으로 3만 명 이상의 쿠바 병력이 파견되었다. 아프리카 전역에서 소련이 제공한 반식민주의·민족해방 신임장은 중요한 자산이었다(필자는 1960년대 CIA 초임 분석관으로서 첫 보고서를 소련의 아프리카 노동운동 침투에 관해 썼지만 정책 결정자의 마땅한 관심을 전혀 받지 못했다).

1970년대 말에 앙골라와 에티오피아에서 소련과 쿠바가 수행한 활동이 가장 크게 주목받았지만, 또한 소련은 로디지아의 흑인 민족주의 단체들과 남아프리카공화국 넬슨 만델라(Nelson Mandela)의 정당인 아프리카국민회의(African

National Congress, ANC)도 지원했다. 이 기간에 모스크바는 리비아의 무아마르 카다피(Muammar Gaddafi) 대령에 대한 최대의 무기 공급자였다. 반면 미국은 1960~1970년대 아프리카에서의 소련의 '위협'을 우려해 콩고(후일의 자이르)의 모부투 세세 세코(Mibutu Sese Seko)부터 로디지아와 남아프리카공화국의 백인 우월주의자들에 이르기까지 일부 추악한 지도자들을 껴안게 되었다.

제럴드 포드 대통령과 지미 카터 대통령은 소련과 쿠바의 앙골라와 에티오피아 개입 및 그 밖의 여러 활동이 아프리카에 강력한 교두보를 구축하려는 대대적인 노력의 일환으로 보았지만, 미국의 대응은 미적지근했다. 포드는 앙골라의 우익을 지원하는 중요한 비밀공작을 승인했지만, 베트남에서의 실패를 기억하는 의회가 대통령의 전쟁 권력을 억제하려는 의도에서 1976년 1월 포드의 반대에도 불구하고 앙골라에 대한 미국의 지원을 금지하는 법을 통과시켰다. 카터 행정부는 소련과 쿠바의 에티오피아 내 활동에 대한 대책과 관련해 내부에 이견이 있었으며 결과적으로 아무 조치가 없었다. 1979년 중반 들어 비로소 카터는 소련의 제3세계 책동에 대해 매우 신중하게 대응하기 시작했다.

로널드 레이건이 워싱턴에 입성하며 모든 것이 바뀌었다. 그는 소련이 '민족해방전쟁'을 지원하고 개도국의 비공산주의 정부를 약화시키는 활동에 대해 맹비난했다. 그는 미국이 이런 소련의 활동을 더 이상 방관하지 않을 것임을 분명히 했다. 출범할 때부터 레이건 행정부는 소련과 쿠바를 물리치기 위해 비밀공작, 해외 원조, 외교력을 사용하며 제3세계 전장에 군사적으로 직접 개입하는 것도 불사했다. 1985년 8월 의회는 앙골라 반군에 대한 원조를 금지하는 법을 폐지했으며, 11월 레이건은 앙골라 반군은 물론 다른 나라 반공 단체를 결정적으로 지원하는 주요 계획을 승인했다. 1970년대 소련의 지원에 힘입어 집권하거나 군력을 유지했던 정권들이 1980년대 중반 들어 미국이 후원하는 심각한 반란에 직면했다. 그런 변화는 외교, 비밀공작, 무기 공급, 개발원조 등 여러 권력수단을 성공적으로 적용한 흔적이었다. 그러나 1980년대 말과 1990년대 초 냉전이 완화되면서 아프리카는 또다시 미국의 정책 결정에서 낮은 순위로 밀려나게 되었다.

빌 클린턴 대통령은 아프리카가 "너무 자주 무시"된다고 나중에 인정했으며, 매들린 올브라이트 국무부 장관도 "미국의 대외 정책에서 아프리카의 역할이 미미함"을 인정했다. 사실 클린턴은 임기 종료 2년을 앞둘 때까지 대체로 아프리카를 무시했다. 1993년 10월 소말리아에서 미군들이 희생된 사건에서 교훈을 얻은 클린턴 행정부는 6개월 뒤 르완다에서 대량 학살이 벌어졌을 때 아무런 군사 조치를 취하지 않았다(학살 규모가 알려졌을 때는 행동하기 너무 늦었다). 1990년대 수단내전이 한창일 때도 클린턴은 수단 정부에 약간의 경제제재를 가했지만 전임 부시와 레이건 대통령과 마찬가지로 방관했다.

아프리카가 워싱턴의 정책 관심권 밖에 있었어도 이집트를 포함한 아프리카 대륙은 꾸준히 다른 어느 지역보다 많은 미국의 개발원조를 받았다. 2001년 아프리카는 미국의 원조로 총 140억 달러를 받았다. 미국은 단연 최대의 아프리카 공여국으로 교육, 보건, 인구 계획, 식수 공급과 위생, 정부와 시민사회 등을 증진하는 프로그램을 지원했다.

이렇게 후한 기부는 국내의 관심과 아프리카 현지의 찬사를 거의 받지 못했으며 — 분명히 국제개발처는 '좋은 일'을 한다고 스스로 만족했음 — 아프리카 전역에 걸친 기부 활동을 정치적·전략적 이득을 위해 홍보하자는 사람도 전혀 없었다. 효과적인 개발원조는 국가권력의 수단인바, 그런 현실을 깨닫지 못해 아프리카와 국내외 사람들에게 우리가 하는 좋은 일을 알리지 못한 것은 기회를 놓친 것이다.

냉전 이후 미국의 대외 정책에서 아프리카의 낮은 우선순위가 1990년대 말 바뀌었다. 이는 주로 아프리카 대륙 전역에서 벌어진 신구 분쟁 때문이었다. 최악의 분쟁인 콩고내전은 1996년 로랑데지레 카빌라(Laurent-Désiré Kabila)가 르완다와 우간다의 지원을 받아 모부투 정권을 축출하려는 공세를 개시하며 시작되어 2003년까지 지속되었으며, 2008년까지 내전이 이어진 지역이 많았다. 카빌라는 1997년 5월 모부투를 축출하는 데 성공했지만, 뒤이어 그가 동부 콩고에서 활동하는 후투(Hutu)족 민병대를 죽이려는 르완다에 대해 지원을 거부하자 르완다가 1998년 8월 콩고로 병력을 보냈다. 이를 계기로 카빌라는 외부 지원을 요청하게 되었다. 궁극적으로 9개 나라와 24개 무장 단체가 참여한 전쟁이 중앙아프리카 일대에서 벌어졌다. 다년간 지속된 콩고내전으로 약 600만 명이 사망한 것으로 추정되는데, 대부분이 질병과 기아로 죽었다.

콩고내전보다 훨씬 오래 지속된 북부 수단과 남부 수단의 내전은 1956년 수단이 독립한 직후 시작해 1994~1995년 에리트레아, 에티오피아, 우간다가 남부 반군에 상당한 군사 지원을 제공하다가 수단 내로 병력을 파견하며 격화되었다. 수단 정부와 주요 반군 세력 간에 1997년 평화협정과 2005년 '포괄적' 평화협정이 체결되었음에도 작은 전투가 계속되었다. 수단내전으로 약 200만 명이 희생된 것으로 추정된다.

우간다 정부가 남부 수단의 반군을 지원하는 데 대응해 1994년 수단의 수도 하르툼의 급진적 이슬람 정부는 신의저항군(Lord's Resistance Army, LRA)이라는 우간다의 매우 잔인한 반정부 단체를 지원하기 시작했다. 자칭 예언자 조지프 코니(Joseph Kony)가 이끄는 신의저항군은 십계명에 따라 우간다를 통치하겠다고 선언했지만, 코니의 실제 군사 전략은 살인, 신체 절단, 소년병 강제 동원이었다. 한편 1997년 5월 시에라리온에서 다년간의 내전이 격화되고, 1998년 5월 에티오피아와 에리트레아 사이에 전쟁이 터지고, 1999년 4월 라이베리아에서 제2차 내전이 발생했다(1989~1997년의 제1차 내전으로 20만 명 넘게 죽었다).

클린턴 행정부의 외교관들이 이 분쟁들을 종식시키려고 발 벗고 나섰다. 수전 라이스(Susan Rice) 국무부 아프리카 담당 차관보가 유럽과 아프리카 인사들과 협력해 외교적인 해법을 모색했으나 계란으로 바위를 치는 격이었다. 미국은 에티오피아와 에리트레아 간의 분쟁 종식을 설득하기 위해 아프리카단결기구(Organization of African Unity, OAU)와 협력했으며, 콩고에서 부분적인 협정이라도 맺고자 다른 아프리카 국가들, 유엔, 유럽연합 등과 협력했다. 시에라리온내전에서는 서아프리카경제공동체(Economic Community of West African States,

ECOWAS)가 휴전협정을 타결했다. 이와 비슷하게 미국 외교관들은 수단내전도 종식시키기 위해 국제 협력을 모색했다. 불행히도 모든 경우에 얼마 되지 않아 분쟁이 재발했다. 그러나 미군 파병이 진지하게 검토된 경우는 없었는데, 필자가 생각하는 주된 이유는 이런 분쟁을 해소하려면 엄청난 규모의 노력이 필요하다는 데 있었다. 올브라이트는 후일 "이런 분쟁의 해법은 외교를 통해 찾아야 했으며 외부 세력은 선별적으로 드물게 개입해야 했다"라고 기술했다. 클린턴 행정부는 이런 분쟁에 대처해 외교적인 노력을 지속했다는 점에서 찬사를 받을 만하다. 외교력은 미국이 가진 주된 비군사적 수단이었으며 올브라이트, 라이스 등이 어려움을 무릅쓰고 최대한 외교력을 사용했다.

1998년의 두 사건으로 아프리카가 미국 대외 정책의 전면에 등장했다. 첫 번째 사건은 그해 3월 클린턴이 가나, 우간다, 르완다, 세네갈을 순방한 것으로 특히 그는 남아프리카공화국을 방문한 첫 미국 대통령이 되었다. 훨씬 더 극적인 두 번째 사건은 앞서 언급한 알카에다의 후원을 받은 테러였는데, 같은 해 8월 7일 테러범들이 케냐 수도 나이로비와 탄자니아 수도 다르에스살람 주재 미국 대사관을 공격해 미국인 12명을 포함해 224명*이 죽고 약 5000명이 다쳤다. 앞서 언급한 대로 13일 뒤 미국은 아라비아해와 홍해에서 79발의 순항 미사일을 발사해 아프가니스탄 내 알카에다 훈련 캠프와 수단 내 화학무기 의심 시설을 타격했다. 그 공격은 모두 미국 대사관 테러에 대한 보복으로 단행되었으며 알카에다 지도부의 살해를 목표로 했다. 당시 미국 정보기관이 한 훈련 캠프에서 알카에다 지도부의 회동이 있을 것이라는 첩보를 입수했었다. 그 지도부 다수가 사망했으나 빈 라덴은 살아남았다.

클린턴은 남은 임기 동안 비군사적 권력수단을 창의적으로 사용했는데 아프리카에 장기적 이득을 안길 두 가지 경제 구상을 추진했다. 첫 번째 구상은 대규모 채무 탕감이었다. 1999년 3월 46개국이 참가한 미국·아프리카 정상 회

---

* 원서에는 257명이 사망한 것으로 나오나 오타로 보인다(옮긴이 주).

의에서 클린턴은 선진국들이 아프리카의 채무 900억 달러를 탕감하도록 요청했다. 많은 아프리카 정부가 채무 상환의 부담 탓에 교육, 보건 등 기본 서비스에 쓸 돈이 거의 없었다. 그러나 클린턴이 제안한 채무 구제는 개혁을 조건으로 했다. 클린턴은 다른 나라들이 동참하면 미국도 30억 달러를 탕감하겠다고 정상 회의에서 발표했다. 많은 국가가 호응해 상당한 구제가 이어졌다. 클린턴의 채무 구상은 대담하면서도 영리했다. 그때 미국은 받을 돈 30억 달러 대부분을 이미 회수 불능으로 대손 처리했으며, 따라서 실제 국고에 발생한 비용은 2억 달러 정도였다.

두 번째 구상은 '아프리카 성장·기회법(African Growth and Opportunity Act, AGOA)'이었다. 2000년 5월 서명하고 발효된 이 법률은 아프리카의 대미 수출품에 대해 광범위하게 무역 장벽을 낮추었으며 아프리카 경제에 계속해서 혜택을 주고 있다.

1987년 봄 필자가 중앙정보장 대행으로 있을 때 분석관들이 사하라 이남 아프리카의 에이즈 '팬데믹' 영향에 관해 「특별 국가정보판단서」를 작성했다. 필자가 백악관에 보낸 그 보고서는 약 5만 명의 아프리카인이 이미 에이즈로 죽었고, 200만 명에서 500만 명이 감염되었으며, "1992년 이후 매년 에이즈로 인한 사망자 수가 수백만 명으로 증가할 것 같다"라고 평가했다. 그 보고서는 에이즈가 급속히 확산되어 "통제를 벗어나고" 있으며, 15~50세의 건강한 생산 인구 집단이 가장 큰 타격을 받고 있다고 경고했다. "아프리카의 지도자들은 에이즈 예방이나 환자 치료와 관련해 속수무책인 상태이며, 에이즈의 광범위한 파급 영향은 파괴적일 것인바, 특히 미래 발전에 가장 필수적인 인구 집단, 즉 정치·경제 분야의 중간관리직들, 농촌과 도시 노동자, 군인들이 대체 불가능할 정도로 감소할 것이다." 그 보고서는 HIV(Human Immunodeficiency Virus, 인간면역결핍바이러스) 감염자 수가 수천만 명으로 늘 것이라고 예측했다. CIA는 사하라 이남 아프리카의 민·군 지도자들과 그들의 가족 가운데 감염자 수가 매일같이 증가하고 있다는 소식을 듣고 있었다. 우리는 다수 국가의 정치·경제 엘리트들이 소멸할 잠재성을 보고 있었다.

1987년 CIA가 처음 경고한 아프리카의 고조되는 에이즈 위기는 클린턴 행정부의 관심을 임기 말까지 받지 못했다. 2000년 1월 앨 고어(Al Gore) 부통령은 HIV·AIDS에 관한 유엔 안보리 특별 회의를 주재했는데, 그때 처음으로 질병이 공중 보건뿐 아니라 국제 안보에도 위험 요소라는 점이 인식되었다. 그해 9월 유엔총회에서 올브라이트 국무부 장관과 다른 12개국 여성 외무부 장관들이 모든 나라가 에이즈 퇴치 싸움에 동참하고 특히 여성을 보호할 필요성을 인식하도록 촉구했다. 클린턴 행정부가 끝날 무렵 미국은 전 세계 에이즈 퇴치를 위해 약 5억 달러를 지출하고 있었다. 그때나 나중이나 미국은 에이즈 예방과 치료를 위한 프로그램의 최대 기부국이었다. 그러나 그 기부 규모는 재난의 크기에 비해 왜소했다.

비군사적 권력수단의 행사가 늘 그렇듯이 미국이 HIV·AIDS에 대한 국제적인 대응에서 당면한 문제는 돈 부족이었다고 올브라이트가 후술했다. "나는 건설적인 미국의 리더십을 발휘하려고 노력하면서 좌절을 거듭 겪었는데, 그것은 돈 문제였다. 나이지리아 채무 구제, 시에라리온 평화유지군, 르완다에서의 사법 훈련 등 구체적인 소요가 발생했어도 항상 우리에게는 부스러기 푼돈만 있었다." 2000년 국제개발처 예산은 그 기관 역사상 최저 수준으로 떨어졌다.

미국 정보기관은 계속해서 HIV·AIDS의 확산을 모니터하며 점차 악화되는 상황을 정책 결정자들에게 보고했다. 예측이 아무리 암울하다고 해도 현실은 그보다 더 암담한 것으로 드러났다. 1999년 12월에 발표된 「국가정보판단서」에 따르면 그때까지 사하라 이남 아프리카에서 1150만 명이 에이즈로 사망했으며 동부와 남부 아프리카에서 성인의 10~26%가 에이즈에 감염되었다. 이들 국가의 군대 내 감염률은 10~60%에 이르렀다. 보고서에 따르면 전 세계 27개국의 약 3500만 명의 아동이 에이즈로 부모 모두 또는 한쪽을 잃었으며, 그중에 19개국이 사하라 이남 아프리카 국가였다. 이리하여 전 세계의 감염 아동이 2010년까지 4160만 명으로 늘 것으로 예측되었다.

2002년 9월 발표된 「국가정보판단서」는 사하라 이남 아프리카의 에이즈 환자가 2010년까지 3000만 명에서 3500만 명에 이를 것으로 가장 암울하게 예측했다. 역내 모든 국가의 주된 문제는 공중 보건 인프라가 취약하거나 없다는 것이었다. 보고서에 따르면 역내에서 유일하게 괜찮은 국가가 우간다였다. 우간다의 요웨리 무세베니(Yoweri Museveni) 대통령이 10년 동안 캠페인을 벌여 감염률을 급감시켰는데, 그는 그 캠페인을 "사람들에게 여러 파트너와 섹스하지 말라고 권장하고 에이즈가 야기하는 위협을 대중에게 인식시키며 그 질병의 오명을 벗기고 HIV 교육 프로그램을 부락 수준까지 확대하는 것"이라고 간결하게 요약했다.

2003년 초까지 에이즈 팬데믹으로 전 세계 6000만 명이 넘는 환자 중에 최소 2000만 명이 죽었다. 아프리카에서는 약 3000만 명이 HIV에 감염되었는데, 여기에는 15세 미만 아동이 300만 명 포함되었으며 일부 아프리카 국가에서는 감염률이 성인 인구의 3분의 1을 넘었다. 400만 명 이상이 즉각적인 약물 치료를 필요로 했다. 그러나 아프리카 전체에서 겨우 5만 명의 에이즈 환자가 필요한 의약품을 공급받고 있었다. 재앙이 나타나기 시작한 것이 아니라 이미 닥쳤다.

부시(43대) 대통령은 임기 초부터 아프리카에 대한 미국의 지원을 야심 차게 추진했다. 콘돌리자 라이스 국무부 장관의 회고에 따르면 그녀가 1999년 당시 텍사스주 지사였던 부시와 처음 만났을 때 아프리카 문제, 특히 에이즈 '재앙'에 대처할 필요성을 논의했다. 그와 동시에 부시는 과거 아프리카 원조가 돈 낭비였다고 생각했다. "아프리카에 대한 미국의 해외 원조 프로그램은 실적이 엉망이었다. (……) 미국의 원조가 우호 정권의 집권을 연장시키는 데는 일조했지만 일반 국민의 삶을 향상시키는 데는 소홀했다." 부시는 미국의 전통적인 원조 모델이 "가부장적"이라고 생각했다. 왜냐하면 원조를 주는 나라가 받는 나라 정부에게 어떻게 그 돈을 쓸지 지시하고, 그리하여 부정부패가 생기고 일반 국민에게는 아무런 혜택이 돌아가지 않는 쓸데없는 프로젝트가 추진되는 경우가 너무 흔했기 때문이었다.

하지만 부시는 HIV·AIDS라는 인도적인 위기에 대처하는 것에 최우선 순위를 두었다. 2001년 5월 초 부시와 만난 코피 아난 유엔사무총장이 '에이즈·결핵·말라리아 퇴치를 위한 세계기금'을 만들자고 제안했다. 부시 대통령은 유엔을 탐탁하게 여기지 않았지만 콜린 파월 국무부 장관과 토미 톰프슨(Tommy Thompson) 보건복지부 장관의 설득에 따라 그 기금에 2억 달러를 출연하기로 했다. 그들은 미국이 첫 기부 국가가 되는 것이 중요하다고 생각해 2001년 5월 11일 부시가 기부를 발표했다. 부시는 "나는 더 많은 일을 계획했다"라고 후일 기술했다.

사하라 이남 아프리카의 HIV·AIDS 퇴치를 위한 부시의 리더십은 대통령의 비전, 도덕적 확신, 좋은 정치를 보여준 본보기이며, 특히 과거 무시받던 대륙에서 미국의 이익과 영향력을 진전시키는 방향으로 비군사적 권력수단을 효과적으로 전개한 본보기다. 그와 동시에 부시의 리더십은 수백만 명의 생명을 구하고 생존을 도운 매우 과감한 조치였다. 그의 접근법은 의회에서 강력한 초당적 지지를 받았다.

9·11 이후에 부시 대통령은 극단주의와의 싸움에서 장기적으로 승리하려면 근본적인 원인과 조건을 다루어야 한다고 믿게 되었는데, 이것이 또한 미국의 에이즈 퇴치 활동을 크게 확대하려는 그의 결심을 굳히게 했다. "빈곤과 질병에 찌든 사회가 절망을 낳는다. 그리고 절망에 빠진 사람들이 테러리스트와 극단주의자들의 포섭 대상이 된다"라고 그는 나중에 기술했다. 2002년 초에 부시는 '세계기금'에 대한 미국의 기부금을 5억 달러로 증액했다. 추가로 부시는 2002년 6월 19일 HIV·AIDS에 감염된 1760만 명의 여성과 270만 명의 아동에게 초점을 맞춘 '국제 모자 HIV 예방계획(International Mother and Child HIV Prevention Initiative)'을 발표했다. 이 프로그램의 중요한 특징은 모자간 전염을 50% 감소시키는 항레트로바이러스 신약을 보급하는 것이었다. 약값이 일인당 1만 2000달러에서 300달러 이하로 급락했으며, 따라서 금전적인 면에서 폭넓은 약

품 사용이 가능하게 되었다. 그 계획에 포함된 5억 달러의 추가 지출은 에이즈가 가장 창궐한 아프리카와 카리브 국가들에서 5년에 걸쳐 해당 약품을 구입하고 현지의 보건 종사자들을 훈련시키기 위한 것이었다.

'모자계획'을 발표한 날 부시는 백악관 비서실 정책 담당 차장 조슈아 볼턴(Joshua Bolten)에게 "돌아가 더 큰 그림을 그리고 구상하라"라고 지시했다. 몇 달 뒤 볼턴은 HIV·AIDS의 치료·예방·간병에 중점을 둔 거대 프로그램을 대통령에게 건의했다. 그 프로그램에 개념적인 토대를 제공한 우간다의 사례를 보면, 무세베니 대통령이 강력하게 추진한 정부의 예방 프로그램에 따라 에이즈지원기구(The AIDS Support Organization, 이하 TASO)가 항레트로바이러스 약품을 집집마다 배급했다. '3원칙' 프로그램은 절제(혼전 성교 자제), 충직(복수의 섹스 파트너 회피), 콘돔 사용을 요구했다. 효과는 명백했다. 우간다의 감염률은 1991년 인구의 15%에서 10년 뒤 5%로 떨어졌다.

부시 대통령은 2003년 1월 28일 국정 연설에서 700만 명의 신규 HIV·AIDS 감염을 예방하고 최소 200만 명의 수명을 약물 치료를 통해 연장시키며 에이즈 환자 1000만 명과 에이즈로 고아가 된 아동을 인도적으로 돌본다는 목표를 설정했다. 부시는 기금을 늘리기 위해 100억 달러 등 5년 동안 150억 달러의 예산 배정을 의회에 요청했다. 성공의 열쇠는 각국 지도자들이 구체적인 목표를 달성할 전략을 개발하는 것이었는데, 그런 목표를 달성할 때 미국의 지원을 받을 수 있었다. '에이즈 구제를 위한 대통령 비상계획(이하 PEPFAR)'은 가장 가난하고 에이즈가 심각한 사하라 이남 아프리카 12개국과 카리브해 2개국에 초점을 맞추었다. 그날 밤 부시는 의회에서 "이처럼 많은 나라를 위해 이처럼 많은 일을 할 좋은 기회가 역사상 거의 없었다"라고 했다.

PEPFAR는 원조 프로젝트에 대한 의회의 드문 초당적인 지지를 받아 기록적인 속도로 입법화되었다. PEPFAR는 상원에서 구두 표결로 통과되고 하원에서 375 대 41로 승인되었으며 2003년 5월 27일 대통령이 서명하며 법률이 되었다. PEPFAR의 신속한 입법은 비군사적 권력수단을 대담하게 잘 기획해서 행사하는 것이 가능함을 보여주었다. 그것은 드문 역사적인 성취였다. 부시는 그해 여름 우간다의 TASO 병원을 비롯해 여러 아프리카 국가를 방문했다. 당연히 그는 가는 곳마다 매우 따뜻한 환영을 받았다.

PEPFAR 성공의 열쇠는 원조 프로그램을 운영하는 워싱턴의 통상적 방식을 바꾸어야겠다는 부시의 인식이었다. 부시는 PEPFAR를 과거의 HIV·AIDS 퇴치 프로그램처럼 단일한 전략 없이 도처에서 끼어드는 여러 기관에 맡길 생각이 없었다. 그는 '세계에이즈조정관(Global AIDS Coordinator)'이라는 직책을 신설했는데, 국무부 장관에게 직접 보고하는 그 조정관은 미국 내 모든 기관과 부처의 대외 HIV·AIDS 프로그램을 조정하고 모든 프로그램 자원을 감독할 권한을 부여받았다. 나중에 보겠지만 부시는 다른 원조 프로그램도 효율화하기 위해 관료적인 틀을 대거 깨려고 했다.

미국이 '세계기금'에 계속 기여하는 가운데 부시는 2005년 6월 5년간 15개국의 말라리아 박멸을 지원하는 12억 달러짜리 프로그램을 발표했다. 말라리아 사망자는 아프리카에서 매년 100만 명 이상 발생했으며, 대부분이 5세 이하 아동이었다. '대통령의 말라리아 계획'은 PEPFAR처럼 아프리카인들에게 자신들의 필요에 맞는 전략을 개발하도록 힘을 실어주었다. 첫 2년 동안 그 프로그램은 1100만 명의 아프리카인들에게 도움을 주었다. 2007년 독일에서 열린 G8 정상 회의에서 부시는 다른 나라 정상들을 설득해 HIV·AIDS와 말라리아에 대한 미국의 공약을 따르도록 했다.

PEPFAR는 당초 5년 기간으로 승인되었기 때문에 2008년 의회의 갱신을 받아야 했다. 2007년 5월 30일 부시는 그 프로그램을 갱신하고 향후 5년에 걸쳐 300억 달러를 추가로 출연할 것을 의회에 요청했다. 대통령은 요청이 승인되자 2008년 7월 30일 PEPFAR 갱신 법률에 서명했다.

부시가 6개월 뒤 임기를 마칠 무렵 PEPFAR는 210만 명의 치료를 지원하고 1000만 명 이상을 돌보았다. 5700만 명 이상이 HIV·AIDS 검사와 상담 혜택을 받았다. PEPFAR는 2200여 개의 현지 단체와 제휴하고, 약 20억 개의 콘돔을 배급했으며, 1000만 명 이상의 임신부에게 모자간 전염 예방을 도왔다. PMI는 2500만 명을 말라리아로부터 보호했다.

부시는 또한 아프리카를 돕는 클린턴 행정부의 양대 사업을 계속해서 지원했다. 그는 G8과 협력해 빈곤국의 채무 340억 달러를 추가로 탕감시켰다. 그는 또한 의회와 협력해 '아프리카 성장·기회법'을 연장했는데, 과거 클린턴이 서명한 그 법률은 미국으로 수출되는 대부분의 아프리카 제품에 대해 관세를 면제했다.

PEPFAR는 2013년 버락 오바마 대통령하에서 다시 승인되었으며 도널드 트럼프 대통령하에서도 계속 재정 지원을 받았다. 그러나 장기적으로 우선순위와 접근법에서 변화를 겪었다. 2003~2008년 PEPFAR는 전염병에 대한 긴급 대응에 중점을 두어 치솟는 사망률을 역전시키고, HIV·AIDS의 예방, 치료, 돌봄 기회를 극적으로 확대했다. 오바마 대통령하에서 PEPFAR는 예방과 치료 기회를 계속 확대했지만, 기존의 성과를 지탱할 보건 전달 체계가 장기적으로 지속되도록 각국 정부의 자구 노력에도 중점을 두었다. 이 기간에 자발적인 남성 포경수술의 중요성, 고효율·저비용의 치료법 등 새로 열린 과학적 돌파구가 프로그램 시행에 반영되었다.

그와 함께 오바마 대통령하에서 PEPFAR의 강조 사항이 변경되었는데, 예를 들어 금욕 생활이 경시되었다. 오바마 행정부는 금욕 생활의 효과성이 과학적 근거가 있는 것이 아니라고 주장했다. 신앙을 기반으로 하는 단체들의 역할은 부시 행정부 수준의 관심을 받지 못했다. 다만 그들의 역할은 프로그램의 성공에 여전히 중요했다. 오바마 행정부의 후반 들어 PEPFAR는 공중 보건을 위협하는 전염병으로서 HIV·AIDS를 통제하고 책임성과 비용 대비 효과성을 제고하는 것에 집중했다. 특히 주력 프로그램인 '드림스(Determined, Resilient, Empowered, AIDS-free, Mentored, Safe: DREAMS)'는 15~24세의 젊은 여성을 대상으로 HIV 위험을 높이는 요인들 - 빈곤, 양성 불평등, 성폭력, 교육 기회 부족 - 을 공략했다.

거의 모든 협력 개도국들이 질병을 정확하게 "탐지, 확인, 치료, 감시하는" 국내 연구소를 개발한 것은 PEPFAR가 중요하게 기여한 부분이다. PEPFAR 덕분에 2016년 프로그램 신규 등록자의 42%가 결핵 예방 처방을 받으면서 결핵 차단이 가능하게 되었다. 2014년 서부 아프리카에서 에볼라(Ebola)가 창궐했을 때 나이지리아, 우간다, 콩고 등은 PEPFAR 자금으로 개발된 자국 연구소가 신속하게 질병을 발견하고 보건 종사자들을 훈련시켜 대처 역량을 준비했기에 위기를 벗어날 수 있었다. HIV·AIDS 감염률이 낮아 PEPFAR에 참여하지 않았던 라이베리아, 시에라리온, 기니 등의 국가는 에볼라 발생을 탐지하는 데 필요한 연구소와 보건 시스템이 없어 초기 대처가 불가능했다.

2017년 트럼프 행정부가 PEPFAR 재원을 대폭 삭감하려고 했지만 그 프로그램에 대한 의회의 초당적 지지가 우세했다. 이에 따라 재원이 2008년부터 매년 66억 달러와 68억 달러 사이에서 유지되었다.

전 세계적으로 미국에 대한 시선이 좋지 않았던 2003년 이후부터 15년 동안 PEPFAR 덕분에 아프리카에서는 미국의 인기가 유례없이 높았다. 실로 2007년 퓨연구소(Pew Research Center)의 세계 호감도 조사를 보면 미국에 대한 호감도가 가장 높은 11개국 가운데 9개국이 사하라 이남 아프리카에 있었으며, 그중 6개국은 PEPFAR 수혜국이었다. 2007~2011년 미국에 대한 PEPFAR 수혜국들의 평균 지지율은 68%로 세계 평균인 46%보다 높았다.

워싱턴의 초당파정책연구소(Bipartisan Policy Center)는 2015년 11월 발표한 연구에서 PEPFAR 성공에서 얻은 교훈은 초당적 지지와 후한 재정 지원이 극히 중요하다는 점이라고 요약했다. PEPFAR는 그 진척을 감시하고 감독하는 사람들이 원용할 수 있는 구체적인 임무와 기준을 가지고 있었다. 프로그램의 필요성은 명확했다. 프로그램은 각 수혜국에 맞는 맞춤형이었으며 데이터 기반 절차를 통해 현지 여건에 따라 현지 수준으로 조정되었다. 각국 정부는 책임을 져야 했다(그리고 이는 다시 미국 대사관과 대사의 역할을 강화하는 기대 이상의 소득을 낳았다). 그렇게 오랜 기간 PEPFAR를 지속한 것이 성공의 열쇠였으며, 덕분에 각국은 더욱 강력한 제도와 역량을 구축하게 되었다. 끝으로 강력한 책임성과 투명성이 프로그램에 대한 지지를 끌어냈다.

PEPFAR는 또한 부시 대통령이 프로그램과 관련된 권한과 예산을 한 기관, 즉 세계에이즈조정관으로 통합했기 때문에 성공했다. 그 통합 덕분에 정부 내 여러 관료 조직이 예산과 권한을 다투거나 서로 영역을 침범하지 않게 되었다.

미국의 납세자와 원조 수혜자들 모두가 더 좋은 성과를 원한다. PEPFAR는 그런 성과를 달성할 로드맵을 제공하며, 모든 개발원조 프로그램은 PEPFAR를 본보기로 삼아 평가되어야 한다.

부시 행정부는 폭력과 빈곤이 극단주의를 낳는 온상이라는 부시의 깊은 신념에 따라 (전임 클린턴 행정부와 마찬가지로) 외교력 행사를 통해 아프리카의 많은 분쟁을 해결하는 데 온힘을 쏟았다. 분쟁으로 찢어진 상태인 수단에서 파월 국무부 장관과 존 댄포스(John Danforth) 특사가 2002년 1월 잠정 휴전 협상을 지원했다. NSC와 국무부 전문가들의 도움을 받은 두 사람은 수단의 권력과 영토의 분점을 규정하는 '포괄적 평화협정'을 도출하는 데 성공했다. 그 협정은 2005년 1월 9일 서명되었다. 부시 행정부는 또한 2003년 발생한 수단 서부의 다르푸르 폭력 사태를 진정시키기 위해 노력해 2006년 5월 다르푸르 평화협정을 중재하는 것에 주요한 역할을 맡았다. 파월과 댄포스는 또한 아프리카연합(African Union, AU)과 유엔 합동의 평화유지군 2만 6000명을 다르푸르로 파병하는 합의를 끌어내는 데 중요한 역할을 했다. 클린턴 행정부에서와 마찬가지로 항구적인 폭력 종식은 어려웠지만, 부시 행정부 때 수단에서 보인 미국의 역할이 상황을 개선하고 수많은 생명을 구한 것은 의심의 여지가 없다.

미국은 라이베리아에서 외교력과 군사력을 성공적으로 통합한 본보기를 경험했다. 찰스 테일러(Charles Taylor)가 이끄는 라이베리아의 반군 단체가 1989년 새뮤얼 도(Samuel Doe) 정부를 전복하면서 1년 내전이 시작되었다. 테일러는 국내에서 학정을 일삼고 이웃 시에라리온내전에도 개입했다. 그는 나중에 전쟁범죄와 반인륜 범죄로 기소되었다. 테일러에 대한 국내 저항이 1999년 시작된 또 다른 내전으로 이어졌다. 그의 하야를 요구하는 국제 압력이 증가했지만, 2003년 라이베리아 수도 몬로비아 연안에 2300명의 해병으로 구성된 해군 상륙부대를 파병해 그의 하야를 성사시킨 사람은 부시 대통령이었다. 테일러는 8월 11일 사임했다. 그러나 그의 사임 못지않게 중요한 것으로 엘런 존슨설리프(Ellen Johnson-Sirleaf)가 새 대통령으로 선출되어 2006년 1월 16일 취임했다. 그녀는 라이베리아에 번영까지는 아니라도 평화와 민주주의를 가져온 비범한 지도자였다.

부시 행정부 동안 대통령의 직접 개입을 포함해 미국이 외교적으로 개입한 다른 주요 사례로 나이지리아 대통령 올루세군 오바산조(Olusegun Obasanjo)를 설득해 3선 개헌을 단념시킨 것, 남아프리카공화국 대통령 타보 음베키(Thabo Mbeki)와 함께 콩고전쟁을 중재한 것 등이 있다. 라이스 국무부 장관도 2008년 대선 분쟁이 폭력 사태로 비화한 케냐를 특별히 방문해 아난 유엔사무총장의 중재 활동을 지원했는데, 그 중재로 권력 분점 합의가 이루어졌다.

PEPFAR와 같은 인도적 원조와 아프리카의 분쟁을 가라앉히기 위한 외교적 개입이 미국에게 무슨 이득을 주는지 묻는 미국인이 많다. 이상주의자들은 인류 동포를 위한 일은 옳고 도덕적이라고 주장할 것이다. 현실주의자들은 그런 행동이 팬데믹과 극단주의를 원점에서 공략해 미국 땅에 상륙하는 것을 막고, 관계 증진을 통해 투자 기회와 시장을 확대하며, 미국의 이익을 위해 국제적 지지를 동원할 필요가 있을 때를 대비해 잠재적 동맹국을 만든다고 말할 것이다. 우방국과 동맹국은 예측 불가의 위험한 세계에서 하나의 자산이다. 그 자산은 자체로 하나의 권력수단이며, 필시 비군사적 국력수단을 통해 획득되고 유지된다.

전술했듯이 부시 대통령은 취임 초부터 전통적인 해외 원조 프로그램이 낭비되고 있고 효과가 없으며 워싱턴의 여러 관료 기구가 온정주의적으로 시행하고 있다고 생각했다. 그는 2002년 3월 14일 워싱턴에서 열린 미주개발은행 (Inter-American Development Bank, IDB) 총회에서 세계 개발에 관한 새로운 접근법을 발표하고 여드레 뒤 멕시코 몬테레이에서 열린 개발정상회의에서 그 계획을 더 구체화했다. 두 연설에서 그는 '새천년선언(Millennium Declaration)'에 대한 지지를 표명했는데, 2000년 유엔 새천년정상회의(Millennium Summit)에서 채택된 그 선언은 개도국에 대한 원조 확대뿐 아니라 각국의 니즈에 맞춘 구체적인 목표 설정과 맞춤형 프로그램을 요구했다. 그는 새로운 수준의 책임감이 필요하며 "선진국들의 더 큰 기여가 개도국들의 더 큰 책임과 연계되어야" 한다고 했다.

부시는 향후 3년 동안 미국의 개발원조를 50억 달러 증액하자고 제창했다. 그 돈이 들어가게 될 '새천년도전계정(Millennium Challenge Account, MCA)'은 "부정부패를 근절하고, 인권을 존중하며, 법의 지배를 준수하는 국가에 보상을 줄" 것이었다. 보건 향상, 학교 개선, 면역 확대에 투자하는 국가도 보상을 받을 것이었다. "시장을 더욱 개방하고 지속 가능한 예산 정책을 시행하는 국가, 국민이 관료주의와 뇌물의 굴레를 감수하지 않고도 자영업을 시작하고 운영할 수 있는 국가"가 도움을 받을 것이었다. 요컨대 "바르게 통치하고, 국민에 투자하며, 경제적 자유를 고무하는" 국가는 미국으로부터 더 많이 얻을 것이었다.

부시의 새 접근법은 2002년 9월 20일 발표된 '국가안보전략(National Security Strategy)'에 반영되었다. 여기서는 냉전 종식 이후 종래의 전략처럼 국력의 모든 요소와 권력 행사에 대한 비군사적 접근법을 통합할 필요성을 간결하게 천명했다. 새 접근법이 밝힌 바에 따르면 "미국은 테러리스트와 불량 정권이 미국 국민과 미국의 이상에 가하는 위협에 대처하기 위해 군사력뿐 아니라 우리의 무기고에 있는 모든 수단을 사용할 것인바, 미국의 동맹국들과 협력해 정보를 공유하고 테러 자금을 차단하며, 자유로운 상거래와 시장 접근을 위한 각국의 개방을 추진하고, 개발원조를 민주적 거버넌스를 향한 선정(善政) 개혁이나 전환과 연계할 것이다". 미국은 "실제로 정책 전환을 단행한 국가에는 보상을 주고 그렇지 못한 국가는 질책할 것"이었다.

전술했듯이 전체적인 해외 원조 예산은 2001~2009년 부시 행정부에서 거의 두 배로 늘었다. 증액의 부수적인 효과로 전통적 관료 기구와 의회에서 새천년 도전계정에 대한 반발이 줄어들었다. 그 새로운 계획이 기존 프로그램에서 자금을 빼내지 않게 된 것은 기존 프로그램의 예산이 독립적으로 늘게 되었기 때문이었다.

의회에서 새천년도전계정의 승인을 얻는 것은 PEPFAR 때보다 훨씬 힘들었다. 2002년 제안된 새천년도전계정은 2004년까지 승인되지 않았다. 미국국제개발처의 일부 고참들은 새천년도전계정이 독립된 정부 기관, 즉 새천년도전공사의 형태로 시행되고 출연된 것에 불만이었다. 새천년도전계정은 국무부나 국제개발처의 소관이 아니었다. 라이스에 따르면 부시 대통령은 신설 기관이 전통적 관료 기구에 종속된다면 그 기관이 결과에 대해 진정으로 책임을 질 수 없고 다른 용도로 기금이 전용될 것이라고 생각했다. PEPFAR 때와 마찬가지로 부시는 기존의 해외 원조 조직이 비효율적이라고 보아 기꺼이 새 기관을 만들었다.

부시 행정부는 새천년도전계정의 수혜국을 선정하는 데 엄격한 절차를 시행했다. 선정된 수혜국은 지속 가능한 경제성장과 빈곤 축소를 위한 자국의 우선 사업을 명시해야 했으며, 그런 사업은 시민사회나 민간 부문과 폭넓은 협의를 거쳐 개발해야 했다. 자금에 대한 엄격하고 투명한 모니터링이 요구되었다. '협약'이라고 불린 그 증여는 5년 기간이었다.

2018년 기준으로 새천년도전공사 이사회는 27개국과 33개 협약을 승인했고, 총 117억 달러가 넘었다. 도로, 농업, 에너지(주로 전력), 보건·교육, 상수도, 거버넌스, 금융 서비스 등 인프라를 개선하는 프로젝트에 가중치가 주어졌다. 2004~2017년 공사는 전 세계에서 33만 814명의 농민을 훈련시키고, 772개의 교육 시설을 건설했으며, 2500마일의 도로를 완공하고, 2683마일의 전선을 부설했다고 한다.

오바마 행정부는 새천년도전공사에 대한 지원을 계속했으며, 특히 지속 가능한 경제성장, 선정(善政), 수혜국의 책임 수용, 투명성, 표적을 설정한 미국의 활동, 결과를 모니터하고 평가하는 엄격한 기준 등을 강조했다. 힐러리 클린턴 국무부 장관은 2010년 공사 연례 보고서에 "공사의 경험은 장래 미국의 개발 원조를 결정하는 데 매우 귀중하다"라고 썼다. 그와 동시에 오바마 행정부는 공사의 활동을 새로운 부문으로 확장하면서 활동, 투명성, 모니터링, 평가를 강화하는 데 주력했다.

트럼프 대통령은 2017년과 2018년 새천년도전공사 예산을 삭감하려고 했지만(의회가 예년 수준으로 돌려놓았음) 그 임무는 계속 지지했다. 2018년 4월 23일 트럼프는 의회에서 초당적 지지로 통과된 '아프리카 성장·기회법'과 '새천년도전공사 현대화법(MCC Modernization Act)'에 서명했다. 그 법률로 아프리카산 수입품에 대해 클린턴 행정부가 도입한 관세 면제가 연장되었고, 공사가 처음으로 지역 '협약'을 지원할 권한을 부여받았다. 후자로 인해 인접한 여러 국가를 포함하는 프로젝트가 가능해졌는데, 이는 특히 도로, 전력, 물과 관련된 인프라 개선을 위해 중요했다. PEPFAR처럼 공사에 대한 의회의 초당적 지지가 긴요했다

새천년도전공사는 자체 결함과 간혹 실수를 보였고 미국 개발원조 예산의 5% 이상을 차지한 적도 없었지만, 그럼에도 미국의 개발원조 모델로 성공적이라는 외부 전문가들의 평가를 받았다. 실제로 일부 보수파 의원들은 공사가 국제개발처를 통째로 대체하기를 바랐다. 브루킹스연구소(Brookings Institution)가 2008년에 낸 한 보고서를 보면 공사가 부시 행정부의 "탁월한 혁신 가운데 하나"이며 "목적 있는 사명, 신축성 있는 운영, 잠재적 영향력 면에서 국내외의 어떤 원조 기관도 공사에 필적할 수 없다"라고 기술했다. 이 보고서의 저자들은 여러 공사 개선 방안을 제시한 다음 "공사는 저소득 국가의 성장 촉진을 위주로 하는 세계 최고의 '벤처 투자자(venture capitalist)'가 될 잠재력이 있다"라고 결론을 내렸다.

필자가 오바마 행정부에서 국방부 장관으로 있을 때 휘하의 고위 관리들이 PEPFAR와 새천년도전공사가 부럽다고 필자에게 피력한 적이 여러 번 있었다. 그것은 그들이 해외 원조 영역에서 PEPFAR와 공사의 상상력, 과감성, 성공에 비견될 수 있는 어떤 계획도 개발할 수 없었기 때문이었다. 개발원조가 오랫동안 의회에서 인기가 없었다는 점에서 볼 때, 이 두 비군사적 계획이 3대(代) 행정부에 걸쳐 폭넓은 초당적 지지를 지속적으로 받은 것은 전례가 있더라도 너무 드문 일이었다.

그 이유는 분명하다. HIV·AIDS로 인해 아프리카의 안정을 위협하는 인도적 재앙은 진정한 위기로 널리 이해되었다. 그에 대처하려는 부시의 제안, 즉 PEPFAR는 과감하고 실천적이었으며 사업이 진행되면서 그 중점이 응급조치에서 예방으로 진화했다. PEPFAR의 성공은 명백했고 이것이 중요하게 작용했다. 새천년도전공사는 지원을 신청한 국가에 엄격한 기준을 충족하도록 요구했는바, 특히 신청국 국민의 보건과 교육에 대한 투자와 거버넌스에 중점을 두고 현지인들의 수용을 강조했으며 프로젝트가 경제발전에 분명히 기여한다는 점을 입증하도록 요구했다. 그리고 데이터에 기반한 의사결정, 책임성, 투명성을 강조한 것이 의원들에게 크게 어필했는바, 그렇지 않았다면 의원들이 회의적이었을 것이므로 매우 중요했다.

PEPFAR와 새천년도전공사는 창의적인 정책 구상의 놀라운 본보기로 수천만 명의 아프리카인들의 삶을 개선시켰으며, 덕분에 엘리트 계층과 정부뿐 아니라 일반 국민 사이에서도 미국을 존경하는 사람들이 생겼다. 그 두 계획은 선정을 베풀고 국민이 건강하며 경제가 성장하는 국가가 더 안정적이고 극단주의를 더 배척할 것이라는 부시의 기본 신념에 따른 것이었다.

개발원조는 미국의 중요한 권력수단이다. 개발원조는 적정한 체계를 갖추어 효과적으로 시행되면 다른 나라를 도우면서도 미국의 국익을 보호하고 증진한다. 그러나 엄격한 사업 시행 모델이 고자세로 치환되어서는 안 된다. 그 모델은 의회가 새천년도전공사에서 찾은 것이다. 오바마 행정부 때 공사를 모델로 삼아 국제개발처를 개혁하려는 진지한 노력이 있었다. 그러나 기존의 관료 기구는 바뀌기 어려운 것으로 악명이 높은바, 이 때문에 부시는 별도의 독립기관을 창설했다.

트럼프 행정부는 기존의 해외 원조 프로그램에 대한 부시의 초기 비판론을 공유했다. 2018년 12월 존 볼턴(John Bolton) 국가안보보좌관이 발표한 트럼프 행정부의 새 아프리카 전략은 여러모로 새천년도전공사 원칙에 따라 수립되었다(비록 볼턴의 발표에서 공사나 PEPFAR가 언급되지는 않았지만). 아프리카에 대한 러시아와 특히 중국의 진출에 크게 자극받은 트럼프 행정부의 '번영하는 아프리카(Prosper Africa)' 구상은 아프리카 전역에서 미국 민간 부문의 투자를 지원하고 중산층을 성장시키며 전반적인 영업 환경을 개선하려고 했다. 볼턴은 "우리는 아프리카 지도자들이 미국의 투자를 포함해 고품질의 투명하고 포괄적이며 지속 가능한 외국인 투자 프로젝트를 선택하도록 고무할 것이다. 우리는 재원 조달을 지원하고 외부의 국가 주도 구상에 대한 강력한 대안을 제공하기 위해 미국의 확대된 현대적인 개발 수단을 활용할 것이다"라고 했다. "전략적 동반자로서 행동하고 거버넌스 향상과 투명한 영업 관행을 향해 노력하는 아프리카 정부가 중점 대상이 될 것"이라고 부언했다. 또한 원조 수혜국이 "보건과 교육에 투자하고, 투명하게 책임지는 거버넌스를 지향하며, 재정 투명성과 법의 지배를 촉진해야" 한다고 덧붙였다. 달리 말하면 새천년도전공사의 근본 기준과 흡사한 것이었다.

지금까지 오랫동안 미국은 개발원조로 매년 쓰는 200억 달러가량에 대해 마땅히 받아야 할 수익을 환수하지 못했다. 새천년도전공사 모델을 사용해 각국과의 관계와 프로젝트를 정비, 운영, 평가할 필요가 있다. 그리고 워싱턴의 관료 체제를 개혁하고 개편할 필요가 분명히 있다. PEPFAR는 대통령이 한 조직과 개인에게 전권을 주어 같은 문제에 매달린 여러 부처와 기관을 조정하고 자금을 배분하도록 만든 훌륭한 본보기다. 그처럼 단일 수권이 없다면 여러 기관이 서로 업무적으로 중복되고 예산을 다투며 서로 다른 우선순위를 추구하게 되는바, 일반적으로 돈과 시간이 낭비된다.

　미국이 비군사적 권력수단의 잠재력을 활용하고 해외 원조가 우리의 국익에 기여하는 잠재적인 이점을 얻으려면, PEPFAR와 새천년도전공사가 우리에게 줄 수 있는 교훈을 원용하는 것이 좋은 출발점이다. 이 교훈에는 우리의 활동을 홍보하고 그 공을 인정받으려는 의지도 포함된다. 좋은 일을 조용히 하는 데 만족하는 것은 수도회에나 해당하며 권력을 행사하는 정부에는 해당하지 않는다.

9장
—
러시아: 기회를 놓쳤나?

"도대체 왜 저러는 겁니까?"라고 앙겔라 메르켈 독일 총리가 필자에게 물은 것은 2007년 2월 12일이었다. 그 대화는 블라디미르 푸틴 러시아 대통령이 뮌헨 안보회의(Munich Security Conference)에서 한 시간 동안 미국을 향해 공격을 퍼부은 직후였다. 그 회의에서 필자는 미국의 신임 국방부 장관으로 메르켈과 통로를 사이에 두고 앞줄에 앉았다. 회의에서 푸틴은 미국이 "국제 관계에서 힘 ― 군사력 ― 을 무제한으로 과용하고 국제법의 기본 원칙을 무시하며 정당하다고 보기 어려운 군사작전에 개입"한다고 맹공격했다. 푸틴은 미국이 "하나의 주인, 하나의 종주국, 하나의 권위 중심, 하나의 힘의 중심, 하나의 의사결정 중심"이 있는 일극 세계를 추구한다고 비난했다. 그는 미국과 서방에 대한 불평불만을 장황하게 늘어놓으면서 나토 확대, 미사일방어망(missile defenses)의 동유럽 배치 계획, 유엔의 승인 없이 타국에게 군사력을 사용하겠다는 나토와 유럽연합의 결정, 러시아 국경 쪽으로의 나토군 전진 배치 등을 언급했다. 청중은 ― 존 매케인(John McCain), 린지 그레이엄(Lindsay Graham), 조 리버먼(Joe Liberman) 등 미국 상원 의원들이 필자의 왼편으로 착석했음 ― 푸틴의 격렬한 한탄에 경악했다.

푸틴은 연설하는 동안 대체로 필자와 매케인을 똑바로(그리고 험악하게) 응시했지만 연설을 마치고 연단을 내려와서는 필자에게 곧장 다가와 미소를 지으며 손을 내밀고 필자의 러시아 방문을 초청했다. 나중에 대부분의 참석자들은 무엇 때문에 푸틴이 러시아와 협력할 의향이 강한 청중(주로 유럽 인사들) 앞에서 분노를 터뜨렸는지 웅성거렸다. 특히 푸틴이 연설 직후 필자에게 친근하게 다가온 점에 비추어 그 사건은 일회성 정반합(正反合)이었다는 것이 일반적인 견해였다. 그러나 당시 필자나 청중 대부분은 푸틴이 뮌헨에서 땅에 말뚝을 박았던 것임을, 즉 본질적으로 미국과 광의의 서방이 러시아를 동등하게 취급하지 않으려고 하며 서방의 동반자가 되려는 러시아의 노력이 화답을 받은 적이 없다는 자신의 신념을 선언했던 것임을 파악하지 못했다. 이후 러시아는 스스로의 기준에 따라 세계에서 자신의 올바른 역할을 주장할 터였다. 그 장광설이 하나의 전조였다.

푸틴을 이해하고 어떻게 그가 뮌헨에서 그 지경에 이르게 되었는지를 이해하려면, 그리고 냉전 이후 미국의 대러시아 정책이 달랐다면 다른 결과가 나왔을지 여부를 파악하려면 소련 붕괴에 앞서 위기가 발생했을 때로 시곗바늘을 되돌릴 필요가 있다. 1980년대 말 미하일 고르바초프의 대대적인 개혁은 개인과 산업의 니즈를 최소한으로나마 충족시켰던 소련의 경제구조를 급격하게 약화시켰다. 이것은 다른 교란 요인과 함께 소련 경제의 장기적인 쇠퇴를 재앙적인 쓰나미로 이끌었다. 1989년 말 심각한 소비재 부족, 인플레이션, 폭력이 발생하며 경제문제가 위기 수준에 이르렀다. 수송과 배급 시스템이 광범위하게 무너지면서 생산자에서 소비자로 가는 모든 상품의 배송이 어려워졌다. 보도된 노동자 파업은 1987~1988년 수천 명이 참가한 수십 건에서 1989년 상반기 수십만 명이 참가한 500여 건으로 증가했다. 파업을 벌인 시베리아 석탄 광부들의 주요 요구 사항 중 하나는 비누를 달라는 것이었다. 초강대국 소련이 광부들에게 비누를 공급할 수 없다니 상상이 안 된다. 정치체제가 바뀐 데다 종래 경제를 운용했던 강압 조치가 폐기되면서 전국적으로 경제가 급락했다.

그럼에도 가장 먼저 무너진 것은 다민족 정치 구조였다. 고르바초프는 비(非)러시아인인 소련 국민들이 오랫동안 자신들을 '억류된 국민'이라고 여겼으며 소련이 오로지 공포와 무력을 통해 결합되어 있다는 사실을 결코 이해하지 못했다. 그의 개혁으로 공포가 제거되고 그의 배짱이 민족주의 감성을 억누르는데 필요한 수준으로 폭력을 동원할 만큼 두둑하지 않다는 것이 드러나자 (리투아니아와 아제르바이잔의 시위를 진압하기 위한 단기간의 군사행동에도 불구하고) '연방'의 해체는 불가피해졌다. 1990년 3월 11일 리투아니아가 독립을 선언했다. 1991년 8월 19일 고르바초프를 상대로 한 쿠데타 시도가 실패로 돌아가자 바로 러시아, 우즈베키스탄, 우크라이나, 몰도바, 벨라루스의 독립선언이 이어졌다. 10월 8일에 여덟 개 공화국이 경제동맹 수립에 합의했으며 11월 들어 보리스 옐친 러시아 대통령이 경제·금융·정치 문제에 대한 소련의 권한을 떠맡기 시작했다. 12월 8일 옐친은 조지 H. W. 부시(41대) 대통령에게 전화해 독립국가연합(Commonwealth of Independent States, CIS) 창설에 관해 자문을 구하고 자신과 우크라이나 대통령, 벨라루스 대통령이 소련을 해체하기로 결정했음을 알렸다. 13일 옐친은 다시 부시에게 전화해 세 나라 의회가 독립국가연합 창설 협정을 비준하고, 중앙아시아의 다섯 공화국이 합류하기로 했으며, 12월 말로 "중심부의 구조가 소멸할 것"이라고 알렸다. 성탄절에 고르바초프가 대통령에서 물러나고 12월 31일 소련이 소멸했다.

미국 정부가 임박한 소련 붕괴를 예측하지 못했으며, 1980년대 말과 1990년대 초 소련과 이후의 러시아를 돕기 위해 충분한 경제원조와 정치적 지원을 제공하지 못했다는 많은 비판론이 당시와 이후 다년간 제기되었다.

일반적인 통념과는 달리 당시 CIA는 붕괴가 다가오는 것을 알았다. 1985년 가을 도널드 레이건과 고르바초프의 첫 정상회담을 앞두고 필자가 참석한 대통령 집무실 회의에서 CIA 분석관들은 소련 체제가 존속할 수 없을 것이라고 대통령에게 보고했다. 1989년 초 소련의 내부 상황에 관한 CIA 보고가 너무 심각한 내용이어서 당시 국가안보부(副)보좌관이었던 필자는 부시(41대) 대통령에게 소련의 붕괴에 대비한 우발기획(contingency planning)을 맡을 극비 태스크 포스를 설치하자고 건의해 승인을 받았다. 그 업무는 실제 붕괴보다 거의 2년

반 앞서 1989년 초여름에 시작되었으며 NSC 선임 참모였던 콘돌리자 라이스가 지휘했다. 소련 붕괴를 앞두고 여러 달 동안 CIA는 소련의 중앙 계획경제가 돌이킬 수 없이 붕괴했으며 혼란이 커지면서 곤두박질하고 있어 끝이 보이지 않는다고 부시 대통령에게 보고했다.

필자는 소련의 종말 6주 전인 1991년 11월 초 중앙정보장이 되었다. 그해 가을 필자의 요청으로 미국 정보기관들은 다수의 보고서를 작성해 미국 고위 관리들 머릿속에 맴돈 핵심 질문에 대답했다. 소련이 보유한 4만 개의 핵탄두는 어떻게 될 것인가? 궁핍한 과학자나 군 장교들이 핵무기, 물질, 기술의 판매를 시도할 것인가? 소련 군부가 쪼개져 내전이 벌어질 것인가? 기근이 발생할 가능성은 얼마인가? 공화국들 사이에 분쟁이 일어나거나 광범위한 난동이 발생할 것인가? 이에 대한 라이스의 태스크포스와 정보기관의 판단은 러시아의 강력한 중앙정부를 유지하기 위해 미국과 서방이 최선을 다한다는 부시 대통령의 중요한 결정으로 이어졌다. 거대한 제국이 큰 전쟁 없이 무너진 선례가 없었듯이, 다른 국가들이 거대한 제국의 체제 실패에 따른 내부 사태를 완화하기 위해 어떻게 효과적으로 외부 도움을 제공할지에 관해 (편람은 물론) 선례가 없었다. 그 도전은 삽으로 눈사태를 막으려는 시도에 비유될 만했다. 미국은 정말 도우려고 했는바, 소련 붕괴 전후로 몇 년 동안 미국이 어떻게 러시아와 함께 비군사적 권력수단을 사용했는지 잠깐 살펴보는 것이 좋겠다. 여기서 우리는 미국이 왜 더 많이 원조했어도 소용이 없었을지 이유를 알게 되고 푸틴이 뱉은 독설의 뿌리를 찾게 된다.

1990년 5월 말 고르바초프가 미국을 방문했을 때 그는 부시(41대) 대통령에게 최혜국(Most Favored Nation, MFN) 지위와 그에 따른 관세 혜택을 포함한 무역협정 체결을 요청했다. 부시는 고르바초프에 대한 지지 표시로 정상회담에서 그런 협정에 서명하는 공개 행사를 갖기로 동의했다. 그러나 부시는 소련이 최혜국 지위의 모든 요건을 충족할 때까지 그리고 나아가 소련이 리투아니아에 대해 에너지 금수 조치(그해 봄 리투아니아의 독립선언 후 부과되었음)를 해제하고 협상을 개시할 때까지 의회에 협정 승인을 요청하지 않을 것이라고 고르바초프에게 은밀하게 말했다. 그 협정이 고르바초프에게 하나의 정치적 승리를 안겼지만 단기간에 경제적 도움을 줄 것은 아니었다.

1년 뒤 고르바초프는 부시에게 경제 지원을 다시 요청했는데, 이번에는 곡물을 구입할 150억 달러의 차관을 요청했다. 그러나 소련이 발트 3국에서 벌인 행동과 군축 협상에서 보인 완고함 탓에 미국 내에서 원조 제공에 반대하는 정치적 장애물이 생겼다. 게다가 부시 자신이 "소련 경제에 관해 그리고 시장경제를 촉진하는 데 필요한 개혁 약속에 관해 회의적"이었으며, "나는 기본적인 경제개혁이라도 시행되고 있다는 증거를 보지 못했다"라고 후술했다.

소련에 대한 서방의 경제적 지원에 관한 최종 논의는 1991년 7월 영국 런던에서 열린 G7(Group of 7) 정상 회의와 연계해 이루어졌다. 고르바초프는 도움을 요청하기 위해 그리고 금융 지원을 받을 수단으로서 소련의 국제통화기금과 세계은행 가입을 요청하기 위해 직접 그 정상 회의에 참석하기를 원했다. 부시는 이런 도움과 가입 요청에 대해 앞서의 경우와 마찬가지로 경제개혁의 증거나 군비 축소의 의지가 없다는 이유에서 부정적인 반응을 보였다. 부시의 국가안보보좌관이었던 브렌트 스코크로프트는 "우리 입장에서 볼 때 우리가 원조에 조건을 붙이지 않는다면 자원만 낭비하고 소련의 시장경제 전환을 고무하는 성과를 내지 못할 것이었다"라고 기술했다. 고르바초프는 G7의 틀 밖에서 런던 회의에 초청되었으나 많은 지원을 얻어내지 못했다. 부시가 런던 회의 이후 모스크바에 도착했을 때, 고르바초프는 소련 경제를 구하기 위한 서방의 '돈벼락'은 없으리라는 현실을 받아들인 것으로 보였다.

회고컨대 고르바초프의 요청에 대한 서방 지도자들의 회의론은 충분히 정당했던 것 같다. 1991년 중반 소련은 쪼개지고 있었고, 경제개혁에 대한 진정한 의지가 없었으며, 은행들이 무너지는 상황에서 국가신용이 전무했다. 각기 독립한 공화국들이 어떻게 상호간에 또는 다른 국가들과 경제적으로 교류할지 아무도 몰랐다. 사회주의경제를 최소한으로 지탱한 스탈린식 관료 구조를 파괴한 고르바초프도 어떻게 시장경제로 이행할지 아무런 생각이 없었으며 어쩌면 그런 이행을 바라지도 않았을 것이다. 후일 부시는 "우리는 대규모 금융 지원을 제공하기에 앞서 각 공화국과 연방 사이의 관계가 어떻게 전개될지 주시해야 했다"라고 논평했다. 서방 각국의 의회가 이런 상황에 처한 소련 경제에 수십억 달러에 달하는 돈을 쏟아붓도록 의결해 줄 것이라는 바람은 언어도단이다.

특히 경제난의 외중에 겪은 소련 붕괴가 사회적·정치적·심리적으로 러시아 내부에 미친 영향의 크기를 가늠하지 못한 서방인들이 당시 많았으며 아직도 많다. 소련이 붕괴했을 뿐만 아니라 400년 된 러시아제국도 붕괴했다. 1992년 1월 1일의 러시아 국경은 기본적으로 18세기 예카테리나 2세가 통치하기 전에 존재했던 국경이었다. 한때 모스크바는 3억 명이 넘는 국민을 통치했지만 이제는 1억 4000만 명에 불과했다. 1992년 2500만 명의 러시아계 주민이 갑자기 발트 3국이나 우크라이나 같은 독립한 외국에 살게 되었다. 소련 노동자의 약 90% 이상이 국가에 고용되었기에 그 국가가 무너지자 그들은 기본적으로 실업자가 되었다. 다니던 공장이나 직장에 계속해서 출근했지만, 보수가 거의 또는 전혀 없었으며 할 일도 거의 없었다. 일부 국민, 특히 국가가 지급하는 연금으로 사는 국민들이 심한 타격을 받았다. 1990년대 초반 경제가 계속 안으로 무너지면서 노인들부터 심지어 군인들까지 살아남기 위해 자신들의 소유물을 아무리 사소한 것이라도 길거리에서 파는 모습이 목격되었다. 러시아가 겪은 심한 굴욕은 국가적인 동시에 개인적인 것이었다.

소련 붕괴 전후로 급격한 경제개혁을 옹호한 러시아인들은 소련의 '명령' 경제에서 시장경제로 빠르게 이행할 필요성을 이해했다. 이런 이행은 가격(특히 소비재 가격) 통제 해제, 사경제 활동 합법화, 국유 기업에 대한 보조금 폐지, 금융 개혁 등을 요했는바, 이런 일은 시작에 불과했다. 그러나 1990년대 초반 러시아 정부 내에서는 이견이 대립했으며 두마(Duma, 의회)는 일반적으로 대부분의 경제개혁에 반대했다. 사경제 활동이 증가하면서 법적 보호가 없거나 중과세 탓에 소득을 숨기는 영업과 부정부패가 만연하고 범죄가 급증했다. 가격 통제가 사라지자 소비재 가격이 급등했다. 국유 기업에 대한 보조금이 계속되고 세수가 곤두박질하며 예산 적자가 커지는 상황에서 소비재 가격 급등은 엄청난 인플레이션과 예산 적자로 이어졌다.

러시아가 대대적인 경제개혁의 증거를 보이는 대가로 미국과 서방이 상당한 자금을 제공한다는 '그랜드 바겐(grand bargain)'에 관해 말들이 많았지만, 현실적으로 그런 거래가 고려되지는 않았다. 러시아로서는 개혁을 둘러싼 정치 투쟁 탓에 서방의 자금이 효과적으로 쓰일 것이라는 신뢰를 거의 주지 못했다. 도움을 주고 싶었던 서방의 정치 지도자들조차 자국 의회나 국제 금융기관의 지지를 거의 받지 못했다. 1992년 봄 G7 지도자들이 모여 러시아의 민주주의와 경제개혁을 지원하기 위해 240억 달러를 제공하기로 합의했지만, 금융기관들은 러시아가 경제구조를 재조정할 때까지 돈 풀기를 거부했다. 그러나 궁극적으로 국제통화기금이 1992~1999년에 221억 달러를 러시아에 지출했다.

부시(41대)와 빌 클린턴 대통령은 모두 옐친과 러시아를 돕고자 했는데, 그 이유는 옐친이 개혁과 민주주의를 강력하게 시시했고 핵을 가신 초상대국인 러시아의 불안정은 위험했기 때문이었다. 두 대통령은 또한 러시아가 번영하고 자유를 사랑하는 국가가 되도록 진정으로 돕고 싶었다. 1993년 4월 3~4일 클린턴과 옐친이 캐나다 밴쿠버에서 만났을 때, 클린턴은 미국이 160억 달러를 직접 지원하겠다고 약속했다. 러시아 경제를 안정시키기 위한 그 자금의 용도는 전역한 군 장교들을 위한 주택 공급, 일거리가 없거나 보수를 받지 못하는 핵과학자들을 위한 일자리 프로그램, 핵무기 해체에 대한 지원 확대, 식품과 의약품, 소기업·독립 매스컴·비정부기구·정당·노동조합 지원, 수만 명의 학생과 청년 전문가들을 미국으로 데려오는 교환 프로그램 등이었다. 두 지도자는 또한 양국 관계에서 생기는 문제를 타개하기 위해 앨 고어 부통령과 빅토르 체르노미르딘(Viktor Chernomyrdin) 총리가 공동 주재하는 쌍무 위원회를 설립하기로 합의했다. 클린턴은 워싱턴으로 돌아오자마자 모든 구소련 국가들을 위한 원조 패키지를 25억 달러로 늘렸는데, 그중 3분의 2가 러시아 몫이었다. 그것은 옐친과 개혁 프로세스에 대한 지지 표시로 중요했지만, 그 금액은 러시아의 필요에 비해 새발의 피였다.

처음에 부시(41대) 대통령이 제안해 또 다른 형태의 도움이 선의로 제공되었는데, 그것은 러시아 경제의 불균형 요소를 평가하기 위한 기술적 전문 지식을 제공하고 개혁 방안을 권고하는 것이었다. 그 결과는 부정적이었다. 수없이 많은 서방의 정부 전문가와 민간 컨설턴트들이 1990년대 초반 모스크바로 향했지만, 상당수가 자신들이 알아낸 것이 별것이 아니라며 거들먹거렸다. 그들의 권고 중에는 기술적으로는 적절하지만 시행 문제를 망각한 경우가 흔했다. 특히 옐친과 의회가 향후 진로를 둘러싸고 전쟁을 벌이면서 시행이 정치적 장애물을 만났다(1993년 10월 문자 그대로 전쟁이 벌어졌는데 옐친의 명령으로 군대가 의사당을 포격하고 의회 지도자들을 체포했다). 그 결과 서방에서 온 전문가들에 대한 원성이 자자했다.

두마 내의 극단적인 민족주의자와 공산주의자들은 서방이 러시아를 난파시켜 영원히 약화시키려고 한다고 공공연히 주장했다. 소련 주재 미국 대사를 지낸 잭 매틀록(Jack Matlock)이 러시아 논객들을 두고 "그들의 주장은 구소련 지역에서 발생한 지금의 경제적·정치적 장애는 소련을 해체하고 남은 러시아를 약화시키도록 러시아 지도자들을 매수하거나 기만하는 서방의 음모 탓에 야기되었다는 것이다"라고 기술했다. 서방이 러시아에 못된 짓만 했다는 인식이 강화된 것은 45년 동안 미국과 서유럽을 악마로 만든 선전 때문임은 물론이다. 밴쿠버에서 옐친은 클린턴에게 "나는 러시아의 민주주의 이행을 돕는 미국의 원조를 받는 것과 내가 미국의 손에 좌지우지되는 것처럼 보이는 것 사이에서 줄타기를 해야 한다"라고 했다.

앞서 언급했듯이 경제원조는 국가의 중요한 권력수단이 될 수 있다. 러시아에서 그런 수단을 사용하려는 미국의 노력은 대체로 효과가 없었는데, 그 이유는 시도하려는 경제체제의 이행 규모가 엄청났고 러시아의 국내 혼돈에 비추어 서방 정부들이 제공하려는(그리고 제공할 수 있는) 자원이 제한적이었기 때문이다. 일부 논객은 미국이 통 크게 러시아에 대한 마셜플랜 같은 것을 생각하거나 충격요법을 더 세게 밀어붙였어야 했다고 회고적으로 주장했다. 그 논객들은 시장경제, 공공·민간 기관, 법률이 발달한 서유럽(그리고 중부·동부 유럽)의 오랜 역사를 고려하지 않았는데, 그런 역사 덕분에 마셜플랜이 성공하고 수십 년 뒤 폴란드 같은 곳에서 성공을 거두게 된 것이다. 게다가 그 논객들은 종종 마셜플랜의 핵심 요소를 간과하는데, 수혜국들은 원조를 받기 위해 경제 회복을 위한 자신들의 계획을 개발해야 했으며 그런 계획은 국제 경제협력 확대, 규제 완화, 현대적 영업 관행의 채택에 입각해야 했다. 이와 대조적으로 러시아는 공산주의 치하에서뿐만 아니라 수백 년 동안의 차르 체제에서도 국가가 경제의 중심적인 역할을 수행했다. 그래서 시장경제로의 이행 과정이 엉망이 된 것은 당연했다. 불행히도 많은 러시아인에게 소련 말기에 시작되어 1990년대로 이어진 경제적 궁핍, 부정부패, 강력한 범죄단체, 암살, 무질서, 혼란이 민주주의나 시장경제학과 동의어가 되었다.

부시(41대)와 클린턴 두 대통령은 독일 통일과 나토 존속이 소련과 그 뒤를 이은 러시아에 위협이 되지 않는다고 러시아인들을 안심시키려고 노력했다. 이것이 고르바초프가 나토 속의 독일 통일을 묵인한 열쇠였다. 1990년 5월 제임스 베이커 국무부 장관이 모스크바에서 고르바초프를 만나 '9가지 보장', 즉 서방이 소련이 가진 안보 우려를 완화하기 위해 취하려는 조치들을 제시했다. 여기에는 독일이 대량살상무기를 개발하지 않는다는 약속, 나토군이 옛 동독 영토에 들어오지 않는다는 약속, 나토가 탈냉전 환경에 맞추어 정치적·군사적으로 개편될 것이라는 약속 등이 포함되었다. 부시 행정부의 고위 관리들은 소련 해체 이후의 탈냉전 세계에 맞는 나토 동맹 개편 방안을 강구하는 데 많은 시간과 정력을 투입했다. 소련이 역사 속으로 사라지기 11일 전인 1991년 12월 20일 북대서양협력이사회(North Atlantic Cooperation Council, NACC) 1차 회의가 브뤼셀에서 열렸다. 한스디트리히 겐셔(Hans-Dietrich Genscher) 독일 외무부 장관과 베이커 국무부 장관이 주도해 창설된 북대서양협력이사회는 바르샤바조약기구(Warsaw Treaty Organization, WTO)의 옛 회원국을 모두 포함했다. 뒤이어 1997년 러시아·나토 상설합동이사회(Russia-NATO Permanent Joint Council)가 창설되고 2002년에는 나토·러시아 이사회(NATO-Russia Council)가 설립되었는데, 모두 나토가 러시아에 위협이 아니며 오히려 어느 때보다 더 긴밀한 협동을 추구한다는 관념을 강화하려는 노력이었다. 이러한 이사회들은 러시아에 나토 내 투표권을 부여하지 않았지만 모스크바가 나토의 논의와 의사결정에 영향을 미칠 수 있는 매우 현실적인 기회를 제공했다. 그러나 러시아인들은 그 기회를 진지하게 활용하지 않았다.

러시아에 대한 존중을 보여주고 그 지도자들과 긴밀한 관계를 구축하려는 미국의 외교적 노력이 더 있었다. 클린턴 대통령은 옐친과 개인적 친분을 형성하고 1993년 의회와 분쟁을 벌이는 그를 공개적으로 지지했다. 클린턴이 러시아에 존중을 보이려고 노력한 사례를 보면, 고어·체르노미르딘 위원회를 설립한 것, 일본 도쿄에서 개최된 G7 정상 회의에서 대러시아 원조 패키지를 끌어낸 것, G7 정상 회의에서 정치 문제를 논의할 때는 러시아를 참석시키도록 합의를 도출한 것, 미국이 유럽에서 탈냉전 안보 협정을 체결하면서 옐친의(그리고 러시아의) 정치적 민감성을 고려하려고 애쓴 것 등이다. 이러한 몸짓은 대부분의 러시아인들에게 별것이 아니었다. 소련의 '패배'와 붕괴 그리고 냉전에서의 '승리'에 대해 서방, 특히 미국에서 승전고를 줄기차게 울린 것이 훨씬 더 큰 충격이었다.

1993년 4월 초 캐나다 밴쿠버에서 열린 클린턴·옐친 회담의 긍정적인 성과와 7월 도쿄 G7 정상 회의에서 대러시아 원조 패키지가 승인된 사이에 클린턴 행정부는 중부·동부 유럽에 대한 새로운 정책을 승인했다. 그것은 "민주주의를 고취하고 무역 장벽을 낮추며 경제개혁을 추진하는 국가에 보상을 주려는" 취지였다. 신생 민주국가에 대해 나토 가입의 문을 여는 것이 정책에 포함되었다. 클린턴 행정부는 "공개적이고 신중한" 나토 확대 과정이 러시아를 안심시키는 데 도움이 될 것이라고, 즉 동쪽으로의 나토 확대가 "러시아를 멀리하는 것이 아니라 러시아를 향해 가는 발걸음"이 될 것이라고 생각했다.

그 어떤 것도 모스크바에 먹히지 않았다. 그들은 바르샤바조약기구가 해체되고 냉전이 종식되는데 나토가 존속할 필요가 있는지 의문시했다. 그들은 나토가 그 존속을 정당화하기 위해 러시아로부터의 위협을 여전히 활용하고 있다고 여겼다. 특히 클린턴이 테러리즘, 대량살상무기 확산, 인종 청소 등과 같은 다른 위협이 있다고 안심시켰음에도 그랬다. 그런 주장이 거짓임을 보여준 것은 중부·동부 유럽의 여러 정부가 나토 가입을 원하는 주된 이유가 장래 러시아로부터 자국을 보호하려는 것이라고 공개 선언한 일이었다.

러시아인들은 나토 확대가 독일 통일에 관해 협상할 때 동쪽으로 나토를 넓히지 않겠다는 약속을 서방이 어긴 것이라고 주장했다. 그러나 분명한 사실이 있다. 부시와 스코크로프트가 공동 회고록에서 기술한 바에 따르면 1990년 2월 7일 베이커 국무부 장관이 예두아르트 셰바르드나제(Eduard Shevardnadze) 소련 외무부 장관과의 회담에서 "독일이 나토에 잔류하면 나토 관할의 이동이나 군대의 동진은 없을 것"이라고 단언했다. 3개월 뒤 나토 사무총장 만프레트 뵈르너(Manfred Wörner)가 그 입장을 공개적으로 되풀이했다. 이런 보장은 나토군을 동독 지역에 배치하지 않는다는 데 국한되었다. 그 시점에서 바르샤바조약기구는 아직 해체되지 않았기 때문에 독일 너머로의 나토군 배치는 의제에도 없었다. 실상이 그랬음에도 불구하고 나중에 러시아인들은 미국이 나토군의 동유럽 배치가 없을 것이라고 약속했으며 따라서 자신들이 배신당했다고 주장하기에 이르렀다.

1993년 중반 클린턴 행정부는 합참의장 존 샬리캐슈빌리(John Shalikashvili) 대장의 제안으로 유럽과 구소련의 신생 민주국가들을 '평화를 위한 동반자관계(Partnership for Peace, PfP)'라는 새 기구에 가입시키는 방안을 개발했다. 이 회원국들은 나토 회원국과 함께 군사훈련에 참가하게 되고, 최선을 다해 군대를 향상시키고 인접국과 관계를 개선하며 민주주의를 제고하는 회원국은 나토에 가입할 자격이 주어졌다. 클린턴은 확대 과정이 옐친에게 "너무 많은 문제"를 야기하지 않기를 바랐다. 후일 그는 "나는 나토 확대로 유럽을 분할하는 선이 그저 더 동쪽으로 옮겨지는 결과가 나오지 않도록 확실히 해야 했다"라고 기술했다. 매들린 올브라이트는 "우리는 유럽의 신생 민주국가들과의 약속을 지키는 동시에 우리의 옛 적을 다시 만들지 않도록 아슬아슬한 줄타기를 해야 했다. 우리를 비판한 사람들은 우리가 균형을 유지할 수 없을 것이라고 생각했다. 나는 가능하다고 생각했다"라고 논평했다.

　클린턴과 올브라이트는 둘 다 틀렸다. 1990년대 옐친은 거듭 클린턴의 발목을 잡았다. 1994년 12월 헝가리 부다페스트에서 열린 정상회담에서 옐친은 나토 회원국을 중부 유럽으로 너무 빠르게 확장해 냉전을 '냉평화(Cold Peace)'와 교환했다고 클린턴을 공개적으로 비판했다. 1997년 2월 러시아 외무부 장관 예브게니 프리마코프가 러시아는 나토 확대에 동의할 수 없다고 올브라이트에 말했다. 또 그는 러시아는 나토의 새 동맹국 영토에 핵무기가 배치되지 않고 군사시설의 확장도 없다는 보장을 요구한다고 말했다. 올브라이트는 그런 보장을 약속하지 않았다. 그해 3월 21일 핀란드 헬싱키 정상회담에서 옐친은 나토 확대가 옛 바르샤바조약기구 국가에 한정되고 발트 3국이나 우크라이나 같은 구소련 국가는 포함하지 않는다는 데 동의하라고 클린턴에게 요구했다. 옐친은 "동쪽으로의 나토 확대는 실수이며 큰 잘못이라고 생각"한다고 거듭 공개적으로 천명했다. 클린턴이 옐친에게 "당신이 나토 확대와 나토·러시아 동반자 관계에 동의한다면 신규 회원국에 군대나 미사일을 영구히 배치하지 않으며 러시아의 새로운 G8 가입과 세계무역기구 등 국제기구 가입을 지지한다고 약속"하겠다고 은밀하게 말했다. "합의가 타결되었다." 1997년 7월 스페인 마드리드에서 열린 나토 정상 회의에 체코, 헝가리, 폴란드가 동맹에 가입하도록 초청되었다.

나토 확대를 둘러싼 미국과 러시아 간 이견이 발생한 것은 러시아의 약점을 드러낼 뿐인 러시아 내부 사태가 그 배경이었다. 지방 수장들이 점차 모스크바를 무시했고 올리가르히(oligarch)들이 막대한 재산과 정치권력을 축적했다. 올리가르히들은 주로 전직 소련 관리들로 소련 붕괴 후 여러 사악한 책략을 통해 러시아에서 가장 큰 금융·산업·석유·가스 자산을 장악했다. 1994년 12월 체첸에서 공개적인 반란이 일어났는데, 러시아 내 한 공화국인 체첸은 소련이 붕괴하기 오래전부터 독립을 주장했다. 체첸의 수도 그로즈니가 대규모로 파괴되는 등 전투는 격렬했다. 러시아군은 병력과 화력 면에서 압도적으로 우세했지만 체첸군을 진압할 수 없었고 1996년 휴전을 선언했다. 체첸전쟁은 러시아 내에서 평판이 극히 나빴으며 옐친의 분쟁 처리는 심한 비판을 받았다. 1995년 2월 옐친의 국내 지지율은 9% 선이었다.

공산당이 1995년 두마 선거에서 승리해 옐친의 정책을 대거 저지할 수 있었다. 1996년 초 대선이 진행될 때 옐친은 여론조사에서 한참 뒤졌다. 옐친이 궁극적으로 공산당 지도자와 맞붙은 결선투표에서 이긴 것은 자신의 정치적 기량, 언론(공산주의자의 승리를 두려워했으며 정부가 허가권을 가지고 있었음)의 강력한 지지, 선거 자금을 대고 언론 지원을 추가적으로 보장한 주요 올리가르히들의 지지, (러시아 대선 기간에 나토 확대 속도를 늦추고 개인적인 지지를 표명하는 등) 클린턴의 지원사격 등에 힘입었다. 그러나 옐친은 자신이 올리가르히들에게 저당을 잡히는 신세가 되었다.

7월 10일 옐친은 심장마비를 일으켰고 11월 5일 심장(관상동맥 우회) 수술을 받았다. 남은 임기 동안 건강 문제가 그를 괴롭혔다.

곤두박질을 계속하던 경제는 1997~1998년 아시아 금융위기로 더욱 악화되었는데, 그 위기로 러시아의 주된 수입원인 석유 가격이 하락했다. 이 모든 것이 결국에는 1998년 8월 러시아 금융위기를 부채질했으며 모스크바는 루블화를 평가절하하고 국내 채무의 불이행과 외채 상환에 대한 지불유예를 선언했다. 뒤이어 러시아가 서방의 적대 행위가 끊임없다고 말한 것과는 반대로, 클린턴 행정부는 루블화 위기 이후의 러시아 경제를 안정시키기 위해 국제적인 금융 지원을 조직했다. 이처럼 미국이 경제·금융 권력을 건설적으로 사용하지 않았다면 러시아 경제는 당연히 와르르 무너졌을 것이다. 그렇기는 하지만 러시아 경제의 산출이 1990년대 기간 절반 이하로 줄었으며 인구의 3분의 2 이상이 연명 수준으로 살았다.

1999년은 러시아와 옐친에게 특히 불운한 해였다. 3월 12일 폴란드, 헝가리, 체코가 나토에 가입했다. 12일 뒤 나토는 러시아의 강한 반대에도 유엔의 승인 없이 세르비아를 폭격하기 시작했다. 그 공습은 세르비아군을 코소보에서 철수시키려는 의도였다. 8월 9일 이슬람 전사들이 체첸에서 전쟁을 재개했다.

"러시아인들은 휘두를 힘이 부족해 좌절했다"라고 올브라이트가 정확하게 기술했다. 1999년 여름 러시아는 나토가 오랜 동맹이자 속국인 세르비아를 폭격해도 속수무책이었다. 경제는 비틀거렸으며, 중앙정부가 허약해 지방정부들은 중앙의 포고령을 무시했다. 세수가 보잘것없었으며 올리가르히들이 정치와 경제를 지배했다. 대통령은 건강이 좋지 않았으며 기진맥진했다. 모스크바는 나토의 동진을 저지할 수 없었는데, 나토가 바르샤바조약기구의 옛 회원국들을 가입시켰으며 구소련에 속했던 일부 국가도 가입시킬 것 같아 보였다.

8월 9일 체첸에서 분쟁이 재발한 날에 옐친은 푸틴을 총리 대행으로 임명했다. 12월 31일 옐친은 대통령에서 물러나면서 푸틴을 대통령 대행으로 임명했다. 푸틴은 첫 조치로 옐친과 그의 친척을 부패 혐의로 기소할 수 없도록 보장하는 명령을 반포했다. 2000년 3월 26일 푸틴은 대통령에 당선되었는데, 승리의 주된 요인은 그가 체첸전쟁을 무자비하게 수행한 것과 1999년 9월 4~16일 모스크바 등 러시아의 세 도시에서 터진 일련의 폭탄 공격(사망자 293명과 부상자 1000명 이상이 발생함)에 대한 대응 덕분이었다. 러시아 정부는 일련의 사건이 이슬람 테러리스트의 소행이라고 비난했지만, 러시아 보안 기관이 푸틴의 단호한 강경파 명성을 높이고 그의 정치적인 진로를 열기 위해 공작한 것이라는 상당한 증거가 있었다.

만일 클린턴 행정부가 미국의 권력수단을 더욱 솜씨 있게 달리 사용했더라면, 미래에 러시아와 더 협력적이고 긍정적이며 좋은 관계를 형성할 토대를 놓을 수 있었을까? 1990년대 미국이 권력을 달리 행사했더라면, 러시아가 경제난에 대처하는 동시에 커지는 고립감과 허약하다는 자괴감을 피하도록 도울 수 있었을까?

역사에서 가정적인 질문에 답하는 것은 항상 위험하지만 필자는 1990년대 러시아에 대한 대규모 금융 지원이 돈 낭비였다고 생각한다. 구조 개혁과 안정된 제도의 부재, 중앙은행의 무책임성, 높은 인플레이션, 경제개혁에 대한 두마의 반대, 극도의 부정부패 등 당시 상황을 감안할 때 그렇다. 1998년 7월 국제통화기금은 총 220억 달러의 차관 패키지 중 첫 50억 달러를 러시아로 보냈는데, 그 돈의 3분의 1은 미국이 출연한 것이었다. 루블화가 평가절하되고 러시아인들이 자금을 대량으로 국외로 빼돌리기 시작하면서 그 돈은 거의 하룻밤 사이에 사라졌다. 다음 달 러시아의 채무불이행이 발생했다. 여론조사에서 미국인의 75%가 러시아에 대한 어떠한 지원도 반대했다.

거기서 미국의 메시지 전달을 제약한 것은 러시아 쪽이었다. 경제개혁과 민주제도의 필요성을 적절히 강조한 것이 러시아가 가야 하는 향후 진로가 오로지 서방의 경제적·정치적 관행을 전적으로 수용하는 길밖에 없다는 식으로 흔히 오해되었다. 게다가 서방의 전문가와 비정부기구들이 교만하게 승전을 노래하는 것은 물론이고 우월감을 러시아인들에게 드러내는 일이 너무 잦았다. '충격요법'은 서방 경제학자들에게 합리적으로 들렸을 뿐 대부분의 러시아인들에게는 씨가 먹히지 않는 소리였다.

클린턴 행정부가 실제로 취한 조치들 — 예컨대 목표가 설정된 경제적·기술적 원조, 옐친과 그의 개혁에 대한 지지, 정치적 자유와 언론의 자유 고취, 고어·체르노미르딘 위원회 설립, 계속되는 군비축소 노력, 러시아 핵무기와 핵 물질의 안전 확보 지원, G7에 러시아를 포함시키고 나토와 러시아를 연결시키는 조치 등 — 은 의도가 좋았으며 흠잡기 어려웠다. 필자는 클린턴 행정부가 러시아를 지원하기 위해 가용한 권력수단을 최대한 효과적으로 사용했다고 보지만, 그 도전은 우리의 지원 역량을 훨씬 넘어서는 크기였다. 미국이 1998년 러시아 금융위기 때 특히 큰 역할을 했지만, 우리는 미국과 서방 제국이 러시아인들을 도우려고 노력하고 있음을 그들에게 알리는 데는 너무 소홀했다.

그렇지만 러시아와 미국 간의 긴밀한 관계에 장기적으로 큰 문제가 생긴 것은 두 가지 사태 때문이었다. 첫 번째 사태는 1990년대의 혼란과 궁핍으로 질서와 강력한 리더십에 대한 러시아인들의 깊은 문화적인 욕망이 되살아난 것이었다. 이는 다시 그런 필요성을 충족시키는 것을 넘어설 푸틴 같은 독재자에게 기회를 제공했다. 그가 취한 국내 조치가 민주적인 러시아의 출현을 바랐던 서방에서 점차 적대적이고 강한 반발을 불러일으켰다. 푸틴이 권력 강화, 야당 탄압, 신생 언론사 폐쇄 등의 조치를 취하며 서방과 불가피한 논란이 이어졌다.

푸틴이 러시아 대통령이 되었을 때 그의 최우선 순위는 (자신의 세력을 확대하면서) 강력한 중앙정부를 복원하는 것이었다. 초기 작업은 체첸전쟁을 끝내는 것이었다. 4개월의 전투 끝에 2000년 2월 러시아군이 체첸 수도 그로즈니를 장악했다. 5월 말 모스크바는 체첸을 직접 통치하게 되었다. 푸틴은 승리를 선언하고 점차 친러시아 체첸군에 의존해 분리주의자들과 싸웠다. 전투가 몇 년을 더 끌면서 반러시아 체첸인들이 계속해서 러시아군에 사상자를 내고 주기적으로 도처에서 테러 공격을 감행했다. 체첸전쟁에서 보인 러시아의 잔혹성에 대해 미국이 지속적으로 비난하면서 푸틴을 대단히 괴롭혔다.

푸틴은 일찍부터 부유하고 강력한 올리가르히에게 주목했다. 1996년 옐친의 재선에 큰 역할을 했던 그들은 푸틴이 대통령 대행으로 선임되는 것을 지지했으며 그가 자신들의 편이 될 것이라고 여겼다. 오판이었다. 2000년 7월 28일 푸틴은 상징성을 드러내고자 스탈린의 고택에서 18명의 가장 강력한 올리가르히들과 회동했다. 그 자리에서 푸틴은 그들을 향해 그들이 부를 축적할 때 사용했던 많은 불법행위를 안다고 장황하게 늘어놓았다. 푸틴은 그들이 정치에서 손을 떼고 자신의 앞길에 걸림돌이 되지 않는다면 그들의 부를 유지할 수 있을 것이라고 통보했다.

푸틴은 취임한 지 1년도 되지 않아 러시아의 3대 독립 텔레비전 방송사 중 두 곳을 폐쇄하거나 장악했다. 처음에 그는 전자 매체를 장악하는 데 주력했는데, 그것은 대부분의 러시아인이 전자 매체를 통해 뉴스를 접하기 때문이었다. 그가 다른 언론이나 인쇄 매체에 눈을 돌린 것은 나중의 일이었다.

모스크바가 지방에 대한 통제력을 회복한 것은 올리가르히들의 콧대를 꺾은 것 못지않게 중요했다. 푸틴 대통령은 취임 초기에 각 지방에 대표를 파견해 지방정부가 중앙정부의 지침을 무시하는지 그리고 세금을 잘 징수하는지 여부를 관찰하고 보고하도록 했다. 2001년 두마는 법률을 개정해 지방정부가 러시아 헌법이나 연방법을 위반한 것이 발견될 경우 '연방이 개입하도록' 허용했다. 그러나 가장 극적인 변화는 2004년 체첸인과 다른 이슬람 극단주의자들의 테러 공격이 발생한 후에 일어났다. 캅카스산맥 북부 도시 베슬란의 한 학교를 공격한 테러로 334명이 죽었는데 그중 186명이 어린이였다. 푸틴은 그 공격을 구실로 삼아 중앙정부, 특히 대통령의 권력을 엄청나게 강화했다. 대통령이 임명하는 '대(大)지사들'이 다스리는 일곱 개의 연방 관할구역이 창설되었다. 일곱 명이 신임 지사 가운데 다섯 명이 옛 KGB나 군부 출신이었는데, 이는 보안기관 출신 인사들이 푸틴 치하에서 권력 요직에 오른 현실을 반영했다. 뒤이어 푸틴은 지방 지사의 선거제를 폐지하고 모두 크렘린의 임명직으로 대체했다. 세제 개혁으로 중앙정부에 대한 지방의 의존도가 더욱 높아졌다. 나중에 라이스가 논평한 대로 푸틴 대통령이 첫 임기 중에 취한 이런 조치들이 러시아에서 연방주의가 발아할 기회를 아예 질식시켜 버렸다.

러시아와 미국의 관계를 어렵게 만든 두 번째 사태는 나토 확대를 결정한 것이었다. 러시아의 강한 반대에도 불구하고 단행된 나토 확대가 불가피하게 러시아에서 불러일으킨 것은 서방이 러시아를 완전하고 동등한 동반자로 받아들이지 않는다는, 즉 나토가 오직 러시아를 그 자리에 묶어두기 위해 존재한다는 원망과 믿음이었다. 소련에 대한 '봉쇄' 전략을 입안했던 조지 케넌(George Kennan)

은 나토 확대가 "탈냉전 시대를 통틀어 가장 치명적인 미국의 실책"이라고 선언했다. 그 혼자만 그런 비판을 한 것이 아니었다. 부시(41대)와 클린턴 행정부의 고위 관리들은 러시아를 더 이상 적으로 간주하지 않는다는 것을 러시아에 납득시키는 방향으로 나토를 재편할 수 있을 것이라고 생각했다. 그러나 나토 확대가 러시아에 문제가 되지 않는다는 서방 정부들의 수사와 다짐에도 불구하고, 1999년 여름에 일어난 일이 모스크바의 우려를 입증했다.

1999년 6월 세르비아군이 코소보에서 철수하기로 동의하자 러시아가 재빨리 코소보의 수도 프리슈티나 공항에 평화유지군 분견대를 보냈으며, 크게 안도한 세르비아군이 그들을 맞이했다. 러시아 군부는 공항 분견대를 증강하기 위해 수천 명의 추가 병력을 공수할 항공편을 준비했지만 그 항공편은 이륙할 수 없었다. 올브라이트가 기술한 대로 "헝가리, 루마니아, 불가리아가 러시아 공군의 영공 비행을 거부했기 때문이다. 이들 3국은 과거에 모두 바르샤바조약기구의 정회원국이었지만, 이제는 헝가리가 나토 동맹국이 되었고 다른 두 나라도 나토 가입의 선두 후보국"이었다. 러시아는 공수작전 수행이 저지되었지만(그 작전이 성공했더라면 코소보의 평화 유지 문제가 매우 복잡하게 되었을 것임), 과거 자신들의 '동맹국'이자 속국이었던 나라들의 행동으로 크게 상심했으며 나토 확대에 부정적인 생각을 갖게 된 것이 틀림없다.

푸틴이 모스크바에서 자신과 중앙정부의 권력을 강화하고 있을 때, 클린턴 대통령과 후임 조지 W. 부시(43대) 대통령은 푸틴과 긍정적인 관계를 수립하려고 노력했다. 올브라이트 국무부 장관은 2000년 1월 푸틴이 대통령 대행으로 있을 때 그와 만난 미국의 첫 고위 관리였다. 두 사람은 러시아의 경제문제를 논의했으며, 푸틴은 국제통화기금과 협력하고 외국인 투자자들을 러시아로 유치하며 세법을 개혁하겠다고 했다. 푸틴은 체첸에 대한 자신의 조치를 변호했으며 "러시아는 확고히 서방의 일원이어야" 한다고 올브라이트에게 말했다. 그러나 올브라이트는 "푸틴의 민족주의와 실용주의 이면에 민주적인 본능을 느끼지 못했다"라고 관찰했다.

6개월 뒤 클린턴은 푸틴과 처음이자 유일한 회담을 가졌다. 그보다 몇 주 앞서 푸틴은 제2단계 전략무기감축협정(START II)과 포괄적핵실험금지조약에 대한 두마의 비준을 획득해 자신의 핵무기 감축 결정을 뒷받침했다. 푸틴과 클린턴은 잉여 플루토늄의 처분 계획에 합의하고 우주선과 미사일 발사를 조기 경보하기 위한 합동 군사작전을 추진하기로 합의했다. 두 정상은 또한 전략무기의 추가 감축 문제를 논의했다. 클린턴은 국가 미사일방어 체계의 제한, 북한과 이란의 미사일 프로그램이 야기하는 잠재적인 위협에 관해 푸틴의 생각에 동조했다. 푸틴은 위협 분석에 관해 이견을 나타내지 않았지만 탄도탄요격미사일(이하 ABM) 제한 조약의 변경에 대해서는 요지부동이었다.

부시(43대) 대통령이 취임했을 때 (2001년 3월 미국이 50명의 러시아 스파이를 추방하고 러시아가 상응 조치를 취했음에도 불구하고) 모스크바와 워싱턴은 모두 가능한 분야에서 서로 협력하려는 욕구가 강했다. 부시는 G8 정상 회의에 앞서 2001년 6월 16일 슬로베니아에서 푸틴과 처음 만났다. 부시의 우선적인 관심사는 전략 공격 무기를 대대적으로 감축하고, 1972년의 ABM 조약을 탈퇴하는 문제였다. 부시는 미국의 핵탄두 수를 3분의 1로 감축하고 싶으며 러시아도 따르기 바란다고 푸틴에게 말했다. 부시는 ABM 조약을 개정하거나 폐기하는 데 상호 합의할 수 있기를 바랐다. 그 취지는 이란이나 북한이 발사할지도 모르는 소규모 미사일 공격에 대응해 제한적인 방어를 허용하자는 것이었다. 부시는 전임자와 달리 ABM 조약을 일방적으로 폐기할 작정이었다.

푸틴은 즉석에서 핵무기 감축을 맞추어보자고 동의했다. 그가 ABM 조약에 관한 부시의 입장에 놀랐을 리는 없다. 왜냐하면 부시가 선거운동 중에 자신의 의도를 밝힌 데다 클린턴이 이미 제한적인 방어를 허용하는 방향으로 ABM 조약을 개정하자고 푸틴을 설득하려고 했기 때문이다. 사실 부시는 ABM 조약에 관해 세 개의 선택지를 제시했다. 즉, 미국과 러시아가 모두 탈퇴해 미사일방어에 협력하든가(부시가 선호한 방안), 푸틴의 묵인하에 미국이 일방적으로 탈퇴하든가, 미국이 조약을 탈퇴하고 푸틴이 정치적 필요에 따라 그런 행동을 비난하는 것이었다. 그 회담에서 푸틴은 미국의 탈퇴 결정을 가볍게 비난했지만 그 결정이 러시아에 전략적 위협이 되지는 않는다고 했다. 흥미롭게도 미국의 공식적인 ABM 조약 탈퇴는 몇 달 뒤에 양국이 상호 핵무기를 감축하는 포괄적 협정에 서명하기 직전에 이루어졌다. 그 탈퇴가 공격 무기에 관한 새로운 협상의 타결을 탈선시키지 않은 것은 분명하다.

슬로베니아에서 열린 정상회담에서 푸틴은 또한 파키스탄 군부와 정보기관이 탈레반, 알카에다 등 사우디아라비아의 자금을 지원받는 극단주의자들을 지원하고 있다고 부시에게 경고했다. 그는 "큰 재앙이 초래되는 것은 시간문제일 뿐"이라고 했다. 9·11 공격이 발생한 후 부시는 푸틴의 그 경고를 잊을 수 없었다.

정상회담 후 기자회견에서 한 기자가 부시에게 푸틴을 신뢰하느냐고 물었다. 부시는 "네, 신뢰합니다. 나는 그 양반 눈을 똑바로 쳐다보았지요. (……) 나는 그의 영혼을 느낄 수 있었습니다"라고 답했다. 나중에 혹자는 그 답변으로 부시가 순진하게 보였다고 했지만, 아니라고 답변하는 것은 외교적이지 않았을 것이다. 실제로 양국 지도자 간의 관계가 힘차게 출발했는바, 직설적이고 솔직하게 말하는 두 지도자는 잠재적인 협력 분야를 열심히 찾았다.

부시 대통령은 미사일방어 체계나 나토 확대에 관해 양보하지 않으면서 푸틴과 좋은 업무 관계를 발전시켰다. 부시가 일곱 번 러시아를 방문하고 푸틴은 다섯 번 미국을 방문했다. 푸틴은 9·11 공격 직후 부시에게 전화해 지원을 제의한 첫 국가수반이었다. 그 공격 당일 도널드 럼즈펠드 국방부 장관은 세르게이 이바노프(Sergei Ivanov) 러시아 국방부 장관에게 전화로 러시아 전투기가 알래스카주 부근에서 연습하고 있다고 우려를 표명하고 잠재적인 문제를 피하기 위해 물러날 것을 요청했다. 이바노프는 연습 중단에 동의하고 러시아의 협력을 제의했다. 9월 22일 미·러 대통령 간의 장시간 통화에서 푸틴은 미국 항공기에 대해 러시아 영공을 개방하는 데 동의하고 우즈베키스탄과 타지키스탄 지도자들에게 미군의 아프가니스탄 투입을 지원하도록 돕겠다고 했다. 이런 러시아의 지원으로 대테러 협력을 계속할 길이 열렸다. 필자가 놀란 것은 이후 몇 년 동안 양국 관계가 틀어진 후에도 미국이 러시아를 가로지르는 철도를 이용해 군사 장비를 아프가니스탄으로 수송하도록 허용되었다는 사실이다.

미국 대통령이 정상 외교를 수행하고 외교 관계를 촉진하려는 의지는 중요한 권력수단이다. 부시 대통령은 재임 중 푸틴과 40차례 만났는데, 텍사스주에 있는 자신의 개인 목장이나 메인주 케네벙크포트에 있는 부시가(家)의 저택으로 푸틴을 초대하기도 했다. 2002년 5월 24일 두 대통령은 양국이 보유한 전략 핵무기 수를 6600개에서 2012년까지 1700~2200개로 줄인다는 모스크바조약(Moscow Treaty)에 서명했다. 4년 뒤에 브뤼셀에서 나토 지도자들과 푸틴은 나토·러시아 이사회를 설립했는데, 그 취지는 테러리즘, 비확산, 위기관리, 군비통제, 전역 미사일방어, 군·군 협력, 방위 개혁, 신종 위협 등과 같은 "광범위한 이슈에 관해 협의, 공동 결정, 공동 행동 기회"를 추구하려는 것이었다. 앞서 언급했듯이 그 이사회는 러시아를 실제로 텐트 안으로 끌어들이지 않고 나토와 러시아 간의 협력을 중진하기 위한 최신의 가장 포괄적인 제도적 방안이 있다. 부시는 이후 수년 동안 푸틴에게 계속해서 손을 내밀었고, 양국은 테러리즘과 핵무기 확산에 대응하는 협력을 지속했다. 특히 러시아는 핵 프로그램을 추진하는 북한(2006년)과 이란(2007년)을 제재하는 유엔 안보리 결의안을 지지했다.

푸틴이 국내에서 독재 통치를 강화하고 러시아 주변, 특히 구소련 공화국의 정세에 관해 훨씬 우려하게 된 것은 여러 사태가 이어졌기 때문이었다. 2000년대 초반의 대폭적인 유가 상승(2001년 배럴당 26달러에서 2007년 71달러가 됨)이 러시아의 힘찬 경제성장을 이끌었으며 푸틴의 대내외 강경 노선을 부추겼다. 전술한 대로 2004년 베슬란에서 발생한 테러 공격이 정부 구조를 개편하고 중앙정부와 푸틴의 권력을 엄청나게 확대하는 구실을 제공했다.

그러나 푸틴이 러시아 내의 여하한 반대도 진압하는 길을 걷게 된 데는 조지아, 우크라이나, 키르기스스탄의 '색깔혁명(color revolution)'이 가장 크게 작용했다. 푸틴은 주변 국가들을 더욱 단호하게 대하면서 서방의 정부 기관과 비정부기구들이 주변국과 러시아의 민주주의를 촉진하는 활동이 '인접국' 정부뿐만 아니라 자신이 이끄는 러시아 정부에도 위협이 된다는 결론을 내렸다.

2003년 11월 조지아에서 문제가 시작되었는데, 부정선거 시비가 예두아르트 세바르드나제 정부*의 전복을 초래했다. 이듬해 3월 실시된 새 선거에서 대통령으로 선출된 미하일 사카슈빌리(Mikhail Saakashvili)는 맹렬한 반러시아파였다. 이것이 '장미혁명'이었다. 푸틴의 입장에서 더 기분 나쁘게도 2004년 11월 우크라이나의 대선 2차(결선) 투표가 부정 시비로 무효화되고 2004년 12월 재선거에서 친서방 정치인 빅토르 유셴코(Viktor Yushchenko)와 율리야 티모셴코(Yulia Tymoshenko)가 친러시아 후보 빅토르 야누코비치(Viktor Yanukovych)를 물리쳤다. 이것이 '오렌지혁명'이었다. 그리고 2005년 2월 키르기스스탄에서 부정선거에 항의해 전국적인 시위가 벌어졌으며 — '튤립혁명' — 결국에는 아스카르 아카예프(Askar Akayev) 대통령이 사임하고 푸틴의 제의로 러시아로 망명했다.

러시아 등 다른 구소련 공화국에서와 마찬가지로 이들 나라에서도 서방의 각국 정부와 비정부기구들이 시민사회와 민주주의 제도의 발전을 돕기 위해 노력했다. 전 세계에서 민주주의와 자유를 촉진하는 것은 미국의 건국 이래 대외 정책과 전략적인 메시지의 핵심이었다. 이런 활동은 미국의 중요한 국력수단이었으며 소련 붕괴 후에도 계속되었다. 이에 따라 1991년 이후 국무부와 국제개발처는 구소련에서 보다 민주적인 정부 수립과 서방과의 관계 강화를 추구하는 정치인의 등장과 시민사회의 출현을 고무하는 활동을 벌였다. 미국과 유럽의 비정부기구들은 이런 목적의 정부 프로그램을 보완하고 운용 범위를 크

---

* 예두아르트 세바르드나제는 소련 외무부 장관(1985~1990년)을 지내고 나서 소련으로부터 독립한 조지아의 대통령(1995~2003년)을 지낸 인물이다. 장미혁명으로 실각했다(옮긴이 주).

게 넓혔다.

그러나 2003~2005년 민주화를 지향하는 색깔혁명에 놀란 푸틴은 자신을 비판하는 국내 인사, 1990년대에 만개했던 자유 언론과 서방의 후원을 받는 국내 비정부기구들에 대해 훨씬 더 강경한 입장을 취하게 되었다. 푸틴은 서방 정부가 비정부기구들을 이용해 각국 선거, 특히 우크라이나 대선에 개입했으며 CIA가 이런 활동을 주도하고 조정했다고 터놓고 주장했다.

국제개발처는 보잘것없는 예산으로 러시아에서 가장 오래된 인권 단체들, 선거 과정을 감시하는 시민 감시 단체들, 1990년대 초 다섯 개에서 15년 만에 수백 개로 급증한 시민사회 단체들을 공개적으로 지원했다. 미국 정부의 자금을 전적으로 또는 일부 지원받아 러시아에서 활동한 그 밖의 단체는 민주주의를 위한 국민기금(National Endowment for Democracy), 국민민주연구소(National Democratic Institute), 국제공화연구소(International Republican Institute) 등이 있었다. 민간에서 자금을 지원한 비정부기구로는 프리덤하우스(Freedom House), 조지 소로스(George Soros)의 열린사회재단(Open Society Institute) 등이 있었다.

2005년 푸틴은 비정부기구, 특히 외국의 자금에 의존하는 비정부기구를 향해 통제를 가하기 시작했다. 그는 비정부기구의 '정치 활동'에 대한 외국의 자금 지원에 반대하며 그런 자금 흐름을 엄격히 통제할 필요가 있다고 거듭 강조했다. 2006년 1월 두마가 통과시킨 법률에 따라 모든 외국의 비정부기구는 사무실 주소를 러시아 법무부에 신고하고 해외 자금의 출처와 그 자금을 어떻게 썼는지 상세히 보고하며 익년도 프로젝트 계획과 각 프로젝트에 배정된 자금을 정부 등록소에 통지해야 했다. 비정부기구는 요구받으면 언제든지 일상적인 관리를 문서화해 무제한으로 제출해야 할 뿐만 아니라 연례 감사도 받아야 했다.

비정부기구 탄압과 병행해 정부(푸틴)에 대한 비판을 억압하고 다른 정부 기관의 독립성을 저해하기 위한 조치도 취해졌다. 텔레비전에 대한 정부의 통제 내지 영향력 행사를 실행한 푸틴은 다음으로 인쇄 매체를 탄압하기 시작해 언론인들을 점차 괴롭히고 위협하다 2006년 10월 언론인 안나 폴릿콥스카야(Anna Politkovskaya)를 살해했다. 다른 많은 언론인들도 살해되거나 심한 폭행을 당했다. 해외의 비판자들도 푸틴의 손길에서 벗어나지 못했다. 영국으로 망명한 연방보안부[Federal Security Service(FSB), KGB의 후신] 전직 요원 알렉산드르 리트비넨코(Alexander Litvinenko)가 2006년 11월 23일 폴로늄(polonium)-210으로 독살되었다. 그는 연방보안부가 푸틴의 대선 승리를 위해 모스크바 등 여러 도시의 아파트 건물에 폭탄을 설치했다고 비난한 데다 푸틴이 폴릿콥스카야 살해를 명령했다고 비난했다. 2016년 영국의 공식 조사는 연방보안부가 아마도 푸틴의 직접 명령에 따라 리트비넨코를 살해했다는 결론을 내렸다. 푸틴은 또한 혼내주고 싶은 올리가르히를 처벌하기 위해 사법부를 매수했는데, 가장 유명한 사례는 러시아에서 최고 부자인 미하일 호도르콥스(Mikhail Khodorkovsky)가 체포되어 유죄판결을 받고 수감된 일이었다.

민주적 정치인이 되려는 마음이 없었던 푸틴은 자연히 권위주의로 흘렀다. 그의 정적과 비판자 탄압은 일찍부터 시작되었지만 색깔혁명 이후 더 심해졌다. 푸틴은 2012년의 대통령 3선을 앞두고 지방자치를 폐지하고 사법부를 종속시키고 매스컴을 통제했으며, 자신에게 반대하는 사람은 누구나 제거한다는 것을 문자 그대로 보여주었다.

러시아 내 탄압이 심해지면서 워싱턴과의 관계가 꾸준히 악화되었다. 2005년 2월 24일 슬로바키아에서 열린 미·러 정상회담에서 부시가 러시아의 기업인과 언론인 체포에 관해 우려를 표명하자 푸틴이 반박했다. "나에게 자유 언론에 관해 강의하지 마시오. 적어도 당신이 그 기자를 해고한 후에는." 푸틴이 말한 기자는 부시의 군 복무에 관한 거짓 주장으로 CBS 뉴스에서 해고된 댄 래더(Dan Rather)였다. 푸틴은 러시아 사태와 관련된 모든 비판에 대해 내정간섭이며 남이 상관할 일이 아니라고 반박했다.

그래도 구소련 시절에 비하면 러시아에서 자유가 훨씬 더 많아졌다. 러시아인들은 정치에 관여하지 않는 한 자유롭게 해외여행하고 (러시아정교회 신자라면) 교회에 가고, 창업했으며, 형편만 된다면 종류에 상관없이 사치품, 식품, 자동차, 신문, 잡지 등을 구매했다. 하지만 누군가 푸틴이 정한 룰 ― 정치에 관여하지 않는 대가로 질서와 경제적인 자유를 누림 ― 을 위반하면, 그는 강제 노동 수용소로 끌려가기보다 야당 지도자 보리스 넴초프(Boris Nemtsov)처럼 크렘린 밖의 눈 덮인 다리에서 사살될 확률이 훨씬 더 높았다.

러시아 주변국에서 일어난 사건들이 계속해서 대미 관계를 악화시켰다. 가장 중요한 사건으로, 2004년 6월 이스탄불에서 열린 나토 정상 회의에서 루마니아, 불가리아, 슬로베니아, 슬로바키아, 라트비아, 에스토니아, 리투아니아가 공식적으로 나토에 가입했다. 그리고 필자는 국방부 장관으로 취임한 다음 날인 2006년 12월 19일 미국이 유럽에 대한 이란의 미사일 위협에 대처하기 위해 장거리미사일 요격미사일(interceptor) 10기를 폴란드에 배치하고 관련 레이더 시설을 체코에 설치할 것을 대통령에게 건의했다. 러시아인들은 그러한 배치가 자신들의 핵 억지력을 위험에 빠뜨리고 자국을 '포위하는' 추가적 조치라고 보았다. 그 이슈는 이후 4년 반 동안 필자가 러시아 대통령과 국방부 장관과 가진 모든 회담에서 주된 의제가 되었다. 우리 진영은 이구동성으로 그 배치가 그들의 억지력에 아무런 영향이 없으며 기술적으로 그들의 미사일을 겨냥할 수도 없다고 말했다. 필자는 그들이 그 점을 이해했다고 생각한다. 그럼에도 그들은 자국 영토에 근접한 차세대 미사일방어 체계의 역량을 두려워했으며, 그 배치가 독일 동쪽으로 미국이나 나토의 항구적 군사시설이 없을 것이라는 양해 사항을 추가적으로 위반하는 것이라고 보았다. 부시(43대) 대통령은 필자의 건의를 승인했으며, 전쟁까지 가지 않고서는 러시아가 우리를 중지시킬 방법이 없었다.

필자는 국방부 장관이 된 직후 러시아가 중앙아시아의 여러 구소련 공화국에서 강경한 반미 정책을 추진하면서 그들 정부가 미국의 진출을 최소화하고 미국의 활동을 제한하도록 강요하고 있다는 보고를 받았다. 러시아는 특히 우즈베키스탄 정부에 큰 압력을 가했는데, 우즈베키스탄은 2001년 우리가 처음 아프가니스탄에 들어갈 때 우리에게 자국의 비행장을 사용하도록 했다. 2005년 우즈베키스탄은 우리가 더 이상 그들의 기지를 사용할 수 없다고 말했다. 우리는 키르기스스탄의 마나스(Manas) 공군기지 사용을 확보할 수 있었지만, 거기에서도 러시아가 우리에게 문제를 야기하려고 했다. 2006년 중반 당시 럼즈펠드 국방부 장관이 스티븐 해들리 국가안보보좌관에게 보낸 서한을 보면 "러시아인들이 우리를 중앙아시아에서 쫓아내고 있다. 그들은 중앙아시아 국가들을 협박하는 일을 우리가 그에 대응하는 것보다 더 능수능란하게 수행하고 있다"라고 했다. 필자는 우리가 이 문제에 대처하려면 우리의 호의를 강조할 뿐 아니라 러시아의 선전 공세를 드러내는 전략적 소통 노력을 기울여야 한다고 생각했다. 워싱턴에서는 그렇게 할 배짱이 없었다. 필자는 기회를 놓치는 것이라고 생각했는데, 또다시 이 중요한 권력수단을 활용하지 못한 것이었다.

필자는 2008년이 미·러 관계의 중요한 전환점이었다고 본다. 그해 2월 미국 등 수십 개국이 러시아를 달래는 외교적 노력을 몇 달 동안 기울인 후 러시아의 강한 반대에도 불구하고 코소보 독립을 승인했다. 러시아가 반대한 이유는 많았지만 특히 한 주권국가에서 분리된 일부가 독립을 승인받는 ─ 게다가 유엔의 승인도 없이 ─ 선례가 만들어진 것이 불만이었다. 러시아인들의 신경을 건드린 것은 체첸 등 자국의 일부가 코소보의 선례를 따를 가능성이었다. 그들은 또한 자신들이 보기에 러시아의 이익과 세르비아와의 오랜 역사적 관계가 무시되었다는 데 분노했다. 러시아에 의존하는 세르비아가 잔인한 폭력 집단이었음에도 불구하고 그랬다.

더 중요한 것은 4월 루마니아의 수도 부쿠레슈티에서 개최된 나토 정상 회의를 앞두고 몇 달 동안 우크라이나와 조지아의 나토 가입 문제가 대두되었다. 과거 옐친은 부시(41대) 대통령에게 "우크라이나는 소련을 벗어나면 안 된다"라고 했으며, 고르바초프도 우크라이나가 소련을 벗어나면 우크라이나에 속한 크림공화국이 "그 지위를 재고할" 것임을 위협했다고 경고했다. 이제는 우크라이나의 유셴코와 조지아의 사카슈빌리가 모두 나토 정회원국이 되는 예비단계로서 '회원국 행동계획(Membership Action Plan, MAP)'을 적용해 달라고 조르고 있었다. 독일과 프랑스가 이에 반대했지만 중부·동부 유럽 국가들은 지지했다. 필자는 이 두 국가를 나토에 가입시키는 것은 지나치다고 생각했다. 러시아제국의 뿌리는 9세기의 키이우(Kyiv)*로 거슬러 올라간다. 그래서 필자는 우크라이나의 나토 가입이 엄청난 도발이라고 생각했다. 게다가 미국인들은 고사하고 유럽인들조차 우크라이나나 조지아를 방어하기 위해 자식들을 보낼 용의가 있었는가? 필자 생각으로는 아니었다. 라이스 국무부 장관으로부터 그 장단점을 제시받은 부시 대통령은 우크라이나와 조지아 편을 들었다. "이 두 민주국가가 '회원국 행동계획'을 원한다면 나는 거부할 수 없다." 그랬어도 나토 정상 회의가 내린 결론은 그 두 국가에 '회원국 행동계획' 지위를 부여하지는 않지만 장래 가입 전망이 밝다고 선언하는 절충이었다. 푸틴이 정상 회의 연설에서 우크라이나를 "만들어진" 국가라고 불렀을 때 그는 우크라이나에 대한 자신의 관점을 밝힌 것이었다. 또 그는 새로 독립한 구소련 공화국에서 "고아가 된" 2500만 명의 러시아계 주민의 운명과 그들을 보호할 러시아의 역사적 책무에 관해 불실하게 밀했다.

부시 대통령은 부쿠레슈티에서 흑해 연안의 소치로 날아가 푸틴과 만났다. 거기서 두 정상은 양국이 생산적으로 협력했던 여러 분야를 다룬 선언에 서명했다. 부시와 푸틴의 개인적 관계가 긍정적이었지만 2008년 8월 러시아의 조지아 침공이 그 관계를 급냉각시켰다. 푸틴은 성마른 사카슈빌리의 화를 돋우어 군사적으로 선공하게 만들었으며, 그 선공에 러시아군이 압도적 힘으로 대응했다.

라이스는 "모스크바는 구소련과 바르샤바조약기구의 영토에 대해 여전히 특

---

* 우크라이나의 수도로 최근 러시아의 침공 전까지 키예프(Kiev)라는 러시아어 표기로 널리 알려졌다(옮긴이 주).

권을 가지고 있다고 생각했다. 우리는 신생 독립국들이 자신들의 우방과 동맹을 선택할 권리를 가지고 있다고 생각했다. 그것은 해소할 수 없는 차이였다"라고 기술했다.

클린턴과 부시 양 행정부가 러시아에 대해 다른 정책 결정을 내렸어야 했는가? 민주주의와 시민사회의 성장을 촉진하려는 면에서는 확실히 아니다. 우리가 자유를 위해 투쟁하고 보다 정의롭고 자유로운 사회를 위해 투쟁하는 사람들을 옹호하는 것은 필자가 앞서 언급한 대로 우리의 건국 역사이며 우리의 세계적 영향력과 권력의 원천이다. 그러나 이런 활동이 색깔혁명에 큰 역할을 했으며 러시아에서도 체제변동을 가져오려는 의도라고 푸틴이 생각한 것은 틀림없다.

필자는 발트 3국을 나토에 가입시킨 것은 우리가 수십 년 동안 소련의 발트 3국 병합을 인정하지 않은 것과 일관성이 있다고 본다. 그러나 필자가 앞서 지적한 대로 우크라이나와 조지아를 나토에 끌어들이려는 미국의 노력은 너무 나간 것이라고 본다. 그 두 나라의 지리와 역사를 감안할 때 이들은 러시아 및 서방과 좋은 관계를 필요로 한다. 우크라이나와 조지아의 나토 가입을 지지한 것이 미·러 관계에 그리고 궁극적으로 그 양국에 심대한 부정적 영향을 미쳤다. 그러나 우크라이나의 독립을 지지하는 것은 미국과 서방에 전략적으로 극히 중요하다. 즈비그뉴 브레진스키는 러시아가 우크라이나를 소유하지 않고는 제국주의 강대국이 될 수 없을 것이라고 필자에게 말한 적이 있다. 모스크바에 순종하는 키이우 정부는 러시아의 팽창주의와 패권주의 성향을 가능하게 만들고 부채질할 것이며 그리하여 불안정 요인이 될 것이라는 견해였다. 필자는 러시아의 구토 회복 정책이 주로 과거 제국에 대한 향수뿐 아니라 모국 러시아에서 분리되어 이제는 독립국가에서 거주하는 2500만 명의 러시아계 주민의 존재에서 비롯된다고 본다. 푸틴은 어느 때나 그들에 관해 말하고 있다. 그들 가운데 10%에 가까운 최대 집단이 우크라이나 동부에 살고 있다. 나토 확대가 러시아의 구토 회복 정책을 야기한 것은 아니지만, 그것은 특히 발트 3국에서 그에 대항하는 가장 확실한 방어 수단일 것이다.

나토 확대가 러시아의 대미·대서방 관계의 미래에 미친 근본적 영향을 감안할 때, 1990년대 초반 유럽에서 중부·동부 유럽의 해방된 국가들을 안심시키는 동시에 러시아를 고립시키지 않고 서방으로 편입시키기 시작하는 대안적 탈냉전 안보 구조를 강구하지 못했다는 상상력 부족이 워싱턴에 있었는가? 동유럽의 평화적 해방과 독일의 통일을 가져온 것과 같은 종류의 외교적 상상력과 신사고(new thinking)가 나올 수 있었을까? 러시아의 정치적·경제적 개혁을 고무하는 수단으로서 그리고 궁극적으로 러시아를 유럽 안보 협정에 포함시키려는 의지의 표시로서 러시아에 '회원국 행동계획'을 제의하는 방안을 더 진지하게 검토했어야 했는가? 개념적으로나 정치적으로 뛰어넘을 수 없을 만큼 장애물이 컸을 테지만, 필자는 우리가 시도했어야 한다고 본다.

푸틴은 러시아 대통령의 3선 금지 규정 때문에 2008년 드미트리 메드베데프 총리와 자리를 맞바꾸었다. 메드베데프가 대통령으로 재직한 4년(2008~2012년)은 러시아와 서방 간의 점증하는 갈등이 한숨 돌린 기간이었다. 그의 공개 발언은 러시아에서 무엇이 잘못되었고 무엇을 바꾸어야 할지를 명확히 이해했음을 보여주었다. 그는 외국인 투자의 필요성을 인식했으며 그 투자를 고무하기 위해서는 러시아가 법의 지배와 투명한 거버넌스를 강화할 필요가 있다는 것도 알았다. 그는 러시아 경제가 석유와 광업 같은 채굴 산업에 지나치게 의존한다고 개탄하고 기술에 더 많은 자원을 투입할 필요가 있다고 자주 역설했다. 그는 실리콘밸리 등 서방의 기술 센터를 방문하고 러시아에도 같은 것을 만들겠다고 다짐했다. 메드베데프는 또한 러시아의 미래가 서방 쪽에 있다고 분명히 믿었다.

메드베데프가 대통령으로 재직하는 동안 미·러 협력이 비교적 생산적이었다. 그는 미국이 이란의 핵과 미사일 의도를 정확하게 판단했다고 인정했으며, 러시아는 테헤란에 대한 유엔의 새로운 제재를 얻어내려는 미국의 노력을 저지하지 않았다 ― 비록 그 제재 수준을 낮추려고 했지만. 메드베데프는 또한 정교한 S-300 방공시스템을 이란에 인도하기를 거부했으며 결국에는 그 계약을 파기하기까지 했다. 부시 재임 중 북한의 핵무기 프로그램에 대응해 제재를 부과하기로 한 합의도 있었다. 대테러, 비확산, 중동 문제에서 좋은 협력이 이루어졌다. 버락 오바마 대통령 때 전략무기에 관한 또 다른 협정[신전략무기감축조약(New START Treaty)]이 2008년 서명되었다. 양국은 이란과 북한에 대한 추가 제재에 합의하고 대테러 공조를 확대했다. 미국은 러시아의 세계무역기구 가입을 지원했으며, 메드베데프는 2011년 리비아 상공의 비행금지구역 설정을 저지하지 않기로 동의했다.

메드베데프는 확실히 미·러 관계에 새로운 분위기를 가져왔지만, 무대 뒤에서 푸틴이 여전히 지배하고 있는 것이 매우 분명했다. 2010년 말 필자는 푸틴 치하에서 민주주의는 존재하지 않으며 러시아 정부는 보안 기관들의 통제를 받는 하나의 올리가르히에 불과하고 메드베데프가 대통령이지만 푸틴이 지휘하고 있다고 알랭 쥐페(Alain Juppé) 프랑스 국방부 장관에 말했다. 쥐페가 내 말을 누설했는데, 푸틴은 필자가 자신이나 메드베데프를 "헐뜯으려고" 한다고 대꾸하고 필자를 "깊은 혼란에 빠진" 사람이라고 묘사했다.

메드베데프에게 도움이 되지 않는 사건들이 있었다. 미국이 코소보의 독립을 승인한 것은 그가 대통령으로 선출되기 한 달 전이었으며, 조지아 침공이 발생한 것은 그 5개월 뒤였다. 2009년 1월 초 모스크바는 우크라이나를 협박하는 수단으로 가스 공급을 차단하고 가격을 올렸다. 같은 달에 오바마 대통령이 취임하자 양국 관계가 얼어붙었다.

신임 대통령과 그 행정부는 모두 당면한 문제를 전임자들의 실수와 무분별한 정책 탓으로 돌리기를 좋아한다. 오바마 행정부도 다르지 않았다. 특히 신임 오바마 대통령은 이란과 러시아와의 관계를 바꾸고 싶었다. 2009년 1월 29일 새로 국무부 장관이 된 힐러리 클린턴이 러시아 외무부 장관 세르게이 라브로프에게 보낸 수기 편지에서 미국과 러시아의 협력이 가능하다고 생각하는 분야로 후속 전략무기협정, 세계경제 문제, 중동 평화, 이란, 북한, 아프가니스탄 등을 제시했다. 며칠 뒤 오바마도 메드베데프에게 보낸 서한에서 그와 비슷한 의제를 제시했다. 오바마는 그 서한에서 자신과 메드베데프가 모두 냉전 세대와 "다른 사고방식을 가진 젊은 대통령"이며 둘이서 이란 핵 문제를 해결할 수 있다면 유럽에서 미사일방어 이슈가 사라질 것이라고 썼다. 3월 6일 클린턴 국무부 장관은 제네바에서 라브로프와 만나 그에게 악명 높은 '리셋(reset)' 버튼을 증정했는데, 그 버튼은 양국 관계를 재설정하고 싶은 오바마 행정부의 바람을 상징했다.

그랬어도 별 성과가 없었다. 2009년 7월 오바마 대통령은 푸틴 당시 총리와 만난 첫 회담에서 푸틴이 일부 불만 사항을 가지고 있다는 것을 안다고 말하면서 회담을 시작했다. 55분 뒤 푸틴은 독백 늘어놓기를 마무리했다. 클린턴 국무부 장관이 2009년 10월 러시아를 처음 방문했을 때, 크렘린은 그녀가 언론인, 변호사 등 시민사회 지도자들을 만나고 라디오 인터뷰에서 러시아의 인권과 민주주의, 독립적 사법부, 자유 언론에 대한 존중을 지지했다고 몹시 분개했다. 그녀는 미국이 "그러한 가치를 옹호하는 사람들을 계속해서 지지할 것"이라고 약속했으며 언론인 구금, 구타, 살해를 공개적으로 언급했다. 우리는 그녀의 발언에 대한 푸틴의 반응을 상상할 따름이다.

부시 행정부 때와 마찬가지로 협력한 분야가 있었다. 새 전략무기통제협정이 서명되었다. 러시아는 북한과 이란의 핵무기 프로그램을 억제하려는 노력의 일환으로 추가 제재를 지지했다. 그러나 러시아는 폴란드 내 미국의 미사일방어 체계 설치를 계속해서 반대하면서 오바마의 새로운 정책이 부시의 정책보다 훨씬 더 위협적이라고 보았다. 정말 아이러니하게도 미국 내 많은 매파들은 새로운 정책이 푸틴에게 크게 양보한 것이라고 보았다.

2011년 메드베데프가 재선 출마를 하지 않겠다고 선언하고 푸틴이 세 번째 출마를 선언했다. 그해 가을 푸틴은 한 러시아 신문에 기고한 글에서 구소련 공화국들에 대해 잃어버린 영향력을 회복하고 현대 세계의 한 축이 될 "강력한 초국가적 연합"을 창설하겠다는 자신의 계획을 밝혔다. 그는 2012년 3월 대통령에 선출되어 5월 취임했다.

푸틴은 2011년 12월의 총선과 자신의 대통령 당선을 둘러싸고 모스크바 등 러시아 각지에서 벌어진 대규모 반푸틴 시위에 미국의 역할이 있었다고 확신했다. 클린턴 국무부 장관이 시위자들을 지지한다는 공개 논평은 그의 확신을 강화시켰을 따름이다. 외부 관측통들은 2011년 총선과 2012년 대선의 부정행위들이 널리 보도된 것에 주목했다. 예를 들어 메드베데프, 푸틴, 여당에 반대하는 사람들은 텔레비전 방송 시간을 잡기가 매우 어려웠다.

2011년 총선을 둘러싸고 모스크바와 상트페테르부르크에서 시위가 확산되자 푸틴은 서방의 개입이라는 단골 주제를 꺼내들었다. 한번은 그가 클린턴 장관이 "일부 야당 인사들의 어조를 정했다"라고 했다. 그는 "외국 자금이 선거 과정에 투입되는 것은 용납할 수 없으며" 러시아의 주권을 외세 개입으로부터 방어해야 한다고 부언했다. 클린턴 장관은 러시아 총선 후 리투아니아에서 열린 국제회의에서 "러시아 국민은 다른 나라 국민과 마찬가지로 자신들의 목소리와 투표가 집계에 반영될 권리를 가지고 있으며 이는 그들이 공정하고 투명한 자유선거와 국민에게 책임을 지는 지도자를 가져야 마땅하다는 의미"라고 말했다. 그녀의 발언에 분개한 푸틴은 클린턴의 러시아 선거 '개입'을 잊지 못했다. 푸틴이 얼마나 미국에 적대적이 되었는지를 보여준 사례는 그가 2012년 5월 18~19일 캠프 데이비드에서 열린 G8 정상 회의에 참석하라는 오바마의 초청을 거절한 것이었다.

메드베데프가 2009년 8월 오바마의 러시아 방문을 앞두고 비정부기구에 대한 규제를 완화했지만, 푸틴이 2012년 대통령으로 복귀하자 다시 망치질이 시작되었다. 새로운 규제로 정치 활동에 관여하고 외국의 자금을 받는 단체는 '외국 대리인'으로 등록하고 미디어와 인터넷에 올리는 모든 자료에 외국 대리인의 생산물이라는 딱지를 붙여야 했다. 10월 1일 러시아는 재개된 강경책을 강조하기 위해 미국국제개발처가 비정부기구에 대한 증여를 통해 선거 과정에 영향을 미치려고 했다는 혐의로 그 기관을 국외로 추방했다.

푸틴은 대통령으로 복귀하면서 국내의 반대파와 비판자들을 더욱 강경하게 탄압하겠다고 작심했다. 그는 또한 러시아가 자국의 이익과 견해를 반영시키는 강대국으로서의 역할을 재주장하고 자국 주변에 우호국이나 속국으로 또는 분쟁 동결로 완충지대를 만들며 서방이 러시아나 구소련 공화국의 정치에 개입 내지 '참견'한다고 감지되면 보복하겠다는 열정을 새롭게 다졌다. 푸틴이 이러한 목표를 추구하기 위해 사용한 기법은 군사적·비군사적 권력수단의 정교한 사용에 관해 교훈 — 미국이 파악하기 힘든 교훈 — 을 제공하기 때문에 면밀하게 검토할 문제다.

푸틴은 두 번의 임기 중 유가 상승에 힘입은 횡재 수입을 활용해 러시아군에 대거 투자했다. 그는 재래식 전력의 규모를 급격하게 줄이고 작지만 훨씬 더 유능한 부대, 특히 고도의 훈련을 거쳐 신속히 배치될 수 있는 특수전력을 만드는 데 중점을 두었다. 그는 또한 전략부대를 현대화하는 데 대거 투자하고 러시아가 특정 분야에서 군사적으로 미국을 능가할 수 있도록 해준 신기술에 대거 투자했다.

푸틴이 러시아가 세계 무대에 복귀했음을 과시할 기회가 시리아에서 왔다. 아랍의 봄이 오자 2011년 3월 시리아에서 시위가 발생했다. 메드베데프는 그해 봄 인도적 목적을 위한 리비아 상공의 비행금지구역을 승인하는 유엔 안보리 결의안에 동의했다 — 푸틴이 보기에 그것은 미국이 리비아의 정권 교체를 위해 설계한 미끼 상술이었다. 따라서 푸틴은 시리아에서 시위가 시작되었을 때 아사드(Assad) 대통령 가문 — 오랫동안 소련과 러시아의 고객이었음 — 을 지원하기로 결심했다. 혼란이 커지자 바샤르 알아사드는 더 강한 폭력으로 대응했다. 2011년 11월 러시아는 유엔 안보리에 시리아 정권의 유혈 시위 진압을 규탄하는 결의안이 제출되자 거부권을 행사했으며, 이후 아사드의 고삐를 죄려는 유엔의 모든 시도에 대해 계속 거부권을 행사했다.

상황이 악화되어 2012~2013년 전면적인 내전으로 번지자 러시아는 (이란이 한 것처럼) 시리아 정권에 무기 등 보급품을 꾸준히 공급하려고 움직였다. 오바마 대통령이 아사드에게 화학무기를 사용하면 미국의 군사적 대응을 부를 것이라고 경고하면서 '레드라인'을 제시했을 때도 러시아가 더욱 개입을 강화하다가 막상 아사드가 화학무기를 사용하자 그 개입을 마무리하지 못했다. 뒤이어 러시아는 시리아가 모든 화학무기를 국제적 통제하에 두겠다고 하는 협상을 중재했다. 그 합의는 이행을 검증할 유효 수단이 없었으며, 실로 아사드는 추후 거듭해서 화학무기를 사용했다. 그러다가 2015년 러시아는 궁지에 몰린 아사드를 돕기 위해 자국 군사력을 동원해 직접 개입했다. 그 대가로 러시아는 시리아의 타르투스(Tartus) 부근의 해군기지와 비행장을 49년 동안(25년 더 연장할 수 있는 옵션을 포함함) 조차하게 되었다. 모스크바는 오바마가 시리아내전 개입을 거부한 것을 이용해 주도적인 역할을 떠맡았다.

오바마 행정부는 러시아가 시리아에 너무 깊숙이 개입함으로써 전략적 실수를 저지르고 있으며 군사적 수렁에 빠질 것이라고 일찍부터 떠들어댔다. 오바마 행정부가 오판했다. 이 책을 집필하는 시점까지 러시아의 군사적 개입은 온건한 수준이었다. 아사드는 러시아와 이란의 도움 덕분에 시리아의 대부분을 다시 장악할 수 있었다.

시리아에 개입해 성공을 거두고 미국이 국제적으로 후퇴하고 있다고 인식한 모스크바는 2011~2019년에 광범위한 비군사적 권력수단을 사용해 소련 붕괴 이후 처음으로 자국의 영향력을 세계적으로 확대할 새로운 기회를 다수 포착했다. 이런 기회가 가장 확연한 곳이 중동이었는데, 미국으로부터 비판만 들었던 중동의 권위주의적 지도자들, 특히 사우디아라비아의 국왕과 왕세자를 러시아가 껴안았다. 2017년 10월 살만(Salman) 국왕이 모스크바를 국빈 방문한 것은 사우디아라비아 사상 최초였다. 사우디아라비아의 언론인 자말 카슈끄지(Jamal Khashoggi)가 살해되고 몇 주 지나 왕세자가 모스크바를 세 번째 방문했을 때, 그는 푸틴으로부터 따뜻한 공개 악수를 받았다. 이들의 방문 기회에 사우디공적투자기금은 러시아에 100억 달러를 투자하겠다는 의향을 발표했으며, 사우디아라비아에 10억 달러짜리 석유화학 시설을 짓겠다는 러시아의 약속을 포함해 총 30억 달러의 거래가 조인되었다. 사우디아라비아는 또한 모스크바가 첨단 무기를 공급하는 대안이 되고 이란을 잠재적으로 억제하며 중동에서 다시 한번 역할을 할 것이라고 보았다. 러시아로서는 상당한 투자를 유치하면서 미국의 오랜 동맹국에 진출할 기회를 보았다. 사우디아라비아와 비슷한 이유에서 아랍에미리트와 카타르도 러시아에 손을 내밀었는데, 특히 아부다비의 왕세제 모하메드 빈 자이드(Mohammed bin Zayed)가 2018년 6월 모스크바를 방문했다. 12월 러시아는 석유수출국기구의 회원국 간 분쟁을 중재했는데, 이는 러시아의 영향력 증대를 추가로 보여주는 것이었다.

러시아는 이집트에서도 진전을 만들었다. 1972년 추방된 러시아인들이 처음으로 2017년 귀환했다. 곧이어 이집트는 32억 달러 규모의 무기 거래, 소련 군용기의 이집트 영공과 기지 사용, 20억 달러 규모의 러시아제 SU-35 전투기 구매에 합의했다. 모스크바는 또한 리비아에서도 입지를 구축했는바, 무아마르 기디피의 수하 장군으로서 소련에서 군사훈련을 받은 칼리파 하프타르(Khalifa Haftar)를 지원했다. 러시아는 건설 계약과 리비아 석유산업 진출뿐 아니라 리비아의 미래를 결정하는 일익을 원했다. 미국의 오랜 맹방인 이스라엘과 튀르키예의 지도자들이 모스크바를 순례하면서 시리아 내 군사작전과 관련된 소통 통로를 연 것은 놀라운 반전이었다. 이스라엘 총리 베냐민 네타냐후(Benjamin Netanyahu)가 모스크바에서 여러 번 푸틴을 만났는데, 그는 서방의 주요 지도자 가운데 유일하게 2018년 5월 모스크바에서 열린 전승기념일 행사에 참석해 푸틴 바로 옆에 섰다. 레제프 타이이프 에르도안(Recep Tayyip Erdogan) 튀르키예 대통령은 러시아의 S-400 방공시스템을 구매하기 위해 미국과의 오래된 군사관계를 위험에 빠뜨리려고 했다. 2019년 무렵 러시아는 중동에서 이란, 사우디아라비아와 기타 수니파 아랍국들, 이스라엘, 튀르키예, 쿠르드족, 팔레스타인 정부, 헤즈볼라, 시리아 등 모든 핵심 정부·단체들과 규칙적으로 접촉한 유일한 주요국이었다.

러시아는 또한 베네수엘라 우고 차베스(Hugo Chavez)·니콜라스 마두로(Nicolas Maduro) 정부에 적극적인 구애를 펼쳐 석유 회사들 간 계약을 맺고 수십 억 달러의 차관을 제공했으며 40억 달러어치의 무기를 팔았다. 2018년 12월 마두로 대통령은 모스크바를 방문해 러시아가 베네수엘라 석유산업에 50억 달러를 그리고 금광에 10억 달러를 추가 투자하기로 합의했다고 발표했다. 베네수엘라는 러시아산 밀 60만 톤을 구매하기로 합의하고 푸틴은 베네수엘라군의 러시아산 무기를 현대화·정비하기로 약정했다. 중국이 추가 투자를 포기하고 베네수엘라로부터 차관 회수 방안을 강구하고 있을 때, 러시아는 2차 신규 투자를 단행했다. 2019년 초에 러시아 석유 회사 로스네프트(Rosneft)는 베네수엘라의 최대 석유 협력사가 되었다. 정치적으로 푸틴이 남미에서 러시아의 입지를 구축하고 미국의 뒷마당에서 미국의 신경을 거슬릴 기회를 잡은 것도 중요한 점이다.

아프리카에서 러시아는 최대의 무기 공급원이 되었으며 자국의 정치적·경제적 영향력 확대를 추구하고 있다. 러시아는 2013년 시작된 중앙아프리카공화국 내전에 개입해 그 군대에 무기와 훈련을 '기부'했다. 러시아는 콩고민주공화국, 수단, 남수단 등 인접 국가에서도 기회를 만들었다. 2018년 봄 러시아는 튀니지(그때까지 정보·대테러·에너지 분야의 양자 관계도 긴밀했음), 부르키나파소, 부룬디, 마다가스카르와 군사협력 협정을 체결했다. 거의 같은 시기에 말리, 차드, 니제르, 모리타니아가 자국의 군대와 보안 기관이 이라크·레반트 이슬람국가(이하 ISIL), 알카에다와 맞설 수 있도록 러시아의 도움을 요청했다. 러시아는 또한 알제리, 앙골라, 리비아, 세네갈, 남아프리카공화국, 우간다, 나이지리아와 석유·가스 협정을 체결했다. 2010년 푸틴이 소치에서 주최한 러시아·아프리카 정상 회의에 아프리카 대륙의 54개국 가운데 43개국 대표가 참석했다. 러시아의 아프리카에 대한 구애는 미국, 중국, 유럽연합에 비해 한참 뒤 지지만, 러시아는 옛날 반제국주의 명성을 다시 꺼내들면서 무기 판매, 군사원조, 석유 투자, 선전을 통해 영향력 회복 활동을 확대하고 있다.

푸틴은 중부·동부 유럽에서 러시아의 지원 활동을 꾸준히 증대해 왔는바, 이는 헝가리 등 핵심 국가와 관계를 증진하고 기회를 모색하는 동시에 표적 국가의 민주주의 정치와 제도를 교란하고 깎아내리려는 의도였다. 2016년 러시아는 몬테네그로의 총리를 축출하려는 어설픈 쿠데타 시도에 개입했는데, 이는 몬테네그로의 나토 가입 움직임을 막으려는 의도였다. 더 의미심장한 사실을 보자면, 러시아가 서부 러시아에서 발트해를 거쳐 독일로 가는 110억 달러짜리 가스 파이프라인 '노르트스트림 2(Nord Stream 2)'를 추진하고 있는데, 이는 매우 정치적인 움직임이다. 러시아가 유럽으로 수출하는 거의 모든 가스가 우크라이나를 거치는데, 노르트스트림 2는 우크라이나를 우회함으로써 러시아는 키이우에 통과료를 주지 않아도 되고 독일에 영향을 주지 않으면서 우크라이나에 대한 가스 공급을 차단하는 옵션을 가지게 된다. ≪이코노미스트(The Economist)≫는 "노르트스트림 2는 우크라이나, 폴란드, 발트 3국을 불안하게 만들고 유럽연합의 에너지 전략을 저해하며 러시아에 서유럽을 위협할 큰 몽둥이를 안기고 나토 동맹국들 사이에 불화의 씨를 뿌릴 수 있을 것이다. 푸틴 대통령에게는 고작 110억 달러로 그렇게 많은 문제를 일으키는 것이 수지가 맞는 일처럼 보임이 틀림없다"라고 논평했다.

끝으로 푸틴은 미국을 희생시키는 중국과의 공조를 강화하는 데 주력했다. 러시아는 중국에 최첨단 무기 시스템을 판매했으며 중국은 독일 다음으로 러시아 에너지의 최대 고객이 되었다. 양국 정부는 유엔에서 끊임없이 공조 투표를 했다. 댄 코츠(Dan Coats) 국가정보장이 2019년 초 의회에서 증언했듯이, 러시아와 중국의 관계는 1950년대 중반 이후 가장 가까워졌다. 하지만 지금은 중국이 경제적 주도권을 쥐고서 러시아에 기술과 시장을 제공하고 있다. 중국의 시진핑 주석과 푸틴 사이에 형성된 모종의 개인적 교감은 국내의 반대 의견에 대한 혐오, 개인 권력의 추구, 서방의 개입에 대한 피해망상, 미국이 단호하게 그들의 발목을 잡는다는 믿음 등을 공유하는 데 그 뿌리가 있는 것이 틀림없다. 베이징과 모스크바 간의 협력이 상호 이익이 되는 분야가 많지만, 필자가 보기에 가능하면 언제 어디서든 미국이 불리하도록 공동의 명분을 만드는 것만큼 매력적인 것은 없다.

푸틴의 모든 세계 정책을 보면 그의 목적이 분명하다. 즉, 미국의 영향력을 저해하고 사우디아라비아, 튀르키예, 이집트 등과 같은 나라를 미국과 서방이 주도하는 국제 체제에서 끌어냄으로써 무기·에너지 판매와 경제적 거래를 통해 돈을 벌고 러시아에 대한 외국인 투자를 확보하며 러시아의 영향력을 확대하고 미국에 문제를 일으키는 것이다. 경제·개발 원조나 투자 면에서 러시아가 미국(또는 중국)과 경쟁할 수는 없지만, 푸틴은 그러한 목적을 성취하기 위해 아주 다양한 다른 권력수단을 사용했다. 러시아군의 공공연한 주둔이 곤란한 곳에서 모스크바는 퇴직 군인들과 도급업자들을 활용했다. 푸틴은 많은 국가와 협력 협정을 진척시키기 위해 러시아의 석유·가스 자원을 지렛대로 잘 활용했으며 석유 생산의 국제정치에 러시아를 교묘히 끼워 넣어 소련 시대에도 없었던 영향력을 확보했다. 러시아는 상대국을 혼내고 내분을 조장하며 국가적·국제적 민주주의 제도를 약화시킬 사이버 무기고를 광범위하고 정교하게 개발했으며 소셜 미디어와 같은 신기술을 사용해 옛날 KGB가 쓰던 더러운 책략을 구사했다. 러시아는 자신들이 좋아하는 정부를 지원하고 반대파를 질식시키며 미국의 행동과 의도를 깎아내릴 일련의 전략적 소통 채널을 수중에 갖고 있다. 푸틴은 훨씬 더 첨단화된 러시아군을 육성하고 있음에도 주로 비군사적 방법에 의존해 자신의 목표를 성취했다.

2014년 크림반도 점령과 동부 우크라이나 침공을 보면 신구의 권력수단들을 놀랍도록 결합시킨 것이 드러난다.

2004년 우크라이나 대선에서 러시아의 지원을 받았던 야누코비치가 2010년 대통령에 당선되었다. 야누코비치는 2004년 오렌지혁명 이후 시행된 개혁을 후퇴시켜 대통령 권한을 대폭 강화하고 야당을 약화하려고 했다. 그는 우크라이나를 중립국으로 만들어 서방과 러시아 양측과 경제적·정치적 관계를 발전시키려고 했다. 그는 의회 표결을 통해 우크라이나의 나토 가입 추진을 끝냈지만, 2013년 가을 유럽연합과 제휴 협정을 체결할 계획이었다. 그러나 푸틴이 압력을 행사하고 러시아가 150억 달러의 구제금융·경제원조 패키지를 제의하자 11월 21일 야누코비치는 유럽연합과 협정을 맺지 않고 러시아와의 경제 관계 강화를 추진하겠다고 발표했다.

그날 키이우의 마이단(Maidan, 독립)광장에서 유럽연합과의 통합을 지지하는 작은 시위가 있었다. 시위가 이어졌고, 11월 30일 경찰의 진압으로 다수의 시위 학생이 다쳤다. 12월 8일까지 약 100만 명이 마이단광장 시위에 참여했다. 그들은 정부에 체포된 시위자의 석방, 유럽연합 협정 조인, 야누코비치의 사임을 요구했다. 폭력이 증가했으며, 2014년 2월 20일에는 약 100명의 시위자가 피살되었다. 이틀 뒤 정부가 축출되었다. 야누코비치는 달아나 결국 러시아로 갔다. 푸틴은 3월 1일 오바마에게 키이우에서 권력을 장악한 자들은 "쿠데타를 일으킨 것"이라고 말했다.

당연히 푸틴은 야누코비치의 축출 배후에는 친러시아 지도자를 제거해 우크라이나를 유럽연합과 나토로 끌어들이려는 미국과 유럽의 손이 작용했다고 보았다. 그러한 우크라이나의 이동은 중대한 전략적 함의를 내포했는바, 러시아가 크림반도의 세바스토폴(Sevastopol) — 1784년 이후 러시아의 최대 흑해 해군기지 — 을 사용하는 것이 위태로워질 우려가 있었다. 거의 즉각적으로 휘장을 달지 않은 군복 차림의 러시아 병력 — 외계의 "녹색 난쟁이들" — 이 크림자치공화국 수도 심페로폴(Simferopol)과 세바스토폴에 검문소들을 설치하고 곧 크림반도 전역을 통제했다. 지체하지 않고 크림공화국 지도부가 3월 6일 러시아 복귀에 관한 주민투표를 실시하고 러시아 연방의회는 3월 18일 크림공화국을 합병하기로 결의했다. 러시아가 행동한 속도를 보면, 최소한 크림반도를 장악하기 위한 우발 사태 계획이 이미 있었음이 거의 확실한바, 그 작성 시기는 사태가 발생하기 한참 전인 오렌지혁명 때였을 것이다.

크림공화국 합병과 거의 동시에 주민 대다수가 러시아계인 동부와 남부 우크라이나에서 대규모 반정부 시위가 일어났는데, 이들은 야누코비치의 축출과 키이우 정부의 전략적 방향에 항의했다. 시위는 러시아의 지원을 받는 도네츠크(Donetsk)와 루한스크(Luhansk) 지역 – 돈바스(Donbass) 지역 – 의 분리주의 세력과 우크라이나 정부 간의 무력 분쟁으로 빠르게 비화되었다. 러시아군 장교와 전문가들이 분리주의자들을 지원하고 지도하는 탁월한 역할을 수행했다는 증거는 넘치는바, 이번에도 이들은 러시아 군인임을 표시하는 휘장을 달지 않았다. 한편 그해 봄 러시아는 우크라이나 동쪽 국경에 3만 명에서 4만 명에 이르는 대규모 병력 증강을 개시했다. 8월 다수의 러시아 병력과 장비의 행렬이 분리주의자들이 장악한 지역으로 진입하는 것이 식별되었다. 러시아 언론은 그 러시아 군인들이 우크라이나에서 "휴가 중"이거나 은퇴자들이라고 주장했다.

2017년 러시아가 불개입의 가식을 벗어버린 것은 세르게이 라브로프 외무부 장관이 "러시아가 그 국제적 위상을 감안할 때 침묵을 지키면서 우크라이나의 쿠데타를 인정하고 우크라이나 내 러시아계 주민과 러시아어 사용자들을 곤경 속에 방치하는 것이 용납할 수 있는 일인가?"라고 말했을 때다.

푸틴은 우크라이나를 계속 압박할 것이다. 2018년 러시아 전함들이 국제 수역인 케르치(Kerch) 해협에서 우크라이나 초계정 세 척을 나포했다. 생포된 우크라이나 수병들 다수가 재판에 회부되었다. 미국이나 유럽 정부는 이 노골적인 국제법 위반에 대응해 아무런 유해 조치도 취하지 않았다.

필자가 보기에 2003~2005년 색깔혁명부터 시작해서 푸틴은 미국이 러시아 주변국뿐 아니라 러시아에서도 정권 교체를 획책한다는 확신을 가졌다. 푸틴은 인권, 민주주의, 개혁에 대한 미국의 지지는 미국이 자국의 이익에 부응하는 우호 정부의 집권을 추구하려고 쓴 허울이라고 생각한다. 2014년 키이우에서 일어난 '쿠데타'가 안내의 한계였으며 그로 인해 푸틴은 서방에서 각국 정부와 나토 및 유럽연합 같은 다자기구를 약화시키면서 소요, 분열, 혼란을 일으키기 위해 자신이 가진 모든 권력수단을 사용하기 시작했다. 푸틴이 서방에서 더 많은 문제를 일으킬수록 각국 정부는 더욱 내부 지향적이 되고 러시아의 국내 독재정치와 주변국에 대한 공세에 둔감하게 될 것이었다.

냉전 기간 내내 소련과 미국은 제3국의 선거와 집권 투쟁의 결과는 물론이고 서로 상대방의 국내문제와 여론에 영향을 미치려고 시도했다. 그러나 당시 그런 시도의 수단은 매우 조잡했다. 동조 정당과 지도자를 금전 등으로 몰래 지원하기, 선전물을 밀반입하기, 사상적 지도자를 포섭하거나 채용하기, 특정 주민을 겨냥한 방송망 운영하기 등과 같은 비밀공작이 쓰였다. 양측이 모두 일부 성공을 거두었지만, 전체적으로 볼 때 상대방의 — 그리고 상대방의 속국과 동맹국의 — 국내 정치 문제에 영향을 주려는 일방의 활동은 냉전의 결과에 미친 역할이 미미했다.

그러나 21세기 들어 사회를 교란하고 정치에 영향을 미칠 잠재력이 엄청나게 커진 새로운 도구들, 특히 인터넷, 소셜 미디어, 사이버 무기가 등장했다. 미국이 ISIL 등 테러 단체를 약화하고 공격하기 위해 사이버 도구를 사용한다는 보도가 많지만, 미국은 러시아와 같은 다른 주요국에서 내부 문제를 이용하거나 공격하기 위해 사이버 도구를 사용하는 것을 매우 꺼려왔다.

러시아는 그런 거리낌이 없었으며 상대방을 해치고 자국의 이익을 증진하기 위해 사이버 역량을 다년간 공세적으로 사용해 왔다. 러시아는 우크라이나와 조지아를 상대로 물리적 공격을 전후해 상당한 사이버 공격을 단행했다. 특히 우크라이나에서 전력망, 정부 사이트, 무기 체계 등의 표적이 사이버 공격을 받고 있지만, 독립한 다른 구소련 공화국들도 표적이 되었다. 2007년 4~5월 러시아는 에스토니아에 대해 수도 탈린(Tallinn) 중심부에 있는 소련의 제2차 세계대전 기념탑을 이전하려고 결정한 데 대한 보복으로 대대적인 사이버 공격을 퍼부었다. 금융기관, 언론기관, 정부 웹사이트가 다운되었다. 2009년 1월 키르기스스탄 정부가 자국의 마나스에 있는 미국 공군기지를 폐쇄하도록 러시아의 압력을 받고 있던 기간에 키르기스스탄의 주요 인터넷 공급 업체가 공격을 받아 차단되었다.

러시아는 국가권력의 수단으로서 기꺼이 사이버 도구를 사용한다는 면에서 지금까지 가장 공격적인 국가다. 러시아가 사이버 공격과 소셜 미디어를 사용해 2016년 미국 대선을 방해한 것은 잘 문서화되어 있다. 푸틴이 힐러리 클린턴을 혐오한 것은 특히 그녀가 2011년 러시아 총선과 2012년 대선을 비판한 이후인데, 그 때문에 푸틴이 그녀의 낙선에 기여할 수 있는 온갖 짓을 했어도 놀랄 것이 없다. 그러나 ─ 미국 내부의 정치적·인종적 분열을 악화시키려는 ─ 푸틴의 반미 의제는 훨씬 더 야심 찼으며, 그는 이러한 공세를 개시해 지속시킬 자원을 가지고 있다. 오바마 대통령의 국가안보부(副)보좌관으로 소통과 공공 외교를 맡았던 벤 로즈(Ben Rhodes)는 그런 러시아 활동의 방대함에 관해 다음과 같이 기술했다. "러시아에서 나와 똑같은 일을 한 사람은 텔레비전 방송국에 투자된 10억 달러를 방석으로 깔고 있었고 소셜 미디어를 도배하는 인터넷 트롤(troll)* 군대를 거느렸으며 면책특권을 누렸다. 나에게는 NSC 공보실에서 근무하는 직원 다섯 명과 나 자신의 공식 트위터 피드(Twitter feed)밖에 없었다. 미국 정부의 방송은 백악관의 편성 지시를 막는 법적 방화벽을 가지고 있다." 2014년 오바마 대통령은 러시아와 경쟁하는 미국의 해외방송이 더욱 적절하게 대응하도록 만드는 방안에 관해 회의를 했다. 그 자리에서 오바마는 그들이 하는 텔레비전 방식을 따라 하려면 "수억 달러와 수백 명 외에 백악관의 집중적 감독"이 필요할 것이라는 보고를 받았다.

미국이 푸틴의 유일한 표적은 아니었다. 러시아는 해킹과 스파이들을 통해 프랑스의 우익 국수주의자 마린 르 펜(Marine Le Pen)의 대선 운동을 지원했으

---

* 인터넷에서 공격적인 행위로 타인을 괴롭히는 사람들을 가리키며 흔히 '악플러'라고 한다(옮긴이 주).

며 선거운동 기간 그녀에게 수백만 유로를 빌려주기도 했다. 러시아는 독일 정치인들을 대상으로 공격적인 사이버 스파이 활동을 전개하고 2016년 12월 이탈리아 정부의 명운이 걸린 국민투표에 개입했으며 2016년 영국의 유럽연합 탈퇴 국민투표에도 영향을 미치려고 했다. 푸틴은 유럽의 협력, 유럽연합, 민주적 다자기구를 약화시키려고 온갖 짓을 다하겠다는 의지를 보였다.

러시아의 사이버 역량과 소셜 미디어 사용이 이들 선거에서 결정적이거나 중요했다고 주장하기는 어렵지만, 그들의 활동이 온라인에서 무엇이 진실이고 무엇이 허구인지에 관해 의문을 던진 것만으로도 영향이 있었다는 것은 의심의 여지가 없다.

러시아는 미국 등지에서 이러한 권력수단을 계속 사용할 것이다. 우리가 우리 국내문제와 선거에 대한 그런 개입을 막을 수 있는 능력은 도널드 트럼프 대통령이 러시아 활동의 범위와 효과성은 물론이고 그 자체를 변함없이 부인하는 바람에 큰 방해를 받았다. 대통령이 주도하는 연방정부의 통합된 노력 없이, 국토안보부 등 연방정부의 개별 부처와 각 주가 독자적으로 우리의 방어 능력을 제고하기 위한 일부 조치를 취했지만, 우리는 앞으로 크게 불리한 입장에서 러시아의 개입을 좌절시켜야 할 형편이다. 러시아의 미국 내 활동에 관한 미국 정보기관의 첩보에 대해 트럼프가 회의적인 데다 그가 푸틴에게서 듣는 것을 계속 믿고 싶어 하기 때문에 우리는 위험할 정도로 취약하다.

러시아가 이용한 기법은 분쟁에 대한 새로운 하이브리드(hybrid) 접근법으로서 조지아와 우크라이나를 상대로 써먹은 것이다. 2013년 2월 러시아군 참모총장 발레리 게라시모프(Valery Gerasimov) 장군이 전략적 목표를 성취하기 위한 비군사적 수단의 중요성을 강조하는 글을 썼다. 그의 글을 인용하면 다음과 같다.

'전쟁 규칙' 자체가 변했다. 정치적·전략적 목표를 달성하는 데 비군사적 수단의 역할이 커졌으며, 효과성 면에서 군사력의 힘을 능가한 경우가 많다. (……)

분쟁에 적용하는 방법의 초점이 정치적·경제적·정보적·인도적, 그 밖의 비군사적 수단을 폭넓게 사용하는 방향으로 이동했다 — 주민들의 반발 가능성과 연계해 적용하는 방법이다. (……) 이 모든 것을 보완하는 것이 은폐된 성격의 군사적 수단인바, 여기에는 정보전 행동과 특수전 부대의 행동을 실행하는 것이 포함된다.

비군사적 권력수단의 사용에 관해 그리고 어떻게 그 수단들을 비밀의 군사 작전과 통합할 수 있는지에 관해 게라시모프보다 더 간단명료하게 기술한 사람이 별로 없다.

미군은 게라시모프의 글처럼 군사작전 수행에 활용될 첩보전·심리전 기법을 오랫동안 연구하고 시행했다. 우리가 결여한 것은 비군사적 환경과 맥락에서 그러한 기법을 사용할 수 있는 민간의 역량이다. 이 분야에서 러시아는 텔레비전 채널 통제, 정보기관, 폭넓은 해커망 아웃소싱을 통해 우리보다 한참 앞서 있다. 게다가 러시아는 국내 인터넷에 대해 통제권을 행사하는 조치를 취하고 있으며, 그 덕분에 외부로부터의 정보 유입을 걸러내고 나아가 세계의 온라인 소통으로부터 자신을 차단할 수도 있다.

미국은 다른 국가에 대응하는 정치적·경제적 목적을 위해 이 새로운 권력수단을 늦게 사용하게 되었다. 워싱턴은 기술적으로 공격과 방어 역량을 가지고 있으나 그런 작전을 세우고 수행하는 통합된 정부 전략·구조를 결여했다. 문제의 일부는 제도적이고 법적인 것이다. 백악관을 벗어나서는 미국 정부 전체를 대표해서 러시아와 같은 규모로 선전이나 사이버 공세를 지휘할 수 있는 정부 기관이 전무하다. 게다가 로즈가 지적한 대로 미국의 소리와 같은 정부 방송 채널에 대해 행정기관이 프로그램을 지시하는 것을 맹비난하는 목소리가 오랫동안 있었다. 끝으로 이러한 수단의 사용으로 우리가 정보 목적상 숨기고 싶거나 주요 분쟁에 대비해 살려두고 싶은 역량을 노출시킬지 모른다는 우려가 있을 수 있다. 그렇더라도 우리의 내분을 부채질하고 우리의 정치에 영향을 미치려는 사이버 공격에 대해 우리 자신을 방어할 수 있고 나아가 바람직하고 필요하다면 공세를 취할 수도 있는 역량을 미국이 개발하지 말아야 할 이유는 없다. 그런 역량은 국방부 산하의 국가안보국(National Security Agency, NSA)에서만 찾을 수 있겠으나, 전략·전술의 개발과 지휘는 국방부를 벗어나야 한다. 민주주의 정부와 절차를 저해하기 위해 이러한 방법을 사용하는 러시아 같은 독재 정부는 저지되어야 할 뿐 아니라 똑같은 방법으로 당해야 한다.

미국이 소련 붕괴 이후의 미·러 관계를 살펴보면 우리가 일련의 국력수단을 달리 결정해 더 효과적으로 사용했더라면 다른 결과가 초래되었을 부분이 어딘지 알 수 있다. 하지만 미국이 1990년대 러시아의 경제적·정치적 재난을 방지하거나 대폭 완화하기 위해 무슨 조치를 취할 수 있었을지 상상하기란 어려운 일이다. 그 재난이 강력한 지도자, 즉 각 지역과 올리가르히들을 다시 통제할 만큼 무자비한 지도자가 등장할 길을 텄다. 나토 확대를 포기했더라면 러시아의 반감을 사지는 않았을 테지만, 우리가 나토 확대를 포기하고 개혁과 민주화의 필요성에 대해 침묵을 지키는 선택을 했더라도 색깔혁명이나 푸틴의 국내 통제 추진을 막지는 못했을 것이다. 돌이켜 보건대 우리가 나토 확대에 실패했더라면 소생해 실지 회복을 노리는 러시아를 억지하고 봉쇄할 중요한 정치적·군사적 권력수단이 우리에게 남아 있지 않을 것이다.

러시아가 진로를 달리했을 유일한 기회는 미국과 무관했으며 오히려 메드베데프의 대통령직 수임과 관련되었다. 메드베데프는 적어도 자국의 약점을 이해했으며 러시아가 서방으로 통합될 필요가 있다고 생각한 인물이었다. 그러나 그는 푸틴의 권력 갈망을 좌절시킬 만한 힘이나 의지가 없었다.

그래서 또다시 미국과 러시아가 적대국이 되었으며, 적어도 푸틴이 권좌에 있는 한 대결이 불가피하다. 소련 시절과 마찬가지로 두 강대국이 이해관계의 일치로 협력하는 경우가 생길 것이다. 그러나 냉전 시절과 마찬가지로 현재의 대결에서도 비군사적 권력수단이 중요한 역할을 할 것이다. 러시아는 과거 소런이 누렸던 강대국 지위와는 거리가 멀지만, 그 군사력과 함께 비군사적 권력 수단을 결집시킬 수 있는 능력이 있기 때문에 주로 유럽에서 그리고 중동, 아프리카, 중남미에서도 강력한 경쟁국인바, 지역에 따라 교란을 일으키고 말썽을 부릴 것이다. 가능하다면 어디서든지 러시아는 미국이 글로벌 리더십에서 후퇴하고 있다는 인식과 현실을 활용할 것이다.

러시아로서는 그 국민과 세계를 위해 더 좋은 다른 길을 선택할 기회가 있었지만, 블라디미르 푸틴이 그 길을 선택하지 않았다.

10장
—
조지아, 리비아, 시리아, 우크라이나:
개입하느냐 마느냐

이라크에서 미국은 개입하고 점령했는데, 그 결과는 대가가 큰 재난이었다. 리비아에서 미국은 개입했으나 점령하지 않았는데, 그 결과는 대가가 큰 재난이었다. 시리아에서 미국은 개입하지도 않고 점령하지도 않았는데, 그 결과는 대가가 큰 재난이었다.

_필립 고든(Philip Gordon), 대통령 특보 겸
중동·북아프리카·걸프지역 담당 백악관 조정관(2013~2015년)

다른 국가에 개입하는 건 위험한 일이다. 2008~2014년 조지 W. 부시(43대)와 버락 오바마 대통령은 네 개의 각기 다른 위기를 맞이했는데, 모두 미국이 개입할지 말지 여부와 개입한다면 어떻게 할지에 관한 정책 결정을 요구했다. 조지아와 우크라이나 두 위기는 러시아가 도발한 것이었다. 리비아와 시리아 두 위기는 아랍의 봄 운동에서 번진 국내의 반체제 시위로 촉발되었으며 잔인한 진압으로 끝났다. 러시아가 양국의 위기를 이용하기 위해 움직이면서 40여 년 만에 처음으로 중동에서 자국의 역할을 다시 주장했다. 당시 필자는 국방부 장관으로서 조지아와 리비아 개입을 둘러싼 정책 결정에 참여했다.

2008년까지 이라크와 아프가니스탄에서 끝도 없이 계속된 장기전은 미국이 원격지 분쟁에, 특히 우리의 핵심 국익이나 안보가 위험하지 않을 때 군사적으로 개입하는 것을 가로막은 높은 장애물이었다. 게다가 러시아의 군사적 우위

가 압도적인 지역에서 러시아와 대결할 가능성이 있는 분쟁에 군사적으로 개입하는 것은 구미가 당기지 않았다. 또한 지독한 독재자가 지배하는 이들 국가에서 잇따라 발생하는 내부의 약탈 행위를 중지시키기 위해 미군을 파견하는 방안이 그다지 지지를 받지 못했다. 미국은 조지아와 우크라이나에서 러시아와 직접 대결하지 않고 시리아의 아사드 정권에도 반대하지 않기로 결정했다. 문제는 우리가 리비아에서 너무 과하지 않았는지 그리고 다른 세 나라에서 너무 소극적이지 않았는지 여부다. 그렇다면 각 경우에 어떤 점에서 과부족이 있었는가?

이들 네 나라의 위기를 검토해 보면 야만적인 내전과 외부의 공격으로 미국이 모종의 조치를 취해야 한다는 압박을 받을 때 미국 대통령이 직면하는 복잡한 문제가 분명하게 드러난다. 2008~2014년과 그 후에 이들 국가에서 벌어진 사태를 보면, 20년 앞서 미국이 소말리아, 아이티, 발칸 국가들에 개입했던 사태가 생각난다. 약탈 정부가 내부를 억압하고 이웃을 공격하는 일은 언제나 일어날 것이다. 군사적 개입이 무슨 이유에서든 선택지가 못 된다면, 그 대신에 어떤 권력수단을 사용할 수 있고 어떻게 사용해야 하는가? 조지아, 리비아, 시리아, 우크라이나에서 도출되는 교훈은 무엇이며 앞으로 미국 대통령의 정책 결정에 어떤 도움을 줄 것인가?

조지아

小련이 붕괴하고 조지아(19세기 초 러시아에 합병된 캅카스 산악 지대의 옛 국가)가 독립을 선언하자 조지아의 친러시아 자치주인 남오세티야(South Ossetia)와 압하지야(Abkhazia)가 독립을 선언했다. 이탈하려는 두 자치주와 조지아 정부 사이에 유혈 분쟁이 벌어져 1994년 러시아가 휴전을 중재하고 두 자치주에 평화유지군을 주둔시킬 때까지 지속되었다. 2004년 1월 공격적이고 충동적인 조지아 민족주의자 미하일 사카슈빌리(Mikhail Saakashvili)가 대통령으로 선출되어 그해 여름 조지아의 통제력을 회복하려고 남오세티야에 군대를 보냈다. 조지아군이 철수해야 했지만 조지아의 계획은 러시아의 분노를 샀다. 2007년 사카슈빌리가 압하지야 국경에 가서 친조지아 충성파들에게 그들이 1년 내 "모국"으로 귀속될 것이라고 약속했을 때 사카슈빌리에 대한 러시아의 증오가 깊어졌다.

2008년 2월 코소보의 일방적인 독립선언을 서방이 승인한 데 대응해 푸틴은 그 선례가 남오세티야와 압하지야에도 적용되어야 한다고 주장하고 두 자치주의 독립을 승인하겠다고 위협했다. 2008년 봄 러시아는 남오세티야에 병력을 증파하고 공식적으로 여전히 조지아 영토에 거주하는 오세티아인들에게 러시아 여권을 발급하겠다는 계획까지 발표했다. 4월 푸틴과 사카슈빌리가 러시아의 그 승인 계획을 둘러싸고 전화로 심한 설전을 벌인 후 휴전선 쪽에 조지아가 군대를 동원하고 러시아는 공수부대와 포병대를 보냈다. 8월 7일 남오세티야군이 남오세티야 수도인 츠힌발리(Tskhinvali) 인근의 조지아 마을들을 포격하기 시작했으며, 조지아는 그 수도 자체를 탈환하기 위한 대대적 공격을 개시했다. 다음 날 러시아군이 조지아군의 시설과 장비를 파괴하면서 밀어붙였다. 부시 대통령은 백악관 집무실에서 사카슈빌리에게 직접 경고했다. "러시아인들의 화를 돋우지 마세요. 당신은 그들을 다룰 수 없습니다. 그리고 나는 당신을 구해줄 수 없어요." 푸틴이 덫을 놓은 것이었는데, 부시의 경고에도 불구하고 조지아 대통령이 바로 거기에 걸려들었다.

부시 행정부는 쓸 수 있는 카드가 많지 않았다. 러시아군이 남오세티야와 압하지야를 넘어 조지아 영토를 대거 점령한 직후에 부시 대통령, 콘돌리자 라이스 국무부 장관, 스티븐 해들리 국가안보보좌관, 합참의장인 마이크 멀린 제독, 필자(당시 국방부 장관) 등이 모두 전화통을 붙들고 러시아 카운터파트에 철수를 촉구하고 조지아 카운터파트에는 더 이상 어리석은 짓을 하지 말라고 했다. 필자는 러시아의 더 많은 영토 점령을 막으려는 생각에서 조지아 국방부 장관에게 "조지아는 이길 수도 없는 러시아와 전쟁을 벌여서는 안 된다"라고 했다.

조지아는 이라크에서 우리를 지원하기 위해 1800명의 병력을 파견했는데, 이제는 그 병력을 귀국시키려고 했다. 우리는 수송 수단을 제공하기로 동의했다. 우리는 러시아가 이 공수작전을 방해하고 뒤이어 인도적 원조 물자를 반입하는 군용기 비행도 방해하지 않을까 우려했다. 그래서 멀린 제독이 러시아 측 카운터파트와 전화로 많은 시간을 협의했다. 조지아 수도 트빌리시(Tblisi)에 주재하는 우리 대사관 직원들도 러시아 공관원들과 접촉해 우리의 각 비행기가 조지아 영공에 진입하는 시간 정보를 제공하고 안전보장을 요구했다. 우리는 조지아 측에 러시아군을 공격할 군사 역량을 보태는 것이 아님을 러시아 측에 분명히 했다.

인도적 원조를 위한 첫 미국 군용기가 8월 13일 트빌리시에 착륙하고 이후 여러 편이 뒤를 이었다. 여러 척의 미국 전함이 흑해에 진입해 조지아로 향했는데, 이는 조지아를 지원한다는 과시였다. 미국 해안경비대 함정 한 척이 약 35톤의 보급품을 조지아에 양륙했다. 이러한 조치는 러시아와 군사적으로 대치하지는 않았지만 우리의 결심을 보여주고 러시아 측의 계산에 불확실성을 보탰으며 러시아군이 조지아 안으로 더 깊이 진격하는 것을 억지하는 데, 그리고 궁극적으로 러시아군이 침공 이전에 지키던 위치로 철수를 결정하는 데 일조했을 것이다.

필자가 『임무』에서 썼듯이 부시 대통령 이하 전 행정부가 러시아의 침공에 대해 강력한 정치적·경제적 행동을 보여주려고 했다. 후일 콘돌리자 라이스의 기술에 따르면 8월 12일 NSC 회의에서 다들 러시아인들에 대한 격분을 "가슴을 치며" 표시했으며, 해들리가 중간에 물었다. "우리가 조지아를 둘러싸고 러시아와 전쟁을 벌일 각오가 되어 있습니까?" 그 질문에 따른 현실적 선택지에 관해 더욱 진지한 토론이 벌어졌다.

우리의 논의는 전투를 종식시키고 러시아군을 조지아에서 철수시키기 위해, 조지아의 영토 보전과 독립에 대한 우리의 지지를 강조하기 위해, 조지아 국민에 대한 재정적·인도적 원조를 제공하기 위해 우리가 쓸 수 있는 비군사적 수단에 집중되었다. 9월 4일 조지아를 방문한 딕 체니 부통령은 미국이 10억 달러의 경제적·인도적 원조를 제공해 전쟁 피난민을 돕고, 경제와 인프라 복구를 지원하며, 역내·외 무역 기회를 창출하겠다고 발표했다. 여러 국제기구와 각국 정부가 45억 달러를 조지아에 지원하겠다고 약속했다. 우리 내부에서 대응 방안을 둘러싸고 논란이 있었음에도 불구하고, 외교적으로 미국은 8월 12일부터 휴전한다는 니콜라 사르코지 프랑스 대통령의 협상 중재 활동을 지지했다 (러시아군이 8월 18일 철수를 개시하고 10월 중순 철수를 완료했지만).

우리의 유럽 동맹국 대부분이 조지아를 지지했지만, 그 분쟁의 일부 책임이 괴팍한 사카슈빌리에게 있다고 생각한 동맹국이 분명히 많았으며 러시아에 대한 강력한 경제적 제재에도 미온적이었다. 우리는 더욱 광범위한 일방적 조치를 검토했지만, 그런 조치로 러시아가 아니라 우리가 고립될 것임을 깨닫고는 물러섰다. 그럼에도 나토·러시아 이사회는 무기한 연기되었으며, 나토는 조지아를 지지하고 러시아군의 철수를 요구하는 성명을 발표했다. 또한 나토는 조지아의 영토 보전, 독립, 주권을 지지하고, 민주적으로 선출된 조지아 정부를 지지하며, 그 민주주의를 약화시키려는 소련의 전략적 목표를 거부한다고 당당하게 선언했다. 미국은 러시아의 세계무역기구 가입에 대한 지지를 철회하고, 민간 핵 협력에 관한 러시아와의 양자 협정을 의회 검토 대상에서 제외시켰다.

그해 8월과 9월 제재에 대해 조심한 다른 이유는 세계경제의 와해였다. 물론 그 와해는 2007년 주택 시장의 급락으로 시작되었다. 2008년 3월 투자은행 베어스턴스(Bear Stearns)가 무너지고 여름 들어 위기가 악화되었다. 그러다가 러시아의 조지아 침공 5주 후 투자은행 리먼브라더스(Lehman Brothers)가 파산하고 그 이튿날 보험사 AIG도 파산 위기에 처했다. 갑자기 세계가 대공황 이래 최악의 경제 침체를 맞이했다. 현대사에서 한 번에 하나의 위기만 겪는 사치를 누린 대통령이 거의 없다.

전체적으로 보아 러시아의 조지아 침공에 대한 대응은 매우 미온적인 것으로 보일 것이다. 하지만 전반적인 미·러 관계는 부시 대통령의 잔여 임기 동안 그리고 다음 해 봄 오바마 대통령이 '리셋'할 때까지 동결되었다. 부시 행정부는 푸틴의 조지아 공세에 대응해 주로 일련의 비군사적 수단을 사용했는데, 그 이상의 조치가 가능했을까? 러시아 지도자의 조지아 공세는 러시아 내에서 인기가 높았기 때문에 그 국민에게 그의 국제 규범 위반을 널리 알리려고 노력했어도 아무런 효과가 없었거나 오히려 역효과를 냈을 것이다. 러시아의 침공에 이르기까지 나타난 양측의 행동 때문에 국제사회의 반응은 복합적이었다. 돌이켜 보건대 필자는 부시 팀(필자 포함)이 보다 강력한 조치를 취하고 싶었지만 분쟁을 방지하거나 러시아를 응징하기 위해 우리가 할 수 있는 것이 별로 없다는 현실에 굴복했다고 본다.

교훈 학습의 관점에서 볼 때 전년도 4월 나토 정상 회의에서 조지아가 나토 회원국이 되었더라면 또는 '회원국 행동계획'이라도 부여받았더라면 러시아의 침공이 억지되었을지 여부에 관해 논의가 있었다. 조지아가 나토 정회원국으로 가입해서 조약 제5조(한 회원국이 공격을 받으면 전체 회원국이 지원해야 함)가 발동되었더라면, 미국 등 동맹국들이 실패가 뻔히 보이는 지원 활동을 위해 실제로 병력을 파견했을까? (지원하더라도 실패가 뻔했던 것은 러시아군이 나토가 행동하기 한참 전에 조지아 전역을 장악함으로써 나토로서는 러시아군을 쫓아내기 위해서는 대규모 전쟁에 가까운 군사적 옵션밖에 남아 있지 않았을 것이기 때문이다.) 나토 회원국 지위가 억지 효과를 내는 것은 전투 의지를 과시하는 동맹군이 배치됨으로써 장기적인 뒷받침을 받을 때뿐이다. 이런 실례를 에스토니아, 라트비아, 리투아니아에서 볼 수 있는데, 이들 발트 3국은 조지아처럼 러시아와 국경을 공유하고 있다.

조지아와 나토에 관한 가설을 떠나서 미국 대통령은 전략적 군사 현실을 고려해야 하며 내전이나 침공 사태에서 동원할 수 있는 것은 비군사적 수단이 전부일 수 있음을 인정해야 한다. 그러나 그런 수단이 효과적일 수 있다. 프랑스와 같은 동맹국들과 협력해 그런 수단을 능숙하게 사용함으로써 러시아군을 8월에 추가 점령한 조지아 영토에서 쫓아낼 수 있었고 조지아의 영토 보전과 주권을 보호할 수 있었다. 또한 그 덕분에(특히 사카슈빌리의 축출을 원한 러시아의 요구를 들어주지 않음으로써) 조지아의 민주주의가 보전되고 조지아가 다시 일어서게 되었다 — 본질적으로 이전의 상태로 복귀했다. 당시 여건을 감안하면 만족스러운 결과였다.

리비아

2011년 2월 15일 리비아 동부의 벵가지(Benghazi)에서 한 변호사 단체가 동료의 수감에 항의하는 시위를 벌였다. 다른 리비아 시민들이 계속된 시위에 합류했는데, 아마 그들은 튀니지와 이집트에서 일어난 아랍의 봄 민주화 운동의 영향을 받았을 것이다. 그들은 소셜 미디어를 통해 그 운동을 지켜보았다. 이틀 뒤 무아마르 카다피의 보안군이 10여 명의 시위자를 사살했으며, 반정부 무장 저항이 벵가지에서 일어났다. 튀니지와 이집트의 경우와 달리, 리비아의 시위는 정부와 반군 사이의 광범위한 무장 충돌로 빠르게 전환되었다. 특히 반군은 며칠 만에 리비아 동부의 중요 지역을 장악하고 다른 곳에서도 공격을 개시했다.

국제사회의 대응은 의외로 신속했다. 2월 22일 유엔 안보리가 민간인에 대한 무력 사용을 비난하고 즉각적인 폭력 종식을 요구하는 성명을 발표했다. 유엔 안보리는 또한 카다피에게 리비아 국민에게 가는 인도적 국제 원조의 안전한 통과를 보장하도록 촉구했다. 같은 날 아랍연맹(Arab League)은 리비아의 회원국 자격을 정지시켰다. 2월 23일 오바마 대통령은 폭력 사용을 비난했으며, 자신의 국가안보 팀에 만반의 대응 방안을 강구하라고 지시했다고 발표했다. 오바마는 리비아 사태를 협의하기 위해 힐러리 클린턴 국무부 상관을 유럽과 중동에 보냈다. 2월 26일 다시 행동을 취한 유엔 안보리는 폭력 종식을 요구했으며, 카다피와 그의 가족 및 정부 관리들을 대상으로 무기 금수, 여행 제한, 자산 동결을 부과했다. 미국과 유럽의 정치인들은 카다피가 항공기를 사용해 반군을 공격하는 것을 막기 위해 리비아 상공에 비행금지구역을 설정하자고 주장하고 그를 권좌에서 축출하는 방안도 논의했다. 이러한 조치를 촉구하는 목소리가 특히 프랑스와 영국에서 높았다. 미국은 리비아 정권에 대해 제재를 부과하고 인도적 원조 제공에 착수했다.

오바마 대통령이 무슨 조치를 취할지 결정할 때, 그의 국가안보 팀이 양분되었다. 조 바이든 부통령, 톰 도닐런(Tom Donilon) 국가안보보좌관, 빌 데일리(Bill Daley) 비서실장, 멀린 제독, 필자 등이 모두 군사력 사용에 신중을 기하자고 주장했다. 한 회의에서 필자는 "우리가 이미 두 전쟁을 수행하고 있는데, 제3의 전쟁을 벌여야 합니까?"라고 물었다. 수전 라이스 유엔 대사, NSC 참모인 벤 로즈와 서맨사 파워(Samantha Power) 등이 반군이 학살당하는 것을 막기 위해 공세적인 미국의 행동을 주장했다. 클린턴 국무부 장관은 처음에 판단을 유보했지만 결국 군사행동 지지로 돌아섰다.

가장 긴급한 과제는 수만 명의 외국인 노동자들이 리비아를 탈출하는 문제였다. 대부분 이집트인인 그들은 튀니지로 탈출해 취약한 튀니지의 새 정부가 상당한 인도주의 문제를 떠안게 되었다. 궁극적 해법인 '공중 가교(air bridge)'를 놓기 위해 미국 등 다수 국가가 난민 철수용 항공기를 제공했다.

미국을 이라크에서 빼내는 데 집중하고 아프가니스탄에서의 사태 전개에 조바심이 난 오바마 대통령은 리비아에 군사적으로 개입하는 데 소극적이었다. 오바마는 3월 3일 기자회견에서 카다피가 "리더로서의 정당성을 상실했으며 물러나야" 한다고 말했음에도, 그는 다른 나라가 합세하고 국제사회가 작전을 승인할 경우에만 군사행동을 고려할 것이 분명했다. 필자는 군사행동을 계속 반대했지만, 우리가 군사행동을 승인하더라도 우리가 이미 두 개의 전쟁을 수행하면서 모든 가용 군사자원을 쓰고 있다는 점에서 우리의 활동 규모와 기간을 제한하자고 주장했다.

3월 14일 카다피의 군대가 벵가지의 반군 거점을 공격하기 위해 동쪽으로 이동하기 시작했다. 그 이틀 전 아랍연맹은 표결을 거쳐 리비아에 비행금지구역을 설정해 민간인들을 보호하도록 유엔 안보리에 요청했다. 합참의장 멀린 제독과 필자는 3월 15일 대통령과의 회의에서 비행금지구역으로 카다피의 지상 작전을 막지는 못할 것임을 지적했다. 민간인을 보호하기 위해서는 유엔 안보리 결의안이 비행금지구역뿐 아니라 "필요한 모든 수단", 즉 카다피의 지상군에 대한 공격을 승인할 필요가 분명히 있었다. 3월 17일 오바마는 개입을 결정하면서 아슬아슬하지만 잠재적 인도주의 재앙에 직면해 한가롭게 방관할 수 없다고 인정했다. 그는 (격추된 조종사 구출을 제외하고) 미국 지상군은 일절 개입하지 않을 것이며, 우리가 카다피의 방공망을 파괴하는 일을 주도하지만 그 다음에는 개입을 축소할 것임을 분명히 했다. 그의 행동 결정을 더욱 굳힌 것은 카다피의 발언이었는데, 같은 날 카다피는 뱅가지 시민들에게 "오늘 밤 우리가 쳐들어가며 자비는 없을 것"이라고 공개적으로 경고했다.

3월 말 오바마는 군사작전 주도권을 나토에 이양하고 개입을 줄이라는 지시를 우리에게 내렸다. 그의 보좌관 하나가 이를 "뒤에서 주도하기"라고 부적절하게 묘사했는데, 이 표현이 오바마의 뇌리를 떠나지 않게 되었다. 오바마는 또한 카다피를 제거하기 위해 미군을 사용한다면 실책이 될 것이라고 공개적으로 언급했다. 군사작전이 으레 그렇듯이 그 군사작전도 제안자들의 예측보다 더 오래 지속되었으며, 표적 리스트가 방공, 항공기, 헬기, 지상군을 훨씬 넘어서서 모든 정부 기관까지 포함하게 되었다. 바로 카다피가 표적임이 곧 명백해졌다. 나토 공습의 임무가 민간인 보호에서 강제적인 정권 교체로 변질되었다. 8월 말 반군이 수도 트리폴리를 장악했으며, 10월 20일 카다피가 잡혀 죽었다.

카다피 이후 리비아의 권력 공백, 안정된 정부 기관의 부재, 카다피 무기고에서 나와 도시와 시골로 쏟아져 들어간 무기들, 국가과도위원회(임시정부)의 취약성 등이 모두 미래의 문제를 암시했다. 2012년 7월 비교적 자유롭고 공정한 총선이 실시되어 다음 달 새로운 기관, 즉 제헌의회(GNC)가 트리폴리의 권력을 장악했다. 허약한 신생 정부는 내분이 심했으며 과다한 민병대와 무장 단체를 결코 통제할 수 없었다. 2014년 내전이 벌어졌으며, 수많은 휴전과 합의에도 불구하고 파벌 간 전투가 이어졌다. 상황을 더욱 악화시킨 것은 2015년 초 이라크·레반트 이슬람국가(이하 ISIL)가 리비아에서 수행한 군사작전과 테러 행위였다. 트리폴리의 허약한 정부는 국제적 승인을 받았지만 점차 칼리파 하프타르(Khalifa Haftar)가 이끄는 반군의 도전에 직면했다. 카다피의 부하 장군이었던 그는 "테러리즘"과 싸우고 있으며 ISIL, 알카에다, 무슬림형제단(Muslim Brotherhood) 등 리비아 내 모든 이슬람 단체를 물리치려 한다고 주장했다. 하프타르가 한때(내전 발생 이전) 미국의 지지를 받았지만, 2015년 오바마 행정부는 유엔과 더불어 트리폴리의 국민통합정부(GNA)를 지지하고 있었다. 2019년 초 하프타르 군대가 벵가지, 대부분의 동부 지역과 주요 유전을 장악했다. 4월 초 하프타르는 트리폴리에 대한 공세를 개시했으며, 4월 19일 도널드 트럼프 대통령은 그를 지지했다.

오바마가 리비아에 개입하기로 결정한 후, 필자는 두 가지 전략적 실수가 있었다고 본다. 첫 번째 실수는 나토의 임무를 리비아 동부 주민을 카다피 군대로부터 보호하는 당초의 인도적 임무에서 정권 교체로 확대하기로 동의한 것이었다. 나토가 트리폴리와 벵가지 사이의 사막 어딘가에 경계선을 그어 비행금지구역을 설정하고 카다피의 지상군을 공격했더라면, 카다피 정부를 무너뜨리지 않으면서 동부의 반군들과 주요 유전을 보호할 수 있었을 것이다. 그러한 여건에서는 아마도 모종의 정치적 타협이 도출될 수 있었을 것이다. 당시 필자가 말했듯이, 카다피는 이미 핵 프로그램을 포기한 상태에서 미국의 이익에 아무런 위협이 되지 않았다. 그가 혐오스럽고 악랄한 독재자임은 의문의 여지가 없지만, 그의 정부가 완전 붕괴됨으로써 그의 무기고에 있던 2만여 기의 견착식 지대공미사일 등 수많은 무기가 중동과 아프리카 각지로 확산되었으며, 내전 촉발과 함께 리비아 내 ISIL이 발흥하는 단초가 열리고 러시아가 리비아의 장래를 결정하는 데 한몫하겠다고 끼어들 기회가 생겼다. 그 나라는 여전히 위험한 난장판이다. 소말리아, 아이티, 이라크, 아프가니스탄에서처럼 리비아에서도 우리가 당초의 목표를 넘어 군사적 임무를 확대함으로써 골칫거리만 만들어냈다.

두 번째 전략적 실수는 오바마 행정부가 카다피 이후 질서와 실무 정부를 재수립하기 위한 국제사회의 역할을 어떤 식으로든 계획하지 못한 것이었다(이는 오바마 대통령, 바이든 부통령, 클린턴 국무부 장관 등이 일찍이 부시 대통령이 사담 후세인 이후의 이라크를 적절하게 계획하지 못했다고 비판한 점에 비추어 아이러니다). 또 비군사적 수단에 의지해 많은 조치를 취할 수도 있었을 것이다. 2016년 4월 샤디 하미드(Shadi Hamid)가 쓴 브루킹스연구소 보고서에 따르면 리비아군의 재정비를 돕는 미국의 훈련 지원, 다국적 평화유지군 파견, 유엔 지원단의 자문 역할 확대, "부족 간 분열과 지역 간 분열을 악화시키지" 않도록 좋은 선거제도 수립을 지원하기, 2014년 내전 발발 전후로 걸프 국가들과 이집트가 간섭하지 않도록 자제시키기 등이 그런 조치에 포함되었을 것이다.

미국은 카다피 몰락 이후 리비아에 제한된 원조를 제공했는데, 그 대부분이 전투 피해자들을 돌보고 무기고를 찾는 데 할애되었다. 2012년 9월 10일 발표된 윌슨센터(Wilson Center) 보고서는 리비아 국민을 돕기 위한 미국의 비군사적 프로그램을 13개 중점 분야로 집약했는데, 거기에는 헌정 발전, 투명한 사법제도 수립, 금융 거버넌스 개선, 경제성장 촉진, 화학무기의 안전과 파괴 제고 등이 포함되었다. 그러나 2011년 개입부터 2014년 내전 발발까지 원조 자금으로 2억 3000만 달러가 집행되었다. 이것은 비군사적 임무의 중요성과 그 가용 자금 사이에 불일치가 있었던 대표적 사례였다. 이와 대조적으로 2011년 3~10월 동안 미국의 군사작전 비용은 약 10억 달러였다.

우리가 ― 그리고 우리의 동맹국들이 ― 2011년 여름과 가을 리비아에서 전투를 종식시키고 안정시킬 수 있었을 다수의 비군사적 방안이 있었다. 그러나 그럴 계획이나 자금과 의욕이 진혀 없었다. 냉전이 끝난 후 흔히 일어난 일이지만, 비군사적 권력수단이 취약했으며 그런 수단을 사용하려는 의지와 상상력도 취약했다. 나토·아랍 연합은 그곳을 박살을 내고 집으로 가버리면서 리비아 국민이 서로 싸워 잔해를 차지하도록 만들고 역내 또 다른 불안정의 씨앗과 테러리스트들의 새로운 기지를 만들었다. 미국의 정책에 대한 가장 냉혹한 판단은 오바마 자신으로부터 나왔다. 그는 카다피를 제거하기 위해 군을 사용한다면 실수가 될 것이라고 3월 말했다. 그러나 그것이 실제 상황이 되었으며, 나중에 오바마는 카다피 이후의 리비아를 위한 계획을 마련하지 못한 것이 임기 중 최악의 실수였다고 규정하게 되었다.

시리아

혁명이나 전쟁은 불쏘시개가 충분하다면 하나의 작은 불꽃으로도 점화될 수 있다. 2011년 3월 6일 시리아내전을 촉발한 것은 "국민은 정권 붕괴를 원한다"라고 벽에 낙서했다는 이유로 여러 명의 10대 소년을 체포한 사건이었다. 마을의 부족 지도자들이 정권을 향해 소년들의 석방을 요구했지만, 바샤르 알 아사드 대통령의 반응은 시리아 보안군 파견이었다. 이후 몇 주 동안 정부 개혁을 요구하는 시위가 커지고 잔인하고 폭력적인 진압이 벌어졌다. 4월 초 시위자들의 초점은 개혁 요구에서 아사드 전복 요구로 점차 바뀌었다. 4월 세 번째 주말 시위가 20여 개 도시로 확산되었다. 4월 25일 시리아군이 탱크와 포를 사용하는 대규모 공격을 개시해 수백 명의 시민을 죽였다. 5월 말까지 사망자가 1000명이 넘었고 수천 명이 체포되었다. 여름에는 무장 반군이 전국적으로 등장해 시민 봉기가 내전이 되었다. 7월 29일 탈영한 일단의 시리아군 장교들이 자유시리아군(Free Syrian Army) 창설을 발표해 심각한 반란이 진행되었다.

불꽃이 점화된 시리아는 식품 가격 폭등을 초래한 수년 동안의 가뭄, 대책 없이 도시로 대거 이주한 농민들, 심한 부정부패, 정치적 억압, 이라크전쟁으로 생긴 100만여 명의 난민 등으로 바로 불이 붙을 나라였다. 시리아는 수니파가 다수지만 아사드 가문과 그들이 속한 알라위(Alawite) 소수파(인구의 15%에 불과함)가 수십 년 동안 혹독하게 통치함으로써 폭발 일보 직전이었다.

리비아에서 오바마 대통령은 유엔 안보리와 아랍연맹의 제재가 있었음에도 군사력 사용을 아슬아슬하게 피했다. 또한 그는 다수의 동맹국들이 자국의 군사력을 동원할 준비를 했고, 비참한 인도적 위기가 있었으며, 정체가 분명한 반군들이 동부의 상당히 넓은 지역을 장악하고 있었음에도 군사력 사용을 피했다. 2011년 후반기와 그 후 시리아에서는 인도적 위기 증대를 제외하고 그러한 여건이 전혀 존재하지 않았다. 그래서 오바마가 아사드에 대한 반란을 지원하기 위해 미군을 사용하는 데 동의할 확률은 영(zero)이었다.

오바마는 비군사적인 조치 ― 또다시 경제제재와 수사적 비난 ― 만 쓰게 되었다. 시리아군이 여러 도시의 시위에 대해 폭넓은 공세를 개시한 직후인 2011년 4월 말부터 8월 중순까지 오바마 대통령은 세 개의 행정명령에 서명했다. 그 명령은 부시 대통령이 2004년과 2006년 시리아의 테러리즘 후원에 대해 가했던 제재 조치를 강화하는 것이었다. 제재 조치에 따라 시리아 정부와 다수 회사와 개인의 자산이 동결되고, 미국인의 대시리아 수출과 투자가 금지되었으며, 시리아 석유의 거래나 수입이 일절 금지되었다.

8월 18일 오바마는 시리아 정부의 조치를 비난하는 성명을 발표하면서 "시리아 국민을 위해 아사드 대통령이 하야할 시기가 도래"했다고 말했다. 오바마 대통령의 국가안보부(副)보좌관이자 측근인 로즈에 따르면, 행정부는 "정권 붕괴를 일으키기 위해" 시리아 내부의 압력을 제고하고 대외적 고립을 심화시키는 데 의존하고 있었다. 아사드 이후의 시리아를 위한 기획 회의가 수차례 열렸고 그가 평화적으로 물러날 기회를 은근히 기다렸다. 여름이 끝날 무렵 행정부 내 다수가 아사드의 축출을 예상하고 있었다. 그러나 회의적이었던 오바마는 "시리아가 우리가 생각하는 것보다 더 오래 버틸 것"이라고 말했다. 그가 옳았다.

필자는 리비아 사태 개입이 시리아에서 오바마에게 영향을 미쳤다고 보지만, 그 개입이 러시아와 중국의 행동에도 영향을 미친 것이 분명했다. 2011년 10월 양국은 아사드의 인권 탄압을 비난하고 평화적 시위의 허용을 요구하는 유엔 안보리 결의안에 대해 거부권을 행사했다. 모스크바와 베이징은 전년도 봄 미국에 속아서 리비아의 정권 교체를 초래한 유엔 안보리의 '인도주의적' 결의안을 지지했다고 느꼈기 때문에 아사드에게 문제를 일으키는 어떤 유엔 조치도 허용하지 않을 셈이었다.

시리아내전이 벌어진 첫 18개월 동안 외교적 해결을 위한 국제적 노력이 두 번 있었는데, 미국은 막후 역할만 수행했다. 첫 노력은 11월 1일 아랍연맹이 시리아 정부와 반대파 간의 대화를 요구하고 정부 측에 시위자들에 대한 폭력 행사를 중단하며 정치범들을 석방하도록 요구하는 평화안을 제안하면서 시작되었다. 11일 뒤 아랍연맹은 평화협정을 위반했다는 이유로 시리아의 회원국 자격을 정지시키고 그 2주 뒤에는 시리아에 대해 제재를 부과했다. 12월 19일 압력을 받은 시리아는 아랍연맹 감시단이 입국해 11월 1일 평화 계획의 이행을 관찰하도록 허용했다. 그러나 폭력 사태가 발생하면서 아랍연맹은 다음 해 1월 말 감시단을 철수시켰다.

두 번째 평화 노력은 2012년 2월 코피 아난 전 유엔사무총장이 유엔과 아랍연맹 합동의 시리아 담당 평화특사로 임명되면서 시작되었다. 3월 16일 아난은 안보리에 제출한 자신의 평화 계획을 통해 시리아 정부가 반정부 세력에 대한 공격을 중단하고 유엔 감시하의 휴전을 수용할 것을 제안했다. 안보리가 만일 시리아가 폭력 종식에 실패할 경우 추가적인 조치를 강구할 것이라고 위협하는 (비구속적) 성명을 만장일치로 채택한 후, 3월 26일 아난은 시리아가 자신의 평화 계획에 동의했다고 발표할 수 있었다. 그 계획은 4월 12일까지 시한을 정해 휴전을 이행하고 여러 도시에서 탱크와 포를 철수시킬 것을 요구했다. 전투 소강상태가 이어지고 4월 15일 첫 유엔 감시단이 시리아에 도착했다. 며칠 지나지 않아 전투가 재개되고 6월 중순 유엔의 감시 임무가 정지되었다.

6월 30일 제네바에서 열린 유엔 주관 회의에서 아난은 시리아의 과도기 계획으로서 아사드를 배제하는 통합 정부를 제시했다. 유엔 안보리 다섯 개 상임이사국과 튀르키예, 이라크, 쿠웨이트, 카타르, 유럽연합 등 참가국들이 과도

기구에는 "상호 동의를 바탕으로 선출된 정부 인사와 반정부 인사들을 모두 포함시킨다"라는 데 합의했다. 러시아는 제네바 공동성명 조항에 따라 아사드가 권력을 유지할 수 있다고 말했지만, 미국 등 여러 나라는 그가 물러나야 한다고 주장했다. 미국은 불이행에 대해 강력한 제재를 추진했지만, 러시아가 동조하지 않았다. 이틀이 지난 8월 2일 아난은 자신의 계획이 수포로 돌아가자 넌더리가 나서 사임했다.

오바마 행정부는 아난 등의 국제적 노력을 지지했지만 독자적인 외교 계획 추진도 병행했다. 클린턴 국무부 장관의 지원으로 2012년 2월 말 튀니지에서 60여 개국이 모여 시리아 정부에 대한 압박과 인도적 원조를 모두 증대시킬 방안을 강구했다. 참가국들은 시리아의 자금원을 봉쇄하고 난민들에게 비상 구호품을 보내며 시리아의 반군 지도자들을 더욱 훈련시키기로 합의했다. 반군에 무기를 공급하는 문제가 튀니지에서 제기되었다. 미국은 여전히 반대했다. 후일 클린턴 장관은 "상황을 더욱 군사화하고 전면적 내전으로 치닫는 것을 경계할 이유가 또한 있었다. 총기가 일단 시리아에 유입되면 통제하기 어려워지고 극단주의자들의 수중에 쉽게 들어갈 수 있었다"라고 기술했다. 마치 시리아에서 벌써 무기가 부족한 것처럼 보였다.

러시아, 이란, (레바논에 근거하고 이란의 후원을 받는 테러 단체인) 헤즈볼라가 대규모 군사물자, 고문단, 병력까지 시리아 정부에 제공했는데도 반군에 무장 지원을 제공할지 여부를 둘러싼 논의가 오바마 팀 내에서 1년 내내 진행되었다. 존 매케인 상원의원 등 여러 공화당 의원들이 오바마 팀의 그런 소극적 태도를 맹비난했다. 그러나 당시 국방부 장관 리언 패네타는 나중에 "반군 단체들 사이에 조율이 거의 없었으며 일부는 테러 단체와 불미스러운 관계를 맺고 있었다"라고 지적했다.

2012년 7월 클린턴 국무부 장관이 데이비드 퍼트레이어스 CIA 부장을 만나 CIA가 온건한 반군 전사들을 훈련, 점검, 무장시킬 수 있는지 물었다. 퍼트레이어스는 그러한 취지로 계획을 준비해서 보고하겠다고 말했으며 실제로 8월 말 대통령에게 보고했다. 오바마 대통령은 평소 버릇대로 많은 질문을 던졌다. 그는 아사드를 축출하기 위해 반군을 무장시키는 것으로 충분할지에 대해 회의적이었으며, 사우디아라비아 등 여러 나라에서 온갖 무기가 반군에 유입되고 있다는 점에서 어떻게 미국의 작은 활동이 결정적일 수 있을지 의문시했다. 그리고 그는 의도하지 않은 결과를 우려했다. 클린턴 장관은 목표는 아사드를 패배시킬 군대를 창설하는 것이 아니라 아사드에게 군사적 승리가 불가능하다는 것을 확신시킬 만큼 강력한 지상군 파트너를 창설하는 것이라고 반박했다. 클린턴은 그 계획이 위험과 약점이 있다고 인정했지만 "가장 덜 나쁜 방안"이라고 특징지었다. 필자가 오바마 대통령의 국방부 장관으로서 여러 번 직접 목격했듯이, 행정부 – 국무부, 국방부, CIA, 합참, 국가정보장 등 – 의 사실상 모든 고위 국가안보 관리들과 백악관·NSC의 대통령 보좌관들 사이에 깊은 간극이 있었다. 전자는 퍼트레이어스의 계획을 추진하자고 주장했고 후자는 반대했다. 오바마의 결정은 정책의 변경을 반대하는 것이었다.

미국 대통령이 하는 위협은 오직 신뢰할 수 있고 대통령이 그에 따라 행동할 준비가 되어 있을 경우에만 강력한 억지 요인이 된다. 이러한 이유에서 필자는 항상 우리가 '레드라인'과 최후통첩을 피해야 한다고 주장하면서 여러 대통령에게 "총을 장전했으면 쏠 준비를 하는 게 낫다"라고 했다. 2012년 상반기 미국은 시리아군이 반군과 시민들에게 화학무기를 사용한다는 미확인 보고를 많이 입수했다. 7월 23일 오바마 대통령은 시리아에 대해 "그런 [화학]무기를 사용하는 비극적 잘못을 저지르면 국제사회와 미국이 책임을 추궁할 것"이라고 경고했다. 다음 달인 8월 20일 오바마는 "어떤 경우에 시리아에서 군사력을 사용하게 될 것인가"라는 질문을 받았다. 그는 "우리는 아사드 정권에 아주 분명히 밝혔는데 (……) 우리의 레드라인은 화학무기가 대량으로 이동하거나 이용되는 것을 목격할 때입니다. 그 경우에는 나의 계산이 달라질 것입니다"라고 답했다.

시리아군이 화학무기를 사용한다는 보고가 속속 들어왔다. 2013년 초여름 신중한 정보 공동체가 마침내 자신 있게 화학무기 사용을 확인했다. 6월 13일 백악관은 시리아 정부가 여러 번 화학무기를 사용했다고 확인하는 절제된 (무엇보다도 로즈의 명의로 된) 성명을 발표했다. 그와 동시에 대통령은 그 결과로서 자유시리아군에 대해 무기 공급을 개시하기로 결정했음을 조용히 공개하라고 부하들에게 지시했다.

8월 21일 시리아 정부가 수도 다마스쿠스 인근에서 대규모 화학 공격을 감행해 1000여 명의 성인과 아동들을 죽였다. 이것은 오바마가 말한 레드라인을 노골적으로 넘었으며, 영국과 프랑스의 행동뿐 아니라 미국의 군사적 타격이 임박했다고 일반적으로 기대되었다. NSC 회의에서 다수 인사들이 화학 공격 때문에 모종의 제한적 군사행동을 찬성하는 쪽으로 생각을 바꾸었는데, 이는 분명히 대통령의 레드라인을 의식한 것이었다. 오바마는 다수의 질문을 던졌지만 회의 종료 시에 군사적 옵션을 준비하라고 지시했다. 일부 의원들, 특히 매파 공화당 의원들이 시리아에 대한 군사행동을 촉구했지만, 실제로 의회 내 다수는 군사행동에 회의적이라는 사실이 8월 마지막 주 들어 빠르게 드러났다. 그보다 훨씬 더 중요한 것으로, 의회의 구체적 수권이 없는 오바마의 조치에 대해 강한 반대가 있었다. 백악관 내부에서도 변호사들이 시리아를 폭격할 국제법적 근거가 없다고 대통령에게 경고했다.

데이비드 캐머런(David Cameron) 영국 총리는 8월 29일 밤 시리아에 대한 군사력 사용 안건을 의회의 '권고적' 투표에 붙였다가 285 대 272로 패했다. 그는 그 투표가 구속력이 없지만 군사행동을 추진하지는 않을 것이라고 했다. 다음 날 오바마가 소집한 NSC 회의에서 데니스 맥도너(Denis McDonough) 백악관 비서실장만 유일하게 군사행동에 반대했다. 그날 밤 오바마는 의회의 수권을 요청하기로 결정하고 그 결정을 다음 날 발표했다.

행정부가 의회의 지지를 얻고자 애쓰는 가운데 존 케리 국무부 장관이 9월 9일 기자회견에서 아사드가 미국의 군사행동을 피할 방안이 무엇인지 질문을 받았다. 그는 "다음 주 아사드가 화학무기를 하나도 남김없이 국제사회에 넘기는 것이 유일한 방안"이라고 답변했다. 케리는 그런 일이 일어날 가능성이 희박하다는 자신의 생각을 부언했다. 그러나 러시아가 케리의 논점을 받아서 아사드가 화학 무기고를 포기하게 될 협정을 협상하자고 제안했다. 오바마가 군사력 사용에 대한 의회의 수권 요청을 철회하고 외교에 '기회'를 주었다. 양측은 9월 14일 협정을 체결해 11월 첫 국제 사찰을 실시하고 2015년 폐기를 시작하기로 했다. 아사드는 1000톤 이상의 화학무기를 포기했다. 행정부는 그 협정이 시리아에 대한 군사 공격을 회피한 중요한 성과라고 자화자찬했다.

옥에 티는 그 협정이 시리아의 불이행에 대한 제재나 결과를 규정하지 않았고, 강제 메커니즘이나 무제한의 사찰 진행을 규정하지도 않았으며, 모든 화학무기고를 포기하되 추가로 제조하지 않는다는 보장이 없었다. "신고된" 화학무기의 최종분이 2014년 6월 시리아 밖으로 반출되었지만, 국제 감시 단체의 수장조차 "우리는 시리아에 더 이상 화학무기가 없다고 말할 수 없다"라고 경고했다. 지금 우리는 시리아가 사린(sarin)을 몰래 비축했고 신무기를 제조하기 위해 염소 등 다른 화학물질에도 눈을 돌렸다는 것을 안다. 이러한 화학무기가 2015~2016년 반군을 대상으로 자주 사용되었다.

오바마 대통령은 시리아 정권이 어떠한 대가도 치르지 않고 자신의 레드라인을 넘도록 허용했다. 미국 대통령이 한 경고의 억지력이 심하게 훼손되었다.

행정부를 비판하는 사람들은 시리아 반군에 치명적 방어 무기와 기타 장비를 제공하라고 계속 오바마를 닦달했다. 그는 결국 2013년 6월 아사드의 화학공격 후 자유시리아군을 지원하도록 승인했으며 경무기, 차량, 통신 장비, 기타 장비가 9월 초 시리아에 도착하기 시작했다. 미국이 맞이한 기본적 난관은 진짜로 전투 능력을 갖추고 무기를 극단주의 단체에 넘기지 않을 뿐더러 비교적 '온건한' 대체 정부를 추구하는 무장 단체를 찾는 일이었다. 주요 무장 단체가 수십 개에 이르고 군소 단체가 1000개가 넘는 '반군'은 분열 상태가 절망적이었다. 미국이 전략적·행동적 목표를 달성하기 위해 무(無)에서 반체제 군대를 만들려는 승인된 활동은 수억 달러의 비용을 들여 웃기는 수준의 소수 전사를 양성했다. 정권 전복을 추구하는 미국의 반군 지원은 이후 수년 동안 제한적이었으며 2017년 초까지 정권에 대한 미국의 직접적 타격이 없었다. 그러다가 4월 들어 또 다른 화학 공격이 발생하자 트럼프 대통령이 그 보복으로 정권 표적물에 대한 수십 발의 순항미사일 발사를 명령했다.

국제 문제에서 운명의 장난은 다반사지만 시리아에서 새로운 위협이 등장하면서 미국은 대대적이고 지속적인 공습을 퍼붓고 그곳에서 지상군의 군사작전까지 벌이게 되었다.

2006년 10월에 이라크에서 알카에다를 승계한 단체, 즉 이라크이슬람국가(Islamic State of Iraq, 이하 ISI)가 설립되었다. 그 목표는 이라크의 중부와 서부에서 권력을 장악해 수니파 칼리프 체제를 수립하는 것이었다. ISI는 2007년 미군이 증강될 때까지 상당한 성공을 거두었다. 2009년 ISI는 바그다드와 안바르주에서 교두보를 상실하고 2010년 4월 최고 지도자 두 명이 살해되었다. 아부바크르 알바그다디(Abu Bakr al-Baghdadi)가 새 지도자가 되었다. 2011년 말에 모든 미군 철수가 예정된 상황에서 ISI는 이라크에서 새로운 공세를 개시했다. 그해 8월 바그다디는 시리아에 지하드 전사들을 파견해 단체를 만들고 내전 상황을 이용하기 시작했다. 알누스라전선(al-Nusra Front)이라는 이름의 그 단체는 1년 만에 아사드 반대파 중에서 군사적으로 가장 강력한 조직으로 등장해 수니파가 다수인 도시 라카(Raqqa)와 여러 주에서 상당한 입지를 확보했다. 누스라전선은 2012년 12월 미국이 테러 단체로 선언했음에도 (워싱턴이 지원하고 있던) 자유시리아군 등 여러 반군 단체와 협력해 아사드의 군대와 자주 전투를 벌였다.

2013년 4월 바그다디는 ISI와 누스라전선을 ISIL로 통합한다고 발표했다. 그러나 두 단체의 목적은 상당히 달랐는데, 누스라전선은 아사드 정권을 전복해 스스로 집권하는 데 주력한 반면, ISIL은 시리아의 주요 지역과 이라크를 포함해 칼리프 체제를 창설하겠다는 각오였다. 2014년 1월 ISIL은 시리아의 라카와 이라크의 팔루자를 점령하고 6월에는 모술을 장악했다. 모술에서 이라크군이 궤멸하고 ISIL이 탄력을 받자 이라크 자체가 위험해졌다. 수니파가 지배하는 ISIL의 성공에 놀란 이란이 2014년 6월 이라크 상황을 안정시키기 위해 군대를 전개했다. 이라크 정부의 요청을 받은 오바마 대통령은 8월 7일 미국이 이라크 내 ISIL에 대한 공습을 단행할 것이라고 발표했다. 9월 들어 미국과 여러 아랍국들이 공습을 확대해 시리아 내 ISIL 표적을 공격했다. 2015년 9월 30일 러시아가 군사적으로 시리아에 개입해 일부 병력뿐 아니라 해군과 공군을 전개했다. 러시아는 자신들의 공중·미사일 공격이 ISIL을 표적으로 했다고 주장했지만, 왠지 대부분의 포탄이 아사드 정권의 반대파에 떨어졌다.

2015년 가을 무렵 시리아에 개입한 당사자들을 점검하는 기록지가 필요해졌다. 미국, 러시아, 이란, 시리아 정부, 다른 아랍국 정부들, 쿠르드군, (반군 단체들 중에서) 누스라전선 등이 모두 ISIL을 공격하고 있었고, 이와 동시에 같은 타 아랍국 정부들, 누스라전선과 미국의 지원을 받는 기타 반군 단체들이 시리아 정부를 공격하고 있었다. 그 시리아 정부를 러시아, 이란, 헤즈볼라가 방어하고 있었다.

2016년 정세가 ISIL과 칼리프 체제에 불리하게 바뀌기 시작했고 2017~2018년에는 시리아 반군이 불리하게 되었다. ISIL은 삼면에서 강력한 적과 부딪쳤는데, 즉 미국이 끊임없는 공습과 지상의 특수전 부대로 지원하는 쿠르드군, 러시아와 이란이 이끄는 친아사드 세력과 튀르키예가 후원하는 반군 단체 연합과 맞섰다. 러시아가 직접적 군사개입 외에도 무기와 군수품을 끊임없이 반입하고 이란이 보급품과 전사들을 보냈으며 헤즈볼라 전사들이 상당한 지원을 제공한 것이 아사드에게 도움이 되었다.

여러 추정치가 있지만, 2018년 말까지 내전 기간에 적어도 45~50만 명의 시리아 국민이 사망하고, 600만 명의 국내 난민과 500만 명의 국외 난민이 발생한 것으로 보인다. 미국은 시리아내전의 희생자들에게 인도적 원조를 제공한 최대 공여국으로 2012년부터 2018년 말까지 91억 달러를 원조했다. 이 금액의 절반가량이 긴급 식량 원조, 의료, 주거, 안전한 식수, 기타 중요한 구호품을 위해 시리아 국민에게 제공되었다. 그 나머지는 시리아 난민과 레바논, 요르단, 튀르키예의 난민 수용 공동체를 지원하는 데 배분되었다. 미국의 전략적 소통이 부족하고 서투른 탓에 사실상 전 세계가 이 막대한 원조를 몰랐다.

미국이 카다피를 제거한 것처럼 아사드를 전복하기 위해 더 일찍 그리고 더 공격적으로 개입했어야 했는가? 우리가 전투와 살육을 중단시키기 위해 더 많은 노력을 기울일 수 있었을까? 우리가 군사행동 외에 사용할 수단이 있었을까? 내전 초기에 전투를 종식시키려는 주요한 외교적 이니셔티브들이 있었다. 각각의 경우에 큰 걸림돌은 아사드 대통령이 물러나야 하고 과도정부의 일원이 될 수 없다는 미국 등의 결의였다. 시리아의 교훈은 미국의 대통령이 타국 지도자가 아무리 혐오스러워도 그가 물러나게 만들 계획이나 어떤 전망 없이는 그에게 권력을 포기하라고 요구해서는 안 된다는 것이다. 그런 요구는 정치적·외교적 옵션을 심각하게 제약한다.

이러한 맥락에서 아사드는 아랍의 봄에서 교훈을 너무나 잘 학습했다. 호스니 무바라크 이집트 대통령이 (미국으로부터 사인 압력을 받은 후) 하야하자마자 바로 연금되고 재판을 받았다. 아사드는 법정 우리 속의 병상에 누운 무바라크 사진을 본 것이 틀림없다. 잘 알려진 카다피의 운명이 역내 모든 독재자, 특히 아사드의 마음속에 두려움을 심은 것이 틀림없다. 아사드가 물러나야 한다는 미국과 그 동맹국들의 고집이 대안적 과도 협정의 가능성을 배제한 것 아닌가? 아사드는 그런 과도 협정을 통해 자신의 권력 제한, 후계 과정의 개시(일정 시점에서 호화로운 망명도 가능함), 일부 정권 관리들의 신정부 또는 적어도 과도정부 참여 등에 동의할 수도 있었을 것이다. 덧붙여 말한다면 미국이 2012년 늦여름 클린턴 국무부 장관과 퍼트레이어스 CIA 부장이 제안한 대로 일찍이 자유시리아군 등 비교적 온건한 단체에 무기를 비밀리에 대규모로 지원했더라면, 그에 따라 압박을 받은 아사드가 어쩔 수 없이 반군들과 협상하게 되었을까? 아사드와 반군 간의 경기장을 평평하게 만들었을 선전, 사보타주 등 다른 비밀공작이 있었는가?

이러저러한 옵션들이 중요한 차이를 만들었을 것이라는 보장은 거의 없다. 그러나 미국이 내전 첫 1~2년 동안 전혀 행동하지 못한 것은 전략적 결과를 초래했다. 이라크 침공과 그 후유증이 군사행동 감행의 위험성을 보여주었다면, 시리아의 경우 군사행동 불감행의 위험성을 보여주었다. 2011~2013년 민주당과 공화당의 대외 정책 전문가들은 시리아내전이 장기화될수록 더 많은 사람이 죽을 것이라고, 반군이 더 극단화될 것이라고, (테러리스트와 난민 확산을 통해) 역내 정세가 더 불안정해질 것이라고, ISIL과 알카에다에 이르는 문호가 더 넓어질 것이라고 공개적으로 경고했다. 물론 그 모든 일이 현실화되었다. 게다가 대량의 난민이 유럽으로 유입되면서 미국의 중요한 동맹국들이 불안정해지고 국내의 정치적 혐오가 높아졌다.

또 다른 결과도 발생했다. 러시아가 미국의 외교 덕분에 이집트에서 쫓겨난 후 40년 만에 중동에서 핵심 플레이어로 재등장했다. 러시아는 이제 시리아에서 영구 해군기지와 공군기지를 보유하고 있다. 이란과 이란의 양육을 받는 헤즈볼라가 시리아에서 강력한 입지를 구축했다. 아사드는 정치적으로 그들에게 큰 빚을 지고 있다. 그리고 미국이 후퇴하고 있다는 역내의 인식이 강화되었다. 필자가 국방부 장관이었다면 리비아 사태와 마찬가지로 시리아에서의 전면적인 군사개입에 반대했을 것이다. 이 점에서 필자는 오바마의 신중함이 옳았다고 본다. 의도하지 않은 잠재적 결과가 너무 많다. 그러나 대통령이 '레드라인'을 설정하거나 아사드가 물러나야 한다고 말하는 것이 순전히 겉치레일 때, 필자는 그에 반대하는 의견을 냈을 것이다. 필자는 2012년 늦여름 반군을 비밀리에 지원하는 중요한 계획을 지지하는 고위 국가안보 팀에 가세했을 것이다. 2013년 무렵에는 때가 너무 늦었다. 그 이유는 '온건파들'이 화력 면에서 점차 아사드에 반대하는 이슬람 세력보다 열세였기 때문이다.

이 기간 시리아에서 미국이 취할 옵션을 군사적으로 개입할지 말지로 묘사하는 것은 지나치게 단순화하는 것이다. 우리에게는 다른 가용 권력수단도 있었는데, 그런 수단이 결과에 영향을 미쳤을 수도 있고 안 미쳤을 수도 있지만 시도는 했어야 했다.

우크라이나

냉전 이후 네 명의 미국 대통령이 모두 우크라이나의 독립을 지탱하는 것이 중부·동부 유럽의 장래와 서방의 대러시아 관계에서 중요하다는 것을 이해했다. 마찬가지로 우크라이나의 민주적 거버넌스 성공과 경제성장도 전략적으로 중요했다. 우크라이나가 독립한 1991년부터 2018년까지 미국은 70억 달러 이상을 투자해 그 침체된 경제를 지원하고, 굿 거버넌스(good governance), 법의 지배, 만연한 고질적 부패 척결을 촉진했으며, 1986년 체르노빌 원전 재앙에 따른 후유증 극복을 지원했다. 빌 클린턴 대통령은 키이우가 소련의 유산인 176기의 대륙간탄도미사일과 1500개의 핵무기를 포기하고 러시아에 넘기도록 하는 데 높은 우선순위를 두었으며, 그 목표는 1994년 러시아, 미국, 영국이 우크라이나의 영토 보전을 보장하는 대가로 성취되었다. 1997년 러시아와 우크라이나가 체결한 10년 조약은 우크라이나가 구소련의 세바스토폴 해군기지의 90%를 모스크바 통제 지역으로 양도하는 협정을 포함했으며, 우크라이나의 국경이 "불가침"이라는 공동선언도 있었다. 2006년 부시(43대) 대통령 때 우크라이나는 새천년도전공사의 '문턱 계획' 참여국으로 선정되어 공사의 두 핵심 정책 분야인 부정부패 척결과 법의 지배 분야에서 실천적 도움을 받았다. 그리고 앞서 언급한 대로 부시 대통령은 우크라이나의 궁극적인 나토 가입을 추진했다. 우크라이나에 대한 미국의 원조 총액이 오바마 대통령 때 증가했지만, 나토 가입에 관한 그의 견해는 유럽 국가들의 견해, 즉 시기상조이며 전략적으로 현명하지 않다는 쪽에 훨씬 더 가까웠다.

2013년 11월 말부터 2014년 3월 러시아의 크림자치공화국 침공에 이르기까지 우크라이나의 정치적 위기 기간에 오바마 행정부는 외교와 정치적 압력, 전략적 소통에 의지했다. 오바마 대통령, 바이든 부통령과 기타 행정부 인사들은 우크라이나와 러시아 양국 지도자들과 거듭해 접촉하면서 시위대에 대한 폭력 사용을 비난하고 정치적 해결을 촉구했다. 약 100만 명의 시위대가 키이우의 마이단광장에서 폭동 진압 경찰 및 불도저와 충돌한 다음 날인 12월 9일 바이든 부통령은 빅토르 야누코비치 대통령에게 전화해 미국은 몇 주 동안 정의를 바라고 유럽에서 미래를 원하는 시위대의 목소리를 경청하도록 그에게 촉구했음을 상기시켰다. 그 이튿날 케리 국무부 장관이 인명 보호를 요구하고 "우크라이나 국민의 안전에 대한 책임은 전적으로 우크라이나 당국에 있다"라고 경고하는 성명을 발표했다. 그 성명은 "오늘 밤 키이우의 거리에서 연기가 자욱한 가운데 교회의 종소리가 울릴 때 미국은 우크라이나 국민의 편에 서 있다. 그들은 더 나은 대접을 받을 자격이 있다"라고 마무리했다. 이후 몇 주 동안 야누코비치에게 전화가 빗발친 후, 2월 21일 바이든 부통령은 우크라이나 대통령에게 국민의 신임을 잃었으니 "군인들을 철수시키고 물러나야" 한다고, 즉 사임하라고 말했다. 다음 날 야누코비치는 키이우를 탈출해 먼저 동부 우크라이나로 간 다음 러시아로 넘어갔다.

바이든과 케리가 아무리 강렬한 언사를 썼더라도 오바마와 그의 보좌관들은 정치적 위기가 진행된 몇 달 내내 매우 신중했는데, 이는 틀림없이 아랍의 봄에 실망하고 리비아와 시리아에서 도전이 진행되고 있었기 때문이었다. 로즈에 따르면 오바마 대통령은 키이우의 시위 사태를 두고 "우크라이나를 변환시킬 기회로 보지 않았으며 그런 변환이 발생할 수 있을 것이라는 데 회의적이었다"라고 했다. 협상과 관련해 행정부는 독일, 프랑스, 폴란드가 주도적으로 우크라이나, 러시아와 추진해 우크라이나 사태에 대해 유럽의 단합을 유지할 뿐만 아니라 "푸틴이 미·러 대리전이라는 시각을 통해 훨씬 더 음모적으로 우크라이나 사태를 볼 위험"도 관리하도록 했다. 오바마와 그의 보좌관들은 외교적 주도권을 타국에 양도함으로써 자신들의 입지를 약화시켰으며 나중에 미국을 협상에 참가시키려고 했다가 퇴짜를 맞았을 때 좌절했다.

이상하게도 행정부는 푸틴이 처음부터 키이우에서 벌어지는 사태를 분명히 미·러 대리전으로 보았다는 것을 파악하지 못한 것 같았다. 전년도 가을부터 푸틴은 우크라이나 사태가 (2004년과 같은) 또 다른 정권 교체를 강요하고 친러시아 성향의 야누코비치를 제거해 우크라이나를 유럽연합 및 나토와 묶으려는 의지와 열성을 가진 친서방 인사로 대체하려는 미국의 음모 탓이라고 공개적으로 비난했다. 푸틴은 미국이 키이우 사태에 개입했다고 매우 확신한 데다 우크라이나의 전략적인 서방 쪽 이동에 대해 깊이 우려했기 때문에 우리가 본 대로 야누코비치의 탈출 후 며칠 만에 푸틴은 크림자치공화국과 특히 세바스토폴 해군기지 전체에 대한 러시아의 지배권을 재천명했다. 2014년 2월 26일 러시아는 15만 명의 병력을 비상대기시켰으며, 다음 날 위장 복장의 러시아군이 크림 의회를 점령하고, 그 이튿날에는 같은 복장의 군대가 두 공항을 장악했다. 3월 1일 푸틴은 크림 침공에 대해 거수기 의회의 승인을 요청해 받았으며 이틀 만에 크림 접수를 완료했다. 3월 16일 크림의 주민투표는 러시아와의 합병을 압도적으로 찬성했다. 과장하기 어려운 전략적 결과가 초래되었는데, 냉전 개시 이후 두 번째로 무력을 통해 유럽 국가의 국경이 변경된 것이다(첫 번째는 나토가 세르비아에 군사적으로 개입해 코소보가 독립한 것이었다. 다만 코소보 독립은 매우 다른 여건에서 그리고 수개월에 걸쳐 러시아를 포함한 외교가 치열하게 전개된 후에 이루어졌다).

미국은 어떻게 대응할 것인가? 러시아의 크림 정복을 역전시키려는 군사적 개입은 불가능했으며 가장 강경한 매파 의원들조차 그러한 행동 방책을 제시하지 않았다. 비군사적 수단은 사용이 가능했는데, 어디까지 가야 할지가 문제였다. 미국의 언사는 거칠었지만 모호했다. 2월 28일 오바마 대통령은 러시아 병력이 크림 거리를 장악했다는 보고를 받고 "우크라이나에 대한 군사개입은 대가를 치를 것"이라고 경고했다. 그는 자세히 말하지 않았다. 다음 날 케리 국무부 장관은 우크라이나 대통령 대행에게 미국의 지원을 약속하고 "러시아가 긴장 완화를 위한 즉각적이고 구체적인 조치를 취하지 않으면 미·러 관계와 러시아의 국제적 지위가 심대한 영향을 받을 것"이라고 공개적으로 선언하면서도 우크라이나의 "자제"를 당부했다. 3월 2일 텔레비전 회견에서 케리는 러시아의 크림 침공은 "믿을 수 없는 침략 행위"라고 말했다. 이 기간에 일련의 긴 통화를 통해 푸틴은 오바마에게 우크라이나의 시위는 미국에 의해 시작되었다고 말하고 미국의 민주주의 증진 프로그램을 인용했다. 3월 6일 푸틴은 야누코비치를 축출한 전월의 "쿠데타"를 언급했다. 오바마가 우리는 우크라이나를 지배하는 데 관심이 없으며 러시아와 우크라이나 간의 역사적 유대 관계를 존중한다고 푸틴에게 말했다. 미국은 "주권국가가 자국의 대내외 정치에 관해 스스로 결정할 수 있어야" 한다는 기본 원칙을 지지할 뿐이라고 오바마가 말했다.

오바마의 전략은 "바늘에 실 꿰기, 즉 러시아와의 충돌을 우려하는 유럽을 하나로 묶고 제재를 통한 경제적 압박을 조율하며 우크라이나 정부를 안정시키는 것"이었다. 오바마는 앙겔라 메르켈 독일 총리와 협력해 유럽 각국을 제재에 동참시키고 우크라이나에 대한 국제통화기금의 상당한 원조 패키지를 마련했다. 제재 대상에는 우크라이나의 영토 보전과 주권을 침해한 책임이 있는 특정 개인들에 더해 "러시아의 무기 부문에서 활동하는 기업들과 러시아 정부의 고위 관리들에게 물질적 지원을 제공하는 개인들"이 포함되었다. 오바마는 러시아를 G8에서 축출하고 다수의 민간·군사 협력 프로그램을 중단했으며 여행·경제 제재를 추가했다. 오바마는 나토에 대한 미국의 공약을 재확인하고 러시아의 추가 도발은 추가 고립을 자초할 뿐임을 러시아에 분명히 하기 위해 유럽을 순방하겠다고 발표했다. 그는 사태를 외교적으로 해결할 시간이 아직 있다고 주장하고 러시아에 대해 크림 내 본래 기지로 군대를 철수시키도록 촉구했으며 우크라이나에 대한 "변함없는" 지원을 재확인했다.

워싱턴, 유엔, 유럽 각국 정부의 거친 언사에도 불구하고 푸틴은 기정사실화해 세계와 맞섰다. 이제부터 크림은 러시아의 일부가 될 터였다. 푸틴으로서는 역사적인 러시아 영토의 복구, 러시아 민족주의 진흥, 그리고 무엇보다도 전략적 이득(특히 크림반도의 거대한 해군기지를 영구 지배하는 것)이 잠재적인 정치적·경제적 비용을 훨씬 능가했다. 푸틴은 그 비용을 감내할 수 있을 것이라고 정확하게 추정했다.

크림은 시작일 뿐이었다. 러시아가 앞서 3월에 크림을 접수했을 때도 러시아계 주민이 압도적인 우크라이나 동부와 서부의 도네츠크와 루한스크에서 친러시아 반정부 단체들이 시위를 시작해 우크라이나로부터의 독립에 관한 크림의 주민투표와 같은 것을 요구했다. 4월 도네츠크에서 분리주의자들이 우크라이나로부터의 독립에 찬성하는 주민투표를 거쳐 도네츠크인민공화국을 선포했다. 일주일 만에 친러시아 분리주의자들이 역내 여러 도시의 정부 청사를 점거했다. '은퇴한' 러시아 정보관 이고르 기르킨(Igor Girkin)이 그런 점거를 다수 이끌었으며 다른 다수의 러시아 요원도 관여했다. 루한스크인민공화국은 4월 27일 선포되었다(푸틴은 분리주의자들이 동부와 남부에서 정부 청사를 점거했을 때 전년도 11월 키이우에서 반야누코비치 시위자들이 한 짓을 똑같이 했을 뿐이라고 오바마에게 말했다. 푸틴은 서방 지도자들을 움찔하게 만들기 위해 그런 도덕적 등가성 주장을 즐겨 사용한다).

친러시아 분리주의자들과 우크라이나 보안군 사이의 전투가 2014년 5~6월 돈바스 지역 전역에서 격화되었다. 상당수의 러시아 민간인과 군사 요원들이 분리주의자들의 작전에 참가했으며 종종 지휘관 직책을 맡았다. 모스크바는 또한 대량의 무기, 장갑차, 탱크 등의 장비를 반군들에게 공급했다. 6~7월 정부군이 반격을 통해 반군이 장악했던 다수의 도시를 탈환했다. 8월 초 우크라이나 보안군이 도네츠크와 루한스크를 포위했다. 반군이 점차 압박을 받자, 8월 말 대규모 러시아군 병력이 돈바스 지역으로 넘어와 정부군이 탈환한 곳을 다수 역전시켰다.

9월 5일 유럽안보협력기구(Organization for Security and Co-operation in Europe, OSCE)의 주관으로 러시아, 우크라이나, 도네츠크와 루한스크의 분리주의자 관리들이 휴전협정, 즉 민스크 의정서(Minsk Protocol)에 합의했다. 페트로 포로셴코(Petro Poroshenko) 우크라이나 대통령은 도네츠크와 루한스크 지역에 "특별한 지위"를 부여할 것이라고 약속하고 그 지역의 러시아어 사용을 보장했다. 휴전협정 위반이 곧바로 발생했다. 11월 초 유럽안보협력기구 감시단이 동부와 남부 우크라이나에서 표시가 없는 무장 병력 수송차, 트럭, 탱크가 휘장 없는 암녹색 제복의 군인들을 태우고 대규모로 이동하고 있다고 보고하고 나중에 나토 최고사령관 필립 브리드러브(Philip Breedlove) 대장이 확인했다. 러시아군이 돌아온 것이었다. 2015년 1월 휴전이 완전히 깨졌다. 당시 포로셴코 대통령은 9000명이 넘는 러시아 군인이 500대의 탱크 등 장비와 함께 돈바스 지역에 있다고 주장했다.

2월 7일 프랑수아 올랑드(François Hollande) 프랑스 대통령과 메르켈 독일 총리가 푸틴 및 포로셴코와 회담한 후 또 다른 휴전 계획을 제안했다. 그 계획에 따라 2차 민스크 의정서(Minsk II)가 2월 12일 체결되었다. 그때 이후로 우크라이나 정부와 돈바스 지역의 친러시아 세력 간 분쟁에서 다수의 휴전이 있었다. 모든 휴전이 깨졌지만 어느 편도 큰 영토적 이득을 보지 못했다. 참으로 그것은 폭력이 진행되는 "동결된 분쟁"이었다. 푸틴이 기어코 상당한 러시아 병력과 기갑 장비를 그 분쟁에 투입했기 때문에 우크라이나가 분단되었으며 푸틴이 바라는 대로 화해나 해결이 이루어질 전망은 거의 없었다.

러시아가 크림을 점령·합병하고 2014년 봄 우크라이나 동부와 남부를 엉성하게 위장해 점거함으로써 미국 내에서 러시아의 공격에 대해 어떻게 대응할지를 놓고 치열한 논쟁이 촉발되었다. 옵션이 제한되었다. 2008년 러시아가 조지아를 침공했을 때처럼 백악관이나 의회의 어느 누구도 미군의 직접적인 개입 같은 것을 진지하게 생각하지 않았다. 러시아는 근접성, 확전 능력, 병참 우위 등 군사적으로 유리한 카드를 모두 쥐고 있었다. 미국의 비군사적 옵션조차도 허약한 우크라이나군, 만연한 부정부패, 정치적 부조리, 경제적 취약성 탓에 제약을 받았다.

미국의 대응은 세 가지의 권력수단, 즉 경제제재, 외교, 안보 지원에 집중되었다. 2014~2018년 러시아에 대해 11차례의 신규 제재가 부과되었다. 2014년 3~4월의 첫 제재는 24명의 개인을 중점 대상으로 했는데, 여기에는 러시아군 정보기관(GRU) 수장 이고르 세르군(Igor Sergun), 국방부 장관과 초대 부총리를 역임하고 2014년 대통령궁 비서실장이 된 세르게이 이바노프 등이 포함되었다. 기타 제재 대상에는 푸틴과 가까운 올리가르히, 정부 관리, 의회 지도자, 분리주의자들이 포함되고 러시아의 에너지 등 핵심 경제 부문의 기업들도 포함되었다. 서방에 자산이 없거나 서방을 좀처럼 여행하지 않는 사람들은 거의 또는 전혀 영향을 받지 않았다. 은행과 기타 기관에 대한 제재는 경제적 효과를 누적적으로 미쳤다. 제재가 푸틴으로 하여금 자신의 조치를 재고하도록 만들 만큼 대단한 것은 결코 아니었지만, 제재 때문에 푸틴은 동부 우크라이나로 더 진격하거나 다른 곳에서의 도발을 자제했을 것이다. 오바마 팀이 훨씬 더 징벌적인 추가 제재를 제안했더라도 유럽 국가들은 망설였을 것이다. 유럽은 러시아의 침공으로 아무리 불쾌해져도 모스크바와의 정치·경제 관계에 너무 큰 피해를 주는 것을 일관되게 원하지 않았다.

오바마 대통령, 바이든 부통령, 케리 국무부 장관이 크림·우크라이나 위기의 초기 단계에서 가시적으로 외교를 펼치며 유럽과 우크라이나를 수차례 방문했지만, 놀랍게도 2014~2015년 자유세계의 지도국이 수행한 외교적·정치적 역할은 제한적이었다. 미국은 위기가 최고조에 이르는 내내 외교적으로 뒷전에 있었으며 민스크 휴전 협상과 두 협정에서 참여국도 아니었고 서명국도 아니었다.

우크라이나군에 대한 안보 지원의 성격과 분량은 오바마의 결정 가운데 단연코 가장 논란이 많은 부분이었다. 처음부터 오바마는 비치명적이고 방어적인 형태의 군사 지원만을 선택해 훈련, 대포·박격포 대응 레이더, 보안 통신, 병참 시설, IT, 전술 드론, 야간 투시경, 휴대 식량 등을 지원했다. 이러한 행정부의 입장에 영향을 미친 것은 우리가 무엇을 지원하더라도 분리주의자들에게 훨씬 더 정교한 무기를 제공할 수 있는 러시아의 능력을 인식하고 전투를 고조시킴으로써 인명 피해를 키우고 궁극적으로 친러시아 세력을 유리하게 만들 위험성을 인식한 것이었다. 또한 오바마 팀은 우크라이나를 무장시키는 데 강하게 반대하는 프랑스, 독일 등 동맹국들의 입장에 유념했으며 그에 따라 서방의 단결이 깨지는 것도 우려했다.

필자가 보기에 미국은 (핵무기를 포기하는 대가로) 우크라이나의 영토 보전을 보장하는 1994년 '부다페스트 안전보장 각서'의 당사국으로서 우리는 우리의 공약을 중시한다는 것을 보이기 위해서라도 실행한 것 이상으로 행동할 책무가 있었다. 러시아의 군사행동을 반전시키기보다 그들의 정치적·경제적 비용을 증가시키기 위해 행정부가 사용할 수 있는 다른 수단들이 있었다. 2014년 의회는 자유유럽방송과 미국의 소리 방송이 동부 우크라이나와 크림반도에서 송출을 늘리도록 요구하는 법을 통과시켰다. 그런 방송이 해당 지역의 러시아계 주민들에게 영향을 미쳤을지는 미지수지만, 2015년 말 무렵 동부 우크라이나에서 전쟁에 지쳤다는 신호가 있었으며, 그들의 도시가 황폐화된다는 사실을 방송했더라면 현지 주민들의 사기와 의지에 영향을 미쳤을 것이다. 러시아 국내로 공개·비공개 정보 소통을 강화했더라면 적어도 서방 측 제재의 국내 영향뿐 아니라 러시아 개입에 따른 인명과 재정적 비용에 대한 인식을 제고시켰을 것이다. 유럽 각국 정부가 러시아에 대해 더욱 단호한 경제적·정치적 조치를 취하도록 의지를 북돋우는 노력의 일환에서, 러시아가 우크라이나에서 수행한 역할과 그들의 개입에 따른 인도적 위기와 물리적 피해를 서유럽에서 더 적극적으로 홍보할 수도 있었을 것이다.

러시아에 대한 경제제재는 푸틴의 측근들과 경제의 일정 부문을 겨냥했지만, 미국은 부시와 오바마 행정부에서 이란과 북한에 대해 사용하기 위해 개발했던 가장 강력한 일부 수단을 포기하면서 제재의 펀치력을 아꼈다. 아마 행정부가 유럽 동맹국들과의 단결을 유지하는 데 너무 치중했을 것이다. 또한 행정부가 2014~2015년 이란과의 핵 협상에 매몰되어 그 협상 타결에 러시아의 도움이 필요했기 때문에 푸틴의 크림과 우크라이나 침공에 대한 대응에서 물러선 것은 아닌지 하는 의문이 남는다.

오바마 행정부가 우크라이나를 침공한 러시아군의 비용을 키우기 위해 비밀공작, 사이버 공격, 사보타주 사용을 진지하게 검토했다는 공개 증거는 없다. 경제제재의 제한적 성격과 뒷전으로 밀린 우리 외교 탓에 "무력 개입이 기정사실로 굳어졌다".

모든 대통령이 우리의 국가안보나 국가이익이 직접적으로 위험하지 않을 때 외국에 개입할지 여부의 문제에 부딪친다. 미국이 조지아, 리비아, 시리아, 우크라이나에 개입한 사례는 장래의 대통령들에게 각기 다른 교훈을 제공한다.

무엇보다도 대통령은 개입이 참으로 우리 국익에 부합하는지 여부를 결정해야 한다. 그저 우리에게 개입할 능력이 있다고 해서 개입하는 것이 현명하다고 말할 수는 없다. 부시(43대) 대통령은 조지아에서 러시아군을 저지하기 위해 무력을 사용하는 것은 옵션이 아님을 알았다. 그러나 그는 푸틴이 조지아 전체를 장악하고 사카슈빌리를 강제로 축출하는 것을 막으려는 의도에서 — 전쟁을 일으킬 위험 없이 결의를 보여주는 군사적 수단뿐만 아니라 — 우리 수중에 있는 비군사적 수단을 모두 사용할 필요가 있다고 생각했다. 부시는 러시아가 침공에 대한 대가를 치르도록 만드는 것이 다른 접경 국가에 대한 추가 군사행동을 억지하는 수단으로서 그리고 미국은 주권국가의 민선 정부를 옹호한다는 메시지를 널리 보내기 위해서도 우리 국익에 중요하다고 생각했다. 오바마 대통령은 리비아에 개입하는 것이 우리 국익에 부합하지 않는다고 생각했음에도 리비아에 개입했다. 그러나 그 개입은 우리의 동맹국인 영국과 프랑스에 중요했으며, 오바마는 그 동맹 관계를 유지하고 인도적 재난을 방지하는 것이 우리의 국익에 부합한다고 생각했다. 필자는 그것이 잘못된 생각이라고 본다. 리비아의 경우와 비슷하게, 오바마는 시리아내전에 개입하는 것이 우리의 국익에 부합하지 않는다는 결론을 내렸는데, 트럼프 대통령도 그런 견해를 가졌다. ISIL을 일소하는 것이 중요했음에도 두 대통령은 그렇게 보았다. 오바마는 조지아 사태와 마찬가지로 우크라이나에서도 미국의 군사적 개입은 옵션이 아님을 알았지만, 키이우의 민선 정부를 지지하고 크림반도와 돈바스 지역 침공에 대해 푸틴에게 더 큰 비용을 지우기 위해 군사적 개입에 버금가는 적극적인 조치를 취할 수도 있었을 것이다. 오바마는 그렇게 하는 것이 동유럽의 안정에 중요하고 따라서 우리의 국익에도 중요하다는 것을 인식했어야 했다.

미국의 사활적 이익에 대한 위협이 없는 상황이라면 우리는 다른 강대국이 근접성, 병력, 병참 면에서 압도적인 우위를 갖고 있고 우리보다 훨씬 더 지배욕이 강한 지역에서 미군을 투입해 개입하는 것을 피해야 한다. 이것이 바로 조지아와 우크라이나에서 러시아와 부딪친 경우다. 그 당연한 귀결은 성급한 동맹국에 정교한 무기를 대량으로 제공함으로써 미국의 이익에 부합하지 않는 확전을 촉발하는 것을 피하는 것이다. 이것이 바로 부시가 조지아에서 사카슈빌리를 다룰 때(그리고 이란에 맞선 이스라엘 총리들을 다룰 때) 부시의 정책을 이끌었으며, 그리하여 전장 상황을 안정시키고 트빌리시의 주권과 민주 정부를 보전한 외교적 결말이 도출되었다. 오바마가 우크라이나에 정교한 방어 무기조차 제공하는 데 신중을 기한 것은 크림공화국 접수 기간과 돈바스 지역의 반란 초기 단계에서는 올바른 접근이었을 것이다. 그러나 2014년 하반기 러시아가 공개적으로 동부 우크라이나에 군사개입한 후에는 오바마가 대전차(anti-tank) 미사일과 같은 더 치명적인 방어 무기 제공을 재평가했어야 했다. 그렇기는 해도 푸틴은 우크라이나를 쪼개 돈바스 지역의 러시아계 주민들에게 보호와 자치의 우산을 펼치려고 작심했으며, 그 목표를 성취하기 위해 필요하다면 어떠한 무력도 사용할 태세였을 것이다. 따라서 치명적인 무기 지원은 신중하게 계산할 필요가 있었다.

미국 대통령은 최후통첩과 레드라인을 강제하기 위해 군사적으로 개입할 만반의 준비가 되어 있지 않다면 최후통첩과 레드라인을 피해야 한다. 오바마가 시리아에서 레드라인을 설정하고 그 관철에 실패한 것은 시리아에 국한되지 않는 중대한 영향을 파급시켰다. 아사드가 화학무기를 사용한 후 미국이 당초 예상대로 제한적 공습을 가했더라면 러시아가 아니라 미국에 기회가 생겼을 것이다. 그 기회는 미국이 시리아가 비축한 화학무기 폐기를 위한 협상을 제안하거나 아니면 ─ 굴욕을 피하기 위한 양보가 아니라 힘을 바탕으로 삼아 ─ 우리가 그러한 취지의 러시아 제안을 수용할 기회였다.

거친 언사가 호소력이 있지만, 대통령은 외국 지도자가 아무리 비열하더라도 그의 사임이 실제로 이루어지거나 추진될 것이라는 상당한 확신 없이 그에게 사임을 요구하는 것을 피해야 한다. 시리아의 아사드에게 오바마가 그렇게 요구한 것은 무책임하게 보였으며, 카다피에 대한 그런 요구는 보다 현실적이었다. 대통령으로서는 독재자나 그 측근들이 외교 또는 정치 프로세스의 일환으로 과도기적 역할을 수행할 수 있는 경우도 있음을 기억하는 것이 더 중요할 것이다. 그런 경우는 시리아에서 초기에 가능했을 것이다. 아사드의 축출이나 하야를 요구한 탓에 폭력을 종식시키고 평화적 정권 이양을 가져올 타협이 도출될 수 있는 옵션을 어쩌면 배제했을 것이다.

냉전 종식 이후 미국의 대통령들은 해외의 정권 교체를 지나치게 즐겨 요구하게 되었는데, 여기에 정부 안팎의 대외 정책 매파들이 합창으로 찬성했으며 '보호할 책임'에 열정적인 일부 언론 논객과 의원들, 진보파가 가세했다. 그런 언사는 대개 공허하며 유용한 결과를 낳지 않는다. 반면 대통령이 정권 교체를 가져올 개입에 관해 진지하다면, 그는 어떻게 정권 교체를 실현시킬지에 관한 계획 그리고 그런 노력이 성공하거나 실패한 뒤의 후속 사태에 관한 계획을 가지고 있어야 한다.

군사적 개입이 옵션이 아니거나 현명하지 못하다고 간주되어 비군사적 개입이 선택될 때, 대통령은 관련 당사자들을 압박하기 위해 가용 수단을 총동원해야 한다. 경제적 제재나 유인책이 대개 첫 번째로 선택되지만 과소평가되는 다른 가용 수단들도 있다. 그런 예를 몇 가지 들자면 공개·비공개 메시지 보내기(첩보 공작), 사보타주 또는 개별 지도자 무력화하기(살해하기가 아님)와 같은 비밀공작, 사이버 공격과 조작, 보안 지원 및 훈련, (법적으로 가능할 때) 주요 인사들의 친척을 미국에서 추방하기 등이 있다. 일부 이러한 수단들이 시리아에서 사용되었고 크림반도와 돈바스 지역과 관련해 러시아에 대해서도 사용되었다. 그러나 결과에 영향을 미치기에 너무 늦거나 아낀 경우가 잦았다.

필자가 이 논의를 시작하며 언급했듯이 군사적 개입은 위험을 내포한 일이다. 거의 매번 군사적 개입은 결국 예상했던 것 이상으로 장기화되고 유혈과 비용이 커지며 더 엉망이 되고 논란이 커진다. 거듭 말하지만 미국의 중요한 이익이 걸려 있지 않는 한 군사개입을 피해야 한다. 대통령은 뒷받침할 준비도 없는 위협과 거친 언사를 삼가야 한다.

대통령이 태도를 보여주기 위해, 우방국이나 동맹국을 돕기 위해, 적을 억지하기 위해 또는 침략이나 만행을 응징하기 위해 비군사적 수단을 사용할 때, 그는 가용 권력수단을 가차 없이 총동원해야 한다. 대통령이 비군사적 수단이 미국의 이익에 부합한다고 결정할 때, 그는 목적의 진지함을 보여주고 상대방에게 미국에 대한 도전이 위험함을 각인시키는 식으로 모든 수단을 사용해야 한다. 그것은 그러한 모든 비군사적 수단이 넉넉한 재원을 갖추어 탄탄하고 유연하며 강력하고 효과적이도록 자원을 할애해야 한다는 의미다. 냉전 종식 이후 우리는 너무 많은 그런 수단이 시들게 만들었는바, 그 결과로 미국과 미국의 대통령이 필요로 하는 그런 수단의 효과성이 제한되고 따라서 우리 군대에 과잉 의존하게 되었다.

11장

—

북한: 교활한 여우

북한이 핵무기와 그 운반용 탄도미사일을 끈질기게 추구한 것이 냉전 이후 네 명의 미국 대통령을 모두 좌절시켰다. 그들 모두 북한이 핵 야심을 포기한다면 경제적 혜택을 가득 안기겠다고 제의했다. 네 대통령이 모두 그 목표를 향해 진전을 이루었으며 그 진전을 위해 양보했다고 생각했지만, 결국에는 북한이 약속을 어기고 다시 흉포해졌으며 핵·미사일 프로그램으로 복귀했다. 네 대통령이 모두 전임자의 실수를 되풀이하지 않겠다고 약속했지만, 결국에는 악순환에 빠지게 되었다. 즉, 북한이 긴장을 고조시키면 양보를 대가로 협상 테이블로 초청하고 불신 속에 협상하다가 처음부터 다시 그 순환을 시작했다. 각 순환을 거칠 때마다 북한의 핵·미사일 역량이 향상되어 오늘날 아마도 수십 개의 핵무기를 보유하고 한 개 이상의 핵무기를 미국 내 표적으로 운반할 수 있는 능력이 점차 확실해지는 지경에 이르렀다. 필자는 버락 오바마 대통령의 지시로 2011년 1월 베이징에서 중국의 후진타오 주석에게 "북한은 이제 미국의 직접적인 위협으로 간주"된다고 말했다.

　냉전 이후의 모든 대통령이 북한을 저지하기 위해 — 직접적인 군사 공격을 제외하고 — 광범위한 권력수단을 사용했지만 헛수고였으며, 이제 우리는 진짜 위협에 직면해 있다. 우리가 어떻게 이 지경에 빠지게 되었는가? 그리고 우리가 무엇을 할 수 있는가?

2011년 12월 17일 '경애하는 지도자' 김정일이 사망한 것은 그가 17년 동안 독재 통치를 하고 장기간 병마에 시달린 후였다. 조선민주주의인민공화국(DPRK)이라는 이상한 세계에서 그의 장남 김정남은 2001년 도쿄 디즈니랜드를 방문하기 위해 위조 여권으로 일본 입국을 시도하다가 체포된 후 예상 후계자 지위를 상실한 것으로 보인다(김정남의 기행은 그의 아버지가 1978년 북한의 영화 산업을 일으키기 위해 한 남한 여배우를 납치한 것보다 더 순진했다). 2009년쯤 이미 지도자의 제2인자 아들 김정은이 후계자 역할을 떠맡았다. 당시 필자는 국방부 장관이었는데, 북한이 2010년 3월 이유 없이 한국 초계함 천안함을 침몰시키고 11월에 한국 연평도를 포격한 것은 김정은이 북한군 지도부에 자신의 기개를 — 자신이 아버지를 승계하기에 충분할 만큼 강인하고 무자비하다는 것을 — 입증하려는 시도였다는 것이 우리 다수의 생각이었다. 그 뒤에 김정은은 자신의 고모부를 포함해 다수의 군 장성을 잔인하게 처형했다.

2011년 말 권력을 잡은 김정은은 조부 김일성이 시작한 핵·미사일 프로그램을 대폭 가속화했다. 1955년 평양은 원자력연구소를 설립하고, 4년 뒤 핵 분야에서 북한인을 훈련하기 위한 협정을 소련과 체결했다. 소련의 도움으로 북한은 영변에 핵 연구소를 설립하고, 1969년 연구용 원자로를 가동하기 시작했다. 1970년대와 1980년대에 걸쳐 북한은 핵 연구 역량을 계속 구축했다. 가용 증거를 보면 북한은 1990년대 중반 우라늄 농축 능력을 추구하기 시작했는데, 그 활동은 파키스탄 핵 프로그램의 설계자 A. Q. 칸(A. Q. Khan)의 상당한 지원을 받았다. 1985년 북한이 핵확산금지조약에 가입했지만, 1991년 9월 조지 H. W. 부시(41대) 대통령이 미국이 한국에서 (그리고 다른 해외기지에서) 지상·해상 핵무기를 철수할 것이라고 발표했을 무렵 김일성은 탄탄한 핵 역량을 보유하고 있었다.

1992년 1월 20일 남북한이 한반도 비핵화에 관한 공동선언에 조인했는바, 양측은 "핵무기의 시험, 제조, 생산, 접수, 보유, 저장, 배치, 사용을 하지" 않고 "핵 재처리 시설과 우라늄 농축 시설을 보유하지" 않기로 합의했다. 김일성은 북한이 위반해도 좋을 기술적 역량을 획득할 때까지만 그 합의를 준수했다.

빌 클린턴 대통령은 미국 최초로 외교와 경제적 제재를 통해 북한의 핵 프로그램을 중단시키려고 시도했다. 북한은 1993년 초 국제원자력기구의 특별 사찰 요구에 부딪치자 곧 핵확산금지조약 탈퇴 의사를 발표함으로써 긴장을 급속히 고조시켰다. 북한은 미국과 협의한 후 핵확산금지조약 탈퇴 결정을 유예하고, 무력 위협·사용과 북한 내정 문제에 개입하지 않겠다는 워싱턴의 보장을 대가로 국제원자력기구의 안전보장 조치에 동의했다. 북한은 1993년 7월 미국과의 2차 협상을 마친 후 안전보장 조치에 관해 국제원자력기구와 "협의를 개시"하고 국제원자력기구의 핵 시설 사찰을 협상하기로 동의했다 — 안전보장 조치와 사찰은 앞서 1992년 1월 동의했던 문제였다. 요컨대 북한이 위협적 행동에 돌입하고 조건에 동의한 다음 그 이행을 지연시키고는 나중에 또다시 같은 이슈에 관해 협상하기로 동의하는 패턴이 일찍이 형성되었다.

1993년 말 CIA는 북한이 원자로에 사용된 연료봉에서 약 12킬로그램의 플루토늄을 분리시켰다고 추정했는데, 이는 한두 개의 핵무기를 만들기에 충분한 양이었다.

1994년 3월 1일 국제원자력기구 사찰단이 북한에 도착했지만 3월 중순 영변에 있는 플루토늄 재처리 공장에 대한 접근이 거부되었다. 일주일 이내에 클린턴 대통령은 패트리엇(Patriot) 미사일의 한국 배치를 명령하고 경제제재 부과를 유엔에 요청했다. 3월 말 클린턴의 요청으로 윌리엄 페리(William Perry) 국방부 장관이 북한의 행동을 공개적으로 비난했는데, 특히 3월 30일 편집인과 기자들 모임에서 대통령이 "전쟁 위험을 무릅쓰고라도" 북한의 핵무기 개발을 막을 결심이라고 말했다. 페리는 또한 미국은 "선제적 군사 타격을 배제하지" 않을 것이라고 공개적으로 말했다. 그 메시지의 균형을 잡기 위해 클린턴은 국무부를 통해 미국은 평화적 해결을 선호한다고 밀했다. 나중에 클린턴은 "나는 북한이 핵 프로그램을 포기하고 이웃 국가와 미국과 협력함으로써 실현할 수 있는 경제적·정치적 이득뿐 아니라 우리 입장을 정말로 이해한다면 우리가 풀

어낼 수 있을 것이라고 생각했다"라고 기술했다. 린든 존슨 대통령은 북베트남이 남쪽을 내버려 두기만 하면 엄청난 경제원조를 제공하겠다고 제의했으나 퇴짜를 맞았다. 그 사례에서 교훈을 배우지 못한 클린턴과 그의 후임자들은 왜 북한 지도부가 핵무기 야망을 단념하는 대가로 미국이 제공할 경제적 이득을 포기하는지 그 이유를 결코 이해할 수 없었다. 그들은 북한 정권이 핵무기를 그 생존에 필수적이라고 간주한다는 점을 이해하거나 받아들이지 않은 것으로 보인다.

1994년 5월 국제원자력기구는 북한이 사찰단 없이 연구용 원자로에서 사용된 연료를 꺼내고 있다고 확인했는데, 이것은 훨씬 더 많은 플루토늄을 획득할 기회였다. 긴장이 조성되자 전직 대통령 지미 카터가 6월 1일 클린턴에게 전화해 자신이 북한을 방문해서 해법을 찾아보겠다고 말했다. 궁극적으로 클린턴이 카터의 방북을 승인하면서 북한이 사찰단의 임무 수행을 허용하고 핵 프로그램 동결에 동의하지 않는다면, 그리고 비핵화 미래 건설에 관한 미국과의 새로운 협상을 약속하지 않는다면 경제제재가 유예되지 않을 것이라는 점을 김일성이 이해한다는 단서를 달았다. 6월 16일 카터가 회담이 성공했다고 보고하고 김일성은 그 성과를 공식화한 서한을 클린턴에게 보냈다. 그 서한은 사찰을 둘러싼 이견을 해소하기 위한 선의의 노력이 경주되는 한 김일성이 국제원자력기구 사찰단을 추방하지 않을 것임을 확인하고 기타 미국 측의 회담 전제 조건을 수용했다. 양측은 1994년 7월 8일 루마니아에서 회담을 개시하기로 합의했으며, 클린턴은 회담이 진행되는 동안 미국의 제재를 유예하기로 동의했다.

회담 개시가 예정된 날에 김일성이 사망했으며 루마니아 회담은 한 달 연기되었다. 아들 김정일이 김일성을 승계했다. 로버트 갈루치(Robert Gallucci) 대사가 미국 팀을 이끌고 치열하게 협상을 벌인 끝에 10월 21일 기본협정(Agreed Framework)이 체결되었다. 그 협정에 따른 북한의 의무는 기존 원자로에 대해 모든 활동을 동결하고 사찰을 허용하며, 8000개의 미사용 연료봉을 국외로 반출하고 궁극적으로 기존의 핵 시설을 제거하며 과거에 생산된 사용 연료를 해명하는 것이었다. 미국이 동의한 사항은 두 기의 발전용 경수로(무기급 물질을 충분한 양으로 생산할 수 없음) 건설을 위한 국제 컨소시엄을 조직하기, 매년 50만 톤의 중유 공급을 보장하기, 무역·투자·외교 장벽 낮추기, 북한에 대한 핵무기 불사용을 공식적으로 보장하기 등이었다.

당시 상당한 외교적 성취로 간주된 기본협정은 1994~2002년 미·북 관계의 초석이었다. 그러다가 2002년 사태가 벌어졌는데, 북한이 1998년부터 비밀리에 고농축 우라늄을 생산하기 시작했다는 신빙성 있는 정보가 미국에 입수된 것이었다. 그것은 무기급 핵 물질을 얻는 두 번째 방법으로서 명백한 기본협정 위반이었다.

그동안 미·북 간 접촉과 협상이 진행되면서 주로 북한의 미사일 개발 프로그램과 북한이 일군의 국제 고객들에게 미사일과 그 기술을 판매하는 문제를 다루었다. 1996년 4월 미국은 북한에 대해 '미사일기술 통제체제(Missile Technology Control Regime, 이하 MTCR)'를 준수하라고 촉구했는데, MTCR는 탄도미사일 시스템, 부품, 기술의 판매를 통제하려는 자발적 국제 합의다. 북한 협상단은 북한이 MTCR를 준수한다면 미국이 미사일 판매 손실을 보상하고 북한 위성을 발사할 제3국을 찾아주어야 한다고 대꾸했다. 한 달 뒤 미국은 북한(과 이란)의 미사일 기술 관련 이전에 대해 제재를 부과했다. 1997년과 1998년 미사일 관련 추가 제재가 부과되었다. 1998년 8월 31일 북한은 3단계 대포동 1호 미사일을 일본 너머로 발사했는데, 정보 전문가들이 예상했던 것보다 더 향상된 사정거리와 기술을 보여주었다.

클린턴 행정부는 북한에 추가 제재를 부과하면서도 외교적 채널을 열어놓았다. 1996~1999년 미·북 미사일 회담이 네 차례 있었으며, 1990년대 말 다른 외교적 양사 접촉도 있었다. 1998년 11월 12일 클린턴 대통령은 국방부 장관을 지낸 페리를 불러 미국의 대북 정책을 재검토하고 새로운 접근 방안을 건의하는 팀 임무를 맡겼다. 그 임무의 목적은 북한이 핵무기와 미사일 프로그램을 포기하고 남한과 화해하도록 만들면서 "그렇게 되지 않을 경우의 위험을 최소화"하는 것이었다. 페리는 1999년 5월 25~28일 평양을 방문해 북한의 고위 정치·외교·군사 관계자들과 양자 관계를 확대하는 문제를 논의했다. 페리는 김정일에게 보내는 클린턴의 친서를 전달했는데, 그 친서는 북한이 핵무기와 장거리 탄도미사일 개발 시도를 포기한다면 미국이 광범위한 경제원조를 제공하겠다는 '로드맵'을 제시했다.

그해 9월 북한은 미국과의 관계 개선에 관한 회담이 진행되는 동안 미사일 시험을 중단한다고 선언하면서 긍정적으로 응답했다. 이에 대해 클린턴은 한국전쟁 기간과 그 후 상업용 소비재, 금융거래, 여행, 공식적인 접촉에 부과했던 제재를 유예하겠다는 의사를 발표했다. 클린턴 대통령은 미사일 시험의 일시 중단과 교환해 수십 년 묵은 가혹한 대북 제재를 해제했다. 이후 2005년까지 거의 6년 동안 북한의 탄도미사일 시험은 없었다. 이는 작은 일이 아니지만 장기 해법도 아니었다. 그리고 북한은 미국의 제재를 대폭 완화시키는 성과를 거두었음에도 비밀리에 핵농축 프로그램을 계속했다.

한편 남북한 관계가 해빙되는 분위기였다. 1997년 12월 한국 대통령으로 선출된 김대중은 북한과의 화해 ─ 그는 '햇볕'정책이라고 불렀음 ─ 를 추진하기로 결심했다. 첫 남북 정상회담이 2000년 6월 13~15일 평양에서 김대중과 김정일 사이에 진행되었다. 두 정상은 회담을 마무리하고 서명한 공동선언에서 그들이 한반도 통일 문제를 해결하기로 합의했다고 발표했다. 가족을 재결합시키고 경제·문화 교류를 증진하자는 약속도 있었다. 이에 대응해 미국은 상업용 소비재, 투자, 개인이나 상사의 직접적 금융거래와 관련된 대북 제재를 추가로 완화했다 ─ 이 대가로 북한이 핵이나 미사일 프로그램을 조금이라도 후퇴시키는 일은 없었다. 테러와 미사일 확산과 관련된 제재는 변함이 없었다.

미사일 시험과 확산에 관한 미·북 회담이 2000년 여름과 가을 내내 진행되었는데, 특히 7월 말에 방콕에서 열린 동남아국가연합(Association of Southeast Asian Nations, ASEAN) 회의를 계기로 매들린 올브라이트 국무부 장관이 북한 외무상과 만났다. 그들은 14개월 전 페리 전 국방부 장관의 평양 방문과 관련해 김정일이 워싱턴에 고위 사절단을 보낼지 여부를 논의했다. 북한 지도자가 그렇게 하기로 결정해서 조명록 차수가 10월 9~12일 워싱턴을 방문했다. 조명록은 국무부 장관과 국방부 장관을 만났으며, 클린턴 대통령에게 김정일의 평양 방문 초청장을 직접 전달하고, 북한의 미사일 프로그램에 관해 "뜻밖의 건설적인" 제안을 내놓았다. 클린턴과 올브라이트는 정상회담이 원칙적인 합의를 낳을지도 모르며 그 합의에 "살을 붙이면" 동아시아에 긍정적인 결과를 가져올 수 있을 것이라는 결론을 내렸다. 조명록 차수가 방문을 마치면서 발표된 공동성명에서 양측은 서로에게 "적대적 의사가 없음"을 약속했다. 북한 사절단은 또한 정상회담에 앞선 준비회담에 동의하고 올브라이트를 평양으로 초청했다.

올브라이트 국무부 장관이 2000년 10월 22일 김정일 집 문간에 나타나서 만족스러운 미사일 합의 없이는 정상회담을 건의할 수 없을 것이라고 그에게 분명히 밝혔다. 김정일은 북한의 미사일 프로그램이 "평화적 통신"위성을 발사할 능력을 보유하려는 의도이며 어떤 국가가 북한 위성을 발사해 주겠다면 미사일이 필요 없을 것이라고 그녀에게 말했다. 올브라이트가 미사일 수출이 큰 문제임을 거론하자 김정일은 "당신네가 보상을 보장하면 중단될 것"이라고 답했다. 또한 김정일은 자조를 위해 미사일을 개발했으며 "한국이 사거리 500킬로미터 미사일을 개발하지 않으리라는 보장이 있다면 우리도 그럴 것"이라고 했다. 김정일은 이미 배치된 미사일을 해체하지는 않겠지만 생산 중단은 가능할 것임을 분명하게 밝혔다. 다음 날 회담에서 올브라이트가 일련의 질문을 김정일의 보좌진에게 전달했다고 말하자 그는 신속히 직접 그 대답을 내놓았다. "예, 미사일 수출 금지 제안은 보상이 이루어지면 신규 계약뿐 아니라 기존 계약에도 적용될 것입니다. 예, 그 금지는 포괄적이고 미사일과 관련된 모든 자재, 훈련, 기술에 적용될 것입니다. 에, 한국이 다자간 MTCR에 가입하면 북한도 가입할 생각입니다." 이러한 공약의 검증에 관해 김정일은 그런 문제는 "추가 논의가 필요할 것"이라고 이의를 제기했다.

미국 대통령의 방북 가능성과 관련해 클린턴 행정부로서는 시간이 촉박했으며 따라서 합의에 도달하려는 시급성이 있었다. 올브라이트의 제안으로 양측의 전문가들이 2000년 11월 1~3일 말레이시아에서 만났다. 미국 측의 요구 사항이 광범위했다. 북한은 일본을 위협하는 미사일을 포함한 모든 등급의 미사일에 대해 생산, 시험, 배치, 수출을 그만두기로 동의해야 했다 — 그 대신 미국은 북한 밖에서의 북한 위성 발사를 주선하게 되었다. 이미 배치된 미사일은 단계적으로 폐기되어야 했다. 이행 수단을 안출하겠다는 공약과 더불어 검증 원칙에 대한 합의가 필요했다. 북한은 미군의 한반도 주둔을 공개적으로 수용해야 했다. 그리고 북한은 (제네바) 기본협정을 충실히 준수하고 미승인 핵 활동을 자제할 것이라고 기대되었다. 미국은 "우리의 조건이 모두 충족될" 때까지 완전한 관계 정상화에 동의하지 않을 것이었다. 올브라이트는 최대 난제는 이미 배치된 미사일과 검증 문제일 것이라고 생각했다.

올브라이트와 샌디 버거(Sandy Berger) 국가안보보좌관은 클린턴의 방북으로 미사일에 관해 받아들일 만한 타결이 성사된다면 그가 평양에 가야 한다고 생각했다. 한국의 김대중 대통령도 그가 가야 한다고 생각했다. 그러나 미국 의회 내에서 상당한 반대가 있었으며 일부 의원들은 정상회담이 김정일에게 정당성을 부여할 것이라고 우려했다. 중동 평화협정에 도달하기 위한 최후의 노력에 필사적으로 매달린 클린턴은 야세르 아라파트를 만나 북한과 장거리미사일 생산을 중단시킬 협정에 도달할 기회를 잡았다면서 "하지만 그러려면 내가 거기 가야 할 것"이라고 말했다. 클린턴이 가면 협정에 이를 수 있을 것이라는 올브라이트의 확신에도 불구하고, 클린턴은 중동 평화 협상을 마무리하기 일보 직전이기 때문에 지구를 반 바퀴 돌아 일주일 동안 외유하기는 어렵다고 결정했다. 클린턴은 비록 그 여행을 하지 않았어도 12월 19일 조지 W. 부시(43대) 대통령 당선자를 만났을 때 자신이 "북한의 미사일 프로그램을 끝낼 협정을 거의 다 꾸렸지만, 아마도 그가[부시가] 그 협정을 마무리하기 위해 거기 가야 할 것"이라고 후임자에게 말했다.

19 94년부터 2000년까지 북한과 미국의 외교적 접촉이 전례 없이 치열했던 것은 북한의 심각한 기근과 연계시켜 보지 않을 수 없다. 1990년대 초부터 중국과 러시아가 모두 (소련 붕괴의 여파로) 북한에 대한 식량 보조를 철회했다. 여기에다 집단농업의 실패 및 1995~1997년의 홍수와 가뭄이 겹치는 바람에 북한에서 식량 공급이 급감했다. 1992~1994년 북한 북동부 지방에서 정부의 식량 배급이 '간헐적'이었다가 1994년에 완전히 끊겼다. 대부분의 추정에 따르면 1994~1998년 200만 명에서 300만 명이 굶어 죽거나 기아와 관련된 질병으로 죽었다.

1995년 8월 광범위한 홍수의 발생으로 북한 지도부가 세계식량계획(World Food Programme, WFP)에 식량 원조를 호소하기에 이르렀다. 세계식량계획 보고에 따르면, 미국은 수십 년 동안 북한과 적대 관계였음에도 불구하고 1997년부터 2000년까지 4년 동안 중국보다 훨씬 더 많은 식량 원조를 북한에 제공했다. 특히 1999년에는 미국이 여타 국가의 총합보다 더 많이 그리고 중국의 세 배를 기부했다. 자주 그랬듯이 미국 정부는 이 대규모 인도적 원조를 아시아 전역에 홍보하지 못했으며 북한 주민에게 누가 식량을 제공하는지 알릴 방도를 강구하려고 사실상 노력하지도 않았다. 이는 전략적 소통에 실패한 또 다른 중요 사례다.

1994년 10월 핵 프로그램에 관한 기본협정 체결, 남북한 간 긴장의 전반적인 완화, 1990년대 말 소비재 관련 제재를 완화한 미국의 조치가 복합 작용한 덕분에 국제사회가 엄청난 압박을 받은 정권에 대해 원조를 늘린 것이다. 미국 평화연구소(Institute of Peace)의 1999년 보고서에는 "북한이 지난 4년간 겪은 불안정 효과는 그 전의 40년을 합친 것보다 더 컸다"라고 지적했다. 정말이지 1995년 북한군 제6군단의 반김정일 쿠데타 음모설이 나돌았다. 김정일은 어쩌면 자신에 대한 음모 때문에 1996년 말과 1997년 초 최악의 기근 속에서도 수십 년간 군부를 이끌었던 장성들을 숙청했을 것이다. 김정일이 이 기간에 기꺼이 미국과 관계를 맺으려고 한 게 당연한 것은 그가 막다른 지경에 몰렸기 때문이었다.

　제임스 베이커 전 국무부 장관 등 비판적 인사들은 클린턴 행정부의 '유화정책'을 비난하면서 (제네바) 기본협정이 북한의 핵 시설 해체를 가져오지 못하고 그 핵 프로그램을 지연시켰을 뿐이며, 평양은 1998년 우라늄 농축 프로그램을 개시함으로써 기만하기까지 했다고 주장했다. 그리고 북한의 미사일 프로그램에 관해 여러 차례의 협상에도 불구하고 아무런 합의에 이르지 못했다. 그 대가로 북한은 대폭적인 제재 해제, 여러 해 동안 매년 50만 톤의 석유, 40억 달러가 드는 두 기의 경수로 건설 약속 등을 받아냈다. 1994~2000년 북한이 안전조치 사찰을 위한 국제원자력기구의 방북을 거듭해서 초청하고도 사찰 요건 준수를 거부했다는 사실에 비추어 북한의 핵 활동을 의심했어야 했다. 클린턴을 옹호하는 사람들은 기본협정이 북한의 플루토늄 생산을 다년간 중단시켰으며 미사일 회담의 결과로 1999년부터 2005년까지 미사일 시험이 동결되었다고 지적한다.

　기본협정과 미사일 회담이 시간은 벌었지만 북한의 핵이나 미사일 위협을 장기적으로 처리하는 데는 기여한 것이 없다. 게다가 기본협정과 미사일 회담은 북한이 연구 활동을 계속하고 은밀하게 핵농축 프로그램을 개시할 시간을 벌어주었다. 식량 원조 제공은 말할 것도 없이 상업용 소비재에 대한 제재를 대폭 완화함으로써 기본협정과 미사일 회담은 김정일이 정치적으로 기근에서 살아남을 시간을 벌어주었다. 돌이켜 보면, 1994~2000년 미국이 레버리지와 권력수단을 가지고 있었는데도 도덕적 거리낌, 회의론, 상상력 부족 등 이유야 무엇이든 우리가 그런 수단을 사용하지 않았다는 생각이 든다. 비밀공작, 전략적 소통, 국제원자력기구의 사찰을 불허한 북한에 대해 책임을 묻기, 기존 제재의 운용, 인도적 원조를 대폭 늘리거나 줄이기, 북한의 해외 금융자산 추적 등 모두가 더 공격적으로 사용될 수 있었을 것이다. 이러한 수단들이 김정일로 하여금 기본협정을 준수하고 일부 핵 시설을 약속대로 "궁극적으로" 해체하며 보다 거친 국제원자력기구의 사찰을 허용하거나 농축을 포기하도록 충분한 압력을 만들어냈을지 여부는 모두가 짐작만 할 뿐이다. 그러나 필자는 우리가 도박판에 칩을 남겨두었다고 본다.

부시(43대) 대통령은 취임할 때 전임자들이 북한을 다루면서 두 가지 잘못을 저질렀다고 생각했다. 첫째는 양자 협상에 의존하고 그에 따라 중국의 대북 역할을 무시한 것이고, 둘째는 북한의 완전한 약속 이행에 앞서 양보를 한 것, 즉 제재를 완화한 것이었다. 북한에 대한 그의 태도는 북한이 위협한다고 해서 개선될 성질의 것이 아니었을 것이다. 실제로 2001년 2월 북한은 미국이 관계 정상화 협상을 계속하지 않으면 장거리미사일 시험을 재개하겠다고 위협했다. 2001년 3월 6일 부시는 자신의 국가안보 팀과의 회의에서 전 행정부의 정책이 주효하지 않았다면서 자신이 그것을 바꾸겠다고 말했다. 이제부터 북한은 "미국이 양보하기에 앞서 그 행동을 바꾸어야 할 것"이었다. 그 이튿날 부시는 한국의 김대중 대통령을 만나 신행정부는 클린턴이 남겨놓은 지점에서 북한과 협상을 시작하지 않을 것이며 미국의 접근법 전체를 재검토하는 데 시간이 걸릴 것이라고 통보했다. 회담이 화기애애했지만 두 정상 간의 견해 차이는 컸다. 부시 대통령은 북한의 핵 프로그램을 단순한 지역 문제가 아니라 세계 문제로 간주했으며 그 독재 체제의 국민 학대에 관해 확고한 생각을 가지고 있었다. 콘돌리자 라이스의 기술에 따르면 김대중은 평화와 안정을 유지하기 위해 북한 정권을 수용하고 싶어 했으며 "어떻게든 북한을 건드리지 않을" 사람이었다.

3개월 뒤 부시 행정부는 대북 정책 재검토를 완료하고 2001년 6월 6일 부시가 자신의 새로운 정책에 관해 전임자가 작성할 수도 있었던 성명을 발표했다. 그는 기본협정의 이행 제고, 북한 미사일 프로그램에 대한 검증 가능한 제약, 미사일 수출 금지, 재래식 군사태세의 위협 축소 등 광범위한 주제에 관해 북한과 진지하게 논의하도록 국가안보 팀에 지시했다고 말했다. 부시는 또한 남북한 화해의 진전, 한반도 평화, 미국과의 건설적인 관계, 역내 안정의 확대 등을 촉진하는 포괄적 접근법의 맥락에서 그 논의를 추진하겠다고 말했다. 부시의 성명은 "우리의 접근법은 북한 측에 관계 개선에 대한 욕구가 진지함을 입증할 기회를 줄 것이다. 북한이 긍정적으로 대응해 적절한 행동을 취한다면 우리는 북한 주민을 지원하고 제재를 완화하며 기타 정치적 조치를 취하는 노력을 확대할 것이다"라고 결론을 내리고 있다. 평양을 다루는 다자적 접근법에 관해서는 아무런 언급이 없었다. 실로 일주일 뒤 부시의 한반도 특사가 유엔 주재 북한 대표를 만나 양자회담을 준비했다. 그와 동시에 부시는 식량 원조를 레버리지로 삼지 않겠다고 안보 팀에 분명히 밝혔는데, 그는 김정일을 압박하기 위해 그의 독재 피해자들을 벌하고 싶지는 않았던 것이다.

부시 행정부는 거의 처음부터 북한을 어떻게 다룰지에 관해 깊은 의견 대립이 있었다. 딕 체니 부통령과 도널드 럼즈펠드 국방부 장관은 체제변동의 초석을 다지기 위해 제재를 강화하고 북한의 고립을 옥죄고자 했다. 라이스에 따르면 부시 대통령은 "정확하게" 그들 편이었다. 콜린 파월 국무부 장관은 포용과 외교를 더 선호했다. 당시 국가안보좌관이던 라이스도 압박을 신봉했지만, 경제적 압박과 궁핍이 아무리 심하더라도 정권 전복을 일으키지 못할 것이며 장기적인 완전 고립화 정책은 한국이나 중국의 지지를 받지 못하고 한·중 양국과의 끊임없는 갈등만 초래할 것이라고 느꼈다.

이후 18개월 동안 미국과 북한이 모두 상호 관계에 관해 긍정적인 목소리를 냈다. 김정일이 미사일 시험 동결을 유지하겠다는 약속을 재확인했으며, 파월 국무부 장관은 "전제 조건 없이 언제 어디서든지" 북한과 대화를 재개하겠다는 미국의 의지를 거듭 피력했다. 그러나 2002년 관계가 급전직하했는데, 먼저 부시 대통령이 1월의 연두 국정 연설에서 북한을 "악의 축"에 포함시켰다. 뒤이어 4월 1일 부시는 북한이 핵 활동을 완전하고 정확하게 신고하지 않았고 국제원자력기구 사찰도 거부했기 때문에 북한의 기본협정 준수를 인정하지 않겠다고 발표했다.

여름 들어 미국 정보기관들이 북한과 A. Q. 칸 네트워크 간의 연계에 관해 그리고 우라늄 농축용 부품을 획득하려는 북한의 전 세계적 활동에 관해 보고를 받기 시작했다. 2002년 9월 초 CIA는 북한이 우라늄 농축을 위한 생산 규모 시설을 건설했다는 보고서를 대통령과 안보 팀에 올렸다. 라이스에 따르면 북한이 기본협정을 "심각하게 기만"하고 있다는 데는 모두가 동의했지만 "그 위협이 얼마나 심각한지에 관해서는 행정부 내에서 좁힐 수 없는 의견 대립"이 있었다. 평양은 일찍이 미국의 특사를 환영하겠다고 말했고, 큰 논란이 벌어진 후에도 그랬다. 부시의 허락으로 국무부 동아시아·태평양문제 담당 차관보 존 켈리(John Kelly)가 10월 초 방북했다. 켈리는 미국이 북한의 비밀 농축 시설을 발견했으며 그 시설이 폐기될 때까지 양자 관계의 진전이 불가능하다고 북한 측에 통보했다. 나중에 북한은 농축 프로그램의 존재를 인정했다.

부시 대통령은 북한과의 양자 협상을 끝장냈으며, 자신이 북한 정권에 맞서는 통합 전선을 구축하기 위해 중국, 한국, 러시아, 일본을 "규합할" 필요가 있다고 안보 팀에 말했다. 부시는 10월 25일 중국 지도자 장쩌민을 텍사스주의 개인 목장으로 초대한 자리에서 북한은 미국뿐 아니라 중국에도 위협이라고 주장하면서 둘이 힘을 합쳐 김정일과 외교적으로 대적하자고 제의했다. 장쩌민은 북한은 부시의 문제이며 북한에 대해 영향력을 행사하기가 매우 까다롭나고 대립했다.

2002년 말 시점에서 부시 대통령은 행정부 내의 매파 쪽으로 크게 기울어진 것으로 다시 확인되었다. 그는 11월 13일 NSC 회의에서 미국의 목표는 압박을 통해 북한의 행태를 바꾸는 것이라고 결정했는데, 이것이 '맞춤형 봉쇄(tailored containment)'로 묘사된 정책이었다. 부시는 김정일을 다루는 것을 자신의 두 딸이 어렸을 때 다루던 것과 비교했다. 그들은 관심을 다시 받고 싶으면 음식을 던져버렸다. 그러면 그와 로라(Laura)가 재빨리 그 음식을 치웠다. 김정일에 관해 부시는 "미국이 그의 음식을 치우는 것은 끝"이라고 말했다.

미국 행정부는 우방국에 먼저 설명한 후 북한에 대한 중유 공급을 중단한다고 발표하고 한국, 일본, 유럽연합의 동조를 확보했다. 마지막 중유가 11월 18일 인도되었다. 3일 뒤 북한은 기본협정이 무너졌다고 미국을 비난하는 성명을 발표했다. 12월 북한은 기본협정에 따라 동결했던 원자로를 재가동하고 다른 시설도 재개한다고 국제원자력기구에 통보했다. 며칠 내로 북한은 핵 시설에 붙은 국제원자력기구 봉인을 모두 뜯고 감시 장비를 파괴한 다음 국제원자력기구 사찰단 전원에게 출국을 명령했다. 2003년 1월 북한은 핵확산금지조약 탈퇴를 선언했다.

부시 대통령은 앞서 장쩌민의 퇴짜에도 불구하고 북한이 핵 야망을 포기하도록 만드는 데는 중국이(그리고 중국의 압력이) 관건이라고 여전히 확신했다. 2003년 1월 전화 통화에서 부시는 북한의 핵 프로그램이 계속되면 일본의 핵무기 개발을 막을 수 없을 것이라고 장쩌민에게 말했다. 2월에 그는 외교적으로 문제를 풀 수 없으면 "북한에 대한 군사적 타격을 검토해야 할 것"이라고 장쩌민에게 경고했다.

그러다가 부시 대통령이 이라크 침공을 단행했다. 부시의 경고와 그 침공이 중국의 주의를 끈 것으로 보인다. 4월 말 미국, 중국, 북한이 베이징에서 만났다(거기에서 북한은 핵무기를 보유하고 있다고 처음으로 미국 측에 말했다).

미국이 북한 핵 문제를 해결하기 위해 추진했던 6자회담이 2003년 8월 27일 베이징에서 마침내 열렸다. 참가국은 중국, 미국, 남북한, 러시아, 일본이었다. 이후 2년에 걸쳐 네 차례 회담이 개최되었으나 별다른 성과가 없었다. 2005년 6월에 북한이 영변 원자로를 재가동하고 앞서 꺼낸 4000개의 사용된 연료봉을 재처리하기 시작했다. 9월 중순 미국이 한 마카오 은행에 들어 있는 북한 자금 2400만 달러를 동결했는데, 그것은 김정일의 개인 계좌라는 소문이 있었다.

6자회담이 교착된 상태에서 라이스 국무부 장관이 2005년 7월 9~10일 베이징을 방문해 리자오싱(Li Zhaoxing) 중국 외교부장과 절충적 성명을 안출할 수 있었다. 그 성명은 북한이 핵 인프라의 비위협적인 부분 ─ 평화적 원자력과 관련된 부분 ─ 을 유지하고 경수형 원자로까지 받을 가능성을 감안했지만 오직 북한이 핵무기 프로그램을 포기한 연후에 가능한 것이었다. 필시 중국의 압력으로 2주 뒤 북한이 협상 테이블로 복귀하겠다고 선언했다.

6자회담이 9월 재개되어 참가국들이 추후 협상을 이끌 일련의 원칙에 합의했으며, 북한은 "모든 핵무기와 기존 핵 프로그램을 포기하고 핵무기 확산금지조약과 국제원자력기구 안전조치에 조기 복귀하기로 약속"한다는 데 동의했다. 북한이 평화적 원자력에 대한 권리를 주장한 데 대해 여타 국가는 "존중을 표하고" 북한에 경수로를 공급하는 문제를 "적절한 시기에" 논의하기로 합의했다. 6개국은 또한 대북 에너지 지원 등 경제협력을 증진하고 "적절한 별도 포럼에서" 한반도의 항구적 평화체제를 협상하기로 합의했다. 진전에 대한 새로운 기대와 함께 6자회담이 11월 재개되었으나 여러 이유로 다시 교착되고 말았다. 특히 북한이 2400만 달러의 동결 해제에 집착했으며 기본협정에 따라 유예되었던 두 기의 새 원자로 건설을 재개하겠다고 선언했다. 똑같은 노래의 제2절이었다.

2006년 하반기 북한의 두 가지 행동으로 외교가 더욱 얼어붙었다. 7월 4일 북한은 일곱 기의 탄도미사일을 시험 발사했는데, 사정거리가 가장 긴 대포동 2호는 발사 후 1분 만에 실패했으나 나머지는 성공한 것으로 보였다. 유엔 안보리는 신속히 그 발사를 비난하는 결의안을 통과시키고 북한의 미사일 활동 중지와 6자회담 복귀를 요구했다. 안보리는 또한 대북 추가 제재를 부과했으나 강제성은 없었다. 석 달 뒤 10월 9일 북한은 지하 핵실험을 실시했다. 이번에는 북한의 행동이 중국을 화나게 하고 모욕했다. 후진타오 주석이 다음과 같은 성명을 발표했다. "중국 정부는 이를 강력히 반대한다. 우리는 북한 측에 자제를 호소하기 위해 대화에 참여했다. 그러나 우리의 이웃은 우리의 충고에 귀를 막았다." 며칠 후 안보리는 만장일치로 통과시킨 결의안을 통해 군사 장비와 사치품을 겨냥해 제재를 부과했는데, 이번에는 강제성이 있었다. 그와 관계없이 미국은 북한의 뱅킹시스템을 겨냥한 제재를 부과했다.

라이스 국무부 장관이 핵실험 11일 후에 중국을 재방문했으며 미국이 6자회담 재개를 검토할지 여부에 관해 질문을 받았다. 라이스는 후진타오에게 "중국은 미팅 기획자 같은 행동을 그만두고 6자회담을 일하게 만드는 진정한 책임을 수행해야" 한다고 말했다. 라이스는 어떻게 회담을 진행할지 중국과 분명한 양해가 이루어지면 부시 대통령이 회담을 재개할 용의가 있을 것이라고 부언했다. 2주도 안 되어 북한이 회담 복귀에 동의했다.

부시 행정부의 마지막 2년 동안 북한과의 협상에서 나타난 부침은 희망이 경험을 이겼음을 드러내고 행정부 내 의견 대립이 계속되었음을 반영했다. 협상에 회의적이었던 럼즈펠드 국방부 장관이 나중에 부시 2기 행정부에 들어 "기만, 도발 행위, 약속 위반이 수십 년에 걸쳐 이어진 확실한 기록이 내팽개쳐진 것은 북한과 같은 국가로부터 외교적인 접촉을 통해 반전을 이루려는 희망 때문이었다"라고 기술했다. 그는 "협상을 통해 해결할 수 없는 문제가 더러 있다"라고 경고했다. 럼즈펠드보다 훨씬 더 회의적인 체니 부통령은 미국 행정부가 사기당하고 있다는 느낌을 기본적으로 가졌다. 행정부 내 역학 관계가 바뀐 것은 필자가 럼즈펠드의 후임이 되었을 때였다. 필자는 북한이 핵무기를 포기할 가능성에 대해 매우 비관적이었지만, 특히 우리에게는 그리 많은 옵션이 없었기 때문에 외교를 전개해도 좋다고 보았다. 제재를 제외하고는 북한과 관련해서 사용할 비군사적 수단이 많지 않았다.

2007년 1월 베를린에서 미국 협상 대표 크리스토퍼 힐(Christopher Hill) 대사가 북한 측과 만났다. 힐은 북한이 동결된 계좌의 2400만 달러를 받는 대가로 영변 원자로를 폐쇄하고 국제원자력기구 사찰단을 다시 받아들일 준비가 되어 있다고 라이스에게 보고했다. 한 달도 안 되어 6자회담은 북한이 5만 톤의 중유를 받는 대가로 영변 핵 시설을 폐쇄한다는 합의를 도출했다. 그리고 북한은 모든 핵 프로그램을 완전하게 신고하고 기존의 모든 핵 시설을 불능화한 후에 95만 톤의 중유를 추가로 받게 되었다. 미국은 테러 지원국 명단에서 평양을 제외하는 절차를 개시하고 '적성국교역법(Trading with the Enemy Act, TWEA)'을 북한에 적용하기 않기로 동의했다. 6월 말 북한은 2400만 달러를 찾았으며, 3주 뒤 국제원자력기구는 영변 핵 시설의 폐쇄를 확인했다.

그 외관상의 돌파구가 퇴색한 것은 그해 북한의 계속된 부정행위와 비타협적 태도가 새로운 증거와 함께 드러났을 때였다. 4월 우리는 시리아에서 건설 중인 원자로에 관한 증거를 이스라엘로부터 받았다. 북한 사람들이 핵 기술을 확산하지 않겠다는 모든 약속을 위반하고 그 원자로를 건설하고 있었다. 부시 행정부 내 모든 고위 관리들이 우리가 직접 그 원자로를 파괴해야 하더라도 그 원자로 가동을 허용할 수 없다는 데 동의했다. 그러나 필자와 라이스 등은 먼저 그 원자로를 북한의 (그리고 시리아의) 배신 사례로 드러내고 싶었다. 이스라엘 측은 그저 그 원자로를 파괴하고 싶어 했으며 2007년 9월 6일 그대로 실행했다. 그해 말까지 북한은 핵 프로그램을 신고하고 영변의 핵 시설 세 곳을 완전히 불능화한다는 기한을 지키지 못했다.

부시 행정부의 마지막 1년 동안 라이스의 "반이 남은 잔"과 체니의 "빈 잔"이 맞붙었다. 라이스는 북한이 영변과 관련된 많은 인프라를 봉인하고 해체하는 등 공개된 핵 역량을 불능화하고 국제원자력기구 사찰단을 다시 받아들이기 위해 중요한 조치들을 취했음을 지적했다. 북한의 플루토늄 생산 역량은 대책이 없었다. 라이스는 핵무기에 이르는 우회로를 제공하는 북한의 핵농축 역량은 심각한 우려 사항이며 북한이 신고해서 인정해야 하고 사찰 항목에 포함되어야 한다고 인정했다. 체니는 북한이 농축 프로그램의 존재를 인정하지 않고 시리아에서의 확산 활동을 부인하는 것으로 보아 그들이 자신의 책임을 다하지 않는다고 느꼈다. 그는 6자회담이 북한 측에 그들이 하고 있는 것을 숨길 방도를 제공할 뿐이며, 미국은 "기한을 넘기고 거짓으로 신고한 북한에 대해 이득과 양보로" 오히려 포상하고 있다고 주장했다. 미국 정부 내의 거의 모든 사람이 협상 대표인 힐을 불신했다는 점도 도움이 되지 않았으며, 체니 같은 회의론자들은 자신들이 협상의 진행 상황이나 전모에 관해 소외되고 있다고 확신했다.

2008년 6월 26일 북한은 오래 기다린 신고서를 제출했는데, 거기에는 농축 활동이나 확산 활동에 관한 언급이 없었다. 그 신고서는 북한이 생산한 플루토늄의 양을 기록했지만 북한이 만든 핵폭탄의 수를 제시하지 않은 점에서 부족했다. 며칠 뒤 북한은 영변의 냉각탑을 폭파했다. 앞서 언급한 대로 신고서가 제출되면서 북한의 테러 지원국 지정뿐 아니라 '적성국교역법'에 따른 대북 제한도 해제하는 절차가 개시될 참이었다("지어냈을 리 없는" 한 사례를 들자면 북한이 제출한 신고서의 실제 겉표지에는 ― 북한이 여전히 보유를 부인한 ― 농축 우라늄의 입자가 포함된 먼지가 덮여 있었다). 신고서의 부족함 때문에 행정부 내에서 격렬한 논쟁이 벌어졌다. 체니 부통령은 "나쁜 행위"를 보상하는 데 대해 강력히 반대했다. 그럼에도 불구하고 신고서가 전달된 날 부시 대통령은 45일 후에 테러 지원국 지정을 해제하겠다는 의무적 통보를 의회에 보냈다.

농축 프로그램을 알아내기 위해 라이스는 북한이 검증 프로토콜에 동의하도록 요구함으로써 간접적으로 그 문제에 접근하는 방안을 제시했는데, 신고 장소 외에 미신고 장소에서도 북한 핵 프로그램의 모든 측면을 현장 검증하도록 보장하는 프로토콜을 요구한다는 것이었다. 그 제안은 또한 북한이 핵 기술과 노하우를 제3국(시리아)에 확산시킨 것을 인정하도록 요구한다는 것이었다. 45일의 유예 기간이 경과했으며, 8월 26일 북한은 영변에서의 불능화 작업을 중지한다고 발표했다. 그 이유는 미국이 테러 지원국 지정을 해제하지 않았으며 검증 프로토콜에 대한 동의가 미국 공약의 조건이 아니었기 때문이었다. 한 달 뒤 국제원자력기구는 북한의 요청에 따라 재처리 시설의 봉인을 제거했으며, 북한이 일주일 후 거기에 핵 물질을 투입하기 시작할 것이고 사찰단은 더 이상 그 시설에 접근할 수 없을 것이라는 통보를 평양으로부터 받았다고 발표했다.

10월 초 힐 대표가 검증에 관해 북한과 구두 합의를 보았다고 보고했다. 그 검증은 플루토늄 생산과 관련된 모든 신고 장소에 대해 사찰단의 접근을 허용하고 "상호 동의"를 바탕으로 미신고 장소에도 접근을 허용한다는 방식이었다. 사찰단은 또한 신고 장소에서 토양 샘플 채취 등 "과학적 절차"를 수행하도록 허용한다는 것이었다. 공동 문서와 구두 보장으로 구성된 그 합의는 6자회담의 다른 네 개국의 승인을 받도록 되었다. 그 검증 협정에는 아쉬운 부분이 많았으며, 10월 9일 대통령 집무실에서 북한을 테러 지원국 명단에서 제외할지 여부를 놓고 격렬한 논쟁이 벌어졌다. 다음 날 부시 대통령은 라이스가 명단 제외 문서에 서명하도록 승인했다.

그리고 또다시 모든 것이 무너져 내렸다. 11월 13일 북한 외무성이 발표한 성명은 사찰단이 영변에서 흙이나 핵폐기물 샘플을 채취하도록 북한이 동의했다는 것을 부인했다. 12월 11일 베이징에서 열린 6자회담은 검증에 관한 합의 도달에 실패했으며, 북한은 검증이 영변의 플루토늄 원자로에 국한되고 힐과의 구두 합의에 구속되지 않을 것이라는 입장을 취했다.

전임자 클린턴과 마찬가지로 부시도 협상 트랙을 강력히 추진했다. 그는 전향적인 외교를 승인하고 새로운 경제제재를 부과하거나 기존 제재를 완화·해제했으며, 김정일에게 압력을 가하도록 중국 지도자 장쩌민과 후진타오를 압박하고, 일본의 핵무기 획득과 미국의 군사적 타격을 떠들어댔지만 모두 헛수고였다. 수년 동안 협상한 후에도 북한이 핵 또는 미사일 프로그램을 축소하기 위해 취한 중요 장기 조치가 없었다.

클린턴과 부시가 양자적으로 그리고 다른 주요 강대국들과 협조해 노력했음에도 불구하고, 핵무기와 그 운반용 미사일을 보유하려는 북한의 야망을 억제하기 위해 16년 동안 이룩한 진전이 전혀 없었다. 미국이 북한의 전술을 깨닫는 데 너무 오래 걸렸는데, 그 전술은 위기를 조성해 미국 등이 북한을 협상 테이블로 복귀시키려고 양보한 다음 평양이 으레 약속을 만들고 깨는 것이었다. 예를 들어 영변은 수없이 개폐를 거듭해 회전문이 필요할 지경이었다. 부시가 퇴임하면서 대북 외교가 멈추었다.

오바마 대통령의 대북 접촉은 짧은 이야기다. 오바마는 취임사에서 분쟁 해소를 추구하는 각국 지도자들을 향해 "당신들이 주먹을 내려놓겠다면 우리도 손을 내밀 것"이라고 말했다. 그러나 그는 이란의 아야톨라에게 쓴 것과 같이 김정일에게 손을 내미는 서한을 보내지 않았고 러시아에 제의한 것처럼 "새로 시작하자"라는 제의도 없었다. 유일한 서곡이 힐러리 클린턴 국무부 장관에게서 나왔다. 그녀는 2009년 2월 한국을 방문해 북한에 대해 다음과 같이 공개적으로 언급했다. "북한이 핵무기 프로그램을 완전하고 검증 가능하도록 제거하겠다면, 오바마 행정부는 기꺼이 관계를 정상화하고 한반도의 오랜 정전협정을 항구적인 평화협정으로 대체하며 에너지 등 북한 주민의 경제적·인도적 니즈 충족을 지원할 것이다." 김정일이 이에 응하지 않은 것은 그의 아버지와 같았다.

오바마 행정부 첫 1년 동안 북한은 핵·미사일 프로그램 진행을 급격하게 가속했다. 북한은 4월 5일 장거리 3단계 은하 2호 로켓을 발사했다(실패한 시험이었음). 그에 따른 응징 조치 강화를 촉구한 유엔 안보리 의장의 성명에 대응해 4월 14일 평양은 공식적으로 6자회담에서 철수했으며 앞선 합의에 의거해 핵시설을 불능화하기 위해 취한 조치들을 되돌리겠다고 선언했다. 북한은 핵무기용 플루토늄을 추출하기 위해 영변 원자로에서 꺼낸 사용 연료봉 8000개를 완전히 재처리하겠다고 말했다. 이틀 뒤 국제원자력기구와 미국의 모든 감시단이 영변에서 쫓겨났다. 5월 25일 북한은 두 번째 지하 핵실험을 실시했다. 이제는 익숙해진 수순이지만, 유엔 안보리가 북한의 추가 미사일 시험 금지를 포함해 금융 제재 등 일련의 새로운 제재로 대응했다.

외교의 희미한 맥박이 나타난 것은 2009년 8월 전직 대통령 클린턴이 그해 3월 북한에 억류되었던 두 명의 여기자를 석방시키기 위해 평양을 방문했을 때였다. 북한의 공식 통신사가 그 방문이 상호 신뢰를 구축하는 데 도움이 될 것이라고 보도했다. 9월 국무부 대변인이 워싱턴은 6자회담 재개를 향한 첫 단계로 북한과 양자 토론을 시작할 준비가 되었다고 말했다. 뒤이어 새로 미국의 대북정책 특별 대표가 된 스티븐 보즈워스(Stephen Bosworth)가 사절단을 이끌고 12월에 평양을 방문했다.

2010년 3월 26일 북한이 한국 초계함 천안함을 어뢰로 공격해 격침시켰다. 그해가 흘러가면서 새로운 대북 제재가 가해지는 등 긴장이 높아만 갔다. 설상

가상으로 11월 12일 북한은 영변에 원심분리기 2000개의 우라늄 농축 시설을 건설했다고 발표했으며, 그것을 미국인 방문 과학자에게 보여주기까지 했다. 11월 23일에는 북한군 대포가 한국 연평도를 집중 포격해 한국군 세 명이 사망하고 17명이 부상했으며 민간인 세 명도 다쳤다. 한국의 군·정부 지휘부가 항공기와 대포로 강력하게 반격하기를 원했다. 오바마 대통령, 클린턴 국무부 장관, 합참의장, 국방부 장관이던 필자 등이 나서서 서울이 동일한 것으로 대응하도록 상당한 압력을 가해 설득했다. 그래서 서울의 대응이 공격을 맡은 북한군 포병대를 때리는 것으로 제한되었다.

오바마 행정부의 남은 임기 동안 미·북 회담이 정기적으로 열리고 가끔 6자 회담 재개를 향한 약간의 진전이 있었지만, 2011년 12월 17일 김정일의 사망과 그의 아들 김정은의 승계가 오바마의 재임 중 외교에 조종을 울렸다. 오바마 행정부는 '전략적 인내' 정책을 채택했는데, 아마도 평양이 제재에 굴복해 진로를 변경하거나 북한이 제정신을 차릴 것이라고 기대했을 것이다. 효과가 전혀 없었다.

김정은은 북한의 핵·미사일 프로그램을 가속화하기로 결심했다. 2012년부터 2016년까지 북한은 잠수함발사탄도미사일을 포함해 적어도 20차례 미사일 시험을 실시했다. 북한은 또한 세 차례의 추가 핵실험을 실시했다. 분명히 김정은은 북한이 미국 내 목표물에 도달 가능한 미사일을 발사할 수 있는 핵무장 국가임을 최대한 빨리 과시하는 데 집착했다. 그러는 내내 유엔 안보리는 북한의 행위를 비난하고 새로운 제재를 부과하는 결의안을 거듭 통과시켰으나 아무 소용이 없었다.

도널드 트럼프 대통령이 취임한 첫 1년 동안 북한은 미사일을 16차례 발사했는데, 그 가운데 두 차례 대륙간탄도미사일 발사에 성공하고 적어도 한 차례는 잠수함에서 발사했다. 또한 북한은 또 다른 지하 핵실험을 실시했다. 김정은의 무자비함이 세상에 알려진 사건으로, 2017년 2월 13일 말레이시아에서 그의 (잠재적인 경쟁자인) 이복형이 VX 신경가스 공격을 받아 암살되었다. 모두가 김정은이 암살을 명령했다고 추정했다.

2017년 4월 한 국무부 관리가 미국의 대북 정책을 "최대한의 압박과 포용"으로 묘사하고 렉스 틸러슨 국무부 장관이 미국은 비핵화를 목표로 "올바른 의제"에 관한 북한과의 직접 대화를 향해 열려 있다고 말했지만, 포용보다 압박 쪽에 훨씬 더 중점을 두었다. 미국은 거친 언사를 구사하면서 트럼프 대통령이 전임자들의 실수를 반복하지 않을 것이며 비핵화가 이루어질 때까지 어떠한 제재도 해제되지 않을 것이라고 주장했다. "단계적인" 과정은 없을 것이었다.

2017년 유엔 안보리는 새로 세 차례의 결의안을 통해 북한의 목줄을 더욱 옥죄었다. 8월 석탄·철·해산물의 수출을 완전히 금지한 데 이어 9월에 섬유 수출을 금지하고 석유제품의 수입 한도를 설정했으며, 12월에는 정제된 석유제품의 수입 한도를 90% 삭감하고 외국에 있는 모든 북한 근로자의 2년 내 추방을 결의했다.

늦여름부터 트럼프는 북한을 언사로 공격하는 수위를 급격히 높였는데, 8월 8일에는 기자들을 향해 "북한은 더 이상 미국을 위협하지 않는 게 좋을 것이다. (……) 그들은 세상이 경험하지 못한 불벼락과 분노에 부딪칠 것"이라고 말했다. 사흘 뒤 그는 "만일 북한이 어리석게 행동하면, 이제는 군사적 해법이 기다리고 있으며 완전히 준비되어 있다"라고 경고했다. 9월 19일 유엔에서 트럼프는 "북한을 초토화시킬 것"이라고 위협했다. 이틀 뒤 김정은은 트럼프를 "정신이상자"라고 부르고 "그의 연설에 대해 비싼 대가를 치르게" 하겠다고 위협하는 성명으로 대응했다. 11월 7일 트럼프는 김정은에게 미국을 과소평가하지 말라고 경고하고 대화를 시작하려면 북한이 먼저 비핵화를 향한 조치를 취해야 한다고 했다. 2주 뒤 트럼프 대통령은 북한을 테러 지원국으로 다시 지정했다.

트럼프의 언사가 미·북 간의 긴장을 고조시켰음에도 아주 다른 움직임이 서울과 평양 사이에 전개되고 있었다. 2017년 5월 9일 문재인이 대통령에 당선되어 대북 포용 정책을 약속하고 있었다. 그는 2017년 내내 서울의 정책을 미국의 정책과 긴밀하게 연계시켰는데, 11월 트럼프 대통령의 서울 방문 때 양국이 북한의 위협에 대처하고 중국이 북한의 외교적 해법 추구를 압박하도록 고무하기 위해 함께 노력한다는 공동성명에 서명했다. 그러나 문재인 대통령은 트럼프와 다른 의제를 가지고 있었다.

미국과 북한 간의 분위기가 2018년 첫 석 달 동안 남북한이 길을 트면서 급변했다. 1월 1일 김정은은 한국으로 올림픽 대표단을 보내겠다고 제의하고 경기에 북한 선수들을 참가시킬 용의까지 표명했다. 다음 날 한국은 판문점에서 북측과 만나겠다고 말했으며, 남북 간 직통전화가 다시 개설되었다. 1월 4일 트럼프와 문 대통령은 합동 군사훈련을 올림픽 이후로 연기하기로 합의했으며, 1월 9일 남북한 대표들이 3년 만에 처음으로 판문점에서 만났다. 북한이 올림픽에 대표단을 파견한다고 발표했다. 김정은은 자신의 누이를 대표로 보냈으며, 그녀는 2월 10일 문 대통령을 만나 평양 방문을 요청했다.

문 대통령의 국가안보실장 정의용이 3월 6일 평양에서 김정은과 만난 후 북한이 비핵화 문제를 논의하고자 미국과 협상을 개시하겠다는 의사를 표시했으며 그 회담 기간에 핵 또는 미사일 시험을 실시하지 않겠다는 약속을 했다고 보고했다. 이틀 뒤 정의용은 자신이 김정은과 만난 평양 회담에 관해 백악관 집무실에서 트럼프에게 브리핑한 후에 밖으로 나와 트럼프 대통령이 "영구적인 비핵화를 성취하기 위해" 5월 안에 만나자는 김정은의 초청을 수락했다고 발표했다. 역대 미국 대통령이 북한 지도자와 만난 적이 없으며 특히 전년도에 험한 언사를 주고받았기 때문에 그 발표는 너무 충격적이었다.

고무적인 후속 조치가 빠르게 이어졌다. 4월 초 마이크 폼페이오 CIA 부장이 평양을 방문해 정상회담의 세부 사항을 조율하기 시작했으며 며칠 뒤 김정은은 핵·미사일 시험을 중지한다고 발표했다. 뒤이어 곧 김정은과 문재인이 평양에서 만났다. 그들은 "한반도의 항구적이며 공고한 평화체제 구축을 위해" 협력할 것을 합의했다. 다음으로 김정은은 중국 지도자 시진핑과 만난 후 한반도의 비핵화와 지속적인 평화를 궁극적으로 달성할 단계별 조치가 이루어지기를 바란다고 말했다. 같은 날 트럼프는 새로 국무부 장관이 된 폼페이오가 다시 평양에서 김정은과 만나 정상회담을 준비할 것이라고 발표했다. 한때 트럼프가 정상회담을 취소하는 등 일련의 곡절을 겪은 후에 6월 1일 북한군 대장 김영철이 트럼프를 만나 김정은의 친서를 전달했다. 이후 트럼프는 정상회담이 당초 예정대로 6월 12일 싱가포르에서 개최될 것이라고 발표했다.

많은 외교정책 전문가들이 김정은과 만나기로 한 트럼프의 결정에 당혹해했다. 일부 전문가들은 미국 대통령과의 회동이 김정은을 정당화시킴으로써 그에게 큰 정치적 승리가 될 것이라고 느꼈다. 또한 경험이 부족한 트럼프가 미국, 한국, 일본에 불리한 합의를 김정은과 타결할 위험이 있었다. 예컨대 그가 장거리미사일 시험을 제한한다고 합의한 것이 미국이 얻어맞을지 모르고 우리의 동맹국들이 그대로 노출될 수 있는 수준의 제한이 될 위험이 있었다. 북한의 핵·미사일 프로그램을 저지하기 위한 많은 시도가 지난 사반세기 동안 아무런 진전을 이루지 못했다는 점에서 필자는 그 회동 결정이 실제로 의미 있는 결과를 낳을지도 모르는, 위험하나 대담한 조치라고 생각했다.

막상 닥쳐보니 성급하고 어리석은 합의에 대한 우려는 근거가 없었다. 싱가포르 회담의 분위기는 긍정적이었으며 합의를 지향했다. 북한은 "한반도의 완전한 비핵화를 향해 노력하기로" 약속했으며, 양측은 한국전쟁의 전쟁 포로와 실종자 유해를 회수한다는 데 합의했다. 김정은은 미사일 엔진 시험장을 파괴하겠다고 말했으며, 트럼프는 "엄청난 돈"이 든다고 불평하던 한·미 군사훈련을 중단하겠다고 동의했다.

이후 8개월 동안 익숙한 패턴이 이어졌다. 폼페이오 국무부 장관이 2018년 7월 5~7일 평양을 방문한 후 회담이 "생산적이고 성실한 협상"이었다고 말했다. 반면에 북한 외무성의 성명은 미국의 제안을 가리켜 "북·미 정상회담의 정신에 반하는 일방적이고 강도 같은 요구"라고 언급했다. 나중에(7월) 폼페이오는 의회 증언을 통해 북한이 핵분열 물질을 계속 생산하고 있다고 인정했다. 이틀 뒤 한국전쟁의 미군 유해 55구가 미국으로 송환되었다. 8월 들어 국제원자력기구가 연례 보고서를 통해 북한 핵 프로그램의 추가적 진전에 대해 "심각한 우려"를 표명했으며, 8월 24일에는 트럼프 대통령이 비핵화 진전이 없다는 이유로 폼페이오의 방북 계획을 취소시켰다. 그러나 10월 초 폼페이오 국무부 장관이 다시 평양을 방문해 제2차 트럼프·김정은 회담 준비를 논의했다. 11월 마이크 펜스(Michael Pence) 부통령이 미국은 제2차 정상회담에 앞서 북한 측에 핵무기와 미사일 기지의 완전한 명단을 요구하지는 않을 것이라고 인정했다. 다만 그런 정보를 제공할 "검증 가능한 계획"이 정상회담에서 합의되어야 했다.

트럼프와 김정은이 2019년 2월 27~28일 하노이에서 두 번째로 만났다. 이 정상회담은 합의 없이 끝났다. 미국은 북한이 부분적 비핵화의 대가로 모든 제재의 해제를 요구했다고 주장했다. 하지만 북한 외무상은 북한이 핵과 탄도미사일 시험의 영구 중단, 영변 시설의 검증 가능한 해체를 대가로 부분적인 제재 해제를 요구했다고 말했다. 개의치 않고 트럼프가 협상 테이블을 박차고 나왔고 김정은은 당황스러웠으며 빈손으로 귀국했다.

하노이 회담 이후 몇 주 동안 양측은 멀리 떨어졌다. 미국은 비핵화를 향한 북한의 중요한 조치를 적어도 일부라도 먼저 보지 않고서는 제재 해제와 관련해 양보하지 않겠다는 의사가 확고했다. 반면에 평양은 비핵화를 향한 조치를 취하기 전에 적어도 일부라도 중요한 제재를 해제하라고 고집했다. 몇 주 지나면서 김정은은 군부대와 무기 기지 방문을 재개하고 단거리 유도미사일 시험을 참관함으로써 커지는 조바심을 드러냈다. 트럼프는 4월 11일 집무실에서 문재인 대통령을 만나 단편적이고 단계적인 협상 접근법이 가능하다고 시사했지만, 기본적으로 북한의 완전한 비핵화 약속이 없는 제재 완화 가능성을 배제했다. 다음 날 김정은이 중요 연설을 통해 "미국이 현재의 정치적 계산을 고수하는 것은 문제 해결의 전망을 흐리게 할 것이며 실제로도 매우 위험한 짓이 될 것"이라고 선언했다. 김정은은 또한 폼페이오 국무부 장관과는 더 이상 아무것도 하고 싶지 않다고 천명했다. 그는 4월 말 블라디보스토크에서 블라디미르 푸틴과 만나면서 자신에게 다른 옵션이 있음을 중·미 양국에 알렸다.

트럼프의 제안으로 두 지도자는 6월 30일 남북한을 가르는 비무장지대 내 판문점에서 다시 만났다. 트럼프가 북한 지역으로 분계선을 넘어간 그 짧은 만남은 화려한 사진 찍기 기회였으나 의미 있는 결과가 없었다.

2019년 중반까지 주고받은 모든 언사와 세 차례 정상회담의 사진 찍기에도 불구하고, 트럼프는 북한 비핵화를 향해 세 명의 전임 대통령보다 더 나아가지 못했다. 그는 세 번 큰 양보를 했는데, 무엇보다도 김정은과의 회동에 동의함으로써 북한에 정치적 호재를 안겼고, 주요 한·미 군사훈련을 중단했으며, 북한이 핵 시설, 무기 및 핵 물질에 관해 신고하는 문제를 협상 의제에서 내렸다. 이에 대해 북한은 한 낡아빠진 미사일 발사 시설을 해체했고, 핵실험 장소의 주요 요소(거기서 소규모 열핵 장치를 실험했기 때문에 붕괴되고 있었다고 알려짐)를 파괴했다고 (독립적인 검증 없이) 주장했으며, 수십 구의 미군 유해를 송환했다.

사반세기 동안 네 명의 미국 대통령이 세 명의 북한 지도자를 상대로 그들의 핵무기 프로그램을 종식시키려고 했다. 미국은 그 목표를 성취하기 위해 다수의 권력수단을 사용했다. 즉, 군사력 시위, 놀랍고 광범위한 경제제재(일부는 일방적으로, 일부는 유엔 안보리를 통해 가해짐), 인도적 원조 특히 식량 원조, 제재를 해제할 뿐 아니라 북한의 경제발전을 지원하겠다는 거듭된 제의(여기에는 부동산 개발업자인 트럼프가 자신의 아이디어로 북한의 개발 잠재력에 관한 비디오를 만들어 보여준 것도 포함됨) 등이 사용되었으나 아무것도 효과가 없었다. 북한이 보유한 핵무기의 수는 불확실하나 수십 개에 이를 것이며 현재도 늘고 있다.

다년간 미국은 중국을 대북 협상에서 불가결한 레버리지의 원천으로 보았다. 중국이 평양에 대해 비핵화 협상의 압력을 가중하도록 만들기 위해 수많은 베이징 방문이 있었고 미국과 중국의 고위 지도자들 사이에 수많은 대화가 있었다. 중국은 제재에 참여하더라도 평양의 체제 붕괴를 위협하는 수준까지는 결코 동참하지 않는다. 베이징의 최우선 순위는 북한의 붕괴를 피하는 것인데, 그 이유는 북한이 붕괴하면 수백만 명의 난민이 중국 국경을 넘어오고 한반도가 불안정해질 것이기 때문이다. 그와 관련해 북한의 불안정이 한국이 주도하고 미국과 동맹하는 한반도의 통일을 초래할 수 있다는 우려도 있다. 필자는 미국의 정책 결정자들이 평양에 대한 중국의 영향력을 자주 과대평가했다고 보는데, 이는 장쩌민, 후진타오, 시진핑이 모두 미국 측 상대에게 주의를 준 대목이다. 실로 김정은이 처형한 그의 고모부 등 북한군 고위 장성들 다수가 중국에 유용한 정보·영향력 채널이었다는 보도들이 있다.

정신이상을 정의하는 한 기준은 똑같은 짓을 거듭 되풀이하면서 다른 결과를 기대하는 것이다. 탈냉전 미국이 북한의 핵 프로그램을 종식시키려고 협상을 시도한 것의 특징은 아마도 그러한 정신이상일 것이다. 한 가지 분명해 보이는 것은 북한이 핵무기 역량과 그 운반 수단을 완전히 포기할 의향이 없다는 점이다. 김씨 3대는 그러한 역량이 북한의 생존에 – 그리고 자신들의 생존에 – 필수적이라고 보았다. 지난 15년여 동안 발생한 사건들은 그러한 그들의 확신을 굳히기만 했다. 그들이 관찰한 사건들을 보자. 무아마르 카다피가 핵 프로그램을 포기한 후 바로 제거되었으며, 핵무기를 보유하지 않았던 사담 후세인도 죽고 그의 정권이 사라졌다. 우크라이나는 러시아, 미국, 영국으로부터 영보 보진을 보장받는 대가로 1994년 약 1500개의 핵무기를 포기했지만 크림반도와 동쪽 영토의 절반을 잃었다.

어느 순간에는 우리가 현실과 마주해야 한다. 북한의 핵 프로그램을 제거할 유일한 방법은 군사적으로 하는 것이다. 그 비용은 적어도 군사분계선 양쪽으로 수십만 명의 사상자가 발생할 큰 전쟁(잠재적으로 중국을 포함함)이다. 그리고 우리가 숨겨진 지하 저장고와 배치 장소를 모두 찾아 겨냥할 수는 없을 확률이 상당하다. 무력이나 비군사적 수단으로 효과가 없다면 남은 권력수단으로 가능한 옵션이 있는가?

사실상 트럼프의 정책이 된 오바마의 '전략적 인내' 전략은 북한의 핵무기고가 커지는 것을 지켜볼 뿐이다. 적잖은 미국 정책 결정자들의 목표는 체제변동을 통해 북한의 핵 도전을 해결하는 것이었다. 우리가 경제적으로 충분히 북한을 압박하면 북한군 고위 장성들 일부(아마도 친중파)가 김정은을 죽이고 북한의 대안적 진로를 열 것이라고 생각한 사람들이 많다. 북한 정권이 장수하는 것을 감안하고 위협을 제기하는 자는 누구나 처형하는 김씨 3대(특히 김정은)의 잔인성을 고려하면 체제변동은 가느다란 갈대에 정책을 거는 것이다. 그리고 그런 한두 장성이 핵 프로그램에서 후퇴할 것임을 시사하는 증거는 물론 없다. 사실 그들은 북한의 생존이 그러한 무기에 의존한다는 점을 김정은만큼 강력하게 신봉할지 모른다.

외교와 제재의 거듭된 실패를 되돌아볼 때 아마 우리는 일련의 권력수단 행사가 포괄적 비핵화라는 우리의 전략 목표를 달성하는 데 실패했으며 가까운 장래에도 실패할 사례를 북한이 제공하고 있음을 인정할 필요가 있다. 그렇다면 아마도 우리는 그 목표를 바꾸고 우리의 눈높이를 낮추어 북한의 핵무기 보유를 아주 작은 수로 제한하는 협정을 추구해야 할 것이다. 그리고 그 협정은 그들이 재처리나 농축을 통해 그런 무기를 추가로 만들 수 있는 역량을 해체하며 장래의 핵 장치와 탄도미사일 시험을 모두 금지하는 합의다. 또한 그 협정은 이들 상습 사기꾼과 거짓말쟁이들이 다시는 사기를 치지 못하도록 합리적 보장을 제공하는 — 또는 적어도 그들의 부정행위가 전략적 의미를 지니기 전에 적발할 수 있는 역량을 우리에게 제공하는 — 검증 체제를 수립하는 합의다. 그리고 아마 언젠가는 김가 정권이 역사 속으로 사라진 뒤에 새로운 정부가 등장해 주민 복리에 더 전념하고 그 목적 달성을 위해 핵무기를 기꺼이 포기할 것이다.

그런 접근법이 실패하더라도 — 기록에 입각해 볼 때 필자는 그 접근법이 거의 승산이 없을 것임을 인정함 — 미국으로서는 지금보다 더 나빠질 게 없을 것이다. 강경론자들이 공포에 질려 헉 소리를 내는 것이 필자에게 들린다. 그러나 북한의 위협 증대(현상 유지) 아니면 큰 전쟁을 제외한 다른 대안이 강경론자들에게 있는가?

12장
—
중국: 경쟁, 충돌 아니면 새로운 무엇?

중국의 미래를 예측하기는 어렵다. 그래도 나는 거기서 전 세계를 휩쓸고 있는 자유의 큰 물결이 승리하리라 기대하고 있다. _로널드 레이건

중국이든 아니면 다른 독재 체제든 그 국민이 상업적 유인을 가지고 있다면, 민주주의를 향한 운동은 멈출 수 없게 된다. _조지 H. W. 부시(41대)

무역과 관계를 확대하면 중국 국민에게 더 많은 번영을 가져올 것이다. (……) 그리고 우리는 개인의 자유와 인권 증진도 기대했다. _빌 클린턴

시간이 흐르면서 시장에 내재된 자유가 사람들이 공공의 영역에서도 자유를 요구하도록 이끌 것이라고 본다. _조지 W. 부시(43대)

나는 중국이 강하고 번영하며 성공적인 국제 공동체의 일원이 되는 미래를 믿는다. 그것은 각국이 필요성뿐 아니라 기회 때문에 서로 파트너가 되는 미래다. _버락 오바마

이처럼 기대가 컸다.

중국은 앞으로 미국이 직면할 다수의 해외 도전 중에 가장 복잡하고 가장 버거우며 잠재적으로 가장 위험한 도전이 될 것이다. 미국이 유일한 초강대국이 된 지 한 세대 만에 다른 초강대국이 등장해 우리의 정치적·경제적·이념적·제도적 패권에 도전하게 되었다. 1990년대 초의 기대와는 달리 소련의 붕괴가 자유민주주의의 최후 승리가 되지 않았다. 오히려 그것은 국가가 국민에게 봉사하기 위해 존재한다고 믿는 사람들과 국민이 국가와 통치자에게 봉사한다고 믿는 사람들 사이의 해묵은 갈등 가운데 하나의 전투가 끝난 것이었다.

기업인과 인텔리들뿐만 아니라 정파를 불문한 미국 정치 지도자들은 그 오랜 경쟁이 중국에서 우리 식대로 진행될 것이라고 생각했는데, 그런 생각은 증거나 관찰에 근거했다기보다 더 부유해진 중국은 더 자유롭고 개방적인 중국이 될 것이라는 가정에 근거한 것이었다. 아마도 그런 일은 언젠가 일어나겠지만 당장은 아닐 것이다.

그와 동시에 필자는 미국과 중국 간의 군사적 충돌이 불가피하다고, 즉 떠오르는 강대국과 쇠퇴하거나 정체된 강대국은 틀림없이 전쟁을 벌인다고 생각하지 않는다. 그런 전쟁을 가리키는 이른바 '투키디데스 함정(Thucydides trap)'은 고대에 쇠퇴하는 아테네와 떠오르는 스파르타 간의 충돌에 근거한 것이다. 중국과 미국 간의 장기 경쟁은 이미 우리에게 닥쳤다. 베이징과 워싱턴의 지도자들이 현명하다면 그 경쟁은 평화로울 것이고 협력 분야도 포함할 것이다. 바라건대 그 경쟁은 주로 비군사적 권력수단을 통해 벌어질 것이다. 적어도 지금으로서는 중국이 자체적으로 많은 현실 문제를 안고 있음에도 불구하고 비군사적 분야에서 우위를 가지고 있다. 그 이유를 들자면, 중국은 중요한 자산을 광범위하게 보유하고 있고 그 자산을 사용하는 방안에 전략적 초점을 맞추고 있다. 반면에 우리는 지난 30년에 걸쳐 그토록 많은 우리 자신의 역량을 약화시켰으며, 국내에서 정치적으로 분열되어 있고 중국과의 수십 년 경쟁을 위한 전략이 없다.

19{71~1991}년 미·중 관계는 양국 모두 지(地)전략적인 것, 즉 소련을 겨냥한 협업이었다. 왜냐하면 1970년대 소련이 중국과의 접경지대에 100만 명의 병력을 배치했기 때문이다. 1972년 리처드 닉슨의 역사적인 중국 방문의 화두는 온통 베이징이 소련 봉쇄의 전략적 동반자가 된다는 것이었다. 미·중 관계가 정상화되고 덩샤오핑이 1979년 1월 29일부터 2월 4일까지 방미했을 때, 필자는 카터 백악관의 웨스트윙에서 근무하는 즈비그뉴 브레진스키 국가안보보좌관의 특보였다. 그때 카터와 덩은 소련의 미사일 시험을 모니터하기 위해 중국 서부에 기술정보 수집 기지를 건설하는 데 협력한다는 비밀 협정에 합의했으며, 필자는 그 협정을 이행하기 위해 1980년 12월 말 중국을 방문한 스탠스필드 터너(Stansfield Turner) CIA 부장을 수행했다. 당시에는 쌍무적 경제문제가 거의 논의되지 않았으며, 지미 카터 대통령은 전 세계의 인권 증진을 공약했음에도 중국의 개탄스러운 인권 기록을 중시하지 않았다.

카터 대통령의 임기 말인 1981년 1월 미·중 관계를 계속 지배한 것은 지정학이었지만 중국 내부에서 극적인 변화가 진행되고 있었다. 이후 40년을 위해 양국 관계를 재편할 그 변화는 마오쩌둥의 국내 정책 결정이 충격적으로 재앙이었기 때문에 필요하게 되었다. 마오의 대약진운동이 시작된 1958년 중국은 궤도를 크게 이탈했다. 급속한 공업화와 농업 집단화를 통해 중국을 농업국가에서 사회주의사회로 변모시키려고 의도된 그 운동은 3000만 명에서 5500만 명의 인명을 희생시킨 기근을 낳았다. 1959~1960년 중국이 입은 피해가 너무 커서 '위대한 조타수' 마오가 키의 손잡이를 놓고 주석에서 물러나야 했으며 덩샤오핑 등에게 권력을 넘겼다. 덩은 대약진운동 이후의 경제를 회복시키기 위해 1960년대 초반 경제개혁을 추진했다. 그리하여 1966년 마오가 정치적 결집을 통해 '문화혁명(위대한 프롤레타리아 문화혁명)'을 개시했을 때, 덩과 그의 측근들이 표적 명단의 상위에 올랐다. 마오의 표현대로 자본주의와 전통 중국의 잔재를 숙청하는 대상에 덩부터 시작해 마오에 반대했던 모든 사람이 포함되었다. 1969년 모든 공직에서 추방된 덩은 이후 4년 동안 시골의 트랙터 공장에서 일했다. 덩과 함께 수백만 명의 관료와 대학생들이 시골로 내려가고 수백만 명이 핍박을 받았으며 40만 명에서 300만 명이 살해되거나 자살했다. 대부분의 대학이 1966~1972년 문을 닫았으며 중국의 교육·과학·기술이 한 세대 후퇴했다.

저우언라이 총리가 암 진단을 받았을 때, 그는 1974년 마오쩌둥을 설득해 덩샤오핑을 복권시킬 수 있었으며 덩을 제1부총리로 임명해 자신의 유력한 후계자로 삼았다. 다시 한번 덩은 중국 경제를 활성화시키는 데 주력했다. 1976년 초 저우가 사망한 후, 마오의 처가 이끄는 극좌파, 즉 4인방이 또다시 숙청된 덩의 뒤를 이었다. 중국과 덩에게 다행스럽게도 1976년 9월 마오가 사망했으며, 다음 달 4인방이 스스로 물러나 덩이 권좌로 복귀할 길을 텄다. 덩은 1977년 중반 옛 고위직으로 복귀하고 1981년에는 중국의 '최고 지도자'가 되었다. 다만 그는 당수나 총리 같은 공식 직책을 결코 맡지 않았다. 1970년대 후반 마침내 그는 경제개혁에 착수해 이후 40년 동안에 걸친 중국의 놀라운 경제성장에 초석을 놓을 수 있었다.

덩샤오핑은 또 다른 중국 지도자가 마오쩌둥처럼 권력을 독점해 위험해지는 것을 막는 동시에 그런 사람이 다시 중국에 엄청난 피해를 입히는 것을 막기로 결심해 다시는 아무도 그토록 큰 권력을 집중시킬 수 없도록 보장하는 조치를 취했다. 무엇보다도 그는 1982년 헌법에서 중국의 주석 임기를 두 차례의 5년으로 제한하도록 규정했는데, 이는 집단지도체제를 제도화한 조치였다.

중국 경제가 활성화되고 몇 년 만에 중국 지도자들은 역사적으로 중요한 두 가지 도전에 직면했다. 하나는 그들의 국내 권위에 대한 도전으로서 천안문광장에서의 대규모 시위였으며, 다른 하나는 국제적인 도전으로서 동유럽과 소련의 공산주의 붕괴였다. 두 사건이 1989년 6월과 1991년 12월 사이에 발생했다. 절정에 이른 이들 사건이 중국 지도자들의 내부 전략을 결정했다. 즉, 고르바초프의 소련과 달리 공산당의 정치적 통제를 완화하는 정치적 개혁은 있을 수 없다는 것과 경제성장이 최고로 중요하다는 것이었다. 특히 경제성장은 정권 정당성의 유일한 근거가 되었기 때문에 중요했다.

천안문광장을 둘러싼 사태에서 너무 빠르게 잊힌 국면이 있는데, 그것은 중국의 경제개혁 설계자 덩샤오핑이 직접 학생 시위자들을 반혁명 분자로 규정했으며 정치 개혁, 즉 민주주의와 참정권 확대는 자신의 의제가 아니라는 강력한 메시지를 보냈다는 사실이다. 너무 많은 서방인들이 자그마한 덩이 미소를 짓는 모습을 보며 그가 중국을 다시 세계 강대국으로 만들겠다고 결심한, 무자비하고 교활한 독재자라는 실체는 보지 못했다.

조지 H. W. 부시(41대) 대통령은 천안문광장 학살 이후 중국과 전략적 관계를 유지하려고 했지만, 국내외에서 벌어진 사태가 그 행보를 막았다. 1989년 하반기 동유럽이 해방되어 자유민주주의로 급속히 전환한 것은 중국의 억압과 뚜렷한 대조를 이루었다. 게다가 소련 자체가 비틀거리기 시작하자 20년 동안 그 대항마로서, 그리고 미국의 전략적 동반자로서 기능했던 중국의 지(地)전략적 중요성이 갑자기 사라졌다. 그에 따라 의원들이 무역 확대를 바라는 중국의 욕구를 인권을 준수하는 중국의 실적 개선과 연계시키자고 요구하기 시작했다. 부시 대통령은 1990~1991년 내내 그런 연계를 공식화하려는 민주당 의원들의 노력에 저항했는데, 그가 "독재자들을 감싸고" 있다는 비난이 1992년 대선에서 그에게 불리하게 작용했다.

부시와 맞선 빌 클린턴 후보는 그러한 연계를 수용했는데, 그 주된 이유는 그것이 정치적 묘수인 데다 핵심 대외 정책 이슈에서 공화당 후보보다 강경하게 보이기 때문이었다. 한 논객은 "클린턴 후보로서는 인권 보호를 중국에 대한 무역 특혜 연장과 연계시키는 것이 정당정치와 선거 정치의 논리에 따르는 것이었다"라고 기술했다.

클린턴 대통령은 첫 몇 달 동안 장래 미·중 무역의 확대를 인권에 관한 성적과 확고하게 연계시키면서 중국 정권의 성격을 잠재적으로 변화시킬 만큼 광폭의 정치적 변화를 요구했다. 클린턴은 인권과 무역을 연계시키는 입법을 1년 동안 유예하도록 의회에 요청하면서도 1993년 5월 28일 행정명령에 서명함으로써 1994년 중국의 최혜국(MFN, 관세와 수입 쿼터에 대해 양허를 부여함) 지위를 조건부로 갱신했다. 이보다 앞서 특히 국무부 장관이 중국이 세계인권선언의 준수와 관련해 "전반적으로 중요한" 진전을 이룩했으며 투옥되거나 감금된 중국 국민들에 관해 받아들일 만한 해명을 제공했다고 결정했다. 그들은 "민주주의 벽(Democracy Wall) 운동이나 천안문광장 운동과 관련해 신념을 비폭력적으로 표현한 것을 비롯해" 정치적·종교적 신념을 비폭력적으로 표현했다는 이유로 수감된 사람들이었다. 중국에 부과한 기타 조건은 죄수의 인간적 대우 보장, 국제 인도주의·인권 단체들의 감옥 방문 허용, 티베트의 독특한 종교적·문화적 유산 보호, 국제 라디오·텔레비전의 중국 내 방송 허용 등이었다.

클린턴의 시한을 석 달 앞둔 1994년 3월 워런 크리스토퍼 국무부 장관이 베이징으로 날아가 클린턴의 조건을 이행하도록 중국을 설득했다. 심한 설전이 오간 그 방문은 완전한 실패였다. 리펑 총리는 크리스토퍼에게 중국은 "결코 미국의 인권 개념을 받아들이지 않을 것"이라고 직설적으로 말했다. 정치 개혁은 중국이 경제 관계 확대를 위해서는 지불하지 않을 대가였다. 5월 들어 중국은 매우 온건한 제스처를 두 차례 보였는데, 죄수 노동 이슈에 관한 '양해'에 동의했으며 세계인권선언을 준수하겠다고 말했다. 그러한 제스처가 클린턴에게 연계 정책을 포기할 구실을 주었다. 후일 클린턴은 "우리의 포용이 일정한 긍정적 결과를 낳았기 때문에 나는 최혜국 지위를 연장하고 앞으로 우리의 인권 노력을 무역과 연계시키지 않기로 결정했다"라고 기술했다. 그 근거는 무엇인가? "미국은 중국을 세계 공동체에 편입시키는 데 큰 이해관계를 갖고 있었다. 무역과 얽힘이 확대되면 중국 국민의 더 큰 번영, 외부 세계와의 접촉 확대, 북한과 같이 우리가 필요로 하는 문제에서의 협력 증대, 국제법규 준수 등을 가져올 것이며 바라건대 개인의 자유와 인권도 증진될 것이다." 중국 국민의 더 큰 번영에 관해서는 클린턴이 옳았지만, 나머지에 관해서는 그리 옳지 않았다.

이후로는 경제학이 미·중 관계를 지배하게 되었으며, 그 경제학은 거의 전적으로 중국 측 조건에 따르는 것이었다. 그것은 중국의 역대 지도자들이 매우 효과적으로 휘두른 권력수단이었다. 운동장이 평평하지 않았다. 중국의 제조 부문이 커지면서 미국과의 무역 불균형도 커졌는데, 우리가 모든 종류의 상품을 수입하면서 그 물량을 계속 늘렸기 때문이다. 그 결과 대체로 미국 소비자 물가가 낮아졌지만 미국 제조업 부문의 일자리가 희생되었다. 중국이 채택한 관행은 세계 최대의 시장에 참여하려고 발버둥치는 미국 등 타국 기업을 구조적으로 불리하게 만들었다. 중국은 외국 기업이 중국에서 판매하거나 제조하기 위해서는 자사의 최첨단 기술을 공유하도록 요구하는 경우가 허다했다. 그렇지 않으면 그들은 그저 기술과 지적재산권을 훔쳤다. 주중 대사를 지낸 존 헌츠먼(Jon Huntsman)과 국가정보장 출신의 데니스 블레어(Dennis Blair) 제독이 이끈 2017년의 한 위원회에 따르면 영업 비밀을 훔치는 중국의 스파이 활동과 사이버 공격으로 미국 경제에 연간 2250억 달러에서 6000억 달러의 비용이 발생했다. 중국에서 미국의 음악과 영화를 해적판으로 만들어 팔았다. 합작 기업들은 규제를 받았으며 중국인의 다수 지분을 요구받는 경우가 흔했다. 중국인들은 기술에 접근하기 위해 미국 기업들을 사들였다. 많은 보조금을 받는 국유 기업들은 수출 가격을 후려쳤으며 전 세계에서 무역 우위를 누렸다. 베이징은 규제와 인허가를 조작하고 세관 검사 등 법 집행을 농단했으며, 일부 경제 분야에서 외국인 참여는 아예 금지되었다. 미국 기업들은 중국 시장에 접근하고 중국에서 제조하기 위해 이런 관행을 묵인했다. 실로 1990년대 초부터 미국 업계는 워싱턴에서 미·중 협력관계를 위해 강력한 로비를 펼쳤다. 역대 미국 대통령들은 불공정한 이런 중국의 정책과 관행에 항의했지만, 요구해서 얻어내고 변경시키기 위한 지렛대로서 우리 자신의 경제적 권력을 사용하지 못했다.

동유럽 해방과 소련 붕괴 이후에 몇 년 동안 미국의 패권이 정점에 이르렀을 때, 중국은 조심해야 할 필요가 있었다. 따라서 덩샤오핑의 '24자(字) 방침'이 1990년 처음 발표된 것은 우연의 일치가 아니었다. 그 24자 방침은 "냉정하게 관찰하라, 입장을 확고히 하라, 침착하게 대응하라, 능력을 감추고 때를 기다려라, 능숙하게 낮은 자세를 유지하라, 결코 앞장서지 말라"였다. 요컨대 두려워 말고 납작 엎드려서 힘을 기르라는 것이었다. 덩의 '감추고 기다려라[도광양회(韜光養晦)]' 전략은 기원전 6세기 『손자병법』의 가르침과 같은 맥락이다. 손자는 "싸우지 않고 적을 제압하는 것이 최상"이라고 기술했다. 미국과의 분쟁 등 중국의 경제성장을 방해할 어떠한 대결도 피하는 것이 중국의 부상에 최고로 중요했다. 덩은 미국에 경종을 울리지 않고 외국인 투자와 무역을 촉진하며 군비경쟁과 경제 보복을 모두 피하는 방식으로 오로지 중국의 힘을 기르는 데 전념했다. 하지만 중국이 아시아에서 견제 없는 패권을 잡으며 언젠가는 세계 권력 면에서 미국을 따라잡고 추월한다는 덩의 목표를 오판하는 일은 없어야 했다.

2000년 1월 10일 클린턴 대통령이 '영구적 정상무역관계 지위'를 중국에 부여한다고 발표했다. 그해 3월 클린턴은 존스홉킨스 대학교 국제대학원에서 연설을 통해 중국의 세계무역기구 가입을 지지한다고 언급했다. 그의 어조는 또다시 낙관적이었다. "중국의 세계무역기구 가입은 단순히 우리 제품을 더 많이 수입하기로 동의하는 것이 아니며 민주주의의 가장 소중한 가치의 하나인 경제적 자유를 수입하기로 동의하는 것이다. 개인들이 꿈꿀 힘뿐만 아니라 그 꿈을 실현할 힘을 가질 때 그들은 더 큰 발언권을 요구할 것이다." 그해 봄 의회가 클린턴의 제안을 승인하고 2001년 12월 11일 중국이 세계무역기구에 가입했다. 이론상 그 가입에 따라 중국은 규칙에 기반한 공정한 세계무역 체제에 종속되었다. 즉, 중국이 과거 종종 무시했던 규칙을 따르기로 선택한 것이었다. 한편 세계무역기구 가입이 중국 경제에 스테로이드를 주입했다. 미·중 무역 규모가 1980년 50억 달러, 2000년 160억 달러였으나 2017년 6000억 달러를 넘어섰다.

국제적으로 중국의 자기주장이 상당히 증가한 것은 장쩌민과 후진타오 시대에 시작되었다. 장쩌민 지도체제의 후반기인 1999년 중국이 '세계화(Going

Global)' 전략을 채택했는데, 이 구상은 마오쩌둥의 자조 정책과 결별할 뿐만 아니라 해외에 투자함으로써 세계경제의 급격한 성장에 편승하려는 의도였다. 세계화는 세계무역기구 가입과 때가 맞았다. 중국, 특히 국유 기업의 해외투자는 1991년 30억 달러에서 2003년 350억 달러, 2007년 920억 달러로 치솟았다. 후진타오 주석 임기 중에 중국은 경제 규모를 세계 6위에서 2위로 끌어올렸으며 2008년 경제 위기를 큰 피해 없이 매끄럽게 넘겼다. 중국의 극적인 경제성장과 그에 수반한 대규모 국내 인프라 사업에 따라 연료, 식량, 광물 등 엄청난 수입 물자 투입이 요구되었고 따라서 아프리카 등지에서 베이징의 거래 타결이 가속화되었다. 2005년부터 시작된 중국의 아프리카 직접투자는 30배로 늘어났으며 2009년 중국은 미국을 대체해 아프리카의 최대 교역 상대국이 되었다.

그해 11월 버락 오바마 대통령이 중국을 방문해 '미적지근한' 환영을 받으면서 미국의 경제·예산 문제에 관해 다수의 강의까지 들었다. 중국의 지도자들은 "우쭐하고 확신에 찬" 모습이었는데, 특히 2008~2009년 대침체 때문에 미국식 경제모델을 분명히 얕보았다. 힐러리 클린턴 국무부 장관이 썼듯이 "감추고 기다려라"가 "보이고 말하라"로 대체되었다. 후진타오 주석의 남은 임기 동안 중국이 군사적·경제적 완력을 휘두른 사례가 다수 있었다. 베이징의 자기주장 증가는 공격적인 개인의 변덕이라기보다는 새롭게 자신감에 찬 지도부의 정책이었으며 폭넓은 지지를 받았다.

시진핑이 2012년 11월 15일 공산당 총서기 겸 중앙군사위원회 주석이 되고 2013년 3월 14일 국가주석으로 '선출'되었다. 그는 국내에서 빠르게 자신의 권력을 굳혔는데, 1년 만에 집단지도체제 관념을 밀어내고 덩샤오핑 이후 ─ 어쩌면 마오쩌둥 이후 ─ 어느 지도자보다 더 개인 권력을 강화했다. 지도자가 된 시진핑은 몇 달 만에 다수의 '중앙지도단(Central Leading Groups)'을 창설하고 스스로 수장을 맡았는데, 이는 본질적으로 거의 모든 거버넌스 분야에서 관료 체제를 우회하기 위한 방편이었다. 그는 악덕 관리와 정적들을 겨냥한 반부패 운동에 착수했다. 곧 수백 명의 하급 관리와 수십 명의 당 간부가 저인망에 걸려 들어 벌금과 경고부터 처형에 이르기까지 다양한 처벌을 받았다.

시진핑은 2012년 11월 당 총서기로 선출된 날 "중국 인민은 더 나은 교육, 더 안정된 일자리, 소득 향상, 더 믿음직한 사회보장, 더 높은 수준의 의료, 더 안락한 생활 조건, 더 아름다운 환경을 기대"한다고 말했다. 다음 달 그는 지방을 순시하면서 추가적인 경제개혁과 군사력 강화를 촉구했다. 이 순시에서 그는 처음으로 '중국몽(China Dream)'이 중요하다고 선언했다. 명쾌한 설명은 없지만 중국몽은 중국이 세계 무대에 주요 강대국으로 복귀한다는 인식과 국내의 번영을 의미하는 것으로 널리 이해되었다. 본질적으로 중국몽은 내셔널리즘에 대한 호소였다. 나중에 추가 경제개혁을 촉구한 시진핑은 2013년 11월 당대회에서 앞으로 시장의 힘이 결정적인 역할을 시작할 것이며 중국은 외국인 투자와 민간투자를 환영한다고 발표했다.

중국 교향곡

후진타오와 시진핑이 이끈 한 세대 동안 중국은 아시아 안팎으로 패권을 성취하기 위해 필요한 다수의 권력수단을 개발하고 강화했다. 중국이 많은 국내 문제를 안고 있지만, 현대에서 — 냉전 기간의 미국을 제외하고 — 중국만큼 권력과 영향력을 전 세계로 뻗칠 광대하고 정교한 도구 세트를 장만한 나라가 없다.

군사력　1995년 2월 20일 미국 전함 두 척의 엄호를 받은 필리핀 해군이 남중국해 팡가니방 산호초[Panganiban(Mischief) Reef]에서 중국 해군에 도전해 중국 국기를 필리핀 국기로 대체했다. 그날 중국인들이 퇴각했다. 미국 국방부 장관 윌리엄 코헨(William Cohen)이 공개 성명을 냈다. "팡가니방 산호초는 필리핀 영토다. 그래서 우리는 자신들에게 속한 영토를 되찾으려는 필리핀 해군을 지원하기 위해 우리의 전함을 파견했다." 하지만 그해 말 중국이 그 산호초를 되찾았다. 그 후 미국은 중국이 그 지역의 분쟁 산호초와 도서에 대해 영유권을 주장하고 거기에 군사시설을 건설해도 그처럼 직접적으로 중국에 군사적으로 도전하지 않았다. 처음부터 베이징의 영유권 공세에 대해 강력하고 일관되게 행동하는 것이 그들을 저지했을 유일한 길이었을 것이다. 그러나 그 2월 20일 이후 기회를 상실했다.

1996년 3월 중국이 대만 대선에 영향을 미치려는 목적에서 위협적인 미사일 시험과 연습을 실시했을 때, 클린턴 대통령은 그 지역에 두 개의 항공모함 전단을 전개했다. 중국은 우세한 전력 앞에서 또다시 물러났다. 중국의 반응은 쿠바 미사일 위기 후 소련의 반응과 유사했다. 당시 소련은 미국의 전략적 우세에 직면해 후퇴해야 했으며(튀르키예에서 미국 미사일을 철수시킨다는 비밀 협정을 챙겼지만), 다시는 그러한 처지에 놓이지 않겠다고 다짐하고 전략 전력의 엄청난 증강을 시작했다. 1996년 중국은 거의 즉각적으로 군사력, 특히 해군의 대폭 확장을 시작했다. 이후 20년 동안 중국의 공개된 군사 예산은 1998년 200억 달러에서 2018년 1700억 달러로 증가했으며 군 현대화와 첨단 무기 개발에 중점을 두었다. 그리고 그것은 '공식' 예산일 뿐이었다.

중국의 군 현대화 계획은 다수가 장쩌민과 후진타오 시대에 시작되었다. 그 기간에 중국 해군은 탄도미사일 발사 잠수함을 포함한 잠수함 함대를 크게 확장했으며 첫 항공모함을 취역시키고 두 번째 항공모함 건조를 시작했다. 또한 대함미사일 계획뿐 아니라 대대적인 조선 계획에 착수했으며 스텔스 전투기를 개발하기 시작했다. 2019년까지 중국은 300척 이상의 수상함과 잠수함을 가진 역내 최대의 해군을 건설했으며, 중국 국방부는 2020년까지 78척의 잠수함을 배치할 계획이었다.

시진핑 이전, 특히 후진타오 시대에 현대화 계획에 필요한 재원이 엄청나게 늘어났지만, 인민해방군의 부패가 만연해 고위 장교들은 돈을 횡령하고 돈으로 승진했다. 게다가 군이 문민 지도부의 승인은커녕 사전 통보도 없이 행동을 취한 사례가 적어도 세 차례 있었는데, 이는 후진타오가 인민해방군을 완전히 통제하고 있지는 않음을 시사했다. 그 세 사례는 2007년 1월 위성 요격 시험,

2009년 3월 중국 해군이 미국 해군 함정 임페커블(Impeccable)호를 희롱한 것, 2011년 1월 필자가 중국을 방문한 기간에 J-20 스텔스 전투기를 첫 공개한 것이었다.

예전의 군사 업무 수행 방식이 시진핑 치하에서 바뀌었다. 시진핑은 군의 부정부패를 척결하고 역량을 제고하며 당(그리고 자신)에 대한 군의 복종과 충성을 확보하기 위해 군을 대대적으로 숙청하고 재편했다. 100여 명의 장교가 파면되었으며, 중앙군사위원회 부주석 — 필자의 2011년 중국 방문 시 호스트였음 — 은 방광염으로 사망해 예상된 처형을 모면했다. 2015년 시진핑은 인민해방군 병력을 30만 명 감축했다. 그는 작전지휘 구조를 훈련과 획득으로부터 분리시키고 육해공군과 기타 역량의 통합을 맡은 다섯 개 합동군 사령부를 창설했다. 모두 미군이 조직되고 운영되는 방식과 매우 유사했다. 그 결과 중국군이 훨씬 더 전투태세와 역량을 갖춘 군대가 되었다.

시진핑 치하에서 군이 동중국해와 남중국해에서 특히 더 공격적이 되었다. 시진핑이 지도자로 등극한 지 1년 만인 2013년 11월 중국은 동중국해 상공에 광대한 '방공식별구역(Air defense identification zone, ADIZ)'을 선포해 모든 외국 항공기가 중국 정부에 비행 계획을 보고하고 중국 당국과 무선 접촉을 유지하며 중국의 지시를 따르도록 요구했다. 중국의 방공식별구역은 일본이 관할하는 섬들의 상공을 포함했으며 일본의 방공식별구역과 상당히 중복되었다. 미국이 그 새로운 중국의 규칙을 무시하겠다고 말했지만 대부분의 민간 항공사들은 준수했다. 또한 2013년 중국은 미국의 항의를 받지 않으며 남중국해 스프래틀리군도(Spratly Islands, 난사군도)에서 준설 작업을 개시했는데, 이는 중국군의 영구 주둔을 확립하는 대규모 섬 건설 활동의 시작이었다. 2015년 9월 시진핑의 백악관 방문 시 중국은 그 군도를 군사화하지 않을 것이라고 오바마에게 약속했다. 거짓말이었다. 중국이 새로 만든 여러 섬들이 요새화되었고 군용기들이 자주 그 활주로를 사용했다. 시진핑 치하에서 중국 해군과 공군은 대만 인근과 일본 섬 부근에서 더욱 공격적으로 연습했다. 2015년 9월 여러 척의 중국 전함이 베링해협까지 북쪽으로 모험 항해를 하고 알래스카의 미국 영해에 진입했다. 2년 뒤 중국의 소함대가 러시아 함대와의 합동 연습을 위해 발트해로 가는 도중에 지중해에서 연습했다. 한편 중국은 지부티(Djibouti)에 최초의 해외 해군기지를 장만했으며 앞으로 더 추가할 것이다. 왜냐하면 중국이 석유 수송로와 상업적 이익을 보호하기 위해 그리고 힘을 과시하기 위해 해군의 작전지역을 인도양과 아라비아해로 확장하고 있기 때문이다.

군사력은 궁극적인 권력수단이다. 세계 기준에서 볼 때 중국은 미국과 러시아에 뒤지며 핵 역량에서도 한참 떨어진 3위다. 그러나 중국은 세계적 위상을 추구하고 있고 궁극적으로 아시아에서 패권적 군사 대국으로서 미국을 대체하는 것을 지향하고 있다. 그 야망은 몽상이 아니다.

경제력 아주 최근까지도 미국 경제는 중국 경제를 왜소해 보이게 만들었다. 우리는 지정학적 이익을 증진하기 위한 권력수단으로서 경제력을 그리 능숙하게 사용하지 못했다. 1960년대부터 미국은 국가나 개인을 처벌하거나 그들의 행동·정책 변경을 압박하기 위해 주로 제재를 통해 경제력을 사용했다. 어떤 식으로든지 우리의 비위를 거스르는 정부가 있으면 우리가 바로 제재를 때리는 지경에 이르렀다. 우리는 제재를 무기화했으며 우리의 우방과 동맹국 기업들은 물론 미국 기업들도 계속 추적하기 힘들 정도로 제재를 포갰다.

그러나 우리는 당근이 정말 부족하다. 미국 정부는 우리의 국익을 증진하기 위해 미국 경제의 중심인 민간 부문을 동원할 수 없다. 미국 정부는 자국 기업들에게 특정 국가에 투자하라고 지시할 수 없으며, 개발원조(또는 유인책)를 위한 가용 자원이 제한되어 있다. 게다가 우리의 경제원조는 인권 준수, 반부패 활동, 계약 제한 등과 같은 부대조건이 붙어서 제공된다. 또한 수혜국은 종종 당혹스럽게 자국 정부나 지도자의 추태가 미국 의회나 언론의 관심을 끌어 보도될 경우, 일전을 불사해야 한다. 일단 원조가 제공되면 미국 정부는 수혜국 인사들을 포함해 아무도 알지 못하도록 보안을 유지하는 데 너무 신경을 쓰는 것 같다. 다만 아프리카의 '에이즈 구제를 위한 대통령 비상계획(PEPFAR)'은 소수의 예외다.

이와 대조적으로 다년간 중국은 지(地)경제학의 세계에서, 즉 경제적 이익을 추구하면서도 그와 무관한 정치적·전략적 목표를 성취하기 위해 경제적 권력 수단을 사용함에 있어 최고의 전문가가 되었다. 중국의 경제적 권력수단은 개발원조, 무역, 투자, 경제적 강압 등을 포함한다. 중국은 당근과 채찍을 모두 충분히 가지고 있다. 중국의 독재국가 자본주의 구조 덕분에 베이징 정부는 거대한 국유 기업과 은행을 향해 특정 계획에 대규모 자금과 인원을 배분하도록 지시할 수 있으며, 중국과의 협력에 대해 큰 혜택을 약속하기 위해 또는 중국의 정책에 반대하거나 좌절시키려는 정부를 심하게 압박하기 위해 경제력을 지렛대로 삼을 수 있다. 미국이 좋아하는 채찍, 즉 제재의 성공 확률이 높아지려면 대개 다른 국가의 협력을 필요로 한다. 반면에 중국은 드물게 제재를 사용했으며, 그 경우에도 주로 북한, 이란 등을 협상 테이블로 유도하기 위한 국제적 노력의 일환으로 사용했다. 앞으로 미국과 중국이 세계적 권력과 영향력을 놓고 벌일 장기 경쟁에서 중국은 시스템상 경제적 권력수단을 신축적으로 사용할 수 있다는 점에서, 즉 미국보다 더 효과적으로 경제를 지렛대로 삼을 수 있다는 점에서 큰 이점을 가지고 있다. 어떻게 그런지 살펴보자.

시진핑이 2013년 발표한 '일대일로 구상'이 최근까지 세계의 주목을 끌었지만, 중국의 그런 프로젝트 추진은 오랜 역사가 있으며 일대일로도 그 연장이다. 가장 유명한 초창기 프로젝트가 1970~1975년 아프리카의 탄잠(Tanzam) 철도를 건설한 것인데, 내륙국 잠비아와 탄자니아의 다르에스살람(Dar es Salaam)을 연결하는 5억 달러짜리 사업이었다. 30년 무이자 차관이 제공된 그 프로젝트는 마오쩌둥이 1965년 아프리카에서 소련 대신에 영향력을 확보하려는 노력의 일환으로 처음 떠맡은 것이었다. 초기부터 중국의 개발원조와 투자는 일관되게 베이징의 정치적·경제적 이익을 증진하려는 의도였다. 이타주의는 결코 거론된 적이 없다. 타국의 자연재해에 대한 중국의 인도적 원조가 다년간 그 경제 규모에 비추어 터무니없이 적었다는 사실을 주목하라.

윌리엄앤드메리 대학교의 에이드데이터(AidData)에 따르면 일대일로 구상에 앞선 2000~2014년에 중국은 전 세계에 걸쳐 3550억 달러를 프로젝트의 공식 재원으로 제공했으며, 그중 70% 이상이 인프라 재원이었다. 아프리카에서만 2000~2013년에 940억 달러어치의 2300개 중국 프로젝트가 있었으며, 그 절반이 수송, 보관, 에너지, 광산, 건설 등 인프라 프로젝트였다. 중국은 자국의 전략적 목적에 부합하면 누구에게나 원조를 제공하려고 든다. 독재 또는 부패 정부가 반드시 중국의 이점을 누리는 것은 아니지만(다만 그런 정부의 지도자들은 개인적으로 상당한 이득을 보는 것 같음), 그 국내 정책은 중국의 개발원조나 투자의 장애물이 아니다. 독재 정부라도 중국으로부터는 인권, 정치적 자유, 부정부패 등에 관한 성가신 질문을 걱정할 필요가 없다. 그런 종류의 질문은 흔히 미국이나 국제금융기구의 원조와 결부된다.

중국도 잠재적 수혜국에 자신들의 조건을 부과하기는 한다. 에이드데이터에 따르면 유엔총회에서 꾸준히 중국 편에 투표하는 국가는 더 높은 수준의 원조와 투자를 받는 경향이 있다. 또한 중국은 투자 수혜국이 '하나의 중국' 정책을 인정하고 대만과의 모든 관계를 단절하도록 요구한다. 2008년 중국은 코스타리카에 대해 300억 달러의 코스타리카 국채 매입과 결부시켜 그런 조치를 취하도록 유도했다. 중국이 아프리카에 투자한 초기 5년 동안 대만을 승인한 아프리카 국가의 수가 "13개(대만을 승인한 전 세계 국가의 약 절반임)에서 네 개로 줄었다".

중국이 전략적 이점을 위해 원조와 투자를 사용한다는 본보기가 또 있다. 중국은 해외투자의 초창기부터 현재까지 석유, 가스, 광물 등 경제성장을 지속하기 위해 필요한 천연자원 접근을 확보하는 데 주력했다. 중국 기업들이 아프리카에서 광산 등 천연자원을 획득했을 때, 노동력이 주로 중국인인 곳이 많았으며 건설도 중국인이 수행했다. 그리고 환경 피해나 현지 공동체에 미치는 영향에는 거의 관심이 없었다. 현지의 비판이 증가했지만 아주 최근까지도 현지 정치인들이 뇌물을 받았기 때문에 별 영향이 없는 사례가 많았다.

중국의 아프리카 원조 프로그램에는 또한 스포츠 경기장, 고속도로 등의 인프라 프로젝트처럼 세간의 이목을 끄는 시설의 건설이 포함되었다. 대도시에 우뚝 솟아 있는 그런 시설은 흔히 현지인들에게 자랑거리이며, 그들은 방문객들에게 누가 그 시설을 건설했는지 알려준다. 이와 대조적으로 미국이 현지 주민을 돕기 위해 원조 프로그램을 통해 더 많은 일을 했어도 그들은 미국의 역할을 잘 모른다. 클린턴 국무부 장관은 "미국 원조의 가시적 상징물을 거의 찾아볼 수 없었다"라고 논평했다.

그와 동시에 중국은 자국의 이익에 반하는 (정치·군사·경제) 정책을 쓰는 국가를 벌하기 위해, 그리고 그들의 정책 변경을 압박하기 위해 "강압적 경제 외교"를 구사한다. 2010년 영유권 다툼이 있는 센카쿠/댜오위(Senkaku/Diaoyu) 섬 인근에서 중국의 한 저인망 어선이 일본의 해안경비정 두 척과 충돌했다. 일본이 중국인 선장을 체포했다. 이에 대한 보복으로 중국은 희토류 광물의 일본 수출을 제한했는데 그것은 일본의 산업, 특히 전자부품 생산에 중요한 광물이었다. 또 2010년 중국의 반체제 인사 류샤오보(Liu Xiaobo)가 노벨 평화상을 받은 후, 노르웨이 정부가 노벨상 수상자 선정에 아무런 역할을 하지 않는다는 사실에도 불구하고 베이징은 노르웨이산 연어 수입에 엄중한 제한을 가했다. 그 결과 2011년 노르웨이산 연어 수입이 60% 감소했다. 2012년 필리핀 군함이 분쟁 지역인 스카버러 암초(Scarborough Shoal) 부근에서 중국인 어부들을 체포했다. 이에 대한 보복으로 중국은 필리핀산 바나나 수입을 거부하고 다른 열대 과일 수입도 둔화시켰으며 중국인의 필리핀 관광을 억제했다. 베이징은 양국이 그 암초 주변에서 자국 선박들을 철수시키기로 합의한 후에야(중국 어선들은 그 합의를 위반해 잔류했음) 누그러졌다. 2016년 한국이 미국의 사드[Terminal High-Altitude Area Defense(THAAD), 종말단계 고고도 지역방어] 미사일 시스템을 배치하기로 동의했을 때, 중국은 서울에 대해 관광 축소, 자동차와 같은 일정 범주의 수입품에 대한 제한 등 다수의 경제적 강압 조치를 취했다. 또한 중국은 해고 규정을 위반했다는 이유를 들어 중국 내 한국인 소유의 90개 롯데마트 점포를 폐쇄했다(롯데는 사드 배치 부지를 제공했음).

중국은 세계 80개국 이상(중국 측의 주장은 130개국임)의 최대 무역 상대국이다. 베이징의 경제적 영향권이 세계적으로 계속 확대됨에 따라, 쌍무적인 강압 경제 조치를 사용하는 것도 독특한 정치적 권력수단으로서 그 중요성이 증가할 것이다. 1950년대와 1960년대 이후 미국은 경제적 레버리지를 그와 무관한 정치적 목적을 위해 사용하는 일이 좀처럼 없었다. 그러다가 도널드 트럼프가 등장해 멕시코에 대해 미국 남부 국경 쪽의 불법 이민 문제를 해결하지 않으면 가혹한 관세를 부과하겠다고 위협했으며 튀르키예에 대해서도 수감된 미국인 목사를 석방시키기 위해 비슷한 위협을 가했다.

이 영역에서 야심과 규모 면에서 2013년 가을 발표된 시진핑의 일대일로 구상과 비견될 만한 것이 없다('일대'는 중국을 중앙아시아, 남아시아, 중동, 유럽과 연결시키는 중세의 비단길을 대체로 따라가는 육상 수송로를 가리킨다. 다만 일대는 동남아시아도 포함한다. '일로'는 중국을 오세아니아, 동남아시아, 남아시아, 중동, 유럽과 연결하는 해로를 가리킨다). 일대일로의 핵심은 인프라 건설, 즉 철도, 고속도로, 전력망, 공항, 산업 단지 등의 프로젝트로 거대한 네트워크를 구축하는 것이다. 중국 측에 따르면 2019년 4월 기준으로 115개국이 파트너 계약을 체결했다. 일대일로의 전체 비용은 1조 달러를 상회할 것으로 예상된다.

일대일로는 서방에서 말하는 개발원조와는 거리가 멀다. 대부분의 프로젝트 재원이 중국 은행과 국유 기업의 차관 형태로 제공된다. 2016년 중국 은행들은 400여 개의 일대일로 프로젝트에 대해 500억 달러 이상의 차관을 제공했다. 게다가 2013년 10월 시진핑은 일대일로 발표와 더불어 아시아인프라투자은행 창설을 제의했다. 2015년 6월 베이징에서 50개 창설 회원국이 그 은행의 설립 정관에 서명했으며 이듬해 1월 은행 업무가 개시되었다. 필자가 앞서 언급했듯이 우리의 아시아와 유럽 동맹국들 다수가 그 은행에 가입했음에도 불구하고 오바마 대통령이 동참을 거부한 것은 큰 전략적 실수였다.

중국은 차관 수혜국에 대해 부정부패와 인권침해와 관련한 조건은 붙이지 않아도 경제적 조건은 반드시 붙인다. 예를 들어 수혜국은 대개 프로젝트 건설을 위해 중국 기업을 쓰도록 의무화되는데, 중국 차관의 70%가 중국 기업의 참여와 연계되어 있다. 2015~2017년 중국은 자국 기업에 6700억 달러의 수출 금융을 제공했다. 그에 비해 미국수출입은행은 81년 역사를 통틀어 모두 5900억 달러를 미국 기업에 대출했다.

일대일로 구상의 규모와 범위를 보여주는 몇 가지 사례를 보자. 중국·파키스탄 경제 회랑을 만들기 위해 중국은 신장위구르자치구의 카슈가르(Kashgar)와 파키스탄 항구 과다르(Gwadar) 간 1800마일에 재원을 투입해 고속도로, 고속철도, 송유관을 건설 중이다. 중국은 과다르항을 크게 확장한 후 40년 동안 항구 수입의 90% 이상을 수취할 예정이다. 파키스탄 내 프로젝트의 총비용은 620억 달러에 이를 것으로 추산된다. 중국의 코스코(COSCO) 해운 회사는 카자흐스탄 내 호르고스 관문(Khorgos Gateway)을 건설하는 데 투자했다. 그 관문은 중국, 중앙아시아, 유럽을 오가는 화물을 처리하는 환적 허브로 거대한 육상 항구다. 중국은 스리랑카 함반토타(Hambantota)에 공항과 큰 항구를 건설하고 수도 콜롬보와 연결하는 고속도로도 건설했다. 중국 노동자들은 이란의 간선철도를 현대화하고 있는데, 하나는 테헤란에서 투르크메니스탄과 아프가니스탄으로 가는 노선이고 다른 하나는 테헤란에서 마슈하드를 거쳐 남부의 여러 항구로 가는 노선이다. 중국 노동자들은 또한 케냐, 나이지리아, 인도네시아, 라오스, 말레이시아 등에서도 철도를 건설하고 있다. 2018년 9월 시진핑은 베이징에 모인 아프리카 40여 개국 지도자들에게 중국이 600억 달러의 신규 자금을 추가로 제공하겠다고 약속했다. 중국은 또한 카이로 동쪽 사막에 건설 중인 이집트의 새 수도의 개발업자인 동시에 자금줄이다. 2017년 10월 체결된 협정에 따라 중국은 신도시의 중심 업무 지구를 건설하면서 중국 은행들의 차관을 통해 자금을 대고 있다. 역시 그 차관의 의무 조항에 따라 이집트는 중국건축공정총공사(CSCEC)에 그 공사를 맡겼다.

중국이 투자해 현재 운영하고 있는 항구와 터미널은 30여 개국의 수십 개에 이른다. 중국은 태국과 에티오피아에 공업단지를 건설해 주로 중국 공장들을 입주시켰다. 2018년 말 현재 중남미 15개국 정부가 일대일로 관련 협정에 서명했는데, 거기에는 이미 시작된 인프라 프로젝트도 예시적으로 포함되었지만 곧 아르헨티나·페루·브라질의 철도 프로젝트, 브라질의 대형 댐, 칠레와의 태평양 횡단 광섬유 케이블 등이 추가되었다. 카리브 해역 다섯 나라가 일대일로 자금을 받기 위해 서명했는데, 이는 중국이 카리브 국가들의 인프라 프로젝트를 위한 개발 차관으로 30억 달러를 제공하겠다는 시진핑의 2013년 발표보다 더욱 확대된 것이었다. 유럽에서 이탈리아가 일대일로 참여국으로 서명했다. 중국은 몬테네그로에서 철도를 건설하고 있고, 세르비아에서도 교량과 철도를 건설하면서 전기·전화 시스템을 현대화하고 있다.

　　여러 동인이 일대일로를 추동하고 있다. 규모와 범위 면에서 중국은 거의 두 세기 만에 처음으로 세계 무대에서 선도적 역할을 되찾았다고 세상에 공표했다. 그 역할이 더욱 중요해진 것은 2008년 미국의 경제 위기 이후 그리고 미국이 세계적 책무를 축소하려고 한다는 인식이 늘어나면서다. 일대일로는 믈라카해협과 같은 병목 구간을 피하는 육로를 개발함으로써 석유 등 필수 수입품의 중요한 수송로를 보호할 기회를 제공한다. 일대일로는 중국이 수많은 나라에 대해 정치적·경제적 영향력을 행사할 경제적 길을 열어주며 이는 주로 미국을 대체하는 것이다. 장기적으로 중국의 인프라가 구축된 후 일대일로 프로젝트는 국유 기업들에게 콘크리트, 철강 등 원자재의 과잉 공급을 활용할 수단을 제공하며, 해외 건설 프로젝트에 투입될 수 있는 노동자들에게는 일자리를 제공한다. 많은 일대일로 프로젝트 속에 중국 서부의 인프라 개발이 포함되어 있다. 중국 서부에서 베이징이 추구하는 목표의 하나는 그 프로젝트를 활용해 그곳 위구르(Uighur) 무슬림들의 저항을 약화시키는 것이다. 더욱 효과적인 통제와 억압 그리고 경제성장을 통해 그들의 저항을 약화시킨다는 것이다.

　　중앙아시아가 일대일로의 특별한 초점인 것은 중국이 카자흐스탄, 아제르바이잔, 투르크메니스탄, 이란, 중동, 유럽 등지로 오가는 상업 활동과 에너지 수송을 위해 육로를 개척하고 있기 때문이다. 중국과 러시아가 서로 협력하고 공조한다는 모든 공언에도 불구하고, 러시아가 구소련(과 그 전의 러시아제국) 공화국들과 가진 역사적 관계를 중국이 잠식해 가기에 마찰은 불가피하다. 블라디미르 푸틴이 크림반도를 장악하고 동부 우크라이나를 점령함으로써 역내 지도자들, 특히 카자흐스탄 지도자들은 등골이 오싹했을 것이다. 카자흐스탄은 우크라이나와 마찬가지로 1994년 영토 보전을 '보장'받는 대신에 핵무기를 포기했다. 카자흐스탄에는 인구의 21%를 차지하는 400만 명의 러시아계 주민이 살고 있다. 그리하여 중앙아시아 국가들은 러시아와 오랜 관계가 있지만 러시아를 두려워하기도 한다. 이는 일대일로 프로젝트의 경제적 혜택 말고도 그들이 중국과의 긴밀한 관계 증진을 바라는 이유를 설명한다.

시진핑은 푸틴을 "최고의 친구이자 동료"라고 불렀지만, 누가 우위에 있는지는 의심의 여지가 없다. 중국 경제는 (구매력평가 기준으로) 러시아의 여섯 배 규모이며 중국은 러시아산 석유·가스의 거대한 시장이다. 중국이 기술과 비즈니스 면에서 우위에 있다는 사례를 보자면, 화웨이(Huawei)가 러시아의 5G 망을 구축할 예정이다. 중국이 러시아에 투자하는 것은 거의 없으며, 양국을 묶어주는 주된 고리는 자유민주주의와 미국에 대한 공동의 적대감이다. 이러한 협업은 정략적 동맹이지만 미국 등 민주국가에 더 많은 도전을 안길 것이다. 러시아, 중국, 미국 간 삼각관계에서 1972년 이후 처음으로 중국이 우위를 점한 것으로 보인다. 적어도 지금은 그렇다.

혹자의 주장에 따르면 일대일로에 힘입어 베이징은 장기적으로 수십 개국에서 공항, 발전소, 통신시스템뿐 아니라 중국의 해군 함정을 지원할 수 있는 수십 개의 항구를 장악할 황금의 기회를 얻게 되고 나아가 미국과 서방을 경제적·정치적·군사적으로 불리하게 만들 다수의 레버리지를 갖게 된다. 다른 주장에 따르면 중국은 장기적인 수익을 기대하고 있으며, 보다 직접적이고 현대적인 교역로를 개척하는 것은 그 동반 국가의 경제를 향상시키고 중국 경제의 건강한 성장을 지탱시킬 것이다. 또한 일대일로에 힘입어 중국은 중국국제상사법원(Chinese International Commercial Court)과 같은 기관을 통해 일대일로 프로젝트에 따른 청구권 분쟁 해결과 기타 상업적 이슈 해소를 통제할 기회를 갖게 될 것이다. 특히 중국인 일색으로 구성된 중국국제상사법원은 2018년 설립되어 널리 인정되는 (세계은행과 같은) 서방의 분쟁 해결 기관과 별개다. 실무상으로 두 군데서 활동하는 그 법원은 선전(Shenzhen)과 시안(Xi'an)에 각각 소재한다.

일대일로에 대한 가장 강력한 비판은 프로젝트에 쓰일 중국 차관이 개도국에게 너무 많은 채무를 지게 한다는 점이다. 이에 따라 경제적 파장이 발생할 뿐 아니라 — 중국이 스리랑카에 건설한 항구와 공항처럼 — 한 개도국이 채무를 상환할 수 없을 때 중국이 그 국가의 인프라를 통제하게 된다. 2018년 반발이 시작되었는데, 파키스탄과 말레이시아에서 새로 선출된 지도자들이 일대일로 프로젝트를 통해 너무 많은 빚을 졌으며 중국에 이용당했다고 전임자들을 비난했다. 또한 일대일로 프로젝트는 으레 현지인보다는 중국인 노동자들을 주로 고용하며 환경·노동 기준이 낮은 편이다. 앞서 언급했듯이 중국은 세계 최악의 일부 독재 정부와도 기꺼이 비즈니스를 하며 난처한 질문을 전혀 하지 않는다. 끝으로 베이징에서 은밀하게 표출되었을 사건이지만 중국 밖으로 널리 전파된 비판론은 다수의 큰 프로젝트가 경제적·재정적으로 타당성이 없으며 결국 수혜국이 원망하고 중국 자신도 원하지 않는 흰 코끼리가 될 것이라는 점이다. 그렇게 되면 중국 은행들과 국유 기업들이 회수 불가능한 채무를 떠안게 될 것이다.

시진핑 주석은 이러한 비판에 대응해 일대일로 프로젝트의 선정 절차를 조정했다. 그는 2018년의 한 연설에서 앞으로 일대일로를 더욱 신중하게 협의를 거쳐 추진하겠다고 발표했다. 아시아인프라투자은행 총재 진리췬(Jin Liqun)이 2019년 4월 중국 시공사들에게 부정부패에 연루되지 말라고 당부했다. 파키스탄과 말레이시아에서의 프로젝트는 양국의 새 지도자들의 비판에 대응해 규모를 축소하고 가격도 내렸다. 중국은 또한 주요 국제 금융기관에 인프라 프로젝트와 관련된 모범 실무 개발을 도와달라고 요청했다. 시진핑은 그해 4월 한 연설에서 외국과 민간 부문의 협력사에 일대일로에서 더 큰 역할을 맡도록 요청했다. 그는 "우리는 개방적이고 깨끗한 녹색 협력을 추구할 필요가 있다"라며 "널리 인정되는 규칙과 표준"을 채택하겠다고 약속했다. 그는 또 "우리는 일대일로 투자와 재정에 다자·국제 금융기관의 참여를 환영하며 제3의 시장 협력을 추진"한다고 부언했다. 시진핑의 연설에 앞서 이강(Yi Gang) 중국인민은행 총재는 '채무 함정(debt trap)' 이슈와 관련해 의사결정 시 "일국의 총채무 역량을 고려해야" 한다고 말했다.

실제로 중국은 상환 문제와 관련해 꽤 융통성을 보였다. 2019년 보고서에 따르면 중국이 24개국과 40차례 채무 재협상을 벌였는데, 약 500억 달러의 채무 탕감, 상환 연기, 재조정이 이루어졌다. 지금까지 중국은 미지급을 이유로 한두 프로젝트만 몰수했는데 여기에는 전술한 스리랑카 공항이 포함되었다. 시진핑 등 중국 지도자들이 문제점을 시정하고 비판을 가급적 최소화하기 위해 일대일로를 조정했음에도, 시진핑은 일대일로를 자신이 남길 주요 업적으로 보고 계속 전력투구할 것이 틀림없다. 사실 2017년 10월 제19차 당 대회에서 시진핑은 일대일로를 중국 헌법 속에 명문화시켰는데, 이는 그 중요성과 예상되는 장기적 역할을 강조한 것이었다.

추진 동기와 실책이 어떻든 한 가지는 확실한바, 일대일로는 엄청나게 도전적인 세계적 규모의 권력수단이다. 그 주된 이유는 미국 정부는 그처럼 거대한 프로그램과 경쟁할 권한이나 역량을 가지고 있지 않기 때문이다. 문제는 미국이 우리의 강점인 민간 부문에 의지하는 이 분야에서 새로운 수단을 개발할 수 있는지 여부다. 2018년 민간의 개발 프로젝트 자금을 지원하기 위해 600억 달러 기금의 미국 국제개발금융공사가 설립된 것은 좋은 출발이지만, 개도국에 대한 미국의 민간투자를 진작하기 위해서는 더 많은 창의력이 필요하다. 게다가 트럼프 행정부가 미국국제개발처 예산을 삭감하려고 계속 시도한 것은 미국 정부가 개발원조 무대를 포기하고 있고 따라서 시장과 영향력 쟁탈전이 벌어지는 들판에서 중국이 마음껏 달리도록 하고 있다는 잘못된 신호를 여러 나라에 강하게 보냈다.

전술했듯이 중국이 자국 내에서 사업을 하려는 외국인을 규율하고 체계적으로 불리하게 만드는 일련의 규칙, 규제, 관행을 수립하고 집행했음에도 불구하고, 많은 미국 기업이 중국에서 사업을 벌여 큰돈을 벌었다. 수십 년 동안 미국 기업들은 경제 관계 확대와 쌍무 관계 긴밀화를 공공연히 지지했다. 그러나 기술이전 강요 등의 관행이 일부 완화되었음에도 불구하고 최근 들어 중국에서 일상적인 사업 경영이 힘들고 불공정한 정책이 지속됨에 따라 쌍무 관계를 성원하던 미국 기업들도 회의적인 쪽으로 돌아섰다. 대체로 말해 재계 지도자들은 더는 워싱턴에서 미·중 관계를 위한 정치적 안전망이 아니다. 2018~2019년 트럼프 대통령이 시작한 양국 간의 이른바 관세전쟁은 단순히 더욱 커지는 무역수지 격차만 둘러싸고 벌어진 것이 아니라 미국이 사업 기회의 상호주의를 성취하기 위한 중국의 구조적 변화를 요구하면서 벌어진 측면이 더 중요하다. 두말할 필요도 없이 중국은 경제 무대에서의 효과적인 권력수단을 대표하는 일방적 우위를 쉽게 포기하지 않았다. 상호 유해한 양국 간의 무역 전쟁은 그에 따른 결과였다.

사이버 역량　중국은 세 번째 위협적인 권력수단으로서 사이버 역량을 광범위하게 개발하는 데 상당한 자원을 투입했다. 인민해방군의 주된 사이버 조직으로 10만 명 이상의 인원을 거느린 61398부대는 국가보안부와 함께 미국 등 타국 기업과 정부 기관을 다년간 수없이 공격했다. 그 부대는 소프트웨어 소스 코드(source code), 영업 비밀, 인사 기록, 기술, 무기 설계 등 군사첩보를 훔쳤다. 정말이지 그 부대는 중국 정부가 알고 싶어 하는 것을 거의 모두 훔쳤거나 훔치려고 시도했다. 2015년 오바마 대통령과 시진핑 주석이 무역과 영업 관련 해킹을 중지하기로 합의했지만, 그에 따른 공격의 소강상태는 잠시였다. 중국은 전력망과 같이 중요한 인프라를 무력화할 수 있는 정교한 사이버 무기를 개발했으며, 인공지능의 조력을 받는 무기 체계를 개발하는 데 상당한 자원을 투입하고 있다. 미국의 국방 기획관들은 중국이 우주 기반의 통신·정보 위성뿐 아니라 미국의 첨단 무기도 무력화하기 위해 사이버 공격을 군사적으로 사용할 역량을 개발하고 있다고 크게 우려하고 있다.

중국은 또한 일대일로 구상을 확장해 디지털 실크로드를 그 일부로 개발했는데, 이는 전 세계 각국에 디지털 인프라를 공급하려는 것이다. 2019년 초 기준으로 중국은 그런 프로젝트에 약 790억 달러의 출연을 약속했다. 이러한 활동의 중심에 있는 화웨이는 중국 으뜸의 통신 회사로 수십 개국과 계약을 체결할 수 있었다. 그 주된 요인은 서방의 경쟁사들보다 훨씬 낮은 가격을 제시할 수 있는 화웨이의 능력이었다. 미국 등 각국 정부는 그 문제를 뒤늦게 인식하고 화웨이의 팽창을 저지하려고 시도했지만 대체로 성공하지 못했다. 그런 시도는 독재 정부가 자국민을 감시하고 통제하기 위해 화웨이 장비를 사용할 수 있다는 우려는 물론이고, 중국 정부가 세계 각국에 대한 사이버 접근을 확보하기 위해 화웨이 장비를 사용할 것이라는 우려에서 비롯되었다.

중국만 사이버 역량을 개발하는 것은 아니다. 그러나 중국이 겨냥하는 경제적·사회적·정치적·군사적 표적의 범위와 중국이 기울이는 노력의 크기로 볼 때, 중국은 이 무시무시한 권력수단의 개발과 사용을 추구하는 국가들 가운데 최상위에 속한다.

전략적 소통   자국에 대한 인식을 형성하고 국익을 증진하기 위한 커뮤니케이션 전략과 기관이 매우 포괄적이고 광범위하다는 점에서 중국에 필적할 만한 국가는 미국 등 어디에도 없다. 언론계, 교육계, 시민사회 단체, 연예계, 재계 등이 모두 그런 활동에 관여한다.

2000년대 초반 미국 정부의 미디어 활동이 바짝 말랐던 기간에 후진타오는 "여론의 유리한 사회적 환경과 분위기를 조성하려는 목적에서 현대적 미디어

시스템을 구축하고 국내와 세계에 서비스하는 뉴스 미디어의 힘을 제고하기 위해" 70억 달러를 출연했다. 그리고 중국은 다양한 채널의 국제 미디어 진출을 엄청나게 늘리기 시작했다. 에이드데이터(AidData), 전략국제문제연구소(Center for Strategic and International Studies, CSIS), 아시아협회(Asia Society)가 공동 주관한 2018년 연구에 따르면, 뉴스 보도를 기준으로 신화통신(Xinhua News Agency)은 여덟 개 언어로 콘텐츠를 전달하는 180개 지국으로 성장했으며 텔레비전과 소셜 미디어를 통해 그 범위를 넓혔다. 중국중앙텔레비전(China Central Television, CCTV)은 70여 개 해외 지국을 통해 171개국에 송출하고 있고, 중국라디오인터내셔널(China Radio International, CRI)은 세계 제2대 라디오방송사로 64개 언어로 방송한다. 중국 기업들은 많은 국가, 특히 아프리카의 국내 대중매체 주식을 — 과반수 소유권마저도 — 자주 매입한다.

대중매체에 관한 한 중국과 서방 간의 운동장은 심하게 기울었다. 중국의 텔레비전, 라디오, 웹사이트, 출판물 등은 미국에서 쉽게 이용할 수 있지만, 중국 내 상호주의는 전혀 보이지 않는다. 미국 회사는 중국에서 텔레비전 방송을 운영할 수 없고, 미국 출판물은 패션과 비즈니스를 다루는 것만 허용되며, 페이스북, 트위터(Twitter), 구글 등의 서비스 접근은 봉쇄되어 있다. 마찬가지로 중국은 선전물을 전파하기 위해 국외에서 페이스북 같은 매체를 행복하게 활용한다. 2018년 중국의 뉴스 페이지는 3억 7000만 개의 '좋아요'를 산출했다.

중국의 언어와 문화를 진흥한다는 표면상의 목적하에 대개 현지 대학교와 제휴해 설립되는 공자학원은 중국의 메시지를 국제적으로 전파한다. 중국 정부가 모든 공자학원을 통제하며 대부분의 강사를 파견한다. 2004~2018년 세계적으로 525개 이상의 공자학원이 설립되었으며 1000개 이상의 초등·중등 학교에 공자교실(Confucius Classroom)이 개설되었다. 2019년 중반 현재 미국 내 83개 대학교 캠퍼스에 공자학원이 있으며 공립학교 구역에 여섯 개가 더 있다. 미국, 호주 등지에서 공자학원이 점차 논란이 된 것은 공자학원이 중국의 선전 수단이자 현지 대학교 내 중국인 유학생들을 감시하는 수단에 불과하다고 보기 때문이다. 나아가 공자학원이 교직원과 대학교 자체에 대해 대만, 티베트, 파룬궁, 위구르족 억압, 천안문광장 등과 같은 민감한 주제를 피하도록 ─ 아니면 중국의 방침을 따르도록 ─ 직간접의 압력을 행사하기 때문이다. 그러한 논란이 빚어진 결과 미국 내 수십 개의 공자학원이 폐쇄되었다. 그럼에도 불구하고 공자학원은 여전히 중국의 전략적 소통과 전달의 중요한 활동 요소다.

미국은 중국 내에 공자학원에 대응되는 기관을 세우려고 노력했다. 2012년까지 국무부는 미국의 24개 대학교에 각각 10만 달러를 지원해 여러 중국 대학교에 미국문화원을 설립하도록 했다. 국무부가 프로그램 편성을 전적으로 각 대학교에 맡겼는데, 그들은 재즈밴드, 댄스 그룹, 민속예술단 등 미국 문화를 대표하는 사람들과 계약을 체결했다. 2015년까지 미국문화원은 중국 정부의 주시를 받았으며, 곧이어 중국의 대학들이 미국에서 오는 문화단과 강사들을 금지했다. 베이징이 심사를 강화하고 워싱턴의 지원은 없어지면서 미국 대학들이 곧 협력 의욕을 상실했다. 국무부는 그 프로그램을 폐지할 때까지 29개 미국문화원에 500만 달러를 지출했다. 그 가운데 10개 미국문화원이 다시 개관하지 못했지만, 미국 내 공자학원은 대부분 여전히 운영되고 있다.

대중매체와 관련해 서방의 비정부기구들이 중국에서 다수의 장애물에 부딪치고 있다. 시민사회 단체, 종교 단체, 싱크 탱크 등은 활동이 제한받거나 아예 봉쇄되며 모두 엄중한 감시를 받고 있다. 2017년 1월 새 법률이 발효되어 중국 내 비정부기구들은 공안부에 등록해 활동을 허가받아야 하고 중국 내에서 모금할 수 없게 되었다. 그 법률이 제정되었을 때 중국에는 약 7000개의 외국 비정부기구가 있었으나 2019년에는 400개에 불과했다.

미국은 여전히 외국인 대학생들(매년 약 100만 명)의 주된 행선지지만, 중국은 외국인 학생들의 국내 유학을 그들에게, 특히 개도국과 일대일로 협력 국가에서 온 학생들에게 영향을 줄 기회로 본다. 중국 내 교환학생의 수는 2002년 8만 5000명에서 2016년 44만 2000명으로 급증했다. 그 가운데 약 40%가 동아시아·태평양 지역 출신인데, 단일 국가로는 한국인 유학생이 7만 명이 넘어 가장 많다. 베이징은 가장 유망한 학생과 미래의 지도자들을 유치하기 위해 풀브라이트(Fulbright) 장학금이나 로즈(Rhodes) 장학금과 경쟁할 장학제도까지 만들었다. 중국이 정책적으로 두 팔을 벌리고 있을 때 다수 국가의 학생들이 미국 입국 허가를 받기는 점차 어려워지고 있다.

최근 각국 지도자와 정부의 태도와 정책에 영향을 미치려는 중국의 활동이 서방 정부의 강한 반발을 불렀는데, 예를 들어 중국이 정치과정에 개입해 문란하게 했다는 비난을 샀다. 가장 악명이 높았던 사례로 2017년 호주에서 중국이 정치와 대학교에 광범위하게 간섭했다는 폭로가 있었다. 중국 기업인들이 다년간 주요 정당과 개별 정치인들에게 500만 달러 이상의 상당한 금액을 기부한 것으로 보인다. 게다가 협조자들이 호주 내 중국인 유학생들의 시위 참여 등 활동에 관해 베이징에 보고했음이 정부 수사로 드러났다. 중국의 국유 언론사와 친중 기업인들이 호주의 중국어 매체를 인수했다. 2017년 9월 ≪파이낸셜타임스(Financial Times)≫ 보도에 따르면, 한 뉴질랜드 국회의원이 다년간 중국의 스파이 대학에서 가르쳤으면서도 그 사실을 신고하지 않았다. 2010년 캐나다 정보기관의 보고에 따르면, 일부 지방정부의 각료와 공무원들이 중국의 영향력 공작 협조자였다. 그리고 2017년 12월 독일 정보기관은 중국이 소셜 미디어를 통해 정부 관리 등 1만 명의 독일 국민과 접촉해 "첩보 수집과 포섭 대상자 물색"을 시도했다고 비난했다. 영국 등 다른 국가도 정치인들을 포섭하려는 중국의 시도를 보고했다.

마이크 펜스 부통령은 2018년 10월 4일 연설에서 "미국 민주주의에 대한 중국의 간섭"을 비난했다. 그는 "중국이 관세와 같은 정책 문제에서 연방과 지방 간의 이견을 이용하기 위해 주·지방의 정부와 관리들을 겨냥하고 있다"라고 주장했다. 펜스는 나아가 중국이 자국 정책에 대한 미국인의 인식을 바꾸기 위해 비밀공작원, 가장 단체, 선전 매체를 동원했다고 말했다. 펜스 부통령은 중국이 미국 내에서 영향력을 행사하려는 모든 방식을 목록으로 정리했는데, 중국을 긍정적으로 묘사하도록 할리우드에 가한 압력부터 미국 내 선전 매체에 거액을 지출한 것까지 다양했다. 특히 베이징은 미국 내 '중국인학생·학자협회 (CSSA)'를 동원해 당 방침에 어긋나는 유학생들에 관해 보고를 받았으며, 중국에 거슬리는 관념을 회피하는 대학과 학자들에게 자금을 댔다.

선진국 정부의 지도자들이 국민들에게 중국의 활동에 관해, 즉 중국의 메시지를 전파하고 외국의 여론에 영향을 미치며 간섭한다고 경고하더라도, 중국이 동원하는 엄청난 노력과 여러 메커니즘 때문에 방어하기 힘들 것이다. 중국은 여론에 영향을 주기 위해 계속해서 대중매체를 매입하거나 활용하고 전 세계에서 운용하고 있는 문화·교육 프로그램을 이용할 것이다. 베이징이 여러 국가에 대해 정치적 메시지의 전달을 촉진하기 위해 그 경제력을 지렛대로 삼을 수 있는 능력은 점차적으로 가장 효과를 발휘할 것이다. 중국의 전략적 소통 프로그램은 풍부한 자금과 중앙 집중식 지시에 힘입어 침투성이 강한 권력수단이 되고 있다.

과학·기술   중국의 대학과 연구소들이 1966~1976년 문화혁명 기간에 거의 파괴되어 중국의 과학·기술 공동체에 재앙적인 결과가 초래될 것이 충분히 예견되었다. 그러나 1970년대 말 이후 중국의 지도자들은 장기적으로 자국을 세계 과학·기술 연구·개발의 선두에 올려놓으려는 전략을 꾸준히 추진했다. 덩샤오핑은 1970년대 말 그 회복에 착수하면서 중국 학생들이 해외에서 과학·공학 학위를 취득하도록 장려했다. 그리하여 그들 다수가 미국의 최고 대학교로 유학했다. 처음부터 중국은 서방과 일본의 기술을 훔치기 위해 엄청난 노력을 기울였는데, 특히 첨단 실험실의 연구원과 대학원생들을 활용했다.

그와 병행하는 중국의 전략은 미국의 과학·기술 역량과 경쟁하고 궁극에는 추월할 국내 역량을 구축하는 것이었다. 2001~2014년 중국은 1800여 개의 대학을 신설하고 약 500만 명의 과학·기술·공학·의학 졸업생을 배출했는데 "이 수치는 미국의 약 10배 수준"이었다. 중국의 연구·개발 투자는 2000~2010년 매년 20% 이상 증가하고 2010~2015년에는 매년 약 14% 증가했지만, 미국의 연구·개발 지출은 같은 기간에 약 4% 증가율을 기록했다. 2015년까지 중국은 매년 연구·개발에 4000억 달러 이상 지출하고 있었다[미국 정부는 2017년 기초·응용 연구에 665억 달러를 지출했으며 그 절반가량이 국립보건원(National Institutes of Health, NIH)에 배정되었다. 컴퓨터, 인공지능, 물리학 등의 연구에 대해 대부분의 연방 기금을 집행하는 국립과학재단(National Science Foundation, NSF)은 2017년 겨우 56억 달러를 받았다. 물론 여기에 포함되지 않는 비(非)연방 기금이 민간 부문과 대학의 연구로 간다]. 덩샤오핑이 장려했던 해외 유학생들 다수가 현지에 잔류했기 때문에 중국은 그 소중한 자원을 일부라도 회수하기 위해 2008년 '천인(千人)계획'을 시작했다. 유학생들을 귀국시키려는(그리고 외국인 학생과 엔지니어를 유치하려는) 그 계획은 고액의 보수와 자금이 풍족한 실험실 제공을 약속했다. 그 결과 수천 명이 귀국했다.

과학·기술의 성취는 경제성장을 가속화하고 첨단 군사 역량을 발전시킨다는 점에서 효과적인 권력수단이다. 그 성취는 또한 대외적으로 위신을 높이고 국내에서는 국민적 자긍심을 고취한다. 그 점에서 중국의 투자는 결실을 맺었다. 중국은 세계 최강의 500대 슈퍼컴퓨터 중 200대를 보유하고(미국은 60여 대 보유함), 최대의 선싸밍원경을 만들었으며, 달 이면에 우주선을 착륙시킨 유일한 국가이고, 원숭이를 — 그리고 인간을 — 복제한 것을 자랑할 수 있다. 이제 중국은 세계에서 가장 많은 신규 특허를 등록하고 있고, 출간된 과학 논문의 수에서 미국을 능가했다. 2015년 리커창 총리가 발표한 '중국제조 2025' 계획은 반도체, 5G 이동통신 장비, 로봇, 바이오 의약품, 전기 자동차, 우주선, 소재 등 10대 핵심 산업에서 자급자족을 목표로 설정했다. 베이징은 또한 2035년까지 인공지능, 양자 컴퓨팅, 바이오 과학 등과 같은 기술에서 글로벌 리더가 되겠다고 나섰다.

수치의 이면과 인상적인 발전의 겉치레를 들여다보면 중국의 성과는 그리 대단한 것이 아니었다. 중국의 신설 대학 일부는 학위 공장에 불과하다. 발간된 중국의 과학 논문 가운데는 저급한 것이 많으며, 많은 특허가 획기적인 것이 아니고 조금 개선하거나 수정한 것이다. 한 전문가의 지적대로 "개입주의적인 정부 관료제, 육중한 국유 기업, 경직된 학교 시스템, 특히 개인의 자유에 대한 가혹한 제한 등이 계속해서 독립적인 사고와 창의력을 질식시키고 나아가 중국이 혁신 잠재력을 충분히 실현하는 데 제약을 가할 것이다".

그렇기는 하지만 많은 분야에서 중국의 과학·기술은 탁월하며 일부 전문가의 예측에 따르면, 10~15년 후에는 중국의 과학·기술 부문이 전체적으로 미국과 대등하게 될 것이다. 한편 달 착륙과 같은 고도의 성취, 세계 5G 이동통신의 성공적 지배, 인공지능, 극초음속과 같은 군사기술, 바이오 과학에서의 돌파구가 열리면 중국이 일부 분야에서 미국을 따라잡고 있거나 미국보다 앞서며 2050년까지 과학과 기술 전반에 걸쳐 미국을 능가할 계획이라는 중국 측 주장을 모두 뒷받침할 것이다.

소련은 1957년 최초의 인공위성을 발사했을 때 상당한 국제적 위신을 획득했다. 그것이 미국의 투자에 엄청난 자극제로 작용한 결과, 이후 35년 동안 미국의 과학·기술 부문이 꾸준히 성장해 소련을 능가하게 되었다. 이와 대조적으로 이 분야에서 중국의 도전은 장기적으로 훨씬 더 강력할 것인바, 그 이유는 중국의 고수준 투자는 계속되는 동시에 기초·응용 연구에 대한 미국 정부의 투자는 계속 감소할 것이기 때문이다. 2019년 1월 미국 국가정보장의 《세계위협평가(Worldwide Threat Assessment)》 보고서를 보면 "지난 20년 동안 과학·기술에서 미국의 우위는 상당히 잠식되었다. 그 우위를 가장 현저하게 잠식한 중국은 여러 분야에서 한참 앞서 있다"라고 했다. 미국과의 세계적 경쟁이라는 관점에서 볼 때, 중국의 지속적인 연구·개발 투자에 따른 경제적·군사적 결과는 그 분야에서 중국의 힘이 커지고 있다는 인식과 더불어 베이징에 상당한 국력수단을 안겨준다.

이데올로기 사회와 거버넌스를 위한 호소력 있는 이데올로기로서의 공산주의는 죽었으며 중국에서도 죽었다. 중국공산당은 독재 통치를 유지하기 위한 편리한 수단이지만, 앞서 언급한 대로 중국공산당이 주장하는 정당성의 유일한 논거는 중국 국민의 생활의 질이 꾸준히 향상되고 있다는 점이다. 중국공산당이 문자 그대로 수억 명을 빈곤에서 구제하고 중산층을 급격하게 확대하는 데 성공한 것은 소득 불평등의 심화에도 불구하고 현실이다. 마찬가지로 중국인들은 과학·기술의 발전뿐 아니라 국가 인프라 개발의 엄청난 성과를 당당하고 자랑스럽게 여긴다. 또한 베이징 지도부는 아주 오래된 문명 그리고 중국과 중국 국민의 위엄을 효과적으로 방어하고 있다고 널리 간주되고 있다. 중국인들은 자국이 거의 두 세기 동안 굴욕과 외국의 지배를 받다가 마침내 세계 최강대국의 일원으로서 제자리를 찾았으며 앞으로 출중한 강대국이 될 것이라고 본다.

시진핑은 이러한 성공을 넘어서 중국의 독재적 국가자본주의가 다른 국가의 모델이라고 홍보했는데, 특히 급속하게 경제를 발전시키고 그에 따른 번영에 의지해 자신들의 권위를 굳히려고 열망하는 국가 지도자들에게 홍보했다. 2017년 10월 제19차 당 대회에서 시진핑은 중국이 "일어섰고 부유해졌으며 강해졌다"라고 자랑했다. 그는 인류의 "당면 문제 해결을 위한 중국의 지혜와 중국식 접근법"을 관련시키면서 중국이 "다른 국가에 새로운 옵션"을 제공한다고 주장했다. 다른 연설에서도 그는 중국이 "독립을 유지하면서 개발을 가속화하려는 다른 국가에 새로운 옵션"을 제공한다고 주장했다. 어느 학자는 "마오쩌둥 이래 타국이 자국 모델을 모방해야 한다고 그렇게 직접적으로 주장한 중국 지도자가 없었다"라고 했다. 시진핑이 제시하는 모델은 거대한 국유 기업들의 혼합체로서 그 속에 사기업과 기업가 정신이 작동할 여지가 있으며 모두 정부가 설정한 규칙에 따라 운영된다. 그 규칙은 모든 권한을 '종신 주석'의 수중에 집중시키는 것과 사회와 경제의 모든 면에 당을 끼워 넣고 심지어 개인회사에도 당을 끼워 넣는 것이다(2019년 모든 사기업과 합작 업체의 70%가 공산당위원회를 설치했다). 그런 데다가 승인받지 않은 정치적 활동과 표현을 억압하는 일이 보편화되고, 개인의 모든 활동을 모니터하기 위해 인공지능 등 최신 기술을 사용하는 정교한 감시국가 기능이 증가하고 있다. 정말이지 인공지능을 통해 국민 개개인의 사사로운 일상 행동을 추적해 적립하는 '사회적 신용 점수(social credit score)'를 개발한 것은 전체주의 꿈이 실현된 것이다.

중국 공산주의는 소련 공산주의와 마찬가지로 실패했다. 그러나 권위주의는 ─ 독재정치는 ─ 그 역사적 뿌리가 매우 깊으며 대부분의 인류 역사에서 지배적인 거버넌스 형태였다. 시진핑의 중국이 많은 문제점과 과제를 안고 있음에도 군사력 증대와 더불어 대내적으로 경제적 성공을 거두면서 전 세계로 투자·무역망을 확대하고 있는 것은 국내에서 무기력하고 해외에서 후퇴하는 서방의 자유민주주의 국가들에게 강력한 도전이 된다. 시진핑의 중국은 내세울 만한 이데올로기는 없으나 어떻게 가속화된 경제적 번영과 정치적 통제·효율을 결합시킬지의 모델을 제시하고 있다.

서방 일각에서는 베이징의 의도가 제2차 세계대전 이후 미국이 주도해 창설한 국제 구조를 뒤엎고 중국이 규칙을 만드는 기구로 대체하는 것이라고 본다. 필자는 중국의 전략이 그보다 더 정교하다고 본다. 중국은 세계무역기구와 규칙 기반의 상업으로부터 큰 혜택을 입었으며, 특히 그런 규칙을 준수하는 서방과 달리 중국은 언제 규칙을 준수할지 골라잡기 때문에 더욱 그랬다. 중국은 강력한 유엔 후원국이다. 중국은 유엔의 정규 예산에 (미국과 일본에 이어) 세 번째로 많이 기여하며 유엔 평화 유지 예산에는 두 번째로 기여한다. 아시아개발은행은 중국의 1200개 프로젝트에 대해 400억 달러 이상을 출연했다. 이러한 기구를 뒤집는 것은 중국의 이익이 아닐 것이다. 더구나 베이징은 국제사회의 해적 퇴치와 대테러 활동에 참여했으며, 특히 이란과 북한에서 핵무기 확산을 저지하기 위해 미국 등과 협력했다. 또 중국은 2016년 파리기후협약(자발적 준수)의 서명국이다. 그리고 놀랍게도 ─ 조소거리지만 ─ 2017년 1월 다보스포럼에서 시진핑은 보호무역주의를 비난했다("무역 전쟁에서 궁극적인 승자는 없을 것이다").

중국이 이러한 기구에서, 그리고 아시아인프라투자은행과 중국국제상사법원 같이 자국이 창설한 기구에서 추구하는 것은 자국의 위상과 영향력을 제고하고 전략적 목표의 성취를 촉진하는 방향으로 국제 체제를 형성할 능력이다. 중국은 또한 미국이 환태평양경제동반자협정과 같은 협정에서 철수하고 기타 참여도 줄임으로써 생긴 공백을 메우려는 의도를 분명히 가지고 있다.

중국이 가진 힘과 권력수단에도 불구하고 시진핑 중심의 지도부는 국내에서 많은 문제에 직면해 있다. 중국은 국유 기업에서 지방정부에 이르기까지 각급 수준에서 무거운 부채를 지고 있다. 환경은 개선되고 있으나 아직 비참한 지역이 많다. 인구가 고령화되고 있는바 출생률이 1961년 이후 최저 수준이다. 그리고 청년층에서 남녀 성비 불균형이 심각한데, 이는 지금은 폐기된 '한 자녀' 정책과 그에 따른 여아 살해 때문이다. 매년 각급 수준의 당국에 반대하는 파업과 시위가 수만 건 발생한다. 부정부패는 여전히 만연해 있다. 신장 지구에서는 정권을 괴롭히는 분리주의 운동이 벌어지고 있는데, 약 100만 명의 위구르족이 '재교육 캠프'에 수용되어 있다. 공산당의 통치를 떠받쳐 온 경제성장이 둔화되고 있고, 도시에는 시골에서 이주한 9000만 명의 젊은이들이 있다. 가난한 이주 노동자들은 대개 교육, 보건 등의 서비스를 받지 못하고 미혼인 데다 저축도 없어 "잃을 것이 없으며 당에 충성할 이유도 없다". 시진핑이 유일한 권력자로 등극하고 반부패 운동 등의 조치를 취하는 과정에서 틀림없이 많은 적들이 생겼을 것이다. 쿠데타 음모와 암살 시도에 관한 루머가 끊임없다. 심각하게 잘못된 사태가 발생하면 모든 것을 책임진 시진핑 탓으로 돌리게 될 것이다.

사실 중국 지도자들은 인민들의 죽음을 두려워하는 것이 분명하다. 앞서 언급했듯이 40년 전 경제개혁의 시초에 덩샤오핑은 정치 개혁과 인민에 대한 통제 완화는 없을 것이라고 공언했다. 천안문광장은 심야의 화재경보였다. 2019년 홍콩에서 일어난 대규모 장기 시위는 공산당의 중국 통치에 대한 최대 위협은 외부가 아니라 내부, 즉 중국 인민에게서 온다는 사실을 새삼 생생하게 상기시키는 것이었다.

이 모든 문제점을 감안할 때 중국 지도자들로서는 국내 안정과 국제 위상을 더욱 경제에 의존하게 될 것이다. 자칭 마르크스주의자 무리들에게 어울리는 말이지만 중국에서 모든 사태의 전개는 경제학에 따라 결정될 것이다.

중국이 더 부유해질수록 더 자유화될 것이라는 추측은 빗나갔다. 중국이 세계에 제시하는 모델은 모든 면에서 미국식 자유민주주의와 상반된다. 40년 전 중국은 미국의 힘에 필적하기 위한 대장정을 시작했으며, 향후 20년 내에 미국을 추월하겠다는 야심과 계획을 가지고 있다. 필자가 보기에 미·중 관계는 평화적 경쟁일 수 있으며 상호 이익이 되는 분야의 협력을 포함할 수 있다. 이를 성취하려면 워싱턴과 베이징 양쪽에서 지혜와 절제를 발휘해야 하고 조정도 필요할 것이다. 중국의 부상이 미국의 쇠퇴를 요하는 것은 아니다. 미국의 쇠퇴 여부는 베이징에서 일어나는 것보다는 워싱턴에서 일어나는 것에 달려 있다.

라이벌 관계에 군사적 요소가 들어 있는 것은 중국이 아시아에서 미군을 위험에 빠뜨림으로써 역내 패권을 차지하겠다고 추구하기 때문이다. 핵으로 무장한 양국 군부는 대만의 독립선언과 같이 걷잡을 수 없는 사건이나 경솔한 도발을 차단하면서 상호 재앙적인 대결을 피하려고 극구 노력할 것이다.

미국의 일부 인사들은 해법으로서 중국의 '체제변동(regime change)'을 희망한다. 그것이 공산당 독재가 붕괴되고 비공산당 체제로 대체된다는 의미라면, 필자는 그들이 아주 오래 기다려야 한다고 본다. 게다가 14억 인구와 핵무기를 가진 중국의 불안정은 우리의 이익이 아니다. 가능성이 가장 큰 미래는 주로 비군사적 국력수단을 통해 장기 경쟁을 벌이는 라이벌 관계다. 이 대목에서 중국이 가진 중요한 우위를 살펴보자. 중국은 일대일로 구상처럼 엄청난 경제자원을 끌어모아 무역과 경제적·정치적 의존 관계를 수립할 수 있는 능력이 있다. 또한 다변화된 전략적 소통 프로그램에 많은 자금을 투입하는데, 중앙에서 통제하고 조율하는 이런 프로그램은 세계 각국으로 뻗어 있다. 중국의 과학·기술 역량도 커지고 있다. 그리고 중국은 각국 정부와 기업에 대해 중국의 이익에 유리한 결정을 내리도록 압박하기 위해 무역과 투자라는 완력을 기꺼이 휘두른다.

중국은 미국이 중국의 부상을 억제하거나 막으려 한다고 비난한다. 따라서 지난 40년 동안 우리가 그 부상을 촉진하는 일을 너무 많이 했다는 것은 대단한 아이러니다. 우리는 우리의 경제를 중국에 개방하고 미국 기업의 중국 투자를 장려했으며 중국의 세계무역기구 등 국제기구 가입을 지지했다. 또한 우리는 중국의 인권 억압뿐 아니라 부정직하고 일방적인 경제정책에 대한 비판을 완화하고 중국 학생들을 우리의 최고 대학에 수용(최첨단 과학·기술 발전에 접근하도록 허용)했으며 상업과 무역을 촉진했다. 우리는 우리가 가진 모든 비군사적 권력수단을 중국을 돕는 데 사용했든가 아니면 중국의 약탈적 관행과 정책을 저지하는 데 사용하지 못했든가 둘 중 하나다. 만시지탄이지만 미국은 번영하는 중국이 더 자유로운 중국이 될 것이라는 우리의 가정이 틀렸음을 깨달았고, 이제 중국이 미국에게 제기하는 도전을 걱정하기에 이르렀다.

우리가 미래를 내다볼 때 아마도 가장 중요한 비군사적 권력수단은 이 경쟁에 대처하는 장기 진략일 것이다. 그런 전략이 중국에는 있고 미국에는 없다.

13장

—

교훈 학습

미국은 여전히 경제적·군사적으로 세계에서 가장 강력한 국가다. 그러나 우리가 냉전에서 승리하고 소련 제국이 무너지고 30년이 지나서도, 그리고 중동과 서남아시아에서 전쟁이 끝나고 18년이 지나서도 우리가 살고 있는 세계는 1940년대 말 이래 가장 복잡하고 예측할 수 없는 세계다. 중국과 러시아는 계속해서 군사력을 강화하고 있으며 새로운 지역과 국가에 진출하고 영향력을 확대하는 작업을 공격적으로 추진하고 있다. 미국은 수십 년 동안 중국과 정치적·경제적·군사적 경쟁을 벌이고 있다. 동아시아에서 북한은 점차 정교해지는 핵 위협을 미국에 가하고 있고, 중동에서 이란은 여전히 미국과 우리의 맹방들에게 확고한 적대국이다. 우리는 아직 수천 명의 병력을 이라크에 주둔시키고 있다. 이라크·레반트 이슬람국가(ISIL)는 그 '칼리프 체제'가 붕괴되었음에도 불구하고 계속해서 유라시아, 중동, 아프리카에서 테러 공격을 수행하는 지속적인 위협 세력이다. 우리의 유럽 맹방들은 내부적으로 깊은 내분에 시달리고 있고 우리와도 이견 대립이 심하다. 유럽의 불가침 국경부터 대양 항해의 자유, 다자 협정·조약의 일반적인 준수에 이르기까지 오래 지켜진 국제 규범이 모두 공격을 받고 있다. 세계가 힘이 정의가 되는 골육상쟁 환경으로 전락할지 아니면 평화적으로 이견을 해소하고 주요 강대국들이 규칙에 따라 행동하며 자유 확대의 새로운 기회가 창출되는 방향으로 나아갈지 여부는 거의 전적으로 장기적인 미국의 힘, 관여, 지도력에 달려 있다. 그러나 이처럼 미국의 지도력이 필요한 지금 시기에 하필 대부분의 세계는 미국이 그런 식의 역할에서 후퇴하고 있다고 옳게 확신하고 있다.

미국에서 정치적 양극화가 심화된 이 시기에 드물게도 미국이 해외에서 공약과 책무를 줄이고 국내문제에 중점을 두어야 한다는 양당의 폭넓은 합의가 있다. 정치적 스펙트럼에서 극좌나 극우로 가더라도 이 점에서는 더욱 일치한다. 도널드 트럼프 대통령은 미국의 세계적 지도력이 필요하다고 좀처럼 언급하지 않으며, 그의 말과 행동은 모두 우리가 과거 서명한 대부분의 양자·국제협정을 파기하고 우리가 맡은 책무를 피하는 데 초점을 맞추었다. 이러한 정치적 현실을 강화한 것은 미국의 우방과 동맹국들이 경제적으로 우리를 이용했으며 우리의 공동방위를 뒷받침하기 위해 그들의 몫을 다하지 못했다는 국내 사조였는데, 트럼프 지지자들을 훨씬 넘어서는 광범위한 대중이 그런 견해를 가지고 있다.

이런 정치적 현실에 대해 우려를 표명하는 다수의 논객들이 망각하고 있는 것은 역사적으로 볼 때 대부분의 미국인들은 미국이 바깥 세계에 개입하는 데에 특별한 관심이 없었다는 사실이다. 미국인들은 외국을 원조하기 위해 돈을 지출하거나 미국에 대한 위협이 불분명한 지역에서 싸우도록 자녀를 파견하는 데에는 더욱 관심이 없었다. 미국이 치른 전쟁은 두 번을 제외하고 모두 미국 국민의 상당수가 지지하지 않았다(제2차 세계대전은 진주만공격 이후 폭넓은 지지를 받았지만 1944년 말 무렵에는 전쟁 피로가 미국 지도부에 현실적인 문제로 다가왔었다. 제1차 걸프전쟁은 강력한 지지를 받았는데, 그 주된 이유는 지상전이 100시간만 지속되었기 때문이다). 아프가니스탄에서 탈레반과 벌인 전쟁은 그들이 9·11에 우리를 공격한 자들을 보호했고 3개월 만에 군사적 승리를 성취했기 때문에 초기에 지지를 받았다. 그러나 그곳에서의 목표가 변경되고 전쟁이 해를 거듭해질질 끌면서 지지가 대폭 감소했다. 대외적 지원, 특히 개발원조는 오랫동안 가장 인기 없는 정부 프로그램에 속했다. 우리의 주변 세계에 관한 한, 대부분의 미국인들은 오랫동안 우리 자신의 일에나 신경 쓰고 혼자이기를 바랐다.

역대 대통령들의 과제는 늘 미국인들에게 바깥 세계를 그저 무시하는 것은 불가능하며 역사에서도 불가능했다고 이해시키는 일이었다. 현대에 들어 우리의 경제와 안보 그리고 개인 건강까지도 우리 국경 밖의 사태와 불가분하게 얽혀 있다. 최근의 대통령들은 그런 현실을 미국인들에게 깨닫게 하는 데 그리 성공하지 못했다(9·11 직후의 조지 W. 부시(43대) 대통령은 제외함). 프랭클린 루스벨트는 대통령은 "정치가의 가장 큰 임무는 교육하는 것이기 때문에 대통령이 항상 설득하고 앞장서고 희생하고 가르치는 일이" 중요하다고 솔직하게 말했다. 필자가 전술했듯이 "현명하고 용기 있는 리더십"은 중요한 비군사적 권력수단이다. 루스벨트의 격언을 따르자면, 모든 대통령의 과업은 대중을 설득해 지지하게 만들 수 있는 대외 정책을 개발한 다음에 왜 그 정책이 필요하고 지지를 받을 만한지에 대해 끈기 있게 반복해서 시민들을 교육하는 것이다.

전략

야구 영웅 요기 베라(Yogi Berra)는 "당신은 자신이 어디로 가고 있는지 모른다면 결국 엉뚱한 곳에 도착할 것"이라고 말했다. 이 말은 대통령에게도 적용된다. 대통령은 자신의 대외 정책을 위한 소수의 핵심 목표를 찾아서 그 목표를 성취하기 위한 전략을 개발해야 한다. 그 전략이란 대통령이 다른 데서 일어난 사건에 휘둘리기보다 국제적 의제를 주도할 수 있는 방안을 말한다. 어떤 대통령은 이미 자신의 목표를 설정하고 취임한다. 리처드 닉슨 대통령은 세 가지 목표를 가지고 취임했다. 즉, 그는 미국의 전략적 패배를 의미하지 않는 선에서 베트남전쟁을 종식시키고, 소련과 군비 통제 협상 등에 합의함으로써 냉전을 완화하며(그리고 수용할 만한 조건에서 베트남전쟁 종식을 위한 소련의 도움을 받으며), 소련을 고립시키고 힘의 균형을 급격하게 이동시키려는 목적에서 중국에 손을 내민다는 목표를 설정했다. 로널드 레이건 대통령은 베트남전쟁 이후 미국의 군사력을 증강하고, 소련으로 하여금 감당할 수 있는 능력 이상으로 국방비를 지출하도록 강요하며, 개도국 세계에서 소련의 활동을 저지하고 싶었다. 그 모두가 소련의 국내문제를 악화시키고 궁극적으로 붕괴를 강요하려는 목적이었다. 조지 H. W. 부시(41대) 대통령은 구체적인 목표를 가지고 취임하지는 않았다. 그러나 그는 취임 후 몇 달 만에 동유럽 국가들의 해방과 독일의 나토 내 재통일을 촉진하고 군사적 충돌 없이 소련의 붕괴를 관리한다는 전략으로 사태 전개에 대응했다. 이와 비슷하게 2001년 9월 11일의 공격에 대한 대응이 조지 W. 부시(43대) 대통령의 대외 정책을 형성했는데, 이라크전쟁과 아프가니스탄전쟁부터 장기적으로 테러리즘에 대처하는 유일한 길은 독재·부패 국가에 있는 근본 원인에 대한 공격이라는 신념에 이르기까지 그는 '자유 의제'를 추구했다. 폭넓은 대외 정책 목표가 정말로 전혀 없었던 빌 클린턴 대통령은 주로 전술적으로 사건에 대응했다(세계적인 통상 관계 진흥은 예외임). 버락 오바마 대통령은 단순히 이라크전쟁과 아프가니스탄전쟁을 끝내고 러시아와 관계를 개선하고 싶었으며, 두 번째 임기 중에는 이란의 핵 프로그램을 제한하는 협정을 타결하고 싶었다. 트럼프 대통령은 전임자들이 해놓은 것에 대한 반대 외에 다른 목표는 없었으며, 미국에 일방적으로 불리하다고 스스로 생각하는 모든 협정을 뒤엎으려고 결심했다. 그의 그런 결심은 자신이 협정 조건을 개선할 수 있을 것이라는 신념에서 비롯되었다.

요컨대 린든 존슨 대통령부터 시작해 필자가 봉사한 여덟 명의 대통령 가운데 오직 두 명, 즉 닉슨과 레이건 대통령만 취임할 때 전략적으로 야심 찬 대외 정책 목표를 가졌으며 그 목표를 성취하는 데 성공할 수 있었다. 두 대통령은 그 과정에서 국제 무대를 지배했다.

앞에서 필자가 묘사한 대로 깔때기의 밑바닥에 있는 대통령은 끝도 없이 무수히 다양한 문제와 위기를 일상적으로 마주한다. 집중을 방해하는 것들은 항상 있다. 대통령은 그런 방해물을 처리해야 하지만 그와 동시에 큰 그림을 시야에서 놓쳐서는 안 된다. 즉, 가장 중요한 도전 과제에 대처하는 장기 전략의 개발과 시행을 항상 최우선 순위에 두어야 한다. 오늘날 그것은 무엇보다도 중국과 러시아를 의미할 뿐 아니라 북한과 이란도 의미한다. 미국의 리더십은 또한 세계 곳곳에서 증가하는 수천만 명의 난민부터 테러리즘, 기후변화, 질병 등이 야기하는 위협과 그 지(地)전략적 결과에 이르기까지 글로벌한 도전에 대처하는 데도 필요하다.

대통령은 사활적 국가이익이 걸린 큰 이슈에 대한 전략을 결정할 때, 어떻게 장기적으로 미국 국민의 지지를 얻을지 그리고 루스벨트의 조언대로 국민과 함께 가기 위해 "항상 설득하고, 앞장서고, 희생하고, 가르치는 일"을 어떻게 해야 할지 고려해야 한다. 기술적인 면에서 대통령이 대중에게 다가가는 것이 전보다 쉬워졌지만, 냉전 이후의 대통령들이 대중을 이해시키는 것은 그 전임자들보다 훨씬 더 어려워졌다. 냉전 기간에 우리가 핵 재앙 가능성을 다루고 있다는 사실은 사람들의 주목을 쉽게 끌었다. 냉전 기간 동안에 주요 텔레비전 방송사는 세 개뿐이었으며, 3대 방송사가 모두 중계하는 대통령의 집무실 연설은 대부분의 미국인에게 전달되었다. 커뮤니케이션 수단이 폭증하면서 전국의 시청자들이 쪼개졌다. 게다가 다수의 신규 매체는 당파성이 심한바, 이는 더 많은 국민에게 메시지를 전달하려는 대통령의 과업을 더욱 어렵게 만든다. 양극화의 심화로 상당수 국민은 싫어하는 대통령이 나오면 그저 채널을 돌린다. 이것은 극복할 수 없는 도전이 아닌바, 정치 캠페인은 사람들에게 다가가는 새로운 방안을 끊임없이 고안하고 있으며 그중 일부는 140자 트윗보다 더 정교하다.

국민 설득은 대통령의 시간, 관심, 우선순위를 요한다. 대통령들의 입맛에 맞지 않더라도 보다 실천적인 접근법은 양당의 의원들과 더 많은 시간을 보내며 해외 환경과 우리의 책무를 그들에게 이해시키는 것이다. 사적으로 진정성 있게 접근하면 최근의 대통령들이 가능하다고 생각했던 것보다 높은 배당금을 받을 수도 있는데, 이는 그 의원들이 귀향해서 도움이 되는 메시지를 대중에게 전달할 것이기 때문이다. 매체 자체를 겨냥한 대통령의 노력도 있어야 하는데, 이는 대중이 정보를 얻고 교육을 받는 것은 매체의 필터를 통하는 경우가 가장 혼하기 때문이다. 필자가 보기에 최근의 대통령들은 그러한 노력의 중요성과 가치를 과소평가하거나 무시했다.

앞의 여러 장에서 기술된 사례로부터 배운 교훈에 입각해 미래를 생각한다면, 어떻게 대통령은 미국의 안보와 경제적 복지를 보호할 수 있는 대외 정책을 개발할 수 있으며 그와 동시에 대중의 지지를 받을 수 있는가? 어떻게 대통령은 국제 문제에서 미국의 리더십이 중요함을 의회와 국민에게 이해시킬 수 있는가? 윈스턴 처칠(Winston Churchill)은 "위대함의 대가는 책임이다. (……) 미국 국민은 세계 책임을 피할 수 없다"라고 했다. 빤한 사실이지만 미국 대통령이 그 책임을 맡아야 하며, 그 이유는 대통령의 리더십 없이는 미국의 글로벌 리더십도 없기 때문이다.

군사력 사용하기

필자는 미국의 비군사적 권력수단이 취약하며 그 수단을 강화하는 것이 우리의 미래 전망을 위해 필수적임을 특별히 강조했다. 그러나 오해하지 말아야 할 것은 강력한 군대는 다른 모든 권력수단의 초석이며 국가의 최후 보루라는 사실이다. 조지 워싱턴 초대 대통령이 취임사에서 간결하게 "전쟁에 대비하는 것이 평화를 유지하는 가장 효과적인 수단이다"라고 했다. 우리가 군대에 지출하는 총액이 엄청나지만 국방 재원의 증감을 예측할 수 없는 데다 10년 동안 매년 의회가 회계연도 개시 이전에 국방 예산을 승인하는 작업을 마무리하지 못하면서 상당한 금전적인 비용을 초래했다. 이는 또한 신규 역량의 실전 배치를 지체시켰다. 필자 생각에, 연방 예산을 삭감하는 방안 가운데 2011년 시퀘스트레이션(sequestration)* 입법에 따른 삭감보다 멍청한 짓은 없을 것이다. 국방 예산의 시퀘스트레이션 삭감을 대부분 부담하는 것은 작전, 정비, 훈련인데,

---

* 재정 적자를 줄이기 위해 세출예산을 강제 몰수하는 제도다(옮긴이 주).

이는 한마디로 창끝을 무디게 하는 것이다. 매년 회계연도 개시 첫 몇 주 또는 몇 달 동안 반복해서 '계속되는' 결의안은 기획자와 실무자들을 마비시킨다. 그들은 언제 자금을 받을지, 얼마나 받을지 또는 어떤 프로그램이 시행될지 전혀 모른다.

우리 군의 활동에는 낭비와 비효율이 틀림없이 있다. 필자가 국방부 장관으로 재직했을 때 우리는 몇 달 간의 작업 끝에 삭감이 가능한 간접비용 1800억 달러를 찾아냈다. 그 성공보다 1년 앞서 약 40개 프로그램이 삭감되었는데, 만일 그 프로그램들이 완성되었더라면 납세자들이 3300억 달러를 부담했을 것이다. 엄격한 리더십과 관리 그리고 예측 가능한 의회 조치는 돈을 절약하고 더욱 효과적이고 치명적인 군대를 만들 것이다.

미군이 세계에서 기술적으로 가장 앞선 최강의 군대로서 테러리스트와 반군부터 러시아와 중국에 이르기까지 모든 영역의 분쟁을 처리할 수 있도록 보장하는 것은 대통령의 책임이다. 예측 가능하고 안정적인 예산을 확보하고 효율적인 관리와 지출에 대해 국방부 간부들에게 책임을 지우는 것은 우리 군의 우위를 유지하는 데 긴요하다.

그렇기는 하지만 지난 사반세기 동안 우리 군대를 사용한 경험에서 배울 교훈들이 있다. 그 가운데 가장 중요한 것은 미군이 문제에 대한 옳은 해법 또는 적정한 해법인지 여부를 결정하는 것이다. 더 오래 걸리더라도 부분적이나마 성공을 거둘 수 있는 다른 권력수단이 있는가? 군대 사용이 부수적 비용을 수반하는가? 그리고 의도하지 않은 불가피한 결과를 얼마나 잘 식별·예측할 수 있는가? 상황이 미국 젊은이들을 사지로 내모는 것을 정당화하는가? 이런 질문에 대한 대답에 따라서는 소말리아, 아이티, 발칸반도, 리비아, 이라크, 아프가니스탄 등에서 초기 군사 목표가 성취된 후에 다른 의사결정이 나올 수 있었을 것이다. 대중이 전쟁을 혐오함에도 불구하고 '보호할 책임' 때문에 리비아, 수단, 시리아 등과 같은 내전에 개입해 무고한 민간인을 보호하기 위해서 미군 파병이 불가피하다고 확신하는 좌파 인사들이 있다. 일부 우파 인사들은 이란,

북한, 남중국해에서의 중국에 대한 무력 사용이나 시리아 반군과 우크라이나 정부에 대한 군사 지원을 옹호한다. 어느 한쪽 진영을 무시하는 대통령은 도덕 상실자 아니면 겁쟁이로 간주된다. 따라서 1993년 이후 대통령이 군대 사용을 문제 처리의 최후 수단이라기보다 첫 번째 선택지로 여기는 경우가 너무 빈번했다.

군사력 사용이 불가피할 때가 분명히 있다. 대통령은 미국의 사활적 이익에 영향을 주는 외국의 공격이나 위협에 단호하게 대응해야 하며 무력시위는 종종 잠재적 침략자를 효과적으로 억지한다. 아이러니하게도 군사적 역량을 사용하는 것이 아이티와 일본의 지진부터 동남아와 일본의 쓰나미에 이르기까지 인도적 자연재해에 대응하는 대체로 유일한 효과적 방안이다. 대통령으로서 가장 힘들고 최대한의 신중이 요구되는 경우는 회색지대인바, 예를 들어 발칸반도, 소말리아, 시리아, 리비아 등의 내전과 이란 대리군의 공격과 같은 경우이며, 중국이 남중국해에서 인공 섬을 건설하는 상황도 회색지대에 속한다. 이러한 상황은 특히 제3국에 군사적으로 개입하는 것이 수반되는 문제가 발생할 때다.

대통령이 임무가 군대에 적합한지 여부를 결정할 때 군사학자(軍史學者) 맥스 헤이스팅스(Max Hastings)의 논평을 유념하는 것이 좋을 것이다. "군인들은 자기 직업의 독특한 강점이 사람을 죽이는 것임을 씁쓸하지만 안다. 그들에게 그들의 경험, 훈련, 자원을 넘어서는 정치적·사회적 과제를 해결하도록 요청하는 것은 너무 지나치다."

대통령으로서 특별히 힘든 문제는 오늘 제한된 군사력을 지속적으로 사용한다면 내일의 훨씬 더 큰 문제나 분쟁을 방지할 때가 언제인지 판별하는 일이다. 1995년 초 남중국해 팡가니방 산호초에서 미국 전함들의 도움으로 필리핀 해군이 성공적으로 중국의 영유권 주장에 도전한 후, 클린턴 대통령과 그의 후임자들이 중국의 영유권 주장과 분쟁 도서와 다른 환초에 기지를 건설하려는 초기 조치에 도전하기 위해 꾸준히 전함 전개를 계속했더라면, 남중국해의 군사적 상황을 바꾼 지금의 중국의 확장 활동이 방지되었을 것이다. 1998년 말 클린턴 대통령이 사담 후세인이 국제 사찰단을 재입국시킬 때까지 이라크군에 대한 군사 공격을 지속했더라면, 2003년의 이라크 침공은 결코 발생하지 않았을 것이다. 2015년 이란과 핵 협정을 체결한 오바마 대통령이 이란의 탄도탄 시험을 8년 동안 금지한 유엔 안보리 결의안을 강행하고 뒤이은 이란의 역내 간섭에 더 공격적으로 대처했더라면, 그 핵 협정에 대한 비판론을 아마 상당히 완화할 수 있었을 것이다. 유엔 결의안에는 강제 조항이 없었지만 오바마는 다른 협정 당사국들(적어도 유럽 국가들)과 협업해 강제 조치를 취할 수 있었을 것이고, 그런 조치는 나중에 트럼프 대통령이 그 핵 협정을 파기할 이유를 제거했을 것이다.

군사적 전개와 임무의 목표는 분명하고 구체적이어야 한다. 군대에 수행을 기대하는 일이 정확히 무엇인가? 임무를 성취하기에 충분한 자원이 승인되어야 한다. 필자는 역대 대통령들이 파견할 병력 수와 파병 기간을 임무 소요보다는 국내 정치에 입각해 결정하는 것을 목격했는데, 오바마의 아프가니스탄 파병 결정이 바로 그런 경우였다. 클린턴 대통령 때 소말리아 상황(기근 구제에서 평화 유지와 거버넌스 개선으로)이나 부시 대통령 때의 이라크 상황(사담 전복에서 점령과 반군 퇴치로)처럼 임무가 변경될 때는 그에 상응해 동원되는 자원도 변경되어야 한다. 아프가니스탄에서처럼 우리의 열망과 우리의 역량 사이에 불일치는 없는가?

군사개입의 목표가 명확해야 하고 전략과 투입 자원은 그 목표를 성취하기에 충분해야 한다는 점은 아무리 강조해도 지나치지 않다. 국내 정치에 민감한 대통령들은 성공하기에 충분하지 않지만 그저 실패를 모면할 정도의 군사력을 사용하고 싶을 때가 너무 많다. 그러한 접근은 전략적으로 현명하지 못하고 경솔할 뿐만 아니라 비도덕적이기도 하다. 제복을 입은 미국인들의 목숨을 거저 문제 속으로 던져버려서도 안 되고 미적지근하거나 충동적인 시도에 의해 낭비되어서도 안 된다. 군사력 사용에서 적용해야 하는 룰은 영화 〈스타워즈(Star

Wars)〉에 나오는 요다 룰(Yoda rule)이다. "하느냐 마느냐다. 시도해 보는 것은 없다."

대통령은 '점진적 임무 변경(mission creep)', 즉 당초 의도하지 않은 새롭고 더 야심 찬 목표를 성취하기 위해 조금씩 노력을 확대하는 것을 주의해야 한다. 그런 목표는 추가 자원 또는 다른 자원을 요하거나 사실은 성취할 수 없는 것일지 모르며, 의도하지 않은 중요한 결과를 초래할 수도 있다. 소말리아, 아이티, 코소보, 리비아에서 임무가 양민 학살 중지에서 정권 교체와 국가 건설로 바뀐 것이 점진적 임무 변경 사례다.

대통령과 군사령관이 모두 과욕의 위험, 즉 당초의 목표 성취에 성공한 후 대담하게 더 야심 찬 목표를 추구하는 것[단언컨대 이라크와 아프가니스탄에서의 부시(43대) 대통령과 아이티와 소말리아에서의 클린턴 대통령이 그러했음]이 위험하다는 것을 유념해야 한다. 언제 멈출지를 알라.

대통령은 '선제(preemptive) 전쟁'과 '예방(preventive) 전쟁'을 구별해야 한다. 선제 전쟁은 당신에 대한 공격이 임박했음을 가리키는 확실한 첩보가 있어 당신이 먼저 움직일 때 개시된다. 1967년 6월 6일 이스라엘이 아랍을 공격한 것은 선제 전쟁이었다. 이에 비해 예방 전쟁은 적대적인 정부가 궁극적으로 공격 역량을 개발하는 것을 방지하거나 차단하기 위해 감행한다. 2003년 이라크전쟁은 사담이 대량살상무기, 특히 핵무기 역량을 개발하고 있다는 믿음에서 착수한 예방 전쟁이었다. 예방 전쟁의 큰 문제는 그 결정이 정보기관 첩보의 신뢰도와 정확도에 지나치게 의존한다는 점이다. 필자의 경험상 정보기관이 부정확하거나 모호할 때가 너무 많다.

대통령은 레드라인과 최후통첩을 군사적으로 강행할 각오가 충분하지 않다면, 그런 설정을 세심하게 피해야 한다. 대통령은 일단 총을 들이댔으면 쏠 태세가 되어 있어야 한다. 오바마 대통령이 시리아의 바샤르 알아사드가 반군을 상대로 화학무기를 사용하는 것과 관련해 자신의 레드라인을 강행하지 못한 것은 전 세계에, 특히 모스크바, 베이징, 테헤란, 평양 등에 파장을 미쳤다. 트럼프 대통령이 2019년 말까지 북한과 이란을 향해 대규모 군사 공격을 가하겠다고 거듭 위협했지만 점차 상대는 이를 공허한 엄포로 간주했다.

개입할 것인가 말 것인가

미국은 이 책에서 논의된 15개국 가운데 12개국에 대해 군사적으로 개입하거나 군사적 개입을 숙고했다. 여기에서 도출된 가장 중요한 군사적 교훈은 핵무장한 적국과의 전면전에 이르지 않는 군사력 사용에 관해 대통령이 어떻게 생각해야 하는지와 관련이 있다.

전투부대 사용을 위한 기준을 수립하려는 시도가 일찍부터 있었다. 1994년 11월의 연설에서 캐스퍼 와인버거 국방부 장관이 베트남전쟁을 겪고 1983년 베이루트에서 241명의 해병을 잃은 우리의 경험에 근거해 6대 기준을 제시했다. 첫째, 미국의 사활적 이익이나 동맹국이 관련되지 않는 한, 미국은 전투부대를 투입하지 말아야 한다. 둘째, 미군은 진심을 다해 그리고 분명한 승리 의지를 가지고 투입되어야 하며, 그렇지 않다면 미군 투입은 불가하다. 셋째, 미국 전투부대는 정치적·군사적 목표가 명확히 정의되고 그 목표를 성취할 능력이 있을 때만 투입되어야 한다. 넷째, 목표와 투입 전력의 규모·구성 간의 관계를 계속적으로 재평가하고 필요시에는 조정해야 한다. 다섯째, 미국 여론과 의회의 지지가 '상당히 확실하지' 않으면, 미군을 전투에 투입하지 말아야 한다. 여섯째, 미군 투입은 오로지 최후 수단으로 검토해야 한다.

콜린 파월 합참의장도 무력 사용을 결정하기 위한 기준을 수립하려고 시도했다. 여러 버전이 있는 이른바 '파월 독트린'은 미국이 군사행동을 취하기 전에 긍정적으로 대답할 필요가 있는 질문을 다수 제기했다. 사활적인 국가안보 이익이 위협받는가? 우리의 목표는 분명하고 달성할 수 있는 것인가? 위험과 비용을 충분히 그리고 솔직하게 분석했는가? 다른 모든 비폭력 정책 수단을 충분히 소진했는가? 끝없이 얽히는 것을 피하기 위해 타당한 출구 전략이 있는가? 우리 행동의 결과를 충분히 검토했는가? 미국 국민의 지지를 받는 행동인가? 우리가 국제사회의 진정한 지지를 폭넓게 받고 있는가?

와인버그와 파월의 시도는 둘 다 논란이 많았다. 파월의 질문은 정치인들이 베트남에서 비극과 패배를 초래한 문민 지도자들의 실수와 오판을 피하도록 군부가 유도하는 것이라는 딱지가 붙었다. 파월 독트린은 군부가 정치 지도자들에게 어떤 종류의 분쟁이 우리 병력의 희생을 정당하게 만드는지 말해주려는 시도라고 비난하는 이들이 있었다. 반면에 혹자는 와인버그와 파월의 기준을 '사생결단 전쟁'과 '체크리스트 외교'를 위한 공식으로 묘사했다. 필자는 두 기준이 단순히 대통령과 고위 보좌관들로 하여금 미국의 젊은이들을 전투에 투입하기 전에 어려운 문제에 대해 오래 숙고하고 정면으로 돌파하도록 강요하는 것이라고 본다.

필자가 이러한 맥락을 따라 비슷한 시도를 하더라도 필자 역시 민간인과 군인 양쪽으로부터 비판을 받을 것임을 잘 안다. 하지만 필자는 거의 40년 전에 무력 사용에 관한 백악관 상황실 회의에 참석하기 시작했으며, 우리 군대를 전개할지 여부를 둘러싼 수십 번의 토론에 다년간 참여했다. 그 과정에서 필자는 좋은 결정과 나쁜 결정을 모두 보았으며 그 결정의 당사자이기도 했다. 그런 모든 결정에는 생명의 희생이 뒤따른다. 그래서 배운 것이 많다.

군사행동을 취하기 전에 충족시키거나 긍정적으로 대답해야 하는 구체적인 기준이나 체크리스트는 복잡하고 위험한 세계에 너무 국한되어 있다는 것이 필자의 생각이다. 때로는 여론의 지지를 모으기도 전에 먼저 행동을 취해야 하는 바, 신속한 성공이 있으면 초기의 부정적인 여론이 압도적인 긍정으로 바뀌는 경우가 있다. 때로는 현지 상황을 반영하기 위해 임무와 그 목표를 중간에 조정해야 한다. 때로는 비군사적 옵션이 모두 소진된 다음에는 너무 늦어 군사력에 의하지 않고서는 아무런 성과를 낼 수 없는 경우도 있다. '이기는 것'이 적을 항복시키는 문제가 아니라 단순히 더 나쁜 상황의 발생을 방지하는 문제일 때가 있다. 끝으로 오늘날의 분쟁에서는 한 국면에서 우리의 동맹이었다가 다음 국면에서 우리의 적이 되는 경우가 가끔 있으며, 우리의 지원을 받아 성공을 거둔 국가가 스스로 무너지면서 그 성공을 낭비하기도 한다. 이런 것들이 실세계의 현실이며, 이 모든 것을 예견할 수 있는 대통령이나 그 보좌진은 없다. 가장 치명적인 국력수단, 즉 군사력을 사용할지 여부를 결정하기 위한 체크리스트는 없다.

그러나 우리는 군대를 출동시키기 전에 상식과 경험이 요구하는 질문들을 정답이 없더라도 다루어야 한다. 필자는 백악관 상황실에서 집단 사고를 너무 자주 보았으며, 어렵고 곤란한 질문을 제기하는 사람들이 반대파의 근엄하고 위협적인 시선을 받으며 침묵을 강요당하거나 조롱받는 경우를 너무 자주 보았다. 필자는 무(無)행동의 결과에 대한 두려움이 행동을 부추기는 경우를 너무 자주 보았으며, 신중한 검토보다 분노가 의사결정을 지배하는 경우를 너무 자주 보았다. 따라서 필자 생각에 대통령이나 국가안보보좌관은 조국과 목숨이 위태로울 모든 젊은 군인을 위해서라도 군사개입을 결정하기 전에 반드시 어려운 질문들을 철저한 토론에 부쳐야 한다.

첫째, 모든 여건에서 적용할 수 있는 가장 광범위한 질문들이 있다. 미국 또는 우리 동맹국의 핵심 국익이 위협받는가? 어떤 국가가 우리를 도우려고 하고 도울 수 있는가? 개입의 법적 근거는 무엇인가? 우리의 목표가 현실적인가? 개입이 한시적인가? 인명과 재정 면에서 잠재적인 비용이 어느 정도인가? 의회와 국민의 지지는 어떤 수준인가? 의도하지 않았는데도 초래될 수 있는 결과는 무엇인가? 무엇이 잘못될 수 있는가? 여러 방책을 미리 궁리해 놓았는가, 즉 우리가 X를 하고 Y가 발생하면 어떻게 할 것인가? 등등.

둘째, 구체적 상황에 따라 적용할 수 있는 질문이 있다. 국제적 침공이 미국이나 우리의 동맹국을 위협하는가? 화생방무기 등 대량살상무기의 사용이 있었는가? 일국의 내부 소요가 국경 밖으로 파급될 위험이 있고 미국의 동맹국을 위협하는가? 미국의 개입이 성과를 내거나 협상 타결을 촉진할 것인가? 내부 폭력의 종식이 지속될 전망은 어떤가? 즉, 우리의 개입이 단순히 타임아웃을 부르는 것인가 아니면 흐름을 바꾸는 것인가? 우리의 목표를 성취하는 데 필요한 자원은 무엇이며 우리는 그런 자원을 투입할 준비가 되어 있는가? 국제 평화 유지 측면에서 각 내부 파벌의 안전보장 조치와 정당 간 협력이 있으며 권한 위임이 곧바로 이루어질 수 있는가?

셋째, 특정 국가에 개입할 때 적용할 수 있는 질문이 있다. 우리의 강력한 현지 파트너가 있는가? 현지 정부가 우리의 도움을 원하는가? 현지에 강력한 정부 기관들이 있는가 아니면 적어도 그런 기관을 수립할 토대가 있는가? 우리가 지원 역할을 맡으면서 현지인들이 전투를 주도할 능력과 의지를 가지고 있는가?

이 대목에서 미국과 동맹국의 사활적 이익 보호에 미달하는 목적을 위해 우리 군사력을 사용하기 위한 기준은 높은 것이어야 한다고 보는 필자의 시각이 분명히 드러날 것이다. 교착상태에 빠진 전투는 물론이고 장기화된 전투에 대한 미국 국민의 인내는 유한하며, 우리의 이익인지 분명하지 않은 목적을 위해 그 인내의 샘을 마르게 해서는 안 된다. 불확실성이 너무 많다. 군대 속담대로 "머피(Murphy, 잘못될 수 있는 것은 잘못되기 마련이라는 머피 법칙의 머피) 상사는 임무마다 따라다닌다". 필자는 너무 많은 미국인이 자기 국민들의 헌신과 희생 정신을 확보할 수 없는 부패하고 무능한 지도자를 돕느라 목숨을 잃는 것을 보았다. 필자는 의도하지 않은 결과로 인해 또는 첫 파병 부대가 수송기에 오르기 전에 아주 빤한 질문들이 제기되지 않았기 때문에 너무 많은 생명이 희생되는 것을 보았다.

끝으로 대통령은 조지 마셜(George Marshall) 장군과 드와이트 아이젠하워 장군이 젊은 장교 시절 자신들의 스승인 폭스 코너(Fox Connor) 소장으로부터 받은 조언을 항상 명심해야 한다. 코너 소장은 그들에게 다음과 같은 세 마디 전쟁 격언을 가르쳤다. "싸우지 않아도 되면 싸우지 말라, 혼자 싸우지 말라, 그리고 오래 싸우지 말라."

비군사적 수단 정비하기: 교향곡 만들기

앞으로 중국과 러시아 등 여러 경쟁 국가에 효과적으로 맞서려면 미국 정부의 국가안보 조직을 대폭 개편해야 한다. 1947년 '국가안전보장법'에 따라 만들어진 현재의 구조는 그 효용성 면에서 수명을 다했으며 미래의 성공에 심각한 장애물이다. 역대 대통령들이 문제 해결을 위한 '정부 전체의' 노력을 수사적으로 소환했는데, 이는 모든 관련 기관·부처가 함께 얽혀서 엄청난 자원을 동원하는 데 공동의 노력을 기울일 것이라는 인상을 준다. 군대를 제외하고 이것은 대체로 교묘한 속임수다. 앞에서 필자는 국무부, 미국국제개발처, 전략적 소통, 사이버 역량, 비밀공작의 약점을 서술하고 미국 경제력의 다양한 측면을 이용할 줄 모른다고 지적했다. 이 모든 권력수단을 한데 모아서 일제히 운용하는 통합된 전략을 개발·시행할 수 있는 우리의 능력은 보잘것없다. 미국의 비강제적 권력수단을 모두 다시 활성화하고 재편할 필요가 있다.

국무부의 해외 근무 관리 — 외교관 — 는 8000명이 넘는데, 이는 항공모함 한 척에 필요한 승무원보다 2000명이 많다. 국제개발처 직원은 약 1만 명이며 그중 약 1900명이 국무부에서 파견된 외교관이다. 전략적 소통을 맡은 정부 주무 기관인 세계공공문제국(Bureau of Global Public Affairs)은 국무부 내의 30여 개 국 가운데 하나이며 국무부 장관에게 직접 보고하지도 않는다. 이에 비해 국방부는 약 200만 명의 군인과 80만 명의 군무원을 고용하고 있다. 현재의 국가안보 조직을 보면 큰 앞바퀴 하나(국방부)와 작은 뒷바퀴들(나머지 기관)을 가진 19세기 세발자전거가 생각난다.

우리가 여러 도전을 맞이하고 특히 중국과 경합할 때, 관건은 군사적 우위를 유지하면서 비군사적 권력수단을 강화하는 것이다. 우리가 영리하고 운이 좋다면 비군사적 권력수단을 둘러싸고 경쟁이 전개될 것이기 때문이다. 비군사적 권력수단은 더 많은 자원 투입과 더불어 대대적인 구조 조정을 요한다.

국무부와 국제개발처 직원 일부는 정부 내에서 가장 인상적이고 재능 있는 사람들이지만, 기관 면에서 그들은 정·관계의 악몽이다. 사람을 바보로 만드는 국무부의 관료 체제는 최고의 인재들을 좌절시키고 문제 해결의 속도와 민첩성을 엄청 방해한다. 국무부의 해외 인력 배치는 부정합이다(예를 들어 런던, 파리, 베를린, 로마 등 우아한 곳에는 인원이 너무 많고 뉴델리, 베이징, 중동, 핵심 개도국 등에는 인원이 충분하지 않은 편이다). 부시(43대)와 오바마 대통령으로부터 압박을 받았음에도 국무부 장관은 외교관들이 '자진해서' 바그다드와 카불로 가도록 하는 데 애를 먹었다. 국무부의 관료주의와 문화가 창의성과 과감성을 질식시키고 있으며, 다수의 국무부 장관이 – 실무적인 목적에도 불구하고 – 부처 내 전문가들로부터 차단되었다.

국무부는 미국의 대외 정책에서 가장 중요하고 중심적인 비군사적 수단이다. 국무부가 미래의 도전에 대처하기 위해서는 대대적인 관료 체제 개편과 문화 개혁 그리고 상당한 자원 증강이 필요하다. 국무부는 21세기에 맞게 재설계될 필요가 있는바, 그러려면 많은 밥그릇을 깨야 할 것이다. 필자는 어떻게 국무부의 문화를 바꿀지 또는 그 미래 구조에 대해 구체적으로 제안할 만큼 국무부에 대해 잘 알지 못한다. 그러나 국무부를 변화시키고 경기에 참여시키는 것은 미국 국가안보의 미래에 대단히 중요하다.

이상적으로는 재편된 국무부가 대외 정책이나 국가안보 문제에 비군사적 자원을 사용할 때 관련된 정부 각 부분을 통합하고 관리하는 허브가 될 것이다. 이것이 어떻게 작동할지 보여주는 좋은 사례가 부시(43대) 대통령의 아프리카의 '에이즈 구제를 위한 대통령 비상계획(이하 PEPFAR)'이다. 그 프로젝트에서 다수의 기관이 각자 역할을 맡았지만, 대통령이 국무부의 조정관 한 사람에게 권한을 주어 예산을 통제하고 각 기관을 모두 통합하게 함으로써 조율되고 효과적인 활동이 전개되었다. 안타깝게도 대부분의 이슈에 걸쳐 지금의 정부 내 관료주의적 상황은 여러 사람이 동시에 하나의 첼로를 연주하려는 것과 흡사하다.

미국의 전략적 소통 활동은 코미디다. 다수의 기관이 — 몇 기관을 거명하자면 백악관, 국무부, 국방부, 재무부, CIA 등이 — 이 분야에 관여한다. 대개는 각 기관이 각자의 이슈와 중점 사안을 독자적으로 수행한다. 메시지 전파를 조율하는 활동이 백악관과 NSC에서 일부 이루어지고 있지만 그 활동은 미약하고 일관성이 없으며 종종 정치성이 강하다. 우리에게 공세적인 전략적 소통 전략이 없었기 때문에 기회를 놓친 예가 바로 이란이다. 우리는 이란 국민에게 그 지도자들의 부패, 권력투쟁, 억압 조치 등에 관해 상세히 알리고, 반체제 단체를 지원함으로써 내부에 문제를 일으키며, 정권 지도자들의 삶을 곤란하게 만들 다른 방도를 찾는 등의 활동을 충분히 하지 않았다. 마찬가지로 전략적 소통을 통해 우리는 다른 나라의 내정에 은밀히 간섭하는 러시아와 중국의 활동을 부각시킴으로써 또 다른 권력수단, 즉 민족주의가 우리에게 유리하게 작용하도록 만들 수 있다. 우리는 또한 우리의 개발원조 프로그램과 인도적 원조의 규모와 성과를 세상에 널리 전파하는 일에 서툴렀다. 우리는 그런 원조를 우리의 적인 이란과 북한을 포함해 전 세계에 제공해 왔다.

새로운 고위급 조직, 즉 미국공보처럼 강력한 조직이 필요한바, 그 조직은 — PEPFAR 조정관처럼 — 국무부 내에 위치하지만 정부의 가용 공간과 기술을 모두 사용해 일관되고 보편적인 전략적 소통이 가능하도록 대통령의 수권을 받는 것이 바람직하다. 그 조직은 소셜 미디어를 포함해 전통적·전자적 방식의 메시지 전파를 모두 감독하고, 대외 정책과 관련된 타 부처의 공개 성명과 활동을 모두 감독할 것이다. 그런 조직은 다른 관련 기관과 협력해 러시아와 중국 같은 곳에서 소셜 미디어 방화벽을 뚫을 새로운 도구의 개발을 맡고, 옛날 소련에 대해 그랬듯이 독재국가의 피지배 국민에게 정보를 전달하는 다른 수단을 찾아낼 것이다. 또 그 조직은 미국의 메시지를 전 세계에 소통시킬 신기술을 발굴해 건의하도록 대통령의 수권을 받을 것이다.

미국국제방송처는 전략적 소통 영역에서 중요한 국외자인데, 아마 독자들이 들어보지 못한 최대 기관일 것이다. 국제방송처는 독립된 연방 기관으로 미국의 소리, 자유유럽방송, 쿠바로 내보내는 라디오마르티(Radio Martí), 자유아시아방송(Radio Free Asia), 중동방송(Middle East broadcasting) 등 미국의 모든 해외방송을 운영한다. 이 기관은 국무부 장관에게 보고하지 않으며 독립된 운영이사회를 가지고 있는데, 그 주된 목적은 '언론 생산물'에 대한 정치적 개입의 방지를 보장하려는 것이다. 2016년 그 예산은 7억 달러를 넘었으며, 그 방송은 61개 언어로 100개국의 약 2억 2600만 명에게 도달했다. 공보처가 해체되기 전에도 방송사 운영진과 직원들을 백악관과 국무부로부터 독립시키려는 길고 힘든 투쟁이 있었다. 왜냐하면 백악관과 국무부가 정부 재정으로 운영되는 그런 기관은 국무부 장관으로부터 적어도 개괄적인 지침을 기꺼이 받아야 한다고 생각했기 때문이다. 역대 대통령들은 미국의 소리 방송이 미국의 국내 사태에 관해 편향되지 않은 뉴스를 있는 그대로 내보내는 데 대해, 즉 미국의 치부를 마음 내키는 대로 전 세계에 방송하는 데 대해 항상 민감했다. 그러나 그러한 정직성이 그 기관의 신뢰도를 높였다. 냉전 기간에 공보처와 미국의 소리 방송이 공개적으로 전파하고 CIA는 은밀하게 전파한 메시지의 큰 강점은 소련과 동유럽에서 발생하는 사건에 대해 진실을 말한 것이다. 대통령은 미국의 소리 등 방송사 언론인들이 계속해서 간섭받지 않고 미국 내 사건에 관해 세계로 보도할 수 있도록 보장하는 방안을 찾을 필요가 있지만, 국제방송처를 국무부가 감독하는 미국의 전략적 소통 활동의 큰 틀과 연계시키는 모종의 수단도 찾아야 한다. 그리하여 국제방송처가 사실적으로 보도하지만 주제와 중점 면에서는 협력하도록, 예를 들어 러시아, 중국, 북한, 이란 등지의 억압과 부패도 보도하도록 만드는 것이다.

역대 미국 대통령은 우리의 해외 원조 프로그램이 부족하고 실패해서 좌절을 겪었다. 부시(43대) 대통령은 미국국제개발처에 대한 좌절감과 의심 때문에 새천년도전공사를 별도 기관으로 설립했다. 이 점에서 아프가니스탄은 여러 수준에서 실패한 본보기다. 효과적인 관리 감독이 부족했고 부정부패가 만연했으며, 자국 내 프로젝트에 관한 의사결정에 자국인들을 참여시키지 않으려 했고 각 지방마다 사업의 진행 상황에 관해 정보가 공유되지 않았다 ― 물론 제 3국과 수많은 비정부기구와의 그런 협업도 거의 전무했다.

일부 보수파가 주장한 대로 미국의 원조 활동 전체가 새천년도전공사로 이관되지는 않았어도, 원조 대상국과 프로젝트 선정을 이끈 공사의 원칙들은 전적으로 채택되어야 한다. 원조 수혜국과 미국 행정관들에게 더 큰 책임을 지우는 것이 대단히 중요하다. 그런 개혁을 채택함으로써 그리고 잠재적 수혜국이 미국에 우호적인지 아니면 적대적인지를 검토함으로써 의회의 정치적 지지를 높일 수 있을 것이다. 희소한 개발 자금을 이기적으로 배분하는 것은 죄가 아닐 것이다.

중국의 일대일로 구상과 중국이 전 세계 개도국에서 진행하는 기타 투자 프로그램에 대처하는 데는 더 큰 창의력이 필요하다. 신설된 미국 국제개발금융공사는 개도국에 대한 민간투자를 고무하는 미국의 노력을 확대하는 출발점으로서 강력하다. 중국의 이점이 프로젝트 수혜국에 수천억 달러를 대출할 수 있는 능력에 있다면, 미국의 이점은 경제적으로 생존 가능한 프로젝트에 투자해 수혜국의 장기 경제 이익에 진정으로 이바지할 수 있는 우리 민간 부문의 거대한 경제력에 있다. 우리가 이 분야에서 중국과의 장기 경쟁을 심각하게 여긴다면, 미국 기업의 대(對)개도국 투자를 더 매력적으로 만들 인센티브를 강구할 만큼 더 똑똑할 필요가 있다. 개혁된 국무부와 국제개발처 또한 미국의 민간 재단 등 비정부기구와 대학들이 참여를 확대하도록 설득하는 방안에 관해 상상력을 발휘할 필요가 있다.

우리를 화나게 하는 국가를 처벌할 우리의 경제적 채찍은 고도로 개발되어 있다. 우리는 우리 편으로 끌어들이고 싶은 국가에 대해 당근 ― 긍정적인 경제적 도구 ― 을 강구할 필요가 있다. 여기서도 국무부가 대통령의 수권으로 중심이 되어 이 분야에서 경쟁하기 위한 새로운 아이디어를 개발하기 위해 재무부,

상무부, 농무부, 노동부, 특별무역대표, 기타 기관을 소집해야 한다. 적극적이고 과감한 리더십이 필요하다. 낡은 방식의 업무 처리로는 충분하지 않다.

교훈이 하나 더 있다면, 그것은 미국이 우리가 수행하는 원조 계획과 프로젝트를 똑 부러지게 홍보할 필요가 있다는 점이다.

정책 결정자들이 흔히 무시하는 또 다른 권력수단으로 정보기관 첩보(intelligence information)가 있다. 비밀공작과 스파이 활동을 통해 이루어지는 공헌에 관해서는 모두가 안다. 그러나 수십 년 동안 CIA는 정보기관 첩보, 즉 분석을 가장 가까운 동맹국과 나토뿐 아니라 다른 국가들과도 공유해 왔다. 미국의 위성이 촬영한 사진이 유엔 안보리에 제시되었다. 1990년대 미국은 많은 출처에서 끌어낸 정보기관 분석을 사용해 세계보건기구에 아프리카의 에이즈 감염률에 관해 매우 정확한 추정치를 줄 수 있었다. 당시는 감염 국가 정부가 흔히 데이터 제공을 거부하거나 왜곡할 때였다. 실로 에이즈 팬데믹에 관해 클린턴과 부시(43대) 대통령의 경각심을 불러일으킨 것은 CIA의 조기 경보였다. 미국의 분석관들은 전 세계 곡물 수확량을 예측해 각국 정부가 부족 사태에 사전 대비하도록 했으며, 석유·가스 인프라가 테러 공격이나 자연재해에 취약하다는 점을 식별했다. 정책 결정자들은 각국 정부에 대해 문제를 예견하도록 돕는 방안으로 그런 첩보를 제공하는 것이 유익하다는 데 더 익숙해질 필요가 있다.

수십 년 동안 미국 정보기관은 교량, 수자원 역량, 전력 시스템 등 다수 국가의 인프라에 관해 상세한 정보를 축적해 왔다. 비밀 해제가 쉬운 이런 정보는 상무부 등을 통해 투자를 검토하는 미국 회사에 제공할 수 있다. 기업은 그런 정보에 힘입어 상당한 돈을 절약할 수 있을 것이며, 정보 제공이 기업의 투자를 촉진하는 또 다른 방안이 될 수 있을 것이다.

사이버 역량은 그 자체로 하나의 권력수단으로 분류된다. 그 이유는 사이버 역량이 군사 표적에 대해서뿐만 아니라 경제적 경쟁(중국이 생생하게 보여주었음), 영향력 공작(러시아가 보여주었음), 전략적 소통에서도 효과적으로 사용될 수 있기 때문이다. 미국은 공격적인 군사 용도와 우리 네트워크의 방어용으로 강력한 사이버 도구를 개발했다. 언론에 따르면 우리는 우리 정치와 선거에 영향을 미치려고 시도한 러시아 해킹 조직을 (적어도 일시적으로) 무력화했다. 그러나 필자가 알기로는, 우리가 전략적 소통 목적으로 중국, 러시아 등지의 방화벽을 돌파할 우리의 사이버 역량을 사용하는 전략을 강구하는 데 있어 ─ 기술적인 이유가 아니라 정치적인 이유에서 ─ 큰 진전이 없었다. 최소한 우리는 둘이서 이 게임을 벌일 수 있다는 점과 (대중이 널리 알게 되는) 이 특별한 분야에서 우리가 매우 실질적인 우위를 가지고 있다는 점을 이들 국가에 보여줄 필요가 있다. 우리는 사이버 역량이 군사적·경제적 영역을 넘어서는 권력수단으로서 제공하는 기회를 진지하게 잡을 필요가 있다.

앞서 언급했듯이 고등교육과 과학·기술 부문은 모두 중요한 권력수단이다. 이주를 둘러싼 미국의 당파적 논쟁의 결과로 미국의 대학에 진학해서 자유가 무엇인지 직접 목격하는 외국인 학생들의 입국이 감소한다면, 미국 스스로 무덤을 파는 셈이다. 마찬가지로 정부 재정이 기초연구를 충분히 뒷받침하지 못하면 낭떠러지로 떨어지는 심각한 결과가 초래될 것이나. 필자가 국방부 장관으로 재직할 때 이 분야의 국방 예산을 늘렸지만, 그 증가분은 오래전에 사라졌다.

구조 조정

국가안보 조직의 재편은 미국의 여러 비군사적 권력수단을 집중시켜 강화하려는 노력에 초석을 놓는 것이다. 지금까지 NSC 또는 기관 간 협의의 법적 구성원이 아닌 여러 부처와 기관들, 예컨대 재무부, 상무부, 농무부, 국제방송처, 특별무역대표 등을 실무적 활동뿐만 아니라 정책·의사 결정에도 포함시키는 것이 긴요하다.

혹자는 필자가 말한 기관 간 협조를 감독하는 것은 백악관과 NSC 소관이라고 주장할 수 있다. 필자는 여기에 동의하지 않는다. 필자가 필요하다고 보는 비군사적 수단의 통합과 집중이라는 것은 그날그날의 통제를 포함해야 한다. 필자는 네 대통령 밑에서 NSC 참모로 근무했는데, 그러한 일상적 활동마다 필자가 필요하다고 보는 실무와 예산 측면의 통합·조정은 NSC 참모의 역량과 권한을 넘어선다. 이러한 비군사적 권력수단이 효과적으로 사용되려면 대통령이 승인한 전략과 정책을 시행하는 각 부처의 전문직과 전문가들에게 의존해야 한다. NSC의 역할은 다양한 수단이 지시한 대로 정말 강화·조화되도록, 그리고 그 수단들이 조율되고 상호 보완적으로 사용되어 전체 교향곡이 미국의 힘을 극적으로 드러내도록 대통령을 대신해 확실히 하는 것이다. NSC는 대통령의 전략을 성취하기 위해 군사적 권력수단과 비군사적 권력수단이 다 효과적으로 사용되고 있도록 확실히 해야 한다.

그렇기는 하지만 국무부와 국제개발처의 개편과 개혁이 그저 불가능하다면, 힘이 실린 작은 기관들을 창설하는 것이 대안일 것이다. 그 기관들은 국무부에서 독립되지만 전략적 소통과 개발원조와 같은 구체적 수단들을 감독·조정하고 자금을 대도록 장관에게 보고하면 될 것이다. 우리의 권력교향곡이 훨씬 더 효과적이 되도록 개편하는 다른 방안도 있을 것이다. 그러나 NSC에 지휘봉을 넘기는 데 의회는 결코 동의하지 않을 것이다. 왜냐하면 그럴 경우에 이러한 비군사적 권력수단이 의회의 감독 범위를 벗어나게 되고 정부의 모든 전략적 커뮤니케이션 기구가 정치적 남용의 가능성이 상당한 백악관의 수중에 집중될 것이기 때문이다.

중국과 러시아와의 비군사적 경쟁에서 미국의 승산을 높이려면 미국이 창설을 지원했던 동맹과 국제기구를 개혁해 보다 효과적으로 만드는 방안을 살펴볼 필요가 있다. 예를 들어 나토의 경우 다른 회원국들에게 방위비 지출을 늘리도록 계속 압박하는 것이 긴요하다. 그러나 우리는 군소 국가의 자원을 모아서 새로운 군사 역량을 창조할 기회가 어디에 있는지 회원국들과 협력해 찾아야 한다. 예컨대 10여 년 전에 여섯 동맹국이 협업해 C-17 화물수송기를 구매했는데, 개별 국가로서는 감당하지 못할 구매였다. 얼마 전 덴마크가 두세 개 군사 분야에 특화하기로 결정했다. 미국은 동맹국들이 더 많이 지출하도록 하는 것뿐만 아니라 더 현명하게 나토 전체의 군사 역량을 제고하는 방향으로 지출하도록 돕는 방안에도 중점을 두어야 한다. 나토는 의사결정 절차를 개선했지만 여전히 느릿느릿 움직이고 더디다. 우리는 개발원조와 투자부터 중국과 러시아의 정치적 개입에 대한 대응, 기술과 지적재산권 도용, 전략적 메시지 전파 등에 이르기까지 우리의 비군사적 수단을 조율하기 위해 나토와 유럽연합 국가들과의 협력을 어떻게 개선할지 결정할 필요가 있다. 우리가 1940년대 브레턴우즈에서 창설한 국제 경제기구들도 면밀히 살펴볼 만하다. 우리는 그 기구들이 70년 전에 우리가 의도한 대로 오늘날 운영되고 있는지, 오늘의 세계에 맞는 현대화가 필요한지, 필요하다면 어떠한 변화를 추진해야 하는지 등을 결정해야 한다. 마찬가지로 세계무역기구도 가치가 있지만 우리는 모든 회원국, 특히 중국이 같은 규칙에 따라 경기하고 있는지 조사할 필요가 있다(사실은 따르지 않고 있다). 필자는 이들 기구에서 탈퇴하는 것을 옹호하지 않는다. 앞서 말했듯이 정말로 필자는 오바마 대통령이 중국의 아시아인프라개발은행에 가입하지 않고 트럼프 대통령이 환태평양경제동반자협정을 탈퇴한 것은 전략적 실수라고 본다. 그러나 이기적으로 우리는 우리가 창설하거나 창설을 지원한 기구들이 어떻게 운영되고 있는지에 관해 매우 강경한 태도를 취해야 한다.

의회

너무 오랫동안 의회는 대외 정책에서 자신의 권력을 행정부에 양도했다. 대통령이 2001년 9월 18일 의회에서 통과된 '군사력 사용에 대한 수권'에 근거해

2019년의 중동에 이르기까지 줄곧 군사작전에 착수할 수 있었던 것은 말도 안 되며 참으로 헌법에 대한 직무 유기다. 의회가 참호에서 나오기를 거부하는 부분적 이유는 심한 당파성 때문이며 자당 출신의 대통령에 반기를 들지 않겠다는 각 당의 결심 때문이다. 또한 의회는 대통령의 조치 권한을 전면적으로 거부하는 것을 싫어하는데, 왜냐하면 그러한 거부는 일이 잘못될 경우 의회 스스로 책임을 지겠다는 뜻이기 때문이다. 대체로 의원들은 난제를 책임지기보다는 예산을 통해 소소한 것을 챙기는 편이다.

이것이 유감스러운 이유는 의회가 대외 정책에서 매우 건설적인 역할을 할 수 있기 때문이다. 앞에서 지적했듯이, 의회가 콜롬비아에 파견될 미군 병력의 수를 제한한 것이 그곳에서 미군의 역할을 결정하고 제약했는바, 어쩔 수 없이 콜롬비아군이 거의 모든 전투를 수행하고 우리는 주로 조언하고 훈련했다. 군사력의 해외 사용부터 해외 무기 판매의 승인 등에 이르기까지 의회는 행정부의 의사결정에 영향을 주고 때로는 개선시킬 수 있다. 앞에서 언급했듯이, 대통령이 의회의 지지를 얻는 것은 자신의 해외 조치가 타당하며 우리 국익에 부합한다고 국민을 설득하는 데 상당한 도움이 될 수 있다. 의원들의 견해는 대부분의 유권자들이 이해하거나 신경 쓰지 않는 이슈에 대해 국내적으로 대단히 중요하다. 최근의 대통령들은 국민이 선출한 대표들과 그처럼 관계를 구축하는 데(그리고 가르치는 데) 시간과 에너지를 거의 쓰지 않았다.

지난 25년 동안 미국의 비군사적 권력수단이 약화된 데는 의회의 책임의 크다. 1990년대에 공보처를 폐지하고 국제개발처의 해체를 승인한 것은 의회였다. 부시(43대) 대통령 때 두 번의 예외를 제외하고 국무부를 자원에 굶주리게 한 것은 의회였다. 국무부와 국제개발처 개편의 대표적인 거대 장애물은 의회다. 의회가 미군의 해외 개입을 불편해할수록 우리의 비군사적 권력수단을 더욱 제약한 것은 아이러니다. 이라크전쟁과 아프가니스탄전쟁 기간 의회는 국무부 등 비군사 부처와 기관의 영역에 속하는 것이 적절한 과업에 대해 수억 달러의 자금을 국방부에 항상 기꺼이 주었다 — 그런 부처와 기관에는 그런 돈을 주지 않았으면서. 신용이 있어야 신용을 준다고 2017년 트럼프 대통령이 국무부와 국제개발처 예산을 30%가량 감축하려고 했을 때, 그들 예산을 회복시킨 것은 의회였다. 그러나 그것은 단순히 이전의 상태로 돌아간 것이었다.

의회가 앞으로 중국과의 장기 경쟁에서 건설적인 역할을 수행하고 싶다면 여러 분야에서 단호하게 행동할 태세가 되어 있어야 한다. 의회는 우리의 비군사적 권력수단을 강화하기 위해 국무부, 국제개발처, NSC를 어떻게 개편할지를 행정부와 협력해서 결정해야 한다. 사실 국무부와 국제개발처는 의회의 지지가 있어야만 정비될 수 있다. 개편과 개혁의 전제 조건으로 의회는 이들 기관의 예산과 기타 비군사적 도구를 제고하기 위한 예산을 대폭 증액해야 한다.

9·11 이후 의회와 부시 행정부는 새로운 국제 환경에 대처하기 위해 ─ 국토안보부, 국가정보장, 국가대테러센터 창설을 포함해 ─ 행정부의 대대적인 구조 변경을 여러 차례 단행했으며, 중요한 신규 입법을 통해 정부가 새로운 위협에 대처하도록 힘을 실어주었다. 이제 우리가 중국과의 장기 경쟁을 내다볼 때 의회와 대통령은, 우리 전임자들이 냉전 시초에 그리고 2001년 본토가 공격받은 후 모범을 보였듯이, 우리의 비군사적 권력수단을 효과적으로 강화·사용하기 위한 새로운 제도를 창설하는 데 함께 노력해야 한다.

끝으로 의회는 (여러모로) 자신을 정비할 필요가 있다. 양원의 현행 위원회 구조는 의원들이 국가안보 조직의 각 구성 기관을 ─ 국방부를 담당하는 군사위원회, 국무부를 담당하는 외무·외교위원회, CIA 등 정보기관을 담당하는 정보위원회와 같이 ─ 고립적으로 살피게 만든다. 상원과 하원 세출위원회에도 각 구성 기관을 담당하는 소위원회가 있으며 거기에는 큰 그림을 보는 의원이 거의 없다. 물론 복수 위원회를 겸임하는 일부 의원도 있지만 지금까지 그리 많지 않았다. 필자는 의회의 위원회 구조를 변경하는 것이 시시포스의 과업임을 알 만큼 현실주의자다. 하지만 대안이 있는바, 상원과 하원에 군사위, 외무위, 외교위, 정보위, 세출위 등으로부터 각각 소수의 의원을 차출해서 포괄적인 '국가안보위원회'를 구성하는 것이다. 그리고 그 소속 의원들은 어떻게 비군사적 수단이 상호 보완 작용을 하고 우리 군과 통합되는지에 관해 큰 그림을 이해하고 감독할 수 있어야 한다. 이런 식의 구조라야 그 의원들이 대통령이나 국무부·국방부 장관과 똑같은 관점을 가질 수 있으며, 나아가 필요한 자원을 공급하고 대통령의 조치를 이해해서 찬성이나 반대를 표명하며 효과적으로 감독하는 위치에 설수 있다.

미국: 현실주의자, 이상주의자, 거래주의자

정치에서 꼬리표는 명석한 사고에 장애물이다. 지도자를 현실주의자, 이상주의자, 순전히 거래적(transactional, 트럼프의 경우)이라고 분류하는 것은 거의 모든 지도자가 어느 정도는 세 속성을 다 가지고 있다는 사실을 이해하기 어렵게 한다. 이 책에서 논의된 모든 사례가 그런 현실을 반영하고 있다.

클린턴 대통령이 세르비아 폭격이 슬로보단 밀로셰비치를 협상으로 이끄는 유일한 방안이라고 인식했을 때 그는 현실주의자였고, 미국이 아이티와 소말리아에서 거버넌스를 개선할 수 있을 것이라고 생각했을 때 그는 이상주의자였으며, 데이턴협정을 통해 보스니아에서 전투를 종식시켰을 때 그는 순전히 거래적이었다. 2000년 말 이스라엘과 팔레스타인의 협상 타결을 시도할 때 그는 세 속성을 동시에 가졌다. 마찬가지로 부시(43대) 대통령은 아프가니스탄의 탈레반 정권 축출을 명령했을 때는 현실주의자였고, 미국이 이라크와 아프가니스탄에 민주주의를 가져올 수 있을 것이라고 생각한 점에서는 이상주의자였으며, 모스크바와 핵무기 협정을 체결할 때는 거래적이었다. 그는 PEPFAR와 새천년도전공사 구상에서는 현실적인 동시에 이상주의적이었다. 오바마 대통령은 시리아 개입을 회피할 때 현실적이었고, 우리가 이라크와 아프가니스탄에서 군사개입을 즉각 끝낼 수 있을 것이라고 생각한 점에서 이상주의적이었으며, 리비아 개입 시에는 거래적이었다.

현실 세계에서 현실적인 것과 거래적인 것 사이에는 긴밀한 관계가 있으며,

그 둘과 이상주의 사이의 갈등은 미국 역사상 뿌리가 깊다. 그 역사의 시초부터 우리는 이 나라가 세계의 자유와 민주주의를 증진시키기 위해 수행해야 할 적절한 역할과 씨름했으며 우리의 민주주의 이상과 열망을 다른 나라와의 관계 속에 투영시킬 방안을 고민했다. 우리는 언제 어디서 우리가 다른 국가의 통치 방식을 변경하려고 노력해야 하는지 고심했다. 그래서 필자가 처음에 제기했던 질문으로 다시 돌아간다. 즉, 미국의 임무는 우드로 윌슨의 말대로 세계를 "민주주의를 위해 안전하게" 만드는 것인가, 아니면 존 퀸시 애덤스의 말대로 미국이 "만국의 자유와 독립을 기원하되 미국의 자유와 독립을 위해서만 싸우고 옹호해야" 하는가?

헌법 수호를 제외한 미국 대통령의 주된 책무는 미국을 해(害)로부터 보호하고 언제 어디서나 최대한 미국의 이익을 증진시키는 것이다. '미국 우선주의'는 역사상 오점을 남긴 구호지만 (제2차 세계대전 이전의 반유대주의적·친파시스트적 고립주의와 관련해) 사실은 건국 이래 모든 대통령의 책임이었으며 지금도 그렇다. 프랑스혁명 기간에 워싱턴 대통령은 당시 미국의 입지가 매우 취약함을 파악하고서는 프랑스에 대해 중립 정책을 채택하고 영국과 강화조약을 체결했다. 역사상의 아이러니를 보자면, 당시 미국은 프랑스 절대군주의 도움을 받아 영국으로부터 독립한 직후였지만, 프랑스가 민중의 통치 방향으로 전환해 유럽의 군주들과 맞설 때 미국은 외면하고 우리의 숙적인 영국에 보상해 주었다. 우리의 자유를 얻고 지키기 위해 미국은 루이 16세(Louis XVI)의 프랑스부터 역사상의 진정한 괴물, 이오시프 스탈린(Iosif Stalin)의 소련에 이르기까지 자유와 거리가 먼 국가들과 제휴했다. 프랑스가 없었으면 미국의 독립이 없었고, 소련 없이는 제3제국의 종말도 없었다. 자유를 열렬하게 신봉하면서도 역사상의 시기에 따라 자유의 증진에 대해 다른 접근법을 채택하는 것은 위선도 아니고 냉소주의도 아니다. 예컨대 우리의 자유와 이익에 대한, 더 크거나 더 긴급한 위협을 물리치기 위해 절대군주와 임시 제휴하는 경우다. 그래서 우리는 이란이 중동 지역과 우리 이익에 가하는 위협에 대처하기 위해 사우디아라비아, 이집트 등의 독재자들과 협력하는 것이다.

다른 나라의 미래를 건설하는 것이 미군의 역할이 되어서는 안 된다. 전 세계에 미치는 우리 군대의 힘은 많은 지역에서 평화와 안정에 기여하는 불가결한 요소였으며 앞으로도 그래야 한다. 그러나 모든 잔학 행위, 모든 침공, 모든 억압 또는 모든 위기가 다 미군의 대응을 유발할 수는 없고 유발해서도 안 된다. 우리는 우리 군대가 타국에서 지속적인 개혁을 일으키고 정치적 미래를 결정할 수 있는 능력의 한계에 관해 현실주의자가 되어야 한다.

그렇기는 하지만 우리의 이데올로기는 미국이 세계에서 수행하는 역할의 초석인바, 억압받고 자유가 없는 사람들 사이에 이 나라가 자유와 민주주의라는 대의명분을 증진하기 위해 우리가 가진 모든 비군사적 수단을 사용할 것이라는 믿음이 살아 숨 쉬게 한다. 우리는 우리의 적국이나 우방이 인권을 침해하고 국민을 억압할 때 침묵해서는 안 된다. 자유의 촉진은 우리 민주주의와 전략적 소통의 핵심 요소여야 한다. 우리는 현실 세계에서 독재자들과 비즈니스를 해야 하지만 민주 정부를 대하는 식으로 그들을 껴안을 필요는 없다. 우리가 국익을 보호하기 위해 어떠한 타협을 하더라도, 세계 각국 국민은 미국이 자유와 인권 편에 서 있음을 알아야 한다. 우리가 그 역할을 포기한다면 우리를 역사적으로 독특하게 만드는 역할을 잃게 될 것이다. 우리는 국가적 영혼의 일부를 잃게 될 것이다.

미국 국민이 지지할 수 있는 대외 정책

필자는 미국인들이 다른 어느 국가보다 더 강력하고 기술적으로 우월한 군대를 원하지만 그와 동시에 우리를 보호하고 우리의 사활적인 해외 이익을 보호하기 위해 필요한 경우에만 인색하게 군대가 사용되기를 원한다고 본다. 존 퀸시 애덤스의 표현을 빌자면 "파괴할 괴물을 찾아서" 해외로 가고 싶어 하는 사람은 거의 없다. 필자는 냉전 이후 역대 대통령들이 해외 도전을 해결하기 위해 너무 성급하게, 너무 자주 군대에 의지했다는 견해가 정치적 스펙트럼과 무관하게 널리 있다고 본다. 우리는 너무 자주 세계의 경찰관 노릇을 했다. 해외 파병에 대한 국민 대중의 인내가 18년 동안의 아프가니스탄전쟁과 이라크전쟁으로 소진되었다. 오바마 대통령이 시리아에 대한 군사적 개입을 꾸준히 거부한 것과 트럼프 대통령이 (자신의 허풍과 위협에도 불구하고) 무력 사용을 꺼린 것이 대부분의 국민 지지를 받았는지는 의문이다. 우리는 항상 우리 이익을 방어할 태세가 되어 있어야 하지만 세계 최정예 군대를 전투에 내보내는 일을 더욱 자제하는 것이 미국의 글로벌 리더십 역할에 대한 국민의 지지를 얻는 데 필수적이다.

필자는 비군사적 권력수단의 강화가 다음의 두 가지 조건하에서 폭넓은 지지를 받는다고 본다. 즉, 그 강화가 군사행동의 필요성을 감소시킨다는 조건, 그리고 실제로 우리의 이익을 증진하고 해외 우방국을 확보하는 데 효과적인 프로그램에 돈이 지출된다는 조건이다. 개발원조와 관련해 정부와 제휴한 민간 부문의 해외투자를 촉진하는 것은 정부의 노골적인 무상 증여보다 더 쉽게 지지를 받을 것이다. 필자는 효과성, 개혁, 책임, 정기 평가에 관한 새천년도전공사의 기준을 엄격하게 준수한다면, 의회 내 지지가 제고되리라고 본다. 또한 유엔과 같은 국제기구를 포함해 잠재적 수혜국이 미국의 정책을 지지하느냐는 사실이 개발원조 승인 과정의 한 요소로서 입증된다면, 의회 내 지지가 더 오를 것이다.

필자가 앞서 말했듯이 대통령의 대외 정책에 대한 국민의 지지는 의회가 대체로 그런 정책에 폭넓게 동조한다는 증거가 있으면 더욱 높아질 것이다. 당파성이 극심한 요즘 시기에 이는 힘든 도전이지만 대통령과 의원의 접촉이 비공식적이고 사적으로 이루어지면 성공 확률이 높아질 것이다. 당파적 언사의 이면에는 중국과의 경제 관계 등 다수의 큰 이슈에 관해 공개적으로 드러난 것보다 더 넓은 공감대가 있다는 것이 필자 생각이다. 국민의 지지는 또한 대통령이 끈질기고 일관되게 자신의 정책을 연설, 기자회견, 기타 매체를 통해 설명하는 데 달려 있을 것이다.

미국인들은 동맹국이 얼마나 독특한 미국의 자산인지 그 가치를 이해한다는 것이 필자 생각이다. 특히 동맹국이 없는 러시아나 중국과 비교하면 미국이 더욱 돋보인다. 동시에 그 동맹국들도 자신들의 몫을 다할 것으로 기대된다. 냉전 종식 이후 모든 대통령, 국무부 장관, 국방부 장관이 우리의 나토 동맹국들을 강하게 압박해 그들의 방위비 지출을 늘게 했다. 그런 압박은 지속되어야 하지만 우리도 각 동맹국이 현금 지출을 넘어 우리의 상호 안보에 공헌하고 있음을 고려해야 한다. 튀르키예, 독일 등 일부 동맹국에 대해서는 나토의 중요한 문제, 즉 안보 관련 이슈에서 러시아나 중국과 긴밀하게 협업하는 양다리 걸치기는 불가하다고 납득시켜야 한다(예를 들어 튀르키예가 러시아의 S-400 방공시스템을 구매하고, 독일이 노르트스트림 2 파이프라인을 지지했는데, 이는 우크라이나와 폴란드에 중대한 영향을 미칠 것이다).

끝으로 필자는 대부분의 미국인들은 조국이 군사력과 경제적 성공 이상의 무엇을 대표하기를 원한다고 본다. 미국 대통령이 미국의 정부 기관을 조롱하면서도 독재적인 외국 지도자들에게 "훌륭하다"라고 찬사를 늘어놓고 여러 이슈에서 그들의 편을 들며 환심을 사려는 모습에 불쾌감을 느끼는 국민이 많다. 우리는 이런 지도자들과 일해야 하지만 그들을 사랑한다고 말할 필요는 없다. 더 중요한 것으로 필자는 미국이 세계에서 가장 강력하게 자유와 민주주의를 옹호하는 국가로 — 피압박자를 안심시키는 등불로 — 남들에게 보이기를 바라는 국민이 대부분이라고 확신한다.

우리가 국민이 지지할 미국의 대외 정책을 수립할 때, 윌슨의 접근법과 애덤스의 접근법은 공존해야 한다. 우리는 우리의 이익을 보호해야 한다. 우리는 세계의 경찰관이 되어서는 안 되며, 타국의 내부 문제를 해결하기 위해 우리 군대를 전개하는 일에 매우 신중해야 한다. 그러나 우리는 또한 경쟁국뿐 아니라 우방국에서도 자유를 증진하고 개혁을 고무하기 위해 우리가 가진 모든 비군사적 권력수단을 사용해야 한다. 왜냐하면 그런 목표가 우리의 국가이익에 봉사하기 때문이다. 우리의 비군사적 수단들은 개혁과 구조 조정, 더 많은 자원 투입을 통해 놀라운 권력교향곡으로 변신할 수 있다.

하지만 모든 군사적·비군사적 수단을 제대로 갖추더라도, 미국의 대통령과 의회, 국민이 장기 국익에 비추어 우리가 글로벌 리더십의 짐을 계속 지는 것이 필요하다고 인식할 것인지 여부는 대단히 중요한 문제다.

참고문헌

Abbaszadeh, Nima, M. Crow, M. El-Khoury, J. Gandomi, D. Kuwayama, C. MacPherson, M. Nutting, N. Parker, and T. Weiss. 2008. *Provincial Reconstruction Teams: Lessons and Recommendations*. Princeton, NJ: Woodrow Wilson School of Public & International Affairs, January.

Albright, Madeleine. 2013. *Madam Secretary*. New York: Harper Perennial.

Baker, James A. 1995. *The Politics of Diplomacy*. New York: G. P. Putnam's Sons.

Baker, Peter. 2019. *Obama: The Call of History*. New York: Calloway.

Biden, Joe. 2017. *Promise Me, Dad*. New York: Flatiron Books.

Blackwill, Robert D., and Jennifer M. Harris. 2016. *War by Other Means*. Cambridge, MA: Harvard University Press.

Blanchard, Christopher M. 2009. *Afghanistan: Narcotics and U.S. Policy*. Washington, DC: Congressional Research Service, August 12.

Boot, Max, and Richard Bennet. 2009.12.14. "The Colombian Miracle." *Weekly Standard*.

Brands, Hal. 2018. "Democracy vs Authoritarianism: How Ideology Shapes Great-Power Conflict." *Survival*, 60(5).

Bush, George, and Brent Scowcroft. 1998. *A World Transformed*. New York: Alfred A. Knopf.

Bush, George W. 2010. *Decision Points*. New York: Crown Publishers.

Chandrasekaran, Rajiv. 2012. *Little America*. New York: Alfred A. Knopf.

Cheney, Richard B. 2011. *In My Time*. New York: Threshold Editions.

Clinton, Bill. 2016. *My Life*. New York: Alfred A. Knopf.

Clinton, Hillary R. 2014. *Hard Choices*. New York: Simon & Schuster.

Cordesman, Anthony H. 2012. *The U.S. Cost of the Afghan War*. Washington, DC: Center for Strategic & International Studies, May 14.

Council on Foreign Relations and Milbank Memorial Fund. 2004. *Addressing the HIV/AIDS Pandemic*. New York: Council on Foreign Relations and Milbank Memorial Fund.

Custer, S., B. Russell, M. DiLorenzo, M. Cheng, S. Ghose, J. Sims, J. Turner, and H. Desai. 2018. *Ties That Bind: Quantifying China's Public Diplomacy and Its "Good Neighbor" Effect*. Williamsburg, VA: AidData at William & Mary.

Daschle, Tom, and Bill Frist. 2015. *The Case for Strategic Health Diplomacy: A Study of PEPFAR*. Washington, DC: Bipartisan Policy Center, November.

_____. 2018. *Building Prosperity, Stability, and Security Through Strategic Health Diplomacy: A Study of 15 Years of PEPFAR*. Washington, DC: Bipartisan Policy Center, July.

Dillinger, Jessica. 2019. "Nobel Prize Winners by Country." WorldAtlas, October 23. https://www.worldatlas.com/articles/top-30-countries-with-nobel-prize-winners.html.

Economist. 2017.12.14. "At the Sharp End."

_____. 2019.2.16. "Putin's Pipeline."

_____. 2019.2.16. "The Nord Stream 2 Gas Pipeline Is a Russian Trap."

_____. 2019.4.20. "Gaining Face."

_____. 2019.5.3. "The Bitter Generation."

_____. 2019.6.29. "Army Dreamers."

Economy, Elizabeth C. 2018. "China's New Revolution." *Foreign Affairs*, May/June.

_____. 2019. "The Problem with Xi's China Model." *Foreign Affairs*, March 6. https://www.for
eignaffairs.com/articles/china/2019-03-06/problem-xis-china-model.

Emanuel, Ezekiel, Amy Gadsden, and Scott Moore. 2019.4.20. "How the U.S. Surrendered to
China on Scientific Research." *Wall Street Journal*.

European Commission's Directorate-General for European Civil Protection and Humanitarian
Aid Operations. 2015. "EU Development Aid: 15 Things You May Not Know About EU
Development Cooperation in 2015." January 15. https://reliefweb.int/report/world/eu-de
velopment-aid-15-things-you-may-not-know-about-eu-development-cooperation-2015.

Faiola, Anthony, and Karen DeYoung. 2018.12.25. "Russia Sees Opportunity in Ailing Venezuela."
Washington Post.

Fields, Mark, and Ramsha Ahmed. 2011. "A Review of the 2001 Bonn Conference and Applica-
tion to the Road Ahead in Afghanistan." *Strategic Perspectives*. Washington, DC: National
Defense University Press, November.

Fox, James W., and Lex Rieffel. 2008. "Strengthen the Millennium Challenge Corporation: Better
Results Are Possible." Brookings, December 10. http://www.brookings.edu/research/stre
ngthen-the-millennium-challenge-corporation-better-results-are-possible.

Galbraith, Peter W. 1997. "Washington, Erdut and Dayton: Negotiating and Implementing Peace
in Croatia and Bosnia-Herzegovina." *Cornell International Law Journal*, 30(3), art. 2.

Gayou, Gerard. 2019.6.10. "Who's Afraid of the Belt and Road." *Wall Street Journal*.

Gerami, Nina. 2013. "Nuclear Breakthrough Unlikely Under Rouhani." Washington Institute for
Near East Policy, Policy Watch 2094, June 24.

Halberstam, David. 2007. *The Coldest Winter*. New York: Hyperion.

Hamid, Shadi. 2016. "Everyone Says the Libya Intervention Was a Failure. They're Wrong."
Brookings, April 12. https://www.brookings.edu/blog/markaz/2016/04/12/everyone-says-
the-libya-intervention-was-a-failure-theyre-wrong.

Hastings, Max. 2018. *Vietnam*. New York: HarperCollins.

Heinonen, Olli. 2011. "North Korea's Nuclear Enrichment: Capabilities and Consequences." 38
North, June 22. https://www.38north.org/2011/06/heinonen06211.

Hu, Fred. 2018.8.22. "The U.S. Is Overly Paranoid About China's Tech Rise." *Washington Post*.

Kerry, John. 2018. *Every Day Is Extra*. New York: Simon & Schuster.

Machiavelli, Niccolo. 1950. *The Prince and The Discourses*. New York: Random House.

Manchester, William, and Paul Reid. 2012. *The Last Lion*. New York: Little, Brown.

Mandelbaum, Michael. 2016. *Mission Failure*. New York: Oxford University Press.

Manuel, Anja. 2017. "China's Economic March: Will It Undermine the Liberal World Order." Presented at the Aspen Strategy Group, Aspen, Colorado, August.

Matlock, Jack F. 1995. *Autopsy on an Empire*. New York: Random House.

McMeekin, Sean. 2017. *The Russian Revolution: A New History*. New York: Basic Books.

Meacham, Jon. 2015. *Destiny and Power*. New York: Random House.

Natsios, Andrew. 1999. *The Politics of Famine in North Korea*. Washington, DC: United States Institute of Peace, August 2.

Obama, Barack. 2009. "Remarks by the President at the U.S./China Strategic and Economic Dialogue." Speech, Ronald Reagan Building and International Trade Center, Washington, DC, July 27.

Odling-Smee, John. 2006. "The IMF and Russia in the 1990s." International Monetary Fund Staff Paper, 53(1).

Office of the U.S. Global AIDS Coordinator and Health Diplomacy. 2018. *PEPFAR 2018 Annual Report to Congress*. Washington, DC: United States Department of State, April.

Panetta, Leon, with Jim Newton. 2014. *Worthy Fights: A Memoir of Leadership in War and Peace*. New York: Penguin.

Perlez, Jane. 2019.4.25. "China Retools Vast Global Building Push Criticized as Bloated and Predatory." *New York Times*.

_____. 2019.4.26. "With Allies Feeling Choked, Xi Loosens His Grip on China's Global Building Push." *New York Times*.

Perlez, Jane, and Luz Ding. 2018.12.30. "China Thwarts U.S. Effort to Sustain Culture Centers." *New York Times*.

Perry, Mark. 2007. *Partners in Command*. New York: Penguin.

Pomfret, John. 2017.6.14. "China's Meddling in Australia." *Washington Post*. https://www.washingtonpost.com/news/global-opinions/wp/2017/06/14/how-should-the-u-s-deal-with-chinas-rise-look-to-australia.

Prasso, Sheridan. 2019.1.9. "China's Digital Silk Road Is Looking More Like an Iron Curtain." *Bloomberg Businessweek*. https://www.bloomberg.com/news/features/2019-01-10/china-s-digital-silk-road-is-looking-more-like-an-iron-curtain.

Reagan, Ronald. 1990. *An American Life*. New York: Simon & Schuster.

Rhodes, Ben. 2018. *The World as It Is*. New York: Random House.

Rice, Condoleezza. 2011. *No Higher Honor*. New York: Crown Publishers.

_____. 2017. *Democracy*. New York: Twelve.

Risen, James, and Doyle McManus. 1996.4.5. "U.S. OKd Iranian Arms for Bosnia, Officials Say."

Los Angeles Times.

Rochlin, Jim. 2011. "Plan Colombia and the Revolution in Military Affairs: The Demise of the FARC." *Review of International Studies.*

Rumsfeld, Donald. 2011. *Known and Unknown.* New York: Sentinel.

Runde, Daniel. 2017. *The Millennium Challenge Corporation in the Trump Era.* Washington, DC: Center for Strategic & International Studies, February.

Schmitt, Eric. 2019.3.31. "Russia's Military Mission Creep Advances to a New Front: Africa." *New York Times.*

Seib, Jerry. 2019.3.2~3. "A Regime Still Fighting Great Satan." *Wall Street Journal.*

Shultz, George P. 1993. *Turmoil and Triumph.* New York: Charles Scribner's Sons.

Siebel, Thomas M. 2019. *Digital Transformation: Survive and Thrive in an Era of Mass Extinction.* New York: RosettaBooks.

Smith, Jean E. 2012. *Eisenhower in War and Peace.* New York: Random House.

Statistic Brain. 2017. "Countries That Give the Most in Foreign Aid Statistics." Sources: OECD, The World Bank, Development Assistance Committee, September 26. https://www.statisticbrain.com.

Stent, Angela. 2019.2.16. "Putin's Big Move Back into the Middle East." *Wall Street Journal.*

Tarnoff, Curt. 2015. U.S. *Agency for International Development(USAID): Background, Operations, Issues.* Washington, DC: Congressional Research Service, July 21.

_____. 2018. *Millennium Challenge Corporation.* Washington, DC: Congressional Research Service, April 18.

Taubman, William. 2017. *Gorbachev.* New York: W. W. Norton.

Tenet, George. 2007. *At the Center of the Storm.* New York: Harper Collins.

United Nations Office for the Coordination of Humanitarian Affairs Financial Tracking Service. "Donor Profile: United States in 2016." http://fts.unocha.org.

United States Department of Defense, Office of the Under Secretary for Personnel and Readiness. "Humanitarian Service Medal: Approved Operations." PDF accessed from https://prhome.defense.gov/M-RA/Inside-M-RA/MPP/OEPM.

United States Department of State. 2000. *United States Support for Colombia Fact Sheet.* Washington, DC: Bureau of Western Hemisphere Affairs, July 19.

_____. 2001. *Plan Colombia Fact Sheet.* Washington, DC: Bureau of Western Hemisphere Affairs, March 14.

United States Government Accountability Office 2008. *Provincial Reconstruction Teams in Afghanistan and Iraq.* Washington, DC: USGAO, October 1.

_____. 2008. *Plan Colombia: Drug Reduction Goals Were Not Fully Met, but Security Has Improved; U.S. Agencies Need More Detailed Plans for Reducing Assistance.* Washington, DC: USGAO, October.

Wellman, Phillip W. 2018.7.31. "Afghan Forces Struggling to Reclaim Lost Territory, Watchdog Says." *Stars and Stripes*. https://www.stripes.com/news/middle-east/afghan-forces-struggling-to-reclaim-lost-territory-watchdog-says-1.540237.

Wilson Center. 2012. "U.S. Assistance to Egypt, Tunisia and Libya." September 10. https://www.wilsoncenter.org/article/us-assistance-to-egypt-tunisia-and-libya.

Wong, Chun Han, and James T. Areddy. 2019.4.26. "China's Xi Vows New Direction for 'Belt and Road' After Criticism." *Wall Street Journal*.

지은이

로버트 게이츠(Robert M. Gates)

『리더십 열정(A Passion for Leadership)』(2016)과 『임무(Duty)』(2014)의 저자다. 조지 W. 부시와 버락 오바마 대통령 밑에서 국방부 장관을 역임했다. 미국 공군 장교 출신인 그는 중앙정보부(CIA)에서 오래 근무한 후 부장으로 임명되었다. 네 행정부의 국가안전보장회의(NSC)에서 근무했으며 양당의 대통령 여덟 명을 모셨다. 현재 윌리엄앤드메리대학교 총장인 그는 2002~2006년 텍사스A&M 대학교 총장, 2014~2016년 미국 보이스카우트 총재를 역임하고, 여러 회사의 이사회에서 봉직했다. 2018년 아이젠하워 기념 단체인 아이젠하워 펠로십(Eisenhower Fellowships) 의장이 되었으며 현재 워싱턴주에서 살고 있다.

옮긴이

박동철

서울대학교 국제경제학과를 졸업하고 미국 오하이오 대학교에서 경제학 석사 학위를 받았다. 주EU대표부 일등서기관, 이스라엘과 파키스탄 주재 참사관을 지냈고, 현재는 정보평론연구소를 운영하면서 연구와 집필 활동에 종사하고 있다. 『트럼프의 미국 우선주의』(2018)의 해제를 달았다. 옮긴 책으로 『21세기 군사동맹론』(2023), 『스파이 세계사(I, II, III)』(2021), 『글로벌 트렌드 2040』(2021), 『미래의 초석, 네덜란드 교육』(2017), 『창조산업』(2015), 『포스너가 본 신자유주의의 위기』(2013), 『정보 분석의 혁신』(2010), 『중국과 인도의 전략적 부상』(2010) 등 10여 종이 있다.

한울아카데미 2463

미국 대통령의 권력 행사 냉전 후 미국의 성공과 실패 그리고 나아갈 길

지은이 로버트 게이츠
옮긴이 박동철
펴낸이 김종수 ｜ **펴낸곳** 한울엠플러스(주)
초판 1쇄 인쇄 2023년 8월 8일 ｜ **초판 1쇄 발행** 2023년 9월 15일
주소 10881 경기도 파주시 광인사길 153 한울시소빌딩 3층
전화 031-955-0655 ｜ **팩스** 031-955-0656 ｜ **홈페이지** www.hanulmplus.kr
등록번호 제406-2015-000143호

Printed in Korea.
ISBN 978-89-460-7464-4 93340